प्रस्तुत पुस्तक *राजनीति विज्ञान के मूल आधार* में 5 खण्डों में 26 अध्याय संकलित हैं। इन खण्डों में राजनीति विज्ञान के सैद्धान्तिक ज्ञान से सम्बन्धित अलग–अलग पहलुओं को स्थान दिया गया है। मुख्य रूप से सिद्धान्त, अवधारणा, संस्थात्मक आधार, प्रक्रियाएँ और समसामयिक सैद्धान्तिक बहस को इस पुस्तक में सम्मिलित किया गया है। 12 से अधिक वरिष्ठ राजनीतिक विद्वानों ने अपने आलेखों द्वारा इस सम्पादित पुस्तक में अपना योगदान दिया है। प्रमुख राजनीतिक अवधारणाओं, राष्ट्र, राज्य, नागरिकता, सरकार और उसके रूप, राजनीतिक आधुनिकीकरण, विकास तथा संस्कृति, लोकतन्त्र और अधिनायकतन्त्र, राजनीतिक दल और चुनाव व्यवस्था एवं 21वीं शताब्दी में प्रतिपादित राजनीतिक बहस को इस पुस्तक में समाहित किया गया है।

प्रथम खण्ड सिद्धान्तों से जुड़ा है जिसमें राजनीति, राष्ट्र और राज्य तथा नागरिकता के अहम मुद्दों का उल्लेख है। दूसरे खण्ड में राजनीतिक सम्प्रभुता, विकास, संस्कृति और आधुनिकीकरण की अवधारणाओं को विस्तार से समझाया गया है। तीसरे खण्ड में जहाँ एक ओर लोकतन्त्र तथा अधिनायकतन्त्र के परस्पर विपरीत विचारों का वर्णन है वहीं दूसरी ओर सरकार के संगठनात्मक स्वरूपों जैसे संघात्मक सरकार, संसदात्मक और अध्यक्षात्मक व्यवस्थाएँ तथा सरकार के तीनों अंगों का भी ब्यौरा दिया गया है। चौथे खण्ड में चुनाव, राजनीतिक दलों और निर्वाचन प्रणालियों का वर्णन है। पाँचवें और अन्तिम खण्ड में शीतयुद्धोत्तर विश्व में जो सैद्धान्तिक बहस हुई हैं उनका सारगर्भित विश्लेषण किया गया है। पुस्तक की ख़ासियत यह है कि जहाँ यह उस पाठक की जिज्ञासाओं का उत्तर देगी जो राजनीति विज्ञान का औपचारिक विद्यार्थी नहीं है, वहीं साथ–ही–साथ यह उन पाठकों के लिए भी उपयोगी सिद्ध होगी जो इस विषय के विभिन्न पाठ्यक्रमों में विशेष दक्षता हासिल करना चाहते हैं। एक प्रारम्भिका के रूप में यह पुस्तक अवश्य ही सभी पाठकों के लिए लाभदायक सिद्ध होगी ऐसा सम्पादक मण्डल का दृढ़ विश्वास है।

अज़ीम प्रेमजी विश्वविद्यालय

सर्वे नम्बर 66, बुरुगुंटे विलेज, बिक्कनाहल्ली मेन रोड,
सरजापुरा, बेंगलूरु, कर्नाटक-562 125
Email: publications@apu.edu.in
website: www.azimpremjiuniversity.edu.in

प्रथम रीडर

राजनीति विज्ञान के मूल आधार

सम्पादक

■ नरेश भार्गव ■ अरुण चतुर्वेदी
■ संजय लोढ़ा ■ वेददान सुधीर

शोध सहायक

निधि जैन

वाणी प्रकाशन

JANBODH

Azim Premji University

संयुक्त तत्त्वावधान
जनबोध, सामाजिक और सांस्कृतिक शोध संस्थान, उदयपुर
एवं
अज़ीम प्रेमजी विश्वविद्यालय, बेंगलूरु
2022

वाणी प्रकाशन
4695, 21-ए, दरियागंज, नयी दिल्ली 110 002
फ़ोनः +91 11 23273167 फ़ैक्सः +91 11 23275710
शाखाएँ
अशोक राजपथ, पटना 800 004, बिहार
कॉफ़ी हाउस कैम्पस, महात्मा गांधी मार्ग, इलाहाबाद 211 001, उत्तर प्रदेश
महात्मा गांधी अन्तरराष्ट्रीय हिन्दी विश्वविद्यालय, वर्धा 442 001, महाराष्ट्र
www.vaniprakashan.com
marketing@vaniprakashan.in
sales@vaniprakashan.in

Rajneeti Vigyan Ke Mool Aadhar
Editor Team Naresh Bhargava, Arun Chaturvedi
Sanjay Lodha, Veddan Sudhir
Research Assistant: Nidhi Jain

ISBN : 978-93-5518-033-9
Education/Political Science

पेपरबैक प्रथम संस्करणः 2022, प्रकाशित प्रतियाँः 300

मूल्यः ₹ 499

आर. टेक ऑफ़सेट प्रिंटर्स, दिल्ली-110032 में मुद्रित

वाणी प्रकाशन का लोगो मक़बूल फ़िदा हुसेन की कूची से

अनुक्रम

खण्ड : 3

खण्ड : 4

प्रस्तावना

अज़ीम प्रेमजी फ़ाउंडेशन का व्यापक नज़रिया और उद्देश्य समाज में गुणवत्तापूर्ण और समतामूलक शिक्षा के लिए किये जाने वाले प्रयासों में पहलक़दमी व सहयोग प्रदान करना है। इस मुहिम में फ़ाउंडेशन व उसके द्वारा समर्थित और संचालित अज़ीम प्रेमजी विश्वविद्यालय का एक मक़सद है गुणवत्तापूर्ण उच्च शिक्षा को ज़्यादा लोगों तक ले जाना। इस दिशा में विश्वविद्यालय ने कई क़दम उठाये हैं और कई और नये प्रयास शुरू करने की योजनाएँ हैं। उनमें से एक है विश्वविद्यालय द्वारा अंग्रेज़ी माध्यम में संचालित विभिन्न पाठ्यक्रमों को दो भारतीय भाषाओं, हिन्दी और कन्नड़, में शुरू करना। इस ओर बढ़ने का प्रयास फाउण्डेशन के व्यापक उद्देश्य को समर्थन देने का प्रयास है, विश्वविद्यालय के 'अनुवाद पहल' कार्यक्रम के अन्तर्गत एक तो शिक्षक व स्कूली शिक्षा व विकास की शिक्षा के क्षेत्र से सीधे–सीधे सम्बन्धित अंग्रेज़ी की उत्कृष्ट पठन सामग्री का हिन्दी और कन्नड़ में अनुवाद करने का ज़रूरी काम है। दूसरा महत्वपूर्ण हिस्सा है हिन्दी और कन्नड़ में होने वाले सेमिनार जो समय–समय पर होते रहे हैं। हमारी उम्मीद है कि ये प्रयास जो उच्च शिक्षा के लिए उपयुक्त सामग्री को दो भाषाओं में उपलब्ध करवाने के लिए हैं, अन्य भाषाओं में भी ऐसे ही प्रयासों को शुरू करने में मदद करेंगे। अज़ीम प्रेमजी विश्वविद्यालय के उद्देश्यों की पूर्ति की राह में 'अनुवाद पहल' की तीसरी कोशिश यह है कि पहले से उपलब्ध हिन्दी या कन्नड़ भाषा की इधर–उधर बिखरी सामग्री को खोजकर इस तरह संकलित किया जाये कि वह पाठकों के लिए सार्थक अध्ययन सामग्री बन जाये। यह ऐसी सामग्री हो जो न सिर्फ़ कोर्स की पठन सामग्री का हिस्सा बन सके बल्कि एक सामान्य पाठक; चाहे वे विद्यार्थी हों, शिक्षक हों अथवा अन्य कोई उनको भी विषय के

बुनियादी मसलों से परिचित करा सकें। इस लक्ष्य के तहत हिन्दी भाषा में कई रीडर तैयार किये जा रहे हैं। उनमें भी हमारा प्रयास ऐसी सामग्री को चयन करने का है जो कॉपीराइट मुक्त अथवा क्रिएटिव कॉमन्स 4 के तहत आने वाली सामग्री से संकलित हो। इसी क्रम में एक कोशिश यह भी है कि कुछ सामग्री हिन्दी व कन्नड़ में ही लिखी जाये और इन भाषाओं में शैक्षिक संवाद भी सम्भव हो सकें व शोध भी।

इन संकलनों में विभिन्न शैक्षिक पत्र–पत्रिकाओं और शोध अध्ययनों से लेख लिए गये हैं। इनमें अनूदित सामग्री भी है। इसमें कुछ सामग्री विशेष तौर पर अनूदित की गयी है। प्रयास है कि चुने गये लेख मूलभूत अवधारणाओं, वैकल्पिक विचार, दृष्टिकोण और तरीक़ों आदि तक पहुँचने का रास्ता बनाने में मदद करें। वे विभिन्न परिप्रेक्ष्य से विषयों/मुद्दों को प्रस्तुत कर उनके बारे में समग्र व व्यापक समझ विकसित करने में भी मददगार हों। हमारा यह भी मानना है कि उच्च शिक्षा के विद्यार्थियों में पढ़ने की रुचि तभी बनेगी जब उन्हें सरल भाषा व शैली में पढ़ने को सामग्री मिलेगी। इससे उनका अपने विषयों के व्यापक दायरों से परिचय भी होगा व उस पर कुछ महारत भी। उम्मीद है कि इस तरह की सामग्री के अध्ययन से विद्यार्थियों में विषयों पर स्वामित्व और सीखने में स्वतन्त्रता की भावना भी विकसित हो सकेगी।

इन्हीं उद्देश्यों के आलोक में अलग–अलग विश्वविद्यालयों एवं शिक्षा में काम कर रही संस्थाओं से जुड़े विद्वानों की मदद से विभिन्न विषयों पर ऐसे और रीडर तैयार किये जा रहे हैं।

राजनीति विज्ञान के मूल आधार इसी क्रम में तैयार किया गया रीडर है जिसे फ़ाउंडेशन ने जनबोध संस्थान, उदयपुर से जुड़े कुछ विद्वानों के सहयोग से तैयार किया है। इस रीडर का प्रमुख उद्देश्य पाठकों को राजनीति विज्ञान की मूल प्रस्थापनाओं से अवगत कराना है। रीडर के पाँच खण्डों में कुल 26 अध्याय सम्मिलित किये गये हैं। इन अध्यायों में राजनीति विज्ञान विषय की प्रकृति, राज्य, राष्ट्र और सरकार के स्वरूप, प्रमुख सिद्धान्तों, राजनीतिक संस्थाओं आदि का उल्लेख किया गया है। यह आशा है कि पाठक इस रीडर का अध्ययन कर राजनीति विज्ञान की बेहतर समझ हासिल कर पायेंगे।

–हृदय कान्त दीवान

'अनुवाद पहल', अज़ीम प्रेमजी विश्वविद्यालय, बेंगलूरु

सम्पादकीय

एक विषय के रूप में राजनीति विज्ञान का उद्‌भव अनेक शताब्दियों पुराना माना जाता है। अपनी उत्पत्ति से लेकर वर्तमान तक राजनीति विज्ञान के सन्दर्भ और इसकी विषय वस्तु में निरन्तर वृद्धि होती रही है। प्रारम्भिक अवस्था में यह माना जाता था कि राजनीति विज्ञान मुख्य रूप से राज्य और सरकार का अध्ययन है लेकिन कालान्तर में इस समझ में परिवर्तन हुए और आज यह सर्वविदित है कि इस विषय के अन्तर्गत व्यक्ति, समाज, राष्ट्र और राष्ट्र के परे राष्ट्रों के मध्य हो रहे क्रियाकलापों का अध्ययन–विश्लेषण भी सन्निहित है। इतना ही नहीं इस विषय की व्यापकता इस बात से भी स्पष्ट होती है कि दर्शन एवं सिद्धान्त भी राजनीति विज्ञान की विषयवस्तु के अनिवार्य भाग हैं। सम्भवतः विषय की इसी व्यापकता और प्रासंगिकता को ध्यान में रखते हुए विषय के पितामह अरस्तू ने राजनीति विज्ञान को 'गुरु विज्ञान' का स्थान दिया।

राजनीति विज्ञान के समृद्ध अध्ययन स्वरूप को किसी भी एक पुस्तक में सँजोना मुश्किल ही नहीं असम्भव प्रतीत होता है। यही कारण है कि प्रस्तुत संकलन 'राजनीति विज्ञान के मूल आधार' में उन प्रारम्भिक प्रसंगों को स्थान दिया गया है जो एक पाठक को इस विषय की मूल प्रस्थापनाओं से अवगत करवायेंगे। इस पुस्तक में विषय से सम्बन्धित बुनियादी बातों के साथ–ही–साथ कतिपय समसामयिक वैचारिक प्रसंगों को भी सम्मिलित किया गया है। सुधी पाठकों को इस सम्मिश्रण का यह लाभ होगा कि वह विषय के विकास क्रम को समझ सकें।

पुस्तक को कुल *पाँच खण्डों* में विभाजित किया है। इन पाँच खण्डों में 26 आलेख हैं। *प्रथम खण्ड* के पहले लेख में पाठक को राजनीति सिद्धान्त से परिचित करवाया गया है। अध्याय 2 से 4 में राजनीति, राज्य,

समाज, व्यक्ति आदि के अन्तःसम्बन्धों को स्पष्ट किया गया है। अध्याय 5 में राष्ट्र और राष्ट्र निर्माण की प्रक्रिया का उल्लेख है और अध्याय 6 में नागरिकता की अवधारणा का वर्णन किया गया है। *द्वितीय खण्ड* प्रमुख रूप से सिद्धान्तों पर आधारित है। अध्याय 7 में राज्य के सम्प्रभुता सिद्धान्त की मुख्य धाराओं का विवरण है। अध्याय 8 से 10 में उन अवधारणाओं का उल्लेख है जिनके माध्यम से विकासशील राज्यों को समझने का प्रयास किया गया है। इनमें राजनीतिक विकास, आधुनिकीकरण, संस्कृति आदि हैं। अध्याय 11 में राज्य और सरकार के कामकाज से सम्बन्धित सिद्धान्तों का उल्लेख किया गया है। *खण्ड 3* में सरकारों के विभिन्न स्वरूपों और अंगों का विस्तृत ब्यौरा दिया गया है। लोकतन्त्र और अधिनायकतन्त्र के अर्थ, स्वरूप तथा गुण एवं दोषों का उल्लेख अध्याय 12 में है। अध्याय 13 में सरकारों के वर्गीकरण को ले कर प्रमुख विद्वानों के विचारों को उद्धृत किया है। संघात्मक शासन का वर्णन अध्याय 14 तथा 15 में है। अध्याय 16 में शक्ति पृथक्करण के सिद्धान्त का वर्णन है। सरकार के तीन अंगों व्यवस्थापिका, कार्यपालिका और न्यायपालिका का वर्णन अध्याय 17 में है। संसदात्मक और अध्यक्षात्मक सरकारों की बहस को अध्याय 18 में प्रस्तुत किया गया है।

खण्ड 4 के 5 अध्यायों (19–23) में राजनीतिक दल और निर्वाचन प्रणालियों के प्रमुख प्रसंगों का विवरण दिया गया है। *अन्तिम खण्ड* के तीन लेखों में प्रमुख समसामयिक प्रस्थापनाओं की चर्चा की गयी है। ये लेख पाठकों को उन विचारों से अवगत करवायेंगे जिनका विकास विश्व राजनीति में शीतयुद्ध के समाप्त होने के साथ हुआ। अतः इन 26 लेखों में राजनीति विज्ञान का एक प्रारम्भिक चित्र पाठकों के समक्ष खींचा गया है।

इस संकलन की ख़ास बात यह है कि इस में संकलित अधिकांश लेख हिन्दी में ही लिखे गये हैं। यह इन मिथकों को तोड़ता है कि हिन्दी में कार्य नहीं हुआ है और वह स्तरीय नहीं है। इन प्रयासों के बावजूद भी इसमें दो राय नहीं है कि हिन्दी में और अधिक काम करने की आवश्यकता है।

सम्पादकगण उन सब लेखकों के प्रति अपनी कृतज्ञता ज्ञापित करते हैं, जिनके आलेख इस संकलन में सम्मिलित हैं। हम विभिन्न पत्रिकाओं और पुस्तकों के प्रकाशकों के प्रति भी आभारी हैं, जिनकी रचनाएँ यहाँ सम्मिलित हैं।

–सम्पादक मण्डल

सम्पादक मण्डल

नरेश भार्गव

मोहनलाल सुखाड़िया विश्वविद्यालय, उदयपुर से सेवा मुक्त। तीन पुस्तकें, दो अनुवाद तथा राष्ट्रीय और अन्तर्राष्ट्रीय पत्रिकाओं में कई लेखों का प्रकाशन। राजस्थान समाजशास्त्र परिषद की पत्रिका *राजस्थान जनरल ऑफ़ सोशियोलॉजी* के प्रधान सम्पादक। राजस्थान समाजशास्त्र परिषद के पूर्व अध्यक्ष। अखिल भारतीय समाजशास्त्र परिषद की शोध समिति पन्द्रह के संयोजक (कृषक संरचना एवं सामाजिक रूपान्तरण)। अन्तर्राष्ट्रीय समाजशास्त्र परिषद के सदस्य। राजनीतिक समाजशास्त्र, जनसंचार के समाजशास्त्र तथा ग़ैर–बराबरी के समाजशास्त्र में विशेषज्ञता। लेखन कार्य में निरन्तर कार्यरत।

अरुण चतुर्वेदी

मोहनलाल सुखाड़िया विश्वविद्यालय, उदयपुर में राजनीतिशास्त्र के आचार्य व अध्यक्ष रहे हैं। इससे पूर्व विक्रम विश्वविद्यालय, उज्जैन और राजस्थान सरकार के महाविद्यालयों में भी अध्यापन किया। वर्धमान महावीर खुला विश्वविद्यालय, कोटा और विद्याभवन, उदयपुर से जुड़े रहे हैं। अन्तर्राष्ट्रीय राजनीति, भारतीय विदेश नीति, अन्तर्राष्ट्रीय क़ानून, मानवाधिकार, भारतीय राजनीति और तृणमूल स्तर की राजनीति पर पुस्तकें लिखीं और पुस्तकों का सम्पादन किया। वर्तमान में भी लेखन और सम्पादन में सक्रिय हैं। *नये राष्ट्र और अन्तर्राष्ट्रीय विधि, इंडियाज़ फारेन पालिसी इन चेन्जिंग वर्ल्ड, भारतीय राजनीति : एक विमर्श, साउथ एशियन स्टेटस एंड सी लॉज, भारत में मानवाधिकार* प्रमुख प्रकाशन हैं।

संजय लोढ़ा

लगभग सैंतीस वर्षों तक राजनीति विज्ञान के शिक्षक के रूप में सेवाएँ

प्रदान करने के पश्चात 2020 में सेवानिवृत्त। 7 पुस्तकों का लेखन एवं सम्पादन। 50 से अधिक शोध लेखों का विभिन्न समाचार–पत्रों तथा पत्रिकाओं में प्रकाशन। 25 शोधकर्ताओं को पीएच.डी. और पीडीएफ के लिए मार्गदर्शन। स्टेट पॉलिटिक्स, वोटिंग बिहेवियर और चुनाव विश्लेषण से सम्बन्धित गम्भीर शोध। यू.जी.सी., आई.सी.एस.एस.आर., आई.डी.एस., सी.एस.डी.एस. तथा अन्य संस्थाओं के तत्त्वावधान में शोध परियोजनाओं का संचालन। अज़ीम प्रेमजी विश्वविद्यालय के रीडर निर्माण और ट्रांसलेशन इनिशिएटिव से जुड़ाव। आजकल साँझी न्यास के माध्यम से जनजाति क्षेत्र की महिलाओं को स्वावलम्बी बनाने के प्रयास में संलग्न।

वेददान सुधीर

विगत पैंतीस वर्षों से राजनीति शास्त्र का अध्ययन एवं अध्यापन। मुख्य पुस्तकें हैं *भारत की विदेश नीति : एक मूल्यांकन, भारतीय संविधान के चर्चित प्रसंग, भारत की विदेश नीति : बदलते सन्दर्भ* (उत्तर प्रदेश साहित्य अकादमी से पुरस्कृत), भारतीय संविधान एवं राजनीति में महत्त्वपूर्ण संविधान सभा के कतिपय प्रसंगों का सांगोपांग विवेचन *द क्राइसिस ऑफ़ इंडिया* का सम्पादन। *भारत में पंचायती राज* पर पुस्तक। दस वर्ष तक धरातल की संस्थाओं के जनप्रतिनिधियों का शिक्षण–प्रशिक्षण, मेवाड़ की आंचलिक लोककथाओं का संकलन, पंचायती राज संस्थाओं के विविध पहलुओं पर शोध प्रबन्धों का निर्देशन। पत्रिका *मूलप्रश्न* का विगत 40 वर्षों से निरन्तर सम्पादन।

निधि जैन

सामाजिक शोधकर्ता और कार्यकर्ता हैं। उन्होंने *पंचायत राज में ग्रामसभा की भूमिका और स्थिति का मूल्यांकन : बाँसवाड़ा ज़िले के विशेष सन्दर्भ में एक व्यावहारिक अध्ययन* पर पीएच.डी. प्राप्त की है। वे चुनाव, कल्याण कार्यक्रमों के प्रभाव का मूल्यांकन, ग्रामीण स्थानीय स्वशासन से सम्बन्धित कई शोध अध्ययनों में शामिल रही हैं। सामाजिक शोधकर्ता के रूप में वे भारत और विदेशों में कई प्रमुख अनुसन्धान संगठनों के साथ जुड़ी हुई हैं। सामाजिक कार्यकर्ता के रूप में उन्होंने आस्था, सेवा मन्दिर, राजीव गाँधी फ़ाउंडेशन के अलावा उन जैसे कई अन्य संगठनों के लिए काम किया है। वर्तमान में वे कुशलगढ़, राजस्थान में वंचित और पिछड़ी महिलाओं की आर्थिक बेहतरी के लिए काम कर रही हैं। वे इन दिनों सी.एस.डी.एस. राजस्थान टीम के साथ सम्बद्ध हैं।

खण्ड : 1

परिचय

राजनीति विज्ञान को जहाँ एक ओर प्राचीन यूनान में 'मास्टर साइंस' के रूप में देखा जाता था वहीं आज के दौर में इस विषय को 'कलाओं में भी सबसे पिछड़ी हुई कला' भी कहा गया है। लेकिन राज्य, राष्ट्र के महत्त्व से कोई इनकार नहीं कर सकता। इस बात को भी नज़रअन्दाज़ नहीं किया जा सकता कि व्यक्ति, समाज और राज्य के अन्तःसम्बन्ध दर्शनशास्त्र की प्रमुख चिन्ता रही है। इस पुस्तक की प्रारम्भिक इकाई में उपरोक्त पहलुओं पर राजनीति विज्ञान के स्थापित मनीषियों के लेखों का संकलन किया गया है। राजनीति क्या है, इसके निहितार्थ क्या हैं, राजनीति की प्रकृति कैसी है, आदि प्रश्नों के उत्तर पहले लेख में दिये गये हैं। दूसरे लेख में राजनीतिक सिद्धान्त के अर्थ और प्रमुख सिद्धान्तों का उल्लेख किया गया है। नागरिकता किसी भी राष्ट्र की स्थापना का आधार होती है। इसीलिए नागरिकता के महत्त्व को समझते हुए एक विस्तृत लेख का समावेश किया गया है जिसमें नागरिकता के सैद्धान्तिक और व्यावहारिक पहलुओं पर विचार किया गया है। भारत की प्राचीन और आधुनिक राजनीतिक चिन्तन परम्परा में व्यक्ति, समाज, राज्य और राष्ट्र के बारे में लगातार विचार मन्थन हुआ है। इस इकाई के संकलित आख़िरी लेखों में इन्हीं विचारों को प्रस्तुत किया गया है। इन लेखों की विशेषता यह है कि इनमें पाश्चात्य चिन्तन से हट कर भारतीय राजनीतिक चिन्तन के स्वरूप को अभिव्यक्त किया गया है।

अध्याय–1

राजनीतिक सिद्धान्त : एक परिचय

–नरेश दाधीच

राजनीतिक सिद्धान्त : अर्थ एवं प्रकृति

सामान्यतः राजनीतिक सिद्धान्त के अध्ययन से तात्पर्य है कि राजनीतिक घटनाओं एवं प्रक्रियाओं का अध्ययन करने के लिए जिन अवधारणाओं और सिद्धान्तों का उपयोग होता है उनका अध्ययन करना। इस प्रकार राजनीतिक सिद्धान्त मूलतः सरकार की प्रकृति और उद्देश्यों, राजनीति की गतिविधि, कार्य और व्यक्तियों के कार्यकलापों तथा स्थापित राजनीतिक संस्थाओं और उनमें हो सकने वाले परिवर्तनों तथा राजनीतिक व्यवस्था के आदर्शात्मक स्वरूप के बारे में व्यवस्थित चिन्तन है। यह मुख्य रूप से एक बौद्धिक गतिविधि है तथा इसका इतिहास बहुत पुराना है। जब से व्यक्तियों ने संगठित होकर समाज के रूप में रहना आरम्भ किया और उसमें व्यवस्था बनाये रखने का प्रश्न सामने आया तब राजनीति का जन्म हुआ और उस पर विचार–विमर्श होने लगा कि इसको बेहतर कैसे बनाया जा सकता है।

राजनीति की परिभाषा से सभी सहमत नहीं हैं और समय के अनुसार इसके तत्त्वों का महत्त्व बढ़ता–घटता रहता है। लेकिन सामान्यतः इसे एक ऐसी प्रक्रिया के रूप में परिभाषित किया जा सकता है जिनमें निर्णय किये जाते हैं और जो व्यक्तियों के एक समूह पर लागू होते हैं। व्यक्तियों का समूह जिनमें आरम्भ में मत एवं हित एक–दूसरे के विपरीत हों लेकिन वे व्यक्ति विचार–विमर्श या अन्य तरीक़ों से ऐसी नीतियों पर सहमत होते हैं जिनक़ी समूह के सभी सदस्यों पर समान रूप से क्रियान्विति होगी। इस प्रकार राजनीति वहाँ नहीं हो सकती जहाँ पर आरम्भिक अवस्था में

व्यक्तियों में नीति सम्बन्धी मतभेद न हों। उन मतभेदों को दूर करने के लिए नित नये तरीक़े खोजने पड़ते हैं जिसमें अधिकतम या प्रभावशाली लोग सहभागिता कर सकें। इस निर्णय की प्रक्रिया के पश्चात एक नीति का निर्माण होता है जिसको स्वीकार करना समूह के सदस्यों के लिए आवश्यक है। समय अनुसार नीतियाँ भी परिवर्तित होती हैं। लेकिन एक बार नीति बनने पर उसका प्रभावी क्रियान्वयन करने की ज़िम्मेदारी सत्ता पर होती है और वह इस ज़िम्मेदारी को निभाने की शक्ति रखती है। इस प्रकार शक्ति, सत्ता, राज्य, अधिकार इत्यादि महत्त्वपूर्ण अवधारणाएँ हैं जो राजनीति को परिभाषित करती हैं। ऐसी राजनीति के बारे में सिद्धान्त निर्माण करना और उससे राजनीति के वास्तविक स्वरूप को समझना यह राजनीतिक चिन्तकों का कार्य है। ज्ञानोदय युग के पूर्व राजनीति के बारे में ऐसी चिन्ता करना केवल दार्शनिकों का कार्य माना जाता था लेकिन ज्ञानोदय के पश्चात विज्ञान के विकास में इस कार्य को वैज्ञानिकों ने भी करना आरम्भ किया और इसलिए राजनीति के अध्ययन को उन्नीसवीं शताब्दी में आते–आते राजनीति विज्ञान का नाम दिया गया जो मुख्यतः प्रत्यक्षवाद का प्रभाव था।

राजनीतिक सिद्धान्त की व्याख्या कई प्रकार से की जाती है और इसका अलग–अलग तरीक़े से अध्ययन किया जाता है। कुछ अध्ययनकर्ता राजनीतिक सिद्धान्त को राजनीतिक चिन्तन के इतिहास के रूप में देखते हैं। उनके अनुसार प्लेटो से लेकर मार्क्स तक के राजनीतिक विचारकों ने जो विचार व्यवस्थित ढंग से राजनीति के बारे में प्रस्तुत किये हैं उनका अध्ययन करना ही राजनीतिक सिद्धान्त का निर्माण करना है और इसके लिए वे इन राजनीतिक विचारकों के ग्रन्थों की ऐतिहासिक, सन्दर्भिक (contexual) एवं दार्शनिक व्याख्या करते हैं। राजनीतिक सिद्धान्त अवधारणात्मक विश्लेषण करने के काम भी आता है। जिसके अनुसार राजनीति के अध्ययन में प्रयुक्त होने वाली अवधारणाओं का पर्याप्त परीक्षण करना ही राजनीतिक सिद्धान्त का कार्य है। कुछ लोग राजनीतिक सिद्धान्त का उपयोग प्रतिमान निर्माण में करना चाहते हैं जिसके आधार पर यथार्थ की राजनीति को समझा जा सके। मुख्य रूप से अमेरिका जैसे विकसित देशों में राजनीतिक सिद्धान्त का उपयोग अधिकतर इसी प्रकार से होता है। इसलिए वहाँ पर राजनीतिक सिद्धान्त के माध्यम से अर्थव्यवस्था व सामाजिक व्यवस्था का अध्ययन करने का प्रयास भी

किया जाता है। कुछ अन्य विचारक राजनीतिक सिद्धान्त को सैद्धान्तिक राजनीतिक विज्ञान का नाम देते हैं और राजनीति के किसी भी पक्ष के बारे में दार्शनिक एवं ज्ञान मीमांसात्मक विवेचना को राजनीतिक सिद्धान्त का नाम दिया जाता है। यह कहा जा सकता है कि राजनीतिक सिद्धान्त, राजनीतिक दर्शन, राजनीतिक चिन्तन इत्यादि में एक नज़दीकी सम्बन्ध है और इनके मध्य अन्तर करना सामान्यतः कठिन कार्य है। सामान्य तौर पर राजनीतिक चिन्तन विचारों का एक असंरचित प्रकार है, जबकि राजनीतिक दर्शन राजनीति के मूलभूत प्रश्न व अवधारणाओं का गहन अध्ययन है। राजनीतिक सिद्धान्त इन दोनों से इस अर्थ में अलग है कि यह राजनीति के बारे में एक व्यवस्थित संरचनात्मक चिन्तन है, जो राजनीति को समझने में सहायता प्रदान करता है।

राजनीतिक सिद्धान्त का अध्ययन

राजनीतिक सिद्धान्त के अध्ययन करने के कई प्रकार के दृष्टिकोण निर्मित हुए हैं। चूँकि राजनीतिक विचारकों ने ऐतिहासिक सन्दर्भों में सार्वभौमिक राजनीतिक समस्याओं का विश्लेषण कर उसके समाधान के लिए अपना चिन्तन प्रस्तुत किया है इसलिए उनकी कई प्रकार की व्याख्याएँ की जाती हैं। यह माना जाता है कि किसी पुस्तक की विषयवस्तु के साथ–साथ उसका सन्दर्भ भी महत्त्वपूर्ण है। व्याख्याकार स्वयं के राजनीतिक झुकाव के साथ राजनीतिक ग्रन्थों की व्याख्या करते हैं और इसलिए बहुधा यह पता लगाना कठिन होता है कि राजनीतिक सिद्धान्त की परम्परा में मौलिक चिन्तन क्या है और व्याख्याकार के द्वारा व्याख्यायित चिन्तन क्या है। राजनीतिक सिद्धान्त की व्याख्या सम्बन्धी समस्या तब और ज़्यादा गहन होती गयी जब राजनीतिक सिद्धान्त का इतिहास लिखा जाने लगा। उन्नीसवीं शताब्दी के उत्तरार्द्ध में राजनीतिक सिद्धान्त के इतिहास को लेखबद्ध करने के प्रयास आरम्भ हुए और बीसवीं शताब्दी में यह एक परम्परा बन गयी। इसी के साथ–साथ व्याख्या करने के बहुत से नये दृष्टिकोण अस्तित्व में आये।

विभिन्न दृष्टिकोणों के मध्य में कुछ प्रश्नों पर मतभेद है और इसमें सबसे महत्त्वपूर्ण प्रश्न यह है कि चिन्तन ऐतिहासिक सन्दर्भ से सीमित होता है या नहीं। कुछ व्याख्याकार यह मानते हैं कि किसी भी चिन्तक के विचारों का मूल्यांकन उसके ऐतिहासिक सन्दर्भ के अन्तर्गत ही किया

जा सकता है और उनके विचार मुख्यतः अपने समसामयिक ऐतिहासिक सन्दर्भ की समस्याओं पर परिलक्षित होते हैं। उनमें सार्वभौमिक तत्त्वों का होना सुनियोजित नहीं होता और इसलिए ग़ैर–महत्त्वपूर्ण होता है। वहीं दूसरे व्याख्याकार यह मानते हैं कि चिन्तन की परिभाषा ही यह है कि वह सार्वभौमिक और सार्वकालिक हो तथा अपने समय के सन्दर्भ से सीमित न हो। ऐसा प्रतीत होता है कि विचारक अपने समय से प्रतिबन्धित है। वास्तव में वह उस समय की परिस्थितियों को समझ कर उस पर अपने विचार परिलक्षित करता है लेकिन उनमें सार्वभौमिक तत्त्व होते हैं क्योंकि उसके बिना उसके विचारों का उसके काल के पश्चात कोई महत्त्व नहीं रह जाता। इसलिए अगर किसी विचारक के ग्रन्थ की समीक्षा करनी है तो उसे उस काल से परे कर सार्वभौमिक तत्त्वों के अन्तर्गत की जानी चाहिए। कुछ व्याख्याकार यह मानते हैं कि प्राचीन और मध्य युग में विशेष रूप से विचारक अपने चिन्तन को छुपाकर विचार व्यक्त करना चाहते थे और इसलिए वे ऐसी भाषा और अवधारणाओं का उपयोग करते थे जो उस समय के राजाओं को, शासन को या धार्मिक संस्थाओं को स्वीकार थी लेकिन वे उनके माध्यम से नये विचार देना चाहते थे। इसलिए व्याख्याकार का यह कर्तव्य है कि वह ग्रन्थ की भाषा में निहित अर्थों को उजागर करे और विचारक के मूल विचार तक पहुँचने का प्रयास करे। आधुनिक काल में कई नये प्रकार के दृष्टिकोण भी सामने आये हैं जो आधुनिकता और उत्तर–आधुनिकता के प्रश्न को महत्त्वपूर्ण मानते हैं तथा वर्तमान में स्थापित विश्लेषण की विशिष्ट इकाइयों जैसे–जेंडर, वर्ग, मानवीय अधिकार, उत्तर–उपनिवेशवाद इत्यादि को ध्यान में रखकर व्याख्या करना चाहते हैं। इस प्रकार राजनीतिक दर्शन या चिन्तन के साथ–साथ उनकी व्याख्या करना भी अपने आप में एक बृहद् विषय बनता जा रहा है। आज व्याख्याकार इसको राजनीतिक चिन्तन की एक शाखा के रूप में स्वीकार कर रहे हैं। हम यहाँ पर प्रमुख दृष्टिकोणों का संक्षेप में विवरण देंगे।

सन्दर्भीय दृष्टिकोण

सन्दर्भीय दृष्टिकोण का मूल विचार यह है कि विचारक या लेखक अपने समय के उत्पाद होते हैं। इसलिए अगर हमें उनके विचारों और उनके द्वारा रचित ग्रन्थों को सही प्रकार से समझना है और उसका मूल्यांकन करना है तो हमें उस ऐतिहासिक परिप्रेक्ष्य को समझना होगा, जिसमें चिन्तक ने अपने

विचार दिये हैं तथा उस ऐतिहासिक सन्दर्भ से उन विचारों को सम्बन्धित करना होगा। यह दृष्टिकोण मूलतः ऐतिहासिक दृष्टिकोण पर आधारित है और यह उन व्याख्याकारों की आलोचना करता है जो मानते हैं कि एक ग्रन्थ को समझने के लिए साहित्यिक या दार्शनिक दृष्टि अधिक आवश्यक है। राजनीतिक दर्शन के क्षेत्र में इस दृष्टिकोण को क्वेंटिन स्कीनर, जे. जे. पोकोक एवं जॉन डन तथा कैम्ब्रिज स्कूल के अन्य व्याख्याकारों ने लोकप्रिय बनाया। यह कहा जा सकता है कि (मार्क बेविर, 2011 : 11)

1. 'कैम्ब्रिज स्कूल' एक समांगी (Homogeneous) दृष्टिकोण नहीं है।उदाहरणार्थ पोकोक और स्कीनर कई विषयों पर एक–दूसरे से अलग दृष्टिकोण रखते हैं।
2. सन्दर्भीयवाद आधुनिक अनुभववादी परीक्षण का उत्पाद हैं।
3. सन्दर्भीयवाद में नये विकास न होने के कारण सैद्धान्तिक स्तर पर यह अनुभववाद में परिणित होता जा रहा है।

क्वेंटिन स्कीनर ने अपने सन्दर्भीय दृष्टिकोण के विचारों को निर्मित करने के लिए पीटर लेस्लेट के दृष्टिकोण का सहारा लिया है। स्कीनर ने सन्दर्भीय दृष्टिकोण को प्रचारित करने के लिए दार्शनिक शब्दावली का उपयोग किया है। उनके अनुसार अगर हमें भाषायी उद्देश्य को ऐतिहासिक सन्दर्भ में सही प्रकार से समझना है तो उन्हें ऐतिहासिक सन्दर्भ में स्थापित करना होगा। स्कीनर (1988–इ : 77) के अनुसार यह समझने के लिए कि कोई लेखक किसी विशेष अवधारणा और तर्क का प्रयोग क्यों करने जा रहा है हमें पहले वस्तुओं की प्रकृति और विस्तार को समझना होगा जिसका उपयोग लेखक ने एक विशेष समय में विशेष विषयवस्तु का उपयोग करते हुए किया है। अपने लेखों में स्कीनर बार–बार यह आग्रह करते हैं कि उसका सन्दर्भीय दृष्टिकोण न केवल आवश्यक है अपितु ऐतिहासिक ग्रन्थ को समझने के लिए सारभूत रूप से आवश्यक है। वह यह मानते हैं कि एक लेखक के विचार और उसके मन्तव्य को समझने के लिए एक इतिहासकार को अभिलेख एवं प्राथमिक शोध पर आधारित तथ्यगत ज्ञान के समूह को निर्मित करना पड़ता है। स्कीनर (1988–इ : 275) के अनुसार अगर हम सन्दर्भ को सही तरीक़े से इंगित कर पाते हैं तो हम यह जानने में सफल होते हैं कि लेखक या वक्ता जिसके हम पक्षपाती हैं वह क्या कर रहा है। वह यह भी मानते हैं कि विचारक प्राथमिक रूप से समसामयिक विवाद में अपना योगदान नहीं देना चाहते। यह बाद में उनके

व्याख्याकारों का कर्तव्य है कि वे इन विचारकों को राजनीतिक चिन्तन की विशिष्ट परम्परा में स्थापित करें; जिससे विशेष समय में विशेष प्रश्नों का उत्तर देने का विचारक द्वारा किया गया प्रयास रेखांकित हो सके।

इस प्रकार स्कीनर सार्वकालिक समस्याओं को महत्त्वपूर्ण नहीं मानते। वे यह मानते हैं कि प्रत्येक ग्रन्थ विशिष्ट समस्याओं से सम्बन्धित होता है और सभी ग्रन्थ एक साथ मिलकर किसी सामान्य उद्देश्य को प्राप्त करने का प्रयास नहीं करते और इसलिए यह कहना ग़लत है कि विचारक आपसी सहयोग के द्वारा एक संगत पराभौतिक दर्शन उत्पन्न करना चाहते हैं। स्कीनर ने आधुनिक राजनीतिक चिन्तन के आधार सम्बन्धी अपने प्रमुख ग्रन्थ में पुस्तक लिखने के तीन कारण विवेचित किये हैं–

1. उत्तर मध्ययुग एवं पूर्व आधुनिक राजनीतिक चिन्तन के प्रमुख ग्रन्थों की एक रूपरेखा तैयार करना।
2. उत्तर मध्ययुग एवं पूर्व आधुनिक राजनीतिक सिद्धान्त के ग्रन्थों का उपयोग इस सन्दर्भ में करना जिससे कि एक सामान्य विषयवस्तु स्थापित की जा सके।
3. ऐतिहासिक ग्रन्थों की व्याख्या और उनका अध्ययन करने के लिए एक विशेष प्रकार के दृष्टिकोण को उदाहरणार्थ प्रस्तुत किया जा सके।

स्कीनर ने अपनी पद्धति 1964 के लगभग आरम्भ की थी जब उन्होंने थामस हॉब्स के लेवियाथन से सम्बन्धित लेख लिखे। उन्होंने यह तर्क दिया कि हॉब्स के राजनीतिक विचार सत्रहवीं शताब्दी के इंग्लैंड के राजनीतिक एवं बौद्धिक सन्दर्भ और विचारधारा के आधार पर परीक्षित किये जाने चाहिए। थॉमस हॉब्स के आधुनिक व्याख्याकार ए.ई. टेलर, एफ.सी. हुड एवं हावर्ड वारेंडर इस दृष्टिकोण को स्वीकार नहीं करते हैं। वे थॉमस हाब्स की उनकी आन्तरिक सन्दर्भता के आधार पर व्याख्या करते हैं।

स्कीनर के साथ–साथ जे.जी.ए. पोकोक भी एक महत्त्वपूर्ण लेखक हैं जिन्होंने सन्दर्भीय दृष्टिकोण को लोकप्रिय बनाया। स्कीनर की तरह पोकोक सन्दर्भीय दृष्टिकोण में दार्शनिक शब्दावली का उपयोग नहीं करते। वह अपने सैद्धान्तिक पक्ष को स्थापित करने के लिए समाजशास्त्रीय शब्दावली का उपयोग करते हैं और इसलिए कई बार ऐसा प्रतीत होता है कि वह स्कीनर से भिन्न प्रकार से सोच रहे हैं। पोकोक ने पैरेडाइम परम्परा एवं भाषा जैसी अवधारणाओं का उपयोग किया है जो ग्रन्थों

एवं उनके लेखकों को उनके ऐतिहासिक सन्दर्भ से जोड़ते हैं। वह इन ग्रन्थों का विश्लेषण करने के लिए दार्शनिक विश्लेषण प्रदान करने में कम रुचि लेते हैं अपितु वह इन ग्रन्थों का अध्ययन करने के लिए इन दार्शनिक अवधारणाओं को कार्यान्वित करते हैं। वह मानते हैं कि पैरेडाइम किसी भी ग्रन्थ के अर्थ को समझने के लिए आधारभूत तत्त्व है। जिससे कि उन लेखकों का मन्तव्य एक विशेष पैरेडाइम के अन्तर्गत समझा जा सके। वह यह भी मानते हैं कि इतिहासकार को पैरेडाइम का अध्ययन करना चाहिए जिससे पैरेडाइम में स्थित राजनीतिक सोच को समझा जा सके। पोकोक (1972 : 25) यह तर्क देते हैं कि किसी लेखक के मन्तव्य को समझने के लिए लेखक के द्वारा उपयोग की गयी शब्दावली और भाषा को इंगित करना आवश्यक है और यह प्रदर्शित करना आवश्यक है कि वे किस प्रकार पैरेडाइम में कार्य करती हैं। पोकोक अन्य किसी सन्दर्भीय दृष्टिकोण वाले व्याख्याकार की तरह यह विश्वास करते हैं कि आधुनिक सन्दर्भीयवाद साधन का भाग है जो ग्रन्थों के तथ्यगत व्याख्या करने और तथ्यों का पूर्णतया विश्लेषण करने में विश्वास रखता है। वह यह नहीं मानते कि विचारक सार्वभौमिक और सर्वकालिक बहस में अपनी स्वेच्छा से भाग लेना चाहते हैं और अपना योगदान देना चाहते हैं इसके विपरीत पोकोक (1962 : 186) यह विश्वास रखते हैं कि लेखकों के सम्मुख यह ऐतिहासिक कार्य होता है कि वह यह स्थापित करें कि किस स्तर पर ऐतिहासिक सन्दर्भ में समस्याएँ निहित हैं।

सन्दर्भीय इतिहासकारों की इस बात के लिए आलोचना की जाती है कि वे केवल अपने ही दृष्टिकोण को किसी ग्रन्थ का सही अर्थ जानने के लिए आवश्यक मानते हैं। उनकी इस बात के लिए भी आलोचना की जाती है कि वे ऐतिहासिक दर्शन का उपयोग करते हुए भी अपने साधन को आधुनिक साधन मानते हैं। यह कहा जा सकता है कि किसी भी ग्रन्थ के लिए उसकी ऐतिहासिक जड़ें महत्त्वपूर्ण हैं लेकिन वही एकमात्र मापदण्ड नहीं है जिससे कि ग्रन्थ के सत् का परीक्षण किया जा सके। उनके द्वारा ऐतिहासिक पद्धति का उपयोग भी उन्हें आधुनिक नहीं बनाता है। कालान्तर में सन्दर्भीय दृष्टिकोण का उपयोग करने वाले व्याख्याकारों ने अपने अतिवादी दृष्टिकोण को त्यागा और वे यह स्वीकार करने लगे कि वे पूर्णतया आधुनिक नहीं हैं और वे एक बृहद् इतिहासवाद का हिस्सा हैं और इसीलिए स्कीनर के दृष्टिकोण को कई बार कालिंगवुड के इतिहासवाद से जोड़ा जाता है।

सन्दर्भिक दृष्टिकोण राजनीतिक चिन्तन को समझने का सबसे लोकप्रिय दृष्टिकोण है। सम्‍सामयिक समय में माइकल वॉल्जर एवं विल किमिलिका ने इस दृष्टिकोण का उपयोग किया है। एक सन्दर्भीय दृष्टिकोण में पाँच अन्तर सम्बन्धीय तत्त्व होते हैं–

1. यह सैद्धान्तिक प्रस्थापनाओं को स्थापित करने के लिए उदाहरणों का सहारा लेता है।
2. यह वास्तविक मामलों में सैद्धान्तिक पक्ष को खोजता है।
3. यह सिद्धान्तकर्ताओं को यह बतलाता है कि उनकी सैद्धान्तिक प्रस्थापनाएँ वास्तव में उनकी आदर्शात्मक (Normative) प्रस्थापनाओं से संगत हैं या नहीं।
4. यह उन मामलों को ढूँढ़ने का प्रयास भी करती है जो कि सिद्धान्तकर्ताओं के स्वयं की सैद्धान्तिक प्रस्थापनाओं से अलग होते हैं।
5. वह उन मामलों को खोजने का प्रयास भी करते हैं जो सामान्य दृष्टिकोण से अलग प्रकार के और अपरिचित होते हैं।

स्ट्रॉसियन दृष्टिकोण

अमेरिकी दार्शनिक लियो स्ट्रॉस ने इस समझ पर ग्रन्थों की व्याख्या करने पर बल दिया है कि लेखक सामान्यतः लिखते समय अपने वास्तविक मन्तव्य को छुपाते हैं क्योंकि वे अपने समय की रूढ़िवादिता से दण्डित नहीं होना चाहते। अगर वह अपने नये विचार को एक रूढ़िवादी समाज में प्रदर्शित करते हैं तो उन्हें विरोध सहना पड़ता है और वह विरोध कई बार उनके जीवन के लिए ख़तरा बन जाता है। इसलिए प्राचीन एवं मध्य युग के–विशेष रूप से विचारकों के–ग्रन्थों का अध्ययन एक विशेष दृष्टिकोण से करना चाहिए जिसका यह आधार होना चाहिए कि लेखकों के वास्तविक मन्तव्य को पहचानें। यह विचारक अपने समय के प्रभुत्व वाले राजनीतिक मत से सहमति व्यक्त करते हुए नये विचार स्थापित शब्दावली के माध्यम से ही देने का प्रयास करते हैं। ऐसा करते समय वे नये विचारों को केवल इंगित करते हैं या उनकी दिशा प्रदर्शित करते हैं जिससे कि कालान्तर में व्याख्याकार उसको समझ कर उन विचारों को और अधिक व्यवस्थित ढंग से स्थापित कर सकें। स्ट्रॉस यह विश्वास करता है कि दर्शन मुख्य रूप से परम्परागत और सनातन

समस्याओं पर नये तरीक़े से सोचने का अभ्यास है और इसका सबसे अच्छा स्वरूप सुकरात की संवाद शैली में नज़र आता है। यह सम्भव है कि सुकरातवादी संवाद की शैली आज के दार्शनिक डिस्कोर्स में उपयोग में ली जा सकती है और उससे समाज में स्थित मूल दार्शनिक समस्याओं जैसे–न्याय की समस्या का विवेचन हो सकता है। उसने स्पष्ट रूप से यह कहा है कि राजनीतिक दर्शन का इतिहास राजनीतिक दर्शन से भिन्न होता है। वह यह मानता है कि एक राजनीतिक दार्शनिक को समझने के लिए उसके ऐतिहासिक सन्दर्भ को समझना आवश्यक है लेकिन दार्शनिक द्वारा दार्शनिक समस्याओं का इलाज उसका स्वयं का होता है। इसलिए उसके द्वारा रचित ग्रन्थों की साहित्यिक एवं दार्शनिक व्याख्याओं की आवश्यकता है, जिससे उसके मूल मन्तव्य को पहचाना जा सके।

मध्ययुगीन विचारक लेखन की ऐसी कला जानते थे जिससे वे समसामयिक राजनीतिक चिन्तन के मध्य अपने वास्तविक विचारों को छुपा सकें। अपने तर्क को सशक्त बनाने के लिए स्ट्रॉस कई प्रकार के उदाहरण देता है। जैसे–उसके अनुसार उन्नीसवीं शताब्दी के अन्त तक कई व्याख्याकार यह मानते थे कि थॉमस हॉब्स एवं स्पिनोज़ा वास्तव में नैतिकतावादी हैं और वे इन विचारकों के द्वारा प्रयुक्त ईश्वर, दैवी तत्त्व और धर्मग्रन्थों के सन्दर्भ का उल्लेख करते हैं। स्ट्रॉस दो प्रकार के विचारकों में अन्तर करते हैं। उनके अनुसार एक तरह के विचारक वे हैं जो स्वयं को सुरक्षित रखने के लिए विचारों को छुपाते हैं और दूसरे वे दार्शनिक जो यह मानते हैं कि अधिकतर सामान्य व्यक्ति दर्शन से घृणा करते हैं और इसलिए उनके समक्ष दर्शन को प्रदर्शित करना सही प्रतीत नहीं होता क्योंकि उससे बहुसंख्यक के अन्धविश्वास को धक्का लगता है। यह बात केवल प्राचीन या मध्ययुगीन काल के लिए सही नहीं है क्योंकि आज भी किसी नयी वैज्ञानिक खोज या दार्शनिक व्याख्या को साधारण जन आशंकित होकर के देखते हैं और बहुसंख्यक इससे घृणा करते हैं क्योंकि यह उनके दैनिक कार्यों को बाधित करता है। उन्नीसवीं शताब्दी के आरम्भ में व्याख्याकारों ने यह स्वीकार करना आरम्भ किया कि दर्शन के इतिहास में एक मूल निरन्तरता होती है और इसलिए उसे इतिहास के विभिन्न कालों में विभाजित करना कृत्रिम है। हॉब्स और स्पिनोज़ा जैसे–विचारकों ने बाइबिल की शिक्षाओं को पूर्णतया अस्वीकार नहीं किया था

अपितु उन्हें एक धर्मनिरपेक्षी शिक्षाओं के रूप में स्वीकार किया और नये खोजे गये वैज्ञानिक तथ्यों के सन्दर्भ में संशोधित किया। इतिहासकार यह मानते हैं कि दार्शनिक ग्रन्थ प्राथमिक रूप से अपने समय के प्रभुत्व वाली प्रवृत्तियों को परिलक्षित करते हैं और इसलिए वे केवल अपने समय और स्थान तक ही सीमित नहीं होते। स्ट्रॉस के अनुसार ग्रन्थों का सर्वकालिक महत्त्व होता है। इसलिए एक ग्रन्थ का परीक्षण करते हुए उसमें प्रयुक्त साहित्यिक विधा एवं शब्दावली तो महत्त्वपूर्ण है लेकिन यह भी महत्त्वपूर्ण है कि हम उससे परे जा कर लेखक के लेखन के मूल मन्तव्य को पहचानें। स्ट्रॉस (1952 : 30) के अनुसार अगर स्थापित लेखकों के द्वारा लेखन में ऐसी ग़लतियाँ की जाती हैं जिन्हें देख कर बुद्धिमान हाई स्कूल के बच्चों को शर्म आ जाये तो यह मानना उचित होगा कि ऐसा लेखक के द्वारा जानबूझ कर किया गया है और जिसका कोई गहरा अर्थ है। इसलिए यह आवश्यक है कि एक लेखक के विचारों को उसके द्वारा निर्मित किसी पात्र के विचारों के समानार्थी नहीं मानना चाहिए। इसलिए स्ट्रॉस (1952 : 30) यह निष्कर्ष निकालते हैं कि किसी लेखक का वास्तविक मत उसके द्वारा लिखे गये ग्रन्थ के सबसे बड़े वाक्यांश में निहित हो यह आवश्यक नहीं।

उत्तर–आधुनिक दृष्टिकोण

समसामयिक काल में बहुत से नये प्रकार के दृष्टिकोणों का उदय हुआ है जिनको सम्मिलित रूप से उत्तर–आधुनिक दृष्टिकोण कहा जा सकता है, यह मुख्य रूप से राजनीतिक चिन्तन में भाषा की भूमिका को महत्त्वपूर्ण मानता है और उसके आधार पर राजनीतिक चिन्तन का अध्ययन करने पर बल देता है। यह कहा जा सकता है कि यह विचार मुख्यतः फ्रेडरिक नीत्शे के चिन्तन से उत्पन्न हुआ है। हालाँकि प्रत्येक दार्शनिक अपने दर्शन को प्रस्तुत करते हुए भाषा का विशेष ध्यान रखता है और यह मानता है कि विचारों को प्रस्तुत करने के लिए सटीक भाषा और शब्द का उपयोग होना चाहिए लेकिन नीत्शे (1974 : 299) ने अपने दर्शन में भाषा को अत्यधिक महत्त्व इस अर्थ में दिया है कि वह मानते हैं कि दर्शन का निर्माण भी भाषा के माध्यम से होता है। उनका यह मानना उनकी इस प्रस्थापना पर आधारित है कि भाषा एवं चेतना का विकास साथ–साथ हुआ है। इस प्रस्थापना को स्वीकार करने पर भाषा के बारे में एक नया दृष्टिकोण उत्पन्न होता है जिसके अनुसार भाषा केवल सम्प्रेषण

का माध्यम नहीं है। यह एक दार्शनिक की विशिष्टता है और भाषा के माध्यम से तात्विक बोध भी होता है। भाषा चाहे सम्प्रेषण का माध्यम है लेकिन यह किसी व्यक्ति विशेष के नियन्त्रण में नहीं होती। भाषा की संरचना और उद्भव मूलतः सामाजिक है। इसलिए भाषा न तो प्रकृति प्रदत्त है और न किसी विशेष मस्तिष्क की उपज है। जो शब्द और वाक्य सामाजिक संरचना को इंगित करते हैं वह अपना महत्त्व उन व्यक्तियों के द्वारा प्राप्त नहीं करते जो उसका उपयोग कर रहे हैं अपितु उससे परे जिस सामाजिक संरचना में वह स्थित है उससे प्राप्त करते हैं। इसलिए भाषा चाहे मनुष्यों के मध्य सम्प्रेषण का माध्यम हो लेकिन यह उनके द्वारा व्यक्तिगत रूप से नियन्त्रित नहीं होती। यह समाज का उत्पाद है।

अगर हम नीत्शे की बात को स्वीकार करें कि भाषा एवं चेतना का विकास साथ–साथ होता है तो हम इस निष्कर्ष पर पहुँचेंगे कि ये दोनों मानवीय अनुभव और मानवीय चिन्तन के एक बहुत लघु हिस्से का प्रतिनिधित्व करती हैं। मनुष्य अपने अस्तित्व के लिए भाषा पर निर्भर नहीं होता। हज़ारों वर्षों से मनुष्य की पीढ़ियाँ बिना भाषा के अस्तित्व में रही हैं। यह भी कहा जा सकता है कि वे सब तात्विक वस्तुएँ और समझ जो भाषा से बाहर है वह अधिक महत्त्वपूर्ण है। इसका अर्थ यह लगाया जा सकता है कि नीत्शे के अनुसार मनुष्य अपनी भाषा से अधिक बड़ा एवं महत्त्वपूर्ण है। हमारी इच्छाएँ, हित, भावनाएँ और चिन्तन भी हमारे बोलने, लिखने और चैतन्य चिन्तन में पूर्णतया परिलक्षित नहीं होते हैं। इसलिए लेखन को समझने से पूर्व हमें इस बात का ध्यान रखना चाहिए कि लेखन मनुष्य को पूर्णतया परिलक्षित नहीं करता है (जोसुआ फो डायनेस्टग, 2011 : 38)। नीत्शे यह मानते थे कि प्रत्येक अमूर्तता सामाजिक कार्य का प्रतिनिधित्व करती है। प्रत्येक शब्द किसी सम्प्रेषण के उद्देश्य के लिए स्थित है और इन शब्दों को इतना निष्पक्ष समानीकृत नहीं किया जा सकता कि भाषा सभी व्यक्तियों के लिए समान रूप से उपयोगी बन सके। प्रत्येक शब्द में मूल्य निहित होते हैं। प्रत्येक शब्द की अभिव्यक्ति और व्याकरण तथा वाक्यों में मूल्य निहित होते हैं किसी भी वाक्य का कोई भाग इस मूल्य से अलग नहीं किया जा सकता। और इसलिए उसको समझने के लिए स्वयं से यह प्रश्न पूछना आवश्यक है कि वह शब्द या वाक्यांश किस प्रकार के सामाजिक उद्देश्य के लिए बना है।

इस प्रकार किसी भी लेखन के विश्लेषण के लिए यह आवश्यक है

कि हम उसमें छिपे हुए शक्ति के अभ्यास को उजागर करें जिससे कि हम समसामयिक शब्दावली और चिन्तन को समझ पायें। एक लेख में छिपी हुई शक्ति की अभिव्यक्ति लेखक के चिन्तन में छिपी रहती है और कई बार वह अपने मस्तिष्क को खुला रखकर अपने मूल्यों और निर्णयों तथा अपने सामाजिक सम्बन्धों सम्बन्धी अपनी समझ को प्रत्यक्ष रूप से उल्लेखित करता है और कई बार वह ऐसा नहीं करता। इसलिए भाषा लेखक एवं विषयवस्तु दोनों का प्रतिनिधित्व करती है। यह सम्भव नहीं है कि जो कुछ एक व्यक्ति सोचता है वह सब भाषा के माध्यम से व्यक्त किया जा सके। इसलिए लेखक अपने विचारों को समसामयिक भाषा एवं सामान्यीकरण से सम्बन्धित करने का प्रयास करता है, जो उसके लिए दुष्कर कार्य है क्योंकि समसामयिक भाषा एवं सामान्यीकरण समाज में स्थापित शक्ति सम्बन्धों से प्रभावित होते हैं लेकिन लेखक का यह प्रयास उसको अपने चिन्तन को सन्दर्भित करने में सहायक होता है। लेखक के द्वारा भाषा एवं मस्तिष्क के सम्बन्धों की सीमाएँ उसके विचारों के अनुचित प्रतिनिधित्व तथा अनुचित व्याख्या में परिणित होती है। इसलिए व्याख्याकारों को लेखक के विचारों की व्याख्या अलग–अलग दृष्टिकोण से करनी चाहिए, जिससे उसके प्रमुख तर्क को समझा जा सके। उदाहरणार्थ मिशेल फूको ने जेल में बन्द बाल अपराधियों के दैनिक कार्यों के अध्ययन के द्वारा न केवल उन्नीसवीं शताब्दी में जेल की स्थितियों को उजागर किया अपितु उसने न्याय, विकास, मस्तिष्क एवं शरीर के मध्य सम्बन्धी सार्वभौमिक आस्थाओं और विश्वास को भी विखण्डित कर समझने का प्रयास किया। केवल यही आवश्यक नहीं है कि व्याख्याकार लेखक के मन्तव्य को समझने का प्रयास करे और उसके इस सत्य की जाँच करे जो उसके अनुसार उसके लेखन में व्याप्त है। एक विश्लेषक उसके परे जा कर यह भी देखता है कि किस प्रकार इस भाषा का उपयोग लेखन में किया गया है। वह हमारी समसामयिक स्थितियों के बारे में चिन्तन को कैसे प्रभावित करता है। नीत्शे के द्वारा भाषा के इतने बृहद् एवं गहरे विश्लेषण ने बीसवीं शताब्दी के उत्तरार्द्ध में उत्तर–आधुनिक चिन्तन का आधार प्रस्तुत किया। हालाँकि नीत्शे की योजनाओं में राजनीतिक चिन्तन का इतिहास एक लघु भाग था लेकिन उसने उत्तर–आधुनिक दृष्टिकोण के प्रमुख विकास जैसे विखण्डनवाद, शास्त्रार्थ मीमांसा (Hermeneutics) एवं वंशावलिक (Genealogy) को प्रभावित किया। शास्त्रार्थ मीमांसा दृष्टिकोण

पूर्ण रूप से हाइडेगर के द्वारा विकसित किया गया और बाद में हस जॉर्ज गेडेमर इसके सबसे प्रमुख प्रवर्तक बने। वंशावलिक दृष्टिकोण मिशेल फूको के द्वारा प्रयुक्त किया गया, जिसके अन्तर्गत यह प्रयास किया गया कि डिस्कोर्सेस के माध्यम से समाज के विशिष्ट आचरण के उद्भव एवं महत्त्व का परीक्षण करने के साथ–साथ इन सामाजिक आचरणों के छुपे हुए और दमित स्रोतों का अध्ययन भी किया जाये। उदाहरणार्थ आधुनिक उदारवाद का परीक्षण करने के लिए मिशेल फूको अनुशासन एवं दण्ड की अवधारणाओं और सामाजिक आचरण का अध्ययन करते हैं। जाक़ देरिदा ने विखण्डनवाद का भरपूर उपयोग किया और कहा कि कुछ भी पाठ्य के बाहर नहीं है (देरिदा, 1974 : 158)।

राजनीतिक सिद्धान्त का पतन

अन्य किसी राजनीतिक अवधारणा की तरह राजनीतिक चिन्तन को परिभाषित करना भी एक दुष्कर कार्य है और इतिहास में इसकी कई प्रकार से व्याख्याएँ की गयी हैं। अरस्तू ने यह विचार व्यक्त किया था कि राजनीति का अध्ययन एक सैद्धान्तिक अभ्यास नहीं हो सकता। लेकिन आज हम अरस्तू के राजनीतिक चिन्तन के ग्रन्थों को राजनीति के सिद्धान्त के महत्त्वपूर्ण ग्रन्थ मानते हैं। राजनीतिक चिन्तन से सम्बन्धित कई प्रकार की ऐसी अन्य अवधारणाएँ हैं जिसकी विषयवस्तु को राजनीतिक चिन्तन की विषयवस्तु से अलग रखना कठिन है, जैसे–राजनीतिक दर्शन, राजनीतिक सिद्धान्त एवं राजनीतिक चिन्तन। जी.एच. सेबाईन राजनीतिक सिद्धान्त एवं राजनीतिक दर्शन दोनों का उपयोग राजनीतिक विचारकों के ग्रन्थों का अध्ययन करते समय सन्दर्भ के रूप में करता है। एक महत्त्वपूर्ण समसामयिक जर्नल 'पोलिटिकल थ्योरी' स्वयं को परिभाषित करते हुए लिखता है कि यह राजनीतिक दर्शन का अन्तर्राष्ट्रीय जर्नल है। राजनीतिक सिद्धान्त की विषयवस्तु भी विवादास्पद है। कुछ विश्लेषक यह मानते हैं कि राजनीतिक सिद्धान्त का प्रमुख कार्य राजनीतिक यथार्थ की विवेचना करना है और इस विवेचना में राजनीतिक विषय का अध्ययन करके उसमें पर्याप्त सैद्धान्तिक अमूर्तता का उपयोग करना चाहिए। समय के साथ–साथ राजनीतिक सिद्धान्त की विषयवस्तु के क्षेत्र एवं प्रकृति में प्रणालीशास्त्र के विषयवस्तु सम्बन्धी प्रश्न भी महत्त्वपूर्ण बनते गये हैं। कुछ विद्वान राजनीतिक सिद्धान्त प्रकृति के इतिहास से समझना चाहते हैं। जी.एच. सेबाईन इसी

प्रकार के ऐतिहासिक दृष्टिकोण के प्रमुख प्रवर्तक हैं। राजनीतिक सिद्धान्त की परम्परा भी बहुत संश्लिष्ट है। बहुत से राजनीतिक चिन्तकों ने अपने समय की सामाजिक और राजनीतिक स्थितियों के सन्दर्भ में अपने विचार व्यक्त किये हैं और उन स्थितियों को समझने के प्रयास राजनीतिक सिद्धान्त के स्तर पर किये गये थे। उनसे अलग और विशिष्ट तरीक़े से की गयी व्याख्याओं के कारण उन्हें राजनीतिक चिन्तन माना जाता है।

राजनीतिक सिद्धान्त के ऐतिहासिक सन्दर्भ में सामान्यतः राजनीतिक सिद्धान्त के उद्‌भव को आधार माना जाता है। इसलिए यह आवश्यक है कि अगर हम राजनीतिक सिद्धान्त की किसी विशिष्ट धारा को समझना चाहते हैं तो हमें उसके उद्‌भव की स्थितियों का विश्लेषण करना चाहिए लेकिन इसका अर्थ यह नहीं है कि प्रत्येक राजनीतिक सिद्धान्त अपने ऐतिहासिक सन्दर्भ से सीमित होता है, क्योंकि सिद्धान्त की स्वीकृति समकालीन नहीं होती। अगर उसमें निहित मूल्य और प्रस्थापनाएँ उस ऐतिहासिक समय के समाप्त होने के पश्चात भी उपयोगी नज़र आते हैं तब ही वह सिद्धान्त, सिद्धान्त का स्वरूप लेता है। इस प्रकार प्रत्येक राजनीतिक सिद्धान्त में सार्वभौमिक तत्त्वों का होना आवश्यक है। परम्परागत राजनीतिक सिद्धान्त मूलतः आदर्शात्मक विषयवस्तु पर केन्द्रित थे। इस कारण कई विद्वान यह मानते हैं कि केवल सिद्धान्तों में आनुभविक तथ्यों का विश्लेषण भी सम्मिलित होता है। इसलिए आनुभविक विश्लेषण को राजनीतिक सिद्धान्त के निर्माण के लिए एक आवश्यक शर्त माना गया। उदाहरणार्थ परम्परागत राजनीतिक सिद्धान्त के आदर्श प्लेटो भी अपने समय की सामाजिक–आर्थिक प्रघटनाओं से पूर्णतया परिचित थे और उनका अध्ययन कर वह उनसे उत्पन्न समस्याओं का एक सार्वभौमिक हल निकालना चाहते थे। हालाँकि उनके पास आनुभाविक अध्ययन करने के लिए आवश्यक वैज्ञानिक उपकरण नहीं थे। लेकिन उन्होंने समाज का परीक्षण इस प्रकार से किया कि वह समाज में व्याप्त समस्याओं के मूल कारणों को समझ पाये और इस कारण उन्होंने इस पर आधारित एक ऐसे राजनीतिक सिद्धान्त को जन्म दिया जो आज भी उपयोगी और महत्त्वपूर्ण माना जाता है। प्लेटो द्वारा मानवीय प्रकृति और राज्य के कार्यों का सूक्ष्म विश्लेषण तथा उससे उस समय की व्याप्त समस्या के मूल कारण को जानना और उसका एक उचित उपचार प्रदान करना तभी सम्भव हो पाया जब उनके पास यथार्थ के समाज के कार्यों का उचित व पर्याप्त ज्ञान था।

राजनीतिक सिद्धान्त तब तक राजनीतिक सिद्धान्त नहीं बन सकता जब तक कि वह परीक्षण और विश्लेषण पर आधारित उपलब्ध तथ्यों को एक विचारोत्तेजक मस्तिष्क द्वारा सैद्धान्तिक संरचना में नहीं ढाल पाये और उसमें उसके सैद्धान्तीकरण में सार्वभौमिकता का तत्त्व सम्मिलित नहीं कर पाये।

द्वितीय विश्वयुद्ध के पश्चात जब हम राजनीतिक सिद्धान्त के पतन की बात करते हैं तो हमारा अर्थ आदर्शात्मक सिद्धान्त (Normative Theory) के पतन का है। 1950 और 60 के दशक में कई विद्वानों ने परम्परागत राजनीतिक सिद्धान्त के पतन की चर्चा आरम्भ की और इसलिए राजनीतिक सिद्धान्त की स्थिति के बारे में विवाद उत्पन्न हुआ। लियो स्ट्रॉस ने राजनीतिक सिद्धान्त की स्थिति के बारे में 1946 में इस विवाद को आरम्भ किया कि राजनीतिक दर्शन में एक संकट उत्पन्न हो गया है। उनके लेख के पश्चात एक वाद–विवाद आरम्भ हुआ और विद्वानों ने राजनीतिक सिद्धान्त के अभाव, पतन, गिरावट और मृत्यु तक की घोषणा की। 1950 के आरम्भ में कई विद्वानों ने यह स्वीकार किया कि राजनीतिक सिद्धान्त का पतन हो चुका है और पीटर लेस्लेट जैसे राजनीतिक विज्ञानी यह कहने में भी नहीं चूके कि राजनीतिक दर्शन की मृत्यु हो गयी है। इन विद्वानों के द्वारा राजनीतिक सिद्धान्त के पतन के प्रमाण के रूप में यह तथ्य प्रस्तुत किया गया कि पिछले कुछ वर्षों में राजनीति पर किसी स्थापित सैद्धान्तिक ग्रन्थ की रचना नहीं हुई है।

राजनीतिक सिद्धान्त का इतिहास लगभग ढाई हज़ार वर्ष का है। उसमें प्रत्येक सौ वर्षों में कम–से–कम एक या दो सैद्धान्तिक ग्रन्थ लिखे गये हैं। इसके कारण राजनीतिक सिद्धान्त की परम्परा बनी रही लेकिन कार्ल मार्क्स एवं जॉन स्टुअर्ट मिल के पश्चात 1971 तक कोई राजनीतिक विचारक नहीं आया, जिसने आदर्शात्मक राजनीतिक सिद्धान्त का कोई ऐसा ग्रन्थ लिखा हो जिसकी तुलना प्लेटो, हॉब्स या मार्क्स से की जा सकती है। यह प्रश्न उठाया जा सकता है कि क्या राजनीतिक सिद्धान्त की परिभाषा के लिए किसी प्रमुख राजनीतिक ग्रन्थ की रचना आवश्यक शर्त है। एक प्रमुख राजनीतिक ग्रन्थ का मापदण्ड क्या होना चाहिए यह भी विवादास्पद है। उदाहरणार्थ एंड्रयू हैकर यह कहते हैं कि जॉन स्टुअर्ट मिल के योगदान के पश्चात राजनीतिक सिद्धान्त में किसी प्रकार का महत्त्वपूर्ण योगदान नहीं हुआ है। यह कहना अनुचित है। हालाँकि वह इस बात से सहमत हैं कि राजनीतिक सिद्धान्त बुरी स्थिति में है।

प्रश्न यह नहीं है कि कोई महत्त्वपूर्ण सैद्धान्तिक ग्रन्थ जॉन स्टुअर्ट मिल के पश्चात 90 वर्षों में उत्पन्न नहीं हुआ, अपितु महत्त्वपूर्ण प्रश्न यह है कि क्या ऐसा ग्रन्थ उत्पन्न हो सकता था? दूसरे शब्दों में क्या यह माना जा सकता है कि राजनीति के बारे में सैद्धान्तीकरण की प्रक्रिया परम्परागत तरीक़े से नहीं की जा सकती। अगर हम प्राचीन विचारकों के उदाहरणों को स्वीकार नहीं करते तो यह कहना कठिन है कि नये ग्रन्थ परम्परागत तरीक़े से लिखे जा सकते हैं। इसी कारण आई. सी. बर्लिन ने राजनीतिक सिद्धान्त के पतन से सम्बन्धित अपने लेख का शीर्षक ही यह दिया "क्या राजनीतिक सिद्धान्त अभी अस्तित्व में है?" बर्लिन अन्य कई विद्वानों की तरह विश्वास करते हैं कि राजनीतिक सिद्धान्त अगर परम्परागत दृष्टि से समझा जाये तो वह एक आदर्शात्मक अभ्यास है तथा उसके अस्तित्व पर शंका की जा सकती है।

राजनीति में साध्य का प्रश्न बहुत महत्त्वपूर्ण है और मीमांसात्मक (speculative) विश्लेषण इस साध्य से सम्बन्धित दार्शनिक प्रश्नों का उत्तर देने का आधार है। ऐतिहासिक रूप से आदर्शात्मक प्रश्न आनुभाविक, औपचारिक और तथ्यगत विश्लेषणों में परिणित होते रहे हैं लेकिन आदर्शात्मक सिद्धान्त की दिशा हमेशा स्थिर रही है और मूल्यों का प्रश्न इस सिद्धान्त का आधार रहा है। आदर्शात्मक सिद्धान्त के इस प्रकार के प्रयास अब नहीं हो रहे हैं। यह कहना उचित नहीं होगा कि कार्ल मार्क्स और जॉन मिल के बाद राजनीतिक सिद्धान्त समाप्त हो गया है। यह अवश्य कहा जा सकता है कि आदर्शात्मक विश्लेषण का अमूर्त स्तर इस प्रकार का नहीं रहा है जैसा कि दो हज़ार वर्षों तक राजनीतिक चिन्तन में परिलक्षित होता है। हालाँकि परम्परागत तरीक़े से अब भी राजनीतिक चिन्तन प्रस्तुत किया जा रहा है। जैसे अल्फ्रेड कोबेन, हेराल्ड लास्की, डेविड ईस्टऩ, डेवी, वोगेलिन, स्ट्रॉस, ऑकशोट आदि के ग्रन्थ। लेकिन राजनीतिक सिद्धान्त के अधिकतर विद्यार्थी इनके ग्रन्थों को अनदेखा करते हैं और इसकी अपेक्षा विचारधाराओं, सकारात्मक राजनीतिक सिद्धान्त या राजनीतिक विचारों के इतिहास को पढ़ना पसन्द करते हैं। आदर्शात्मक चिन्तन के इस हाशिये पर जाने के कारण राजनीतिक सिद्धान्त के पतन की चिन्ता व्यक्त की जा रही है। सिद्धान्त के पतन की यह धारणा कई विचारकों द्वारा 50 के दशक में लोकप्रिय बनाई गयी। लियो स्ट्रॉस के लेख 'क्लासिकल पोलिटिकल फिलासफ़ी' पोलिटिकल

रिसर्च (1955), अल्फ्रेड कोबेन का लेख 'द डिक्लाईन ऑफ़ पोलिटिकल थ्योरी' पोलिटिकल साइंस क्वाटरली (सितम्बर 1953), डेविड ईस्टन की पुस्तक 'द पोलिटिकल सिस्टम एन इंक्वायरी इन द पोलिटिकल साइंस' (1953), पीटर लेस्लेट की पुस्तक 'फ़िलासफ़ी, पॉलिटिक्स एंड सोसायटी' (1957), रॉबर्ट डाहल का लेख 'पोलिटिकल थ्योरी : टूथ एंड कासिक्वेंस इन वर्ल्ड पोलिटिक्स' (अक्टूबर 1958) तथा एच. आर. जी. ग्रीव्ज़ का लेख 'पोलिटिकल थ्योरी टुडे' पोलिटिकल साइंस क्वाटरली (मार्च 1960) इस बात के उदाहरण हैं।

विद्वानों के मध्य इस बात पर सहमति नहीं है कि यह पतन क्यों हुआ है। क्या ऐसी वस्तुनिष्ठ परिस्थितियाँ थीं, जिसमें ऐसा होना अनिवार्य था या राजनीतिक चिन्तकों ने जानबूझ कर अपना ध्यान इस प्रकार के परम्परागत सिद्धान्त निर्माण से हटा कर अलग प्रकार का कार्य करना आरम्भ कर दिया था? या राजनीति सिद्धान्त का पतन बाज़ार की प्रवृत्तियों एवं विज्ञान तथा प्रौद्योगिकी के विकास के कारण हुआ। इन सभी प्रश्नों का उत्तर किसी के पास नहीं है लेकिन हम इस पतन के कारणों को सरलीकृत निम्नलिखित प्रकार कर सकते हैं।

1. **कार्ल मार्क्स का प्रभाव**–राजनीतिक दर्शन के इतिहास में कार्ल मार्क्स का एक विशिष्ट स्थान है। उन्होंने अपने चिन्तन को समाज विज्ञान का वैज्ञानिक चिन्तन बतलाया और यह स्थापित किया कि उन्होंने समाज को नियन्त्रित करने वाले नियमों को निर्मित नहीं किया है अपितु उन्हें खोजा है, क्योंकि उनके अनुसार समाज भी प्रकृति के अनुरूप वैज्ञानिक नियमों पर आधारित है। उनके इस दावे का अपना महत्त्व था लेकिन उसका महत्त्व इस बात में और अधिक बढ़ा कि उनके विचारों पर आधारित विश्व में क्रान्ति हुई और क्रान्ति के पश्चात स्थापित राज्य में उसके विचारों पर आधारित आदर्श समाज को स्थापित करने का प्रयास हुआ। कार्ल मार्क्स ने पुरज़ोर तरीक़े से यह सिद्ध करने का प्रयास किया कि उन्होंने राजनीति के वैज्ञानिक नियम खोज लिए हैं और अब विश्व को उन नियमों को स्वीकार करते हुए उसके अनुरूप अपने आपको परिवर्तित करना चाहिए और आदर्श को प्राप्त करने का प्रयास करना चाहिए। अब तक विश्व की कई प्रकार की व्याख्याएँ हुईं अब समय आ गया है

कि नयी व्याख्या नहीं की जाये और विश्व को इन वैज्ञानिक सिद्धान्तों के आधार पर बदला जाये। उनकी यह धारणा थी कि उन्होंने न्यूटन की तरह स्थापित सार्वभौमिक नियमों को खोजा है जो कि मानवीय समाज को नियन्त्रित करते हैं। इसलिए उसके आधार पर वह मानव समाज के भविष्य के बारे में अपने विचार व्यक्त कर रहा है और उस भविष्य को प्राप्त करने के लिए व्यक्तियों को प्रयासरत होना चाहिए। लेनिन ने मार्क्स के इन विचारों पर आधारित क्रान्ति कर मार्क्स के इस कथन की पुष्टि की कि अब नये विचारों की आवश्यकता नहीं है अपितु जो विचार विज्ञान पर आधारित हैं उसके आधार पर विश्व में परिवर्तन की आवश्यकता है। इस प्रकार कार्ल मार्क्स राजनीतिक चिन्तन के इतिहास में ऐसा पहला विशिष्ट विचारक नज़र आता है जिसने न केवल राजनीतिक आदर्श का निर्माण किया अपितु उस आदर्श को प्राप्त करने के साधनों को भी वैज्ञानिक तरीक़े से स्पष्ट किया। उसका प्रभाव अकादमिक जगत में इस प्रकार हुआ कि अकादमिक जगत दो भागों में विभक्त हो गया। कुछ विद्वान उसके इस निष्कर्ष को स्वीकार करते हुए विश्व में अलग–अलग जगह क्रान्तियाँ कैसे सफलतापूर्वक की जा सकती हैं, उस पर विचार करने लगे या उसमें स्वयं हिस्सा लेने लगे। दूसरी तरफ़ कुछ विद्वान उसके विचारों की आलोचना करते हुए ऐसे राज्य के निर्माण में अपना योगदान देने लगे जो मार्क्स की स्थापनाओं के विपरीत थी। इस कारण आदर्शात्मक राजनीतिक सिद्धान्त का पतन हुआ और राजनीतिक विचारधाराएँ राजनीतिक सिद्धान्त के क्षेत्र में महत्त्वपूर्ण बनने लगीं।

2. उन्नीसवीं शताब्दी के उत्तरार्द्ध में विज्ञान और प्रौद्योगिकी ने इस प्रकार के नये आविष्कार किये, जिनसे मानव समाज के विकास की सम्भावनाएँ तीव्रता से बढ़ीं। इस प्रकार के नये आविष्कार और खोजों ने आधुनिक समाज की नींव डाली और उससे शक्ति, विद्युत, सम्प्रेषण के उपकरण, यातायात के साधन इत्यादि में क्रान्तिकारी परिवर्तन हुए और विज्ञान प्रौद्योगिकी में सफलतापूर्वक परिवर्तित होता गया। समाज के लिए उपयोगी आविष्कारों ने एक ऐसा वातावरण उत्पन्न किया जिसमें यह

सोच विकसित होने लगी कि एक आदर्श समाज की स्थापना राजनीतिक चिन्तन या सिद्धान्त पर नहीं अपितु विज्ञान एवं प्रौद्योगिकी का सफलतापूर्वक उपयोग करने से होगी। इसलिए आवश्यकता इस बात की नहीं है कि एक नये राजनीतिक सिद्धान्त का निर्माण किया जाये जो आदर्श व्यवस्था को जन्म दे अपितु आवश्यकता इस बात की है कि विज्ञान एवं प्रौद्योगिकी के नये आविष्कारों एवं नयी खोज का उपयोग सामान्य जन के लिए इस प्रकार से सफलतापूर्वक किया जाये जिससे सामान्यजन का जीवन सुखी एवं समृद्ध हो सके। इस प्रकार की सोच ने भी आदर्शात्मक राजनीतिक सिद्धान्त के पतन में सहायता की। सामाजिक–राजनीतिक दर्शन की अपेक्षा प्रौद्योगिकी से सम्बन्धित चिन्तन अधिक महत्त्वपूर्ण हो गया।

3. उन्नीसवीं शताब्दी के उत्तरार्द्ध में राजनीतिक दलों का प्रभुत्व बढ़ा और सारे विश्व में प्रजातान्त्रिक विचार और आचरण में वृद्धि हुई। प्रजातन्त्र ने सामान्यजन को यह विश्वास दिया कि मानव समाज का भाग्य उनके हाथ में है और अगर वे राजनीतिक नीतियों में अपनी हिस्सेदारी बढ़ाते हैं तो वे अपने भाग्य का स्वयं निर्माण कर सकते हैं। इसलिए आवश्यकता इस बात की नहीं है कि नये समाज की रचना के बारे में सोचा जाये। आवश्यकता इस बात की है कि यथार्थ की समस्याओं का समाधान किस प्रकार से किया जाये और वह तथ्य पर आधारित सिद्धान्त निर्माण से सम्बन्धित है।
4. उन्नीसवीं शताब्दी के उत्तरार्द्ध में विज्ञान एवं प्रौद्योगिकी के विकास ने सामान्य चिन्तन को प्रभावित किया और अकादमिक विश्व में सामान्य चिन्तन का स्तर इस बात से निर्धारित होने लगा कि वह कितना वैज्ञानिक है और तब ही राजनीतिक अध्ययन को राजनीति विज्ञान का नाम मिला। यह माना गया कि राजनीति समाज से सम्बन्धित गतिविधि है और समाज का अध्ययन भी प्रकृति के अध्ययन की तरह वैज्ञानिक पद्धति से किया जाना चाहिए। प्रत्यक्षवाद का उदय भी इसी समय हुआ और उसके बढ़ते प्रभाव ने राजनीतिक सिद्धान्त में आदर्शात्मक राजनीतिक सिद्धान्त के महत्त्व को कम किया। राजनीति का अध्ययन करने के लिए वैज्ञानिक पद्धति का उपयोग होने लगा और उसके साथ–साथ

वैज्ञानिक शब्दावली और वैज्ञानिक प्रयोग सिद्धान्त का निर्माण भी होने लगा। इस कारण आदर्शात्मक राजनीतिक सिद्धान्त का पतन हुआ और वह विद्वान जो आदर्शात्मक राजनीतिक सिद्धान्त का निर्माण कर सकते थे वह भी परिस्थितिवश आनुभाविक राजनीतिक सिद्धान्त के क्षेत्र में कार्य करने लगे।

राजनीतिक सिद्धान्त के इस तथाकथित पतन के कारण विश्व भर में, विश्वविद्यालयों में राजनीतिक सिद्धान्त का पाठ्यक्रम परिवर्तित हो गया। आदर्शात्मक राजनीतिक सिद्धान्त की अपेक्षा वैकल्पिक राजनीतिक सिद्धान्त का अध्ययन कराया जाने लगा। परम्परागत राजनीतिक सिद्धान्त के विकल्प में प्रमुख तीन धाराएँ सामने आयीं जिनका अध्ययन विश्वविद्यालयों में होने लगा।

1. **राजनीतिक सिद्धान्त का इतिहास**—चूँकि इस समय राजनीतिक सिद्धान्त में आदर्शात्मक तत्त्व कम हो गया इसलिए राजनीति की प्रमुख अवधारणाओं–स्वतन्त्रता, समानता, न्याय, राज्य, सम्प्रभुता, राजनीतिक दायित्व इत्यादि पर नवीन विश्लेषण होना कम हो गया और शिक्षक एवं विद्वान इन सिद्धान्तों पर पिछले दो हज़ार वर्षों में किस प्रकार अध्ययन हुआ है, उसका अध्ययन कर विद्यार्थियों को इसका इतिहास बतलाने लगे। बीसवीं शताब्दी के आरम्भ में इस प्रकार के ग्रन्थ लिखे जाने लगे जिन्हें हम राजनीतिक चिन्तन या सिद्धान्त के इतिहास का नाम देते हैं। ऐसे साहित्य में सबसे पहले डनिंग नामक विद्वान ने राजनीतिक सिद्धान्त के इतिहास को सर्वप्रथम प्रमुख रूप से संगठित कर एक स्थान पर लिखने का सफलतापूर्वक प्रदर्शन किया। उन्होंने 1902, 1905 एवं 1920 में 'हिस्ट्री ऑफ़ पोलिटिकल थ्योरी' के नाम से तीन ग्रन्थ लिखे। इस प्रकार डनिंग को राजनीतिक सिद्धान्त के इतिहास में पहला पाठ्य–पुस्तक लेखक माना जा सकता है जिसने दो हज़ार वर्ष को राजनीतिक सिद्धान्त के चिन्तन को सामान्यजन की भाषा में प्रस्तुत किया। उनकी पुस्तकें राजनीतिक सिद्धान्त के इतिहास को समझने के लिए विश्व भर में काम में आने लगीं और इस कारण राजनीतिक अवधारणाओं की ऐतिहासिक व्याख्याओं और विश्लेषण पर अधिक ध्यान दिया जाने लगा। इस प्रकार डनिंग ने राजनीतिक सिद्धान्त में एक नये दृष्टिकोण को जन्म दिया।

इसी प्रकार सी. एच. मैक्लेविन ने अपनी पुस्तक 'ग्रोथ ऑफ़ पोलिटिकल थॉट इन द वेस्ट' (1932) में राजनीतिक विचारकों की ऐतिहासिक परम्परा को लिपिबद्ध किया। इसी परम्परा में तीसरे विद्वान जी.एच. सेबाईन का नाम लिया जाता है, जिन्होंने 1937 में 'ए हिस्ट्री ऑफ़ पोलिटिकल थ्योरी' नामक ग्रन्थ लिखा जो आज भी एक शास्त्रीय ग्रन्थ के रूप में कक्षाओं में पढ़ाया जाता है। यह पुस्तक राजनीतिक सिद्धान्त के ऐतिहासिक दृष्टिकोण के सर्वश्रेष्ठ उदाहरणों में से एक है। सेबाईन ने न केवल अपने पाठकों का राजनीतिक चिन्तन के इतिहास से परिचय कराया अपितु उनके द्वारा राजनीति की अवधारणाओं पर किये गये विश्लेषण पर अपनी टिप्पणियों से उसे जीवन्त बनाया। यह पुस्तक राजनीतिक सिद्धान्त के इतिहास में क्या कुछ हुआ है, उसका बहुत अच्छा सर्वेक्षण है।

डेविड ईस्टन ने अपनी पुस्तक 'द पोलिटिकल सिस्टम' (1953) में एक पूरा अध्याय आधुनिक राजनीतिक सिद्धान्त के पतन पर लिखा है। वह मानते हैं कि कुछ विरले उदाहरणों को छोड़कर राजनीतिक सिद्धान्त नैतिक मूल्यांकन को त्याग चुका है और ऐतिहासिक विश्लेषण का उपयोग करने लगा है। इस ऐतिहासिक विश्लेषण में कई विद्वानों का योगदान रहा है। उदाहरणार्थ डनिंग एक इतिहासकार के रूप में प्रसिद्ध थे और उन्होंने राजनीतिक सिद्धान्त का अध्ययन करने के लिए इतिहास का सहारा लिया। वह मानते थे कि इतिहास सामाजिक आचरण या संस्थाओं के प्रकार तथा राजनीतिक विचारों के मध्य की अन्तःक्रिया का परिणाम है। वह यह विश्वास रखते हैं कि राजनीतिक विचार कुछ परिस्थितियों की ऐतिहासिकता का परिणाम है, क्योंकि राजनीतिक और सामाजिक स्थितियाँ उस युग की राजनीतिक संकल्पना को जन्म देती हैं, इसलिए राजनीतिक दर्शन को सही प्रकार से समझने के लिए राजनीतिक इतिहास का सहारा लेना आवश्यक है। उनके अनुसार राजनीतिक सिद्धान्त सार्वभूत तरीक़े से ऐतिहासिक शोध है जो राजनीतिक तथ्यों एवं व्यवहार पर आधारित है, विशेष रूप से राजनीतिक जीवन के क़ानूनी एवं औपचारिक सम्बन्धों के कारण।

जहाँ डनिंग इतिहास का अध्ययन इसलिए करते हैं क्योंकि वह मानते हैं कि राजनीतिक विचार ऐतिहासिक विकास को प्रभावित करता है, वहीं मैक्लेविन इतिहास का उपयोग इसलिए करते हैं क्योंकि उसके अनुसार राजनीतिक विचार सामाजिक प्रतिविकास के परिणाम हैं। उनकी पुस्तकें ऐतिहासिक सन्दर्भ में विचारों के प्रतिविकास को इंगित करती हैं। वह मानते हैं कि विचारों का अपना इतिहास होता है और यह आवश्यक है कि इस इतिहास का विश्लेषण किया जाये जिससे कि विभिन्न युगों की राजनीति को समझा जा सके। सेबाईन इतिहासवाद के सबसे प्रमुख प्रतिनिधि हैं और उन्होंने ऐतिहासिक दृष्टिकोण को लोकप्रिय बनाने में सबसे अधिक मदद की।

2. **राजनीतिक विचारधाराएँ**—कार्ल मार्क्स ने पहली बार राजनीतिक विचारों को राजनीतिक विचारधाराओं में व्यवस्थित तरीक़े से परिणित किया। यह माना जाता है कि 1789 की फ्रांसीसी क्रान्ति के साथ ही राजनीतिक विचारधारा का उदय हुआ और चूँकि वह विश्व की पहली ऐसी क्रान्ति मानी गयी जो स्वतन्त्रता, समानता और भ्रातृत्व के विचारों पर आधारित थी। इसमें राजनीतिक सत्ता का परिवर्तन केवल राजा को हटा कर दूसरे राजा के लिए नहीं हुआ था, अपितु नये युग के आधुनिक विचारों को स्थापित करने के लिए राजनीतिक व्यवस्था में परिवर्तन हुआ था। इस प्रकार यह पहली वैश्विक घटना है जो विचारधारा पर आधारित सत्ता परिवर्तन की घटना है। एक राजनीतिक विचारक के रूप में कार्ल मार्क्स ने उन्नीसवीं शताब्दी में इस राजनीतिक विचारधारा की प्रकृति, अर्थ और क्षेत्र को व्यवस्थित ढंग से प्रस्तुत किया और उनका यह मानना था कि अब विश्व की व्याख्या की आवश्यकता नहीं है। अब विश्व को परिवर्तित करने की आवश्यकता है और उसके आधार पर उसने राजनीतिक संगठनों का आधार राजनीतिक विचारधाराओं को बनाने पर बल दिया। उनके सिद्धान्तों की राजनीतिक प्रकृति ने इस विचार को बलवती बनाया कि अगर हमें समाज को परिवर्तित करना है तो अपने सैद्धान्तिक प्रतिमान के आधार पर यह करना होगा। उन्नीसवीं शताब्दी के उत्तरार्द्ध तक आते–आते मार्क्सवादी सिद्धान्त एवं उदारवादी पश्चिमी सिद्धान्त के मध्य की विभाजन

रेखा स्पष्ट होती गयी, जो बाद में दो बड़ी विचारधाराओं में परिणित हुई। इस प्रकार सिद्धान्त विचारधारा में परिणित हो गये। बीसवीं शताब्दी के आरम्भ तक समाजवाद और उदारवाद की राजनीतिक विचारधाराओं के दो बड़े समूह स्थापित हो गये, जिसमें बहुत–सी कम प्रभावशाली विचारधाराएँ सम्मिलित हुईं, इनमें से फेबियनवाद, श्रमश्रेणीवाद, प्रजातान्त्रिक समाजवाद, मार्क्सवादी समाजवाद, इत्यादि समाजवादी विचारधारा का हिस्सा बनीं। इसी प्रकार अराजकतावाद और फ़ासीवाद भी राजनीतिक विचारधारा के रूप में उभरे। विचारधाराओं के मध्य के संघर्ष ने दो विश्वयुद्धों का रूप धारण किया और द्वितीय विश्वयुद्ध के पश्चात समाजवादी और उदारवादी दो विचारधाराओं के आधार पर विश्व दो समूहों में विभाजित हो गया। ये दोनों विचारधाराएँ यह दावा करती थीं कि विश्व की सभी समस्याओं का समाधान इन विचारधाराओं में निहित है और इसलिए सन् 1950 के बाद राजनीतिक सिद्धान्तों में होने वाले वाद–विवाद राजनीतिक विचारधाराओं के मध्य में होने वाले वाद–विवाद में परिणित हो गये। इस विवाद ने एक दूसरा रूप विचारधारा की समाप्ति का लिया, जिसमें डेनियल बेल, मार्टिन लिप्सेट, एडवर्ड शील्स तथा रेमेंड एरन जैसे विद्वानों ने विचारधारा के आपसी संघर्ष को ग़ैर–महत्त्वपूर्ण बताया और यह प्रस्थापना प्रस्तुत की कि दोनों विचारधाराएँ एक–दूसरे की सीमाओं और उपलब्धियों को स्वीकार कर चुकी हैं, इसलिए अपने दृष्टिकोण में नरम पड़ गयी हैं। यह माना गया कि राज्य की शक्ति में वृद्धि के कारण आवश्यक रूप से व्यक्ति की स्वतन्त्रता में कमी नहीं हुई। इसी प्रकार समाजवादियों ने उदारवादी लोक कल्याणकारी राज्य की अच्छाइयों को स्वीकार करना आरम्भ किया तथा पश्चिम के पूँजीवादी राज्यों में श्रमिकों की प्रशासन में हिस्सेदारी बढ़ती गयी। इस प्रकार वर्ग संघर्ष की सम्भावनाएँ कम होती गयीं। इस प्रकार के बदलाव ने यह स्पष्ट कर दिया कि 1950 और 1960 के दशक के आरम्भ में विश्वविद्यालयों में राजनीतिक सिद्धान्त की अपेक्षा राजनीतिक विचारधाराओं में होने वाले बदलावों को अधिक महत्त्वपूर्ण मानते हुए उनका अध्ययन किया जाने लगा।

3. **प्रत्यक्षवाद**–राजनीतिक सिद्धान्त को प्रत्यक्षवाद ने भी इस समय में स्थापित किया। प्रत्यक्षवाद उन्नीसवीं शताब्दी के समाजशास्त्री अगस्त काम्टे से सम्बन्धित माना जाता है, जिसके अनुसार मानवीय मस्तिष्क का इतिहास तीन चरणों में विकसित होता है। पहला–धार्मिक, दूसरा पराभौतिक एवं तीसरा वैज्ञानिक। काम्टे ने यह तर्क प्रस्तुत किया कि समसामयिक विश्व वैज्ञानिक युग एवं सिद्धान्तों को स्वीकार करने के लिए सही स्थिति में है। इसलिए जिस प्रकार वैज्ञानिक पद्धति से प्रकृति का अध्ययन किया जाता है और जो वस्तुनिष्ठ सिद्धान्तों का निर्माण करता है, उसी प्रकार वैज्ञानिक पद्धति से मानवीय विश्व का अध्ययन किया जा सकता है और वस्तुनिष्ठ सिद्धान्तों के निर्माण का प्रयास किया जा सकता है। प्रत्यक्षवाद की कुछ प्रमुख मान्यताओं को स्वीकार किया गया जो इस प्रकार हैं–

1. ब्रह्माण्ड ब्रह्माण्डीय विधि पर आधारित कार्य करता है या संचालित होता है।
2. ये क़ानून प्राकृतिक क़ानून हैं जो किसी के द्वारा निर्मित नहीं हैं।
3. मानवीय मस्तिष्क इन क़ानूनों को समझने में सक्षम है।
4. इन क़ानूनों को समझना और फिर इन क़ानूनों को नियन्त्रित करने का प्रयास मानवीय मस्तिष्क की स्वाभाविक प्रवृत्ति है और ऐसा करना सम्भव है।
5. इन क़ानूनों को समझने के लिए एक सार्वभौमिक पद्धति है जिसका नाम है, वैज्ञानिक पद्धति।
6. मानवीय समाज प्रकृति का अविभाज्य हिस्सा है और प्रकृति की तरह सार्वभौमिक वस्तुनिष्ठ नियमों द्वारा नियन्त्रित होता है और वैज्ञानिक पद्धति के माध्यम से इन नियमों को जानना सम्भव है।
7. इस प्रकार प्राकृतिक विज्ञान और सामाजिक विज्ञान में पद्धति की दृष्टि से कोई अन्तर नहीं है और दोनों में सिद्धान्त निर्माण की प्रक्रिया समान है।

सिद्धान्त निर्माण की इस प्रकार की प्रक्रिया को स्वीकार करने पर प्रत्यात्मक राजनीतिक सिद्धान्त आनुभाविक राजनीतिक सिद्धान्त में

परिणित हो गया। बीसवीं शताब्दी में प्रत्यक्षवाद ने तार्किक प्रत्यक्षवाद का रूप लिया और वियना समूह की स्थापना 1920 के दशक में हुई। तार्किक प्रत्यक्षवादी यह मानते थे कि दर्शन का एक कथन विज्ञान की तरह अर्थपूर्ण तभी होगा जब कोई ऐसी प्रणाली हो जिसके माध्यम से उस कथन के सिद्धान्तों को प्रमाणित किया जा सके। इस कारण तार्किक प्रत्यक्षवादी पराभौतिक सिद्धान्तों को पूर्णतया नकारते हैं। राजनीतिक सिद्धान्त में इसका उपयोग होने लगा और जिसके कारण राजनीतिक सिद्धान्त में प्रत्ययवादी अभ्यास समाप्त हो गया। इसलिए राजनीति विज्ञान में मानवशास्त्र, समाजशास्त्र, व्यवहारवाद के आन्दोलन, मनोविज्ञान इत्यादि के सिद्धान्तों और अवधारणाओं का प्रभाव पड़ा और उनका उपयोग होने लगा। इस कारण नयी प्रकार की अवधारणाएँ सामने आयीं जैसे–व्यवस्था सिद्धान्त, संरचनात्मक प्रकार्यवाद इत्यादि।

राजनीतिक सिद्धान्त का पुनर्जागरण

1960 के दशक के उत्तरार्द्ध में राजनीतिक सिद्धान्त के पुनर्जागरण की बात होने लगी और ऐसी कई नयी परिस्थितियाँ सामने आने लगीं, जिनसे राजनीतिक सिद्धान्त के पुनर्जागरण की सम्भावनाएँ बनीं। अगर हम किसी विशेष पुस्तक या घटना के माध्यम से राजनीतिक सिद्धान्त के पुनर्जागरण की बात करना चाहें तो हम कह सकते हैं कि 1971 में जॉन रॉल्स द्वारा प्रकाशित 'ए थ्योरी ऑफ़ जस्टिस' के द्वारा आदर्शात्मक राजनीतिक चिन्तन पुनः आरम्भ हुआ। इस पुस्तक के प्रकाशित होने के पश्चात इस पुस्तक की प्रतिक्रिया में बहुत से नये ग्रन्थ लिखे गये, जिनके आधार पर इस पुस्तक को राजनीतिक चिन्तन को आदर्शात्मक (Normative) दृष्टिकोण को पुनर्जीवित करने का श्रेय जाता है। लेकिन यह ग्रन्थ भी शून्य में नहीं लिखा गया और इसका एक ऐतिहासिक सन्दर्भ है। इसलिए सामान्यतः यह कहा जा सकता है कि राजनीतिक सिद्धान्त के पुनर्जागरण में कुछ महत्त्वपूर्ण वैश्विक परिस्थितियों ने बहुत योगदान दिया और उन्हें इस प्रकार से देखा जा सकता है :

1. **शीतयुद्ध की समाप्ति**–1960 के दशक के उत्तरार्द्ध में महाशक्तियों ने देतान्त के सिद्धान्त को स्वीकार करना आरम्भ किया। देतान्त का अर्थ है सहअस्तित्व। द्वितीय विश्वयुद्ध के पश्चात जब दो विचारधाराएँ–उदारवाद और समाजवाद विश्व

के अनेक राष्ट्रों का राजनीतिक आधार बनीं और उन राष्ट्रों का नेतृत्व संयुक्त राज्य अमेरिका एवं सोवियत यूनियन द्वारा किया गया। ये दोनों समूह अपनी राजनीतिक विचारधारा को सर्वश्रेष्ठ बतलाने के साथ एक–दूसरे की राजनीतिक विचारधारा को पूर्णतया अनुचित बतलाते थे। बहुत वर्षों के द्वन्द्व के पश्चात दोनों विचारधाराओं का संघर्ष क्यूबा संकट में चरम पर पहुँचा, जब शीतयुद्ध वास्तविक युद्ध में परिणित होने वाला था। उसके पश्चात धीरे–धीरे दोनों महाशक्तियों ने एक–दूसरे के अस्तित्व को अपरोक्ष रूप से स्वीकृति प्रदान करना आरम्भ किया और यह स्वीकार किया कि दूसरे पक्ष में भी कुछ गुण हैं, कुछ अच्छाइयाँ हैं और उनके स्वयं के पक्ष की कुछ सीमाएँ हैं। दोनों समूह इस परिणाम पर पहुँचे कि वास्तविक युद्ध से विश्व का भला नहीं होने वाला इसलिए आपसी सहयोग के द्वारा या कम–से–कम सह–अस्तित्व को स्वीकार करना वैश्विक शान्ति और विकास के लिए आवश्यक है। इस प्रकार राजनीतिक विचारधाराओं के मध्य के संघर्ष समाप्ति की बात की जाने लगी और विश्व के बहुआयामी विकास को स्वीकार किया जाने लगा। चीन भी एक नयी शक्ति के रूप में उभरा। इस प्रकार की सहअस्तित्व की स्वीकृति ने सैद्धान्तिक स्तर पर एक ऐसा वातावरण प्रस्तुत किया जिसमें नये विचारों के जन्म की सम्भावनाएँ नज़र आने लगीं और पुनः राजनीति के अध्ययन में नैतिक एवं प्रत्यात्मक विश्लेषण को महत्त्व दिया जाने लगा।

2. **सार्वभौमिक समस्याओं का बढ़ता प्रभाव**–1960 के दशक में समाज तेज़ी से परिवर्तित हो रहा था जिसके कारण कई नयी प्रकार की समस्याएँ सामने आयीं जिन्हें राजनीतिक विचारधाराओं के द्वारा सुलझाना दुष्कर प्रतीत होने लगा। अधिकतर समस्याएँ आधुनिकता और प्रौद्योगिकी के प्रभाव के कारण समाज में नज़र आने लगीं जिसके कारण व्यक्तियों में अलगाव, पर्यावरण सम्बन्धी समस्या, एक वैश्विक मध्ययुग के आगमन से सामाजिक असन्तुलन, विचारधाराओं की सीमाएँ, परम्परागत विषय की सीमाओं का टूटना इत्यादि नयी बातें सामने आयीं। ये सभी नयी प्रघटनाएँ किसी राजनीतिक विचारधारा पर आधारित समाज का परिणाम नहीं थीं,

अपितु इनका मूलतः राजनीतिक व्यवस्था से कोई सम्बन्ध नहीं था। यह इनसे परे आधुनिकता की समस्याएँ थीं। चूँकि इन समस्याओं का समाधान स्थापित राजनीतिक विचारधाराओं में सम्भव नहीं था इसलिए नयी विचारधाराओं को खोजने का प्रयास आरम्भ हुआ तथा यह प्रयास किया गया कि या तो नयी प्रकार की राजनीतिक व्यवस्थाओं को खोजा जाये या एक राजनीतिक व्यवस्था से परे आदर्श व्यवस्था को खोजा जाये। इन स्थितियों के कारण भी राजनीतिक सिद्धान्त में प्रत्यात्मक विश्लेषण का महत्त्व बढ़ा।

3. **मानवीय विज्ञानों में बृहद् सिद्धान्त का पुनरागमन**–अकादमिक स्तर पर 1960 के दशक में कई ऐसे विचारक सामने आये जो अपने विषय से प्रतिबन्धित नहीं थे और जिन्होंने मानव समाज की नयी समस्याओं का समाधान विषयबद्ध न होकर खुले दिमाग़ से खोजने का प्रयास किया तथा स्थापित सामाजिक परम्पराओं, मान्यताओं और संस्थाओं की वैधता पर पुनर्विचार करना आरम्भ किया। क्वेंटिन स्कीनर ने अपनी बहुचर्चित पुस्तक 'द रिटर्न ऑफ़ ग्रेड थ्योरी इन द ह्यूमन साइंसेज़' (1985) में इस नये प्रकार के वैचारिक पुनरागमन का विस्तार से विवरण दिया है। उनके अनुसार इस पुनरागमन को बृहद् सिद्धान्त का पुनरागमन माना जा सकता है। बृहद् सिद्धान्त की अवधारणा भौतिकशास्त्र से ली गयी है। जिसके अनुसार जो चार प्रकार के बल प्रकृति में निहित होते हैं और जिनके आकर्षण से प्रकृति संचालित होती है उनको मिलाकर एक एकीकृत सिद्धान्त बनाने का वैज्ञानिकों का प्रयास चल रहा है जिसे वह बृहद् सिद्धान्त का नाम देते हैं। और जिसके सफलतापूर्वक बन जाने से प्रकृति को समझा जा सकता है और नियन्त्रित किया जा सकता है। इसी तर्ज़ पर मानवीय समाज में एक बृहद् सिद्धान्त की आवश्यकता है जो मानव के सभी सामाजिक, राजनीतिक, आर्थिक, सांस्कृतिक इत्यादि पक्षों की अन्तःक्रिया के द्वारा समझ कर एक नये सिद्धान्त का निर्माण करे। इस बात पर भी बल दिया गया कि मानवीय समाज को समाजशास्त्रीय दृष्टि से न देखा जाये अपितु मानवीय दृष्टि से देखा जाये। यह प्रयास मानवीय समाज का अध्ययन करने के लिए केवल वैज्ञानिक पद्धति का सहारा लेने से नहीं होगा

अपितु मानव को प्रकृति से एक अर्थ में भिन्न मानकर होगा कि मानव के पास चेतना है और उस स्तर की चेतना है जो प्रकृति के किसी अन्य अंग के पास नहीं है। इसलिए मानव की इस विशिष्टता को ध्यान में रखकर उसके विचारों, कार्यकलापों और व्यवहार का अध्ययन किया जाना चाहिए, जिसमें वैज्ञानिक पद्धति पूर्णतः सफल नहीं हो सकती। इसलिए सामाजिक विज्ञान की अपेक्षा मानव विज्ञान की अवधारणा को स्वीकारा गया।

क्वेंटिन स्कीनर ने अपनी पुस्तक में ऐसे कुछ विचारकों के योगदान का उल्लेख किया है जिन्होंने मानव विज्ञान में बृहद् सिद्धान्त को निर्मित करने में मदद दी है। उनमें से एक, हस.जे.गेडेमर एक जर्मन दार्शनिक थे जिन्होंने अपनी पुस्तक 'ट्रुथ एंड मैथेड' (1960) के द्वारा शास्त्रार्थ मीमांसा को समाजविज्ञान के दर्शन के रूप में स्थापित किया और राजनीतिक सिद्धान्त में इसको एक प्रणाली मानकर आदर्शात्मक अभ्यास को बढ़ावा दिया। थॉमस कुन्ह ने अपनी पुस्तक 'द स्ट्रक्चर ऑफ़ साइंटिफ़िक रिवोल्यूशन' (1962) में 'पैरेडाइम' की अवधारणा को स्थापित किया जो राजनीतिक सिद्धान्त में बहस का एक प्रमुख बिन्दु बना। उनके अनुसार विज्ञान में कुछ शताब्दियों में विज्ञान का सन्दर्भ परिवर्तित हो जाता है और वह एक क्रान्तिकारी तरीक़े से परिवर्तित होता है जो विज्ञान के आधार में एक गुणात्मक परिवर्तन करता है और उसके पश्चात एक नया ऐतिहासिक सन्दर्भ आरम्भ होता है। इन ऐतिहासिक सन्दर्भों को जिसमें विज्ञान में परिवर्तन संख्यात्मक हो गुणात्मक नहीं वह पैरेडाइम मानता है। उदाहरणार्थ न्यूटन एक पैरेडाइम का प्रतिनिधित्व करता है जो यान्त्रिकी भौतिकी का पैरेडाइम है वहीं आइंस्टीन दूसरे पैरेडाइम का प्रतिनिधित्व करता है जो क्वांटम भौतिकी का पैरेडाइम है। इसी अवधारणा को मानव विज्ञान में भी सफलतापूर्वक क्रियान्वित किया जा सकता है और इसके माध्यम से राजनीतिक सिद्धान्त में आदर्शात्मक राजनीतिक सिद्धान्त का निर्माण किया जाता है। क्लाउड लेवी स्ट्रॉस ने अपनी पुस्तक 'स्ट्रक्चरल एंथ्रोपोलोजी' (1962) के माध्यम से संरचनावाद को मानवशास्त्र में क्रियान्वित किया। इसको बाद में कई विद्वानों ने राजनीतिक सिद्धान्त में प्रयुक्त किया जैसे मिशेल फूको ने शक्ति, पागलपन इत्यादि अवधारणाओं का अध्ययन करने के लिए संरचनावाद का सफलतापूर्वक उपयोग किया। मिशेल फूको भी एक बृहद् सिद्धान्तकारी हैं जिन्होंने 60 के दशक के उत्तरार्द्ध और

70 के दशक में अपने लेखन से एक तरफ़ संरचनावादी चिन्तन को जन्म दिया। दूसरी तरफ़ वह संरचनावाद के परे जा कर प्रतिसंरचनावाद को भी जन्म देते हैं। उनका चिन्तन किसी विशेष विषय की सीमाओं में बन्द नहीं है। उसने मानवीय–समस्याओं को एक पूर्णता की दृष्टि से विश्लेषित करने का प्रयास किया है। लुई अल्थ्यूजर भी एक मार्क्सवादी फ्रांसीसी विचारक हैं जिन्होंने कार्ल मार्क्स के सिद्धान्त को संरचनावादी दृष्टिकोण से विखण्डित कर प्रयुक्त किया है। इन्हीं बृहद् सिद्धान्तकारियों में नैतिक दार्शनिक जॉन–रॉल्स का नाम प्रमुखता से लिया जाता है जिसने 1971 में प्रकाशित 'ए थ्योरी ऑफ़ जस्टिस' पुस्तक से राजनीतिक सिद्धान्त को पुनर्जाग्रत किया।

यह लेख समसामयिक राजनीतिक सिद्धान्त : नरेश दाधीच (रावत पब्लिकेशन्स, 2015, जयपुर, पृष्ठ 1–18) से साभार।

अध्याय–2

राजनीति क्या है?

-एंड्रयू हेवुड

राजनीति की परिभाषा

व्यापक अर्थ में राजनीति वह गतिविधि है जिसमें लोग अपने जीने के लिए नियम बनाते हैं, उनकी रक्षा करते हैं तथा उनमें बदलाव करते हैं। अलबत्ता राजनीति एक अकादमिक विषय है, जिसमें राजनीति को 'पॉलिटिक्स' शब्द से सम्बोधित किया जाता है और शब्द 'पी' को केपिटल में लिखा जाता है यों यह एक गतिविधि का अध्ययन है। वैसे राजनीति दो बड़े विचारों से 'सहयोग' और 'संघर्ष' का अध्ययन है। एक ओर विरोधी मतों, अलग–अलग माँगों, प्रतिस्पर्धी और विरोधी हितों के फलस्वरूप यह तय रहता है कि जिन नियमों के अन्तर्गत लोग रहते हैं उनमें असहमति होती है। दूसरी ओर लोग यह स्वीकार करते हैं कि जिन नियमों के अन्तर्गत वे रहते हैं उनके क्रियान्वयन को सुनिश्चित करने के लिए तालमेल से काम करना ज़रूरी है जिसे हन्नाह एरांट ने 'एक तालमेल में काम करना' (Activity in concert) कहा है। इसलिए कई बार संघर्ष निवारण की प्रक्रिया को राजनीति का दिल भी कहा जाता है। इसमें प्रतिद्वन्द्वी विचार और हित की एक–दूसरे के साथ टकराहट को दूर किया जाता है। यों विभिन्नताओं का होना स्वाभाविक है क्योंकि हम सब एक से नहीं हैं, साथ ही अभाव भी हैं, क्योंकि सभी के लिए पर्याप्त वस्तुएँ नहीं हैं। ऐसे में राजनीति इन दो मानवीय स्थितियों से जुड़ी है।

राजनीति के अर्थ को स्पष्ट करने के लिए यह आवश्यक है कि हम दो प्रमुख समस्याओं को सम्बोधित करें। पहली तो ये कि अधिकांशतः लोग इसे एक निहित अर्थ (Loaded Meaning) वाला शब्द मानते हैं।

जैसे किसी एक अकादमिक विषय–अर्थशास्त्र, भूगोल या इतिहास के बारे में सोचते हैं, ऐसा राजनीति के बारे में बहुत कम लोग सोचते हैं। अधिकांश तो यह मानते हैं कि यह विषय किसी–न–किसी तरह से पूर्वाग्रह से जुड़ा है। उनके लिए यह मानना कठिन है कि इस विषय को निष्पक्ष या भावुकता से अलग रख कर देखा जा सकता है ऐसे में राजनीति को गन्दा शब्द माना जाता है, इसका सम्बन्ध तोड़–फोड़, समस्या यहाँ तक कि हिंसा के साथ जोड़ा जाता है। इसमें धोखाधड़ी, झूठ और हेरा–फेरी भी सम्मिलित है। इस तरह के जुड़ावों में नया कुछ नहीं है। 1775 में सेमुअल जॉनसन ने राजनीति को दुनिया में आगे बढ़ने के अलावा कुछ नहीं माना। उन्नीसवीं शताब्दी में अमेरिकी इतिहासकार हैनरी एडम्स ने राजनीति को घृणा का क्रमबद्ध संगठन कहा। ऐसे में राजनीति को परिभाषित करते समय इस नकारात्मक छवि से अलग करना आवश्यक है। यह असामान्य नहीं होगा कि यह सिद्ध किया जाये कि राजनीति मूल्यवान है और एक प्रतिष्ठित गतिविधि है।

दूसरी समस्या, जो ज़्यादा कठिन है और जिस पर ख्यात नाम विद्वान भी सहमत नहीं हैं, वह विषय के बारे में है। राजनीति को अलग–अलग तरीक़ों से परिभाषित किया जाता है, जैसे शक्ति के प्रयोग के रूप में, सत्ता के उपयोग के रूप में, सामूहिक निर्णय लेने के लिए, कम संसाधनों के निर्धारण के रूप में, धोखे के अभ्यास की तरह या हेरा–फेरी के लिए। इस सन्दर्भ में जो परिभाषा यहाँ प्रस्तुत की जा रही है, उसका गुण है कि इसमें सामान्य सामाजिक नियमों के निर्माण, उनकी रक्षा, और संशोधन के रूप में राजनीति को परिभाषित किया है, जो विभिन्न प्रतिस्पर्धी परिभाषाओं में सबसे अधिक व्यापक है। किन्तु समस्या तो तब खड़ी होती है जब इससे और अधिक स्पष्ट या परिष्कृत किया जाये। उदाहरण के लिए, क्या राजनीति का अर्थ किसी एक तरह से ही नियम बनाना, उनकी रक्षा करना या उन्हें संशोधित करना है (विशेषकर शान्तिपूर्ण तरीक़े से), जिनमें राजनीतिक संस्थाएँ काम करती हैं या किन्हीं सुनिश्चित अर्थों में (जिनमें सार्वजनिक जीवन या सरकार में काम होता है)।

इस दृष्टि से राजनीति पर जिस तरह से प्रश्न उठाये जाते हैं उसी से उसकी चर्चा की जायेगी, जिसमें इस शब्द की स्वीकृत और औचित्यपूर्ण चर्चा ही उचित है, जिसमें अवधारणा कुछ अर्थों में अस्पष्ट भी हो सकती है। "राजनीति क्या है" बहस इसलिए उपयोगी है क्योंकि इसका सम्बन्ध

गहरे बौद्धिक और वैचारिक मतभेदों वाले अध्ययन विषयों से है। यहाँ निम्न अलग–अलग दृष्टिकोणों की चर्चा है–

- राजनीति सरकार की कला के रूप में
- राजनीति सार्वजनिक सम्बन्धों के रूप में
- राजनीति समझौते और सहमति के रूप में
- राजनीति शक्ति और संसाधनों के वितरण के रूप में

राजनीति सरकार की कला के रूप में

'राजनीति विज्ञान नहीं है वरन् कला है' बिस्मार्क ने जर्मन गणतन्त्र (Reichstag) को यह बतलाया था। बिस्मार्क के दिमाग़ में जिस कला का विचार था वह सरकार की कला का था। जिसमें समाज में नियन्त्रण सामूहिक निर्णयों और उनके क्रियान्वयन से था। यह सम्भव है कि यह राजनीति की शास्त्रीय परिभाषा है जिसे मूल ग्रीक से विकसित किया गया है।

राजनीति शब्द को ग्रीक शब्द 'पोलिस' (Polis) से लिया गया है जिसका शाब्दिक अर्थ नगर राज्य है। वैसे यह शब्द नगर राज्य के सम्बन्धों के बारे में बतलाता है, इस दृष्टि से आधुनिक अर्थो में इसका तात्पर्य है कि यह राज्य से जुड़ा है। सामान्य प्रयोग में राजनीति में होने का अर्थ है जब आप किसी शासकीय पद पर हों या राजनीति में प्रवेश का अर्थ है जब आप इस पद को प्राप्त करने के लिए प्रयत्नशील हों। इस परिभाषा को अकादमिक क्षेत्र में राजनीति विज्ञान को आगे बढ़ाने के लिए उपयोगी माना जाता है।

जो भी राज्य के सरोकार हैं; उनका सम्बन्ध परम्परागत राजनीति विज्ञान से है। इनकी छाया बौद्धिक रूप से ऐसी प्रवृत्तियों पर पड़ी जिनमें राज्य के कार्मिक और सरकारी तन्त्र सम्मिलित हैं। राजनीति का अध्ययन सारांश में सरकार का या सत्ता के उपयोग का अध्ययन है। इस विचार को अमेरिकी राजनीति विद्वान डेविड ईस्टन ने आगे बढ़ाया। उन्होंने 'राजनीति को मूल्यों का सत्तात्मक आवंटन' (Authoritative Allocation of values) कहा है। जिसका अर्थ यह है कि राजनीति में वे सब प्रक्रियाएँ सम्मिलित हैं जिसमें सरकार व्यापक समाज के दबावों पर प्रतिक्रिया देती है, उसमें उसके द्वारा दिये गये लाभ और दण्ड दोनों शामिल हैं। 'सत्तात्मक मूल्य' वे हैं, जिन्हें समाज स्वीकार करता है और जो नागरिकों के बड़े समूह पर बाध्यकारी हैं। इसमें राजनीति का सम्बन्ध नीति से है।

इसका अर्थ है औपचारिक या सत्तात्मक निर्णय जो समुदाय की कार्य–योजना को निर्धारित करता है।

किन्तु यह राजनीति का बहुत ही सीमित दृष्टिकोण है। राजनीति का अर्थ वास्तव में तो वह सब है जो उसकी व्यवस्था (Polity) में घटित हो रहा है। यह सामाजिक संगठन का वह स्वरूप है जो सरकारी तन्त्र के इर्द–गिर्द केन्द्रित है। इसलिए राजनीति मन्त्रिमण्डल के कक्ष में, व्यवस्थापिका के भवन में आचरण किया जाने वाला व्यवहार है जो अलग–अलग छोटे समूहों के आचरण में दिखाई देता है। ये समूह राजनीतिज्ञों और नौकरशाहों का है। ऐसी स्थिति में अधिकांशतः जन समूह, संस्थाएँ और सामाजिक गतिविधियाँ तो राजनीति के दायरे से बाहर रह कर सम्पन्न की जाती हैं। व्यापार, स्कूल तथा अन्य शिक्षण संस्थाएँ, सामुदायिक समूह, परिवार आदि तो इस अर्थ में 'ग़ैर–राजनीतिक' हैं, क्योंकि वे देश को चलाने वाले तन्त्र से अलग हैं। इसी अर्थ में जो राजनीति को राज्य से जुड़ी गतिविधियों का वर्णन मानते हैं वे आधुनिक जीवन पर हो रहे वैश्विक प्रभावों की अवहेलना करते हैं, जिसमें राष्ट्रेतर प्रविधि और बहुराष्ट्रीय संगठनों से जुड़ी गतिविधियाँ सम्मिलित हैं। यह तो मोटे तौर पर राष्ट्र राज्य के विकार की खुमारी है जिसमें राज्य एक स्वतन्त्र इकाई माना जाता था। यह दिन पर दिन माना जा रहा है कि आधुनिक जटिल समाजों की व्यवस्था करने में सरकारों के लिए सरकारी और निजी संगठनों की भागीदारी आवश्यक है। इस विचार की छाया साफ़ तौर पर तब नज़र आती है जबकि सरकार का विचार अभिशासन (Governance) में बदल गया है।

राजनीति का अर्थ और भी सिकुड़ जाता है जब राजनीति को राजनीतिक दल की गतिविधि के समकक्ष मान लिया जाता है। दूसरे शब्दों में, 'राजनीतिक' का अर्थ केवल उन्हीं तक सीमित है जो सजग होकर किसी राजनीतिक संगठन (राजनीतिक दल) के साथ कार्य करते हैं। इस अर्थ में इस तरह के व्यक्तियों को राजनेता कहा जाता है। वे राजनीतिक हैं और नौकरशाहों को 'ग़ैर–राजनीतिक' माना जाता है, जब तक कि वे तटस्थ और व्यावसायिक रूप से कार्य करते हैं। इसी तरह न्यायाधीश भी 'ग़ैर–राजनीतिक' हैं, जब तक कि वे क़ानून की व्याख्या किसी राजनीतिक प्रभाव के अन्तर्गत नहीं करते।

राजनीति और राज्य के सम्बन्धों का जुड़ाव हमें एक और नकारात्मक छवि को समझने में मदद करता है। लोकप्रिय धारणा यह है कि राजनीति

का सम्बन्ध 'राजनीतिज्ञ' से है। जिसे क्रूर शब्दों में कहा जाये तो राजनीतिज्ञ शक्ति/सत्ता के पीछे भागने वाला वह व्यक्ति है जिसने जन सेवा के शब्द जाल और उसकी वैचारिक प्रतिबद्धताओं के पीछे अपनी व्यक्तिगत महत्त्वाकांक्षाओं को छिपा रखा है। यह दृष्टिकोण आधुनिक प्रचार युग में और भी अधिक मज़बूत हुआ है, जहाँ भ्रष्टाचार के कई उदाहरण दिये जाते हैं। इस सब ने राजनीति विरोधी विचार को बढ़ावा दिया है। राज्य की गतिविधि से जुड़े परम्परागत दृष्टिकोण की अस्वीकृति का आधार 'राजनीति' की इस व्याख्या में निहित है कि वह निजी स्वार्थ की पूर्ति, दुमुँही और सिद्धान्तहीन गतिविधि है जो राजनीति के लिए प्रयोग में आने वाले अपमानजनक मुहावरों में जैसे–'कार्यालय राजनीति' तथा राजनीति करने से जुड़े। इस तरह की धारणाएँ निकोल मैकियावेली के लेखन से उभरती हैं जिन्होंने राजनीति के यथार्थवादी वर्णन में राजनीतिज्ञ को धूर्त, निर्दयी और हेराफेरी करने वाले के रूप में वर्णित किया है। (मैकियावेली की पुस्तक, प्रिंस)।

इस तरह का नकारात्मक दृष्टिकोण अनिवार्यतः उदारवादी दृष्टि है, जिसमें व्यक्ति को स्वार्थी और राजनीतिक शक्ति को भ्रष्ट करने वाला माना गया है, क्योंकि राजनीति जो लोग सत्ता में हैं उन्हें अपने पद को अपने निजी लाभ के लिए दूसरों की क़ीमत पर उपयोग में लाने को प्रोत्साहित करती है यह बात लार्ड एक्टन (1834–1902) के प्रसिद्ध कथन में स्पष्ट हुई है, जिसमें कहा गया है कि सत्ता की प्रवृत्ति भ्रष्ट करने की है और निरंकुश शक्ति पूर्ण रूप से भ्रष्ट करती है। कुछ लोग जो राजनीति को इस तरह देखते हैं, उनके अनुसार राजनीति स्थायी और अपरिहार्य है। इन शिकायतों के बावजूद भी वे मानते हैं कि बिकाऊ राजनेता हमेशा लोगों के साथ रहते हैं। यदि मूल्यों का किसी प्रकार का आवंटन नहीं हो तो राजनीति हर व्यक्ति का हर व्यक्ति के विरुद्ध युद्ध में बदल जायेगी। इसलिए यह आवश्यक है कि राजनेताओं को समाप्त न कर, राजनीति को समाप्त किया जाये, यह सुनिश्चित करने के लिए कि उसका संचालन, नियन्त्रण और रोक–टोक के आधार पर हो और सरकारी शक्तियों का दुरुपयोग न हो।

राजनीति सार्वजनिक सम्बन्धों के रूप में

दूसरी ओर व्यापक दृष्टिकोण राजनीति को सीमित सरकार के दृष्टिकोण से निकाल कर 'सार्वजनिक जीवन' या सार्वजनिक सम्बन्धों के रूप में देखता है।

दूसरे शब्दों में 'राजनीतिक' और 'ग़ैर–राजनीतिक' विभेद अनिवार्य रूप से 'निजी और सार्वजनिक स्थान' के साथ ही किया जा सकता है। इस दृष्टिकोण का आरम्भ अरस्तू (384–322 ईसा पूर्व) से देखा जा सकता है। जिसमें अरस्तू का यह विश्वास महत्त्वपूर्ण है कि मनुष्य एक राजनीतिक प्राणी है और राजनीतिक समुदाय के मध्य ही अच्छा जीवन व्यतीत कर सकता है। इन अर्थों में राजनीति नैतिक गतिविधि है और उसका उद्देश्य 'न्यायपूर्ण' समाज की स्थापना है।

सार्वजनिक जीवन और निजी जीवन के बीच लक्ष्मण रेखा कहाँ खींची जाये? परम्परागत रूप में यह लक्ष्मण रेखा राज्य और 'नागर' समाज (Civil Society) के बीच ही है। राज्य की संस्थाएँ (सरकारी तन्त्र, न्यायालय, पुलिस, सामाजिक सुरक्षा व्यवस्था आदि) सार्वजनिक इस अर्थ में मानी जाती हैं कि वे सामुदायिक जीवन को संगठित करती हैं, और जनता के करों की आय से उनकी व्यवस्था होती है। एडमण्ड वर्क के अनुसार, इसके विपरीत नागर समाज छोटी टुकड़ियाँ (Little Platoons) हैं, इन संस्थाओं में सम्मिलित हैं परिवार, रक्त सम्बन्ध समूह, निजी व्यापार, श्रम संगठन, क्लर्क, समुदाय समूह आदि। इनकी स्थापना व्यक्तिगत नागरिकों के द्वारा होती है और वे ही इसके खर्चे की व्यवस्था करते हैं। इस 'सार्वजनिक' और 'निजी विभाजन' में जो राजनीतिक हैं उनका सम्बन्ध राज्य की गतिविधि से है और जिनकी व्यवस्था व्यक्ति अपने स्तर पर जिनमें आर्थिक, सामाजिक, घरेलू, निजी, सांस्कृतिक और कला क्षेत्र सम्मिलित हैं, में कर सकता है। वे स्पष्ट तौर से ग़ैर–राजनीतिक हैं।

इस सार्वजनिक निजी विभाजन का एक अधिक परिष्कृत विभाजन 'राजनीतिक और व्यक्तिगत (Personal)' का भी है। नागर समाज को राज्य से अलग किया जा सकता है किन्तु नागर समाज की बहुत–सी गतिविधियाँ हैं, जो सार्वजनिक स्वभाव की हैं और इस दृष्टि से वे व्यापक अर्थों में खुली संस्थाएँ हैं। इस दृष्टि से अर्थव्यवस्था को निजी से सार्वजनिक क्षेत्र में बदला जा सकता है। इसी तरह सामुदायिक समूह, कला, श्रम संगठन भी सार्वजनिक क्षेत्र में ही कार्य करते हैं। इस दृष्टिकोण से, विशेषकर नारीवादी समूह यह मानते हैं कि राजनीति को इन निजी क्षेत्र और संस्थाओं में हस्तक्षेप नहीं करने दिया जाना चाहिए।

राजनीति को सार्वजनिक गतिविधि के रूप में स्वीकार करने के विचार के 'नकारात्मक' और 'सकारात्मक' दोनों ही पहलू हैं। राजनीति एक पवित्र

और प्रबन्धनकारी (Enlightened) गतिविधि है। यह स्थापना अरस्तू ने की है, किन्तु इसकी सबसे प्रभावशाली व्याख्या तो हा आरेन ने अपनी पुस्तक 'ह्यूमन कंडिशन' (1958) में की है। इसके अनुसार राजनीति सबसे महत्त्वपूर्ण मानवीय गतिविधि है, क्योंकि यह सभी स्वतन्त्र और बराबर के नागरिकों के बीच सम्पन्न की जाती है। यह ज़िन्दगी के अर्थ देती है तथा प्रत्येक व्यक्ति की विशिष्टता को स्वीकार करती है। रूसो और जॉन स्टुअर्ट मिल ने भी राजनीति के महत्त्व को उसकी भागीदारी के आधार पर स्वीकार किया है।

इसके विपरीत दूसरा विचार यह है कि राजनीति को सार्वजनिक गतिविधि के रूप में चित्रित करना 'अनावश्यक हस्तक्षेप' है। उदारवादी विचारकों ने नागर समाज की प्राथमिकता को राज्य के मुक़ाबले अधिक स्वीकार किया है। उनके अनुसार यह विकल्प इसलिए कि यह व्यक्ति को अधिक चुनाव के अवसर प्रदान करता है। इससे व्यक्ति को अधिक स्वतन्त्रता मिलती है और ज़िम्मेदारी की भावना आती है। राजनीति उदारवादियों ने इसलिए नहीं चुनी क्योंकि वह लोगों को जो वे चुनते हैं उसे पूरा करने में रोकती है।

राजनीति समझौते और सहमति के रूप में

राजनीति की तीसरी अवधारणा उसके दोष पर नहीं वरन् इस बात पर आधारित है कि निर्णय किस तरह लिए जाते हैं। विशेषकर राजनीति को संघर्ष निवारण के तरीक़े के रूप में देखा जाता है जहाँ समझौते से, वार्ता से और आपस में समझाइश से विवाद को सुलझाया जाता है न कि बल या बल के खुले प्रयोग से। यह वह अर्थ है जहाँ राजनीति को सम्भावना की कला माना जाता है। यह राजनीति के दैनिक प्रयोग के अर्थ में स्वाभाविक रूप से निहित है। जहाँ हम यह मानते हैं कि राजनीतिक समाधान का अर्थ है शान्तिपूर्ण बहस और पंचनामा जो, सैनिक समाधान के विपरीत है।

राजनीति के इस तरह के विचार का आरम्भ अरस्तू में नज़र आता है, जहाँ उनका यह विचार है कि 'पोलिटी' है जो कुलीन तन्त्र और प्रजातन्त्र की विशेषताओं का सम्मिश्रण है। आधुनिक विचारकों में बर्नार्ड क्रिक इस विचार के प्रतिपादक हैं। क्रिक ने अपनी पुस्तक 'इन डिफेंस ऑफ़ पोलिटिक्स' में इसे इस तरह परिभाषित किया है कि राजनीति वह गतिविधि है, जिसमें विभिन्न हितों को एक शासकीय इकाई सत्ता में

उनके महत्त्व को साझेदारी देकर बनाया जाता है, जिसमें सारे समुदाय का कल्याण और अस्तित्व सम्मिलित है।

इस अर्थ में राजनीति व्यापक सत्ता के वितरण के लिए जानी जाती है। यह स्वीकार करते हुए कि संघर्ष अपरिहार्य है क्रिक तर्क करते हैं कि जब सामाजिक समूह और हित शक्ति प्राप्त कर लेते हैं तब उन्हें शान्त किया जाना चाहिए, न कि दबाना। क्रिक समझौतों को पश्चिमी बहुलतावादी प्रजातन्त्र का हिस्सा मानते हैं और राजनीति को चुनावी विकल्प और दलीय प्रतिस्पर्धा के समकक्ष। इसके परिणाम स्वरूप वह हमें एक दलीय राज्य और सैनिक राज्यों के बारे में बहुत कम बता पाते हैं।

इस दृष्टि से यह विचार राजनीति का बहुत ही सकारात्मक रूप प्रस्तुत करता है। यों राजनीति समझौतों का आदर्श रूप नहीं है। किन्तु ख़ून–ख़राबे के मुक़ाबले में पसन्द किया जाने वाला विकल्प तो है ही।

शक्ति के रूप में राजनीति

राजनीति की चौथी परिभाषा बहुत व्यापक और क्रान्तिकारी है। यह दृष्टिकोण राजनीति को किसी विशेष क्षेत्र (सरकार, राज्य या सार्वजनिक) तक सीमित नहीं रखते हुए उसे सभी सामाजिक गतिविधियों और मनुष्य के अस्तित्व की सभी गतिविधियों के साथ जोड़ देता है। जैसा कि अडरिन लेफ्ट बिच ने दावा किया है कि राजनीति सभी सामूहिक गतिविधि के केन्द्र में है, चाहे वह औपचारिक या अनौपचारिक, सार्वजनिक या निजी ही क्यों न हो, यह गतिविधि सभी मानव समूहों, संस्थाओं और समाजों में होती है। इस अर्थ में राजनीति हर स्तर पर सामाजिक सम्बन्धों में की जाती है। यह परिवार, छोटे–से–छोटे समूह और राष्ट्रों के बीच भी की जाती है।

अपने व्यापक अर्थ में राजनीति उत्पादन, वितरण और संसाधनों के सामाजिक अस्तित्व के उपयोग से सम्बन्धित है। राजनीति सारतत्त्व में शक्ति है जिसका उद्देश्य है इच्छित परिणाम की प्राप्ति, चाहे फिर कोई भी साधन क्यों न हो। इसका वर्णन बहुत ही अच्छे तरीक़े से लासवैल ने अपनी पुस्तक 'पोलिटिक्स : हू गेट्स ह्वाट, ह्वेन एंड हाउ' (1936) में किया है। इस दृष्टि से राजनीति में विभिन्नताएँ और संघर्ष हैं और इसका गुण अभावों के अस्तित्व में है। स्पष्ट तथ्य है कि व्यक्ति की आवश्यकताएँ और इच्छाएँ अन्तहीन हैं और उन्हें पूरा करने के संसाधन हमेशा ही कम रहते हैं। इसलिए राजनीति में हमेशा ही सीमित संसाधनों

को लेकर संघर्ष रहता है। शक्ति वह साधन है जिससे यह संघर्ष संचालित किया जाता है।

शक्ति के इस दृष्टिकोण के प्रतिपादक मार्क्सवादी एवं नारीवादी हैं। आधुनिक नारीवादियों ने राजनीति के महत्त्व के विचार में रुचि दिखायी है। उनके अनुसार राजनीति में महिला केवल निजी क्षेत्र तक ही सीमित है, जिसमें पारिवारिक और घरेलू ज़िम्मेदारियाँ ही सम्मिलित हैं और पुरुष का वर्चस्व परम्परागत राजनीति और अन्य क्षेत्रों में बना हुआ है। इसलिए क्रान्तिकारी नारीवादियों ने 'सार्वजनिक/निजी' विभाजन पर आक्रमण किया है, और उसके स्थान पर व्यक्तिगत को भी राजनीतिक माना है। यह नारा क्रान्तिकारी नारीवादियों के इस विश्वास में बदल गया कि जो घरेलू परिवार और व्यक्तिगत जीवन में होता है, वह बहुत ही गहरे से राजनीतिक है, वह सभी अन्य राजनीतिक संघर्षों का आकार है। इस दृष्टिकोण की व्याख्या केट मिलिट ने अपनी पुस्तक सैक्सुअल पोलिटिक्स में की है।

मार्क्सवादियों ने राजनीति शब्द का प्रयोग दो अर्थों में किया है। एक स्तर पर मार्क्स ने उसका प्रयोग परम्परागत अर्थ में किया है, जहाँ वह राज्य की व्यवस्था का अंग है। अपनी पुस्तक 'कम्युनिस्ट मैनिफेस्टो' (1948) में उसने राजनीतिक शक्ति को एक वर्ग की संगठित शक्ति कहा है, जिससे वह दूसरे को दबाता है। मार्क्स के लिए राजनीति, क़ानून और संस्कृति, सुपर स्ट्रक्चर का आधार है। किन्तु वह आर्थिक आधार और सुपर स्ट्रक्चर का हिस्सा है जो आर्थिक आधार से सामाजिक को अलग–अलग नहीं मानता। वह 'सुपर स्ट्रक्चर' तो आर्थिक आधार से ही बना है, इसलिए गहरे अर्थों में राजनीतिक शक्ति भी वर्ग व्यवस्था पर आधारित है। लेनिन ने राजनीति को आर्थिक व्यवस्था का केन्द्रीभूत स्वरूप माना है। मार्क्सवादी यह मानते हैं कि आर्थिक ही राजनीतिक है। इस दृष्टिकोण में नागर समाज जैसा कि मार्क्सवादी विश्वास करते हैं वर्ग संघर्ष की दृष्टि से राजनीति के केन्द्र में है।

इस तरह से राजनीति का चित्रण बहुत ही नकारात्मक रूप से होता है। ऐसी स्थिति में राजनीति उत्पीड़न और ग़ुलामी के लिए है। क्रान्तिकारी नारीवादी यह मानते हैं कि समाज पितृसत्तात्मक है जिसमें महिला को व्यवस्थित रूप से ग़ुलाम बनाया है और पुरुष सत्ता के अधीन कर दिया। मार्क्सवादी परम्परागत रूप से यह तर्क देते हैं कि एक पूँजीवादी समाज श्रमिकों के शोषण के लिए जाना जाता है। मार्क्सवादी यह मानते हैं

कि वर्ग राजनीति समाप्त हो जायेगी जब वर्ग–विहीन साम्यवादी समाज स्थापित हो जायेगा। राज्य के समाप्त होने के साथ–साथ राजनीति का परम्परागत रूप भी समाप्त हो जायेगा।

राजनीति का अध्ययन

राजनीति के अध्ययन के दृष्टिकोण से राजनीतिक गतिविधि के स्वभाव को लेकर असहमति है ठीक उसी तरह राजनीति के अकादमिक अनुशासन को लेकर भी बहस है। पुराने अध्ययनों में राजनीति दर्शन, इतिहास और क़ानून का ही हाथ था। उसका केन्द्रीय उद्देश्य उन सिद्धान्तों की खोज था जिन पर मानव समाज आधारित है। उन्नीसवीं शताब्दी के पूर्वार्द्ध में यह दार्शनिक आग्रह धीरे–धीरे राजनीति को वैज्ञानिक अध्ययन में बदलने की कोशिश के परिणामस्वरूप कम हो गया। इस विकास का चरम 1950 और 1960 के दशकों में था जब आरम्भिक परम्परागत दृष्टि को अर्थहीन मीमांसा (Metaphysics) कह कर सम्बोधित किया जाता था। इसके पश्चात राजनीति को कठोर विज्ञान बनाने का उत्साह ढलान पर आ गया और फिर से राजनीतिक मूल्यों के प्रति और नैतिक आग्रहों के सिद्धान्त की ओर ध्यान दिया जाने लगा। यदि परम्परागत विश्वव्यापी मूल्यों को त्याग दिया गया तो यह आग्रह भी छोड़ा गया कि विज्ञान ही केवल मात्र 'सत्य' की खोज का एक तरीक़ा है। परिणाम यह है कि राजनीति का अनुशासन आज अधिक उत्कृष्ट और उत्तेजनापूर्ण है, क्योंकि यह विभिन्न दृष्टिकोणों और विश्लेषणों को समाहित किये है।

दार्शनिक परम्परा

राजनीतिक विश्लेषण का आरम्भ प्राचीन ग्रीक काल से माना जाता है और सामान्यतः उसे राजनीतिक दर्शन कहा जाता था। इसमें नैतिक और मूल्य आधारित प्रश्नों पर अध्ययन था और सरोकार यह था कि राजनीति क्या होनी चाहिए न कि वह क्या है? इस परम्परा के संस्थापक प्लेटो और अरस्तू थे। मध्य युग में आगस्टीन (354–430) और एक्वीनास (1225–75) का लेखन मूलतः आदर्श समाज की स्थापना का प्रयास था, जो उनके अनुसार दार्शनिक राजाओं का उदारवादी अधिनायकवाद बन गया।

इस तरह के दृष्टिकोण को परम्परागत दृष्टिकोण का आधार माना जा सकता है। ये विश्लेषणात्मक अध्ययन उन विचारों और सिद्धान्तों से जुड़े थे

जो राजनीतिक विचार के केन्द्र में थे। इसमें राजनीतिक विचारों का इतिहास होता था, जिसमें प्लेटो से लेकर मार्क्स तक का अध्ययन व्यापक रूप से हुआ है। ये अध्ययन अपने समय के सन्दर्भों का विश्लेषण था, किन्तु यह वैज्ञानिक अर्थों में वस्तुनिष्ठ नहीं था, क्योंकि इसमें जो प्रश्न थे जैसे कि मैं राज्य के आदेश की पालना क्यों या कैसे करूँ, विभिन्न लाभों का वितरण कैसे होगा, या व्यक्ति की स्वतन्त्रता पर बन्धन क्यों आदि का सटीक उत्तर नहीं मिला।

अनुभवपरक परम्परा

यह परम्परा मूल्यपरक सिद्धान्त निर्माण से कम महत्त्वपूर्ण थी। किन्तु अनुभवपरक या वर्णनात्मक परम्परा की शुरुआत राजनीतिक विचार के आरम्भिक दिनों की है। यह अरस्तू के संविधानों के वर्गीकरण, मैकियावेली की राज्य कला के यथार्थवादी विवरण तथा मान्टेसक्यू के सरकार और क़ानून के समाजशास्त्रीय विश्लेषण से जुड़े थे। यह वर्तमान के तुलनात्मक सरकारों के अध्ययन का आधार है और इस दृष्टिकोण ने राजनीति के अध्ययन को संस्थाओं के अध्ययन में परिवर्तित कर दिया। अमेरिका और इंग्लैंड में यह विश्लेषण की प्रमुख परम्परा है। इस विश्लेषण में राजनीतिक यथार्थ का वर्णन निष्पक्ष और तथ्यात्मक रूप से किया जाता था। अनुभवपरक दृष्टिकोण में प्रयास 'विवरण' और स्पष्टीकरण आधारित था, जबकि मूल्यपरक दृष्टिकोण में निर्णयात्मक और सुधारात्मक हुआ करते थे।

विवरणात्मक दृष्टिकोण को दार्शनिक स्वरूप अनुभववाद से प्राप्त हुआ था, जिसमें आरम्भिक प्रयास जान लॉक और डेविड ह्यूम (1711–76) के लेखन में देखा जा सकता है। अनुभववाद के सिद्धान्त की मुख्य मान्यता यह थी कि अनुभव ही ज्ञान का आधार है, इसलिए परिकल्पना और सिद्धान्तों का परीक्षण पर्यवेक्षण की प्रक्रिया से होना चाहिए। उन्नीसवीं शताब्दी के आरम्भ तक इसे सिद्धान्तों से जुड़े विचारों का प्रत्यक्षवाद कह कर सम्बोधित किया गया जो ऑगस्ट कामटे (1798–1857) के लेखन से जुड़ा था। इस सिद्धान्त में आग्रह था कि समाज विज्ञानों और उन विषयों में जिनका सम्बन्ध दार्शनिक खोज से है उन्हें प्राकृतिक विज्ञानों की पद्धतियों का कठोरता से पालन करना चाहिए, जो राजनीति के अनुशासन पर दबाव बनाने के लिए पर्याप्त था।

वैज्ञानिक परम्परा

राजनीति को विज्ञान के रूप में वर्णन करने वाले सर्वप्रथम मार्क्स थे जिन्होंने अपने वस्तुवाद (materialist) के विचार के प्रयोग से ऐसा किया। उसने इस विचार को ऐतिहासिक विकास के लिए मुख्य शक्ति माना। 1870 में आक्सफोर्ड, पेरिस और कोलम्बिया विश्वविद्यालयों में राजनीति विज्ञान के पाठ्यक्रमों का आरम्भ हुआ। 1906 में अमेरिकन पोलिटिकल साइंस रिव्यू का प्रकाशन हुआ और उन्नीसवीं शताब्दी में यह मुख्य विश्लेषण का आधार बन गया। 1950 और 1960 के दशक में राजनीति विज्ञान के विज्ञान के रूप में अध्ययन का कार्य अमेरिका में बहुत ही उत्साह के साथ शुरू हुआ, जो व्यवहारवाद पर आधारित था। व्यवहारवाद से तात्पर्य उस विश्वास से था कि सामाजिक सिद्धान्तों का निर्माण पर्यवेक्षणीय व्यवहार के द्वारा किया जाना चाहिए जिससे शोध के लिए संख्यात्मक आँकड़ा (सूचना) मिल सके। इसने पहली बार राजनीति को विश्वसनीय वैज्ञानिक प्रामाणिकता प्रदान की क्योंकि इससे पहले राजनीति के विश्लेषण के लिए वस्तुपरक और संख्यात्मक आँकड़ा परिकल्पनाओं के सत्यापन के लिए उपलब्ध नहीं था। राजनीतिक विश्लेषक डेविड ईस्टन ने यह घोषणा की कि राजनीति भी अपने शोध में प्राकृतिक विज्ञानों की पद्धति का प्रयोग कर सकती है। इसने उन क्षेत्रों के अध्ययन में बड़ी वृद्धि की जहाँ संख्यात्मक शोध पद्धति के प्रयोग की सम्भावना थी, जैसे मतदान व्यवहार, विधायकों का व्यवहार तथा नगरपालिका, राजनीतिज्ञों और दबाव समूह वालों का।

1960 के पश्चात व्यवहारवादियों पर भी दबाव बनने लगा और यह माना गया कि व्यवहारवाद राजनीतिक विश्लेषण को सीमित करता है। इसको जो सीधा नज़र आता है, उसे सीमाओं से बाहर नहीं आने देता। व्यवहारवाद ने निःसन्देह कई अध्ययनों को प्रभावित किया और करता रहा है और मतदान अध्ययनों में अन्तर्दृष्टि भी प्रदान की किन्तु उसके छोटे पूर्वाग्रह ने जो संख्यात्मक आँकड़ों के प्रति रहा, राजनीति के अध्ययन को दूसरे अध्ययन ही में बदल दिया। इसके फलस्वरूप राजनीतिक वैज्ञानिकों ने मूल्यपरक विचारों की ओर से मुँह मोड़ लिया। स्वतन्त्रता, समानता, न्याय और अधिकारों जैसी अवधारणाओं को इसलिए त्याग दिया गया क्योंकि इनका अनुभवपरक सत्यापन नहीं किया जा सकता था। 1970 तक आते–आते व्यवहारवाद के प्रति असन्तोष बढ़ने लगा और मूल्यपरक

अध्ययनों के प्रति रुझान बढ़ने लगा। यह बात जान रॉल्स और रॉबर्ट नोजिक के अध्ययनों में देखी जा सकती है।

इससे भी अधिक प्रश्न तो व्यवहारवाद के वैज्ञानिक प्रमाणीकरण पर उठाये जाने लगे। व्यवहारवाद को वस्तुपरक और विश्वसनीय मानने का आधार यह है कि यह मूल्यमुक्त भी है क्योंकि इसे नैतिक या मूल्यों ने विदूषित नहीं किया है। यदि विश्लेषण का आधार पर्यवेक्षणीय व्यवहार है तो वर्तमान राजनीतिक व्यवस्थाओं के वर्णन से अधिक कुछ भी नहीं है। जिसका तात्पर्य यह भी है कि वह यथास्थिति को वैधता प्रदान करता है। इसमें यह अनुदारवादी मूल्य आग्रह स्पष्ट होता है कि प्रजातन्त्र की व्याख्या को पर्यवेक्षणीय व्यवहार के अन्तर्गत पुनः व्याख्यायित किया जा सकता है। अतः प्रजातन्त्र जनता की सरकार के स्थान पर प्रतिस्पर्धी अभिजनों का शक्ति संघर्ष बन जायेगा, जिसको सामान्य चुनावों द्वारा जीता जा सकता है जिसका दूसरा अर्थ यह भी है कि प्रजातन्त्र का अर्थ वही है जो विकसित प्रजातान्त्रिक राजनीतिक व्यवस्थाओं गें होता है।

समकालीन विकास

हाल के वर्षों में राजनीति के जिन दृष्टिकोणों का विकास हुआ उन्हें औपचारिक तौर पर राजनीतिक सिद्धान्त कहा जाता है। दूसरे शब्दों में, उन्हें राजनीतिक अर्थव्यवस्था (Political Economy), सार्वजनिक विकल्प सिद्धान्त (Public Choice Theory) तथा तार्किक विकल्प सिद्धान्त भी कहा जाता है। विश्लेषण के इस दृष्टिकोण में आर्थिक सिद्धान्त के उदाहरणों पर बहुत अधिक निर्भरता थी जिनके माध्यम से विभिन्न प्रतिमानों (Models) को व्यवस्थागत नियमों के अन्तर्गत निर्माण किया जाता है जो तार्किक रूप से स्व हित वाले व्यक्तियों के व्यवहार से जुड़े थे। यह अमेरिका के वर्जिनिया स्कूल में बहुत ताक़त के साथ स्थापित था। औपचारिक राजनीतिक सिद्धान्त विश्लेषण का उपयोगी तरीक़ा प्रदान करता है, जो मतदाता, लॉबिस्ट, नौकरशाही और राजनीतिज्ञों की गतिविधियों तथा साथ ही साथ अन्तर्राष्ट्रीय स्तर पर राज्यों के व्यवहार में अन्तर्दृष्टि प्रदान करता है। इसने राजनीतिक विश्लेषण में व्यवस्थित रूप से संस्थागत सार्वजनिक विकल्प सिद्धान्त को आगे बढ़ाया। इस सिद्धान्त के निर्माण में ऐन्थनी डाऊनस, मैनकर ओलसन और विलियम निक्सन का योगदान प्रमुख रहा है। इस सिद्धान्त का प्रयोग खेल सिद्धान्त

में भी किया गया। जिसका प्रयोग गणित के क्षेत्र में अधिक हुआ है, न कि अर्थशास्त्र में। ये व्यक्ति के व्यवहार को गणितीय गुत्थी की तरह विश्लेषित करते हैं।

राजनीतिक विश्लेषण में तार्किक विकल्प सिद्धान्त को विश्व स्तर पर स्वीकृति मिली हुई है। ये राजनीतिक विचार के विश्लेषण में कठोरता का प्रयोग करता है, ऐसा इसके समर्थक मानते हैं। आलोचकों ने इन मान्यताओं को चुनौती दी है। उदाहरण के लिए व्यक्ति की तार्किक पसन्द को अधिक स्वीकार किया गया है, जबकि व्यक्ति के पास किसी भी प्रकार के स्पष्ट विकल्पों में से चुनने का अवसर और सही जानकारियों का अभाव होता है। व्यक्ति के अमूर्त प्रतिमान निर्माण में तार्किक विकल्प सिद्धान्त सामाजिक और ऐतिहासिक कारकों की उपेक्षा करते हैं, वे यह स्वीकार करने में कि वह व्यक्ति के निजी हितों के आग्रह को समझने में भी असफल रहते हैं। इसका परिणाम यह रहा कि एक अकादमिक अनुशासन के रूप में राजनीति के अध्ययन के लिए अलग–अलग दृष्टिकोणों का विकास हुआ है।

इन सब ने राजनीतिक विश्लेषण को सम्पन्न और विविधतापूर्ण बनाया। परम्परागत मूल्यपरक, संस्थागत और व्यवहारवादी दृष्टिकोणों के साथ न केवल तार्किक विकल्प सिद्धान्त आदि जुड़े, वरन् कई नये विचार और प्रसंग भी अब जुड़ गये हैं। 1970 के पश्चात नारीवाद में लैंगिक अन्तरों का महत्त्व, पितृसत्तात्मक संरचना पर प्रश्नचिह्न, प्रक्रियाओं और स्थापित राजनीति के प्रति चेतना में विकास हुआ है। जिसे नया संस्थावाद कहा जाता है, उसमें औपचारिक, संरचनात्मक पक्ष से हटकर व्यापक अर्थों में नीति प्रक्रियाओं के परिणामों को देखा जाता है। हरित राजनीति ने मानव केन्द्रित राजनीतिक और सामाजिक सिद्धान्तों को चुनौती देते हुए सम्पूर्णतावादी दृष्टिकोण की तरफ़दारी की। विवेचनात्मक सिद्धान्त (Critical Theory) की स्थापना 1923 में हुई थी जो फ्रेंकफर्ट स्कूल से जुड़े नव मार्क्सवाद के नाम से भी जानी जाती है। इन लोगों ने सभी सामाजिक आचरण की मीमांसा की जिसमें सभी प्रभावों को, जैसे फ्रायड और वेबर को भी सम्मिलित किया गया। आधुनिक उत्तरतावाद ने पूर्ण और सर्वव्यापी सत्य पर प्रश्नों को पूछना आरम्भ कर विमर्श सिद्धान्त का आरम्भ किया। राजनीतिक सिद्धान्त और राजनीति के ज्ञान के उद्‌घाटन के लिए नये सिद्धान्त और तरीक़े विकसित होंगे।

क्या राजनीति का अध्ययन वैज्ञानिक है?

यह व्यापक स्तर पर स्वीकार्य है कि राजनीति का अध्ययन वैज्ञानिक रूप में होना चाहिए जिसमें वह कठोर और मीमांसापरक हो। कुछ लोग यह तर्क देते हैं कि एक अर्थ में इसका सम्बन्ध अध्ययन विधि से है, उसमें प्राकृतिक विज्ञानों की तरह अनुशासित हुआ जा सकता है। यह तर्क मार्क्सवादियों तथा प्रत्यक्षवादी समाज विज्ञानवेत्ताओं द्वारा आगे बढ़ाया जाता है तथा 1950 में व्यवहारवादियों का भी यही केन्द्रीय तर्क रहा है। राजनीति के विज्ञान होने के प्रति आकर्षण बहुत ही स्पष्ट है, क्योंकि राजनीति सत्य और झूठ के बीच अन्तर बतलाने वाला निष्पक्ष और विश्वसनीय तरीक़ा है, जो राजनीतिक दुनिया के बारे में वस्तुनिष्ठ जानकारी देता है।

इनको प्राप्त करने की कुंजी है कि 'तथ्य' (अनुभवात्मक प्रमाण) और मूल्य (मूल्यपरक और नैतिक विश्वास) के बीच अन्तर किया जाये। 'तथ्य' इस अर्थ में वस्तुपरक हैं कि वे एक विश्वसनीयता और निरन्तरता का प्रदर्शन करते हैं और सिद्ध किये जा सकते हैं तथा मूल्य इसके विपरीत आरम्भ में व्यक्तिगत और एक राय की तरह होते हैं।

राजनीति के विज्ञान होने में तीन मुख्य समस्याएँ हैं। ये निम्न हैं :

1. पहली समस्या आँकड़ों (Data) की है। अच्छे या बुरे के लिए ही सही हम यह मानें कि मनुष्य मेंढ़क का बच्चा नहीं है, जिसे प्रयोगशाला में ले जाया जा सके या कोशिका (cell) नहीं है जिसे माइक्रोस्कोप के नीचे रखा जा सके। हम मनुष्य के अन्दर नहीं झाँक सकते और न ही प्रयोगशाला में उस पर प्रयोगों को दोहराया जा सकता है। इसलिए हम व्यक्ति के व्यवहार के बारे में जो जानते हैं वह सीमित और ऊपरी है। सही आँकड़ों के अभाव में हम अपनी परिकल्पनाओं का सही परीक्षण नहीं कर सकते हैं। इस समस्या का निदान इसमें है कि हम निश्चिततावाद के सिद्धान्त का अनुसरण करें, जिसमें यह माना जाता है कि मानवीय गतिविधि और पसन्द हमेशा बाह्य कारणों से प्रभावित होती है। इसका एक उदाहरण द्वन्द्वात्मक भौतिकवाद है, जिसने सोवियत चिन्तन को लम्बे समय तक प्रभावित किया।
2. दूसरी समस्या का आरम्भ छिपे हुए मूल्यों से होता है। यह विचार कि राजनीति के प्रतिमान और सिद्धान्त 'मूल्य विहीन' हैं, इसे सिद्ध करना निकट परीक्षण के बाद सम्भव नहीं है।

'तथ्य' और 'मूल्य' इतने निकट से बँधे हैं कि इन्हें अलग करना सम्भव नहीं है, क्योंकि सिद्धान्तों का निर्माण मनुष्य के स्वभाव का मान्यताओं, मनुष्य समाज और राज्य की भूमिका को लेकर हुआ है। जिनके छिपे हुए राजनीतिक और वैचारिक मन्तव्य होते हैं। उदाहरण के लिए व्यवहारवाद, तार्किक विकल्प सिद्धान्त और व्यवस्था सिद्धान्त में परम्परागत मूल्य आग्रह को देखा जा सकता है। ठीक इसी प्रकार नारीवाद का राजनीतिक सिद्धान्त लैंगिक भेदभाव पर टिका हुआ है।

3. तीसरी समस्या समाज विज्ञानों की तटस्थता के भ्रम से जुड़ी हुई है। जहाँ प्राकृतिक विज्ञान अपने अध्ययनों में वस्तुपरकता और निष्पक्षता बनाये रख सकते हैं कि उनके पास कोई पूर्व मान्यता स्थापित करने को नहीं है। इसके विपरीत राजनीति के अध्ययन में इसे बनाये रखना कठिन ही नहीं वरन् असम्भव है। राजनीति को परिभाषित किया जाता है, और इस प्रश्न को सम्बोधित करते हैं कि यह उन प्रश्नों से सम्बन्धित है जिसमें हम उस समाज की संरचना और कार्यों का अध्ययन करते हैं जहाँ हम रहते हैं और विकास करते हैं। यहाँ पारिवारिक पृष्ठभूमि, सामाजिक अनुभव, आर्थिक स्थिति, व्यक्तिगत सहानुभूति आदि हम सब के दृष्टिकोणों का निर्माण करते हैं। अतः हम सब के पास अपने पूर्वाग्रहों का संसार है, जिसमें निष्पक्षता या तटस्थता की उम्मीद रखना असम्भव है, फिर हमारी शोध पद्धतियाँ कितनी भी कठोर क्यों न हों। इसलिए विश्वसनीय ज्ञान प्राप्ति के लिए ख़तरा पूर्वाग्रह से नहीं बल्कि पूर्वाग्रह की अस्वीकृति से है, जो राजनीतिक तटस्थता के नक़ली दावों से है।

सन्दर्भ

1. बाल, ए. और मार्डर्न, वी. ग्यू, *'पोलिटिक्स एंड गर्वनमेंट',* (5वाँ संस्करण), चैथम हाउस पब्लिशर्स, 2000
2. हेवुड, ए. की *'कान्सेप्ट्स इन पोलिटिक्स'*, पालग्रेव, 2000
3. लेफ्टविच, ए. (सम्पादित), *'ह्वाट इज़ पोलिटिक्स? दी एक्टिविटी एंड इट्स स्टडी'*, ब्लैकवेल, 1984

यह Andrew Heywood, *Politics* What is Politics, pp. 3-21, II Edition, Palgrave Foundation 2002 का अरुण चतुर्वेदी द्वारा किया गया सार–संक्षेप है।

अध्याय–3
राज्य

-एंड्रयू हेवुड

राज्य का उद्देश्य सदा एक–सा रहता है : उसे सीमित करना, नियन्त्रित और निर्देशित करना, और उसे वश में करना। –मेक्स स्टिर्नर

मनुष्य का प्रत्येक क्रियाकलाप राज्य से प्रभावित है। शिक्षा से लेकर आर्थिक प्रबन्ध तक, सामाजिक कल्याण से लेकर सेनिटेशन तक, घरेलू आदर्शों से लेकर बाह्य रक्षा तक सब कुछ राज्य द्वारा तय और नियन्त्रित होता है। जहाँ ये सभी राज्य द्वारा निर्धारित नहीं होते, वहाँ ये राज्य द्वारा निगमित, निर्देशित और प्राधिकृत अवश्य होते हैं। यहाँ तक कि जीवन के वह पक्ष जो सामान्यतः निजी और व्यक्तिगत माने जाते हैं (विवाह, तलाक, गर्भपात, धर्म, पूजा आदि) वे भी राज्य की सत्ता में आते हैं। यह आश्चर्य की बात नहीं है कि अक्सर राजनीति को राज्य का अध्ययन, संस्थागत संगठनों का विश्लेषण, समाज पर इसके प्रभावों का मूल्यांकन करने वाला माना जाता है। विचारधारात्मक विमर्श और दलीय राजनीति निश्चित तौर पर राज्य की भूमिका और उसके कार्यों पर विचार करने की बात करते हैं, यथा, क्या राज्य द्वारा होना चाहिए और क्या निजी क्षेत्रों की संस्थाओं के लिए छोड़ना चाहिए? राज्य शक्ति की प्रकृति राजनीतिक विश्लेषण का मुख्य केन्द्र बिन्दु है। यह विमर्श (राज्य विमर्श) राजनीतिक सिद्धान्त में कई स्थायी और गहन मुद्दों को प्रभावित करता है।

इस अध्याय में निम्न केन्द्रीय बिन्दुओं का परीक्षण प्रस्तुत है :

1. राज्य क्या है और यह सरकार से कैसे अलग है?
2. राज्य की शक्ति को कैसे विश्लेषित और व्याख्यायित किया जाता है?

3. राज्य अच्छा है या बुरा?
4. राज्य की भूमिका क्या है? राज्य और नागर समाज में दायित्वों का विभाजन कैसे किया गया है?
5. क्या आधुनिक राज्य भयग्रस्त है? यदि हाँ तो कैसे इसकी शक्तियाँ छीनी जा रही हैं?

राज्य क्या है?

राज्य शब्द का प्रयोग संस्थाओं के समूह, एक क्षेत्रीय इकाई, उत्पीड़न और दबाव के साधन और इसी तरह अन्य कई भ्रमात्मक अर्थों में किया जाता है। इस संशय का कारण यह तथ्य है कि राज्य को तीन बहुत भिन्न आयामों से समझा जा सकता है–आदर्शवादी प्रतिमान, प्रकार्यवादी प्रतिमान और संगठनात्मक प्रतिमान। राज्य का आदर्शवादी प्रतिमान हीगल के विचारों में स्पष्ट रूप से झलकता है। हीगल ने सामाजिक अस्तित्व के तीन 'पल' बताये हैं–परिवार, नागर समाज और राज्य। उनके अनुसार परिवार में विशिष्ट परहितवाद की धारणा चल रही है जो लोगों को, अपने निजी हितों को, अपने बच्चों और बुजुर्गों की भलाई हेतु अलग करने के लिए प्रेरित करती है। इसके विपरीत नागर समाज 'सार्वभौमिक अहंकार' के क्षेत्र के रूप में नज़र आता है, जहाँ व्यक्ति अपने हितों को दूसरों के समक्ष प्रस्तुत करता है। हीगल ने राज्य की कल्पना 'सार्वभौमिक परोपकारिता' से प्रेरित पारस्परिक सौहार्दता वाले एक नैतिक समुदाय के रूप में की है। हालाँकि आदर्शवाद ने राज्य को नैतिक रूप में परिभाषित कर राज्य के प्रति असीमित श्रद्धा को बढ़ाया है। यह राज्य के भीतर और बाहर की संस्थाओं में स्पष्ट अन्तर करने में असफल रहा है।

राज्य का प्रकार्यवादी प्रतिमान राज्य की संस्थाओं की भूमिका और उद्देश्यों पर प्रकाश डालता है। निर्विवाद रूप से राज्य का मुख्य कार्य सामाजिक व्यवस्था की देखभाल करना है। राज्य की संस्थाएँ, जो व्यवस्था बनाये रखते हुए, समाज को स्थिर बनाये रखती हैं। उदाहरणार्थ, आधुनिक मार्क्सवादियों ने यह दृष्टिकोण स्वीकारा है। उन्होंने राज्य को एक ऐसे यन्त्र के रूप में देखा है जो वर्ग संघर्ष की लम्बे समय से चली आ रही पूँजीवादी व्यवस्था का अन्त करता है। हालाँकि राज्य के प्रकार्यवादी दृष्टिकोण की कमी यह है कि यह व्यवस्था बनाये रखने वाली किसी भी

संस्था जैसे परिवार, जन–संचार, ट्रेड यूनियन, चर्च को राज्य के साथ जोड़ने पर बल देता है। इसी कारण इस अध्याय में राज्य के अर्थ को स्पष्ट करने के लिए संगठनात्मक दृष्टिकोण अपनाया गया है।

संगठनात्मक दृष्टिकोण के अनुसार राज्य व्यापक अर्थों में सरकार का तन्त्र है। यह उन सार्वजनिक संस्थाओं का समूह है जो सामाजिक अस्तित्व के सामूहिक संगठन हेतु उत्तरदायी हैं। इनका पोषण जनता से होता है। यह अर्थ राज्य और नागर समाज के अन्तर को स्पष्ट करता है। राज्य में नौकरशाही, सेना, पुलिस, न्यायालय, सामाजिक सुरक्षा व्यवस्था जैसी कई संस्थाएँ सम्मिलित होती हैं। इसे सम्पूर्ण राजनीतिक शरीर की भाँति पहचाना जा सकता है। पन्द्रहवीं और सोलहवीं सदी में यूरोप में एक केन्द्रीकृत शासन प्रणाली के उद्‌भव में आधुनिक राज्य की उत्पत्ति को समझा जा सकता है, जिसमें सभी लौकिक और आध्यात्मिक संस्थाओं और समूहों को राज्य के अधीन रखा गया। आधुनिक सम्प्रभु राज्य की धारणा 1648 के वेस्टफेलिया की सन्धि से परिलक्षित हुई। इसके अलावा संगठनात्मक दृष्टिकोण से हमें राज्य व इसकी संस्थाओं की ज़िम्मेदारियों के विस्तार और सीमितता का पता चलता है।

इस तरह राज्य की पाँच प्रमुख विशेषताएँ बताई जा सकती हैं :

1. सम्प्रभु राज्य के पास पूर्ण निरपेक्ष शक्ति होती है। जिससे यह समाज में अन्य संस्थाओं व समूहों से अग्रणी होता है। हॉब्स ने इसी विचार के आधार पर राज्य को लेवियाथन (Leviathan) कहा है।
2. राज्य की संस्थाएँ सार्वजनिक मानी जाती हैं जबकि नागर समाज की संस्थाएँ निजी। सार्वजनिक निकाय सामूहिक निर्णय लेने के लिए उत्तरदायी होते हैं, जबकि परिवार, व्यापार और ट्रेड यूनियन जैसे निजी निकाय अपने निजी हितों के लिए कार्य करते हैं।
3. राज्य को वैधता प्राप्त होती है। सामान्यतः राज्य के निर्णय समाज द्वारा मान्य होते हैं क्योंकि यह माना जाता है कि राज्य के निर्णय जनहित में होते हैं।
4. राज्य प्रभुत्व स्थापित करता है। उसके पास अपने आदेशों का पालन कराने और उल्लंघन करने वालों को दण्ड देने की क्षमता होती है। वैध हिंसा राज्य की सम्प्रभुता का उदाहरण है (मेक्स वेबर)।
5. राज्य की शक्तियाँ सीमित होती हैं। राज्य का क्षेत्राधिकार भौगोलिक रूप से निर्धारित होता है, और राज्य की सीमाओं के भीतर रहने

वाले नागरिक और विदेशी इसमें शामिल होते हैं। अन्तर्राष्ट्रीय स्तर पर राज्य को एक स्वायत्त इकाई माना जाता है।

राज्य केवल नागर समाज से ही अलग नहीं है बल्कि आन्तरिक तौर पर भी इसके विभिन्न अंगों में भिन्नता होती है। राज्य वह उपकरण है जिसमें राजनीतिक कार्यपालिका या सरकार, विधायिका या संसद, न्यायपालिका, नौकरशाही, सेना, पुलिस, स्थानीय व क्षेत्रीय संस्थाएँ आदि आते हैं। हालाँकि राज्य और सरकार में अन्तर है जबकि कई बार दोनों से एक ही अर्थ लगाया जाता है। यह अन्तर सीमित और संवैधानिक सरकार की दृष्टि से महत्त्वपूर्ण है। संक्षेप में, राज्य शक्ति को तभी परीक्षित किया जा सकता है जब वह राज्य की सत्ता का दुरुपयोग करती हो।

राज्य और सरकार में मुख्य अन्तर निम्न हैं :

1. राज्य सरकार से बृहत् होता है। जहाँ सरकार राज्य का अंग है वहीं राज्य जन–क्षेत्र में आने वाली सभी संस्थाओं से मिलकर बनी संस्था है।
2. राज्य निरन्तर और स्थायी रूप से बना रहता है जबकि सरकार अस्थायी होती है। सरकारें आती–जाती रहती हैं और इसमें परिवर्तन एवं सुधार होता रहता है।
3. सरकार वह साधन है जिसके माध्यम से राज्य की सत्ता कार्य करती है। राज्य की नीतियों का निर्माण और क्रियान्वयन इसी के माध्यम से होता है। सरकार राज्य का मस्तिष्क है।
4. राज्य अवैयक्तिक रूप से कार्य करता है। राज्य के कार्मिकों की भर्ती एवं प्रशिक्षण होता है, जिनसे राजनीतिक रूप से तटस्थ रहने की अपेक्षा की जाती है। यह सरकार की विचारधारा के अनुसार राज्य कार्यों को संचालित करती है।
4. अन्ततः सैद्धान्तिक तौर पर राज्य समाज के उन स्थायी हितों का प्रतिनिधित्व करता है, जो सामान्य इच्छा अथवा हितों से जुड़े होते हैं। जबकि सरकार एक निश्चित समय पर सत्ता में आये लोगों के हितों को प्राथमिकता देती है।

राज्य का प्रतिद्वन्द्वी सिद्धान्त

राज्य का अर्थ जानने के बाद कुछ महत्त्वपूर्ण बिन्दुओं का परीक्षण ज़रूरी है जैसे–राज्य की शक्ति क्या है और राज्य किस तरह से हितों का

प्रतिनिधित्व करता है? इस दृष्टि से राज्य एक आवश्यक विवादास्पद अवधारणा है। राज्य के कई प्रतिद्वन्दी सिद्धान्त हैं, जो अलग–अलग तरीक़ों से इसकी उत्पत्ति, विकास और समाज पर पड़ने वाले प्रभावों को बताते हैं। वास्तव में राज्य शक्ति की प्रकृति का विवाद आधुनिक राजनीतिक विश्लेषण में बढ़ गया है। कई विचारधाराओं व सिद्धान्तों के आधार पर इससे असहमति प्रकट की जाती है। उदाहरणतः राज्य समाज से स्वायत्त और स्वतन्त्र है या वह समाज का ही आवश्यक परिणाम है, या यह शक्ति अथवा साधनों का व्यापक रूप से वितरण है। राज्य समाज और सामान्य हित में काम करता है या विशेषाधिकार प्राप्त प्रभुत्वशाली वर्ग के लिए काम करता है इसी तरह राज्य अपने दायित्वों के साथ संरचनात्मक और सकारात्मक शक्ति है या यह नकारात्मक और विध्वंसात्मक है। इन सन्दर्भों में राज्य के सम्बन्ध में चार विषम सिद्धान्तों को देख सकते हैं–

- बहुलतावादी राज्य,
- पूँजीवादी राज्य,
- लेवियाथन राज्य और
- पितृसत्तात्मक राज्य।

बहुलतावादी राज्य

उदार दिखने वाला राज्य का बहुलतावादी सिद्धान्त इस धारणा पर आधारित है कि राज्य समाज में 'एम्पायर' और 'रेफरी' की तरह कार्य करता है। मुख्यधारा के राजनीतिक विश्लेषणों में भी यह विचार मान्य है। विशेषकर आंग्ल–अमेरिकी विचारधारा में जहाँ राज्य और राज्य के संगठनों पर सरकार की तुलना में ज़्यादा ध्यान केन्द्रित किया जाता है। सामान्यतः बहुलतावादी राज्यों में न्यायपालिका, नौकरशाही सेवा, सेना आदि राज्य की मशीनरी के रूप में कार्य करने के बजाय, अपने अधिकारों को लेकर स्वतन्त्र रहते हैं। फिर भी यह प्रतिमान सम्भव है क्योंकि यह मौलिकता पर आधारित है और यह अक्सर राज्य की तटस्थ मान्यता को स्वीकार करता है। राज्य को केवल इसलिए नज़रअन्दाज़ किया जा सकता है क्योंकि इसे एक निष्पक्ष मध्यस्थ के रूप में देखा जाता है जिसे सरकार की इच्छाओं से आबद्ध किया जा सकता है।

सामाजिक समझौते का सिद्धान्त : सामाजिक समझौता व्यक्तियों के बीच का एक स्वैच्छिक समझौता है, जिसके माध्यम से एक संगठित

समाज/राज्य अस्तित्व में आया। हॉब्स, लॉक, रूसो इसके प्रमुख समर्थक रहे हैं, और इस कड़ी में आधुनिक सिद्धान्तकारों में जॉन राल्स का नाम प्रमुख है। सामाजिक समझौते को कभी–कभी एक ऐतिहासिक कार्य की संज्ञा दी जाती है। इसे सरकारों के मूल्यों और राजनीतिक कर्तव्यों के आधार पर प्रयोग किया जाता है। सामाजिक समझौते के समर्थक लोगों से समझौते के अनुरूप व्यवहार करने की उम्मीद करते हैं, यदि वे स्वयं समझौते के भागी बनते हैं। शास्त्रीय आधार पर सामाजिक समझौते के तीन तत्त्व हैं–

1. इससे एक काल्पनिक राज्य रहित समाज की छवि बनाई गयी। स्वेच्छापूर्ण आज़ादी से तात्पर्य है कि जीवन एकाकी, निर्धन, बर्बर और क्षणिक है। (हॉब्स)
2. सामाजिक समझौते के माध्यम से व्यक्ति स्वयं की प्राकृतिक अवस्था के अत्याचारों से रक्षा करते हैं, इस मान्यता के आधार पर कि केवल एक सर्वोच्च सम्प्रभु ही सुरक्षा और स्थायित्व ला सकती है।
3. इस आधार पर कि केवल राज्य ही स्थिरता और सुरक्षा दे सकता है, सामाजिक समझौता नागरिकों को राजाज्ञा का पालन करने हेतु बाध्य करता है।

सत्रहवीं सदी के संविदावादी विचारकों यथा हॉब्स, लॉक के लेखन में राज्य की उत्पत्ति का यह सिद्धान्त नज़र आता है। इन विचारकों का मुख्य उद्देश्य राज्य की बाध्यता का परीक्षण इस पृष्ठभूमि पर करना था कि लोग क्यों राज्य की आज्ञा को मानने के लिए बाध्य हैं। उन्होंने तर्क दिया कि राज्य ऐसे लोगों के स्वैच्छिक समझौते से उत्पन्न हुआ है जिनका यह मानना है कि केवल एक निश्चित सत्ता ही उन्हें हिंसा से बचाते हुए सुरक्षा प्रदान कर सकती है। राज्य के अभाव में व्यक्ति शोषण और वंचनाओं के शिकार होंगे। जबकि राज्य में स्वतन्त्रता के साथ ही सभ्य तथा व्यवस्थित जीवन भी सम्भव है। लॉक ने यह कहा भी है कि 'जहाँ कोई क़ानून नहीं है, वहाँ स्वतन्त्रता भी नहीं है।'

उदारवादी सिद्धान्त के अनुसार राज्य समाज के प्रतिस्पर्द्धी समूहों और व्यक्तियों के बीच का एक तटस्थ मध्यस्थ है। यह वह 'रेफरी' है, जो प्रत्येक नागरिक को अन्य नागरिकों के शोषण और दमन से बचाता है। राज्य सभी नागरिकों के हितों में कार्य करता हुआ सामान्य इच्छा का प्रतिनिधित्व भी करता है, जो राज्य की तटस्थता को व्यक्त करता है।

हॉब्स के मत में एक पूर्ण और असीमित राज्य में ही व्यवस्था और स्थायित्व बना रह सकता है। ऐसे राज्य को कोई चुनौती नहीं दे सकता है। दूसरे शब्दों में, हॉब्स के अनुसार यह लोगों के लिए निरंकुशवाद और अराजकता में से एक का चयन करने की स्पष्ट चुनौती है। इसके विपरीत लॉक ने अपने तर्कों के आधार पर सीमित राज्य की कल्पना की है। उसके अनुसार, राज्य एक विशिष्ट उद्देश्य की पूर्ति करते हुए ईश्वर प्रदत्त व्यक्तिगत अधिकारों–जीवन, स्वतन्त्रता और सम्पत्ति की रक्षा हेतु प्रतिबद्ध है। इससे नागरिक दायित्वों और राज्य की ज़िम्मेदारियों के बीच स्पष्ट अन्तर हो जाता है। यदि राज्य प्राकृतिक अधिकारों का हनन करता है तो लॉक उनकी रक्षार्थ, लोगों को संवैधानिक आधार पर प्रतिनिध्यात्मक सरकार के माध्यम से राज्य के विरोध का अधिकार प्रदान करता है।

यह विचार बीसवीं सदी में राज्य की बहुलतावादी विचारधारा में विकसित हुआ। समाज के सिद्धान्त के रूप में बहुलतावाद बल देता है कि उदार लोकतन्त्र में राज्य की शक्ति व्यापक रूप से फैली होती है। राज्य के सिद्धान्त के रूप में बहुलतावाद की मान्यता है कि राज्य तटस्थ है क्योंकि यह विभिन्न समूहों, हितों और सभी सामाजिक वर्गों के प्रभुत्व और प्रभाव के लिए संवेदनशील है। राज्य किन्हीं विशिष्ट समूहों या हितों के प्रति पूर्वाग्रह नहीं रखता और न ही समाज से पृथक् इसका अपना कोई हित है। वर्जमन्टेल (1994 : 52) ने कहा कि राज्य समाज का सेवक है न कि मालिक। इस प्रकार राज्य एक 'पिनकुशन' की तरह है जिस पर दबाव डाला जा सकता है। इस विचार के लिए मुख्यतः दो अनुमान रेखांकित किये जा सकते हैं; प्रथम, राज्य प्रभावी ढंग से सरकार के अधीन है। राज्य के ग़ैर–निर्वाचित निकाय (यथा–सिविल सेवा, न्यायपालिका, पुलिस, सेना आदि) पूर्णतया निष्पक्ष हैं और वह राजनीतिक सत्ता के अधीन हैं। राज्य इसीलिए लोक सेवाओं एवं सार्वजनिक जवाबदेही के सिद्धान्त के अनुकूल है। दूसरा, लोकतान्त्रिक प्रक्रिया सार्थक और प्रभावी है। दूसरे शब्दों में, दलीय प्रतिस्पर्धा और हित समूहों की गतिविधियाँ यह सुनिश्चित करती हैं कि सरकार जनमत के प्रति उत्तरदायी व संवेदनशील हो। अतः राज्य जनता के अनुरूप कार्य करता है।

आधुनिक बहुलतावादी राज्य के बारे में अपेक्षाकृत आलोचनात्मक हैं। रॉबर्ट डहल, चार्ल्स लिन्डबोम और जे.के. गेल्ब्रेथ जैसे सिद्धान्तकार मानते हैं

कि आधुनिक औद्योगिक राज्य जटिल भी हैं और जन दबावों के समक्ष ज़्यादा उत्तरदायी भी नहीं हैं, जैसा कि शास्त्रीय बहुलतावादी बताते हैं। उदाहरणार्थ नव बहुलतावादी स्वीकारते हैं कि राज्य अपने कार्यों को लेकर एक विशेष स्थिति में है, जिसे अन्य कोई समुदाय चुनौती नहीं दे सकता है। 'पोलिटिक्स एंड मार्केट' नामक पुस्तक में लिन्डबोम ने बताया है कि समाज में सबसे बड़ा नियोक्ता और निवेशक के रूप में, व्यापार किसी भी सरकार, की तुलना में अधिक महत्त्वपूर्ण है। हालाँकि, नव बहुलतावादी मानते हैं कि राज्य अपने वर्गीय हितों को निर्धारित करता है अथवा कर सकता है। इस तरह से, राज्य के अभिजन वरिष्ठ सिविल सेवकों, न्यायाधीशों, पुलिस प्रमुखों, सैन्य नेतृत्व आदि से मिलकर बनते हैं, वे अपने–अपने क्षेत्रों में वर्गीय हितों पर बल देते हैं। वास्तव में, यदि राज्य को अपने अधिकार क्षेत्र में मुख्य राजनीतिक अभिनेता के रूप में देखा जाता है तो इस दृष्टि से यह समाज में सबसे शक्तिशाली हित समूह होता है। इसी तर्क से प्रेरित होकर एरिक नोर्डलिंगर (1981) ने उदार लोकतन्त्र के राज्य केन्द्रित प्रतिमान को विकसित किया है, जो कि लोकतान्त्रिक राज्य की स्वायत्तता पर आधारित है।

पूँजीवादी राज्य

मार्क्सवादियों की पूँजीवादी राज्य की धारणा, बहुलतावादियों के एक विकल्प के रूप में राज्य को 'मध्यस्थ' व 'एम्पायर' बनाती है। मार्क्सवादियों ने तर्क दिया कि राज्य को समाज की आर्थिक संरचना से अलग करके नहीं समझा जा सकता है। इन्होंने राज्य को वर्ग संघर्ष का एक साधन माना है। राज्य वर्गीय व्यवस्था से ही निकला है और उसी का प्रतिनिधित्व करता है। हालाँकि हाल के वर्षों में मार्क्सवादी सिद्धान्त में जो विमर्श बहुत तेज़ हुआ है, वह राज्य के गठन के शास्त्रीय तरीक़े से अलग है। कई तरह से राज्य के प्रति मार्क्सवादी रवैये में कई भ्रान्तियाँ उत्पन्न हुई हैं, जो स्वयं मार्क्स की लेखनी में भी नज़र आती हैं।

कार्ल मार्क्स ने राज्य के बारे में स्पष्ट व्यवस्थित व सुसंगत सिद्धान्त विकसित नहीं किया। सामान्यतः उनका मानना था कि राज्य एक सर्वोच्च संरचना है, जो कि सामाजिक जीवन का वास्तविक आधार कहे जाने वाले आर्थिक आधारों से निर्धारित हुई है। हालाँकि आधार और संरचना के बीच के सम्बन्ध और इस सम्बन्ध में राज्य तथा उत्पादन के पूँजीवादी

साधनों के बीच सम्बन्ध अस्पष्ट है। कार्ल मार्क्स के लेखन में राज्य के दो सिद्धान्त देखे जा सकते हैं। पहला, कम्युनिस्ट मेनिफेस्टो (1848 : 82) में उद्धृत किया जाता है, आधुनिक राज्य की कार्यपालिका जो कि पूरे सर्वहारा वर्ग के सामान्य हितों का प्रबन्ध करने वाली व्यवस्था है। इस दृष्टिकोण से राज्य स्पष्टतः समाज पर निर्भर है और इसमें भी यह पूर्णतया इसके आर्थिक रूप में प्रभुत्व सम्पन्न वर्गों पर निर्भर है। जिसमें पूँजीवादी बुर्जुआजी है। इसीलिए लेनिन ने 'राज्य' को शोषित वर्गों का दमन करने वाला साधन बताया है।

राज्य का दूसरा जटिल व सूक्ष्म सिद्धान्त कार्ल मार्क्स द्वारा फ्रांस की 1848 और 1851 के बीच हुई क्रान्तिकारी घटनाओं के विश्लेषण से स्पष्ट होता है। कार्ल मार्क्स ने सुझाया कि राज्य के पास वर्ग व्यवस्था से सम्बन्धित स्वायत्तता थी। नेपोलियन इसका विरोध करते हुए कहता है कि यदि राज्य किसी वर्ग के हितों का संरक्षण करता है तो यह बुर्जुआजी नहीं है बल्कि यह फ्रांसीसी समाज के लोकप्रिय छोटे कृषक वर्ग से सम्बन्धित है। यद्यपि मार्क्स ने इस पर विस्तृत चर्चा नहीं की फिर भी यह स्पष्ट है कि राज्य की स्वायत्तता केवल सापेक्षिक है। इसमें राज्य संघर्षरत वर्गों के बीच मध्यस्थता करता है और वर्ग व्यवस्था को बनाये रखता है।

ये दोनों सिद्धान्त राज्य शक्ति के उदार और बहुलतावादी प्रारूपों से अलग हैं। ये बल देते हैं कि राज्य को असमान वर्गीय शक्ति के अलावा समझा ही नहीं जा सकता है। इसी कारण राज्य पूँजीवादी समाज से निकला है, और उसी का प्रतिनिधित्व भी करता है। यह प्रभुत्वशाली वर्गों द्वारा शोषण के एक यन्त्र के रूप में काम करता है अथवा यह वर्ग विरोध को शान्त करने की एक व्यवस्था है। फिर भी राज्य के प्रति कार्ल मार्क्स के दृष्टिकोण को पूरी तरह नकारात्मक नहीं मान सकते। उनका मानना है कि राज्य पूँजीवाद से साम्यवाद तक के संक्रमण काल में सर्वहारा वर्ग के नेतृत्व में रचनात्मक कार्य करेगा। बुर्जुआजी राज्य के पतन और विकल्प के रूप में सर्वहारा वर्ग के निर्माण में पूँजीवाद का पराभव देखा जा सकता है।

सर्वहारा को अधिनायकत्व के रूप में राज्य की व्याख्या करते हुए कार्ल मार्क्स ने राज्य के पहले सिद्धान्त का समर्थन किया जिसमें आर्थिक रूप से सम्पन्न वर्ग, अन्य वर्गों को दबाने हेतु राज्य का प्रयोग करता है। इस प्रकार सभी राज्य वर्गीय अधिनायकत्व है; सर्वहारा का अधिनायकत्व

पूँजीपतियों के शोषण के विरुद्ध क्रान्ति के माध्यम से प्राप्त की गयी स्थिति है। फिर भी कार्ल मार्क्स समाज निर्माण के लिए राज्य को आवश्यक नहीं मानते हैं। उन्होंने भविष्यवाणी की कि वर्ग विरोध के दुर्बल होने से राज्य समाप्त हो जायेगा अर्थात पूर्ण साम्यवादी अवस्था राज्य रहित होगी। जब वर्गीय व्यवस्था ही ख़त्म हो जायेगी तो राज्य के अस्तित्व में रहने का कारण भी समाप्त हो जायेगा।

कार्ल मार्क्स के ये विचार आधुनिक मार्क्सवादियों या नव मार्क्सवादियों को राज्य शक्ति के विश्लेषण के लिए पर्याप्त अवसर प्रदान करते हैं। इटेलियन मार्क्सवादी अंतोनियो ग्राम्शी भी इसी से प्रेरित होकर बल देते हैं कि उत्पीड़न या दमन के स्थान पर, विचारधारा के आधार पर शासक वर्ग प्रभुत्व प्राप्त कर सकता है। इस रूप में बुर्जुआजी प्रभुत्व प्राधान्य के आधार पर कायम है, यह बौद्धिक नेतृत्व अथवा सांस्कृतिक नियन्त्रण है। 1960 के दशक व 1970 के प्रारम्भ में राज्य के मार्क्सवादी सिद्धान्त का रॉल्फ मिलिबन्द और निकोस पोलान्त्ज़ द्वारा विरोध किया गया। यद्यपि इस विमर्श के अलग–अलग चरणों में लेखकों ने अपने अलग–अलग विचार प्रस्तुत किये।

द स्टेट इन कैपिटल सोसाइटी (1965) में मिलिबन्द ने राज्य को शासक वर्ग के साधन अथवा अभिकर्ता के रूप में चित्रित किया। पूँजीवाद के पक्ष में राज्य का पूर्वाग्रह सामाजिक पृष्ठभूमि की व्यापकता, जिसमें एक तरफ़ लोकसेवक और लोककार्मिक तथा दूसरी तरफ़ बैंकर, उद्योग एवं व्यापार के नेता हैं, पर आधारित है। दोनों ही समूह पूँजीपति वर्ग का प्रतिनिधित्व करते हैं। पोलिटिकल पावर एंड सोशल क्लास (1968) में पोलान्त्ज़ ने इस समाजशास्त्रीय प्रतिमान को नकारते हुए बल दिया है कि ये समूह आर्थिक एवं सामाजिक शक्ति की संरचना के बजाय राज्य की स्वायत्तता को बाधित करते हैं। इस मतानुसार राज्य सामाजिक व्यवस्था को बनाये रखने के लिए कार्य नहीं कर सकता है। पूँजीवादी राज्य में इसकी भूमिका पूँजीपतियों के दीर्घकालिक हितों का संरक्षण है हालाँकि पूँजीपति वर्ग के कुछ लोग स्वयं इसका विरोध करते हैं। उदाहरणार्थ लोकप्रिय कल्याणकारी सुधार और लोकतान्त्रिक अधिकारों का विस्तार, जो कि मज़दूर वर्ग के हित में है, पूँजीवादी व्यवस्था से आबद्ध नहीं हैं।

आधुनिक मार्क्सवाद ने बहुलतावादी और मार्क्सवादी सिद्धान्तों के बीच तालमेल स्थापित किया है। जैसे बहुलतावादियों ने व्यापारिक शक्तियों के

महत्त्व को स्वीकारा है तो वहीं मार्क्सवादियों ने भी इस विचार को त्याग दिया है कि राज्य केवल वर्ग व्यवस्था का प्रतिबिम्ब है। नव मार्क्सवादियों ने माना है कि आज के हालातों में दो वर्गों का शास्त्रीय प्रतिमान साधारण और निरर्थक है। उन्होंने राज्य को उस रूप में देखा है जहाँ हितों के लिए समूह व वर्गों में संघर्ष होता है। जोसेफ के अनुसार वर्गों में तनाव के कारण राज्य पूँजीवाद का आवरण नहीं बना वरन् राजनीतिक रणनीतियों के सुदृढ़ीकरण के कारण बना। जिसमें प्रभुत्व एवं वर्चस्व के लिए प्रतिस्पर्धी समूह और हितों के संघर्ष के लिए संस्थाएँ संयोजित हुई हैं। इस प्रकार राज्य शासक वर्ग के प्रभुत्वशाली वर्ग द्वारा संचालित साधन नहीं है। इसके बजाय यह एक गतिशील इकाई है जो हर समय समाज के भीतर शक्ति सन्तुलन को स्थापित करती है और इस तरह यह निरन्तर चलने वाले संघर्षों के परिणामों को दिखाती है।

लेवियाथन राज्य

लेवियाथन के रूप में राज्य की छवि नव दक्षिणपन्थियों के साथ आधुनिक राजनीति से जुड़ी हुई है। ये विचार प्रारम्भिक और शास्त्रीय उदारवाद, विशेषकर व्यक्तिवाद के कट्टरपन्थी स्वरूप में निहित हैं। नव दक्षिणपन्थी या इसकी नव उदारवादी शाखा आर्थिक व सामाजिक जीवन में राज्य के हस्तक्षेप का विरोध करती है। क्योंकि इनका मानना है कि राज्य से व्यक्तिगत स्वतन्त्रता व आर्थिक सुरक्षा दोनों को ख़तरा है। इसीलिए बहुलतावादी बताते हैं कि राज्य को एक निष्पक्ष 'एम्पायर' के बजाय 'आया' होना चाहिए जो मानव अस्तित्व के हर क्षेत्र में हस्तक्षेप करे। इस विचार का केन्द्रीय बिन्दु यह है कि राज्य जिन हितों को बताता है वे समाज के हितों से पृथक् हैं और ये हित ही राज्य की स्वयं की भूमिका और दायित्वों में असीमित वृद्धि करने की माँग करते हैं। नव दक्षिणपन्थी विचारक राज्य हस्तक्षेप के बारे में तर्क देते हैं कि बीसवीं सदी की प्रवृत्ति आर्थिक और सामाजिक सुरक्षा के लिए लोकप्रिय दबाव की नहीं बल्कि राज्य की आन्तरिक गतिशीलता को दर्शाती है।

नव दक्षिणपन्थी विचारक माँग पूर्ति के दबावों के आधार पर राज्य शक्ति की गतिशीलता के विस्तार को इंगित करते हैं। माँग पक्ष के दबाव स्वयं समाज से उत्पन्न होते हैं। आमतौर पर चुनावी लोकतन्त्र के माध्यम से नव दक्षिणपन्थी तर्क देते हैं कि चुनावी प्रतिस्पर्धा राजनीतिज्ञों को,

एक–दूसरे से वादे करके, आगे बढ़ने के लिए प्रेरित करती है। और सरकारी योजनाओं तथा दीर्घकालीन नुक़सान की परवाह किये बिना, वे नीतियाँ जो अर्थव्यवस्था को प्रभावित करें, जैसे करों में वृद्धि, बढ़ती महँगाई, मुद्रास्फीति और भारी निवेश। माँग और पूर्ति पक्ष का दबाव राज्य के लिए आन्तरिक है। इसे राज्यतन्त्र की संस्थाओं व कार्मिकों के रूप में समझा जा सकता है। इसके सबसे प्रभावी रूप में यह तर्क सरकार की आन्तरिक पूर्ति के रूप में जाना जाता है।

अधिपति प्रबन्धन सामान्य जन इच्छाओं के सैद्धान्तिकरण से जुड़ा हुआ है, जो यह देखता है कि कैसे लोक निर्णय उन अनुमानों पर बनते हैं जहाँ व्यक्ति के कार्य स्वहित से जुड़े होते हैं। उदाहरणार्थ, विलियम निस्कनेन (1971) ने कहा कि विधायिका में बजट पर नियन्त्रण (अमेरिकी कांग्रेस) की व्यवस्था कमज़ोर है। वहाँ बजट निर्माण का कार्य मुख्यतः सरकारी अभिकरणों व वरिष्ठ नौकरशाहों द्वारा होता है। जैसा कि स्पष्ट है कि सरकार पर राज्य का प्रभुत्व है, राज्य का प्रभुत्व वर्ग निर्वाचित राजनेताओं की सोच को निर्धारित करता है। यहाँ लोक इच्छा प्रतिमान और मार्क्सवादी प्रतिमान के बीच आपस में समानान्तर है। जहाँ मार्क्सवादी तर्क देते हैं कि राज्य व्यापक वर्गों और अन्य सामाजिक हितों को प्रतिबिम्बित करता है, वहीं नव दक्षिणपन्थी राज्य को एक स्वतन्त्र एवं स्वायत्त संस्था के रूप में दर्शाते हैं, जो स्वयं के हितों की पूर्ति करता है। इस प्रकार नौकरशाही के स्वहित सदा एक 'बड़ी' सरकार और राज्य हस्तक्षेप का समर्थन करते हैं क्योंकि यह स्वयं नौकरशाही का विस्तार करती है जो कि रोज़गार की सुरक्षा, वेतन वृद्धि, पदोन्नति की सम्भावना आदि को सुनिश्चित करती है। नौकरशाहों की स्वयं की माँग प्रस्तुत करने वाली यह छवि स्पष्टतः राज्य के बहुलतावादी तन्त्र से श्रेष्ठता रखती है इस विचार से कि यह राज्य नियन्त्रण की जन सेवाओं के आदर्शों के अनुरूप है।

पितृसत्तात्मक राज्य

पितृसत्तात्मक राज्य की आधुनिक सोच में नारीवादी सिद्धान्त के निहितार्थ को जानना ज़रूरी है। हालाँकि राज्य का कोई व्यवस्थित नारीवादी सिद्धान्त नहीं है। नारीवादी सिद्धान्त में कई परम्पराएँ और दृष्टिकोण सम्मिलित हैं और इस प्रकार राज्य के व्यक्ति के बारे में कई विभिन्न दृष्टिकोण रहे हैं। हालाँकि नारीवादी सामान्यतः राज्य शक्ति को एक

केन्द्रीय राजनीतिक विषय के रूप में ज़्यादा महत्त्व नहीं देते। वे पुरुष शक्ति संरचना पर बल देने के बजाय परिवार और आर्थिक व्यवस्था जैसी संरचनाओं को प्राथमिकता देते हैं। वास्तव में कुछ नारीवादी राज्य के परम्परागत अर्थ पर सवाल उठाते हैं। उदाहरण के लिए यह विचार कि राज्य वैध हिंसा के प्रयोग का एकाधिकार रखता है, जो कि परिवार और घरेलू जीवन में नियमित होने वाली हिंसा और धमकी का समाधान करता है। फिर भी नारीवादी कभी प्रत्यक्ष व कभी अप्रत्यक्ष रूप से राज्य शक्ति को चुनौती देते हुए राज्य की बहस को समृद्ध करते हैं।

उदार नारीवादी, जो यह मानते हैं कि लैंगिक समानता को क्रमिक सुधारों द्वारा स्थापित किया जा सकता है, राज्य के बहुलतावादी दृष्टिकोण को अनिवार्यतः स्वीकार करते हैं। उनका मानना है कि राज्य के पुरुषों के प्रति पूर्वाग्रह से ग्रसित होने से ही महिलाएँ क़ानूनी और राजनीतिक समानताओं से वंचित रहती हैं। हालाँकि वे राज्य की मूल तटस्थता में विश्वास रखते हैं क्योंकि उनका मानना है कि सुधारों की प्रक्रिया द्वारा इस पक्षपात को दूर किया जा सकता है और ऐसा होगा भी। इस सन्दर्भ में नारीवादी मानते हैं कि सभी समूहों (महिलाओं को मिलाकर) में राज्य शक्ति का प्रयोग करने की समान क्षमता है। इस क्षमता को न्याय तथा सामान्य हित में निष्पक्षता से प्रयोग में लिया जा सकता है। इसलिए आमतौर पर उदार नारीवादी लैंगिक असमानता को कम करने और महिलाओं की भूमिका को बढ़ाने में राज्य के हस्तक्षेप को सकारात्मक रूप में देखते हैं। जो समान वेतन के क़ानून, गर्भपात के वैधीकरण, बच्चों की देखभाल सम्बन्धी सुविधाओं के प्रावधान, कल्याणकारी लाभों के विस्तार आदि में परिलक्षित होता है। फिर भी कुछ नारीवादियों द्वारा राज्य के नकारात्मक और आलोचनात्मक पक्ष को उजागर किया गया है। उनका तर्क है कि राज्य की शक्ति संरचना पितृसत्तात्मक स्वरूपों के सुदृढ़ ढाँचे को प्रस्तुत करती है।

राज्य शक्ति के बारे में मार्क्सवादियों और नव नारीवादियों के विचारों में कई समानताएँ नज़र आती हैं। उदाहरण के रूप में दोनों समूह राज्य को स्वायत्त नहीं मानते हैं। इसके स्थान पर ये समाज में बृहद् स्तर पर शक्ति की सुदृढ़ संरचना के रूप में राज्य को समझते हैं। जहाँ मार्क्सवादी राज्य को आर्थिक सन्दर्भों में देखते हैं वही नारीवादी इसे लैंगिक असमानता के सन्दर्भ में देखते हैं। और बल देते हैं कि यह अनिवार्यतः

पुरुषों की एक संस्था है। इस तरह मार्क्सवाद के समान नारीवादी स्थिति के संरचनावादी और कारकीय प्रतिमान विकसित हुए हैं। ढाँचागत समर्थ विद्वानों (Instrumentalist) का तर्क है कि राज्य साधन अथवा अभिकर्ता से कुछ अधिक है। जो पुरुषों द्वारा अपने हितों की रक्षा एवं पितृसत्तात्मक ढाँचे को बनाये रखने हेतु प्रयोग में लाया जाता है। यह तर्क इस प्रमुख नारीवादी मान्यता पर आधारित है कि पितृसत्तात्मक समाज को, जीवन के निजी और सार्वजनिक क्षेत्र में विभाजन द्वारा समझा जा सकता है। महिलाओं की अधीनता परम्परागत रूप से घरेलू और पारिवारिक ज़िम्मेदारियों के क्षेत्र से आबद्ध है, जो उन्हें गृहिणियों एवं मातृत्व की स्थिति प्रदान कर, उन्हें राजनीति व अर्थव्यवस्था के केन्द्रीय क्षेत्र से सार्वजनिक रूप से बहिष्कृत करती है। सरल रूप में राज्य पुरुषों द्वारा, पुरुषों के लिए चलाया जाता है।

ढाँचागत समर्थक विचारकों ने मुख्यतः राज्य के कार्मिकों और राज्य के अभिजन वर्ग पर प्रकाश डाला है। संरचनावादी तर्क देते हैं कि राज्य के संस्थानों में किस तरह पितृसत्तात्मक सोच गहराई से निहित है। आधुनिक कट्टरपन्थी नारीवादियों ने कल्याणकारी राज्य के उदय पर विशेष ध्यान दिया है। इसे पितृसत्तात्मक शक्ति के नये प्रकार के रूप में देख सकते हैं। कल्याणकारी राज्य सार्वजनिक निर्भरता की व्यवस्था में निजी निर्भरता के संक्रमण द्वारा पितृसत्तात्मकता को बनाये रख सकता है। जिससे विस्तारित राज्य के संस्थान द्वारा महिलाएँ तेज़ी से नियन्त्रित होती हैं। उदाहरण के लिए महिलाएँ धीरे–धीरे राज्य पर आश्रित हुईं, राज्य सेवाओं की उपभोक्ताओं के रूप में (जैसे बच्चों की देखभाल वाली संस्थाएँ, नर्सरी शिक्षा, सामाजिक कार्य) अथवा कर्मचारियों की तरह विशेषकर 'देखभाल करने वाले' व्यवसायों में (जैसे नर्सिंग, सामाजिक कार्य व शिक्षा)। इसके अलावा महिलाओं के क्षेत्र में राज्य के दायित्वों का विस्तार जैसे–बाल पोषण व देखभाल के रूप में अधीनता के नये रूप बनाये गये हैं। विशेष रूप से ये महिलाओं की भूमिका को (श्रम की आरक्षित सेना के रूप में) मज़बूत बनाने की प्रवृत्ति है। जिससे नियोक्ता महिलाओं को लचीला, अल्प वेतन और अक्सर विनम्र कार्यबल के रूप में देखने लगे हैं।

राज्य की भूमिका

राज्य शक्ति की विषम व्याख्याएँ राज्य के दायित्व अथवा राज्य की वांछित भूमिका को स्पष्ट करती हैं। राज्य को क्या करना चाहिए?

कौन से दायित्व और कार्य राज्य को पूरे करने चाहिए और कौन–से निजी क्षेत्रों के लिए छोड़ देना चाहिए? कई अर्थों में इन सवालों के इर्द–गिर्द चुनावी राजनीति और दलीय प्रतिस्पर्धा घूमती है। अराजकतावादियों को छोड़कर, जिन्होंने राज्य को सैद्धान्तिक तौर पर अनावश्यक बुराई कहा, सभी राजनीतिक चिन्तकों ने राज्य को कुछ अर्थों में उचित ही माना है। यहाँ तक कि क्रान्तिकारी समाजवादी, लेनिनवादी नारे "राज्य को तोड़ो" से प्रेरित थे, इसीलिए पूँजीवाद से साम्यवाद के संक्रमण की अवस्था में उन्होंने सर्वहारा के अधिनायकत्व के रूप में अस्थायी सर्वहारा राज्य की आवश्यकता को स्वीकारा। फिर भी राज्य की वास्तविक भूमिका के बारे में मतैक्य का अभाव है और इसीलिए राज्य और नागरिक समाज के बीच के सन्तुलन के बारे में मतैक्य नहीं है। राज्य के विभिन्न रूप निम्न हैं :

- न्यूनतम राज्य
- विकासात्मक राज्य
- सामाजिक लोकतान्त्रिक राज्य
- सामूहिक राज्य और
- सर्वाधिकारवादी राज्य

न्यूनतम राज्य

न्यूनतम राज्य शास्त्रीय उदारवादियों का आदर्श है जो चाहते हैं कि व्यक्तियों द्वारा अधिकतम सीमा तक स्वतन्त्रता का उपयोग हो। इस विचार की जड़ें सामाजिक अनुबन्ध सिद्धान्त में निहित हैं। लेकिन यह राज्य के अनिवार्यतः नकारात्मक रूप से जुड़ा हुआ है। इस दृष्टिकोण के अनुसार राज्य का महत्त्व इस कारण है कि वह मानव व्यवहार को नियन्त्रित करने की क्षमता रखता है। और इस प्रकार यह व्यक्तियों को एक–दूसरे के अधिकारों एवं स्वतन्त्रता पर अतिक्रमण करने से रोकता है। राज्य मात्र एक सुरक्षात्मक निकाय है जिसका मुख्य कार्य शान्ति और सामाजिक व्यवस्था का ऐसा ढाँचा प्रस्तुत करना है, जिसमें नागरिक अपनी पसन्द से अपना जीवन बिता सकें। लॉक की पुस्तक सिमली (Simile) में राज्य 'नाइट वॉचमैन' (चौकीदार) के रूप में कार्य करता है; जिसकी सेवाओं की आवश्यकता संकट के समय होती है। न्यूनतम राज्य के तीन प्रमुख कार्य हैं–पहला और मुख्य कार्य राज्य के भीतर घरेलू व्यवस्था को बनाये रखना है। दूसरा, नागरिकों के बीच हुए स्वैच्छिक अनुबन्धों या समझौतों के क्रियान्वयन को

सुनिश्चित करना है। तीसरा, बाह्य आक्रमणों से रक्षा करना है। न्यूनतम राज्य में पुलिस, न्यायालय, सेना आदि की शक्तियाँ सीमित होती हैं। आर्थिक, सामाजिक, सांस्कृतिक, नैतिक और अन्य ज़िम्मेदारियाँ व्यक्ति से सम्बन्धित हैं और इसलिए यह नागर समाज का हिस्सा हैं।

नव दक्षिणपन्थियों द्वारा न्यूनतम राज्य के विषय को आधुनिक राजनीतिक सिद्धान्त में विमर्श का विषय बनाया गया है। प्रारम्भिक उदारवादी विचारों विशेषकर मुक्त बाज़ार या शास्त्रीय आर्थिक सिद्धान्त को रेखांकित करते हुए नव दक्षिणपन्थियों ने राज्य की शक्तियों को सीमित करने की आवश्यकता पर बल दिया है। नॉजिक ने अपने लेखन में लॉक के उदारवाद पर आधारित व्यक्तिगत अधिकारों की रक्षा, विशेषकर सम्पत्ति के अधिकार को पुनः उल्लेखित किया है। हेयर और मिल्टन फ्रायडमैन जैसे अर्थशास्त्री मुक्त बाज़ार के सन्दर्भ में राज्य के हस्तक्षेप को मृत प्रायः मानते हैं। जिससे प्रतिस्पर्धा, दक्षता व उत्पादकता में कमी आती है। नव दक्षिणपन्थी दृष्टिकोण के आधार पर राज्य को आर्थिक क्षेत्र में दो कार्यों तक ही सीमित रहना चाहिए। विनिमय के स्थायी उपकरणों का सुधार (सुदृढ़ वित्त, न्यून मुद्रास्फीति) तथा एकाधिकारवादी शक्तियों, मूल्य निर्धारण आदि पर नियन्त्रण के द्वारा प्रतिस्पर्धा को प्रोत्साहन देना। ताइवान, सिंगापुर और मलेशिया जैसे कई एशियाई देश न्यूनतम राज्य के उदाहरण हैं। हालाँकि यह बात अलग है कि ये देश, निवेश के सम्बन्ध में मार्गदर्शन और शिक्षा तथा प्रशिक्षण पर ज़ोर देकर आर्थिक प्रबन्धन में संलग्न हैं।

विकासात्मक राज्य

उन्नीसवीं सदी में औद्योगीकरण की प्रारम्भिक अवस्था के दौरान न्यूनतम देशों का सबसे अच्छा उदाहरण ब्रिटेन व अमेरिका जैसे देशों में था। हालाँकि यह बात और है कि किसी देश द्वारा औद्योगीकरण करने पर वहाँ राज्य की आर्थिक भूमिका और व्यापक हो जाती है। उदाहरण के लिए जापान व जर्मनी में राज्य ने प्रारम्भ से ही अधिक सक्रिय विकासात्मक भूमिका ग्रहण कर ली थी। विकासात्मक राज्य वह है, जो औद्योगिक वृद्धि और आर्थिक विकास के उद्देश्य से आर्थिक जीवन में हस्तक्षेप करता है। इसका तात्पर्य समाजवाद की स्थापना करना नहीं है बल्कि यह राज्य और रूढ़िवादी तथा राष्ट्रवादी प्राथमिकताओं से जुड़े प्रमुख आर्थिक हितों के बीच सामंजस्य बिठाने का प्रयास है।

जापान विकासात्मक राज्य का श्रेष्ठ उदाहरण है। 1868 से 1912 के मेइजी काल के दौरान जापान ने 'जाये बुत्सू' (zaibatsu) के साथ नजदीकी सम्बन्ध बनाये। उदीयमान पूँजीपतियों के 'जाये बुत्सू' ने द्वितीय विश्वयुद्ध तक जापानी अर्थव्यवस्था पर अपना वर्चस्व रखा। 1945 से जापान राज्य की विकासात्मक भूमिका को अन्तर्राष्ट्रीय व्यापार एवं उद्योग मन्त्रालय द्वारा ग्रहण किया गया। बैंक ऑफ़ जापान के साथ मिलकर इसने निजी निवेश के बारे में निर्णय लेने और जापान की अर्थव्यवस्था को अन्तर्राष्ट्रीय प्रतिस्पर्धा के लिए प्रेरित करना शुरू किया। चीन, फ्रांस में भी कुछ इसी प्रकार का विकासात्मक हस्तक्षेप देखने को मिलता है। यहाँ दक्षिणपन्थी एवं वामपन्थी दोनों ही, सरकारी आर्थिक नियोजन की आवश्यकता पर बल देते हैं और राज्य की नौकरशाही स्वयं राष्ट्रीय हितों की संरक्षक के रूप में कार्य करती है। ऑस्ट्रिया और कुछ हद तक जर्मनी जैसे देशों में साझेदारी में राज्य के माध्यम से आर्थिक विकास किया गया है। इसमें राज्य और प्रमुख आर्थिक हितों के बीच समन्वय लाने पर बल दिया गया। विशेषकर बड़े व्यवसायियों और संगठित श्रम के बीच। हाल ही में आर्थिक वैश्वीकरण ने 'प्रतियोगी राज्यों' के उदय को बढ़ावा दिया है। इसके उदाहरण पूर्वी एशिया की 'टाइगर अर्थव्यवस्था' में नज़र आते हैं। राष्ट्रीय समृद्धि के लिए अन्तर्राष्ट्रीय प्रतिस्पर्धा को तीव्र करने के सन्दर्भ में नीतियों का निर्माण करना इनका मुख्य कार्य है।

सामाजिक लोकतान्त्रिक राज्य

जहाँ विकासात्मक राज्य आर्थिक प्रगति के लिए हस्तक्षेप करता है, सामाजिक लोकतान्त्रिक राज्य समानता व सामाजिक न्याय के सिद्धान्त के अनुसार व्यापक सामाजिक पुनर्गठन के लिए हस्तक्षेप करता है। ऑस्ट्रेलिया व स्वीडन जैसे देशों में राज्य का हस्तक्षेप विकासात्मक और सामाजिक लोकतान्त्रिक प्राथमिकताओं के आधार पर होता है। फिर भी विकासात्मकतावाद और सामाजिक लोकतन्त्र हमेशा साथ–साथ नहीं चलते। डेविड मार्क्वेंड (1988) ने बताया कि द्वितीय विश्वयुद्ध के बाद ब्रिटेन को सामाजिक लोकतान्त्रिक देश के अनुसार उल्लेखनीय रूप से प्रसारित किया गया फिर भी यह विकासात्मक राज्य बनाने में असफल हुआ। सामाजिक लोकतान्त्रिक राज्य को इस आधार पर समझा जा सकता है कि अब यह राज्य को आवश्यक बुराई मानने वाले नकारात्मक दृष्टिकोण से राज्य के

सकारात्मक दृष्टिकोण में परिवर्तित हुआ है। इसमें राज्य को स्वतन्त्रता के विस्तार व न्याय को बढ़ावा देने वाले साधन के रूप में देखा जाता है। इस प्रकार सामाजिक लोकतान्त्रिक राज्य आधुनिक उदारवाद और आधुनिक लोकतान्त्रिक समाजवादियों दोनों के लिए आदर्श है।

व्यवस्थित जीवन की परिस्थितियों पर ही ध्यान केन्द्रित करने के बजाय सामाजिक लोकतान्त्रिक राज्य विशेषतः बाज़ार की अर्थव्यवस्था के असन्तुलन व अन्याय को दूर करने में सहायता करता है। इसलिए यह सम्पत्ति के उत्पादन प्रक्रम और सम्पत्ति के समान और न्यायोचित वितरण पर अधिक बल देता है। सामाजिक लोकतान्त्रिक राज्य के दो लक्षण हैं : 'किनेशियानिज़्म' और सामाजिक कल्याण। किनेशियन आर्थिक नीतियों का उद्देश्य पूर्ण रोज़गार के प्रबन्ध और वृद्धि को प्रोत्साहित करके पूँजीवाद का प्रबन्धन और विनियमन करना है। यद्यपि यह योजनाओं के द्वारा सम्भव है, शास्त्रीय किनेशियन नीति राजस्व की नीतियों में सुधार द्वारा 'माँग' और 'प्रबन्ध' से जुड़ी है। ये है : सार्वजनिक व्यय और कर के सम्बन्ध में। कल्याणकारी नीतियों को अपनाने से कल्याणकारी राज्य का उदय होता है। जिसका दायित्व अपने नागरिकों में अच्छे सामाजिक जीवन को सुनिश्चित करना है। इस अर्थ में सामाजिक लोकतान्त्रिक राज्य एक सक्षम राज्य है जो व्यक्तिगत सशक्तिकरण के सिद्धान्त से जुड़ा है।

सामूहिक राज्य

जहाँ विकासात्मक एवं सामाजिक लोकतान्त्रिक राज्य व्यापक निजी अर्थव्यवस्था को मार्गदर्शन व समर्थन देते हुए आर्थिक क्षेत्र में हस्तक्षेप करते हैं। वहीं सामूहिक राज्य में आर्थिक जीवन राज्य के नियन्त्रण में होता है। ऐसे राज्यों के अच्छे उदाहरण रूढ़िवादी साम्यवादी देशों यथा यू.एस.एस.आर. और पूरे पूर्वी यूरोप में थे। ये राज्य सभी निजी उद्देश्यों का अन्त करके केन्द्रीय नियोजित अर्थव्यवस्था को स्थापित करते हैं। आर्थिक मन्दी और नियोजन समितियों के द्वारा संचालित कमाण्ड व्यवस्था इसलिए स्थापित हुई, जिनका गठन निर्देशित, योजनागत व्यवस्था द्वारा हुआ था, जो कि साम्यवादी दल के शीर्षस्थों द्वारा नियन्त्रित थी। राज्य के सामूहिकीकरण के पीछे तर्क, निजी सम्पत्ति पर सार्वजनिक स्वामित्व के लिए मूल समाजवादी प्राथमिकताओं से उत्पन्न होता है। हालाँकि इस उद्देश्य की प्राप्ति हेतु राज्य का उपयोग, राज्य शक्ति के सकारात्मक

दृष्टिकोण का समर्थन करता है। मार्क्स और एंजेल्स की लेखनी में यह स्पष्ट होता है।

कार्ल मार्क्स और एंजेल्स ने राष्ट्रीयकरण का समर्थन किया और एंजेल्स ने विशेष रूप से स्वीकार किया कि सर्वहारा वर्ग के अधिनायकत्व के दौरान बैंकों, कारख़ानों, यातायात साधनों आदि पर राज्य के नियन्त्रण का विस्तार होगा। फिर भी उन्होंने उल्लेख किया कि सर्वहारा राज्य निश्चित रूप से अस्थायी होगा। और वर्ग संघर्ष ख़त्म होने से यह धीरे–धीरे समाप्त हो जायेगा। इसके विपरीत यू.एस.एस.आर. में सामूहिक राज्य स्थायी हुए और क्रमिक रूप से शक्तिशाली बन गये। स्टालिन के नेतृत्व में समाजवाद को राज्यवाद के बराबर लाया गया। समाजवाद के माध्यम से राज्य की व्यापक शक्तियों और दायित्वों को दर्शाया गया। वास्तव में 1962 में ख्रुश्चेव की इस घोषणा के बाद कि सर्वहारा की तानाशाही समाप्त हो गयी, राज्य को औपचारिक तौर पर पूरे सोवियत लोगों के हितों के आधार पर पहचाना गया।

सर्वाधिकारवादी राज्य

हस्तक्षेप का व्यापक और तीव्र रूप सर्वाधिकारवादी राज्यों में पाया जाता है। सर्वाधिकारवाद का सार सभी कुछ राज्य में सम्मिलित करने से है। परिणामस्वरूप मानव जीवन के हर क्षेत्र में राज्य का प्रभाव नज़र आता है। राज्य न केवल अर्थव्यवस्था वरन् शिक्षा, संस्कृति, धर्म, पारिवारिक जीवन आदि पर नियन्त्रण रखता है। हिटलर का जर्मनी व स्टालिन का यू.एस.एस.आर. सर्वाधिकारवादी राज्य के श्रेष्ठ उदाहरण हैं। आधुनिक समय में इराक में सद्दाम हुसैन का शासन भी कुछ इसी प्रकार का रहा है। ऐसे शासन का मुख्य आधार व्यापक सतर्कता और दबंग पुलिस होती है। साथ ही विचारधारा के प्रचार और नियन्त्रण की व्यापक व्यवस्था होती है। इस अर्थ में सर्वाधिकारवादी राज्य नागर समाज व व्यक्तिगत जीवन दोनों को समाप्त कर देता है। व्यक्तिगत आज़ादी को समग्र रूप से समाप्त करना फ़ासीवादियों का मुख्य लक्ष्य है। कभी–कभी यह तर्क दिया जाता है कि मुसोलिनी की सर्वाधिकारवादी राज्य की धारणा हीगल के नैतिक समुदाय के विश्वास से प्रेरित है। जिसमें सदस्यों के बीच परोपकारितावाद और आपसी सामंजस्य पर बल दिया जाता है। इस दृष्टिकोण से मानव सभ्यता का उत्थान राज्य के उद्‌भव और इसके बढ़ते दायित्वों से जुड़ा हुआ लगता है।

एक खोखला राज्य

परम्परागत रूप में राज्य राजनीतिक जीवन का केन्द्रीय विषय रहा है। बीसवीं सदी के अन्त में हुए विकास से राज्य की भूमिका और महत्त्व में कमी आयी है। विकासशील देशों व कुछ उत्तर साम्यवादी देशों में ये बदलाव बड़े नाटकीय रूप में हुए हैं। जहाँ विखण्डित राज्यों को नृजातीय संघर्ष और बढ़ते अपराध का सामना करना पड़ा। फलतः राज्य रहित राष्ट्र, जनजातियों एवं कुलों का उदय हुआ, जैसे रशियन संघ में चेचन्या का, कोसोवो में अल्बानियाई जाति का और नाइजीरिया में कुर्द, तमिल व इलोस का। हालाँकि राज्य का पतन हुआ फिर भी वह महत्त्वपूर्ण है। जोसेफ ने इसे 'होलोइंग आउट' (Hollowing Out) कहा है। इस घातक प्रक्रिया के तहत राज्य के कार्यों को अन्य संस्थाओं में धीरे–धीरे हस्तान्तरित कर दिया गया। यह प्रक्रिया तीन अलग–अलग किन्तु अन्तःसम्बन्धित विकास के फलस्वरूप प्रचलन में आयी–वैश्वीकरण, राज्य कार्यों में कमी, पुनर्गठन और उप राज्य सरकार का विकास।

वैश्वीकरण

राज्य अथवा राष्ट्र राज्य के लिए वैश्वीकरण एक महत्त्वपूर्ण संकट है। व्यापक तौर पर वैश्वीकरण वह प्रक्रिया है, जिसमें विश्व के एक कोने की घटनाओं का प्रभाव दूसरे कोने पर पड़ता है। वैश्वीकरण से ही वैश्विक अर्थव्यवस्था का उदय हुआ। इस कारण से प्रत्येक देश के लिए पूँजी के अन्तर्राष्ट्रीय प्रवाह को नियन्त्रित करना कठिन हुआ है। राज्यों के लिए इस विकास के निहितार्थ बड़े ही रोचक हैं। उदाहरणार्थ, राज्य के पास निजी स्तर पर आर्थिक जीवन का प्रबन्ध करने और सामान्य ख़ुशहाली लाने की क्षमता सीमित है। क्योंकि वैश्विक सन्दर्भ में राष्ट्रीय आर्थिक नीतियाँ (जैसे केनेशियन) अप्रभावी हुई हैं। इसी तरह वैश्वीकरण के कारण बड़ी प्रतिस्पर्धा से करों में कमी, कम श्रम लागत का दबाव बढ़ा है; जिससे राज्य के सामान्य कल्याणवाद में कमी आयी है। एक और परिणाम यह है कि इस प्रक्रिया में राज्य को बहुराष्ट्रीय कम्पनियों को नियन्त्रित करने में मुश्किल होती है, जो आसानी से उत्पादन और निवेश को स्थानान्तरित कर सकते हैं। राजनीतिक वैश्वीकरण का प्रभाव भी कोई कम नहीं है। जो कि अन्तर्राष्ट्रीय पराराष्ट्रीय निकायों यथा संयुक्त राष्ट्र (UNO), यूरोपियन यूनियन (EU), नाटो (NATO) व विश्व व्यापार संगठन (WTO) जैसे संगठनों

के विकास में परिलक्षित होता है। उदाहरण के लिए यूरोपियन यूनियन की सदस्यता से राज्य शक्ति को खतरा है, क्योंकि इस संघ में ज़्यादातर निर्णय सदस्य राज्यों के बजाय यूरोपियन संस्थाओं द्वारा लिए जाते हैं।

वैश्वीकरण की प्रकृति ने राज्यों के पुनर्गठन की प्रक्रिया को प्रभावित किया है। निश्चित तौर पर राज्य का अनिवार्य कहा जाने वाला लक्षण सम्प्रभुता अब समाप्ति पर है। अन्तरनिर्भरता और पारगम्यता के कारण अब राज्य उत्तर सम्प्रभुता के आधार पर संचालित हो रहे हैं। हालाँकि यह राज्य के अन्त का संकेत नहीं है। सामाजिक लोकतान्त्रिक राज्य जैसे सामूहिक राज्य अब इतिहास बन चुके हैं, लेकिन उनके स्थान पर प्रतिस्पर्धी राज्य उभरे हैं, जो वैश्विक अर्थव्यवस्था के लिए उपयुक्त हैं। उदाहरणार्थ, इस प्रकार के राज्यों में नयी तकनीक आधारित अर्थव्यवस्था में निश्चित आर्थिक सफलता के लिए मुख्य साधन के रूप में शिक्षा और प्रशिक्षण को मज़बूत करने की आवश्यकता है। ताकि बाज़ार की ज़िम्मेदारियों को उद्यमशीलता और श्रम की तरलता के द्वारा पूरा किया जा सके तथा समाज की नैतिक मान्यताओं को मज़बूत करते हुए सामाजिक बहिष्कार की प्रवृत्तियों का सामना किया जा सके। राजनीतिक वैश्वीकरण राज्य के लिए अवसर खोल भी सकता है और कम भी कर सकता है। यह 'पूल्ड' (Pooled) सम्प्रभुता के विचार में परिलक्षित होता है। यह धारणा है कि अन्तर्राष्ट्रीय क्षेत्रीय संस्थानों के सहयोग अथवा माध्यम से दुर्बल राष्ट्र भी अच्छी स्थिति में आ सकते हैं। उदाहरणार्थ, यूरोपीय संघ की मन्त्रिपरिषद, जो कि संघ में नीति निर्माण करने वाली एक सशक्त संस्था है, अपने सदस्य राज्यों को जीवन्त बनाये रखते हुए एक ऐसे मंच के रूप में काम करती है, जहाँ राष्ट्रीय नेतृत्व को क्षेत्रीय स्तर पर निर्णय लेने हेतु प्रेरित किया जाता है।

राज्य का पुनर्गठन

1980 और 1990 का दशक इस बात का साक्षी है, मुख्यतः ब्रिटेन और अमेरिका के सन्दर्भ में, जब नव दक्षिणपन्थी ताक़तों से प्रेरित सरकारों ने राज्य पर हमला शुरू किया। परिणामतः विनियमीकरण, निजीकरण और लोक सेवाओं में बाज़ारू सुधार जैसी नीतियों से राज्य की शक्तियों के कार्य सीमित हुए हैं। हालाँकि इसी तरह की नीतियाँ मध्य एवं पूर्वी यूरोप की उत्तर साम्यवादी शक्तियों द्वारा, राज्य के सामूहिक तन्त्रों को विघटित

करने के उद्देश्य से बड़े उत्साहपूर्वक लागू की गयीं। यद्यपि बाज़ारोन्मुखी तथा राज्य विरोधी दर्शन "निजी अच्छा, सार्वजनिक बुरा" के फलस्वरूप राज्य का प्रभाव संकुचित हुआ है, जो कि व्यापक और अथक प्रयासों से निर्देशित थे। यह वैश्विक प्रतिस्पर्धा को बढ़ाने, लोक नीतियों के निर्माण व लोक सेवाओं के वितरण को प्रभावी बनाने के दबाव से जुड़े हुए हैं। जो सरकार को शासन में परिवर्तित करती है। यह विचार इस सत्य को उजागर करता है कि समाज अधिक जटिल और गतिशील हुआ है। अतः शासन के नये तरीक़े सामने आ रहे हैं। जिसमें पदानुक्रम राज्य संस्थानों का प्रभाव कम हुआ है और इससे राज्य और समाज के बीच अन्तर भी कम हुआ है। अब शासन की विभिन्न प्रवृत्तियाँ नज़र आने लगी हैं, इनमें निजी निवेशों के माध्यम से सार्वजनिक क्षेत्रों में वित्त की भूमिका सशक्त हुई है। प्रत्यक्ष सेवा प्रदान करने के स्थान पर नियामक बनने से राज्य का पुनर्गठन, लोक सेवा प्रदान करने में अर्ध सरकारी व निजी क्षेत्रों की बढ़ती भूमिका, नव लोक प्रबन्ध की व्यवस्था, जिसके तहत सरकार में निजी क्षेत्रों की प्रबन्धन तकनीक को अपनाया गया है।

उपराज्य शासन

विकेन्द्रीकरण के नाम पर भी राज्य को चुनौती मिलती है, जहाँ राज्य की शक्तियों और दायित्वों को राष्ट्रीय अथवा केन्द्रीय स्तर से स्थानीय अथवा सामुदायिक स्तर पर स्थानान्तरित करने पर बल दिया जाता है। यद्यपि यह प्रक्रिया सार्वभौमिक नहीं है। फिर भी, विश्व के कई देशों में चलन में है। समुदायों एवं नृजातीय राजनीति के बढ़ते महत्त्व के कारण स्थानीय व क्षेत्रीय निकायों को सशक्त करने की माँग प्रबल हुई है। उदाहरणतः 1990 में स्कॉटिश संसद और व वेल्स असेम्बली की स्थापना द्वारा ब्रिटेन, अन्य यूरोपीय राज्य जैसे स्पेन, फ्रांस, इटली के समकक्ष आया, जहाँ विकेन्द्रीकरण अच्छी स्थिति में था। स्कॉटलैंड के मामले में यह निर्वाचित स्वशासन और अर्द्ध–संघवाद का सूचक है। हालाँकि यूरोपीय संघ की केन्द्रविमुखी ताक़तों ने 'क्षेत्रीय यूरोप' का विचार रखा, जिसके तहत वे क्षेत्रीय संस्थाओं एवं समूह राष्ट्रीय सरकारों को दरकिनार करते हुए यूरोपीय संघ के निकायों तक सीधे पहुँच सकते हैं। इसमें यूरोपीय संघ के भीतर 'बहुस्तरीय शासन' जिसमें उपराज्य, राज्य और पराराज्य निकाय के रूप में, विभिन्न प्रतिमान उभरे हैं। जिससे राज्य की परम्परागत धारणा

के साथ तारतम्य बिठाना मुश्किल हुआ है। हालाँकि केन्द्रविमुखी ताक़तों ने राज्य शक्तियों को पुनर्निर्धारित किया है अथवा राज्यों ने स्वयं अपनी शक्तियों को कम किया है। 1993 में बढ़ते नृजातीय राष्ट्रवाद के कारण ही चेकोस्लोवाकिया को विघटित किया गया तथा चेक और स्लोवक नामक राज्य गठित हुए। 1990 के प्रारम्भ में युगोस्लाविया राष्ट्रवादी महत्त्वाकांक्षा और जातीय प्रतिस्पर्धा के फलस्वरूप नागरिक संघर्ष द्वारा पृथक् हुआ।

सारांश

- राज्य एक ऐसी राजनीतिक संस्था है जो अपनी सीमाओं के भीतर सम्प्रभु शक्ति का प्रयोग करता है। सरकार, जो कि राज्य का ही अंग है, के साथ ही राज्य में सभी सार्वजनिक निकाय सम्मिलित हैं। राज्य निष्पक्ष सत्ता के रूप में इस धारणा के आधार पर कार्य करता है कि यह किसी समूह विशेष के स्थान पर समाज के स्थायी हितों का प्रतिनिधित्व करता है।
- राज्य के कई प्रतिद्वन्द्वी सिद्धान्त हैं। बहुलतावादी राज्य को तटस्थ मानते हैं। जो समाज के विभिन्न विरोधी हितों के बीच सामंजस्य स्थापित करता है। मार्क्सवादियों का तर्क है कि राज्य या तो अधीनस्थ वर्गों का दमन कर रहा है या वर्ग संघर्ष में सुधार कर रहा है। नव कट्टरपन्थियों ने राज्य को एक ऐसा 'दैत्य' माना है, जो शक्तियों के विस्तार व उन्नति में विश्वास करता है। नव नारीवाद राज्य के पितृसत्तात्मक पूर्वाग्रहों को इंगित करता है, जो पुरुष शक्ति का समर्थन करता है।
- जिन्होंने राज्य को नागरिकों की रक्षा करने वाले साधन के रूप में देखा है अथवा सामूहिक गतिविधियों को आयोजित करने वाली मशीन के रूप में देखा है, उन्हें आलोचक बताते हैं कि राज्य या तो प्रभावशाली सामाजिक समूहों या हितों का प्रतिनिधित्व करता है या उनका जो कि समाज से पृथक् और उसके विरोधी हैं।
- राज्य विभिन्न भूमिकाएँ निभाता है। न्यूनतम राज्य व्यवस्थित जीवन के लिए शर्तें तय करता है। विकासात्मक राज्य आर्थिक विकास और वृद्धि को प्रेरित करने का प्रयास करता है। सामाजिक लोकतान्त्रिक राज्य का उद्‌देश्य बाज़ार की अर्थव्यवस्था के असन्तुलन व अन्याय को दूर करना है। सामूहिक राज्य आर्थिक

जीवन की समग्रता पर नियन्त्रण रखता है। सर्वाधिकारवादी राज्य सभी का राजनीतिकरण करते हुए नागर समाज की अवधारणा का अन्त करता है।

- आधुनिक राज्य पर कई तरह के संकट हैं। आर्थिक आत्मनिर्भरता के रूप में वैश्वीकरण, परा–राष्ट्रीय निकायों का उदय, 'खोखले राज्य' या 'सीमित शक्तियों वाले राज्य' (रोलिंग बैक) के रूप में राज्य के दायित्वों का निजी संस्थाओं में स्थानान्तरण, क्षेत्रीय स्वायत्तता व स्थानीय निकायों में राज्य शक्ति के हस्तान्तरण द्वारा विकेन्द्रीकरण की स्थापना इनमें प्रमुख हैं।

यह Andrew Heywood, *Politics* The State pp. 85-101, II Edition, Palgrave Foundation 2002 का मनोज राजगुरु द्वारा किया गया सार–संक्षेप है।

अध्याय–4

व्यक्ति, समाज और राज्य

-ए. अप्पादुरई

प्रस्तावना

उन्नीसवीं शताब्दी के उत्तरार्द्ध और बीसवीं शताब्दी के पूर्वार्द्ध में प्रमुख भारतीय चिन्तकों का ध्यान परतन्त्र लोगों की दृष्टि में साम्राज्यवादी शासन की अवधारणा, स्व–शासन का औचित्य, स्वतन्त्रता प्राप्त करने के राजनीतिक उपाय तथा राष्ट्रीयता, राष्ट्र तथा राज्य की व्याख्या में लगा हुआ था। इन प्रश्नों की ओर उनका ध्यान आकर्षित होना स्वाभाविक भी था क्योंकि उन्हें पराधीन लोगों का दर्जा मिला हुआ था और वे उस जुए को फेंक कर स्वाधीनता प्राप्त करना चाहते थे। यह दिलचस्प बात है कि स्वतन्त्रता हासिल करने के पहले से ही समाज तथा राज्य सम्बन्धी कुछ बुनियादी प्रश्नों की ओर विचारकों का ध्यान आकृष्ट हो चुका था क्योंकि उन्हें यह आशा तो थी ही कि देर–सवेर स्वतन्त्रता तो मिल कर ही रहेगी। 1947 के बाद तो इन बुनियादी समस्याओं की ओर ज़्यादा और सोद्देश्य ध्यान जाना बहुत स्वाभाविक था।

अच्छा समाज

न्यायपूर्ण सामाजिक व्यवस्था क्या है? इस विषय पर जिन अधिकारी विद्वानों ने न्यायपूर्ण सामाजिक व्यवस्था के तत्त्वों का अपनी–अपनी तरह से और विशिष्टतापूर्वक विश्लेषण किया है उनमें महात्मा गाँधी, विनोबा भावे, जवाहरलाल नेहरू, एम. एन. राय तथा जयप्रकाश नारायण प्रमुख हैं। उन्होंने अपने लेखन में जिन विचारों का उल्लेख किया है उन्हें पाँच भागों में बाँटा जा सकता है : (i) व्यक्ति स्वातन्त्र्य (ii) आर्थिक समता तथा

न्यासीकरण (trusteeship) (iii) मानवीय सम्बन्धों का विकास (iv) साध्य और साधन का समीकरण (v) समाज में महिलाओं का स्थान।

व्यक्ति स्वातन्त्र्य : भारत के पहले प्रधानमन्त्री जवाहरलाल नेहरू (1889–1964) का यह स्पष्ट विचार था कि समाज के कल्याण के लिए व्यक्ति स्वातन्त्र्य का विकास बहुत आवश्यक है। अपने 'बेसिक एप्रोच' (1958) निबन्ध में उन्होंने लिखा है कि व्यक्ति और राष्ट्र को जीने और आवश्यकता पड़ने पर मरने के लिए किसी–न–किसी प्रेरणादायी जीवन–दर्शन की आवश्यकता रहती ही है : 'हम समाज के कल्याण की बात करते हैं। क्या यह समाज को बनाने वाले व्यक्ति के कल्याण से कोई अलग या बढ़कर चीज़ है? यदि समाज के कल्याण के लिए व्यक्ति की अपेक्षा की जाती है या उसके हितों का बलिदान किया जाता है तो क्या यह उद्देश्य वांछनीय है?[1] उनका उत्तर है कि व्यक्ति का बलिदान नहीं किया जाना चाहिए और वास्तविक सामाजिक उन्नति तभी होगी जब उस व्यक्ति को विकास के मौके मिलेंगे जो किसी विशेष समुदाय का नहीं बल्कि पूरे राष्ट्र का प्रतिनिधि है। इसलिए कसौटी यह होनी चाहिए कि कोई राजनीतिक या सामाजिक सिद्धान्त किसी व्यक्ति को तमाम लोगों के हित में सोचने की कितनी ताक़त देता है?

एम. एन. राय (1887–1954) इस मान्यता से शुरू करते हैं कि नैतिक व्यक्तियों के बिना कोई समाज नैतिक नहीं हो सकता है। इस विचार को आगे बढ़ाते हुए वे कहते हैं कि, स्वतन्त्रता की खोज ही मनुष्य को निरन्तर खोज करने की प्रेरणा प्रदान करती है और इसी से वह धीरे–धीरे प्राकृतिक घटना चक्र, भौतिक और सामाजिक वातावरण की क्रूरताओं से मुक्त होने के प्रयत्नों में लगता है। यह एक तरह से जैविक–संघर्ष को ही निरन्तरता प्रदान करना है। आधुनिक समाज में किसी व्यक्ति को स्वतन्त्र होने के लिए आर्थिक सुरक्षा और पर्याप्तता ही काफ़ी नहीं है बल्कि उसे एक ऐसे मनोवैज्ञानिक वातावरण की उपलब्धि भी कराना है जो सांस्कृतिक सैनिकवाद से मुक्त हो तथा उसकी बौद्धिक एवं मानवीय शक्तियों को विकसित करने में सहायक हो। 'समाज को बनाने वाले व्यक्तियों के किसी प्रगतिशील सामाजिक संगठन की उपयोगिता का मानदण्ड ही यह है कि वह अपने व्यक्तियों को स्वाधीनता प्राप्त करने के उच्च लक्ष्यों की ओर अग्रसर करे। एक पुराने अनुभव पर आधारित इस कहावत के अनुसार कि मनुष्य ही सब चीज़ों का मापदण्ड है; मनुष्य का भविष्य बनाने वाले दर्शन को यह

घोषित करना चाहिए कि किसी भी सामाजिक संगठन अथवा राजनीतिक संस्था की उपयोगिता का वास्तविक मापदण्ड ही यह होगा कि वह व्यक्ति को स्वतन्त्रता प्राप्त करने के उपाय या अवसर प्रदान करता है।'[2]

महात्मा गाँधी के अनुसार व्यक्ति ही सर्वोच्च लक्ष्य है और राज्य व्यक्तित्व विकसित करने का माध्यम है 'जो कि सारी प्रगति का मूल आधार है।'[3] इस समय के चिन्तन में उन परिस्थितियों पर भी विचार हुआ है जिनसे व्यक्ति की स्वतन्त्रता विकसित और सुरक्षित होती है। हम यह भी देखते हैं कि विचारक उन सामाजिक निषेधों की भी उपेक्षा नहीं कर रहे थे जो सामाजिक हित की दृष्टि से आवश्यक थे। इस तरह नेहरू अपने उस वक्तव्य में (जिसका हवाला हमने दिया है) यह संकेत करने में नहीं चूके हैं कि व्यक्ति स्वातंत्र्य का सब के हित के साथ ताल–मेल बैठना चाहिए। गाँधी ने भी इस बात पर बल दिया है कि 'व्यक्ति को सामाजिक प्रगति के साथ अपने व्यक्तित्व के विकास का तालमेल बैठाना सीखना चाहिए।'[4]

आर्थिक बराबरी और न्यासीकरण (trusteeship)–समकालीन विश्व का यह जाना–पहचाना विचार है कि आर्थिक समता एक अच्छे समाज की आवश्यक शर्त है इसलिए एक तरह से यह स्वीकार कर लिया गया था कि वह हमारे राजनीतिक विचार का एक महत्त्वपूर्ण हिस्सा है। इस प्रसंग में महत्त्वपूर्ण यह है कि इसे हमने उस समय के भारतीय चिन्तन से कैसे जोड़ा। ख़ासतौर पर भारत की प्राचीन वैराग्यवादी धारणा से उसका सम्बन्ध किस तरह स्थापित किया, कि हमें अपनी आध्यात्मिक आवश्यकताओं के लिए भौतिक सम्पदा का त्याग कर देना चाहिए।

गाँधी और विनोबा निसन्देह इस विचार के सबसे बड़े प्रवक्ता थे। व्यक्ति–सम्पदा का त्याग, काम के बदले अन्न और समान मज़दूरी, यह आर्थिक–समता के सोच को आगे बढ़ाने वाले आदर्श थे।

उनका विचार था कि आवश्यकताओं की वृद्धि से नहीं उनके नियन्त्रण से ही सन्तुष्ट व सन्तुलित समाज बन सकता है। प्रकृति का यही सनातन नियम है। वह उतना ही देती है जितना हमारे दैनिक जीवन के लिए नितान्त आवश्यक है। इसलिए यदि व्यक्ति अपनी आवश्यकताओं की पूर्ति हेतु जितना ज़रूरी है उतना ही लेता है, उससे ज़्यादा नहीं, तब दुनिया में कोई भूख से नहीं मरेगा। जो ज़रूरत से ज़्यादा लेता है वह चोरी का अपराधी है। आवश्यकता से ज़्यादा लेना या अनावश्यक लेना प्रकृति के नियम का उल्लंघन है। सम्पदा त्याग के आदर्श का पूरी तरह तभी पालन

हो सकता है जब मनुष्य भी चिड़िया की तरह आने वाले कल की चिन्ता न करे। विनोबा के अनुसार आदर्श स्थिति यह है कि जो कुछ भी हम खेत या कारख़ाने में पैदा करें उसके लिए यह कह सकें कि यह 'कौम के लिए है, यह राष्ट्र के लिए है, यह मेरे लिए नहीं है।'[5] हमें सब कुछ समाज को अर्पित कर देना चाहिए। जब अपनी आवश्यकतानुसार हम समाज से लेंगे तभी वह हमें शक्ति देने वाला होगा।

गाँधी के मतानुसार श्रम से जीविकोपार्जन करना ईश्वरीय नियम है। इस नियम का सार यह है कि प्रत्येक स्वस्थ व्यक्ति को अपना भोजन अर्जित करने के लिए पर्याप्त श्रम करना चाहिए। और उसे अपनी बौद्धिक क्षमता का उपयोग सम्पत्ति एकत्रित करने में नहीं, मनुष्य जाति की सेवा में करना चाहिए। मनुष्य की ज़रूरी आवश्यकताओं के उत्पादन (कृषि, कताई, बुनाई, बढ़ईगिरी, लुहारी) तथा तमाम आवश्यक व्यवसायों में श्रम (मल–मूत्र उठाना, सड़कों की सफ़ाई, कुएँ, तालाब साफ़ करना) को 'काम के बदले अन्न' कार्यक्रम में शामिल किया जा सकता है।

रस्किन की पुस्तक 'अन टु दिस लास्ट' तथा रशियन लेखक टी.एम. बोन्डरेफ का आभार मानते हुए गाँधी ने अपने तीन महत्त्वपूर्ण निबन्धों (1935–47) में यह दलील दी है कि 'यदि सब अपने नित्य के भोजन के लिए, उससे ज़्यादा के लिए नहीं, श्रम करें तो सब को पर्याप्त अन्न और आराम मिल सकेगा। तब न जनसंख्या बढ़ने की चीख़–पुकार होगी, न रोग, न सन्ताप जो हमें आज चारों तरफ़ से घेरे हुए है। मनुष्य अपने शरीर से, मस्तिष्क से बहुत से दूसरे काम करेंगे लेकिन ये सब समुदाय के हित में प्रेम के लिए किया गया श्रम होगा। इसमें न कोई अमीर होगा न ग़रीब, न ऊँच न नीच।'[6] बौद्धिक काम की आवश्यकता है 'लेकिन मैं शारीरिक श्रम की आवश्यकता पर ज़ोर देता हूँ। किसी को भी शारीरिक श्रम से मुक्ति नहीं मिलनी चाहिए। इससे–बौद्धिक कर्म का स्तर भी बढ़ेगा।'[7]

आर्थिक बराबरी का अर्थ है एक दिन के काम की समान मज़दूरी, चाहे वह वकील की हो, डॉक्टर की हो, अध्यापक की हो या भंगी की।

तीन आदर्श लक्ष्य हैं–अपरिग्रह, काम के बदले अन्न व समान मज़दूरी। गाँधी और भावे जानते थे कि मनुष्य हमेशा अपूर्ण रहेगा और सम्पूर्ण अपरिग्रह सार्वजनिक काम के बदले अन्न और पूर्ण समता हमेशा अप्राप्य आदर्श रहेंगे। आर्थिक समता को व्यावहारिक रूप देने के लिए समान विवरण की नीति अपनाना परमावश्यक है। इससे सामाजिक स्तर

पर विद्यमान अन्तर के अनुरूप परिवर्तन भी सम्भव होगा। एक व्यक्तिगत उदाहरण देते हुए गाँधी बताते हैं कि 1946 में एक वृद्ध आदमी होने के कारण भोजन तथा गर्म कपड़ों के कारण उनकी आवश्यकताएँ कैसे अपने पौत्र कनु की आवश्यकताओं से भिन्न थीं जो उन्हीं के साथ रहता था और पुत्रवत था। 'उनके भोजन का मासिक ख़र्च कनु के भोजन से कहीं ज़्यादा था लेकिन इसका मतलब यह नहीं था कि उनमें आर्थिक असमानता थी।'[8] मनुष्यों की ज़रूरतों के अन्तर का ठीक से अनुमान लगाना कठिन है इसलिए यही सम्भव है कि अमीरों और ग़रीबों के बीच का अन्तर कम हो। 'इसका मतलब है चन्द अमीर आदमियों को जिनके पास राष्ट्र की सम्पत्ति जमा है, नीचे लाना और अधनंगे भूखे लाखों लोगों को उनके बराबर करना।'[9] प्रत्येक आदमी को सन्तुलित आहार, रहने के लिए अच्छा घर, पहनने के लिए पर्याप्त कपड़े, शिक्षा की सुविधा और उपचार की व्यवस्था का विश्वास दिलाया जाना चाहिए। समान वितरण का वास्तविक अर्थ यह है कि 'प्रत्येक व्यक्ति के पास अपनी आवश्यकताएँ पूरी करने के अतिरिक्त कुछ नहीं होगा।'[10] यही मार्क्स का सूत्र भी है 'प्रत्येक को अपनी आवश्यकता के अनुसार' केवल इस परिवर्तन के साथ कि प्राकृतिक और आवश्यक ज़रूरतों को ही पूरा किया जाना चाहिए।

किन्तु क्या जो ज़्यादा क्षमतावान और बुद्धिमान हैं उन्हें कम क्षमता और बुद्धि वालों से अधिक उपार्जन न करने दिया जाये और क्या सम्पत्तिवानों को सम्पत्ति से वंचित कर दिया जाये? गाँधी का उत्तर है "नहीं"। क्षमतावान और बुद्धिवालों को अधिक उपार्जन न करने देना समाज की प्रगति के लिए घातक होगा क्योंकि इस तरह समाज 'उस आदमी की प्रतिभा का लाभ उठाने से वंचित रह जायेगा जो अपने लिए धन इकट्ठा करने का हुनर जानता है।'[11] फिर उस हिंसा से भी समाज को कोई लाभ नहीं होगा जो सम्पत्तिवान को सम्पत्तिविहीन करने के काम में ली जायेगी। तब उपाय क्या है?

सी.राजगोपालाचारी के अनुसार गाँधी जी का न्यासीकरण का सिद्धान्त सामाजिक दर्शन की नयी खोज की दिशा में महत्त्वपूर्ण योगदान है। अमीर आदमी की सम्पत्ति उसी के पास रहेगी जिसमें से वह अपनी व्यक्तिगत ज़रूरतों पर उचित और आवश्यकतानुसार ख़र्च करेगा तथा जो शेष है वह समाजहित के उपयोग में लायी जायेगी, और व्यक्ति उसकी न्यासी की तरह देख–भाल करेगा। 'ज्योंही मनुष्य अपने आपको समाज का सेवक

मानकर उसी के लिए उपार्जन करता है, उसी के हित में ख़र्च करता है तब उसका उपार्जन पवित्र हो जाता है और उसका यह जोखिम भरा काम अहिंसा युक्त माना जाने लगता है। यदि मनुष्य का विवेक इस जीवन–शैली को स्वीकार कर लेता है तो समाज में शान्तिमय क्रान्ति हो जायेगी।'[12]

सी. राजगोपालाचारी ने न्यासीकरण के सिद्धान्त को 1959 में विश्लेषण करते हुए उसके अर्थ को गाँधी से भी अधिक व्यापक बना दिया : कि जो कोई भी किसी पद पर है या जिसके पास भी सम्पदा है उन्हें स्वयं को अपने सम्पर्क में आने वाले लोगों तथा समुदायों के साथ न्यासी की तरह व्यवहार करना चाहिए। यदि आप व्यापारी हैं तो ख़रीददार के लिए स्वयं को न्यासी समझें, यदि आपके पास ज़मीन है तो आप अपने तथा अपने आसामी के कुटुम्ब के लिए न्यासी हैं। दूसरी स्थितियों में स्वयं को इसी तरह समझें। राजगोपालाचारी के मत में आज की संश्लिष्ट समाज रचना में न्यासीकरण का सामाजिक सिद्धान्त बहुत प्रासंगिक है क्योंकि आज इस सिद्धान्त से नियन्त्रित होने वाली स्थितियों की संख्या बहुत बढ़ गयी है। 'प्रत्येक मानवीय कार्य चाहे वह कितना ही वैयक्तिक आत्मीय क्यों न हो किसी–न–किसी तरह सार्वजनिक हितों से सम्बद्ध है इसलिए न्यासीकरण के सिद्धान्त से जुड़ा है। उदार स्वार्थवाद के पुराने और हठीले सिद्धान्त की जगह विश्व न्यासीकरण के सिद्धान्त को लेनी चाहिए।"[13] यह दिलचस्प बात है कि गाँधी और राजगोपालाचारी जिस न्यासीकरण के सिद्धान्त की सामाजिक सन्तुलन तथा उन्नति के लिए प्रशंसा करते हैं नेहरू उसे महत्त्व नहीं देते! वे सीधे प्रश्न करते हुए विषय की जड़ तक जाते हैं। वे पूछते हैं कि क्या न्यासीकरण के सिद्धान्त में विश्वास करना तर्क–संगत है : किसी एक व्यक्ति को अपार सम्पत्ति तथा उसके उपयोग के अनियन्त्रित अधिकार देना और यह आशा करना कि वह उसे सार्वजनिक उपयोग में लायेगा?

क्या हम में से श्रेष्ठ लोग भी इतने विश्वसनीय हैं कि उन पर भरोसा किया जा सके? 'प्लेटो के दार्शनिक बादशाह तक भी इस भार को मुश्किल से उठा सकेंगे। क्या दूसरे लोगों पर इन 'श्रेष्ठ उदार पुरुषों' को स्थापित कर देना उचित होगा? लेकिन न तो कोई पूर्ण पुरुष है और न कोई दार्शनिक बादशाह; कुछ कमज़ोर लोग अवश्य हैं जो यह समझते हैं कि अपने व्यक्तिगत हितों या विचारों को आगे बढ़ाना ही लोक–कल्याण का पर्याय है। जाति, पद तथा आर्थिक–शक्ति ढकोसलों को ही बरकरार रखा जाता है जिसके घातक परिणाम होते हैं।'[14]

नेहरू गाँधी जी के अपरिग्रह, मर्यादित आवश्यकता तथा न्यासवादी सिद्धान्त से असहमत थे। 'टुवर्ड फ्रीडम' में उन्होंने लिखा 'गाँधी निरन्तर बढ़ती हुई आराम तथा विश्राम की सुविधाओं को लोगों का आदर्श नहीं बनाना चाहते; वे चाहते हैं कि लोग नैतिक जीवन के सम्बन्ध में सोचें, अपनी बुरी आदतें छोड़ें; उनमें कम–से–कम आसक्ति रखें और इस तरह स्वयं को व्यक्तिगत तथा आध्यात्मिक रूप से विकसित करें। जो जनता की सेवा करना चाहते हैं उन्हें धन–सम्पन्न होने की इतनी आवश्यकता नहीं है जितनी कि इन्हीं के स्तर तक जा कर उनसे मिलने की। इस तरह वे उनका स्तर ऊपर उठाने में मदद करेंगे।'[15]

नेहरू की दृष्टि में 'यह एकदम ग़लत और हानिकर सिद्धान्त था।' 'व्यक्तिगत रूप से' उनका कहना है 'मैं ग़रीबी और दुःख की प्रशंसा पसन्द नहीं करता। मैं उन्हें वांछनीय नहीं मानता, उन्हें समाप्त किया जाना चाहिए। मैं तपस्या की ज़िन्दगी का सामाजिक आदर्श के रूप में प्रशंसक नहीं हूँ, हो सकता है कि कुछ व्यक्तियों के लिए वह अनुकूल हो। मैं सादगी, बराबरी, आत्मसंयम के महत्त्व को समझता हूँ और उनकी प्रशंसा करता हूँ लेकिन मैं इच्छाओं के दमन के पक्ष में नहीं हूँ।'[16] वांछनीय होते हुए भी तपस्या का आदर्श और इच्छाओं के स्वेच्छापूर्वक दमन को मैं जनता के लिए अव्यावहारिक मानता हूँ। उनके विचार से इस सब के बजाय विज्ञान और औद्योगिकी के विकास का लाभ उठाकर जीवन को ऊँचा उठाना चाहिए।

यह कहना उचित होगा कि राजेन्द्र प्रसाद ने गाँधी जी के सामाजिक सिद्धान्त के सार–तत्व को अधिक गहराई से समझा।[17] जनवरी 1953 को गाँधी विचार–गोष्ठी में भाषण करते हुए उन्होंने कहा कि गाँधी के अनुसार जीवन स्तर को 'अव्याख्यायित, अनिश्चित, अमर्यादित रूप से ऊँचे उठान' की इच्छा ही सामाजिक संघर्ष की जड़ है।[18] जो समाज ज़रूरतों के बढ़ाने और फैलाने की इच्छा पर टिका है वहाँ हिंसा नहीं टाली जा सकती। एक सीमा पर आ कर हमें अपनी इच्छाएँ सीमित करनी होंगी। एक स्थिति वह आ जायेगी कि हमें न केवल अपनी–अपनी इच्छाओं को ही सीमित करना होगा बल्कि दूसरों को हम क्या देना चाहते हैं इसे भी मर्यादित करना होगा। वास्तव में यही इच्छा है जो सारे संघर्षों की जड़ में है और इसी से हिंसा का बीजारोपण होता है।

मानवीय सम्बन्ध : गाँधी और विनोबा भावे ने यह विचार दृढ़तापूर्वक रखा कि अपरिग्रह (जिसके लिए हर समय प्रयत्न करना चाहिए) का लक्ष्य

यद्यपि अप्राप्य है लेकिन वह निश्चित रूप से वांछनीय है और अव्यावहारिक भी नहीं है कि जिसके पास सम्पत्ति है वह उसका व्यक्तिगत ख़ुशियों के लिए मनमाने ढंग से दुरुपयोग नहीं करेगा। क्षमता और बुद्धि वाले लोग धन इकट्ठा कर सकते हैं लेकिन उन्हें अपनी प्राकृतिक तथा आवश्यक ज़रूरतों के बाद बचे हुए धन को सामाजिक हितों पर ही ख़र्च करना चाहिए। टैगोर गाँधी की तरह धन एकत्रित करने वालों पर नाराज़ नहीं हैं और न उस ताक़त से ही नाराज़ हैं जो सम्पत्तिवान को प्राप्त होती है। वे 'विशाल पैशाचिक सम्पत्ति' एकत्रित करने के लाभ भी देखते हैं लेकिन उनकी दिलचस्पी इस बात को समझने में है कि सम्पत्ति और मनुष्य का वास्तविक सुख से क्या सम्बन्ध है? अमरीका और यूरोप से लौटने के बाद 1931 में शान्ति निकेतन के भाषण में उन्होंने दो प्रश्न उठाये थे : (i) पश्चिम में, जहाँ यन्त्रों से मनुष्य ने इतना धन इकट्ठा किया है, आन्तरिक अशान्ति क्यों है और (ii) आख़िर सुख का मूल कहाँ है?

पश्चिम के पास जो सम्पदा है वह विशाल और अपार शक्तिशाली यन्त्रों के ज़रिये इकट्ठी की गयी है। उससे ज़िन्दगी आसान हो गयी है। वहाँ सम्पत्ति का वाहन यन्त्र है और यन्त्रों का वाहन मनुष्य है। उन्होंने सम्पत्ति को अलग रखने के लिए पूजास्थल के रूप में महानगर बना लिए हैं। लेकिन यह याद रखना है कि महानगरों में मनुष्यों के वैसे कोई आत्मीय रिश्ते नहीं होते जैसे गाँव में होते हैं। सामाजिकता मानव–प्रकृति का स्वाभाविक संस्कार है। समाज में मनुष्य मित्रता के कारण ही आश्रय पाता है। 'जब पड़ोसियों के साथ मनुष्य की प्रगाढ़ आत्मीयता होती है, जब घर से लगा कर पूरी दुनिया के साथ उसके सम्बन्ध बनते हैं; तब ही उसे सुख मिलता है। हम तभी परम सन्तोष पाते हैं जब हमारे सम्बन्ध औपचारिकता, सुविधा या व्यापारिकता के कारण नहीं होते, किन्तु स्वार्थों के घेरों को तोड़ कर मैत्री के होते हैं। तब आदमी चाहे सब कुछ से वंचित हो जाये लेकिन उसे अपने मन में अपार सन्तोष का अनुभव होता है।'[19]

यन्त्रों और महानगरों की सभ्यता स्वाभाविक, सामाजिक तथा मानवीय सम्बन्धों को प्रोत्साहित नहीं करती। 'हमें ज़्यादा दूर जाने की ज़रूरत नहीं है। यहीं हमारे कलकत्ता नगर में जहाँ हम रहते हैं पड़ौसियों की हर्ष–विषाद में साझेदारी नहीं है। हम एक–दूसरे के नाम तक नहीं जानते।'[20] मानवीय सम्बन्धों को प्रगाढ़ बनाने वाले कार्यक्षेत्र सिकुड़ते जाते हैं; धन की ताक़त मनुष्य की मृत्यु का कारण बन जाती है।' उसे मारने का शस्त्र बन जाती है;

उसके सर्वनाश के षड्यन्त्र रचती है; असंख्य झूठ का उत्पादन करती है; क्रूरता फैलाती है और विष–वृक्ष के बीज बोती है। ऐसा होना स्वाभाविक भी है। जब सहानुभूति समाप्त हो जाती है, जब मनुष्य सारी मानव जाति को एक उपयोगी वस्तु की तरह देखने लगता है; जब वह लाखों लोगों को सस्ता कपड़ा, अन्न तथा आराम की वस्तुएँ पैदा करने वाली सस्ती मशीनों के रूप में समझता है; तब वह उन्हें मनुष्य नहीं मशीनें मान लेता है।'[21] जब स्वाभाविक स्वार्थरहित मानवीय रिश्ते समाप्त हो जाते हैं, तब दुःख ऐसे ही आता है जैसे दिन के बाद रात आती है।

साधन और साध्य : हिंसात्मक साधनों से हिंसामय स्वराज्य ही बनेगा जो विश्व की और भारत की अपनी स्थिरता के लिए एक ख़तरा होगा। साधन बीज और साध्य वृक्ष है और उनके बीच वही सम्बन्ध है जो बीज और वृक्ष के बीच होता है। गाँधी जी की दृष्टि में साध्य और साधन एक–दूसरे के पर्याय हैं, एक सिक्के के दो पहलू हैं। गाँधी जी का सत्याग्रह इसी सिद्धान्त पर आधारित था। गाँधी जी ने सत्य और अहिंसा पर समाज बनाने का मार्ग प्रशस्त किया। उनका विश्वास था कि प्रत्येक व्यक्ति इन गुणों को व्यवहार में ला सकता है। यदि समाज इस आधार पर बनता है तो वह सन्तुलित एवं सुगठित होगा।

जयप्रकाश नारायण (1902–1979) ने भी इन्हीं विचारों का समर्थन किया है। एंडस एंड मीन्स में उन्होंने लिखा है : 'महात्मा गाँधी ने हमें बहुत–सी बातें सिखाई हैं उनमें सबसे महत्त्वपूर्ण बात यह है कि साधन ही साध्य है, कि बुरे साधनों से महान साध्यों तक नहीं पहुँचा जा सकता, और अच्छे साध्यों के लिए अच्छे साधनों की आवश्यकता है। हममें से कुछ लोगों के मन में इस सत्य को स्वीकारने में हिचकिचाहट हो सकती है लेकिन दुनिया और देश में घटित होने वाले आधुनिक घटना–चक्र से मुझे यह विश्वास हो गया है कि केवल अच्छे साधनों से ही हम एक अच्छे समाज बनाने के लक्ष्य को प्राप्त कर सकते हैं।'[22] उन्होंने इस आवश्यकता पर भी बल दिया कि हम राजनीति में नैतिक मूल्यों पर बल दें, जब तानाशाही के दौर में फ़ासीवाद, नाजीवाद और स्टालिनवाद के उदय के बाद राजनीति में बड़े पैमाने पर नैतिक आधारों के प्रति उदासीनता फैल गयी है और प्रत्येक व्यक्ति जिससे प्रभावित नज़र आता है। इससे सामाजिक जीवन में नैतिक मूल्यों में ऐसी गिरावट आ गयी है कि न केवल राजनीतिक क्षेत्र बल्कि जीवन की हर दिशा यहाँ तक कि पारिवारिक जीवन भी कलुषित हो गया है।'[23]

इस समय यह तथ्य रेखांकित किया जाना चाहिए कि मानवीय मूल्यों और आचरण के उच्च स्तर स्थापित किये बिना किसी अच्छे समाज की स्थापना नहीं हो सकती।

इस सन्दर्भ में डॉ. राजेन्द्र प्रसाद तथा जवाहरलाल नेहरू के विचारों का भी उल्लेख किया जाना चाहिए। एट दि फ़ीट ऑफ़ महात्मा गाँधी में (1961) डॉ. राजेन्द्र प्रसाद ने असन्दिग्ध शब्दों में अपना मत व्यक्त करते हुए कहा है कि एक व्यक्ति के लिए जो वर्जित या हानिकारक है वह उसके लिए तो वैसा है ही बल्कि पूरे राष्ट्र या समाज के लिए भी वह वैसा ही है। 'यदि हम यह मानते हैं कि हमारे व्यक्तिगत जीवन और हमारी उन्नति के लिए असत्य हानिकारक है तो इससे यह निष्कर्ष भी निकलता है कि असत्य आचरण से समाज और राष्ट्र का भी हित नहीं हो सकता।'[24] यदि हम व्यक्तिगत जीवन में 'कहना कुछ'[25] और 'करना कुछ' को निन्दनीय मानते हैं तो हमें राष्ट्रीय मामलों में भी ऐसे आचरण को निन्दनीय मानना चाहिए।

नेहरू एक महत्त्वपूर्ण अन्तर के साथ, गाँधी, जयप्रकाश और राजेन्द्र प्रसाद के विचारों से व्यापक रूप में सहमत थे। 17 अक्टूबर 1949 को कोलम्बिया विश्वविद्यालय में व्याख्यान देते हुए उन्होंने कहा, 'मैं यह अनुभव करता हूँ कि सार्वजनिक कामकाज से सम्बन्ध रखने वाला राजनीतिज्ञ या कोई दूसरा व्यक्ति वास्तविकताओं की उपेक्षा करता हुआ अपूर्ण सत्यों के पीछे नहीं भाग सकता। उसकी सक्रियता इस पर निर्भर करेगी कि उसके साथी उसके विचारों के साथ कितनी दूर चल सकते हैं। तभी बुनियादी सत्य तो रहेगा ही; उस तरफ़ हमारा ध्यान रहना चाहिए और यथासम्भव उसी से हमारा काम–काज प्रेरित भी होना चाहिए। ऐसा न होने से ही हम दुष्चक्र में फँस जाते हैं और एक दुष्कृत्य हमें दूसरे दुष्कृत्य की ओर धकेलता जाता है।'[26]

इस तरह गाँधी जी के मत से काफ़ी हद तक असहमत होते हुए वे इस प्रश्न को विवाद की सीमा तक ले आते हैं कि व्यक्तिगत नैतिकता और सार्वजनिक नैतिकता में भेद है या नहीं?

मैकियावेली और कौटिल्य ने इस भेद को स्वीकार किया है। इस सन्दर्भ में नेहरू का वैचारिक योगदान इस सिद्धान्त को स्थापित करने में है कि एक राजनेता जब तक अपनी जनता को साथ ले सके तभी तक वह उससे अपने व्यक्तिगत विश्वासों पर चलने को कह सकता है।

वास्तव में वह एक न्यासी (trustee) है वह ऐसा स्वतन्त्र व्यक्ति नहीं है कि अपनी ज़िन्दगी को उन आदर्शों के लिए समर्पित कर दे जिसे वह उचित समझता है। एक न्यासी के हित अपने संरक्षित व्यक्ति के हित से जुड़े हैं। वास्तविक कठिनाई यह है कि एक प्रजातान्त्रिक राज्य में किसी भी राजनेता के लिए यह जानना आसान नहीं है कि प्रत्येक प्रश्न पर लोगों के क्या विचार हैं? इसके अलावा यह भी तो हो सकता है कि एक वर्ग के हित दूसरे वर्ग के हितों से भिन्न हों। इसलिए इस मसले पर नेहरू का सावधानीपूर्वक दिया हुआ यह वक्तव्य महत्त्वपूर्ण हो जाता है।

समाज में स्त्री का महत्त्व : 'अच्छे समाज' के सिलसिले में गाँधी का 'समाज में स्त्री की भूमिका' पर लिखा हुआ सिर्फ़ एक प्रभावशाली निबन्ध ही उस समय के साहित्य में देखने को मिलता है। इस ओर गाँधी का दृष्टिकोण अनुदारवादी रहा। उनकी दृष्टि से स्त्री–पुरुष के कार्यक्षेत्र में प्रकृति ने ही विभाजन कर दिया है। बहुसंख्य महिलाओं को जो माँ के कर्तव्यों का पालन करना चाहती हैं, जिन गुणों की आवश्यकता होगी वे पुरुषों के लिए अनावश्यक होंगे। वे शान्त होती हैं, पुरुष सक्रिय। वह गृहस्वामिनी होती हैं। पुरुष जीविकोपार्जन करता है। वे घर की देखरेख करने वाली और सबको भोजन देने वाली होती हैं। वे संरक्षिका होती हैं। भविष्य के नागरिकों का लालन–पालन करना उनका विशेष और सिर्फ़ उन्हीं का विशेषाधिकार होता है। उनके संरक्षण के बिना जातियाँ विलुप्त हो जायेंगी।

'हरिजन' (1940) में लिखे गये एक लेख में गाँधी ने लिखा है मेरी राय में स्त्री और पुरुष दोनों के लिए यह बहुत अपमानजनक है कि स्त्री को चूल्हा छोड़ने के लिए कहा या फुसलाया जाये और चूल्हा जलाने के बजाय कन्धे पर रायफल रखने की सलाह दी जाये। यह बर्बरता की तरफ़ लौटना और अन्त का प्रारम्भ है। पुरुष जिस घोड़े पर सवारी करता है उसी पर स्त्री को सवारी करने के लिए कहना स्त्री और पुरुष दोनों का अपमान है। यदि मनुष्य अपने जीवन साथी को अपना विशेष कर्तव्य छोड़ने के लिए ललचाता है या मजबूर करता है तो कलंक का टीका उसी के ललाट पर लगेगा। अपने घर को सुचारु और व्यवस्थित रूप से रखना उतना ही पराक्रम पूर्ण है जितना उसे बाहरी आक्रमण से बचाना।

'स्त्री–पुरुष के लिए बराबरी का दर्जा किन्तु अलग–अलग काम' इस विषय पर यह गाँधी जी की राय का सारांश है। अच्छा होता उनकी राय से ज़्यादा लोग परिचित होते।

सामाजिक परिवर्तन

किसी समाज की संरचना कैसी भी क्यों न हो लेकिन वह वातावरण बदलाव के साथ कोई–न–कोई प्रतिक्रिया अवश्य ही करता है। हमारे विचारकों ने भी इस बदलाव पर, विकास और क्रान्ति की दोनों स्थितियों में विचार किया है।

सुभाषचन्द्र बोस ने अपनी पुस्तक मिशन ऑफ़ लाइफ़ (1953) में लिखा है कि विकास और क्रान्ति में कोई भेद नहीं है। क्रान्ति थोड़े समय में घटित होने वाला विकास है जबकि विकास दीर्घकाल में फैली हुई क्रान्ति है। बदलाव अथवा एक वस्तु की जगह दूसरी वस्तु को रख दिये जाने का भाव ही दोनों प्रक्रियाओं के मूल में है।

शायद यह सतही विश्लेषण है क्योंकि यह समस्या की गहराई तक नहीं जाता? क्रान्ति अपेक्षाकृत कम समय में होने वाला विकास कैसे है?

ग्लिम्पसेज़ ऑफ़ वर्ल्ड हिस्ट्री (1928) में नेहरू ऐतिहासिक परिप्रेक्ष्य और विशेषतया फ्रांस तथा औद्योगिक क्रान्ति को ध्यान में रखते हुए सामाजिक बदलाव के कारणों की चर्चा करते हैं। संक्षेप में उनका विचार यह है कि 'जब कभी उचित समय आता है तब विवेकवान समाज आवश्यक परिवर्तन कर लेते हैं और इस तरह परिवर्तित परिस्थितियों का आवश्यक लाभ उठाते हैं। लेकिन सब समाज विवेकवान नहीं होते और समाज के सब लोग सोचते भी नहीं हैं। व्यक्ति अपने और अपने हितों के सम्बन्ध में ही सोचते हैं। समान हित वाले सामाजिक वर्ग भी ऐसा ही करते हैं। यदि किसी समाज का एक वर्ग प्रभुत्व सम्पन्न है तो वह वहीं रहकर अपने से नीचे वर्गों का शोषण करते हुए लाभ उठाता रहेगा। 'विवेक और अन्तःदृष्टि से यह समझा जा सकता है कि अपने हित सम्पन्न करने का सबसे अच्छा उपाय समाज का हित सम्पन्न करना है। लेकिन प्रत्येक व्यक्ति का वर्ग, जो कुछ उसके पास है उसी से चिपका रहना चाहता है।'[27]

लेकिन सामाजिक और आर्थिक परिवर्तन विवेकहीन और आत्म–तृप्त समाज के संकेतों की प्रतीक्षा नहीं करते। यद्यपि लोगों के विचार वैसे ही रहते हैं लेकिन परिवर्तन होते जाते हैं। इन पुराने विचारों और वास्तविकताओं के बीच अन्तराल बढ़ता जाता है और इसे पाटने की कोशिश नहीं होती तो व्यवस्था चरमरा जाती है और संकट आ जाता है : नेहरू के अनुसार इसी से सामाजिक क्रान्ति घटित होती है। उनके विचार से बहुसंख्यक जनता यदि यह सोचने की मूर्खतापूर्ण ग़लती न करे कि सामाजिक व्यवस्था

अपरिवर्तनीय है, बल्कि परिवर्तित परिस्थितियों को स्वीकार ले तो सामाजिक क्रान्ति की सम्भावना टल जाये, तब निरन्तर विकास सम्भव है।

सामाजिक परिवर्तन का जो दूसरा पक्ष इस साहित्य में विचारणीय हुआ वह था कि क्या प्रगतिशील समाज बनाने के लिए आवश्यक सामाजिक परिवर्तन ही काफ़ी हैं? इस प्रश्न को लेकर गाँधी–नेहरू के बीच हुई बहस विचारणीय है। गाँधी जी द्वारा प्रतिपादित न्यासीकरण के सिद्धान्त, जिस पर हम पहले विचार कर चुके हैं, का आधार ही यह है कि यदि व्यक्ति को 'उचित' का ज्ञान हो जाये तो वह वैसा ही आचरण करेगा। नेहरू इस विचार से सहमत नहीं थे।

नेहरू ने लिखा : 'गाँधी व्यक्ति को अन्दर से नैतिक और आध्यात्मिक रूप से बदल कर बाहरी परिवेश बदलना चाहते थे। वे चाहते थे कि लोग बुरी आदतें, व्यसन छोड़ दें और शुद्धतापूर्ण जीवन जियें। वे ब्रह्मचर्य पर ज़ोर देते थे। उनका आग्रह धूम्रपान निषेध पर था। इन व्यसनों के कारण लगने वाले पापों के सम्बन्ध में भिन्न–भिन्न राय हो सकती हैं लेकिन इस में क्या किसी को सन्देह हो सकता है कि न केवल व्यक्ति की दृष्टि से बल्कि सामाजिक दृष्टि से भी ये व्यक्तिगत असफलता, लालच, स्वार्थ, धनसंचय, व्यक्तिगत स्वार्थों की भयावह प्रतिस्पर्धा, समुदायों और वर्गों के बीच क्रूरता पूर्ण संघर्ष, एक समुदाय का दूसरे समुदाय को कुचलना तथा उसका शोषण और राष्ट्रों के बीच होने वाले युद्ध कहीं अधिक हानिकारक हैं?'[28] नेहरू के विचार में 'ये बुराइयाँ इस लालची समाज–व्यवस्था में निहित हैं और जो राजनीतिक–सामाजिक संस्थाएँ इस लालची समाज को बचाती हैं उनमें क्रान्तिकारी परिवर्तन करना चाहिए। मेरा झगड़ा व्यक्तियों से नहीं, व्यवस्था से है। यह व्यवस्था ज़रूर एक बड़ी सीमा तक व्यक्तियों तथा समुदायों में सन्निहित है। इन्हीं व्यक्तियों तथा समुदायों को बदलना है या कि इन्हीं से संघर्ष करना है। लेकिन यदि यह व्यवस्था मूल्यहीन या कि एक मछली पकड़ने का जाल है तब उसे समाप्त करना होगा और जो वर्ग तथा समुदाय इससे चिपके हैं उन्हें बदलना पड़ेगा।'[29]

अन्त में यह कहना दिलचस्प होगा कि दोनों नेताओं के बीच सामाजिक बदलाव के मुद्दे पर मतभेद होते हुए भी दोनों इस पर सहमत थे कि बदलाव लाने के लिए शान्तिपूर्ण तथा अहिंसात्मक तरीक़े ही काम में लाने चाहिए। गाँधी के निकट सहयोगी विनोबा कहते हैं कि जो रक्तपात के द्वारा क्रान्ति लाना चाहते हैं वे क्रान्तिकारी नहीं हैं, वे यथास्थितिवादी हैं।

1951 के 'हरिजन' में उन्होंने लिखा है : 'उनके (रक्त क्रान्ति चाहने वालों के) सामने लक्ष्य क्रान्ति करने का नहीं बल्कि वर्तमान के खुश और नाखुश व्यक्तियों की जगह बदल देने का है। क्या यह क्रान्ति है? क्या परिवर्तन हुआ है इसमें सिवाय इसके कि जो ख़ुश हैं वे नाख़ुश हो गये हैं और जो नाख़ुश हैं वे ख़ुश हुए हैं।'[30] क्रान्ति से पूरे राष्ट्र के लोगों को सन्तोष मिलना चाहिए, बदलाव कम–से–कम उत्पीड़न के ज़रिये आना चाहिए, इस विचार से नेहरू भी सहमत थे, जैसे मधुमक्खियाँ फूलों को बिना नुक़सान पहुँचाये शहद इकट्ठा करती हैं। भावे अपने इस निबन्ध को ठीक ही शीर्षक देते हैं 'नयी क्रान्ति'।

राज्य का लक्ष्य और प्रकृति

उस समय के दस्तावेज़ों में राज्य के लक्ष्य और प्रकृति के सम्बन्ध में कोई सुव्यवस्थित विचार पढ़ने को नहीं मिलते। लेकिन दो उल्लेखनीय बिन्दुओं की तरफ़ संक्षेप में संकेत किया जा सकता है। एक 'बहुजन हिताय बहुजन सुखाय' सूत्र की आलोचना और दूसरा धर्म निरपेक्ष राज्य के सिद्धान्त।

बहुजन हिताय बहुजन सुखाय सूत्र पर तिलक के विचार–स्मरण रहे कि अंग्रेज़ समाज–दर्शन शास्त्री बेन्थम ने (1748–1832) उपयोगितावाद का सिद्धान्त विकसित किया जिसके अनुसार विधि निर्माण का उद्देश्य प्रमुख रूप से बहुजन हिताय बहुजन सुखाय था। 'उसने कहा कि प्रकृति ने हमें दो स्वामियों की सेवा में रखा है सुख और दुख। यह बताना उन्हीं का काम है कि हमें क्या करना चाहिए या कि यह निश्चय करना कि हम क्या करेगें? सारे विचारों के मूल में ये (सुख–दुख) ही हैं, हम अपने जीवन के सारे निर्णय और निश्चय इन्हीं को ध्यान में रख कर करते हैं।'[31] विधायकों का काम निश्चित ही मनुष्य जीवन के वैयक्तिक तथा सामाजिक सुख को बढ़ाना हैं। सुख की आन्तरिक रचना में प्रत्येक व्यक्ति 'एक' है, कोई भी एक से ज़्यादा नहीं। समूह का हिसाब लगाते समय यह देखना होगा कि कितने व्यक्ति प्रभावित हो रहे हैं। इस तरह यह सुखवाद की रचना है, सुख–दुख का गणित, प्रभावित होने वाले लोगों की संख्या जोड़ना और यह देखना कि उपयोग में आने वाला क़ानून बहुजन हिताय बहुजन सुखाय है या नहीं?

बी. जी. तिलक ने गीता रहस्य में इस सिद्धान्त पर चार आक्षेप लगाये हैं :

(i) क्या संख्यात्मक कसौटी काफ़ी है? वह कभी–कभी भ्रमात्मक हो सकती है। तिलक इसका एक उदाहरण देते हैं। कौरव पाण्डवों के बीच हुए महाभारत युद्ध में पाण्डवों के साथ सात अक्षौहिणियाँ (सैनिकों की गणना करने की संख्यात्मक इकाई) थीं लेकिन कौरवों के साथ ग्यारह। 'क्या इस आधार पर यह तर्क उचित होगा कि पाण्डव कुमार्ग पर थे क्योंकि यदि पाण्डव हार जाते तो कौरवों की ग्यारह अक्षौहिणियों को प्रसन्नता होती? चाहे कितने ही अवसर आयें नैतिक प्रश्नों का संख्या के आधार पर निर्णय करना अनुचित होगा।'[32]

(ii) यह बात ध्यान में रहनी चाहिए कि जिसे हम सामान्यतया सब लोगों के लिए उपयोगी समझते हैं उसे विवेकवान व्यक्ति सब के लिए हानिकारक समझ सकता है। 'उदाहरण के लिए सुकरात और ईसा मसीह को ही लें। दोनों अपने देशवासियों को उन सिद्धान्तों का उपदेश दे रहे थे जो उनकी दृष्टि में अन्ततः लाभदायक थे। लेकिन उनके देशवासियों ने उन्हें 'समाज का शत्रु' ठहराया और मृत्यु–दण्ड दिया।'[33] हम आज यह नहीं कह सकते कि सामान्य लोगों तथा उनके मार्गदर्शकों ने जो कुछ किया वह उचित था। इससे यह संकेत मिलता है कि नैतिक गणित में इस प्रश्न का उत्तर पाना कठिन है कि 'जो लाखों लोगों को प्रसन्नता दे उसका निर्णय कैसे करें और कौन करे?[34]

(iii) यह सिद्धान्त यान्त्रिक है और मनुष्य की प्रेरक शक्तियों पर विचार नहीं करता। 'हम बाहरी प्रभाव या परिणाम देख कर किसी ऐसे निर्णय पर नहीं पहुँच सकते कि अमुक कार्य न्यायोचित है या अन्यायपूर्ण, नैतिक है या अनैतिक यानी यह सोच कर कि इसका परिणाम बहुजन सुखाय बहुजन हिताय होगा या नहीं? किसी कार्य के सम्बन्ध में सोचते हुए हमें उसके करने वाले की इच्छा या कारण पर भी विचार करना होता है।'[35] तिलक एक उदाहरण देते हैं। एक बार एक अमेरिकी शहर में वहाँ के नगरवासियों की सुख–सुविधा के लिए एक ट्राम–रास्ता बनाने का अवसर आया। लेकिन अधिकारियों से आवश्यक स्वीकृति पाने में देर होने लगी। इस पर ट्राम–रास्ता बनाने वाली कम्पनी के डायरेक्टरों ने अधिकारियों से स्वीकृति पाने के लिए उन्हें रिश्वत दी जिससे

शीघ्र ही स्वीकृति प्राप्त हो गयी। बाद में जल्दी ही ट्राम–रास्ता बन कर पूरा हो गया। इस तरह शहर के लोगों को बहुत फ़ायदा हुआ।

इसके कुछ समय बाद रिश्वत का मामला पकड़ा गया, ट्राम मैनेजर पर मुक़दमा चला और उसे सज़ा हो गयी। 'ऐसे मामलों में बहुजन हिताय बहुजन सुखाय का सिद्धान्त अपने आप ही व्यर्थ लगने लगता है। रिश्वत का दिखता असर तो यह था कि ट्राम–रास्ता बन गया जो कि बहुजन के सुख और हित का कारण हुआ। किन्तु तथ्य यह था कि रिश्वत के कारण उसे वैधता नहीं मिली।'[36]

(iv) इस सिद्धान्त पर तिलक का चौथा आक्षेप यह था कि इससे इस बात का उत्तर नहीं मिलता कि 'व्यष्टिवाद से समष्टिवाद' श्रेष्ठ क्यों है? तिलक के अनुसार इस सिद्धान्त के कारण उदार स्वार्थवाद को आगे बढ़ने का मौक़ा मिलता है क्योंकि आत्म–हित के सामने पर–हित को कोई सैद्धान्तिक प्रामाणिकता नहीं मिलती 'यदि आत्म–हित और पर–हित दोनों का कारण मनुष्य है तो बहुजन हिताय बहुजन सुखाय का सिद्धान्त व्यक्ति–सुख से अधिक महत्त्व का क्यों मानें? इसके उत्तर में यह कहना कि इसका कारण बहुजन हिताय, बहुजन सुखाय है सन्तोषजनक नहीं है क्योंकि प्रश्न तो यही है कि मैं ही बहुजन हिताय बहुजन सुखाय की चिन्ता क्यों करूँ?'[37]

तिलक का विचार यह है कि नैतिक दृष्टि से भौतिकतावादी स्पष्टीकरण काफ़ी नहीं है। भौतिक वस्तुएँ शरीर की सुरक्षा के लिए आवश्यक हैं किन्तु जो सुख महान कामों से या शुद्ध विवेक तथा शुद्ध मन की अवस्थाओं से प्राप्त होता है वही मनुष्य जाति के लिए आदर्श सुख की स्थिति है। 'भौतिक सुख जो इन्द्रियों से या इन्द्रियगोचर पदार्थों से प्राप्त होता है'[38] वह सुख की निम्न स्थिति है।

सर्वोदय पर गाँधी के विचार : गाँधी ने उपयोगितावादी सूत्र के स्थान पर 'सर्वोदय' (सब का कल्याण) के सिद्धान्त को महत्त्व दिया। उन्होंने 'बहुजन हिताय बहुजन सुखाय' सूत्र की कुछ कमियों की ओर संकेत किया है। जैसे–1. उपयोगितावाद के लिए सुख का अर्थ केवल भौतिक सुख है यानी आर्थिक समृद्धि। यदि इस सुख की दौड़ में नैतिक मूल्यों का नाश

होता है तो उपयोगितावाद इसकी कोई चिन्ता नहीं करता। 2. अहिंसा का समर्थक उपयोगितावाद का समर्थक नहीं हो सकता। वह सब के अधिक–से–अधिक सुख के लिए प्रयत्नशील होता है और इस आदर्श की प्राप्ति के प्रयत्न में मरना भी पसन्द करता है। दूसरे जीवित रहें इसलिए वह मरना चाहता है। किन्तु, उपयोगितावादी को उसका सिद्धान्त अपने विश्वासों को छोड़ने की इजाज़त नहीं देगा जिसके कारण "बहुजन हिताय बहुजन सुखाय'' सम्भव है। इसी सिद्धान्त के चलते पश्चिमी देशों के लोग अल्पसंख्यकों की क़ीमत पर भी बहुजन का हित अनुचित नहीं मानते।

गाँधी के मत में केवल बहुजनों के भौतिक और शारीरिक सुख का कोई औचित्य नहीं है। हमारा लक्ष्य सबका कल्याण है; केवल बहुजनों का नहीं।

धर्म–निरपेक्षता : धर्म–निरपेक्षता का अर्थ सरकार का किन्हीं भी धर्मावलम्बियों के प्रति पूर्वग्रह रहित दृष्टिकोण है। 1948 में अलीगढ़ विश्वविद्यालय में भाषण करते हुए नेहरू ने कहा धर्म–निरपेक्षता के सिद्धान्त का भारत जैसे देश में समर्थन करना स्वतः सिद्ध है, जहाँ सब धर्म और सम्प्रदाय के लोग रहते हैं। धर्म के आधार पर ऐसे राज्य की कल्पना करना जो दूसरे धर्मावलम्बियों को अपने संरक्षण से बाहर समझता है; न केवल रूढ़िवादिता है बल्कि अव्यावहारिक भी है जिसे दुनिया शताब्दियों पहले छोड़ चुकी है।

सी. राजगोपालाचारी इस विचार से पूरी तरह सहमत थे। 1957 में उन्होंने एक लेख लिख कर इतना और जोड़ दिया कि धर्म–निरपेक्षता का अर्थ धर्म का अस्वीकार या धर्म के प्रति उदासीनता नहीं है बल्कि सब धर्मों, धार्मिक जीवन और धार्मिक क्रिया–कलापों को धर्म–निरपेक्ष दृष्टिकोण से प्रोत्साहन देना है। यह सिद्धान्त कि राष्ट्रों के विकास में धर्मों की प्रभावशाली भूमिका रही है या कि राज्य को दूसरे धर्मों की अपेक्षा एक ही धर्म को अंगीकृत करना चाहिए यह धर्म–निरपेक्षता की सभी व्याख्याओं में अस्वीकृत कर दिया है। जैसा कि एस. ए. हुसैन ने अपनी पुस्तक 'दि डेस्टनी ऑफ़ इंडियन मुस्लिम्स' (1965) में कहा है कि बहुत से व्यक्ति जो धार्मिक–निरपेक्षता के वैज्ञानिक राजनीतिक पक्ष का समर्थन करते हैं उन्होंने भी अपने जीवन में धार्मिक मूल्यों के योगदान को आभार सहित स्वीकार किया है। धर्म–निरपेक्षता के सिद्धान्त में सब धर्मों के विश्वासों के प्रति आदर, सहिष्णुता और उदार प्रशंसा भाव निहित है।

सी. राजगोपालाचारी के स्पष्टीकरण से किसी की असहमति नहीं होगी। इस सन्दर्भ में धार्मिक–निरपेक्षता अथवा धार्मिकता के कारण पड़ने वाले प्रभावों का वर्णन करना आवश्यक है।

सत्ता की मर्यादा

राजनीति के इस बुनियादी सवाल पर कि व्यक्ति पर सत्ता दबाव की और सामान्यतया क़ानून बनाने की क्या सीमाएँ हैं–विचारकों में, जैसी कि आशा की जानी चाहिए, बहुत मतभेद हैं। गाँधी, भावे, टैगोर, आर.पी. परांजपे तथा के. जी. मशरूवाला दूसरे कई चिन्तकों के साथ यह राय रखते हैं कि वह सरकार श्रेष्ठ है जो कम–से–कम शासन करे, जबकि समाजवादी विचारकों का मत है कि लोक–कल्याण के लिए राज्य के दायित्व की सीमा बढ़नी चाहिए।

यह दिलचस्प बात है कि 1901 में डी. ई. वाचा ने (इंडियन नेशनल कांग्रेस के अध्यक्षीय भाषण में) इसी तरह के विचार प्रकट किये थे। उन्होंने कहा कि वैधानिक उपाय रोग से भी ज़्यादा भयानक साबित हुए हैं। उन्होंने तीस वर्ष की अवधि में ढेर सारे कृषि–क़ानूनों का हवाला देते हुए कहा कि वे कृषि सम्बन्धी विसंगतियों को दूर करने में नाकामयाब साबित हुए हैं। 1904 में प्रकाशित एक निबन्ध 'स्टेट एंड सोसायटी' में टैगोर ने उस पुराने भारतीय विचार की सराहना की है जिसके अनुसार सरकार पर बहुत अधिक आश्रित रहने को सामाजिक उपयोगिता की दृष्टि से अनुपयोगी माना है।[39] समाज में वह आत्म–विश्वास उत्पन्न करना चाहिए जिससे हम बहुत–सी सामाजिक आवश्यकताओं पर सामाजिक प्रेरणाओं, उपायों तथा साधनों से काबू पा लें।

1925 में 'यंग इंडिया' में गाँधी ने लिखा कि स्वराज सरकार के लिए यह दुःख की बात होगी कि लोग छोटी–से–छोटी बात के लिए उसकी तरफ़ देखें। 'स्व–शासन का अर्थ है लगातार सरकार के नियन्त्रण से मुक्त होने की कोशिश चाहे वह राष्ट्रीय सरकार हो या विदेशी।'[40] गाँधी के अनुसार एक आदर्श समाज कुछ–कुछ अराजकतावादी होगा और प्रत्येक व्यक्ति स्वयं को शासित करेगा। वह स्वयं को इस प्रकार अनुशासित करेगा कि पड़ोसी के कार्य में बाधा नहीं आये। लेकिन यह विचार क्योंकि व्यवहार में नहीं आया है वे थोरो (Thoreau) के इस सूत्र से ही सन्तुष्ट रहेंगे कि वही सरकार श्रेष्ठ है जो अल्पमत शासन करे।

इन चिन्तकों के अनुसार निम्न कारणों से राज्य का हस्तक्षेप कम होना चाहिए। पहला कारण तो यह कि राज्य के अत्यधिक हस्तक्षेप से

व्यक्तिगत और सामाजिक पहल में कमी आ जाती है जो सामाजिक प्रगति का मूलाधार है। 1954 में जैसा कि विनोबा भावे ने कहा कि सरकार जितनी अधिक पहल करेगी व्यक्ति की पहल उतनी ही कम होती जायेगी। दूसरा कारण जैसा कि गाँधी बताते हैं कि राज्य व्यवस्थित और एकीकृत हिंसा का प्रतिनिधित्व करता है क्योंकि उसी के पास शक्ति के उपयोग का एकाधिकार है। गाँधी के अनुसार हिंसा जितनी कम हो उतना ही अच्छा है। तीसरा कारण जैसा कि तर्कवादी आर. पी. परांजपे (1876–1966) ने कारण विशेष पर बल देते हुए कहा कि सत्ता अपनी प्रकृति से ही गतिहीनता का पक्ष लेती है। 'सत्ता ऐसे नियम बनाती है कि जो या तो पुराने होते हैं या बाहरी एजेन्सी के बनाये हुए होते हैं इसलिए विकास या नयी परिस्थितियों से अनुकूल परिवर्तन की शक्ति पूरी तरह न भी रुकती हो तब भी बाधित अवश्य हो जाती हैं।'[41] चौथी बात यह कि अत्यधिक नियन्त्रण से अकुशलता और भ्रष्टाचार फैलता है। जैसा कि एक संवाददाता ने पत्र द्वारा के. जी. मशरूवाला, 'हरिजन' सम्पादक को 24 दिसम्बर 1948 को लिखा : 'लाल फ़ीताशाही, समस्या को सुलझाने के नौकरशाही के तरीक़े, नियन्त्रित वस्तुओं के सम्बन्ध में व्यावहारिक ज्ञान का अभाव, अत्यधिक विलम्ब, भ्रष्टाचार जो सरकारी तन्त्र के पर्याय हो गये हैं वह नियन्त्रण को उतना घृणास्पद बनाये दे रहे हैं जैसा वह पहले कभी था।'[42] पाँचवीं बात यह कि नियन्त्रण के सुव्यवस्थित संचालन के लिए नागरिकों में भाईचारा तथा नागरिकता के गुण चाहिए। वहाँ यदि जनसंख्या का एक बड़ा भाग कालाबाज़ारी में लगा हो तो कोई नियन्त्रण–प्रणाली कुशलतापूर्वक काम नहीं कर सकेगी और अनीतिपूर्ण आचरण जिसका अनिवार्य परिणाम होगा।

इस बहस के प्रसंग में सी. राजगोपालाचारी का उल्लेख आवश्यक है। समकालीन भारत के किसी भी विचारक ने व्यक्ति के जीवन में अल्पतम राजनीतिक हस्तक्षेप के पक्ष में उनके जैसे तर्क–संगत तथा सुसंगत विचार शायद ही प्रकट किये होंगे। 'सत्यमेव जयते' (1961) के एक निबन्ध संग्रह में उन्होंने तर्क देते हुए यह कहा है कि आधुनिक पीढ़ी की यह बुद्धिमानी होगी कि वह सरकारी कामकाज को कर–वसूली तथा अपराध, हिंसा, ठगी और शोषण को रोकने तक ही रहने दे। इसके लिए उन्होंने चार कारण दिये हैं :

(i) अपने कार्य क्षेत्र से बाहर जा कर उत्पादन की पद्धतियों का नियन्त्रण करने के प्रयत्न में राज्य उस काम को कर रहा है जो

वह कुशलतापूर्वक नहीं कर सकता। 'जो सरकारी तन्त्र तथा राजनीतिक दल उसका नियन्त्रण करता है वह ऐसे लोगों का बना है जो न तो उत्पादन करता है और न जिन्हें उत्पादन की प्रक्रिया का अनुभव अथवा वास्तविक ज्ञान है। यह भुला दिया गया है कि राष्ट्रीय उत्पादन व्यक्ति–उत्पादन से जुड़ा है जो उसके ज्ञान तथा सही निर्णय से ही प्रगति करता है और जिसके मूल में व्यक्ति लाभ होता है। राज्य का काम आपसी झगड़े और हिंसा को रोकने का है; व्यक्ति की जगह खुद को आरोपित करने का नहीं है।'[43]

(ii) प्रगति का अर्थ वांछनीय तथा प्रशंसनीय दिशा की ओर बढ़ना है। 'मानवीय गरिमा तथा व्यक्ति–स्वातन्त्र्य का अपहरण प्रगति की वास्तविक प्रकृति को धूमिल करते हैं। स्वतन्त्रता खोकर भी राज्य को धीरे–धीरे सब कुछ दे देना प्रगति नहीं है।'[44]

(iii) स्व–शासन का वास्तविक अर्थ आत्म–विश्वास, आत्म–संयमः, आत्म–अनुशासन, अपरिग्रह तथा स्वतन्त्रता है जिसका अर्थ सरकार तथा उसके अधिकारियों के हाथ में अमर्यादित अधिकार देने का विरोध है क्योंकि वे व्यक्ति को रोकने, नियन्त्रित करने, दिशा–निर्देश देने और इस तरह ग़ुलाम बनाने तथा विचार–दीक्षा देने का काम करते हैं।

(iv) जब तक व्यक्ति के नागरिक तथा मूलभूत अधिकार यथा काम करना, कमाना, अपनी आय को विवेकानुसार उपयोगी व्यवसाय में लगाना तथा लाभ कमाने की स्वतन्त्रता नहीं मिलती तब तक न तो प्रजातन्त्र का औचित्य सिद्ध किया जा सकता है और न राष्ट्रीय सम्पदा ही बढ़ाई जा सकती है।

व्यक्ति समुदाय तथा मानव-जाति

इस अध्याय का अन्तिम खण्ड व्यक्ति तथा समाज के सम्बन्ध में श्री अरबिन्द के विचारों के लिए रख लिया है क्योंकि इस सम्बन्ध में उन्हीं के विचार सबसे अधिक सन्तुलित और सुव्यवस्थित हैं, इसलिए बहस को समेटने में भी सक्षम हैं। अपने दो आलेखों 'दि इनडिविजुअल एंड कम्यूनिटी' (1914–21) तथा 'सोशियल इवेल्युएशन' (1915–1945) में श्री अरबिन्द अपने विचारों को इस तरह समेटते हैं :

'यह व्यक्ति की ज़िम्मेदारी है कि वह अपने व्यक्तित्व को अनवरत आन्तरिक विकास के द्वारा पूर्णत्व की ओर ले जाये और दूसरों के विकास का आदर करते हुए, उसमें सहायक होते हुए स्वयं की सहायता करे। उसे सामुदायिक जीवन के साथ सन्तुलन स्थापित करना है और पूर्णत्व को प्राप्त करने के लिए स्वयं को विविध रूपों में अभिव्यक्त करते रहना है। समुदाय या जाति के लिए भी वही नियम हैं अपने जीवन का मुक्त आन्तरिक विकास करना; व्यक्ति विकास में सहायक होना तथा उसका लाभ उठाना तथा दूसरे समुदायों तथा जातियों के विकास का आदर करते हुए, उसमें सहायक होते हुए, स्वयं की सहायता करना। यह नियम ज़िन्दगी को विश्व समुदाय के साथ तदाकार करना है तथा उसे एक साधन मानते हुए विश्व समुदाय के विकास तथा पूर्णत्व के लिए अर्पित कर देना है। विश्व समुदाय के लिए यह नियम है, कि वह मानव मात्र में ईश्वरत्व की खोज तथा आत्माभिव्यक्ति के लिए उत्तरोतर विकसित हो। इस कार्य में व्यक्तियों, जातियों तथा मानव–समुदाय की उपलब्धियों तथा मुक्त विकास की सहायता लेते हुए ऐसा प्रयत्न करना है कि सम्पूर्ण मानवजाति आदर्श रूप में नहीं वास्तव में एक "ईश्वरीय परिवार" हो जाये। स्वयं को इस तरह संगठित करते हुए उसे व्यक्तियों तथा समुदायों के मुक्त विकास कर्म का आदर करते हुए सहायता करते हुए स्वयं के विकास–में सहायता करनी है।'[45]

विधि तथा स्वतन्त्रता के सम्बन्ध को सामान्य नियमों की इसी परिधि में देखना चाहिए। प्रकृति किसी बाहर के नियम या नमूने को आरोपित नहीं होने देती, वह अन्दरूनी ज़िन्दगी को विकसित करने की दिशा में प्रवृत्त रहती है। वह अपने नियमों तथा विकास–क्रम पर तब तक आग्रह करती रहती है जब तक वातावरण की चुनौतियों से भिड़ने के लिए बदलाव की ज़रूरत नहीं हो जाती। व्यक्तिगत, राष्ट्रीय, धार्मिक तथा नैतिक और सभी स्वतन्त्रताओं का आधार यही मौलिक जीवन इच्छा है। स्वतन्त्रता का अभिप्राय अस्तित्व के नियम की अनुपालना करते हुए प्राकृतिक वातावरण के अनुसार विकसित होना है। इस स्वतन्त्रता के ख़तरे, नुकसान, बिखराव, संघर्ष, व्यर्थताबोध तथा अव्यवस्था का कारण एक व्यक्ति के दूसरे व्यक्ति तथा एक समुदाय का दूसरे समुदाय के बीच एकता के अभाव में निहित है। प्रत्येक व्यक्ति दूसरे की मदद करते हुए उसकी समीपता से विकसित होने की बजाय उसकी कीमत पर आगे आना चाहता है। प्रत्येक व्यक्ति दूसरे की स्वतन्त्रता छीन कर अपनी स्वतन्त्रता घोषित करता है।

यदि वास्तविक आध्यात्मिक तथा मनोवैज्ञानिक एकता प्राप्त होती है तो स्वतन्त्रता को कोई ख़तरा नहीं है क्योंकि एकताबद्ध व्यक्ति अपनी ही आवश्यकताओं के कारण अपने विचारों को दूसरे के विचारों से समन्वित कर देता है, वह यह कभी अनुभव नहीं करता कि दूसरों के सहयोग के अभाव में वह विकास की इस चरमावस्था तक पहुँच सकता था। मानवीय अपूर्णता तथा मन–मस्तिष्क की अपरिपक्वता के कारण ही हम लोगों को संयत तथा विवश करने के लिए क़ानून तथा सैनिकवाद का सहारा लेते हैं। ज़ोर–ज़बर्दस्ती के बल पर मजबूर करने वाले राज्य–क़ानून के लाभ स्पष्ट हैं लेकिन उसके नुक़सान भी उतने ही हैं। जिस बाहरी एकरूपता को बनाने की वे कोशिश करते हैं वह यान्त्रिक होती है और जो व्यवस्था वे स्थापित करते हैं वह जुए के ढीले पड़ते ही या नियन्त्रण के हटते ही अवास्तविक और टूट जाने वाली साबित होती है। एक आरोपित व्यवस्था यदि लम्बे समय–तक चलती है तो ज़िन्दगी को चलाने वाला स्वाभाविक विकासक्रम टूट जाता है और हो सकता है कि उसके चलते वास्तविक विकास की शक्ति ही नष्ट हो जाये। हम अपना ही नुक़सान कर के ज़िन्दगी का दमन और अतिस्तरीकरण कर रहे हैं तथा दीक्षागम्यता से हम उसके स्वाभाविक उल्लास तथा स्वतः स्फूर्त आत्मानुकूलन की प्रक्रिया को नष्ट कर दे रहे हैं।

बौना और लचीलेपन के अभाव के कारण निस्तेज व्यक्तित्व ऊपर से चाहे सन्तुलित लगे लेकिन अन्दर से वह बिखरता जाता है। जो क़ानून हमारा नहीं है या कि जो हमारी प्रकृति के अनुरूप नहीं है उससे अराजकतावाद कहीं बेहतर है। एक सर्वदमनकारी अथवा निरोधक क़ानून केवल तात्कालिकता है या उस अनुशासन का स्थानापन्न है जिसे व्यक्ति की आज़ादी अकुंठित रखते हुए अन्दर से आना चाहिए तथा जिसे उसकी प्रत्येक छवि और अभिव्यक्ति में प्रत्यक्ष नज़र आना चाहिए। वास्तव में मानव समाज अपनी सम्पूर्ण ऊर्जा के साथ उसी अनुपात में प्रगति करता है जिस अनुपात में क़ानून स्वाधीनता का शिशु होता है। वह तभी पूर्णत्व तक पहुँचेगा जब मनुष्य अपने साथी मनुष्यों को आध्यात्मिक रूप से जानने–पहचानने लगेगा।

सन्दर्भ

1. ए.आई.सी.सी. इकोनोमिक रिव्यू न्यू देहली, 15 अगस्त 1958 पृ. 3–6
2. राय, एम. एन. *रीजन, रोमंटिसिज़्म एंड रिवोल्यूशन* भाग II, रेनेसा पब्लिशर्स, कलकत्ता, पृ. 250–310

3. बोस, निर्मल कुमार, ''एन इंटरव्यू विथ महात्मा गाँधी'' *मॉडर्न रिव्यू*, जून–दिसम्बर 1935, पृ. 412
4. गाँधी, एम. के. सर्वोदय *(दि वेलफेयर ऑफ़ आल)* सम्पादित भारतन कुमारप्पा, नवजीवन पब्लिशिंग हाउस, अहमदाबादः 1958, पृ. 52
5. भावे, विनोबा, *भूदान–यज्ञ*, नवजीवन पब्लिशिंग हाउस, अहमदाबाद, 1953, पृ. 66–69
6. हरिजन, 29 जून 1935
7. हरिजन, 23 फ़रवरी 1947
8. हरिजन, 31 मार्च 1946
9. गाँधी, एम. के., *कन्स्ट्रक्टिव प्रोग्राम : इट्स : मीनिंग एंड प्ली* दूसरा संस्करण, नवजीवन पब्लिशिंग हाउस, अहमदाबाद : नवजीवन पब्लिशिंग हाउस, 1945, पृ. 20–21
10. हरिजन, 25 अगस्त 1940
11. वही।
12. वही।
13. राजगोपालाचारी, सी., सत्यमेव जयते : *ए कलेक्शन ऑफ़ आर्टिकल्स कन्ट्रीब्यूटेड टु स्वराज्य एंड अदर जर्नल्स फ्रॉम 1956 टू 1961*, भारतन पब्लिकेशन भाग IA, मद्रास : पृष्ठ 264–65
14. *टुवर्ड फ्रीडम, दि ऑटोबायोग्राफी ऑफ़ जवाहरलाल नेहरू*, न्यूयॉर्क : दि जॉन डे कम्पनी, 1942, पृ. 137–40
15. वही।
16. वही।
17. हरिजन, 4 अप्रैल 1953
18. वही।
19. टैगोर, रवीन्द्रनाथ, *लैटर्स फ्राम रशिया*, विश्वभारती, कलकत्ता, 1960, पृ. 137–40
20. वही।
21. वही।
22. प्रसाद, बिमल, (सम्पा.), *सोशलिज्म, सर्वोदय एंड डिमोक्रेसी, सेलेक्टेड वर्क्स ऑफ़ जयप्रकाश नारायण*, एशिया पब्लिशिंग हाउस, बॉम्बे, 1964, पृ. 59–62
23. वही।
24. प्रसाद, राजेन्द्र, *एट दि फ़ीट ऑफ़ महात्मा गाँधी*, एशिया पब्लिशिंग हाउस, बॉम्बे, 1961, पृ. 328
25. नेहरू, जवाहरलाल, *विजिट टु अमेरिका*, दि जॉन डे कम्पनी, 1950, न्यूयार्क, पृ. 26–69
26. हरिजन, 24 फ़रवरी 1940, देखें टिप्पणी 4, पृ. 59–61
27. नेहरू, जवाहरलाल, *ग्लिमप्सेज़ ऑफ़ वर्ल्ड हिस्ट्री*, लिन्डसे ड्रमन्ड, 1949, लन्दन : पृ. 502–4

28. देखें टिप्पणी 14, पृ. 314–26
29. वही।
30. हरिजन, 15 दिसम्बर 1951, पृ. 357
31. जोल, डी. ए. *रीजन एंड रिबेलियन,* प्रिन्टिस हॉल, 1963, न्यूयार्क, पृ. 253
32. तिलक, बाल गंगाधर, *श्रीमद्भगवद्गीता रहस्य और कर्म–योग शास्त्र,* ट्रांसलेटेड बाय मालचन्द्र सीताराम सुकथकर, तिलक ब्रदर्स, 1935, वॉल्यूम I, पूना, पृ. 114–25
33. वही।
34. देखें टिप्पणी 32, भाग I, पृ. 114–35
35. वही।
36. वही।
37. वही।
38. देखें टिप्पणी 32, वॉल्यूम I, पृ. 114–28
39. देखें टिप्पणी 13 वॉल्यूम I, पृ. 66–67
40. यंग इंडिया, 6 अगस्त 1926
41. परांजपे, आर. पी. दि क्रक्स ऑफ़ दि इंडियन प्रॉब्लम, बाट्स एंड कम्पनी, 1931 लन्दन, पृ. 1–116
42. हरिजन, 9 जनवरी 1948
43. देखें टिप्पणी 13, भाग IA, पृ. 488–90
44. देखें टिप्पणी 13, भाग I, पृ. 549–51
45. मोटवानी, केवर, श्री अरबिन्द ऑन सोशियल साइन्सेज़ एंड ह्यूमेनिटीज़–एन्थोलोजी, ऑरिएन्ट लॉगमेन, 1962, बॉम्बे, पृ. 107–13, 119–25

यह लेख बीसवीं शताब्दी में भारतीय राजनीतिक चिन्तन : ए. अप्पादुरई, साउथ एशियन पब्लिशर्स, नयी दिल्ली पृ. संख्या : 92–109 ; अनुवादक : नन्द चतुर्वेदी और रघुवर दयाल से साभार।

अध्याय–5

राष्ट्र क्या है?

–ए. अप्पादुरई

राष्ट्र और राष्ट्रीयता

उन्नीसवीं शताब्दी के पूर्वाद्ध में, ख़ास तौर पर 1917 से 1947 तक यानी ब्रिटिश संसद भंग होने से लेकर भारत को धीरे–धीरे स्वशासी सरकार देने की ब्रिटिश नीति की घोषणा के बाद से भारत के स्वतन्त्रता प्राप्त करने तक, राष्ट्र, राष्ट्रीयता और राज्य जैसे शब्दों की बुनियादी अवधारणाओं को लेकर अनेक धारणाएँ चलती रहीं। मुसलमान भारत की जनसंख्या का बड़ा हिस्सा थे। उनके मन में यह आशंका थी कि भारतीय सरकार उनके हितों की रक्षा नहीं करेगी क्योंकि उसका नियन्त्रण स्थायी हिन्दू बहु–संख्यक करेंगे। इसलिए एक क़दम आगे बढ़कर वे यह दावा करने लगे कि वे मात्र एक समूह नहीं हैं बल्कि एक क़ौम हैं। वे राजनीतिक सिद्धान्त और इतिहास के परिप्रेक्ष्य में अपने क़ौमियत के दावे की सिलसिलेवार जाँच की कोशिश करने लगे। इधर हिन्दू तथा ग़ैर–साम्प्रदायिक संगठन जैसे भारतीय राष्ट्रीय कांग्रेस आदि भी राष्ट्रीयता, राष्ट्रवाद, राज्य तथा इसी से सम्बन्धित दूसरी अवधारणाओं को स्पष्ट करने की ओर ध्यान देने लगे।

स्वाभाविक ही था कि यहाँ के विचारक पश्चिम के सुप्रसिद्ध लेखक जैसे एच. सिडविक, जे. ब्रायन, सी.ए. मकार्टन, जे. स्टालिन, डब्ल्यू. फ्रीडमान तथा ए.कोवान को आधार बनाते। हमें उनसे ग्रहण किये गये विचारों की चर्चा नहीं करनी है। हमारे लिए इतना ही प्रासंगिक है कि हम 'क़ौमियत' सम्बन्धी सिर्फ़ उन भारतीय विचारों की पड़ताल करें जिनका मूल आधार भारतीय अनुभव और परिवेश था।

हम यह परीक्षा बी. आर. अम्बेडकर के इस विषय पर व्यक्त किये उन आपत्तिरहित विचारों से शुरू करें जिनकी वैधता से उस समय के किसी भी चिन्तक का मतभेद नहीं हो सकता था। अम्बेडकर ने 'थॉट्स ऑन पाकिस्तान' (1941) में लिखा, 'राष्ट्रीयता' 'वैयक्तिक मनोवैज्ञानिक' भाव है। वह एकात्मकता का ऐसा संगठित भाव है कि उससे प्रेरित हुए लोग ऐसा अनुभव करते हैं कि जैसे वे सगे–सम्बन्धी हैं। यह राष्ट्रीय भाव दुधारा है। एक तरफ़ यह अपने लोगों के प्रति मैत्री भाव है तो दूसरी तरफ़ उन लोगों के प्रति अमैत्री भाव है जो अपने नहीं हैं। राष्ट्रीयता एक ऐसा चेतन भाव है कि जिसके कारण वे सारे लोग आर्थिक, सामाजिक भेदभावों को भूलकर दृढ़तापूर्वक एक साथ हो जाते हैं जो एक तरह का अनुभव करते हैं तथा वे सब अलग हो जाते हैं जो वैसा अनुभव नहीं करते। वह अपने समूह वालों के साथ एक होने की कामना है और यह कामना भी है कि किसी दूसरे समूह के साथ न हों। वी.डी. सावरकर भी इन्हीं विचारों के हैं कि एक सुव्यवस्थित राष्ट्र निर्माण की आवश्यक शर्त एकरूप राष्ट्रीय इकाई होने की प्रचण्ड इच्छा–शक्ति है। उनमें भिन्नता हो सकती है लेकिन वे "राष्ट्रीय इकाई के रूप में आपस में भिन्न लगने की अपेक्षा दूसरों से ज़्यादा भिन्न लगते हैं।"[1]

एक विचारक और दूसरे विचारक के बीच में तब मतभेद पैदा होता है जब वे (क) उन महत्त्वपूर्ण तत्त्वों पर विचार करने लगते हैं जिनके कारण 'सामूहिक भाव' बनता है। (ख) जब वे यह विचार करने लगते हैं कि हिन्दू और मुसलमान एक जाति हैं या दो। हम दूसरे मुद्दे पर विचार नहीं करेंगे क्योंकि वह राजनीतिक, सामाजिक इतिहास का हिस्सा है। पहले मुद्दे पर कुछ विचार करेंगे।

सन् 1908 में प्रकाशित भाषण में श्री अरबिन्द यह तर्क देते हैं कि 'राष्ट्रीयता धर्म है जिसके द्वारा हम अपने राष्ट्र, अपने देशवासियों में ईश्वर की उपस्थिति को पहचानने का प्रयत्न करते हैं। हम अपने स्वार्थों के लिए जीने की कोशिश नहीं करते बल्कि दूसरों के लिए काम करते, बलिदान करते व जीवित रहते हैं। जब एक बंगाली तरुण को जेल जाना पड़ता है और दुःख उठाना होता है तब उसे कोई कष्ट नहीं होता, वह दुःख से नहीं डरता'[2] क्यों? 'यह अपने अस्तित्व को अलग मानने के विचार का अस्वीकार है। यह अपने उच्च और शाश्वत अस्तित्व को तीस करोड़ लोगों में पाना है जिनमें भगवान का निवास है।' यह अद्वैतवादी विचार की अभिव्यक्ति है जहाँ ब्रह्म और आत्मन एक हो जाते हैं।

यह स्मरण रहे कि अद्वैत में ब्रह्म के विश्वात्म रूप को स्वयं सिद्ध माना है; भिन्न–भिन्न आत्मरूप उसी ईश्वरीय सत्ता के अंश हैं। श्री अरबिन्द का राष्ट्रीयता के विचारों को बौद्धिक तथा धार्मिक रूप देने के पीछे कार्यकर्ता को उत्साहित करने का भाव निहित है जिसे विदेशी शासन से मुक्त होने के लिए सब तरह के कष्ट सहने हैं। जब तुम ईश्वर में विश्वास करते हो, जब तुम विश्वास करते हो कि ईश्वर तुम्हारा मार्ग दर्शन कर रहा हैं; विश्वास करो कि ईश्वर ही सब कुछ कर रहा है और तुम कुछ नहीं कर रहे हो तब क्या भय है? वह तुम नहीं हो, तुम्हारी आत्मा है। ये सब न्यायालय, ये सारी दुनिया की ताक़तें उस अजन्मा, अविनाशी, अजर, अमर का क्या बिगाड़ सकती हैं जो तुम्हारे अन्दर है। उसके न तलवार टुकड़े कर सकती है; न अग्नि जला सकती है, न जल डुबा सकता है। न उसे जेल में बन्द किया जा सकता है; न फाँसी से उसका अन्त किया जा सकता है।[3]

श्री अरबिन्द के मन में यह स्पष्ट था कि किसी राष्ट्र के लोगों के मन में राष्ट्र के प्रति अपनत्व की भावना भरने वाला और उसके कल्याण के लिए कार्य करने की प्रेरणा देने वाला यही विश्वास हो सकता है कि राष्ट्र का प्रत्येक व्यक्ति एक ही ईश्वरीय शक्ति का अंश है।

विपिन चन्द्र पाल (1858–1932) श्री अरबिन्द से सहमत होते हुए अपने निबन्धों तथा भाषणों के संग्रह (1907) की भूमिका में लिखते हैं कि 'भारत का राष्ट्रीय आन्दोलन मूलतः 'आध्यात्मिक आन्दोलन' था। उसका दर्शन अनन्त का, परमब्रह्म का दर्शन था जिसे हमने आर्थिक, सामाजिक ज़िन्दगी के अनुरूप ढाल लिया था। वह मनुष्य को ईश्वर के रूप में देखता है और सामाजिक, नागरिक संस्थानों को ईश्वर प्राप्ति तथा उसकी दिव्य चेतना की अभिव्यक्ति का साधन तथा उपकरण मानता है।'[4]

एकात्म भाव उत्पन्न करने की दिशा में भारतीय समाज की बुनियादी कमज़ोरियों को जानते हुए टैगोर ने 'नेशनलिज़्म इन इंडिया' निबन्ध में एक महत्त्वपूर्ण संकेत करते हुए लिखा है, 'हम अपने समाज में जिस कमज़ोरी का पोषण करेंगे वही राजनीति में ख़तरे का कारण बन जायेगी। संकीर्णता की भावनाओं से जुड़कर यदि हम मानव–समुदाय के बड़े हिस्से पर अपना प्रभाव जमा लेते हैं तो वे हमारी राजनीति में हीनता के रूप में उभर कर अन्याय और क्रूरता का कारण बनती है।'[5]

1917 में टैगोर ने जब 'नेशनलिज़्म इन इंडिया' निबन्ध लिखा तभी उनके मन में यह स्पष्ट था कि भारत में राष्ट्रीयता के आधार कमज़ोर हैं। वे आधार क्या हैं? दरअसल राष्ट्रीयता जिस समाज का आधार होती है वहाँ गतिशीलता के साथ समाज के विभिन्न वर्गों में अन्तःक्रिया होती है और अन्तर्जातीय विवाह वर्जित नहीं होते। अलग–अलग जातियों और उनके बीच में विवाह का निषेध उस एकता के लिए बाधक है जो राष्ट्रीयता का आवश्यक तत्त्व है। वे पूछते हैं कि 'क्या दुनिया में एक भी ऐसा उदाहरण है जहाँ लोगों का दूसरे लोगों के साथ रक्त–मिश्रण नहीं होता, यदि होता है तो ज़ोर–ज़बर्दस्ती या फिर पैसे के लिए? क्या हम आशा करें कि राष्ट्रीय ऐक्य के विरुद्ध लगी ये वर्जनाएँ हमारी राजनीतिक एकता में बाधक नहीं होंगी?'[6]

राष्ट्रीयता सम्बन्धी धार्मिक तथा सामाजिक चिन्तन, जिसका ज़िक्र श्री अरबिन्द, पाल तथा टैगोर ने किया है, से अलग एक तीसरा और बिल्कुल भिन्न भारतीय चिन्तन है जिसका आधार 'मातृभूमि' है। इस धारणा का गोलवलकर ने (1906–73) 'नॉट सोशलिज़्म बट हिन्दू राष्ट्र' (1964) में उल्लेख किया है। गोलवलकर कहते हैं कि यदि एक विशेष भू–भाग में ऐसे लोग हों जो उस भू–खण्ड को मातृ–तुल्य समझते हों, वैसी ही श्रद्धा रखते हों, समान पितृ–परम्परा वाले हों, जिनके जीवन के समान लक्ष्य हों, समान संस्कृति हो, दुनिया के दूसरे लोगों के प्रति मित्र अथवा शत्रु होने की समान धारणा हो, अतीत के समान सुखद अथवा दुखद अनुभव हों तथा समान हित हों ऐसे भू–भाग के लोग एक राष्ट्र के कहलाते हैं। उदाहरण के लिए 'यह हमारा महान देश है जिसके उत्तर, दक्षिण, पूर्व, पश्चिम में हिमालय की शाखाएँ फैली हैं, जिसकी राज्य सीमाएँ उत्तरी सागर तक चली गयी हैं। इसी एक विशाल भूखण्ड में हम बालकों की तरह रहते आ रहे हैं।'[7] उन्होंने इस तथ्य पर भी प्रकाश डाला है कि राजनीतिक परिवर्तनों के साथ सीमाएँ भी परिवर्तित हुई हैं लेकिन यह कहना सही नहीं है कि जो भूमि चली गयी है वह हमारी नहीं है।[8] किसी देश की सीमाएँ चंचल राजनीतिक स्थितियों द्वारा निर्णीत नहीं होतीं। किसी भी राष्ट्र के लोगों के लिए वहाँ की भूमि पवित्र होती है। प्रत्येक रजकण, प्रत्येक वस्तु जड़–चेतन, सजीव–निर्जीव, प्रत्येक नदी, जलाशय पवित्र होता है। मातृभूमि के प्रति प्रेम, बच्चे का माँ के प्रति प्रेम की तरह होता है। प्रत्येक नागरिक को अपने प्राण, अपना रक्त देकर मातृभूमि की चप्पा–चप्पा भूमि को बचाना चाहिए।

राष्ट्रीयता का आधार धर्म

उस समय यह विचारधारा भी प्रचलित थी कि धर्म ही राष्ट्रीयता का आधार है। ऐसा मानने वाले दो मुस्लिम लेखक रहे हैं एक जे. अहमद और दूसरे कोई अज्ञात लेखक 'एम.आर.टी.'। अहमद कहते हैं कि 'राष्ट्र' का निर्धारण न तो 'क़ौम' से होता है न किसी विशेष 'भू–खण्ड' के साथ जुड़ाव से। 'राष्ट्रीयता' का अस्तित्व धर्म आधारित संस्कृति होती है।

मुसलमानों को इस देश पर आठ सौ वर्षों तक राज्य करने के बाद यह अनुभव होने लगा है कि वे सब क़ौमों से अलग एक क़ौम हैं। उनमें वे सब विशेषताएँ हैं जो एक 'क़ौम' में होनी चाहिए। उनकी 'क़ौमियत' का आधार किसी जातीयता, समान आर्थिक हितों या राज्य विशेष की भौगोलिक सीमाओं के साथ होने के कारण नहीं है बल्कि एक विशेष जीवन दृष्टि तथा सामाजिक रीति की समानता पर आधारित है। इस्लाम अनेक धर्मों में सिर्फ़ एक धर्म ही नहीं है, न इसमें जीवन के बाद मोक्ष प्राप्त करने की योजना है और न ही व्यक्ति और ईश्वर के बीच कोई आपसी सम्बन्धों की स्थिति है। इस्लाम एक सामाजिक नीति और क़ौम का भाव है जिसे एक व्यवस्थित तथा संगठित समाज के अभाव में प्राप्त करना सम्भव नहीं है। इसी आधार पर मुसलमान उसे एक अलग सामाजिक और राजनीतिक इकाई मानने की बात करते हैं। वे अपनी सर्वथा अलग सांस्कृतिक विशेषताओं के प्रति पूरी तरह सजग हैं जो उन्हें सर्वव्यापी धर्म और सम्पूर्ण जीवन को नियन्त्रित करने वाले नैतिक सिद्धान्तों से प्राप्त हुई है। इन्हीं भिन्न सांस्कृतिक विशेषताओं के कारण ही वे अपने लिए एक अलग राष्ट्र के दावेदार बनते हैं। (जे. अहमद : इज इंडिया वन नेशन? 1941)[9]

एम. आर. टी. का यह मत है कि भारत में राष्ट्रीयता सम्बन्धी भ्रामक अवधारणाओं का कारण पश्चिम से उधार ली हुई अविवेकपूर्ण समझ है। भारतीय विचारक और नेता यह भूल जाते हैं कि पश्चिमी छाप की राष्ट्रीयता एक विशेष प्रकार की परिस्थितियों की उपज है जो एक देश में लोगों की एकरूपता को मानकर चलती है। ये परिस्थितियाँ वे हैं जिनके कारण पश्चिमी राष्ट्र एक धर्म 'ईसाइयत' से जुड़ गये हैं; वहाँ अब धार्मिक संघर्ष नहीं है। लेकिन वहाँ भी एक समय धर्म ही निर्णायक शक्ति थी। बाल्कन निवासियों तथा उत्तरी–रूसियों का इतिहास इस बात का प्रमाण है कि ईसाई तथा मुसलमान कभी साथ–साथ नहीं रह सके।

संघर्ष तभी समाप्त हुआ जब या तो ईसाइयों ने मुसलमानों को खदेड़ दिया या वे उन पर हावी हो गये। इस तरह वे यह निष्कर्ष निकालते हैं कि धर्म ही राष्ट्र–विचार के विकास में निर्णायक तत्त्व है।

केवल धर्म ही राष्ट्रीय तत्त्वों को जोड़ने वाली शक्ति है। जिन देशों में देशप्रेम धर्म के कारण बँटा हुआ है वहाँ एक राष्ट्रीयता का विचार विकसित नहीं हो सका। जर्मनी में ईसाई और यहूदी हज़ारों वर्षों तक साथ–साथ रहे लेकिन वे एक राष्ट्र नहीं बना पाये। नाज़ियों ने अन्त में यहूदियों को पोलैंड के मध्य में बसाकर एक मातृ–देश दे दिया।

मुसलमान और ईसाई आठ सौ वर्ष तक स्पेन में साथ–साथ रहे लेकिन उनमें राष्ट्रीयता की भावना विकसित नहीं हुई। स्पेन तभी एक राष्ट्रीयता का रूप ले सका जब मुसलमानों को देश से बाहर खदेड़ दिया गया या उन्हें ईसाई बना लिया।

कई बार एक ही धर्मावलम्बियों के दृष्टिकोण में तीव्र मतभेद होने से भी राष्ट्र दो या तीन भागों में बँट जाता है। आयरलैंड में प्रोटेस्टेंट अलस्टर के निवासी तथा केथौलिक आयरिश कभी एक राष्ट्र बनाने के पक्ष में नहीं हुए। डच और बेलजियम की जनसंख्या इतनी कम थी कि वे आसानी से एक राष्ट्र का रूप ले सकते थे लेकिन धार्मिक मतभेदों के कारण वे दो राष्ट्रों में बँट कर ही रहे। बेलजियम में रहने वाले रोमन केथौलिक हैं और डच निवासी प्रोटेस्टेंट। यूरोप में राष्ट्रीयता की प्रचलित अवधारणा का आधार ईसाई धर्म है। यूरोप के राष्ट्र ईसाई धर्म को मानने वाले हैं।

यूरोप ने ईसाई धर्म को मानने वाली सरकारों के अतिरिक्त किन्हीं दूसरी सरकारों को स्वीकार नहीं किया है। इस्लाम यूरोप के ईसाइयों से कई जगह सम्पर्क में आया और स्पेन, उत्तरी इटली, सिसली, बाल्कन पेनिन्सुला तथा उत्तरी रूस में सफलतापूर्वक सरकारें चलाईं। जब तक उग्र ईसाई राष्ट्रवाद की लहर दबी रही, मुसलमानों की धर्म और संस्कृति सुरक्षित रही 'लेकिन सोलहवीं शताब्दी के यूरोपीय पुनर्जागरण के बाद यूरोप के तमाम हिस्सों में मुसलमानों के विरुद्ध जिहाद (धर्मयुद्ध) शुरू हो गया। रोमन केथौलिक चर्च के अधिष्ठाता के रूप में पोप ने 'स्पेनिश इन्क्यूजीशन' तथा मुसलमान प्रभाव के उन्मूलन की सारी कार्यवाहियों का समर्थन किया जब कि रूस के जारों ने यूनानी केथौलिक चर्च के अधिष्ठाताओं के रूप में मुसलमानों को दक्षिणी प्रान्तों से खदेड़ दिया और जो रूसी शासन में रह गये थे उन पर कहर ढा दिया गया। वास्तविकता तो यह थी कि मुसलमानों को कभी भी ईसाइयों

के बराबर दर्जा नहीं दिया गया और उन्हें नागरिकता के हकों से हमेशा वंचित रखा गया।' (एम.आर.टी. 'वन नेशन मिथ एक्सपोज्ड' ईस्टर्न टाइम्स 12, अप्रैल 1940)[10]

संक्षेप में यूरोप के इतिहास में ऐसे किसी भी ईसाई राष्ट्र का उदाहरण नहीं मिलता जिसने मुसलमानों को ईसाइयों के बराबर राजनीतिक अधिकार देने की कोशिश की हो; जब कि दोनों का मूल और वंश एक ही है। एम. आर. टी. ने लिखा है कि 'हम ऐतिहासिक परम्परा अथवा जातीयता के आधार पर राष्ट्रीयता से परिचित होते रहे हैं और इसलिए धर्म की राष्ट्रनिर्मात्री शक्ति के रूप में उपेक्षा करते रहे हैं।'[11]

राष्ट्र तथा राज्य

पूर्वोक्त विचारों से मतभेद व्यक्त करते हुए राजेन्द्र प्रसाद (जो बाद में भारतीय गणराज्य के प्रथम राष्ट्रपति बने) ने 1946 में प्रकाशित इंडिया डिवाइडेड में लिखा कि व्यक्ति–राष्ट्रीयता और राजनीतिक राष्ट्रीयता का अन्तर समझा जाना चाहिए। व्यक्ति–राष्ट्रीयता व्यक्ति–विशेषताओं पर आधारित होती है जो उसे विरासत में मिलती है और प्रायः वस्तुनिष्ठ होती है। व्यक्ति की ये विशेषताएँ स्थानादि से प्रभावित नहीं हैं। इस बात से भी नहीं कि बहुसंख्यक लोगों में वे विशेषताएँ हैं या नहीं। वे स्वतन्त्र रूप से विकसित होती हैं। शासन की राजनीति का उस पर कोई प्रभाव नहीं होता; चाहे शासनाधिकारियों में वे विशेषताएँ हों या नहीं। जिन लोगों में ये विशेषताएँ होती हैं–जाति, भाषा, धर्म आदि की समानता, वे एक राष्ट्र बनाते हैं। इन विशेषताओं का कोई राजनीतिक महत्त्व नहीं होता।

राजनीतिक राष्ट्रीयता एक राज्य की सदस्यता है। राजेन्द्र प्रसाद कहते हैं कि यह आवश्यक नहीं है कि राज्य को राष्ट्रीयता से जोड़ दिया जाये। उनके अनुसार राष्ट्र–राज्यों की स्थापना के प्रयत्न नाकामयाब हुए हैं। उनसे कई जातीय, भाषायी और धार्मिक अल्पसंख्यकों जैसी कई समस्याएँ पैदा हुई हैं। लीग ऑफ़ नेशन्स 'अल्पसंख्यक सन्धि' से जातीय, धार्मिक तथा भाषायी अल्पसंख्यकों के अधिकारों को सुरक्षित रखने में असफल हुई हैं। राजेन्द्र प्रसाद के मत में अल्पसंख्यकों की सुरक्षा का समाधान राष्ट्र–राज्यों की स्थापना करने में नहीं है क्योंकि एक रूप राष्ट्र–राज्यों से विभिन्न जातियों के अल्पसंख्यकों को निर्मूल करना सम्भव नहीं है। समाधान यह है कि हम बहुजातीय राज्य बनायें और उसमें प्रत्येक जाति

के अल्पसंख्यकों को अपनी–अपनी विशेषताएँ विकसित करने के अवसर दें। इसके समर्थन में वे चार बहुजातीय राष्ट्रों के उदाहरण देते हैं : (i) कनाडा के अंग्रेज़ और फ्रांसीसी दो विभिन्न जातियों के होते हुए भी एक राज्य के हैं। (ii) अंग्रेज़ों और बोअर लोगों ने ख़ूनी युद्ध के बाद एक राज्य बनाया। (iii) सोवियत संघ जिसमें कई जातियाँ हैं और सब को अपनी–अपनी जातीय विशेषताओं को सुरक्षित रखने की पर्याप्त प्रशासकीय स्वतन्त्रता मिली हुई है। (iv) स्विस लोग इसके श्रेष्ठ उदाहरण हैं। वे फ्रांसीसी, जर्मन और इतालवी जातियों के तीन विभिन्न समुदायों के होते हुए भी एक राज्य में रहते हैं।

राजेन्द्र प्रसाद के विचारों का सारांश यह है कि जातीयता राष्ट्र–निर्माण का एक महत्त्वपूर्ण तत्त्व होते हुए भी एक मात्र अथवा प्रमुख तत्त्व नहीं है। दूसरी तरफ़ यह भी स्वीकार करना होगा कि केवल राजनीतिक रिश्तों से भी राष्ट्र नहीं बनता यद्यपि उनके महत्त्व से इनकार नहीं किया जा सकता।

आलोचना

पहले के तीन खण्डों में चर्चित विचारों की विविधता को प्रत्येक विचारक की उस आवश्यकता के आधार पर समझा जा सकता है जिसे वे एक विशेष परिस्थिति में रेखांकित करना चाहते थे। उदाहरण के लिए श्री अरबिन्द तथा बी.पाल विदेशी सत्ता का देश की जनता के हाथों में हस्तान्तरण चाहते थे। गोलवलकर हिन्दुओं के भारत भूमि पर नियन्त्रण की ज़रूरत का अनुभव कर रहे थे। जे. अहमद तथा एम.आर.टी. की आवश्यकता मुसलमानों के लिए अलग राज्य बनाने की थी और राजेन्द्र प्रसाद भारत विभाजन नहीं चाहते थे। राजनीति का विद्यार्थी स्वयं से यह प्रश्न करता है कि इन विविधतापूर्ण विचारों के बीच क्या कोई ऐसा स्थायी विचार है जो राष्ट्र तथा राज्य सम्बन्धी अवधारणाओं को अधिकाधिक स्पष्ट और समृद्ध करे।

श्री अरबिन्द का यह विचार कि राष्ट्रीयता एक धर्म है और राष्ट्र का प्रत्येक व्यक्ति अलौकिक सत्ता का अंश है तथा उसका राष्ट्र के लिए उत्सर्ग करना कर्तव्य है; ये विचार उस स्थिति में महत्त्वपूर्ण मालूम होते हैं जहाँ लोगों का धर्म तथा उसके अद्वैतवादी रूप में अटूट विश्वास हो। लेकिन प्रश्न यह है कि क्या ऐसा करना उन लोगों के लिए भी ज़रूरी है जिनका अद्वैत में विश्वास न हो?

गोलवलकर का राज्य–क्षेत्र को राष्ट्र का अविच्छिन्न तत्त्व मानना ज़्यादा प्रामाणिक नहीं है क्योंकि इतिहास में ऐसे सैकड़ों उदाहरण हैं जब एक राज्य की भूमि दूसरे राज्य में चली गयी है। एम.आर.टी. के इस तर्क को कि धर्म राष्ट्रीयता का बुनियादी आधार है विश्वसनीय नहीं कहा जा सकता क्योंकि दूसरे मुस्लिम लेखक इतिहास और राजनीति की उस तरह व्याख्या नहीं करते जैसी एम.आर.टी. करते हैं। दो लेखक ऐसे हैं जो एम.आर.टी. से भिन्न दृष्टिकोण रखते हैं। ए. मऊदूदी अपने निबन्ध 'नेशनलिज़्म एंड इंडिया' में राजनीतिक राष्ट्रीयता और सांस्कृतिक राष्ट्रीयता में अन्तर करते हैं। राजनीतिक राष्ट्रीयता का रूप वहाँ देखा जा सकता है जहाँ लोग एक व्यवस्था द्वारा शासित होते हैं और इस राजनीतिक एकता के कारण एक राष्ट्र के रूप में देखे जाते हैं। दूसरा रूप वहाँ देखा जा सकता है जहाँ लोगों का धर्म एक है और इसलिए उनके विचारों, भावों तथा भावनाओं में समरूपता होती है। दूसरे शब्दों में, धर्म राष्ट्रीयता का आधार नहीं कहा जा सकता। मऊदूदी का यह भी विचार था कि इस्लाम का अन्तिम लक्ष्य विश्व राज्य है जब जातियों के दावे, राष्ट्रों के पूर्वग्रह ख़त्म होकर सम्पूर्ण मनुष्य जाति एक राजनीतिक इकाई में बँध जायेगी। 'इस्लाम राष्ट्रीयता की गोद में नहीं पल सकता और राष्ट्रीयता इस्लाम के दायरे में सिकुड़कर नहीं रह सकती।'[12]

दूसरे लेखक जो एम.आर.टी. के विचारों से असहमत थे वे मौलाना अबुल कलाम आज़ाद (भारत के शिक्षा मन्त्री सन् 1947–1958) थे। उन्होंने इंडिया विन्स फ्रीडम में लिखा, 'वह सबसे बड़ा झाँसा है कि धार्मिक सौहार्द से भिन्न–भिन्न भौगोलिक, आर्थिक, भाषायी तथा सांस्कृतिक इकाइयाँ जुड़ जाती हैं। यह सही है कि इस्लाम ने एक ऐसा समाज बनाने का प्रयत्न किया है, जो जातीय, भाषायी, आर्थिक तथा राजनीतिक सीमाओं को लाँघ सके। लेकिन इतिहास ने कुछ ही दशकों या ज़्यादा–से–ज़्यादा एक शताब्दी के बाद यह सिद्ध कर दिया कि इस्लाम सिर्फ़ इस्लाम के बल पर मुस्लिम राष्ट्रों को एकता में नहीं बाँध सकता।'[13]

हम एम. आर. टी. के इस विचार को कि धर्म राष्ट्र का आधार होता है अस्वीकार कर सकते हैं लेकिन राजनीतिक विचारों की इस शृंखला में उनके इस योगदान की उपेक्षा नहीं की जा सकती कि जब धर्मों की टक्कर होती है और जिस किसी भी स्थान विशेष पर एक धर्म के बहुसंख्य लोग होते हैं वहाँ धार्मिक राष्ट्रीयता की माँग उठती है और कभी–कभी वह अदम्य हो सकती है। आयरलैंड और भारत का विभाजन इसके प्रमाण हैं।

राजनीति का आधुनिक सुझाव राजेन्द्र प्रसाद की विचारधारा की ओर है। वैयक्तिक राष्ट्रीयता और राजनीतिक राष्ट्रीयता में अन्तर है और राजनीति में यह ज़रूरी नहीं है कि राज्य को राष्ट्र का समतुल्य माना जाये। दोनों न तो समतुल्य हैं, न समानान्तर, न सम्बन्धित। वैयक्तिक राष्ट्रीयता एक समूह के लोगों के बीच का आत्मीय भाव है, जो आवश्यक नहीं है कि एक ही राज्य के लोगों के बीच हो, जिन्हें समान भाषा, धर्म परम्परा जोड़ती है। राजनीतिक राष्ट्रीयता एक राज्य की सदस्यता है। 1918 के बाद एक राष्ट्र, एक राज्य का सिद्धान्त विकसित हुआ लेकिन अनुभव से इसके क्रियान्वयन के ख़तरे भी सामने आये। वैयक्तिक राष्ट्रीयता के आधार पर दुनिया एक रूप राष्ट्रों में नहीं बँट सकती। यदि ऐसा होता है तो अल्पसंख्यक जाति, भाषा तथा धर्म के लोगों को शिकायत रहेगी और वे असुरक्षा का अनुभव करते रहेंगे।

यह स्वीकार किया जाना चाहिए कि एक जातीय राज्य की तुलना में बहु–जातीय राज्य के कुछ स्पष्ट लाभ हैं। ऐसे राज्यों में आपसी सामंजस्य की सुविधा होती है तथा लोगों के बीच सहनशीलता और समझौते की भावना पैदा होती है जिससे लोकतन्त्रात्मक संस्थानों को गति देने का काम अपेक्षाकृत सुविधाजनक हो जाता है। इसलिए जे.एस. मिल ने इस पर ज़ोर देते हुए कहा है कि ये लोकतान्त्रिक संस्थानों की सामान्य आवश्यक शर्त है कि उनकी सरकारी सीमाएँ राष्ट्रीयता की सीमाओं का स्पर्श करती रहें। आत्मीयता से वह तत्परता उत्पन्न होती है कि जिससे राज्य के लोगों के आपसी मतभेद सामूहिक कल्याण में विलीन हो जाते हैं।

इस प्रक्रिया के एक ख़तरे से लार्ड एक्टन ने सावधान किया है। वे लिखते हैं कि 'इन स्थितियों में बहुसंख्यक अपने राजनीतिक नियन्त्रण को बढ़ाने के लिए ललचा सकते हैं और तानाशाही से मिलता–जुलता आचरण कर सकते हैं। एक राज्य की विविधता ही राजनीतिक सीमा से बाहर जा कर सरकारी आचरण के विरुद्ध एक ज़बर्दस्त रुकावट हो सकती है जब कि यह सभी सरकारों का सामान्य स्वभाव होता है कि वे उन सामाजिक क्षेत्रों में जा कर दख़लअन्दाज़ी करें जहाँ उन पर कोई वैधानिक प्रतिबन्ध नहीं होते।'[14] एक्टन कहते हैं कि किसी भी राज्य में जातियों का मिलना सभ्य जीवन की उसी तरह शर्त होती जिस तरह विभिन्न व्यक्तियों का मिलकर समाज बनाना। राजनीतिक एकता के वातावरण में छोटी जातियाँ ऊँची जातियों के साथ मिलकर तरक़्क़ी करती हैं। थकी और पतनोन्मुखी

जातियाँ अपने से कहीं युवा किन्तु स्फूर्ति सम्पन्न जातियों के सम्पर्क में आ कर नया जीवन पाती हैं। जिन जातियों की तानाशाही के विकृत प्रभावों के कारण या प्रजातन्त्र के विघटनकारी कार्यों के कारण राज्य–संचालन की शक्ति समाप्त हो गयी है वे अनुशासनबद्ध और अपेक्षाकृत कम भ्रष्ट जातियों के सम्पर्क में आ कर पुनर्जीवित और शिक्षित हुई हैं। नयी रचनाशीलता और उर्वरता एक सरकार के अधीन रहकर ही प्राप्त होती है। बहु–जातीयता के आधार पर बने राज्य इस स्वस्थ दृष्टिकोण की ओर हमारा ध्यान आकर्षित करते हैं कि हर जाति के पास राज्य बनाने और चलाने की क्षमता नहीं होती। राजनीतिक दृष्टि, पौरुष, समझ और साहस तथा आत्म–रक्षा कर सकने वाले लोग ही एक स्वतन्त्र राज्य की स्थापना करने में समर्थ होते हैं। 1939 के बाद की घटनाएँ इसका समर्थन करती हैं। राज्य को राष्ट्रीयता से अलग करके ही विश्व की अशान्ति और हताशा को दूर किया जा सकता है तथा अन्तर्राष्ट्रीय शान्ति स्थापित हो सकती है।

अन्त में हम यह कहना चाहते हैं कि टैगोर की राष्ट्र की अवधारणा महत्त्वपूर्ण देन है।

उन्होंने कहा कि जब तक ऐसी सामाजिक स्थितियाँ नहीं बनतीं जिसमें अन्तर्जातीय विवाह तथा सामाजिक, व्यावसायिक क्रिया–कलापों के द्वारा आपस का मेल–जोल सहज और उन्मुक्त नहीं होता तब तक एकता के लिए परमावश्यक आत्मीयता उत्पन्न नहीं की जा सकती। टैगोर ने 1917 में लिखा कि 'जो प्रमाद हमारी सामाजिक संस्थाओं में मृत अतीत की पूजा का भाव पैदा कर रहा है वही राजनीति में भी कभी न हिलनेवाली दीवारों को क़ैदखाने बना रहा है।'[15] एक सुगठित राष्ट्र सामाजिक ग़ुलामी की रेत पर खड़ा नहीं रह सकता। टैगोर ने ज़ोर देकर कहा कि वह सत्य समय की कसौटी पर परखा जायेगा।

सन्दर्भ

1. सावरकर, वी. डी. *समग्र सावरकर वांग्मय;* भाग VI : हिन्दू राष्ट्र दर्शन, प्रानलिक हिन्दू सभा, 1954, पूना, महाराष्ट्र पृ. 317–20
2. *श्री अरबिन्द, स्पीचेज़,* तीसरा संस्करण, श्री अरबिन्द आश्रम, 1952, पांडिचेरी, पृ. 6, 21–25
3. वही।
4. *दि न्यू स्पिरिट : ए सलेक्शन फ्राम दि राइटिंग्ज़ एंड स्पीचेज़ ऑफ़ विपिन चन्द्र पाल* सिन्हा सर्वाधिकारी एंड कम्पनी, कलकत्ता, 1907

5. टैगोर, रवीन्द्रनाथ, *नेशनलिज़्म,* लन्दन, मेकमिलन, 1920, पृ. 123
6. वही, पृ. 131–134
7. *नॉट सोशलिज़्म बट हिन्दू राष्ट्र,* बेंगलूरु, राष्ट्रीय स्वयंसेवक संघ कर्नाटक, 1964, पृ. 24–23
8. वही
9. ऑथर्स, वेरियस, *इंडियाज़ प्रॉब्लम ऑफ़ हर फ्यूचर कॉन्स्टिट्यूशन :* बीइंग ए कलेक्शन ऑफ़ एसेज, एम.एच. सईद, बॉम्बे, पृ. 131–34
10. वही, पृ. 51–56
11. वही, पृ. 42–49
12. मऊदूदी, सैयद अब्दुल्ला, *नेशनलिज़्म एंड इंडिया,* ट्रांसलेशन, मकतब–ए–जमा एट ए–इस्लामी (हिन्द) 1948, मलीहाबाद, यू. पी., पृ. 9–11
13. आज़ाद, मौलाना अबुल कलाम, *इंडिया विन्स फ्रीडम* ऑरिएंट लौंगमेन्स, 1959, बॉम्बे : पृ. 297
14. एक्टन, लाड, *दि हिस्ट्री ऑफ़ फ्रीडम एंड अदर एसेज़,* मेकमिलन, 1907, लन्दन, पृ. 289–90
15. देखें टिप्पणी 5, पृ. 122–26

यह लेख *बीसवीं शताब्दी में भारतीय राजनीतिक चिन्तन* : ए. अप्पादुरई, साउथ एशियन पब्लिशर्स, नयी दिल्ली पृ. संख्या : 81–86; अनुवादक : नन्द चतुर्वेदी और रघुवर दयाल से साभार।

अध्याय–6

नागरिकता सिद्धान्त

–नरेश दाधीच

नागरिकता व्यक्ति की एक राजनीतिक समुदाय की सदस्यता को औपचारिक रूप से विवेचित करने की अवधारणा है। इस सदस्यता से अधिकार और उत्तरदायित्व निर्धारित होते हैं, जो व्यक्ति और राजनीतिक समुदाय के मध्य के सम्बन्धों को निरूपित करते हैं तथा नागरिकता और केवल आवासीयता के मध्य के अन्तर को स्पष्ट करते हैं। जिन समाजों में प्रजातान्त्रिक व्यवस्था है, वहाँ पर नागरिक अपने नागरिक एवं राजनीतिक अधिकारों के द्वारा राजनीतिक हिस्सेदारी भी करते हैं तथा राजनीतिक नेतृत्व के निर्माण में सहायता करते हैं। नागरिक अधिकार जैसे भाषण देने की स्वतन्त्रता, न्याय प्राप्त करने के अधिकार इत्यादि एक नागरिक समाज को सुदृढ़ बनाते हैं और नागरिकों के मध्य सम्प्रेषण और सहयोग करने की संरचनाओं को क़ानूनी जामा पहनाते हैं। नागरिक समाज इसीलिए सरकारी संस्थाओं से बहुत हद तक स्वायत्त होते हैं। राजनीतिक अधिकारों के द्वारा वोट देने के अधिकार और राजनीति में हिस्सा लेने के अधिकार प्रदान करते हैं, जो कि लोकप्रिय सम्प्रभुता को सुदृढ़ बनाते हैं, जिससे कि प्रजातान्त्रिक सुशासन स्थापित हो सके। नागरिकों को सामाजिक अधिकार भी प्राप्त हो सकते हैं, जिनके द्वारा वे चिकित्सीय सुविधाएँ, सामाजिक सुरक्षा और शिक्षा इत्यादि प्राप्त कर सकते हैं। नागरिकता की समसामयिक बहस में इन अधिकारों के मध्य होने वाले विरोधाभास को बहस का केन्द्र बनाया जाता है। अधिकारों को प्राप्त करने के साथ–साथ नागरिक कुछ उत्तरदायित्व को भी वहन करते हैं जिसमें कर अदा करना, सेना में सेवा देना इत्यादि शामिल हैं। अधिकारों और ज़िम्मेदारी के मध्य किस प्रकार सन्तुलन बनाये

रखा जाये यह भी नागरिकता के सिद्धान्त में एक महत्त्वपूर्ण प्रश्न है। प्रजातन्त्र में नागरिकता की कई विशेषताएँ होती हैं–

1. यह एक राजनीतिक इकाई के अन्तर्गत व्यक्तियों को सदस्यता प्रदान करती है।
2. यह व्यक्तियों की एक अस्मिता बनाती है।
3. यह कुछ ऐसे मूल्यों के समूह को निर्मित करती है जो किसी राजनीतिक इकाई के सामान्य शुभ के प्रति प्रतिबद्धता स्थापित करती है। यह राजनीतिक जीवन की प्रक्रिया में सहभागिता को प्रोत्साहित करती है।
4. यह शासन की प्रक्रिया से सम्बन्धित संरचनाओं, क़ानूनों, प्रलेखों को समझने और उसका ज्ञान प्राप्त करने तथा उसका उपयोग करने को प्रोत्साहित करती है।

नागरिकता सिद्धान्त : सैद्धान्तिक पक्ष

पिछली अर्ध शताब्दी में साम्यवाद के पतन, सामाजिक अधिकारों को दमित वर्ग तक फैलाने के लिए किये जा रहे लोकप्रिय आन्दोलनों, यूरोपीय यूनियन के निर्माण, बहुराष्ट्रीय निगमों का बढ़ता प्रभुत्व, आर्थिक भूमण्डलीकरण इत्यादि ने नागरिकता के प्रश्न को नये तरीक़े से समझने पर बल दिया है। इसके साथ–साथ प्रजातन्त्र, अच्छी नागरिकता, सिविक शिक्षा, सरकार में बढ़ता अविश्वास, नागरिकों का आपसी अविश्वास, सार्वजनिक कार्यों में घटती रुचि और मतदान का घटता प्रतिशत नागरिकता से सम्बन्धित नये प्रश्न उत्पन्न करता है।

समुदायवाद के बढ़ते प्रभाव के कारण नागरिकता सिद्धान्त में बहुल समाज के निर्माण और नागरिकों के कर्तव्यों और ज़िम्मेदारियों को इस तरह से नियोजित करने की आवश्यकता पर बल दिया जाता है कि वह इन बहुल समाजों में सही प्रकार से काम कर सके। अधिकार (Rights) एवं उत्तरदायित्व (Responsibility) के अलावा तीन अन्य बिन्दु भी वर्तमान समय में महत्त्वपूर्ण बन गये हैं और वे हैं–स्रोत (Resources), मान्यता (Recognition) एवं निवास (Residence)।

स्रोत का प्रश्न नागरिकता के लिए बहुत महत्त्वपूर्ण है, क्योंकि यह समानता और पूँजीवाद के सम्बन्धों को परिभाषित करता है। मान्यता का प्रश्न समानता और विभेद की बहस में महत्त्वपूर्ण होता है, जो अस्मिता

की राजनीति का केन्द्र बिन्दु है, विशेष रूप से नागरिकता के नारीवादी विश्लेषण के लिए। इसी प्रकार आवास एवं नागरिकता के मध्य सम्बन्ध विवादास्पद बनते जा रहे हैं, विशेषकर भूमण्डलीकरण के प्रभाव के कारण। आधुनिकता में राजनीतिक समुदाय में नागरिकता क्षेत्रीय (Territorial) राज्य से सम्बन्धित है। भूमण्डलीकरण ने राज्य की शक्तियों में कमी कर नागरिकता को दूसरे राजनीतिक समुदाय से सम्बन्धित करने में सहायता की है। जैसे–यूरोपीय यूनियन। इसी प्रकार अधिकार एवं ज़िम्मेदारियाँ केवल राज्य तक सीमित न रखकर उन्हें स्थानीय संस्थाओं से सम्बन्धित किया है। नागरिकता के इतिहास को दो चरणों में विभाजित किया जा सकता है। पहला–पूर्व आधुनिक चरण जो यूनानी नगर राज्य से आरम्भ होता है, जहाँ पहली बार नागरिकता का संस्थाकरण किया गया। वहाँ से नागरिकता 1789 की एक फ्रांसीसी क्रान्ति तक लगभग समान रूप से परिभाषित होती रही।

फ्रांसीसी क्रान्ति के बाद नागरिकता का दूसरा आधुनिक चरण आरम्भ होता है। फ्रांसीसी क्रान्ति ने कई प्रकार की नयी प्रवृत्तियों को जन्म दिया, जिन्होंने नागरिकता को महत्त्वपूर्ण तरीक़े से प्रभावित किया। आधुनिक नागरिकता चाहे प्रजातान्त्रिक और सहभागी हो जैसा कि यूनानी नगर राज्यों में थी, लेकिन वे आन्तरिक रूप से तथा पद सोपानीय थी। प्राचीन युग में नागरिक होना एक विशेषाधिकार था और जिसे प्राप्त करने के लिए प्रयास किया जाना आवश्यक था। एक नागरिक दूसरे ग़ैर–नागरिकों से स्वयं को बेहतर व्यक्ति मानता था क्योंकि कई प्रकार की श्रेणियों को नागरिकता नहीं मिलती थी, जैसे स्त्रियाँ, दास और जंगली। फ्रांसीसी क्रान्ति ने नागरिकता को समानता के उदारवादी विचार से सम्बन्धित किया। इसलिए अठारहवीं शताब्दी के बाद में धीरे–धीरे समाज के उन सभी वर्गों को नागरिकता मिलने लगी, जो अब तक उससे अछूते थे जैसे श्रमिक, स्त्रियाँ, विकलांग इत्यादि। उन्नीसवीं और बीसवीं शताब्दी में वोट लेने के अधिकार के लिए ब्रिटेन में हुए आन्दोलन ने नागरिकता के सिद्धान्त में विस्तार किया और इसकी भाषा में परिवर्तन होने लगा तथा समानता की भाषा का उपयोग होने लगा। यही समय उदारवाद का समय था। इसलिए उदारवादी विचारों के साथ–साथ नागरिकता के क्षेत्र में भी विस्तार हुआ। लेकिन उदारवाद के विरोधियों ने इस विस्तार को बहुत सीमित माना। यह माना गया कि यह विस्तार सैद्धान्तिक अधिक है और व्यावहारिक कम,

लेकिन फिर भी यह एक महत्त्वपूर्ण शुरुआत मानी जा सकती है। इसके अन्तर्गत नागरिकता को व्यक्तिगत स्वतन्त्रता, समानता, सार्वभौमिक अधिकार एवं विश्वास की अवधारणाओं से संयुक्त किया गया और सामाजिक संस्थाओं की प्रकृति को अधिक विवेकीकृत बनाने का प्रयास किया गया। मूल प्रश्न यह है कि इन सभी अमूर्त अवधारणाओं को किस प्रकार से मूर्त रूप प्रदान किया जाये। इस बहस को आरम्भ करने का सबसे अच्छा बिन्दु मार्शल के द्वारा अधिकारों की उदारवादी अवधारणा की पुरज़ोर वकालत से माना जा सकता है। उनके सिद्धान्त को नागरिकता के सिद्धान्त के पाँच 'आर' के सन्दर्भ में विवेचित किया जा सकता है। मार्शल ने अपने लोकप्रिय लेख 'सिटीज़नशिप एंड दी सोशियल क्लास' में नागरिकता के प्रश्न को विस्तार से विश्लेषित किया। यह लेख 1949 में प्रकाशित हुआ था। इसे ब्रिटेन में विकसित हो रहे कल्याणकारी राज्य के सन्दर्भ में लिखा गया था। इसमें उन्होंने पहली बार व्यवस्थित ढंग से नागरिक अधिकारों को तीन भागों में विभाजित किया—नागरिक, राजनीतिक एवं सामाजिक। मार्शल के अनुसार ये तीन उद्‌देश्य पूर्णतया प्राप्त करना ही नागरिकता का उद्देश्य है।

एक लोककल्याणकारी राज्य में नागरिक और राजनीतिक अधिकारों के साथ सामाजिक अधिकारों को संयुक्त करने से पूँजीवाद की असमानताओं का वैधीकरण होता है। इसका अर्थ यह है कि सार्वजनिक शिक्षा और समानता के अवसर तथा लोककल्याणकारी योजनाओं से पूँजीवादी समाज की बुराइयाँ जैसे बेरोज़गारी, बीमारी, ग़रीबी, असमानता इत्यादि का सामना किया जा सकता है। नागरिकता उसे ही मिलती है जो अपने समुदाय की सदस्यता को गम्भीरतापूर्वक लेते हैं और समानता के भाव को अंगीकृत करते हैं। यह समानता का भाव उनके अधिकारों और कर्तव्यों के सन्दर्भ में मुखरित होता है। मार्शल हालाँकि यह जानते थे कि सामाजिक नागरिकता का यह सिद्धान्त नागरिकता के अन्य अधिकारों से संगत नहीं है। नागरिक अधिकार आर्थिक व्यवस्था को सम्पत्ति के अधिकार और समझौते की गरिमा को बनाये रखने के कारण समर्थन प्रदान करते हैं। राजनीतिक अधिकार भी पूँजीवाद के लिए आवश्यक सन्दर्भ स्थापित करते हैं और इस बात में मदद करते हैं कि पूँजीवादी वर्ग प्रतिनिध्यात्मक प्रजातन्त्र के माध्यम से राज्य को नियन्त्रित कर सकें। उन्नीसवीं शताब्दी में जब राजनीतिक अधिकारों को जनता के लिए विस्तृत करने की प्रक्रिया आरम्भ हुई तब पूँजीपतियों की निगाह में समस्या उत्पन्न हुई क्योंकि इन अधिकारों का

उपयोग बाज़ार की व्यवस्था में हस्तक्षेप करने के लिए किये जाने का ख़तरा था। ऐसा किया भी गया, क्योंकि अधिकारों का उपयोग करने वाले नागरिक राजनीतिक रूप से बहुत चैतन्य नहीं थे। उनके स्वयं के आर्थिक हित बाज़ार के उतार–चढ़ाव से भी प्रभावित हो रहे थे, इसलिए वे अपने अधिकारों का उपयोग पूँजीवाद को बनाये रखने में नहीं कर पा रहे थे। साधारण जनता के बढ़ते हुए राजनीतिक प्रभाव ने सामाजिक न्याय के सिद्धान्त को जन्म दिया और उसने पूँजीवाद की सीमाएँ निर्धारित कीं।

मार्शल यह मानते हैं कि इस प्रकार सामाजिक अधिकारों ने पूँजीवाद को ज़्यादा जनतामुखी बनाया एवं स्थायित्व प्रदान किया। इक्कीसवीं शताब्दी के आरम्भ में मार्शल के द्वारा बताये गये निष्कर्षों में दरार नज़र आने लगी। यह स्पष्ट हो गया कि मार्शल का सिद्धान्त अतिआशावादी है जो यथार्थ के धरातल पर खरा नहीं उतरेगा। 1980 के दशक से ही उदारवाद पर नव उदारवाद का प्रभुत्व बढ़ता गया और मार्शल के सामाजिक उदारवाद का महत्त्व कम होता गया। नव उदारवादियों के अनुसार सामाजिक अधिकार नागरिक अधिकारों के समर्थक न होकर विरोधी होते हैं। वे तो यह भी मानते हैं कि बाज़ार की सुरक्षा के लिए राजनीतिक अधिकारों को भी सीमित करना चाहिए। उन्होंने इस बात का लाभ लिया कि मार्शल ने जो तीन प्रकार की श्रेणी अधिकारों की बताई हैं, उनमें आपस में टकराहट होती है। इसलिए नव उदारवादियों के अनुसार अधिकार इस प्रकार के होने चाहिए जो सीमित संगठित और एक उद्देश्य के लिए बने हों न कि विस्तृत, बिखरे हुए और एक–दूसरे के विरोधी नज़र आयें। नव उदारवाद व्यक्तिगत स्वतन्त्रता को भी सीमित करना चाहता है, जिससे कि कर व्यवस्था सुचारु रूप से लागू हो सके। इस प्रकार उनके अनुसार सामाजिक अधिकार उदारवाद के प्रमुख आधार सम्पत्ति के अधिकारों में हस्तक्षेप करता है तथा व्यक्तियों में राज्य पर निर्भर रहने की ख़तरनाक संस्कृति उत्पन्न करता है।

सामाजिक अधिकार और नागरिक अधिकारों की असंगतता को लेकर केवल नव उदारवादी ही चिन्तित नहीं हैं, अपितु मार्क्सवादी भी इस बात को गम्भीरता से लेते हैं। मार्क्सवादियों ने यह तर्क दिया है कि नागरिक एवं सामाजिक अधिकार सामाजिक संगठन के मूलभूत सिद्धान्तों के मौलिक रूप से विपरीत होते हैं। यह बात ध्यान में रखनी आवश्यक है कि नागरिकता पर बहस उसके सन्दर्भ को ध्यान में रखकर की जानी चाहिए।

एक अमूर्त स्तर पर अधिकारों की असंगतता, विरोधाभास या एकरूपता का निर्णय नहीं किया जा सकता और न ही उदारवादी सिद्धान्तों को लघुकृतवाद (Reductionism) के माध्यम से परिभाषित किया जा सकता है। जॉन लॉक से लेकर रॉबर्ट नोजिक तक उदारवादी नागरिक अधिकारों को स्वाभाविक मानते हैं। वे सामाजिक अधिकारों की बात नहीं करते लेकिन अगर हमें नागरिकता को एक राज्य के सन्दर्भ में परिभाषित करना है और वह राज्य चाहे कितना भी लचीला, कम हस्तक्षेप वाला हो लेकिन फिर भी नागरिकों के जीवन, स्वतन्त्रता और सम्पत्ति की रक्षा करना उसका धर्म है। यह कहा जा सकता है कि सामाजिक अधिकार भी इसी धर्म का निर्वहन करने से उत्पन्न होते हैं। नागरिक और राजनीतिक अधिकार भी चाहे प्राकृतिक माने जायें लेकिन उनकी मान्यता राज्य के द्वारा होती है और ज़ब तक राज्य उनको स्वीकृति प्रदान न करे वे अधिकार न होकर केवल शक्तियाँ होती हैं और जिनका उपयोग व्यक्ति बिना किसी नियम और विधि के करता है, जिसमें संघर्ष अनिवार्य है। ऐसे अधिकारों की कल्पना करना जो प्राकृतिक हैं और जिन्हें राज्य की मान्यता की आवश्यकता नहीं है, एक समाज के संगठन के सिद्धान्त को अस्वीकार करना है। नागरिकता की कल्पना राज्य के बग़ैर नहीं की जा सकती और राज्य बिना सामाजिक संगठन के उत्पन्न नहीं होता, इसलिए एक सावयवी दृष्टिकोण की आवश्यकता है जो नागरिकता के सभी आयामों को एक–दूसरे से जोड़ कर एक सुदृढ़ नागरिकता का सिद्धान्त प्रदान कर सके। इसका अर्थ यह नहीं है कि सभी सामाजिक अधिकार समान रूप से प्रभावी या उपयोगी होते हैं। समय और सन्दर्भ के बग़ैर इनकी उपयोगिता, आवश्यकता और प्रभावशीलता का मूल्यांकन नहीं किया जा सकता।

मार्शल के सामाजिक अधिकारों की आलोचना करते हुए कई विचारक यह मानते हैं कि इसके द्वारा व्यक्ति के नैतिक उत्थान में बाधा पहुँची है और वह राज्य पर अधिक निर्भर होता गया है। इस कारण नागरिकों को शक्तिशाली नहीं बनाया गया और उनकी असमानता भी दूर नहीं की गयी है अपितु असमानता बरकरार रखते हुए उनकी आवश्यकताओं को राज्य द्वारा पूरा करने का प्रयास किया गया है, जो अन्ततोगत्वा व्यक्ति को एक निराशाजनक स्थिति में फेंक देता है। इसलिए इस बात की आवश्यकता है कि चाहे सामाजिक अधिकारों की उदारवादी समाज में आवश्यकता हो, लेकिन उन्हें एक नये प्रकार से परिभाषित करने की भी आवश्यकता है।

वे इस प्रकार के होने चाहिए जो नागरिकों की मूलभूत आवश्यकताओं को पूरा करें और राज्य आधारित लोक कल्याणकारी योजनाओं को सीमित कर इस प्रकार की सामाजिक व्यवस्था बनायें, जिसमें नागरिक अपनी आवश्यकताओं की पूर्ति करने के लिए राज्य पर निर्भर न होकर स्वयं उद्योग, कौशल, शिक्षा, क्षमता, सामर्थ्य से ऐसा उत्पादन करें कि वे अपनी आवश्यकताओं को पूरा कर सकें।

उत्तरदायित्व (Responsibility)

मार्शल ने अपने निबन्ध में नागरिकों के अधिकारों पर विस्तार से चर्चा की है लेकिन उनके उत्तरदायित्व पर अधिक प्रकाश नहीं डाला है। उदारवादी विचारकों के साथ यह एक समस्या है कि वे राज्य की शक्ति को सीमित करने के ध्येय से व्यक्ति की स्वतन्त्रता और अधिकारों के महत्त्व को बढ़ा–चढ़ा कर प्रस्तुत करते हैं। समुदायवादियों के लिए अधिकारों को आवश्यकता से अधिक महत्त्व देना व्यक्तियों के समुदायों से सम्बन्ध को कमज़ोर बनाना है। उससे व्यक्ति केवल स्वहित में कार्य करने वाले बन जायेंगे और समाज विखण्डित होता जायेगा। व्यक्ति अपने अधिकारों का एक माध्यम के रूप में उपयोग करेंगे, जिससे अपने स्वयं का हित साधा जा सके। एटजिओनी (1995) एवं सेलबोर्न (1994) ने समाज में बढ़ते हुए अपराध, ड्रग की आदत एवं परिवारों के विघटन के लिए नागरिकता के अधिकारों को परोक्ष रूप से ज़िम्मेदार माना है, क्योंकि वर्तमान समय के बहुलतावादी समाजों को जोड़े रखने के लिए ये अधिकार पर्याप्त नहीं हैं। ग्रीन राजनीतिक विचारधारा ने भी नागरिकता के अधिकार आधारित दृष्टिकोण को उचित नहीं बतलाया है। समुदायवादियों के तरह पर्यावरणवादी भी इस बात में सन्देह व्यक्त करते हैं कि केवल अधिकारों से मानवीय ख़ुशहाली और प्रसन्नता प्राप्त की जा सकती है। अधिकारों को अत्यधिक महत्त्व देने से समाज में भौतिकवादी एवं एकाकी मूल्य प्रणाली को बल मिलता है, जो हमें प्रकृति से अन्तर्निर्भरता में कमज़ोर बनाती है। अधिकार पृथ्वी के स्रोतों के उपभोग करने की कोई सीमा निर्धारित नहीं करता। वास्तव में नागरिकता को इस तरह से परिभाषित करना चाहिए जिससे प्रत्येक नागरिक पर्यावरण और प्रकृति के प्रति अपनी ज़िम्मेदारी को समझे और आने वाली पीढ़ी के अधिकारों की रक्षा के लिए प्राकृतिक स्रोतों को बचा कर रखे। अगर दूसरे जीवों के पास अधिकार नहीं हैं तो उनकी सुरक्षा

और सम्मान की रक्षा करना मानव का कर्तव्य है। कई अन्य दृष्टिकोण भी नागरिकता में उत्तरदायित्व को पर्याप्त महत्त्व न दिये जाने से इसे एक अपूर्ण अवधारणा मानते हैं। समाजवादी परम्परा समाज में अन्तर्निर्भरता, एकता एवं पारस्परिकता (Reciprocity) के मूल्यों को बढ़ावा देती है।

कार्ल मार्क्स ने भी अपनी आरम्भिक रचनाओं में उदारवाद के द्वारा प्रदत्त 'अमूर्त अधिकारों' की आलोचना इस बात को ध्यान में रखकर की कि उनसे समाज की आर्थिक असमानताएँ दूर नहीं होंगी और इससे समुदाय की भावना और आपसी उत्तरदायित्व की भावना कमज़ोर होगी। इसी प्रकार कुछ नारीवादी भी यह मानते हैं कि आपसी देखभाल और भावनाओं की क़द्र न करने पर उदारवादी अधिकारों का सिद्धान्त अपूर्ण है। नागरिकता को परिभाषित करते हुए इस बात पर भी बल दिया जाना चाहिए कि प्रत्येक नागरिक के पास दूसरे नागरिकों के निजी एवं सार्वजनिक क्षेत्र में सहयोग, देखभाल एवं सहानुभूति का स्थान होना चाहिए। केवल औपचारिक राजनीतिक सम्बन्धों से, जैसे वोट डालने के अधिकार से समाज में एकरूपता स्थापित नहीं होगी और समाज को विखण्डित होने से नहीं बचाया जा सकता। नागरिकता के आदर्श स्वरूप में कर्तव्यों का भी उतना ही महत्त्व होना चाहिए जितना कि अधिकारों का है। क्योंकि कर्तव्य वे नैतिक सिद्धान्त हैं जो नागरिकों को स्वयं के प्रति, दूसरे नागरिकों के प्रति और समाज के प्रति उत्तरदायित्व की भावना से ओतप्रोत करते हैं। किमिलिका के अनुसार नागरिकता को एक सावयव ढंग से परिभाषित किया जाना चाहिए जिसमें अधिकार और उत्तरदायित्व के मध्य एक सन्तुलन होना चाहिए। केवल अधिकारों को महत्त्व देने से ऐसा प्रतीत होता है कि हम समाज को एक कृत्रिम संस्था मानते हैं और व्यक्तियों को पूर्णतया स्वायत्त इकाई। लेकिन ऐसा करना मनुष्य के भविष्य के लिए उचित नहीं होगा। क्योंकि जब तक हम अपने अधिकारों का उपयोग करते हुए दूसरे के प्रति उत्तरदायित्व की भावना का निर्वहन नहीं करेंगे हम सामूहिक रूप से मानव सभ्यता को सही दिशा में ले जाने में असमर्थ होंगे।

यह सभी नागरिकों की ज़िम्मेदारी है कि वे सामाजिक संस्थाओं, राजनीतिक संरचनाओं, सांस्कृतिक मूल्यों और सामाजिक संगठनों को बचा कर रखें और उनमें उत्तरोत्तर वृद्धि करें और उनको मानव कल्याण के प्रति प्रेरित करें। यह तभी सम्भव है जब हम अधिकारों को कर्तव्यों के साथ जोड़ें और स्वयं को मानव समाज का एक अविभाज्य अंग मानें तथा मानव

समाज को प्रकृति का एक अविभाज्य अंग मानें। इसलिए यह आवश्यक है कि नागरिकता निष्क्रिय नहीं होनी चाहिए। एक सक्रिय नागरिकता ही अधिकारों और कर्तव्यों में सन्तुलन स्थापित कर सकती है। नागरिकों के पास अधिकार कितने हों, यह बहस का विषय हो सकता है लेकिन जो भी अधिकार उनके पास हों और जो उत्तरदायित्व उनका बनाया गया उसमें उन्हें उत्साहपूर्वक हिस्सेदारी करनी चाहिए। जब तक नागरिक सामाजिक, राजनीतिक और आर्थिक कार्यों में उत्साहपूर्वक अधिकतम संख्या में भाग नहीं लेंगे तब तक नागरिकता का सही मूल्यांकन नहीं हो सकता। अधिकारों के मध्य भी सन्तुलन रखना आवश्यक है। किसी एक प्रकार के अधिकार जैसे राजनीतिक तो असीमित हों लेकिन सामाजिक अधिकार बिल्कुल न हों या सामाजिक अधिकार असीमित हों लेकिन राजनीतिक अधिकार का अभाव हो तो समाज सन्तुलित तरीक़े से विकास नहीं कर सकता। यूरोप और अमेरिका के चुनावों का अध्ययन करने पर डॉल्टन (1996) ने यह पाया कि सरकार की पारम्परिक संस्थाओं में नागरिकों का विश्वास खोता जा रहा है और वोटिंग का प्रतिशत भी कम हो रहा है। इसलिए वोटिंग को अनिवार्य बनाने की बात भी ग़लत नहीं है। यह नागरिकों की ज़िम्मेदारी होनी चाहिए कि वे सरकार बनाने में हिस्सेदारी लें। वे केवल सरकार की आलोचना करने तक अपने को सीमित न रखें। क्योंकि अगर आप सरकार बनाने में हिस्सेदारी नहीं ले रहे हैं तो आपको आलोचना करने का भी कोई अधिकार नहीं होना चाहिए। इस उत्तरदायित्व की भावना को उचित स्थान देने पर सरकार भी नागरिकों के प्रति अपने उत्तरदायित्व को समझेगी और कोई भी निर्णय करने से पूर्व नागरिकों की भावना को समझने का प्रयास करेगी।

स्रोत (Resources)

मार्शल ने अपने नागरिकता के सिद्धान्त में इस बात को विवेचित किया है कि किस प्रकार सामाजिक अधिकारों के विकास ने पूँजीवाद को सभ्य बनाया है और इस प्रकार बाज़ार अर्थव्यवस्था में आमूलचूल परिवर्तन की आवश्यकता को समाप्त कर दिया है। मार्शल यह भी मानते हैं कि सामाजिक अधिकारों के प्रभावी क्रियान्वयन से अर्थव्यवस्था द्वारा उत्पन्न असमानताएँ इतनी भी गहरी नहीं हैं कि उनके आधार पर मार्क्सवादी तरीक़े से वर्ग भेद को इंगित किया जाये। उनके अनुसार सामाजिक

अधिकारों के प्रभाव में नागरिकता एवं पूँजीवाद ने एक सामंजस्य स्थापित किया है। लेकिन 1970 के दशक में पूँजीवाद ने अपना स्वरूप परिवर्तित किया और वह एक नियन्त्रित पूँजीवाद से स्वतन्त्र पूँजीवाद की ओर बढ़ने लगा जो राज्यों के नियन्त्रण से स्वतन्त्र होता जा रहा था। हालाँकि अब पूँजीवाद पर नियन्त्रण नयी प्रकार की संस्थाओं जैसे अन्तर्राष्ट्रीय वित्त संस्थाओं, क्षेत्रीय समूह और स्थानीय संरचनाओं से हो रहा है। पूँजीवाद को ये अप्रत्यक्ष रूप से नियन्त्रित कर रही हैं। पूँजीवाद के इस परिवर्तित स्वरूप ने नागरिकता को भी प्रभावित किया है। संगठित श्रमिक वर्ग ने अपनी पहचान राजनीतिक दलों के रूप में भी स्थापित की, जैसे ब्रिटेन में लेबर पार्टी है। लेकिन अव्यवस्थित पूँजीवाद ने नये प्रकार के आयाम स्थापित किये हैं, जिसमें वर्गीय संरचना लचीली बन गयी है तथा उत्पादन के तरीक़े भी गत्यात्मक बन गये हैं। पूँजी एवं श्रमिक के मध्य सम्बन्धों में परिवर्तन हुआ है। लोक कल्याणकारी राज्य की अवधारणा परिवर्तित हुई है और राज्य के रोलिंग बैक प्रभाव के कारण राज्य सरकार एवं नागरिक के मध्य के सम्बन्ध पुनःपरिभाषित हुए हैं।

ऐसी स्थिति में नागरिकता को भी पुनःपरिभाषित करने की आवश्यकता है और उसकी परिभाषा इतनी लचीली होनी चाहिए कि वह इस बदलते पूँजीवाद में स्थायित्व प्राप्त कर सके। नागरिकता के लक्षण, सहयोग, अन्तर्निर्भरता एवं सामुदायिक सेवा के अर्थ भी बदल रहे हैं। इसलिए इसे पूँजीवाद से अलग अपनी विशिष्टता बनाये हुए परिभाषित करने की आवश्यकता है। आधुनिक नागरिकता केवल प्रभावी वर्ग के हितों को ध्यान में रखकर नहीं समझी जा सकती। आज कमज़ोर वर्ग भी नागरिकता को परिभाषित करने में महत्त्वपूर्ण स्थान रखते हैं। औद्योगिक समाजों में तथा अन्य प्रकार के समाजों में नागरिकता एवं पूँजीवाद के मध्य के सम्बन्ध अलग प्रकार के हैं। स्कॅन्डिनेवियन राज्यों में सामाजिक अधिकार बहुत बलशाली हैं और वे बाज़ार द्वारा उत्पन्न असमानताओं को समाप्त करते हैं तथा सामाजिक एकता बनाये रखने में मदद करते हैं। अन्य देशों में ऐसा नहीं है। लेकिन सामाजिक अधिकारों का महत्त्व तभी है जब उनका उपभोग कर व्यक्ति बाज़ार आर्थिक व्यवस्था से बाहर भी अच्छा जीवन यापन करने में समर्थ हो। यह तभी सम्भव है जब नागरिकों के कर्तव्य और अधिकार उत्पादन एवं उपभोग के बाज़ार के सिद्धान्तों से अधिक प्रभावी हों। अधिकारों और उत्तरदायित्वों के क्रियान्वयन का सार्थक आधार

खोजने के लिए आवश्यक है कि कार्य एवं नागरिकता के मध्य के सम्बन्धों को भी पुनःपरिभाषित किया जाये। न्याय, समानता इत्यादि के क्रियान्वयन के लिए एक अच्छा भौतिकीय आधार आवश्यक है। लेकिन कार्य और अधिकारों को सम्बन्धित नहीं करना चाहिए और न ही कार्य और नागरिकता में प्रत्यक्ष सम्बन्ध होना चाहिए, क्योंकि ऐसा करने पर नागरिकता की अवधारणा संकुचित होगी और उन समूहों को नागरिकता का लाभ नहीं मिल पायेगा जो आन्तरिक रूप से समाज द्वारा कमज़ोर बनाये गये हैं। जैसे अल्पसंख्यक, स्त्रियाँ इत्यादि।

मान्यता (Recognition)

मार्शल यह मानते हैं कि नागरिकता अपने लाभों और माँगों में सार्वभौमिक होगी, जिसके द्वारा राज्य के सदस्यों में समानता को मान्यता दी जायेगी। इस समानता के सिद्धान्त की नारीवादियों ने आलोचना की है। वे यह मानते हैं कि नागरिकता का एक सार्वभौमिक प्रतिमान नागरिकों के मध्य के महत्त्वपूर्ण विभेदों की उपेक्षा करता है। उदारवाद में व्यक्ति एक लैंगिक संरचना है और जिसमें पुरुषों को विवेकी तथा निर्णय करने में समर्थ इकाई माना जाता है, जिससे वे स्वभावतः राजनीतिक नागरिकता से सम्बन्धित होते हैं।

आयरिस यंग (1990) ने विभेदों की राजनीति पर प्रकाश डाला है और नागरिकता को सार्वभौमिक न मानकर समूह आधारित बनाने की वकालत की है, जिससे उसमें बहुलतावादी आवश्यकताओं और अधिकारों का समावेश किया जा सके। सरकार को ऐसे समूह की आर्थिक सहायता करनी चाहिए जो एक विशेष प्रकार की जीवन शैली बनाता है और जिसमें एक संगठनात्मक सुसंगतता है। ऐसे समूहों को सलाह देने का अधिकार और वीटो पावर होनी चाहिए जब उनके उस समूह से सम्बन्धित हितों सम्बन्धी नीतियों का निर्माण हो रहा हो। उदारवाद ने सभी व्यक्तियों को विवेकी, स्वायत्त इकाई माना है और उन्हें समान नागरिकता का अधिकार दिया है। उदारवाद की आरम्भिक अवस्था में केवल विवेकीकृत व्यक्तियों को ही नागरिकता प्रदान की गयी और ऐसे सभी व्यक्ति जिनके विवेक पूर्ण विकसित नहीं हुए हैं या जो सन्देहास्पद हैं या स्वतन्त्र नहीं हैं, उन्हें नागरिकता नहीं दी गयी। इस कारण ग़रीब व्यक्ति, स्त्रियाँ, अस्थिर मस्तिष्क वाले व कम आयु वर्ग के लोग नागरिकता प्राप्त नहीं कर सके।

आज आधुनिक युग में नागरिकता पर ये सारे बन्धन लगाने की कल्पना नहीं की जा सकती। केवल विवेकी व्यक्ति को ही नागरिकता देने की सोच, आज की क्लिष्ट सामाजिक संरचनाओं और उनसे उत्पन्न गत्यात्मक सामाजिक वर्गों, जो लैंगिकता, वर्ग एवं नृजातीयता पर आधारित हैं, को स्वीकार नहीं किया जा सकता। आज यह राज्य का कर्तव्य माना जाता है कि वह सामाजिक न्याय के सिद्धान्त से समाज के ऐसे वर्ग को बल प्रदान करे जो ऐतिहासिक रूप से कमज़ोर रहे हैं। उदारवादी समूह आधारित अधिकारों की इस कल्पना की आलोचना करते हैं क्योंकि वे यह मानते हैं कि ऐसा करना व्यक्ति की अस्मिता को एक समूह के सदस्य के रूप में मान्यता देना होगा जबकि व्यक्ति बहुआयामी होता है और वह एक समय में कई समूह का सदस्य हो सकता है। किमिलिका ने यंग के सिद्धान्त पर प्रश्न उठाते हुए कहा–

1. वे कौन–से समूह होंगे जिन्हें विशेष अधिकार दिये जायें, नये उभरने वाले समूहों को किस प्रकार से मान्यता दी जायेगी और विशेष हितों को कैसे वितरित किया जायेगा।
2. अधिकारों को समूह आधारित करने पर एक समूह के व्यक्ति दूसरे समूह के व्यक्ति की आवश्यकताओं, उत्तरदायित्व और अधिकारों को नहीं समझ पायेंगे। उनके मध्य एक सम्प्रेषण विहीन राजनीति का जन्म होगा जो नागरिकता के सार्वभौमिक आधार, साझा अधिकार एवं उत्तरदायित्व के विरुद्ध होगा। विभेदी नागरिकता की अवधारणा इस बात पर आधारित है कि समानता एवं भेद असंगत हैं। उदारवाद इसको स्वीकार नहीं करता है, क्योंकि उदारवादी नागरिकता में प्रत्येक व्यक्ति को स्वायत्त इकाई मानकर उनकी विभिन्नताओं को ध्यान में रखकर नागरिकता का उपभोग करने की क्षमता विकसित की जाती है। बाज़ार की असमानता और राष्ट्रीय राज्यों की कुछ परम्पराएँ कुछ सामाजिक समूहों को समान नागरिकता का आनन्द उठाने में बाधा पहुँचाती हैं।

आवास (Residence)

मार्शल के समय तक आवास एवं नागरिकता के मध्य किसी प्रकार के संघर्ष की कल्पना नहीं की जा सकती थी, क्योंकि नागरिकता को राज्य के सदस्य के रूप में परिभाषित किया जाता था। राज्य की एक विशेषता

उसका भौगोलिक क्षेत्र है जो प्रत्यक्ष रूप से परिभाषित है। भूमण्डलीकरण के प्रभाव से इस अवधारणा पर असर पड़ा है। आज कई प्रकार की वैश्विक समस्याएँ हैं जिनका निराकरण राष्ट्रीय राज्य की सीमाओं के अन्तर्गत नहीं हो सकता। उसके लिए एक अन्तर्राष्ट्रीय समझ की आवश्यकता है। पर्यावरणीय समस्याएँ, आणविक शस्त्रों एवं अपशेष (waste) की समस्या, अन्तर्राष्ट्रीय अपराध एवं आव्रजन इत्यादि समस्याएँ, संचार माध्यमों के विस्फोट से इंटरनेट इत्यादि सेवाएँ। सोशल नेटवर्किंग के ज़रिये एक वैश्विक राजनीतिक समुदाय जो विशेष मुद्दों पर आधारित होता है, उत्पन्न होता है। उसको समझने के लिए राष्ट्रीय राज्यों को आपस में सद्भाव निर्माण करना और निरन्तर सम्प्रेषण बनाये रखना आवश्यक है। इस कारण ऐतिहासिक रूप से स्थापित राष्ट्रीयता एवं नागरिकता के सम्बन्धों को पुनःपरिभाषित करने की आवश्यकता है। उदारवादी सिद्धान्त में एक सार्वभौमिक मानवीय अधिकारों की कल्पना की गयी है। एक स्पष्ट राष्ट्रीय राज्य की कल्पना भी की गयी है जो नागरिकता को परिभाषित करता है। लेकिन दोनों के मध्य विवाद होने के कई क्षेत्र हैं। अन्तर्राष्ट्रीय स्तर पर मानवीय अधिकारों का हनन उदारवादी नागरिकता की परिभाषा से परे जाता है और राष्ट्रीय राज्यों को उसको सुलझाने में समस्या आती है। इसलिए हेबरमास (1992) ने इस समस्या का समाधान करने के लिए यह सुझाव दिया है कि नागरिकता केवल निवास के आधार पर होनी चाहिए। उसको किसी सांस्कृतिक एकता या आनुवांशिकता से नहीं जोड़ना चाहिए। 1999 में जर्मनी की सामाजिक प्रजातान्त्रिक सरकार ने इन दृढ़ सम्बन्धों एवं सामाजिक सदस्यता के मध्य के सम्बन्धों को तोड़ा और उन सभी विदेशी निवासियों के बच्चों को नागरिकता प्रदान की जो जर्मनी में निवास कर रहे थे। इस प्रकार की घटनाओं में वृद्धि की आशा की जा सकती है। यह एक अर्थ में उत्तर राष्ट्रीय नागरिकता को जन्म देगा। यूरोपियन यूनियन भी एक यूरोपियन नागरिकता पर विचार कर रही है। 1992 में मास्ट्रिच सन्धि के द्वारा इस नागरिकता को साकार रूप दिया गया। इनमें यूरोपियन यूनियन (ईयू) के सदस्यों को उनके राष्ट्रों के अधिकारों के साथ कुछ और अधिकार भी दिये गये। लेकिन ये नये प्रकार के अधिकार अभी तक निष्क्रिय नागरिकता की श्रेणी में आते हैं। उन्हें अभी वोट देने का अधिकार नहीं मिला है। अभी तक यूरोपियन यूनियन की नागरिकता द्वितीय स्तर की मानी गयी है जो व्यक्तियों को उनके आर्थिक एवं सामाजिक

क्षेत्र में कार्य करने के लिए दी जाती है। अभी उसके राजनीतिक स्वरूप का निर्धारण नहीं हुआ है।

अन्त में यह कहा जा सकता है कि नागरिकता एक उद्धार (Emancipatory) की अवधारणा है। इसमें व्यक्तियों को नागरिक बनने पर उनका मानव के रूप में भी विकास होता है, वे सही प्रकार के अधिकारों व कर्तव्यों का पालन करते हैं, जिससे वे एक श्रेष्ठ मानव बन सकें। उदारवादी नागरिकता व्यक्तियों के अधिकारों को महत्त्व देकर एक स्थायी एवं स्वतन्त्र सरकारी व्यवस्था को भी बढ़ावा देती है, जिससे उन अधिकारों की सुरक्षा की जा सके और वे एक मानव के रूप में अपना जीवन व्यतीत कर सकें। आज समूह अधिकारों की चर्चा भी की जाती है और उनको भी उदारवादी चिन्तन के अन्तर्गत कैसे समायोजित किया जाये इस पर चिन्तन करना आवश्यक है। लेकिन सबसे महत्त्वपूर्ण बात यह है कि नागरिकता एक निष्क्रिय अवधारणा बन कर न रह जाये। नागरिकों को इस बात के लिए प्रोत्साहित किया जाना चाहिए, चाहे इसके लिए क़ानून भी बनाने पड़ें, ताकि वे अधिकतम संख्या में राज्य के कार्यों में हिस्सेदारी लें तथा सामाजिक व आर्थिक क्षेत्र में अपने कर्तव्यों का पालन भी सही प्रकार से करें। नागरिकता की अवधारणा एक सावयव अवधारणा है, जिसमें अधिकार एवं उत्तरदायित्व दोनों समान रूप से महत्त्वपूर्ण हैं एवं एक–दूसरे से सम्बन्धित भी हैं। नागरिकता का समुचित उपयोग करने के लिए आवश्यक स्रोत होने चाहिए। हीटर (1990) ने बहुआयामी नागरिकता की वकालत की है, जिसके अनुसार भविष्य में नागरिकता केवल राज्य तक सीमित न होकर उससे ऊपर या उसके अन्तर्गत आने वाली संस्थाओं तक करनी पड़ेगी और अधिकार एवं उत्तरदायित्व भी उसी प्रकार विभाजित होंगे। इस कारण आज की एकाकी नागरिकता की अवधारणा बदलते विश्व में बहुत वर्षों तक नहीं चल पायेगी।

नागरिकता सिद्धान्त : बदलते सन्दर्भ में

नागरिकता के सिद्धान्त में कई वैश्विक परिवर्तनों ने प्रभाव डाला है। इनमें प्रमुख हैं–भूमण्डलीकरण, अन्तर्राष्ट्रीय आव्रजन, सामाजिक–सांस्कृतिक बहुलतावाद एवं क्षेत्रीय हस्तान्तरण। इसी प्रकार नयी चुनौतियाँ सामने आ रही हैं। इसमें एक नये प्रकार के वैश्विक समाज का निर्माण हो रहा है जिसमें राजनीति को हाशिये पर ढकेल कर चुनावी राजनीति में हिस्सेदारी

को कम करके नागरिक एक ग्राहक के रूप में परिवर्तित हो रहा है। इस कारण अधिकार, लाभ, कर्तव्य और राजनीतिक दायित्व की अवधारणाओं की पुनर्व्याख्या करने की आवश्यकता महसूस हो रही है। जहाँ एक ओर नीति–निर्माता अधिक सक्रिय नागरिकों का समर्थन करते हैं और सामान्य नागरिक को अधिक सिविल दायित्व निभाने का आह्वान करते हैं वहीं दूसरी ओर सामाजिक आन्दोलन के सदस्य प्रजातन्त्र में समानता और अवसरों की बात करते हैं। टी. एच. मार्शल के लेख 'नागरिकता एवं सामाजिक वर्ग' को बीसवीं शताब्दी में नागरिकता पर बहस का प्रमुख बिन्दु माना जाता है। उसने नागरिकता के प्रश्न को मानवीय समानता से जोड़ा और इस मानवीय समानता को मूर्त रूप देने के लिए राजनीतिक, सिविल एवं सामाजिक अधिकारों एवं कर्तव्यों के द्वारा विवेचित किया। राजनीतिक समुदाय भी एक समान राष्ट्रीय अस्मिता, सांस्कृतिक मूल्य और संस्थाओं के साझा उपभोग के आधार पर परिभाषित होता है। इसलिए उसके सदस्य होने के नाते नागरिक एक ऐसी सांस्कृतिक समानता को स्वीकार करते हैं, जिसके आधार पर राजनीतिक समुदाय का निर्माण होता है। लेकिन समसामयिक परिवर्तनों ने नागरिकता के इन मूलभूत सिद्धान्तों को चुनौती दी है–

1. नागरिकता के सांस्कृतिक एकता पक्ष को सबसे सबल चुनौती मिली है। 1970 के दशक में इस चुनौती का सामना करने के लिए उदारवादी चिन्तन में जॉन रॉल्स ने ऐसे राज्य की कल्पना की जो नृजाति और संस्कृति के प्रति, निष्ठा के प्रति निष्पक्ष राज्य हो जो एक अज्ञान के पर्दे के पीछे निर्मित होता है जिससे कि किसी प्रकार के मूल्यों के प्रति विशेष अनुग्रह को समाप्त किया जा सके। 80 और 90 के दशक में बहुसंस्कृतिवादियों ने राष्ट्रीय राज्यों में ऐसे क़ानून और संस्थाओं को बनाने पर ज़ोर दिया जो अल्पसंख्यकों के सांस्कृतिक मूल्यों की रक्षा भी कर सकें और उन्हें अपनी संस्कृति को बचाये रखने के लिए उपयुक्त वातावरण प्रदान कर सकें। नब्बे के दशक के अन्त तक आते–आते आव्रजन का प्रश्न महत्त्वपूर्ण बन गया है। आज विश्व में कई देशों की अर्थव्यवस्था आव्रजनीय श्रमिक शक्ति से निर्धारित होती है और यह श्रमिक शक्ति केवल सबसे निचले स्तर पर ही कार्यरत नहीं है अपितु मध्यम स्तर तक महत्त्वपूर्ण बन चुकी है।

इसका उदाहरण विज्ञान और कम्प्यूटर के क्षेत्र में वैश्विक आवागमन ने सिद्ध किया है। इस नये प्रकार के आव्रजन ने, जो आर्थिक रूप से सबल है व बौद्धिक रूप से परिपक्व है और श्रम में बेहतर है राजनीतिक समाजों को प्रभावित किया है और राजनीतिक समाज यह नहीं समझ पा रहे हैं कि किस प्रकार से इस नयी चुनौती का सामना किया जाये। नागरिकता का प्रश्न भी इससे जुड़ा है और उसमें नागरिक आव्रजन, अल्पसंख्यक इत्यादि के मध्य के सम्बन्ध को पुनःपरिभाषित करने की आवश्यकता महसूस हो रही है। सांस्कृतिक मूल्यों की बहुलता ने नागरिकता के प्रमुख आधार भौगोलिक एकता को चुनौती दी है। इस कारण नागरिकता का प्रश्न एक वैश्विक प्रश्न बन गया है। वैश्विक नागरिकता को राष्ट्रीय नागरिकता से ज़्यादा महत्त्व देना आवश्यक बन गया है।

2. मार्शल के शास्त्रीय सिद्धान्त को दूसरी बड़ी चुनौती भूमण्डलीकरण एवं हस्तान्तरण के सिद्धान्त से मिल रही है। इन दोनों के द्वारा राज्य का भूगोलीय आधार और राष्ट्रीय सीमाएँ सन्देहास्पद बन रही हैं। सेसन (1995: 30) जैसे भूमण्डलीकरण के समर्थक व्याख्याकारों ने यह माना है कि व्यापार के कारण राष्ट्रीय सीमाओं के शिथिल पड़ जाने से राष्ट्रीय राज्यों का अराष्ट्रीयकरण होता जा रहा है। इसलिए राष्ट्रों के नागरिक भी अन्तर्राष्ट्रीय मानव अधिकार सम्बन्धी क़ानूनों से नियन्त्रित हो रहे हैं। वे राष्ट्रीय क़ानूनों से ज़्यादा और प्रभावी सिद्ध हो रहे हैं। इसी प्रकार सोयसल (1994 : 1996) ने यह भविष्यवाणी की है कि अन्तर्राष्ट्रीय आव्रजन के बढ़ते प्रभाव, अन्तर्राष्ट्रीय मानव अधिकारों के प्रति बढ़ती चेतना एवं बहुस्तरीय राजनीति के प्रादुर्भाव (यूरोपियन यूनियन) जैसी संस्थाओं के निर्माण ने एक उत्तर राष्ट्रीय नागरिकता की स्थापना की राह खोल दी है। ऐसी स्थिति में नागरिकता वैश्विक नागरिकता के रूप में ही परिभाषित होने की सम्भावनाएँ अधिक हो गयी हैं। राष्ट्रीय राज्यों को केवल अन्तर्राष्ट्रीय स्तर पर ही चुनौती नहीं मिल रही अपितु उनको अपने राष्ट्र के अन्तर्गत भी नीचे से चुनौती मिल रही है, जिसमें राज्यों की इकाइयाँ स्वायत्तता की माँग कर रही हैं और नागरिकता को परिभाषित करने के लिए स्थानीय

इकाई की सदस्यता को अधिक महत्त्व दे रही हैं। राज्य की सम्प्रभुता का यह हस्तान्तरण भी नागरिकता के प्रश्न को नये प्रकार से सोचने पर मजबूर कर रहा है। इस प्रकार माइकल किटिंग (2009) और रैनर बोबोक (2009) ने अपने अध्ययन में नागरिकता के प्रश्न को क्षेत्रीय, राष्ट्रीय एवं अन्तर्राष्ट्रीय शासन के स्तर पर पुनःपरिभाषित करने की आवश्यकता पर बल दिया है। समसामयिक राजनीति में सामाजिक आन्दोलनों के बढ़ते महत्त्व ने भी नागरिकता को नीचे के स्तर से पुनःपरिभाषित करने पर बल दिया है। (डेलापोर्टा, 2006)

पश्चिमी राजनीतिक दर्शन में सत्तर के दशक में न्याय एवं अधिकार महत्त्वपूर्ण अवधारणाएँ थीं, जब उदारवादियों ने उपयोगितावाद के विकल्प में न्याय के सिद्धान्त को प्रतिपादित किया। 1980 के दशक में न्याय, समता उदारवादी संस्करण की आलोचना के रूप में समुदायवादी दर्शन महत्त्वपूर्ण बना। इसलिए समता उदारवादी एवं समुदायवाद के मध्य में हुए विवाद ने 90 के दशक में नागरिकता के प्रश्न को महत्त्वपूर्ण बनाया। नागरिकता को परिभाषित करने में इन पूर्ववर्ती विचारधाराओं के तत्त्व को सम्मिलित किया गया और राजनीतिक दर्शन में इस पर गम्भीरता से पुनर्विचार आरम्भ हुआ। इसी काल की कई राजनीतिक घटनाओं ने भी इस प्रश्न को महत्त्वपूर्ण बनाया। पूर्वी यूरोप में राष्ट्रीय आन्दोलनों के विस्तार ने, पश्चिमी यूरोप में बहुसांस्कृतिक जनसंख्या की वृद्धि ने, अमेरिका में मतदाताओं की घटती संख्या ने और पर्यावरण के बढ़ते हुए ख़तरे ने नागरिकता के प्रश्न के समाधान नये तरीक़े के ढूँढ़ने पर मजबूर किया। यह स्पष्ट होता गया कि आधुनिक प्रजातन्त्र केवल राज्य का उत्तरदायित्व नहीं है। इसे बचाये रखने के लिए नागरिकों की सहभागिता आवश्यक है। नागरिकों में सद्भाव, आपसी समझ, उनकी अस्मिता और उनके विश्वासों के आधार पर राजनीतिक संरचनाओं को बनाये रखा जा सकता है। इसलिए अच्छे नागरिक की तलाश आरम्भ हुई जिसमें आत्मसंयम, व्यक्तिगत उत्तरदायित्व, राजनीतिक चेतना, आर्थिक क्षमता एवं व्यक्तिगत चुनाव के मूल्यों को महत्त्वपूर्ण माना गया। हेबरमास (1992 : 7) ने इसीलिए यह कहा कि संवैधानिक अस्मिता की संस्थाएँ उतनी ही महत्त्वपूर्ण हैं जितनी कि उनकी जनसंख्या उन्हें महत्त्वपूर्ण बनाती है। नब्बे के दशक में रॉबर्ट पतनेम के अध्ययन ने नागरिकता के प्रश्न में अधिक

दिलचस्पी उत्पन्न की। पतनेम ने इटली की क्षेत्रीय सरकारों का अध्ययन कर यह निर्णय निकाला कि विभिन्न संस्थाएँ द्वितीय विश्व युद्ध के बाद में स्थापित हुईं और ये लगभग एक ही प्रकार की संस्थाएँ थीं लेकिन उनके कार्य को निष्पादित करने के तरीक़े अलग–अलग प्रकार के थे। उनकी क्षमता में विभिन्नता नागरिकों की आय एवं शिक्षा के भेदों के अन्तर के कारण नहीं थी अपितु उनमें नागरिक सद्‌गुण की विभिन्नताओं के कारण थी जिसे पतनेम ने सामाजिक पूँजी का नाम दिया। जो उसके अनुसार विश्वास करने की क्षमता, सामाजिक कार्यों में भाग लेने की इच्छा और न्याय के बोध से परिभाषित होती है।

पतनेम के इस अध्ययन के निष्कर्षों की आलोचना की गयी लेकिन इस सामान्य बात को अधिकांश विचारकों ने स्वीकार किया कि नागरिकों की अस्मिता एवं सद्‌गुण प्रजातान्त्रिक सरकारों को चलाने में एक महत्त्वपूर्ण स्वतन्त्र कारक है। इस प्रकार नागरिकों के हिस्सेदारी, कार्य, उनकी शिक्षा, उनकी अस्मिता, उनके सद्‌गुण इत्यादि की चर्चा राजनीतिक लेखों में होने लगी। इस प्रकार नागरिकता का सिद्धान्त उससे पूर्ववर्ती संस्थागत न्याय के सिद्धान्तों का पूरक माना गया। कुछ उत्साही टिप्पणीकर्ताओं ने नागरिकता की सम्पूर्णता में न्याय की आवश्यकता को भी नकार दिया। मार्शल के अनुसार नागरिकता का मूल मन्त्र यह है कि समाज के प्रत्येक सदस्य से समानता के आधार पर व्यवहार किया जाये और ऐसा करने के लिए नागरिकों के अधिकारों में वृद्धि और उनकी सुरक्षा स्थापित हो। मार्शल ने नागरिकता के अधिकारों को तीन श्रेणियों में विभाजित किया और उसे इंग्लैंड की तीन शताब्दियों से जोड़ा। नागरिक अधिकार जो अठारहवीं शताब्दी में आरम्भ हुए, राजनीतिक अधिकार जो उन्नीसवीं शताब्दी में महत्त्वपूर्ण बने और सामाजिक अधिकार जैसे स्वास्थ्य सम्बन्धी, सार्वजनिक शिक्षा, बेरोज़गारी भत्ता इत्यादि बीसवीं शताब्दी में महत्त्वपूर्ण बने। नागरिकता के अधिकारों में वृद्धि ने नागरिकों की श्रेणी में भी वृद्धि की। नागरिक एवं राजनीतिक अधिकारों का उपभोग करते समय नागरिकों का वर्ग भी सीमित था और वह मुख्य रूप से सम्पत्तिवान, प्रोटेस्टेंट पुरुषों से बना था। इन अधिकारों में वृद्धि के साथ–साथ स्त्रियों, श्रमिक वर्ग, कैथेलिक, यहूदी, ब्लैक और अन्य समूहों को भी नागरिकता का दर्जा मिला।

मार्शल के अनुसार नागरिकता की पूर्णता तभी सम्भव है जब एक उदारवादी प्रजातान्त्रिक लोक कल्याणकारी राज्य हो। सभी नागरिकों

को नागरिक, राजनीतिक एवं सामाजिक अधिकारों की गारंटी देने से लोककल्याणकारी राज्य समाज के सभी सदस्यों को एक समानता का एहसास कराता है जिससे वे उत्साहपूर्वक समाज के सामूहिक कार्यों में हिस्सा लेते हैं। इन अधिकारों के हनन से विभिन्न समूह अपने आपको असुरक्षित और अवांछनीय मानते हैं और समाज के सामूहिक कार्यों में हिस्सा लेने में असमर्थ हो जाते हैं। मार्शल का यह नागरिकता का सिद्धान्त निष्क्रिय नागरिकता का सिद्धान्त माना जाता है क्योंकि इसमें नागरिकों के अधिकारों की कल्पना की गयी है, उनके उत्तरदायित्वों की नहीं। इस प्रकार की निष्क्रिय अथवा निजी नागरिकता के अपने लाभ हैं क्योंकि यह कुछ महत्त्वपूर्ण मानवीय शुभ को इंगित करती है जो सभी के लिए आवश्यक है। लेकिन पिछले कुछ समय से इस निष्क्रिय नागरिकता की आलोचना की जा रही है। बहुत से टिप्पणीकर्ता यह तर्क देते हैं कि इस निष्क्रिय नागरिकता को सक्रिय नागरिकता में बदलने की आवश्यकता है। यह तभी सम्भव है जब नागरिकों के उत्तरदायित्व एवं सद्गुणों का उल्लेख किया जाये। एक प्रजातन्त्र को बनाये रखने के लिए जिन आवश्यक नागरिक सद्गुणों की आवश्यकता होती है। उनको विवेचित करते हुए विलियम गेल्सस्टोन (1991 : 221–4) ने बताया :

1. **सामान्य सद्गुण** : साहस, विधि पालन करने की इच्छा और निष्ठा।
2. **सामाजिक सद्गुण** : स्वतन्त्रता और खुला मस्तिष्क।
3. **आर्थिक सद्गुण** : कार्य नैतिकता, निज स्वार्थ से परे कार्य करने की क्षमता और आर्थिक एवं प्रौद्योगिकी परिवर्तन के अनुरूप अनुकूलता बनाना।
4. **राजनीतिक सद्गुण** : दूसरों के अधिकारों का सम्मान, दूसरे के कार्यों की समीक्षा करना और राजनीतिक विवादों में हिस्सा लेने की क्षमता।

यह माना गया कि इस प्रकार की क्षमताएँ नागरिकों के पास अधिक होने से प्रजातन्त्र के सुचारु रूप से चलने में सहायता मिलती है। आज इन क्षमताओं के उदाहरणों में अन्तर किया जा सकता है क्योंकि आज समाज अधिक बहुलतावादी बन गये हैं लेकिन इस बात को स्वीकारा जाता है कि प्रजातन्त्र की रक्षा केवल सरकार या संस्थाओं के द्वारा ही नहीं हो सकती या अच्छे क़ानून या संविधान के द्वारा भी नहीं हो सकती,

इसके लिए आवश्यक है एक जागरूक नागरिक का होना जो नागरिकता के सिद्धान्त का पालन करे और अपने कर्तव्यों और उत्तरदायित्व का महत्त्व समझ कर सामूहिक कार्यों में हिस्सा ले।

विश्व-नागरिकतावाद (Cosmopolitanism)

नागरिकता के सिद्धान्त के अन्तर्गत एक महत्त्वपूर्ण विवाद भूमण्डलीकरण के प्रभाव के कारण सामने आता है। नागरिकता की भू–भागीय सीमाओं पर प्रश्नचिह्न लगाया जाता है और नागरिकता को भू–भाग की सीमाओं से मुक्त कर वैश्विक स्तर पर परिभाषित करने की बात की जाती है। इसलिए विश्व नागरिकतावाद की अवधारणा उदारवादी चिन्तन में महत्त्वपूर्ण बनती जा रही है। विश्व नागरिकतावाद के कई रूप हैं। इसे न्याय तथा संस्कृति के आधार पर दो भागों में विभाजित किया जाता है।

न्याय से सम्बन्धित विश्व नागरिकतावाद में न्याय के ऐसे किसी भी सिद्धान्त को स्वीकार नहीं किया जाता जो विशेष राष्ट्र या विशेष समाज को न्याय के क्रियान्वयन के लिए आवश्यक मानता हो और इसलिए यह समुदायवादी और राष्ट्रवादी अवधारणाओं की आलोचना करता है। न्याय के सफल क्रियान्वयन के लिए किसी सुसंगत सामाजिक समूह की आवश्यकता को नकारता है। इसी प्रकार यह न्याय के क्रियान्वयन के लिए समाज के किसी विशिष्ट भाग को महत्त्वपूर्ण मानता है जैसे कि जॉन रॉल्स मूल संरचना को आवश्यक मानता है। विश्व नागरिकतावादी न्याय के सिद्धान्त को वैश्विक जनता पर क्रियान्वित करना चाहते हैं।

इसी प्रकार संस्कृति से सम्बन्धित विश्व नागरिकतावाद यह स्वीकार नहीं करता है कि किसी व्यक्ति की अस्मिता उसके किसी सांस्कृतिक समूह के सदस्य होने पर ही नियत होती है। इनके अनुसार किसी संस्कृति विशेष से सम्बन्धित होने और उसे निरन्तर निभाये रखने को व्यक्ति की स्वतन्त्रता का हनन माना जा सकता है। संस्कृतियाँ गत्यात्मक होती हैं और वे न केवल समय के साथ परिवर्तित होती हैं अपितु वह अपने सदस्यों को यह स्वतन्त्रता भी देती हैं कि वह समय के साथ अपने सांस्कृतिक मूल्यों को संशोधित करें और इस प्रकार एक नयी सांस्कृतिक संस्कृति को जन्म दें। अगर कोई संस्कृति ऐसा नहीं करती है तो वह कालातीत में लुप्त हो जाती है। विश्व नागरिकतावाद का मूल मन्त्र यह है कि प्रत्येक व्यक्ति पूरे विश्व का नागरिक है और उसका सम्बन्ध मार्था नुसबोम के शब्दों में विश्वव्यापी मानवीय समुदाय से है।

ये दोनों प्रकार के विश्व नागरिकतावाद इस मूलभूत विचार को स्वीकार करते हैं और उसके दो स्वरूपों को प्रदर्शित करते हैं। वैश्विक नागरिकता भूमण्डलीकरण के सामाजिक पक्ष से सम्बन्धित अवधारणा है जिसके अन्तर्गत राष्ट्रीय अस्मिता को प्रमुख रूप से चुनौती दी गयी है। वैश्विक नागरिकताकरण मुख्य रूप से राष्ट्रीय राज्यों में बढ़ते हुए संकट को प्रदर्शित करता है और यह संकट बहुत से कारणों से उत्पन्न हो रहे हैं। इनमें पर्यावरणीय कारण सबसे अधिक महत्त्वपूर्ण है क्योंकि आज पर्यावरण बचाने की वैश्विक चेतना पुरज़ोर तरीक़े से वैश्विक जनमत में परिणित हो गयी है। वैश्विक नागरिकता को मानवता के प्रति निष्ठा के प्रतीक के रूप में देखा जाने लगा है। नुसबोम (1996) के स्टोईक वैश्विक नागरिकतावाद के अनुसार सार्वभौमिक मानवीय विवेक में निष्ठा सभी मानव समाजों को एकता के सूत्र में बाँधती है। उसमें राष्ट्रीय अस्मिता का प्रश्न गौण हो जाता है। नुसबोम (1996 : 9–15) के अनुसार वैश्विक नागरिक जहाँ अपनी प्रारम्भिक निष्ठा मानवता के प्रति रखते हैं वे स्थानीय सम्बन्ध को जो कि वर्ग, प्रजाति, जेण्डर, व्यवसाय या अन्य सामाजिक समूहों से सम्बन्धित हों उनको भी रख सकते हैं लेकिन इन द्वितीय स्तर के सम्बन्धों में राष्ट्रवाद या राष्ट्रभक्ति सम्मिलित नहीं है, क्योंकि उसके अनुसार राष्ट्रभक्ति और जिंगोइज़्म के मध्य में बहुत अधिक दूरी नहीं है। एन्थोनी अपैया (1996) नुसबोम से इस बात में सहमत नहीं हैं क्योंकि वह राष्ट्रभक्ति के सन्दर्भ में भावनाओं पर आधारित सम्बन्ध, तर्क और विवेक पर आधारित राष्ट्र के प्रति निष्ठा में भेद करते हैं। इसलिए उनके सांस्कृतिक वैश्विक नागरिकतावाद में विचारधारा पर आधारित राष्ट्रवाद का कोई स्थान नहीं है। ग्राम्शी (1971) और अन्य वैश्विक नागरिकता के विरोधी विचारक यह तर्क देते हैं कि एक अमूर्त मानवता कभी भी एक मूर्त राष्ट्र को स्थानापन्न नहीं कर सकती है। प्रताप भानु मेहता (2000 : 633) दूसरी ओर यह मानते हैं कि विश्व नागरिकता के मूल्य सार्वभौमिकता के नाम पर ऐतिहासिक रूप से संस्कृति विशेष (पश्चिमी संस्कृति) के मूल्यों पर आधारित हैं तथा इस मूल्य निर्माण की प्रक्रिया में दूसरी संस्कृति के लोगों की सहभागिता दुष्कर है। इस प्रकार विश्व नागरिकता की अवधारणा भी अन्य राजनीतिक अवधारणाओं की तरह विवादास्पद बन गयी है।

यह लेख 'नरेश दाधीच, समसामयिक राजनीतिक सिद्धान्त, रावत पब्लिकेशंस, 2015, जयपुर, पृ. 197–209' से साभार।

खण्ड : 2

परिचय

राजनीति विज्ञान में यह मान्यता मुख्य रूप से रही है कि राजनीति के संचालन का आधार राजनीतिक मूल्यों से जुड़ा होना आवश्यक है। और यह आग्रह राजनीति को उसके सकारात्मक पहलू के बारे में दृष्टि विकसित करने में भी सहायक रहा है। इस विचार का विस्तार राज्य के प्रमुख गुण और अन्य सभी संगठनों से उसे अलग करने वाले विचार सम्प्रभुता के विश्लेषण में स्पष्ट तौर से नज़र आता है। सम्प्रभुता का विचार परम्परागत रूप से सर्वशक्तिमान, अविभाज्य और उन सब विचारों को लेकर है जो राज्य को सर्वसत्तावादी बनाते हैं, किन्तु वर्तमान में उसका यह स्वरूप और उससे जुड़ी मान्यताएँ तिरोहित होती हुई उसके विकेन्द्रीकरण और बहुलतावादी स्वरूप के प्रति आग्रह है, जिसे इस संकलन में प्रस्तुत किया गया है।

यहाँ राजनीतिक प्रक्रियाओं का गहराई से विश्लेषण है, जिन्हें कतिपय विद्वान एक अवधारणा या एक विचार कह कर भी सम्बोधित करते हैं। हम तो उन्हें प्रक्रिया के रूप में देखते हैं। इनमें राजनीतिक विकास, राजनीतिक आधुनिकीकरण, राजनीतिक संस्कृति आदि हैं, जो समकालीन सामाजिक व्यवस्थाओं से बहुत ही गहरे हैं और वे एक–दूसरे से जुड़े हैं। राजनीतिक व्यवस्थाओं में विशेषकर, विकासशील देशों के लिए मानकों का आग्रह भी रहा है और इस रूप में ये प्रक्रियाएँ विकसित राजनीतिक व्यवस्थाओं को समझने की दृष्टि भी देती हैं।

सामान्य व्यवस्था सिद्धान्त, अभिजन सिद्धान्त, समूह सिद्धान्त एवं संरचनात्मक प्रकार्यात्मक सिद्धान्त राजनीति विज्ञान के अनुभवपरक विज्ञान होने के प्रत्यक्ष प्रमाण हैं। ये इस बात का भी स्पष्टीकरण है कि एक समाज में विभिन्न गतिविधियों की व्याख्या और उसकी समझ के आधार क्या हैं। समाज जैसे–जैसे परिपक्व होने लगता है, राजनीतिक विश्लेषण उसे और भी अधिक यथास्थिति में व्याख्यायित करने की प्रक्रिया में लग जाते हैं।

अध्याय–7

सम्प्रभुता : एकलवादी और बहुलतावादी विचार

–संजय लोढ़ा

प्रभुसत्ता की संकल्पना

प्रभुसत्ता का अर्थ : प्रभुसत्ता या सम्प्रभुता राज्य का अनिवार्य लक्षण है। जे.डब्ल्यू. गार्नर की 'इंट्रोडक्शन टू पॉलिटिकल साइन्स' (राजनीति विज्ञान की रूपरेखा) के अनुसार, प्रभुसत्ता राज्य की ऐसी विशेषता है, जिसके कारण वह क़ानून की दृष्टि से केवल अपनी इच्छा से बँधा होता है। वास्तव में राज्य की सर्वोच्च क़ानूनी सत्ता के विचार को प्रभुसत्ता की संकल्पना के आधार पर ही स्थापित किया जा सकता है।

इसका अर्थ यह नहीं कि प्रभुसत्ता का प्रयोग करते समय विवेक से काम नहीं लिया जाता या प्रचलित रीति–रिवाजों, सामाजिक मूल्यों, न्याय या सामान्य हित के विचार को ध्यान में नहीं रखा जाता। इसका अर्थ केवल यह है कि इन सब बातों का अर्थ लगाते समय प्रभुसत्ताधारी को किसी दूसरी सत्ता या संगठन से सलाह नहीं लेनी पड़ती।

ऐतिहासिक विकास प्रभुसत्ता के परम्परागत सिद्धान्त का निरूपण अनेक विचारकों की कृतियों में देखने को मिलता है। सोलहवीं शताब्दी में ज्यां बोदां (1530–96), सत्रहवीं शताब्दी में ह्यूगोग्रोशियस (1583–1645) और टॉमस हॉब्स (1588–1679), अठारहवीं शताब्दी में जॉन ऑस्टिन (1790–1859) ने इस सिद्धान्त की व्याख्या प्रस्तुत की।

इस सिद्धान्त की उत्पत्ति सोलहवीं शताब्दी में हुई। उन दिनों मध्ययुगीन मान्यताएँ और संस्थाएँ लुप्त होती जा रही थीं और राजतन्त्रीय राज्य का उदय हो रहा था। प्रभुसत्ता का सिद्धान्त इसी राज्य का औचित्य स्थापित करने के उद्देश्य से प्रस्तुत किया गया।

राष्ट्रीय राजतन्त्र की स्थापना के लिए दो तरह के विचारों का खण्डन आवश्यक था : एक तो यह है कि पोप की सत्ता राष्ट्रीय राज्य के अधिपति के ऊपर होती है; दूसरा यह कि राज्य के भीतर सामन्त–सरदारों, स्वशासी नगरों या स्वायत्त औद्योगिक श्रेणियों की अपनी–अपनी शक्तियों को कुछ हद तक सीमित कर देती है।

ऑस्टिन का प्रभुसत्ता-सिद्धान्त

लोक विधि	प्राकृतिक क़ानून	सकारात्मक क़ानून
इंग्लैंड का वह क़ानून जो प्रचलित प्रथाओं की देन है। वहाँ के न्यायाधीश अपनी तर्क बुद्धि से क़ानून की व्याख्या करते हैं। यह निर्णय भावी मुक़दमों में पूर्वदृष्टान्त के रूप में होते हैं।	वह क़ानून जो प्रकृति की देन माना जाता है। कोई मनुष्य अपनी तर्कबुद्धि से इस क़ानून का पता लगा सकता है। और दूसरे लोग अपनी तर्कबुद्धि से उसकी पुष्टि कर सकते हैं।	प्रभुसत्ताधारी की इच्छा को व्यक्त करते हैं। उसके अधिकार क्षेत्र में आने वाले सब लोगों के लिए इन नियमों का पालन अनिवार्य होता है। इसका उल्लंघन करने वालों को प्रभावशाली रूप से दण्ड मिलता है।

प्रभुसत्ता का क़ानूनी सिद्धान्त जॉन ऑस्टिन (1790–1859) की महत्त्वपूर्ण देन है। ऑस्टिस के चिन्तन में तत्कालीन इग्लैंड की परिस्थितियों की छाप स्पष्ट दिखाई देती है। शुरू में विचारक यह चाहते थे कि इग्लैंड की लोक विधि (common law) में जहाँ अन्याय और असंगतियाँ पायी जाती हैं, उनके निराकरण के लिए नये क़ानून बनने चाहिए। परन्तु रूढ़िवादियों के तीव्र विरोध के कारण उपयोगितावादियों के प्रयत्न सफल नहीं हो पाये। ऑस्टिस ने सकारात्मक क़ानून (Positive Law) का सिद्धान्त प्रस्तुत किया जो राज्य की क़ानूनी प्रभुसत्ता के साथ क़रीब से जुड़ा है, जो सामाजिक सम्बन्धों का नियमन करता है, व प्रभुसत्ताधारी की इच्छा की अभिव्यक्ति होता है।

ऑस्टिन ने प्राकृतिक क़ानून या प्राकृतिक विवेक के क़ानून का खण्डन किया जो पूरे मध्ययुग में सत्ताधारियों की शक्ति पर अंकुश रखने का साधन रहा था। क़ानून केवल ऐसे नियम को मान सकते हैं, जिसकी विशेषताएँ निम्न हैं :

1. इसकी उत्पत्ति ऐसे स्रोत से हो, जो निर्णय करने में समर्थ हो।
2. इसमें किसी आदेश की अभिव्यक्ति होनी चाहिए।
3. यह प्रामाणिक होना चाहिए, व उल्लंघन करने पर दण्ड का विधान होना चाहिए।

प्रभुसत्ता के लक्षण

1. पूर्णता (Absoluteness)
2. सार्वभौमिकता (Universality)
3. अपरिहार्य (Inalienability)
4. स्थायित्व (Permanence)
5. अविभाज्यता (Indivisibility)

प्रभुसत्ता के विविध रूप

ऑस्टिन ने प्रभुसत्ता के क़ानूनी पक्ष पर बल दिया। इसमें सन्देह नहीं कि प्रभुसत्ता मूलतः एक क़ानूनी संकल्पना है। परन्तु राजनीति सिद्धान्त के अन्तर्गत प्रभुसत्ता के कुछ अन्य रूप भी स्वीकार किये जाते हैं। जो निम्न हैं :

1. **विधि–अनुसार प्रभुसत्ता** : विधि–अनुसार प्रभुसत्ताधारी वह व्यक्ति या निकाय है, जो कानूनी दृष्टि से प्रभुसत्ता का अधिकारी हो। परन्तु असाधारण परिस्थितियों में वास्तविक प्रभुसत्ता किसी ऐसे व्यक्ति या निकाय के हाथ में आ जाती है जिसे विधिवत प्रभुसत्ताधारी के रूप में मान्यता न दी गयी हो।
2. **तथ्य–अनुसार प्रभुसत्ता** : तथ्य–अनुसार प्रभुसत्ताधारी वह है, जो वास्तव में प्रभुसत्ता का प्रयोग करता है, अर्थात राज्य के भीतर जिसकी आज्ञाओं का पालन होता है। उदाहरण के लिए–किसी देश में विधि अनुसार प्रभुसत्ता किसी राष्ट्रपति के हाथ में हो, परन्तु तथ्य–अनुसार प्रभुसत्ता किसी लुटेरे, सिद्ध पुरुष के हाथ में रहे। इससे स्पष्ट होता है कि तथ्य–अनुसार प्रभुसत्ता सिर्फ़ शस्त्र–बल पर ज़ोर देती है जबकि विधि अनुसार प्रभुसत्ता क़ानूनी मान्यता से जुड़ी रहती है।
3. **राजनीति–अनुसार प्रभुसत्ता** : जब क़ानूनी दृष्टि से प्रभुसत्ता संसद के हाथों में रहती है, तब राजनीतिक दृष्टि से प्रभुसत्ता का सूत्र सर्वसाधारण हाथों में रहता है। प्रभुसत्ता के इस रूप को

ही राजनीतिक प्रभुसत्ता कह सकते हैं। डाइसी (1835–1922) के शब्दों में विधिवेत्ता जिस प्रभुसत्ताधारी को मान्यता देता है, उसके पीछे एक दूसरा प्रभुसत्ताधारी रहता है जिसके सामने क़ानूनी प्रभुसत्ताधारी को झुकना पड़ता है। अतः राज्य के मंच पर हम जिस क़ानूनी प्रभुसत्ताधारी को काम करते हुए देखते हैं। उसका सूत्रधार पर्दे के पीछे रहता है।

4. **लोकप्रिय–अनुसार प्रभुसत्ता** : लोकप्रिय प्रभुसत्ता की संकल्पना रूसो (1712–78) के राजनीति–दर्शन का सार तत्त्व है। लोकप्रिय प्रभुसत्ता का सिद्धान्त उचित–अनुचित का निर्णय करने के लिए किसी उच्चतर क़ानून–जैसे कि प्राकृतिक क़ानून, दिव्य क़ानून, धार्मिक उपदेशों या दिव्य ज्ञान का सहारा नहीं लेता बल्कि संगठित लोक–शक्ति को ही सम्पूर्ण विवेक का स्रोत और आधार मानता है। अतः यह सिद्धान्त लोकतन्त्र के चिरसम्मत सिद्धान्त की सर्वोत्तम अभिव्यक्ति है।

इसकी कुछ अनिवार्य शर्तें हैं :

1. सार्वजनिक मताधिकार।
2. विधान मण्डल पर सर्वसाधारण के प्रतिनिधियों का नियन्त्रण।
3. राष्ट्र के वित्त पर जन–प्रतिनिधियों के सदन का नियन्त्रण।

प्रभुसत्ता का बहुलतावादी सिद्धान्त

उन्नीसवीं शताब्दी में अनेक कारणों से इस विचार को बल मिला कि प्रभुसत्तासम्पन्न राज्य की शक्तियाँ अत्यन्त विस्तृत होती हैं। दूसरी ओर राज्य के विधिशास्त्रीय सिद्धान्त के अन्तर्गत प्रभुसत्तासम्पन्न राज्य को क़ानूनी व्यक्तित्व प्रदान किया गया जिसकी शक्ति असीम थी।

रूसो ने सामान्य इच्छा (General Will) का सिद्धान्त स्वतन्त्रता को बढ़ावा देने के उद्देश्य से प्रस्तुत किया था, परन्तु इसकी विपरीत दिशा में वह उतना ही प्रभावशाली सिद्ध हुआ। इसके अन्तर्गत राज्य और समाज में एकरूपता स्थापित करके विधि–निर्माण करने वालों को असीम शक्ति प्रदान की गयी।

लियो दयूगो के विचार : लियो दयूगो (1859–1928) राज्य के व्यक्तित्व और राज्य की प्रभुसत्ता दोनों को अस्वीकार करता है। उसका कहना है कि राज्य का व्यक्तित्व कोरी कल्पना है वास्तविक व्यक्तित्व केवल

मनुष्यों का होता है जो सामाजिक स्तर पर एक–दूसरे पर आश्रित होते हैं। अतः क़ानून को अस्तित्व में लाने का श्रेय राज्य को नहीं है, वह राज्य की उत्पत्ति से भी पहले विद्यमान था, और उसका स्थान राज्य से ऊँचा है।

एच. जे. लास्की के विचार : इन्होंने अपनी निम्न पुस्तकों में विचार व्यक्त किये :

1. द फ़ाउंडेशनस ऑफ़ सॉवरेनिटी
2. द स्टेट इन थ्योरी एंड प्रैक्टिस

द स्टेट इन थ्योरी एंड प्रैक्टिस के अन्तर्गत प्रभुसत्ता के एकलवादी सिद्धान्त की आलोचना करते हुए प्रभुसत्ता के बहुलतावादी सिद्धान्त का विवेचन किया है। उनके मुख्य तर्क यह हैं :

रीति–रिवाज की भूमिका : लास्की ने सर हेनरी मेन के विश्लेषण को स्वीकार करते हुए यह तर्क दिया है कि रीति–रिवाज प्रभुसत्ताधारी की शक्ति को सीमित करते हैं।

मानवता के प्रति दायित्व : लास्की के अनुसार पूर्ण प्रभुसत्ता का सिद्धान्त मानवता के हितों के साथ नहीं निभ सकता।

संघीय व्यवस्था प्रभुसत्ता के विचार के विरुद्ध है : लास्की ने तर्क दिया है कि संघीय व्यवस्था के अन्तर्गत (जैसा कि संयुक्त राज्य अमेरिका में) प्रभुसत्ता के सही स्थान का पता लगाना मुश्किल है ऐसी स्थिति में प्रभुसत्ता को राज्य का अनिवार्य लक्षण मानना निराधार हो जाता है।

निष्कर्ष

लिंडसे और मैकाईवर ने तो यहाँ तक स्वीकार किया कि समाज के कई साहचर्य राज्य से भी ज़्यादा गहरी निष्ठा के पात्र होते हैं। लास्की ने बहुलतावादी प्रतिरूप का प्रयोग आर्थिक शक्ति के प्रभाव को रोकने के उद्देश्य से किया जो कि पूँजीवाद की उपज था। परन्तु बहुलतावादी सिद्धान्त अपने–आप में ख़तरे से ख़ाली नहीं है। जब विभिन्न हित–समूह राज्य से भी बढ़कर व्यक्ति की निष्ठा का दावा करने लगते हैं, तब वे इतने शक्तिशाली बन सकते हैं कि समाज के साथ मनमानी करने लगें। उदाहरण के लिए–कई बार मैकेनिक, इंजीनियर, डॉक्टर आदि जो आवश्यक सेवाएँ सँभालते हैं वे सामाजिक जीवन को अस्त–व्यस्त करने की धमकी देकर अपनी शर्तें मनवा लेते हैं जबकि अध्यापक, कलाकार, वैज्ञानिक इत्यादि अपनी न्यायोचित माँगों को लेकर भी कुछ नहीं कर पाते। फिर कुछ हितों से जुड़े हुए समूह दूसरों से अधिक संगठित और मुखर होते हैं।

ऑस्टिन का सिद्धान्त

हेराल्ड जे लास्की ने अपनी अनेक कृतियों 'ए ग्रामर ऑफ़ पोलिटिक्स (1925) 'दी फ़ाउंडेशंस ऑफ़ सॉवरेनिटी' (1927) तथा 'दी स्टेट इन थ्योरी एंड प्रैक्टिस' (1935) में एकलवादी सिद्धान्त की आलोचना करते हुए प्रभुसत्ता का बहुलतावादी सिद्धान्त प्रतिपादित किया है।

लास्की ने ऑस्टिन के सिद्धान्त की आलोचना तीन आधारों पर की है।

1. **ऐतिहासिक पृष्ठभूमि** : इसका विश्लेषण करते हुए लास्की ने यह सुदृढ़ मत कायम किया है कि प्रभुसत्ता का आरम्भ विशेष परिस्थितियों के कारण हुआ है। वह कहता है, 'प्रादेशिक तथा प्रभुता सम्पन्न राज्य की अवधारणा सोलहवीं शताब्दी के संघर्ष की उपज है।'

   लास्की कहते हैं, 'प्रभुता सम्पन्न राज्य उस युग की उपज है जिसकी उपयोगिता अब प्रायः समाप्त हो गयी है।' प्रभुता के औचित्य के विषय में लास्की का मत है, 'प्रभुता का तर्क ऐतिहासिक है निरंकुशता का नहीं।'
2. **क़ानूनी आधार** : लास्की ने तर्कसंगत व विवेकपूर्ण आलोचना करते हुए कहा कि क़ानून प्रभुताधारी का आदेश नहीं हो सकता।
3. क़ानून की आज्ञा मानने की कठोर आलोचना करते हुए लास्की लिखते हैं, 'राजनीतिज्ञ के लिए क़ानून आम सामाजिक परिस्थितियों पर निर्भर है। एक निश्चित समय पर राज्य के आवश्यक सामाजिक सम्बन्धों की अभिव्यक्ति ही क़ानून है।'
4. **राजनीतिक आधार** : राजनीतिक आधार पर ऑस्टिन के सिद्धान्त की आलोचना करते हुए लास्की व्यावहारिकता पर बल देते हैं। लास्की के मतानुसार सरकार के रूप में राज्य सीमित है क्योंकि शक्ति पर इसका स्थायी अधिकार नहीं है।

समाज व राज्य

लास्की समाज व राज्य में अन्तर करते हैं। वे कहते हैं कि 'राज्य मानव की समस्त गतिविधियों पर नियन्त्रण रखता है। राज्य सामाजिक व्यवस्था के मूल तत्त्वों को निश्चित करता है। लेकिन इसके समरूप नहीं।' कोई भी राज्य ऐसा नहीं जिसे पूर्ण निरंकुश कहा जा सके।

लास्की के अनुसार इंग्लैंड में संसद को असीम सत्ता–युक्त माना जाता है, परन्तु व्यवहार में निरंकुश शासकों के ऊपर भी नैतिक या व्यावहारिक बन्धन होते हैं।

प्रभुसत्ता को सीमित होना चाहिए

किसी भी राज्य को अनुत्तरदायी या ग़ैर–ज़िम्मेदार बन जाने का हक नहीं दिया जा सकता। समय–समय पर चुनाव होते रहने चाहिए ताकि जनता को वर्तमान सरकार की सफलताओं और विफलताओं का मूल्यांकन करने का मौक़ा मिले। किसी भी दल को सदैव सत्तारूढ़ होने का अधिकार नहीं दिया जा सकता।

लास्की का मत है कि 'शक्ति सदाचारी लोगों को भी भ्रष्ट कर देती है।'

राज्य तथा अन्य ऐच्छिक समुदाय

लास्की मानव समाज में राज्य के अतिरिक्त ऐच्छिक संस्थाओं की उपस्थिति स्वाभाविक मानते हैं। मानव समाज में अपनी विभिन्न आवश्यकताओं की पूर्ति हेतु रहता है। इन विभिन्न आवश्यकताओं की पूर्ति के लिए विभिन्न समुदायों से सम्बद्ध होना अनिवार्य है, अन्यथा उसका सर्वांगीण विकास सम्भव नहीं है।

लास्की कहते हैं, "मानव समाज के उद्देश्यों की पूर्ति के लिए ही समुदायों का निर्माण होता है वे अपने निश्चित उद्देश्यों का समर्थन करते हुए उनकी पूर्ति के लिए कार्यशील रहता है। समाज का स्वरूप संघात्मक है इसलिए राजसत्ता भी संघात्मक होनी चाहिए।

1. राज्य बहुत से समुदायों में से केवल एक समुदाय है–मनुष्य की अनेक आवश्यकताएँ होती हैं वह राजनीतिक प्राणी तो है ही इसलिए उसने राज्य संस्था को जन्म दिया, परन्तु साथ ही अधिक, सांस्कृतिक व धार्मिक लक्ष्यों के लिए व और भी बहुत से संघों व समुदायों का निर्माण करता है। राज्य बहुत से समुदायों में से केवल एक समुदाय है। मानव की अन्य समुदायों के प्रति भी निष्ठा होती है। राज्य मनुष्य की सामुदायिक भावनाओं की तृप्ति नहीं करता।
2. समुदाय सदस्यों के लिए प्राकृतिक है जितना कि राज्य : लास्की कहते हैं कि समुदाय और राज्य में मात्र यह अन्तर है कि समुदाय अपने सदस्यों को शारीरिक दण्ड नहीं दे सकते।

3. राज्य भी समाज का एक सम्प्रदाय है : लास्की लिखते हैं, 'राज्य एक लोक सेवा निगम है।' यह दूसरे समुदायों से दो कारणों से भिन्न है पहला यह एक ऐसा समुदाय है जिसकी सदस्यता अनिवार्य है दूसरा है कि प्रकृति प्रादेशिक है। राज्य मनुष्यों के नागरिक के रूप में हितों की रक्षा करने वाला समुदाय है।
4. समाज का स्वरूप संघात्मक है : अर्थात समाज विभिन्न प्रकार के समुदायों का संगठित रूप है राज्य भी एक समुदाय है और अन्य समुदायों के समान सामाजिक जीवन का एक अंग है। मनुष्य के जो संगठन या समुदाय उनके हितों की देखरेख करते हैं वे सब नैतिक आधार पर उनसे निष्ठा की माँग कर सकते हैं। मनुष्य एक नैतिक प्राणी है इसलिए यह ज़रूरी नहीं कि वह राज्याज्ञा का पालन करे ही। उसे वही कार्य करना चाहिए जो नैतिक दृष्टि से ठीक हो।
5. क़ानून को केवल राज्य का आदेश कहना अशिष्टता है : ऑस्टिन के अनुसार क़ानून तो एक आदेश मात्र है। लास्की इसका विरोध करते हुए व्यावहारिकता पर बल देते हैं। व्यवहार में सभी क़ानून 'आदेशों' पर आधारित हो ही नहीं सकते।
6. सीमित सत्ता का समर्थन : लास्की लोकतान्त्रिक राज्य में सीमित सत्ता के पक्षधर हैं। एक प्रजातान्त्रिक राज्य में सत्ता का आधार है नागरिकों की सहमति। यह सहमति समय–समय पर चुनावों द्वारा व्यक्त की जाती है। लास्की के अनुसार यह प्रजातान्त्रिक सरकार का आधार है कि नागरिक इसके कामों में खुलकर हिस्सा ले। लास्की कहते हैं कि नागरिकों को मतदान, आर्थिक व प्रशासनिक मामलों में हिस्सा लेना चाहिए ताकि प्रजातान्त्रिक सरकार का आधार स्थापित हो सके और यही इसका सही आधार है। लास्की राज्य की सत्ता को उत्तरदायी सत्ता के रूप में स्थापित किये जाने की सलाह देते हैं और इसके लिए तीन तरीक़े बताते हैं :

- सत्ताधारी को सत्ता से हटाने के तरीक़े दिये जाने चाहिए।
- परामर्शदात्री सत्ता को हटाने के तरीक़े दिये ज़ाने चाहिए।
- नागरिक समान रूप से शिक्षित तथा आर्थिक रूप से भी समान होने चाहिए तभी सत्ता सीमित व उत्तरदायी होगी।

सत्ता का विकेन्द्रीकरण

सत्ता का विकेन्द्रीकरण लोकतन्त्र की पहली अनिवार्य शर्त है। विकेन्द्रीकरण के दो पहलू हैं :

- शक्तियों का पृथक्करण
- प्रादेशिक विकेन्द्रीकरण

शक्तियों का पृथक्करण

शक्तियों का पृथक्करण अर्थात उनको लागू करने और उनकी व्याख्या करने की शक्तियाँ किसी एक व्यक्ति के या विभाग के हाथों में केन्द्रीभूत हो जायें।

प्रादेशिक विकेन्द्रीकरण

प्रादेशिक विकेन्द्रीकरण यानी संघीय शासन की स्थापना की जाये। संघवाद का यह मूल मन्त्र है कि शक्तियाँ केन्द्र व प्रादेशिक सरकारों के बीच वितरित की जायें और इसके अलावा स्थानीय स्वशासन संस्थाओं को भी पुष्ट किया जाये। पंचायत, नगरपालिका व ज़िला बोर्ड आदि संस्थाओं द्वारा नागरिकों को "अपना शासन आप करो" का अधिकार दिया जाये।

उद्योगों में स्वशासन की स्थापना

लास्की ने उद्योगों में स्वशासन पर बहुत बल दिया है। स्वशासन से यहाँ अभिप्राय है कि उद्योगों के प्रबन्ध के लिए औद्योगिक परिषदें बनायी जानी चाहिए जिनमें उद्योगपति, उपभोक्ता, मज़दूरों व सरकारी प्रतिनिधियों को शामिल किया जाये।

इसे लास्की ने औद्योगिक लोकतन्त्र का नाम दिया है। औद्योगिक क्षेत्र में लोकतन्त्र की स्थापना के फलस्वरूप राज्य की सर्वोच्च सत्ता स्वयं में ही नष्ट हो जायेंगी।

अध्याय–8

राजनीतिक विकास : अवधारणा

–निधि जैन

राजनीतिक विकास क्या है?

राजनीतिक विकास वह प्रक्रिया है जिसके माध्यम से किसी विकासशील देश की राज्य–व्यवस्था विकसित समाज की विशेषताएँ अर्जित कर लेती है। राजनीतिक विकास की संकल्पना अमेरिकी राजनीति विज्ञान के अन्तर्गत 1960 के दशक में रखी गयी। इसका उद्देश्य तीसरी दुनिया के विकासशील देशों की राजनीतिक प्रक्रिया का विश्लेषण करना था ताकि तुलनात्मक राजनीति के अध्ययन को विश्वसनीय आधार प्रदान किया जा सके।

राजनीतिक विकास उपागम की आवश्यकता

ल्यूसियन पाई, आलमंड, कोलेमन, रिग्स, माइरन वीनर, हर्बट फीश, डेविड एप्टर, जोएफला पोलांबरा जैसे विद्वानों का अभिमत है कि ग़ैर–पश्चिमी राजनीतिक प्रक्रियाओं की पश्चिमी राजनीतिक प्रक्रियाओं से भिन्नताओं के बावजूद इनको उसी सामाजिक–आर्थिक–सांस्कृतिक पृष्ठभूमि के आधार पर समझना सम्भव है। धीरे–धीरे विद्वानों की मान्यता दृढ़ होने लगी कि ग़ैर–पश्चिमी राजनीतिक व्यवस्थाएँ, पश्चिमी राजनीतिक व्यवस्थाओं से आधारभूत ढंग से भिन्न हैं इसलिए इनके अध्ययनों के लिए किये जाने वाले प्रयत्नों का व्यापक व अधिक यथार्थवादी सन्दर्भ आवश्यक है।

नये राज्यों के तुलनात्मक विश्लेषणों में सांस्कृतिक व ऐतिहासिक पर्यावरण के सम्पूर्ण सन्दर्भ को लेकर चलना आवश्यक है। उपरोक्त विद्वानों का मत था कि विकासशील राज्यों में पारिस्थितीकीय शक्तियों का राजनीतिक व्यवस्थाओं को संचालित करने में निर्णायक प्रभाव व दबाव रहता है।

विकासशील देशों में राजनीतिक व्यवस्थाओं में यह देखना आवश्यक था कि :

1. इन देशों में किस प्रकार के राष्ट्रवाद पनप रहे हैं?
2. ये राज्य राजनीतिक, सांस्कृतिक, आर्थिक स्तर पर किस प्रकार के असमंजसों का सामना कर रहे हैं?
3. इनके राजनीतिक विकास में नौकरशाही, सेना या धर्म की क्या भूमिका है?
4. इन देशों में संवैधानिक लोकतन्त्रों की अवनति क्यों हुई है?
5. राष्ट्र निर्माण की प्रक्रियाओं में राजनीतिक अभिवृत्तियों व व्यक्तिगत व्यवहार ने क्या भूमिका अदा की है?
6. आर्थिक पिछड़ेपन ने राजनीति की प्रकृति को किस प्रकार प्रभावित किया है?

निष्कर्ष : इसका परिणाम यह हुआ कि तुलनात्मक राजनीति को विकास के सामान्य पर्यावरण में समझने के लिए 'राजनीतिक विकास' का नया दृष्टिकोण विकसित हुआ।

राजनीतिक विकास का अर्थ, परिभाषा व दृष्टिकोण

राजनीतिक विकास से सम्बन्धित दो दृष्टिकोण प्रचलित हैं :

(अ) राजनीतिक विकास का एकमार्गी दृष्टिकोण :

इस दृष्टिकोण के विद्वानों का अभिमत है कि 'सभी राष्ट्र विकास के मार्ग से होते हुए आगे की ओर बढ़ रहे हैं' इस सम्बन्ध में इनकी मान्यताएँ इस प्रकार हैं :

1. सभी राज्यों में राजनीतिक विकास का केवल एक ही मार्ग है।
2. दुनिया के सभी राष्ट्र विकास के इस एक मार्ग पर भिन्न–भिन्न अवस्थाओं में हैं।
3. राजनीतिक विकास के लिए प्रयत्नशील राष्ट्रों के सामने विकसित राज्यों का आदर्श है। ऐसे तीन आदर्श हैं जिसमें से किसी एक को विकसित राजनीतिक व्यवस्था का आदर्श माना जा सकता है–(1) पाश्चात्य जगत के राज्य (2) सोवियत संघ (3) चीन।

निष्कर्ष : इस दृष्टिकोण में राजनीतिक विकास का एक मार्ग और एक मार्ग के कारण विकास की एक दिशा का होना स्वीकार किया गया है।

(ब) राजनीतिक विकास का बहुमार्गी दृष्टिकोण :

इसके विचारक बहुमार्गी दृष्टिकोण के पक्ष में तीन दलीलें प्रस्तुत करते हैं :

1. राजनीतिक विकास बहु–दिशाई व बहु–आयामी है क्योंकि स्वयं विकास की अनेक दिशाएँ होती हैं। उनके अनुसार जब समाजों का विकास भी बहु–दिशाई हो जाता है तब राजनीतिक विकास सामान्य विकास की धारा में समाया हुआ, किन्तु स्पष्ट रूप से विशिष्ट धारा है।
2. दूसरी मान्यता पहली मान्यता का परिणाम है क्योंकि ऐतिहासिक, आर्थिक, सामाजिक, सांस्कृतिक व राजनीतिक परिस्थितियों से विकास के उद्देश्य व लक्ष्य निर्धारित होते हैं। इसी से विकास की दिशा का निरूपण होता है।
3. राजनीतिक विकास के आदर्श या गन्तव्य एक से नहीं होते हैं।

राजनीतिक विकास का अर्थ

राजनीतिक विकास के अर्थ को लेकर अभी भी विचारकों में मतभेद बना हुआ है। स्पर्ट, एमर्सन, लिपसेट, कोलमेन व कटराइट ने राजनीतिक विकास को 'आर्थिक विकास की राजनीतिक पूर्व शर्त के रूप में' समझने का प्रयास किया है। जबकि रस्टोव जैसे अर्थशास्त्री ने इसको 'औद्योगिक समाजों की विशेष राजनीति' बताया है। गुन्नार मिर्डल व लर्नर जैसे समाजशास्त्रियों ने राजनीतिक विकास को राजनीतिक आधुनिकीकरण का पर्याय बताया है। वहीं आलमंड व कालमेन इसे 'लोकतन्त्र का पर्याय' कहते हैं।

राजनीति विकास के अर्थ की चर्चा लूसियन पाई ने अपनी कृति 'आसपेक्ट ऑफ़ पोलिटिकल डेवलपमेंट' में की है, जो उल्लेखनीय है :

1. **राजनीतिक विकास आर्थिक विकास की राजनीतिक पूर्वशर्त के रूप में** : इस व्याख्या के समर्थक स्पर्ट, एमर्सन, लिप्सेट, कोलमेन व कटराइट हैं। उनके अनुसार राजनीतिक व्यवस्था आर्थिक उन्नति की समुचित व्यवस्था करने में सक्षम होती है। अतः राजनीतिक विकास को राजनीति की ऐसी स्थिति कहा जाये जो आर्थिक उन्नति, प्रगति और समृद्धि में सहायक हो।
2. **औद्योगिक समाजों की विशेष राजनीति के रूप में राजनीतिक विकास** : इसका अभिप्राय है कि औद्योगिक जीवन

भी एक ऐसे सामान्य प्रकार के राजनीतिक जीवन को प्रकट करता है जिसको हर समाज प्राप्त करना चाहता है।

3. **राजनीतिक आधुनिकीकरण के रूप में राजनीतिक विकास** : राजनीतिक विकास राजनीतिक आधुनिकीकरण का ही रूप है। इसमें इन दोनों को समानार्थी मानकर राजनीतिक विकास की व्याख्या की गयी है।
4. **राष्ट्रीय राज्य के प्रचारक के रूप में राजनीतिक विकास** : राजनीतिक व्यवस्थाएँ अन्ततः एक राष्ट्र के निर्माण से ही तो सम्बोधित होती हैं। अतः राजनीतिक विकास का मापदण्ड, राष्ट्रीयता की भावना के विकास व एक राष्ट्रीय राज्य के निर्माण से जोड़ दिया जाता है।
5. **प्रशासकीय व विधिक विकास के रूप में राजनीतिक विकास** : इसमें राजनीतिक संरचनाओं का विभेदीकरण और विशेषीकरण तथा सर्वव्यापी क़ानूनों के माध्यम से विधि के शासन की स्थापना को समझा जाता है।
6. **जनसंचारण व सहभागिता के रूप में राजनीतिक विकास** : इसके अन्तर्गत जनसंचारण, लोगों की सहभागिता का बढ़ जाना सम्मिलित किया जाता है।
7. **लोकतन्त्र के निर्माण के रूप में राजनीतिक विकास** : राजनीतिक संरचनाओं व प्रक्रियाओं को प्रतियोगी, स्वतन्त्र तथा जन सहभागिता के लक्षणों से युक्त रखने की प्रक्रिया है।
8. **स्थायित्व व व्यवस्थित परिवर्तन के रूप में राजनीतिक विकास** : राजनीतिक व्यवस्था की उस अवस्था को समझा जाता है जिसमें परिवर्तन की सुनिश्चित व व्यवस्थित प्रविधियाँ प्रचलित रहती हैं तथा जहाँ अनावश्यक राजनीतिक उथल–पुथल होती है।
9. **शक्ति संचारक के रूप में राजनीतिक विकास** : इसमें देखा जाता है कि राज्य व्यवस्था के लिए कितनी शक्ति समाज से जुटा पाता है।
10. **सामाजिक परिवर्तन की बहु–दिशायुक्त प्रक्रिया के एक पहलू के रूप में राजनीतिक विकास** : इस विचार को परिवर्तन की सामाजिक प्रक्रिया से जोड़ा जाता है।

राजनीतिक विकास की विशेषताएँ व लक्षण

लूसियन पाई ने राजनीतिक विकास को राजनीतिक व्यवस्था के तीन भिन्न–भिन्न स्तरों पर होने वाले परिवर्तनों से सम्बन्धित माना है। वह राजनीतिक विकास को राजनीतिक व्यवस्था के इन तीन पहलुओं में होने वाले विकासों का समुच्चय मानते हैं। ये तीन पहलू इस प्रकार हैं :

1. सम्पूर्ण जनसंख्या का सन्दर्भ
2. शासकीय व सामान्य व्यवस्थायी निष्पादन का सन्दर्भ
3. राजनीति के संगठक का सन्दर्भ

लूसियन पाई ने अपने लेख में राजनीतिक विकास की विशेषताओं का वर्णन किया है। उनके अनुसार राजनीतिक विकास की तीन प्रमुख विशेषताएँ हैं। पाई राजनीतिक विकास को जनसंख्या, व्यवस्था की कार्यक्षमता व संरचनाओं के आधार पर परिभाषित करते हैं। उनके अनुसार राजनीतिक विकास का सम्बन्ध विशेषकर समानता, क्षमता व विभिन्नीकरण से होता है।

1. **समानता** : राजनीतिक व्यवस्था में व्यक्तियों में समानता के प्रति सामान्य भावना उत्पन्न होती है। समानता उसी अर्थ में मानी जायेगी जब राजनीतिक गतिविधियों में भाग लेने के सभी लोगों को समान अवसर प्राप्त हों और राजनीतिक प्रक्रियाओं में जनसहभागिता में किसी प्रकार का भेदभाव नहीं हो। राजनीतिक विकास के लक्षण के रूप में समानता से पाई का तात्पर्य निम्नांकित विशेषताओं से है :
   - राजनीतिक सक्रियता के सभी स्तरों पर नागरिकों को समान अवसर प्राप्त हों।
   - जनसहभागिता भेदभाव रहित है।
   - पराधीन व आदेश प्राप्त करने वाली जनता के स्थान पर राजनीतिक निर्णयों में सम्मिलित व सहयोगी जनता हो।
   - क़ानून सर्वव्यापकता रखते हों अर्थात समाज के सभी व्यक्ति एक से क़ानूनों के अनुसार शासित हों।
   - उपलब्धि के आधार पर ही राजनीतिक भर्ती हो।
2. **क्षमता** : क्षमता का सम्बन्ध राजनीतिक शक्ति की संरचनात्मक व्यवस्था की प्रभावकारिता से है। राजनीतिक विकास में राजनीतिक व्यवस्था की क्षमतावृद्धि की निम्नलिखित विशेषताएँ होती हैं :

- माँगों का समुचित समाधान करना
- विवादों को तर्कसंगत आधार पर सुलझा सकना
- शासन की प्रभावकारिता व समर्थता
- प्रशासनिक बुद्धिसंगतता

3. **विभिन्नीकरण** : राजनीतिक संरचनाओं की प्रकृति का राजनीतिक विकास से गहरा सम्बन्ध है। इसके निम्न निहितार्थ हैं :
   - राजनीतिक संरचनाएँ अलग–अलग कार्यों के लिए पृथक्–पृथक् होती हैं।
   - कार्यात्मक दृष्टि से कार्यों का विभाजन होता है।
   - प्रकार्यात्मक सुनिश्चितता होती है।
   - संरचनाओं व प्रक्रियाओं के पुंज का एकीकरण व उनमें समन्वय स्थापित रहता है।

पाई ने समानता, क्षमता व विभिन्नीकरण को राजनीतिक विकास की 'लक्षण–समष्टि' कहा है। यह ऐसी लक्षण–समष्टि है जिसमें–

(क) समानता का सम्बन्ध राजनीतिक संस्कृति व उन भावनाओं से है जिनसे व्यवस्था की वैधता और उसके साथ प्रतिबद्धता बनती है।

(ख) क्षमता का सम्बन्ध शासन की अधिकतम व संरचनाओं की कार्य निष्पादनता से है।

(ग) विभिन्नीकरण का सम्बन्ध गैर–आधिकारिक संरचनाओं व समस्त समाज की सामान्य राजनीतिक प्रक्रियाओं से है।

पाई राजनीतिक विकास को सामान्य राजनीतिक प्रक्रिया से सम्बन्धित बताकर राजनीतिक विकास को इनके आपसी सम्बन्धों के इर्द–गिर्द घूमती हुई अवधारणा बना देते हैं।

आलमंड व पावेल के अनुसार राजनीतिक विकास की निम्न विशेषताएँ हैं :

1. **भूमिका का विभिन्नीकरण** : आलमंड व पावेल का मानना है कि संरचनाओं का विभिन्नीकरण इतना महत्त्वपूर्ण नहीं है जितना कि भूमिका का विभिन्नीकरण। विद्वान राजनीतिक विकास के लिए ऐसा संरचनात्मक विभिन्नीकरण आवश्यक मानते हैं जिसमें यथार्थ में भूमिकाओं का विभिन्नीकरण भी हो।
2. **उप–व्यवस्था स्वायत्तता** : लेखक द्वय का मत है कि भूमिका का विभिन्नीकरण तब तक सम्भव नहीं हो सकता जब तक राजनीतिक व्यवस्था की उप–व्यवस्थाओं को स्वायत्तता प्राप्त नहीं हो।

इसका सीधा सम्बन्ध राजनीतिक व्यवस्था की क्षमता से इसलिए होता है क्योंकि उप–व्यवस्था स्वायत्तता शक्ति के एक स्थान पर केन्द्रण के बजाय विकेन्द्रीकरण का संकेत हैं। इससे राजनीतिक व्यवस्था की माँगों की काट–छाँट करके उनमें से ठीक व उचित को पूरा करने की क्षमता बढ़ती है।

उप–व्यवस्था स्वायत्तता वाली राजनीतिक व्यवस्था में सारी माँगें सीधे एक केन्द्र पर स्थित सरकार के पास नहीं आती हैं अपितु अन्य संरचनाओं को तथा उप–व्यवस्थाओं को स्वायत्तता प्राप्त होने के कारण उनके निर्णयों में रूपान्तरण की व्यवस्था अनेक स्तरों पर हो जाती है। इससे राजनीतिक व्यवस्था की क्षमता में वृद्धि होती है।

3. **लौकिकीकरण** : लौकिकीकरण का सम्बन्ध सही रूप में संस्कृति से ही है। परम्परागत समाज से पूर्ण रूप से हटने व धर्म निरपेक्षता की तरफ़ समाज तभी बढ़ सकते हैं जबकि व्यक्तियों में वह समानता आये जिसकी बात पाई ने राजनीतिक विकास की विशेषता के रूप में की है। पाई ने समानता का सम्बन्ध औचित्यपूर्ण तथा व्यवस्था के प्रति निष्ठा बढ़ाने वाली राजनीतिक संस्कृति तथा भावनाओं से बताया है।

आलमंड व पावेल यह मानते हैं कि राजनीतिक विकास के तीनों लक्षण आपस में इस प्रकार से गठबन्धित हैं कि एक में परिवर्तन दूसरे व तीसरे लक्षण में भी परिवर्तन ला देता है। अतः राजनीतिक व्यवस्थाओं में राजनीतिक विकास की तीनों विशेषताओं का अनिवार्यतः एक साथ पाया जाना आवश्यक होता है। राजनीतिक विकास के इन तीनों लक्षणों से किसी राजनीतिक व्यवस्था की कार्यक्षमता और निष्पादन शैली के प्रतिमानों में स्थिरता व सुनिश्चितता आ जाती है। अतः राजनीतिक विकास, भूमिका विभिन्नीकरण, उप–व्यवस्था स्वायत्तता व संस्कृति का लौकिकीकरण है जिसको पाई ने समानता, क्षमता व विभिन्नीकरण का नाम दिया है।

हेलियो जाग्वाराइब के अनुसार राजनीतिक विकास की विशेषताएँ

जाग्वाराइब ने न केवल राजनीतिक विकास का सामान्य सिद्धान्त प्रस्तुत किया है अपितु वह इसको केवल एक सिद्धान्त रूप में लेकर इसे संकुचित

अवधारणा बनाने से भी बचे हैं। उन्होंने अपनी कृति 'पोलिटिकल डेवलपमेंट : ए जनरल थ्योरी एंड ए लेटिन अमेरिकन केस स्टडी' में राजनीतिक विकास को व्यापक दृष्टिकोण में समझने का प्रयत्न किया है।

उनका मत है कि राजनीतिक विकास को चार प्रकार से समझ सकते हैं :

1. राजनीतिक विकास परिवर्त्य के रूप में : परिवर्त्य के रूप में देखा जाये तो राजनीतिक विकास राजनीतिक व्यवस्था में संरचनात्मक परिवर्तन लाने वाली एक राजनीति सम्बन्धी घटना या क्रिया है। इस रूप में राजनीतिक विकास एक संरचनात्मक स्तर है जो सामाजिक व्यवस्था की उप–व्यवस्था है इस प्रकार राजनीतिक विकास के लक्षण तीन प्रकार के परिवर्त्यों के आधार पर निर्धारित किये जा सकते हैं :

i. प्रचालनात्मक परिवर्त्यों के आधार पर जिसके मुख्य तत्त्व हैं : बुद्धिसंगत अभिमुखीकरण, संरचनात्मक विभिन्नीकरण और क्षमता या सामर्थ्य
ii. सहभागिता परिवर्त्यों के आधार पर जिसके मुख्य तत्त्व हैं : राजनीतिक संचालन, राजनीतिक एकीकरण और राजनीतिक प्रतिनिधित्व
iii. दिशात्मक परिवर्त्यों के आधार पर जिसके मुख्य तत्त्व हैं : राजनीतिक उच्चतर विन्यासन और विकास अभिमुखीकरण

निष्कर्ष : राजनीतिक विकास की ऐसी पेचीदा प्रक्रिया है जिसको प्रभावित करने वाले परिवर्त्यात्मक लक्षण ही बहुत अधिक हैं।

2. राजनीतिक विकास दिशा के रूप में : राजनीतिक विकास की दिशा, परिवर्तन या चलने का ज्ञान है। राजनीतिक व्यवस्था में संरचनात्मक परिवर्तन के रूप में राजनीतिक विकास की आवश्यक रूप से कोई निश्चित दिशा होनी चाहिए। संरचनात्मक परिवर्तन राजनीतिक व्यवस्था के अन्दर भी हो सकते हैं व विभिन्न व्यवस्थाओं के बीच भी हो सकते हैं। यह परिवर्तन दो प्रकार से हो सकते हैं :

1. विश्लेषणात्मक परिवर्तन
2. संश्लेषणात्मक परिवर्तन

राजनीतिक विकास को इस तरह भी दिखाया जा सकता है :

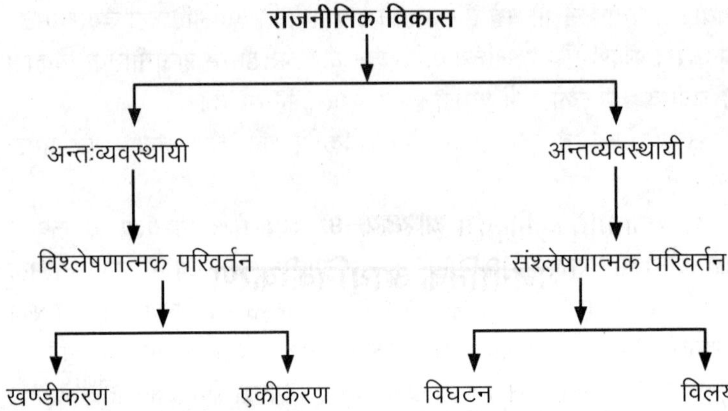

3. राजनीतिक प्रक्रिया के रूप में राजनीतिक विकास : राजनीतिक विकास एक प्रक्रिया के रूप में राजनीतिक आधुनिकीकरण और राजनीतिक संस्थाकरण है। राजनीतिक आधुनिकीकरण राजनीति के प्रचलनात्मक परिवर्त्यों में वृद्धि की प्रक्रिया है जिसमें तीन लक्षण हैं :

1. बुद्धिसंगत अभिमुखीकरण
2. संरचनात्मक विभिन्नीकरण
3. सामर्थ्य या क्षमता

राजनीति व्यवस्था या राजनीति के सहभागिता परिवर्त्यों में वृद्धि की प्रक्रिया है जिसमें तीन लक्षण हैं :

1. राजनीतिक संचालन
2. राजनीतिक एकीकरण
3. राजनीतिक प्रतिनिधित्व

इस प्रकार प्रक्रिया के रूप में राजनीतिक विकास के लक्षण राजनीतिक आधुनिकीकरण व संस्थाकरण रूप में प्रचालनात्मक व सहभागिता सम्बन्धी लक्षणों वाले ही हैं।

4. राजनीतिक विकास, विकास के विभिन्न पहलुओं के रूप में : जाग्वाराइब का मत है कि राजनीतिक विकास के प्रथम तीन दृष्टिकोण व उनसे सम्बन्धित लक्षण राजनीतिक विकास को समग्रता की दृष्टि से देखने वाले नहीं कहे जा सकते हैं।

अध्याय–9

राजनीतिक आधुनिकीकरण

-निधि जैन

अर्थ, परिभाषा, पहलू एवं विशेषताएँ

अपनी कृति 'पोलिटिकल रेक्रूरमेंट एंड डेवलेपमेंट' में मौरिस जोन्स ने लिखा है कि 'राजनीतिक व्यवस्थाएँ व सामाजिक परिवर्तन राजनीतिक प्रवेश की प्रतिक्रियाओं पर एक–दूसरे से मिलते और एक–दूसरे को काटते हैं। ये प्रक्रियाएँ सामाजिक परिवर्तन की प्रतिबिम्बक हैं। ये मूल्यों, आकांक्षाओं, अवसरों के प्रत्यक्ष ज्ञानों तथा वास्तविक संरचनाओं व भूमिकाओं में परिवर्तनों को प्रतिबिम्बित करती हैं। साथ ही ये हैसियत व प्रतिष्ठा के वितरण में अपने प्रभाव और कार्यान्वित किये जाने वाले कार्यों के उपयुक्त व्यक्तियों के चयन में अपनी कुशलता का उपयोग करती हैं। अपनी नमनशीलता से वह व्यवस्था की स्थिरता व विकास में योगदान देती हैं। अपनी अनम्यता से वह तनाव भंग किये जाने वाले कारणों का सृजन कर सकती हैं।'

आधुनिकीकरण वह प्रक्रिया है जिसमें कोई समाज परम्परागत मूल्यों व संस्थाओं से आगे बढ़कर आधुनिक युग के अनुरूप जीवन पद्धति अपना लेता है।

राजनीतिक आधुनिकीकरण उपागम की आवश्यकता

1. राजनीतिक व्यवहार को समझने के प्रयत्न व सन्दर्भ को अधिक व्यापक बनाने के लिए राजनीतिक आधुनिकीकरण उपागम की आवश्यकता है;
2. राजनीतिक आधुनिकीकरण समाज की आधुनिकीकरण प्रक्रिया से प्रेरित, प्रभावित व निरूपित होता है। अतः राजनीतिक व्यवस्थाओं

को राजनीतिक आधुनिकीकरण के परिप्रेक्ष्य में देखने से राजनीतिक व्यवहार की वास्तविक गत्यात्मक शक्तियों का अभिज्ञान व पहचान होने के लिए;

3. राजनीतिक आधुनिकीकरण का उपागम राजनीतिक प्रक्रियाओं को आधुनिकीकरण के लिए समग्रवादी सन्दर्भ में समझने के लिए आवश्यक माना गया है;
4. हर एक समाज राजनीतिक आधुनिकीकरण के लिए प्रयत्नशील है;
5. विकासशील राजनीतिक व्यवस्थाओं को समझने में सहायक;
6. आधुनिकीकरण अनवरत प्रक्रिया है।

ऐप्टर ने अपनी कृति 'दी पोलिटिक्स ऑफ़ मॉडर्नाइज़ेशन' में राजनीतिक आधुनिकीकरण की अवधारणा को व्यापकतम बताया है क्योंकि यह राजनीतिक विकास की अवधारणा की तरह राजनीतिक विन्यास, राजनीतिक विकास संरचनाओं और प्रक्रियाओं पर पड़ने वाले विविध सामाजिक व आर्थिक परिवर्तनों तक सीमित न रहकर सामान्य आधुनिकीकरण की समग्रवादी प्रक्रिया का सन्दर्भ रखती है। इस कारण राजनीतिक अध्ययनों को, राजनीतिक आधुनिकीकरण का उपागम अधिक व्यापकतम सन्दर्भ से सम्बन्धित बनाने के लिए आवश्यक हो गया है।

आधुनिकीकरण का अर्थ व परिभाषा

आधुनिकीकरण अनवरत चलने वाली प्रक्रिया है। यह सर्वव्यापी व अत्यधिक पेचीदा अनुलक्षण है। क्लोड ई. वाल्व लिखते हैं कि 'आधुनिकीकरण एक प्रक्रिया है जो साधनों के विवेकपूर्ण उपयोग पर आधारित होती है और आधुनिक समाज की स्थापना के उद्देश्य से युक्त होती है।' इसी तरह लर्नर ने अपनी कृति 'पासिंग ऑफ़ ट्रेडिशनल सोसायटी' में लिखा है, 'आधुनिकीकरण विवेकपूर्ण परिवर्तन की प्रक्रिया है।' बेलाड ने आधुनिकीकरण को साध्यों या गन्तव्यों की बुद्धिसंगतता कहा है। सामान्य अर्थों में आधुनिकीकरण उन्नति लाभ व समृद्धि की दिशा में परिवर्तन की अत्यधिक पेचीदा प्रक्रिया है।

जेम्स एस. कोलमेन अपनी कृति 'नाइजीरिया : बैक ग्राउंड ऑफ़ नेशनलिज़्म' में लिखते हैं, 'राजनीतिक आधुनिकीकरण सक्रान्तिकालीन समाजों की राजनीतिक व्यवस्थाओं में होने वाले संरचनात्मक तथा सांस्कृतिक परिवर्तनों का समूह है। इन परिवर्तनों का सम्बन्ध राजनीतिक व्यवस्था से

सम्बन्धित संस्थाओं, संरचनाओं, प्रक्रियाओं तथा व्यवहार प्रतिमानों से होता है।' कोलमेन लिखते हैं : 'राजनीतिक आधुनिकीकरण ऐसे संस्थागत ढाँचे का विकास है, जो पर्याप्त लचीला और इतना शक्तिशाली है कि उसमें उठने वाली माँगों का मुक़ाबला कर सके।'

आधुनिकीकरण के विभिन्न पहलू

(क) **आधुनिकीकरण का आर्थिक पहलू** : आधुनिकीकरण को आर्थिक अनुलक्षण के रूप में देखा जाता है, तथा इसको औद्योगीकरण की प्रक्रिया से जोड़ा जाता है। जिस देश में उत्पादनों का ढंग परिवर्तित हो गया है अर्थात उत्पादन में मशीनों का अधिकाधिक उपयोग होने लगा हो तो ऐसा समाज आर्थिक दृष्टि से औद्योगीकृत व आधुनिक कहलायेगा।

(ख) **आधुनिकीकरण का सामाजिक पहलू** : सामाजिक दृष्टि से आधुनिकीकरण सम्पूर्ण समाज में व्यक्ति के व्यक्ति से सम्बन्धों से सम्बन्धित होता है। यह मनुष्य की निष्ठाओं के परम्परागत प्रतिमानों के स्थान पर नये प्रतिमान स्थापित करता है। यही आधुनिकीकरण का सामाजिक पहलू है।

(ग) **आधुनिकीकरण का राजनीतिक पहलू** : राजनीतिक अनुलक्षण के रूप में राजनीतिक संरचनाओं, प्रक्रियाओं और व्यवहारों में विविध किन्तु विशेष प्रकार के परिवर्तन आना आधुनिकीकरण है। राजनीतिक दृष्टि से आधुनिकीकृत समाज में व्यक्ति की राजनीतिक सहभागिता बृहत्तर स्तर पर होने लगती है। ऐसे समाज में लोगों के मन में राष्ट्रीयता की भावनाएँ शक्तिशाली हो जाती हैं।

सेमुअल हंटिंगटन ने लिखा है कि 'आधुनिकीकरण वह व्यापक प्रक्रिया है जो आर्थिक विकास के क्षेत्र तथा भौतिक प्रगति में मूलभूत परिवर्तन लाती है। इसमें राजनीतिक व्यवस्थाओं की प्रकृति व संघटकता और जीवन के मनोवैज्ञानिक व सामाजिक क्षेत्रों में परिवर्तन आ जाता है।'

राजनीतिक आधुनिकीकरण की विशेषताएँ :

1. **राज्य व केन्द्र में शक्ति का अधिकाधिक केन्द्रण** : राजनीतिक व्यवस्था अधिकाधिक शक्तियों की नियामक बनने लगती है।

तकनीकी प्रगति, अन्तर्राष्ट्रीय मजबूरियाँ, प्रतिरक्षा की आवश्यकता व संचालन या सम्प्रेषण साधनों के विकास के कारण व्यक्ति के जीवन का राजनीतिक पहलू सर्वोपरिता की ओर बढ़ता जाये तो यह राजनीतिक आधुनिकीकरण की निशानी है।

2. **राज्य या केन्द्र की समाज में अधिकाधिक पहुँच** : राजनीतिक आधुनिकीकरण के लिए सरकार की जनता तक पहुँच वृद्धिपरक होनी चाहिए। जनता व सरकार की हर स्तर पर सम्पर्कता का अर्थ राज्य का समाज में अधिकाधिक प्रवेशन होता है। यह तभी सम्भव है जब सरकारें सकारात्मक कार्यों के निष्पादन में आगे बढ़ें। सरकारों का कार्य करने लगना राजनीतिक आधुनिकीकरण की निशानी है।

3. **केन्द्र व परिधि या परिसर में बढ़ी हुई अन्तःक्रिया** : आधुनिक राजनीतिक समाजों में केन्द्र व परिसर की अन्तःक्रिया बढ़ जाती है। इस बढ़ी हुई अन्तःक्रिया का यही अर्थ है कि राजनीतिक शक्ति के विभिन्न केन्द्र आपस में इतने अधिक अन्तःक्रियाशील हो जाते हैं कि दोनों स्तर के केन्द्र निरन्तर सम्प्रेषण के माध्यमों से जुड़ जाते हैं।

   राजनीतिक आधुनिकीकरण में एक साथ दोतरफ़ा प्रक्रिया चलती रहती है। यहाँ केन्द्र का अर्थ राजनीतिक व्यवस्था से है, परिधि परिसर का अर्थ समाज से है। व्यवहारवादियों की शब्दावली में इसे निवेश व निर्गत कहा जा सकता है।

4. **सत्ता के परम्परागत स्रोतों का निर्बल होना** : राजनीतिक आधुनिकीकरण में सत्ता के स्थान का नाटकीय खिसकाव या स्थानान्तरण हो जाता है। सत्ता के परम्परागत स्रोतों के निर्बल होने और उनके स्थान पर राष्ट्रीय राजनीतिक सत्ता की स्थापना राजनीतिक आधुनिकीकरण की सबसे अधिक व महत्त्वपूर्ण व मूलभूत विशेषता है। इसके अभाव में आधुनिकीकरण के अन्य सभी लक्षण प्रभावहीन बन जाते हैं। हंटिंगटन लिखते हैं कि राजनीतिक आधुनिकीकरण परम्परागतता से मुक्ति है।

   कार्ल डायच ने अपनी कृति 'सोशल मोबलाइजेशन एंड पॉलिटिकल डेवलपमेंट' (1971) में इस विशेषता को सामाजिक संचालन का नाम देते हुए लिखा है कि 'पुरानी सामाजिक, आर्थिक और

मनोवैज्ञानिक प्रतिबद्धताओं के प्रमुख पुंज क्षीण हो जायें या टूट जायें और व्यक्ति समाजीकरण व व्यवहार के नये प्रतिमान अपनाने के लिए उद्यमशील हो जाये' तो यह विकास राजनीतिक आधुनिकीकरण की दिशा में महत्त्वपूर्ण क़दम होगा।

5. **राजनीतिक संस्थाओं का विभिन्नीकरण व विशेषीकरण :** आधुनिक राजनीतिक व्यवस्थाओं में राजनीतिक संस्थाओं का विभिन्नीकरण और विशेषीकरण होना अनिवार्य है। यह दोनों व्यवस्थाएँ एक साथ चलने वाली हैं। विभिन्नीकरण से विशेषीकरण को व्यावहारिक बनाना सम्भव है अन्यथा विशेषीकरण होने पर भी संस्थागत व्यवस्थाओं को पृथक्–पृथक् नहीं किया गया तो यह व्यवहार में नहीं आ सकेगा। विकासशील राज्यों में इसी कठिनाई का सामना प्रत्येक देश को करना पड़ रहा है। इसी कारण विकासशील देशों में आर्थिक दृष्टि से आधुनिकीकरण में बेमेलता बनी हुई है।

6. **राजनीति में जनसाधारण की बढ़ी हुई सहभागिता :** राजनीतिक आधुनिकीकरण के लिए संस्थात्मक और प्रक्रियात्मक परिवर्तन ही पर्याप्त नहीं हैं। जन सहभागिता राजनीतिक आधुनिकीकरण का महत्त्वपूर्ण मापदण्ड है।

   सहभागिता ऐसी होनी चाहिए जिसमें व्यक्ति अपने दायित्वों को समझते हुए सहभागी बने। विकासशील राज्यों में राजनीतिक सहभागिता को संस्थागत रूप में हित व दबाव समूहों द्वारा अनेक स्तरों पर सम्भव बनाया जाता है। किन्तु इन देशों में राजनीतिक दल, हित समूह की सहभागिता को ग़लत ढंग से निष्पादित करने के प्रेरक हैं। इसलिए राजनीतिक सहभागिता उत्तरदायित्वपूर्ण होनी चाहिए। अन्यथा राजनीतिक व्यवस्था पर अनुचित व ग़लत दबाव पड़ने लगेंगे और राजनीतिक सहभागिता टूट जायेगी।

7. **व्यक्तियों का सम्पूर्ण राजनीतिक व्यवस्था से सर्वाधिक अभिज्ञान :** सम्पूर्ण शासन व्यवस्था से अभिज्ञान आवश्यक है अन्यथा समाज में न कोई बन्धनकारी शक्ति होगी और न ही राजनीतिक व्यवस्था में सहभागिता की अन्तःप्रेरणा उत्पन्न होगी। इसके अभाव में व्यक्ति राजनीतिक संस्थाओं से नहीं राजनीतिक प्रक्रियाओं से भी दूर रहने लगता है। वह उनसे उदासीन बन

जाता है जो अन्ततः निराशा लाती है। इससे सम्पूर्ण प्रक्रिया ठप्प लगने लगती है।

अतः राजनीतिक आधुनिकीकरण के लिए व्यक्तियों का सम्पूर्ण राजनीतिक व्यवस्था से सर्वाधिक अभिज्ञान आवश्यक ही नहीं अनिवार्य–सा है।

8. **बृहत्तर व व्यापक आधार वाली नौकरशाही** : राजनीतिक आधुनिकीकरण वाले राजनीतिक समाज में सरकार के कार्यों में वृद्धि हो जाती है। अनेको नयी संरचनाएँ स्थापित हो जाती हैं। आधुनिकीकरण के कारण आर्थिक विकास के नये दायित्व भी सरकार पर आ जाते हैं, इन सबको निष्पादित करने के लिए नौकरशाही का आकार आवश्यक रूप से बृहद् हो जाता है।

राजनीतिक आधुनिकीकरण को प्रभावित करने वाले कारक

परिवर्तन करने वाले तत्त्व राजनीतिक व्यवस्था तक ही सीमित नहीं होते हैं। आर्थिक, धार्मिक, सामाजिक, ऐतिहासिक पक्षों से भी इनका सम्बन्ध होता है। एक देश के अनुरूप ही सारी स्थितियाँ दूसरे देश में होने पर भी इन दोनों देशों में राजनीतिक आधुनिकीकरण के स्तर, दिशाएँ व मात्राएँ अलग–अलग हो जाती हैं। उदाहरणार्थ भारत व श्रीलंका अनेक दृष्टियों से समानताएँ रखते हैं, दोनों में संसदीय प्रणाली है। दोनों में नियतकालिक चुनाव की व्यवस्था है तथा दोनों ही देशों की स्वतन्त्रता प्राप्ति (श्रीलंका 4 फ़रवरी 1948 को स्वतन्त्र हुआ) के बाद कई बार आम चुनाव हो चुके हैं, किन्तु श्रीलंका में 1970 तक हुए चुनावों में सत्तारूढ़ दल हमेशा पराजित होकर विपक्ष के रूप में चला जाता था किन्तु भारत में राष्ट्रीय स्तर पर 1952 से 1977 तक हुए चुनावों में ऐसा नहीं हुआ। यहाँ एक ही दल बार–बार सत्ता में आया।

ऐसे तथ्यों को समझने के लिए हम राजनीतिक आधुनिकीकरण को प्रभावित करने वाले कारकों का उल्लेख कर रहे हैं। ये निम्न हैं :

(क) परम्परावादी राजनीतिक संरचनाएँ व संस्कृति : राजनीतिक आधुनिकीकरण आम परम्परागतता से मुक्ति को माना जाता है इसलिए राजनीतिक संरचनाओं की परम्परागत प्रकृति का राजनीतिक आधुनिकीकरण पर बहुत प्रभाव पड़ता है। उदाहरणार्थ–नेपाल में राजनीतिक संरचनाओं को परम्परा के साँचे में ढालने का प्रयत्न किया है। इसके कारण नेपाल

का राजनीतिक आधुनिकीकरण भारत के मुक़ाबले बहुत धीमी गति से हो रहा है। यह बात भूटान के बारे में भी कही जा सकती है। मध्यपूर्व के अनेक राज्यों में राजनीतिक संरचनाओं का परम्परागत रूप राजनीतिक आधुनिकीकरण में बाधक है।

राजनीतिक संरचनाओं को राजनीतिक व्यवस्था की आधारशिला कहा जाता है। अतः राजनीतिक प्रक्रियाओं की संचालक, संरचनात्मक व्यवस्था, परम्परागतता के बन्धनों में जकड़ी हुई है तो राजनीतिक आधुनिकीकरण नहीं हो सकता है।

विकासशील राज्यों में आधुनिकीकरण के प्रयासों में संस्कृतियों की परम्परागतता सबसे महत्त्वपूर्ण बाधा उत्पन्न करने वाली शक्ति है। अफ्रीका जैसे महाद्वीप में एक ही राजनीतिक व्यवस्था में परस्पर विरोधी संस्कृतियों की उपस्थिति ऐसी पेचिदगियाँ उत्पन्न कर रही है कि तानाशाही व्यवस्थाओं के अलावा अन्य किसी व्यवस्था से आधुनिकीकरण के मार्ग पर आगे बढ़ना सम्भव ही नहीं है। संस्कृति की जकड़न धर्म की तरह शक्तिशाली होती है। अतः इसी कारण विकासशील राज्यों में इनकी परम्परागतता ऐसी कठिनाई उत्पन्न करती है जिनका समाधान देवतुल्य नेता भी नहीं कर सकता।

(ख) आधुनिकीकरण को धकेलने की ऐतिहासिक काल–नियति : राजनीतिक आधुनिकीकरण के प्रयास की ऐतिहासिक दृष्टि से काल–नियति अत्यन्त महत्त्व रखती है। ऐसा कहा जाता है कि ग़लत समय में सही कार्य कर सकना असम्भव–सा होता है। उदाहरण के लिए, भारत के संविधान में किया गया 42 वाँ संशोधन, जिससे अनेक मौलिक और क्रान्तिकारी परिवर्तन संविधान में किये गये हैं, अगर 1976 के स्थान पर 1956 में किया गया होता तो शायद भारत में इसे कोई स्वीकार नहीं करता।

इतिहास की धारा के प्रतिकूल परिवर्तन लाना अत्यन्त कठिन होता है। राजनीतिक आधुनिकीकरण को आगे धकेलने का प्रयत्न ऐतिहासिकता के साथ इतनी घनिष्ठता से बँधा हुआ है कि अनेक विकासशील राज्यों में आधुनिकीकरण के प्रयास इतिहास के काल चक्र का विशेष ध्यान रखे बिना प्रारम्भ होने के कारण ही असफल रहे हैं।

विकासशील राज्य आज भी ऐसे ही ऐतिहासिक दौर से गुज़र रहे हैं, और उनमें आधुनिकीकरण की प्रवृत्तियों को रोकने के अभिजनी प्रयत्न असफल होने लगे हैं। अब कहा जाता है कि 'तीसरे विश्व' को राजनीतिक

आधुनिकीकरण में लाने से कोई नहीं रोक सकता। अतः राजनीतिक आधुनिकीकरण ऐतिहासिक कालचक्र से भी प्रभावित पाया गया है।

(ग) राजनीतिक नेतृत्व की प्रकृति व अभिमुखीकरण : राजनीतिक नेतृत्व की प्रकृति, राजनीतिक आधुनिकीकरण को प्रोत्साहित या अवरोधित करने के पक्षों में से किसी के अनुरूप हो सकती है। आधुनिकीकरण में सरकार की भूमिका महत्त्वपूर्ण होती है। अतः देश के नेता किस प्रकार की भूमिका अदा करते हैं इसका बहुत महत्त्व होता है।

अफ्रीका व एशिया के अनेक नेताओं ने ऐसा ही किया है। भारत की भूतपूर्व प्रधानमन्त्री इन्दिरा गाँधी भी राजनीतिक आधुनिकीकरण की संरचनात्मक व्यवस्थाओं को समय की आवश्यकताओं के अनुरूप बनाने के प्रयत्न में थीं। बांग्लादेश के भूतपूर्व राष्ट्रपति शेख मुजीबुर्रहमान ने संविधान में क्रान्तिकारी परिवर्तन करके संसदीय प्रणाली के स्थान पर अध्यक्षात्मक प्रणाली की स्थापना की थी। पाकिस्तान में मोहम्मद अयूब खाँ ने सैनिक शक्ति के आधार पर सत्ता सँभालकर राजनीतिक आधुनिकीकरण का ज़बरदस्त प्रयत्न किया था। इन्होंने 1962 में नया संविधान लागू किया, जिससे आधुनिकीकरण की प्रक्रिया में तेज़ी आयी। बर्मा में जनरल विन ने सैनिक क्रान्ति करके प्रधानमन्त्री यू नू से सत्ता हथिया ली थी। छह महीने पश्चात् परिस्थितियाँ सामान्य होने पर पुनः यू नू को सत्ता सौंप दी।

निष्कर्षतः कहा जा सकता है कि राजनीतिक नेतृत्व की प्रकृति व आधुनिकीकरण के प्रति उनका रवैया राजनीतिक आधुनिकीकरण की प्रक्रियाओं को सक्रिय बनाने वाला भी था और उनमें शिथिलता लाने का भी।

(घ) व्यवस्था विशेषकर राजनीतिक व्यवस्था की प्रकृति : राजनीतिक व्यवस्था सामाजिक व्यवस्था के अन्तर्गत ही क्रियाशील रहती है। राजनीतिक व्यवस्था में आने वाले निवेश सामाजिक व्यवस्था में से आते हैं। इसी तरह राजनीतिक व्यवस्था के निर्गत या उत्पादन और प्रतिसम्भरण भी सामाजिक व्यवस्था में ही झोंके जाते हैं। अतः सामाजिक व्यवस्था के द्वारा प्रस्तुत वातावरण के अनुरूप राजनीतिक व्यवस्था की प्रकृति होती है। लोकतान्त्रिक शासन व्यवस्था में समाज व्यवस्था व राजनीतिक व्यवस्था में दोतरफ़ा आदान–प्रदान व सम्पर्कता रहती है। विकासशील राज्यों में लोकतान्त्रिक शासन की सफलता के लिए आवश्यक व अनुरूप राजनीतिक संस्कृति के अभाव के कारण इन दोनों के बाद दूसरे देश में तानाशाही व्यवस्थाएँ स्थापित होने लगीं।

इन परिवर्त्यों से स्पष्ट है कि विकासशील राज्य एक तरफ़ तो आधुनिकीकरण के युग में प्रवेश लेने को आतुर हैं तो दूसरी तरफ़ उनकी राजनीतिक संरचनाओं व संस्कृति की परम्परागत नेतृत्व की निरंकुशता व राजनीतिक व्यवस्थाओं का झगड़ा होना इन देशों को आधुनिकीकरण के प्रवेश से रोक रहा है। इन देशों में राजनीतिक आधुनिकीकरण का भविष्य क्या रहेगा यह कहना कठिन है।

इतना ज़रूर है कि विकासशील राज्यों में राजनीतिक आधुनिकीकरण का भविष्य फ़िलहाल अन्धकारमय है। जब तक व्यापक पैमाने पर सैनिक या परम्परागत तानाशाही व्यवस्थाएँ बनी रहती हैं, तब तक सही अर्थों में इन देशों की राजनीतिक व्यवस्थाएँ आधुनिक नहीं बन सकती हैं।

राजनीतिक आधुनिकीकरण के प्रतिमान

क्या सभी राजनीतिक व्यवस्थाओं में राजनीतिक दृष्टि से आधुनिकीकरण का कोई निश्चित क्रम या प्रतिमान होता है? इस सम्बन्ध में दो बातें ध्यान देने योग्य हैं :

1. राजनीतिक आधुनिकीकरण का कोई सर्वव्यापी प्रतिमान नहीं है।
2. राजनीतिक आधुनिकीकरण का कोई अनुक्रमी प्रतिमान नहीं है।

राजनीतिक आधुनिकीकरण का कोई अनुक्रम प्रतिमान तो निश्चित नहीं किया जा सकता किन्तु एडवर्ड शील्स ने 'पोलिटिकल मॉडर्नाइजेशन' के अपने लेख में यह बताने का प्रयास किया है कि मोटे तौर पर पाँच प्रतिमान या मॉडल आधुनिकीकरण के सम्बन्ध में उल्लेखनीय लगते हैं :

(क) राजनीतिक लोकतन्त्र : राजनीतिक लोकतन्त्र राजनीतिक व्यवस्थाओं के आधुनिकता के स्तर तक पहुँचने का संकेतक है। केवल उन्हीं व्यवस्थाओं को राजनीतिक दृष्टि से लोकतान्त्रिक कहा जाता है जहाँ राजनीतिक आधुनिकीकरण के सभी लक्षण कम या अधिक मात्रा में विद्यमान रहते हैं।

शील्स लिखते हैं, 'राजनीतिक लोकतन्त्र प्रतिनिधिक संस्थाओं और सार्वजनिक स्वतन्त्रताओं के माध्यम से जनता द्वारा शासित शासन व्यवस्था है।' इस परिभाषा की व्याख्या करते हुए शील्स लिखते हैं कि इस प्रकार की राजनीतिक लोकतन्त्र वाली आधुनिककृत राजनीतिक व्यवस्थाओं के लिए यह आवश्यक है कि नियतकालिक चुनावों में वयस्क मताधिकार के आधार पर निर्वाचित होने वाली एक व्यवस्थापिका हो।

जो राजनीतिक व्यवस्थापिका में जनता द्वारा निर्वाचित प्रतिनिधियों से संघटित होने के कारण सम्पूर्ण राजनीतिक व्यवस्था की अधीक्षक, निर्देशक व नियन्त्रक रहे। अन्य सभी संस्थात्मक व्यवस्थाएँ इसके अधीन रहें।

शील्स पृथक् स्वतन्त्र व निष्पक्ष न्यायपालिका के अस्तित्व को आवश्यक मानते हैं। शील्स का कहना है कि राजनीतिक लोकतन्त्र तब तक राजनीतिक व्यवस्थाओं को आधुनिकताओं की श्रेणी में नहीं आने देगा जब तक राजनीतिक लोकतन्त्र की संरचनात्मक व्यवस्था व्यवहार में प्रभावी नहीं होगी।

शील्स पश्चिम के राज्यों तथा जापान को राजनीतिक लोकतन्त्र वाले राज्य मानते हैं। उनका अभिमत है कि अनेक विकासशील देशों में राजनीतिक लोकतन्त्र की संरचनात्मक व्यवस्थाएँ तो पायी जाती हैं किन्तु लोकतन्त्र के सामाजिकता व संस्कृति सम्बन्धी पक्षों का अभाव होने के कारण उनमें आधुनिकीकरण का यह प्रतिमान स्थापित नहीं हो सका है। भारत व श्रीलंका अवश्य कुछ–कुछ इस स्तर तक पहुँच गये हैं।

(ख) अभिभावकी लोकतन्त्र : अभिभावकी लोकतन्त्र में राजनीतिक लोकतन्त्र की संरचनात्मक व्यवस्थाएँ व्यावहारिक रूप में सक्रिय नहीं रहती हैं। शील्स के अनुसार, "राजनीतिक लोकतन्त्र के संस्थात्मक प्रबन्ध तभी अर्थपूर्ण व फलप्रद बनते हैं जब वे अनुकूल परिस्थितियों में सक्रिय हों और लोकतन्त्र के मानदण्डों व मूल्यों के प्रति जनता में सामान्य प्रतिबद्धता पायी जाये। परिष्कृत राजनीतिक व्यवहार व दृष्टिकोण राजनीतिक लोकतन्त्र के सहचर हैं और इनका विकास उन्हीं व्यक्तियों में हो सकता है जिनके जीवन आर्थिक व भौतिक दृष्टि से सुरक्षित हैं। यह राष्ट्रीय सुरक्षा राष्ट्रीय रूप में केवल उन्हीं समाजों में प्राप्त हो सकती है जो औद्योगीकृत व आधुनिक हो।

अभिभावकी लोकतन्त्र में राजनीतिक नेताओं की लोकतन्त्र में दृढ़ आस्था होती है। इस प्रकार के लोकतन्त्र में निर्वाचित नेता लोकतान्त्रिक सिद्ध ान्तों से प्रतिबद्ध होते हैं तथा जनसाधारण व अन्य संरचनात्मक प्रक्रियाएँ इसके अनुकूल नहीं होने के कारण इनका लोकतन्त्र की पूर्व शर्तों के रूप में राजनीतिक अनुकूलन करने का प्रयास करते हैं।

विकासशील राज्यों में राजनीतिक आधुनिकीकरण से पहले आर्थिक, सामाजिक, सांस्कृतिक क्षेत्रों में आधुनिकीकरण होना आवश्यक है अन्यथा लोकतन्त्र नहीं टिक पायेगा।

(ग) आधुनिकीकरणशील गुटतन्त्र : आधुनिकीकरण के प्रयत्न कई बार लोकतान्त्रिक ढाँचे में सम्भव नहीं हो पाते हैं। लोकतान्त्रिक संरचनाओं का विद्यमान रहना अपने आप में राजनीतिक आधुनिकीकरण के मार्ग में बाधा बनने लगता है। कई बार नागरिकों की सहभागिता का राजनीतिक व्यवहार पर घातक प्रभाव पड़ने लगता है। आम जनता स्वतन्त्रताओं को असीमित व निरपेक्ष मान लेती है, जिससे अराजकता की स्थिति उत्पन्न हो जाती है। विकासशील राज्यों में ऐसा अक्सर देखने को मिला है।

किसी देश का नेता सौभाग्य से ऐसा हो जिसकी दृढ़ आस्था समाज को आधुनिक बनाने में है तब तो ऐसा गुटतन्त्र समाज में तेज़ गति से आधुनिकता पायेगा। न्यरेरे, केनेथ कौंडा, जोमो केन्याता, अनवर सादात, सुहार्तो इत्यादि नेताओं के प्रयत्नों से इनके देशों में आधुनिक अर्थव्यवस्था की स्थापना के प्रयत्न बहुत कुछ सफल हो रहे हैं।

(घ) सर्वाधिकारी गुटतन्त्र : सर्वाधिकारी गुटतन्त्र, राजनीतिक आधुनिकीकरण के मुक़ाबले में आर्थिक व सामाजिक लोकतन्त्र को प्राथमिकता देता है। विकासशील राज्यों में दिन–प्रतिदिन इस प्रकार के आधुनिकीकरण की लोकप्रियता बढ़ रही है। अवश्य ही साम्यवाद के अनुरूप आधुनिकीकरण में अधिकांश लोगों की आस्था नहीं है किन्तु इसके रूपान्तर समाजवादी व्यवस्था का प्रचलन बढ़ रहा है। इसको राजनीतिक लोकतन्त्र के प्रतिमान से श्रेष्ठतर मानने की प्रवृत्ति प्रबल हो रही है, क्योंकि इसमें आधुनिकीकरण के सभी पक्षों व पहलुओं को परिवर्तन प्रक्रिया में लाया जाता है। विकासशील राज्यों में यह अधिक लोकप्रिय हो रहा है। राजनीतिक लोकतन्त्र का ढाँचा इन देशों के लिए अनुपयुक्त है तथा सर्वाधिकारी ढाँचे में अन्तर्निहित लक्षण इनकी संस्कृति के प्रतिकूल पड़ते हैं।

(च) परम्परागत गुटतन्त्र : अनेक विकासशील व विकसित राज्यों में यह व्यवस्था पायी जाती है किन्तु विकसित देशों में यह औपचारिकता है जबकि विकासशील राज्यों, मध्यपूर्व के कुछ राज्यों और नेपाल व भूटान में यह औपचारिकता से कुछ अधिक मानी जा सकती है। यह एक तरह से सामन्ती व्यवस्था से मिलता–जुलता प्रतिमान है–भूटान में यह आज भी पर्याप्त शक्ति सम्पन्न माना जा सकता है।

अध्याय–10

राजनीतिक संस्कृति : अर्थ और विशेषताएँ

–संजय लोढ़ा

राजनीतिक संस्कृति की संकल्पना

किसी भी राजनीतिक व्यवस्था के कार्य निष्पादन को जानने के लिए उस देश की राजनीतिक संस्कृति को समझना आवश्यक होता है। राजनीतिक संस्कृति किसी भी देश के लोगों के राजनीतिक व्यवस्था के प्रति विश्वास, दृष्टिकोण, मूल्य और व्यवहार का योग है। यह कहा जा सकता है कि राजनीतिक संस्कृति की अवधारणा विशाल समाजों में सदस्यों के अभिविन्यास को समझने के लिए मनोविज्ञान और समाजशास्त्र के युग्मन को गतिशील राजनीतिक विश्लेषण के लिए सम्भव बनाती है। लोगों के राजनीतिक आदर्शों और व्यवहारपरक मानकों को समझने में राजनीतिक संस्कृति की अवधारणा मदद करती है। राजनीतिक संस्कृति औपचारिक और अनौपचारिक संस्थाओं जैसे सरकार, राजनीतिक दल, दबाव समूह आदि को सम्मिलित नहीं करती। राजनीतिक पटल पर वास्तव में क्या हो रहा है इससे राजनीतिक संस्कृति का सम्बन्ध नहीं है लेकिन इस बात से है कि लोग इनके बारे में क्या सोचते हैं। लोगों के ये विश्वास वास्तविक घटनाओं या आदर्शों और मूल्यों पर भी आधारित हो सकते हैं।

राजनीतिक संस्कृति का अर्थ है : 'किसी समाज की संस्कृति के वे पक्ष जो राजनीति को प्रभावित करते हैं।' ल्यूसियन पाई के अनुसार, राजनीति संस्कृति की संकल्पना का अध्ययन राजनीतिक विकास के विषय के समाज वैज्ञानिक पहलुओं का परीक्षण करना है। जब से कुछ अमरीकी लेखकों, जैसे उलम, बेयर और आलमंड ने इस शब्द को लोकप्रियता प्रदान की है, यह राजनीतिक व्यवस्थाओं के आधिकारिक अध्ययन के लिए

एक महत्त्वपूर्ण कसौटी बन गया है। इसने समाज सिद्धान्तशास्त्रियों को इस बात का आग्रह करने के लिए प्रभावित किया है कि एक राजनीतिक व्यवस्था दूसरी राजनीतिक व्यवस्था से न केवल संरचना की दृष्टि से बल्कि अपनी राजनीतिक संस्कृति की दृष्टि से भिन्न है।

फ्रांसीसी लेखक अलेक्सी द ताकवील (1805–1859) ने अपनी कृति 'डेमोक्रेसी इन अमेरिका' (1835–1840) के अन्तर्गत उन प्रमुख कारणों का विवरण दिया था जो संयुक्त राज्य अमेरिका में लोकतन्त्रीय गणराज्य को कायम करने में सिद्ध हुए थे। बीसवीं शताब्दी के पूर्वार्द्ध में विख्यात जर्मन समाजवैज्ञानिक मैक्स वेबर (1864–1920) ने यह दिखाने का प्रयत्न किया है कि राजनीतिक प्रणालियों के अन्तर्गत वैधता की संकल्पनाएँ क्या भूमिका निभाती हैं। फिर अमरीकी समाजवैज्ञानिक टैल्कॉट पार्सन्स (1902–1979) ने वेबर के दृष्टिकोण को विकसित करते हुए स्थापना प्रस्तुत की कि मानव व्यवहार की सही व्याख्या तब तक नहीं दी जा सकती जब तक यह न समझ लिया जाये कि परस्पर क्रिया करने वाले व्यक्ति स्वयं उसका क्या अर्थ लगाते हैं। पार्सन्स ने यह तर्क दिया कि किसी भी सामाजिक प्रणाली के सदस्य एक सामान्य संस्कृति के हिस्सेदार होते हैं इसलिए वे अपनी परिस्थिति व व्यवहार का निश्चित अर्थ लगाते हैं। अपनी प्रसिद्ध कृति 'दि सोशल सिस्टम' (1951) में पार्सन्स ने संस्कृति की परिभाषा 'प्रतीकों की व्यवस्थित प्रणाली' के रूप में दी है। सामाजिक प्रणाली के अन्तर्गत अनेक उप–प्रणालियों का विवरण दिया है, जिनमें राजनीतिक उप–प्रणाली भी सम्मिलित है।

इस संरचना को आधार बनाकर गैब्रियल आलमंड ने संस्कृति की संकल्पना में एक उप–संस्कृति की तलाश की जिसका सीधा सम्बन्ध राजनीतिक उप–प्रणाली से था। आलमंड ने 1956 के जर्नल ऑफ़ पौलिटिक्स में प्रकाशित लेख 'कम्पेरेटिव पौलिटिक्स' के अन्तर्गत राजनीतिक उप–प्रणाली व उससे सम्बद्ध उप–संस्कृति को स्वतन्त्र अध्ययन का विषय बनाया और इन्हें क्रमशः राजनीतिक प्रणाली की राजनीतिक संस्कृति का नाम दिया।

राजनीतिक संस्कृति की परिभाषा व अर्थ

राजनीतिक संस्कृति सामान्य सांस्कृतिक व्यवस्था का भाग है, किन्तु यह इससे कुछ स्वायत्तता भी रखती है। सामान्य संस्कृति की तरह ही

राजनीतिक संस्कृति भी राजनीतिक समाजीकरण के माध्यम से सम्प्रेषित या हस्तान्तरित होती है। इस तरह यह सीखा हुआ राजनीतिक व्यवहार है।

इसका अर्थ स्पष्ट करते हुए पाई अपने निबन्ध 'पोलिटिकल कल्चर एंड पोलिटिकल डेवलपमेंट' में लिखते हैं कि : 'किसी समाज की परम्पराएँ उसकी सार्वजनिक संस्थाओं की आत्मा, उसके नागरिकों की आकांक्षाएँ व उनका सामूहिक विवेक और उसके नेताओं के तरीक़े व कार्यशील होने के साधन व नियम आदि केवल ऐतिहासिक अनुभव की ऊटपटाँग उपज नहीं हैं बल्कि ये सब एक अर्थपूर्ण व्यवस्था के अंग हैं और सम्पूर्ण सम्बन्धों का एक बोधगम्य व स्पष्ट प्रतिमान उपस्थित करते हैं। व्यक्ति के लिए राजनीतिक संस्कृति प्रभावशाली राजनीतिक व्यवहार की दिशा में मार्गदर्शन करती है। इससे स्पष्ट है कि राजनीतिक संस्कृति की अवधारणा प्रमुखतया राजनीतिक है।'

राजनीतिक संस्कृति व्यवहारवादी क्रान्ति की देन

व्यवहारवादियों ने अनुसन्धानकर्ताओं को उन अनौपचारिक तत्त्वों, संगठनों व प्रक्रियाओं पर ध्यान देने के लिए प्रेरित किया जो वास्तविक राजनीति को प्रभावित करते हैं। राजनीतिक संस्कृति ऐसा ही महत्त्वपूर्ण अनौपचारिक तत्त्व था। राजनीतिक संस्कृति का सबसे सटीक विवरण गैब्रियल आलमंड व सिडनी वर्बा ने अपनी प्रसिद्ध कृति 'द सिविक कल्चर : पोलिटिकल एटीट्यूड्स एंड डेमोक्रेसी इन फाइव नेशंस' (1963) के अन्तर्गत प्रस्तुत किया है। इन पाँच देशों में ब्रिटेन, जर्मनी, इटली, अमेरिका व मेक्सिको के अन्तर्गत लोकतन्त्र की स्थिरता या अस्थिरता पर राजनीतिक संस्कृति के प्रभाव की समीक्षा की गयी।

राजनीतिक संस्कृति के परिवर्त्य

आलमंड वर्बा के अनुसार राजनीतिक संस्कृति का अर्थ है राजनीतिक विषयों के प्रति, इतिहास के प्रति समाज का कोई भी सदस्य अपने राजनीतिक पर्यावरण के सन्दर्भ में अपने आपको कहाँ रखता है? दूसरे शब्दों में व्यक्ति अपने देश की सरकार से क्या आशा रखता है? अपने काम में देश की क्या भूमिका समझता है? वह सरकार के किन निर्णयों को प्रभावित कर सकता है? व्यक्ति का अभिविन्यास राजनीतिक कार्यवाही के प्रति उसके झुकाव का संकेत देता है। यह अभिविन्यास तीन प्रकार का होता है :

1. ज्ञानात्मक अभिविन्यास : अर्थात राजनीतिक विषयों का ज्ञान व उनके अस्तित्व के प्रति सजगता; राजनीतिक व्यवस्था के बारे में जानकारी और विश्वास, इसके निवेश और निर्गत, इसकी भूमिका, उद्देश्य, अधिकार आदि।
2. भावात्मक अभिविन्यास : अर्थात इन विषयों के प्रति व्यक्ति के मन में पैदा होने वाले भावावेग व अनुभूतियाँ, राजनीतिक व्यवस्था के द्वारा निष्पादन, अन्य राजनीतिक क्रियाकलापों के बारे में भावनाएँ।
3. मूल्यपरक अभिविन्यास : अर्थात उन विषयों के बारे में व्यक्ति का मूल्य निर्णय, उचित–अनुचित या शुभ–अशुभ का मूल्यांकन,मानकों के आधार पर राजनीतिक व्यवस्था का मूल्यांकन।

रोबर्ट दाहल के अनुसार राजनीतिक संस्कृति में पाँच प्रकार के अभिविन्यास हो सकते हैं :

1. समस्या समाधान के प्रति अभिविन्यास : अर्थात लोग अपनी प्राकृतिक समस्याओं के बारे में क्या सोचते हैं और उनका सामना कैसे करते हैं।
2. सामूहिक गतिविधि के प्रति अभिविन्यास : अर्थात क्या लोग राजनीतिक व्यवस्था में सामूहिक रूप से काम करने की प्रवृत्ति रखते हैं।
3. राजनीतिक व्यवस्था के प्रति अभिविन्यास : अर्थात राजनीतिक व्यवस्था के प्रति लोगों का दृष्टिकोण या उनकी पसन्द–नापसन्द।
4. अन्य लोगों के प्रति अभिविन्यास : अभिप्राय यह है कि क्या लोगों का एक–दूसरे में विश्वास है कि नहीं।
5. स्व–अभिविन्यास : अर्थात क्या लोग मौलिक प्रस्ताव रखने की स्थिति में हैं या केवल दूसरों के मत के आधार पर कार्य करते हैं।

राजनीतिक संस्कृति उपागम की आवश्यकता

आलमंड व पावेल ने संस्कृति उपागम की आवश्यकता पर प्रकाश डाला है, जो निम्नानुसार है :

(क) एशिया, अफ्रीका व मध्यपूर्व में राष्ट्रीय विस्फोट, जिसके फलस्वरूप नाना प्रकार की संस्कृतियों, सामाजिक संस्थाओं व राजनीतिक विशेषताओं वाले अनेक राष्ट्रों का राज्यों के रूप में उदय होना;

(ख) अटलांटिक समुदाय के राष्ट्रों के प्रभुत्व का अन्त और अन्तरराष्ट्रीय शक्ति व प्रभाव का उपनिवेशों व अर्द्ध उपनिवेशी क्षेत्रों में प्रसार व विस्तार को रोकना;

(ग) साम्यवाद का राष्ट्रीय राजनीतिक व्यवस्था की संरचना व अन्तरराष्ट्रीय व्यवस्था को बदलने के संघर्ष में एक शक्तिशाली प्रतियोगी के रूप में उभरना।

राजनीति में प्रचलित उपागमों राजनीतिक व्यवस्था उपागम, संरचनात्मक–प्रकार्यात्मक उपागम, राजनीतिक विकास, राजनीतिक आधुनिकीकरण में यर्थाथता लाने के लिए ऐसी अवधारणा व दृष्टिकोण आवश्यक हो गया जिसका आनुभविक आधार पर परीक्षण किया जा सके और जो राजनीतिक व्यवहार से सावयवी रूप से सम्बन्धित हो। राजनीतिक संस्कृति की अवधारणा ऐसी ही सत्यापनीयता की क्षमता से युक्त होने के कारण अध्ययन उपागम के रूप में राजनीति में महत्त्वपूर्ण बन गयी।

राजनीतिक संस्कृति के प्रकार

प्रसिद्ध राजनीतिक विश्लेषक एलन बॉल के अनुसार राजनीतिक संस्कृति का वर्गीकरण इस आधार पर किया जा सकता है कि क्या लोग राजनीतिक प्रक्रिया में सक्रिय सहभागिता निभाते हैं और शासनिक गतिविधियों से लाभ की अपेक्षा करते हैं या फिर वे प्राय: ऐसी गतिविधियों के बारे में अनभिज्ञ होते हैं और निर्णय निर्माण प्रक्रिया में हिस्सा नहीं लेते हैं। आलमंड और पावेल ने राजनीतिक संस्कृति के तीन रूप बताये हैं : संकीर्ण, प्रजाभावी और सहभागी राजनीतिक संस्कृति।

संकीर्ण राजनीतिक संस्कृति का यह अभिप्राय होता है कि लोग राजनीतिक व्यवस्था के बारे में बहुत कम या कुछ नहीं जानते। एक परम्परागत या पिछड़े समाज में ऐसे लोग अधिक संख्या में पाये जाते हैं। ऐसे लोगों या समाजों को राजनीतिक व्यवस्था से कुछ अपेक्षा भी नहीं होती। प्रजाभावी राजनीतिक संस्कृति वह होती है जहाँ लोगों की राजनीतिक व्यवस्था से अपेक्षाएँ होती हैं, वे व्यवस्था के निर्णयों के प्रति सजग भी होते हैं लेकिन इस प्रक्रिया में उनका कोई विशेष योगदान नहीं होता। वे नहीं जानते कि निर्णय निर्माण प्रक्रिया को कैसे प्रभावित किया जा सकता है। ऐसी राजनीतिक व्यवस्थाएँ भी परिपक्व नहीं होतीं।

सहभागी राजनीतिक संस्कृति विकसित समाजों में देखने को मिलती है जहाँ लोग राजनीतिक व्यवस्था में सक्रिय भूमिका का निर्वाह करते हैं। वे जानते हैं कि प्रक्रिया कैसे काम करती है और उसमें भागीदारी का निर्वाह भी करते हैं। उनकी सक्रियता में व्यवस्था के प्रति विरोध या समर्थन के स्वर हो सकते हैं। वे व्यवस्था से अपेक्षा भी रखते हैं और उन्हें पूरा करने के लिये दबाव भी डालते हैं।

यहाँ यह उल्लेख करना भी ज़रूरी है कि उपरोक्त तीन प्रकार की राजनीतिक संस्कृतियाँ रेल के अलग–अलग डिब्बों की तरह नहीं हैं जिनका एक–दूसरे से कोई सम्बन्ध नहीं होता है। यह हमेशा सम्भव होता है कि एक ही व्यक्ति, परिवार, समाज या देश में सभी तरह की राजनीतिक संस्कृति मौजूद हों। अधिकांश समाजों में मिश्रित राजनीतिक संस्कृति देखने को मिलती है। इसी तरह नागर राजनीतिक संस्कृति का उल्लेख भी होता है जो उन समाजों में बतायी जाती है जहाँ निर्णय निर्माण शक्ति कुछ अभिजनों के हाथों में केन्द्रित होती है और लोग प्रत्यक्ष सहभागिता नहीं निभाते। लौकिक राजनीतिक संस्कृति वहाँ होती है जहाँ लोग विवेकपूर्ण, सद्भावी और विश्लेषणकारी होते हैं। इन व्यवस्थाओं में सब कुछ बहुत सुगठित और निश्चित होता है। किसी भी निर्णय को लेने से पहले बहुत सोच–विचार होता है और सभी सम्भव विकल्पों पर विमर्श करने के बाद कोई एक निर्णय लिया जाता है। विचारधारात्मक राजनीतिक संस्कृति वह होती है जहाँ लोग एक ही राजनीतिक विचारधारा के प्रति समर्पित होते हैं और उनकी कोई स्वतन्त्र सोच नहीं होती है। फासीवाद और नाज़ीवाद ऐसी ही विचारधाराएँ हैं। समरूपी राजनीतिक संस्कृति वह होती है जहाँ लोग राजनीतिक लक्ष्यों के प्रति और उन्हें पाने के साधनों के लिए एक ही तरह के विचार रखते हैं। लेकिन जिन समाजों में इसके ठीक विपरीत होता है उनकी संस्कृति को विखण्डित राजनीतिक संस्कृति कहा जाता है। प्रायः बहुलतावादी समाजों में ऐसा पाया जाता है।

राजनीतिक संस्कृति के निर्धारक तत्त्व

राजनीतिक संस्कृति के निर्धारण में अनेक तत्त्व सहायक होते हैं। राजनीतिक परिवर्तन या निरन्तरता, भौगोलिक स्थिति, उपनिवेशवादी प्रभाव, नृजातीय विभिन्नताएँ, सामाजिक–आर्थिक ढाँचा आदि ऐसे प्रमुख तत्त्व हैं जो राजनीतिक संस्कृति को निर्धारित करते हैं।

स्थापित राजनीतिक व्यवस्थाओं में परिवर्तन की अपेक्षा निरन्तरता अधिक हावी होती है जबकि नवोदित राज्यों में परिवर्तन आम बात होती है। किसी व्यवस्था की भौगोलिक परिस्थितियाँ वहाँ की सोच को प्रभावित करती हैं। भू–आकृति, जलवायु, प्राकृतिक संसाधन आदि व्यवस्था में लोगों के रहन–सहन और उनकी आस्थाओं को निर्मित करते हैं।

यदि कोई देश उपनिवेश रहा है तो उपनिवेशवादी शक्ति का उस पर काफ़ी प्रभाव रहता है। उदाहरण के लिए, यह कहा जा सकता है कि स्वाधीनता के बाद भी भारत के संविधान और राजनीतिक व्यवस्था पर ब्रिटिश व्यवस्था का काफ़ी प्रभाव रहा।

नस्लीय और सामाजिक विभिन्नताओं का भी राजनीतिक संस्कृति पर बहुत प्रभाव पड़ता है। अफ्रीकी महाद्वीप के देशों में अलग–अलग समुदायों के बीच हो रही खींचतान वहाँ की राजनीतिक संस्कृति को निरन्तर प्रभावित करती है। यही स्थिति बहुजातीय देशों में भी देखी जाती है जहाँ राजनीतिक क्रियाकलापों पर विभिन्न सामाजिक समूहों के प्रति लोगों की समझ अत्यन्त महत्त्वपूर्ण होती है। धार्मिक विविधता भी इसी तरह राजनीतिक संस्कृति को तय करने में अग्रणी होती है। भारत इसका भी ज्वलन्त उदाहरण है जहाँ धार्मिक वैविध्य राजनीतिक प्रतिस्पर्धा और विमर्श को अत्यधिक प्रभावित करता है।

इस बात से इनकार नहीं किया जा सकता है कि व्यवस्था में कैसी विचारधाराओं का प्रभाव रहेगा। यह बहुत कुछ इस पर निर्भर करता है कि वहाँ लोगों की आर्थिक स्थिति कैसी है। जहाँ लोग समृद्ध और सम्पन्न होते हैं वहाँ परिवर्तन के प्रति उदासीनता पायी जाती है। लेकिन जहाँ विषमता और निर्धनता अधिक होती है वहाँ लोग परिवर्तन के प्रति अधिक सकारात्मक होते हैं। अतः विभिन्न तत्त्व राजनीतिक संस्कृति के निर्धारण में योगदान देते हैं और उनके सापेक्ष महत्त्व में समयानुसार तब्दीली होती रहती है।

राजनीतिक संस्कृति की अवधारणा की आलोचना

राजनीतिक संस्कृति की अवधारणा किसी भी व्यवस्था को समझने और उसके मूल्यांकन के लिए बहुत उपयोगी है। वि–उपनिवेशीकरण के दौर में नवोदित राजनीतिक व्यवस्थाओं के अध्ययन में इस अवधारणा का विशेष स्थान रहा। साथ ही राजनीतिक व्यवहार को समझने में भी यह

अवधारणा अत्यन्त उपयोगी रही है। लेकिन आलोचक यह भी कहते हैं कि अधिकांशतः लोग राजनीतिक व्यवस्था के प्रति बहुत कम जानकारी रखते हैं या फिर राजनीतिक क्रियाकलापों के प्रति उदासीन होते हैं। ऐसे में वहाँ की राजनीतिक संस्कृति के बारे में ज़्यादा कुछ कहना सम्भव नहीं होता है। 1960 और 1970 के दशकों में तो इस अवधारणा का काफ़ी प्रभाव रहा लेकिन उसके बाद विश्लेषक इसके सामर्थ्य के प्रति अधिक उत्साही नहीं रहे। वर्तमान दौर में जहाँ एकरूपता को बढ़ावा दिया जा रहा है, वहीं राजनीतिक संस्कृति की अवधारणा की उपयोगिता कम होती दिखाई पड़ रही है।

अध्याय–11

राजनीतिक विज्ञान के अध्ययन के प्रमुख सिद्धान्त

-निधि जैन

व्यवस्थामूलक विश्लेषण

जब से लोगों ने राजव्यवस्था की प्रकृति के बारे में सोचना शुरू किया है तब से राजनीति का अध्ययन दो ध्रुवों के बीच डोलता रहा है। एक ओर वे विचारक थे जो अपना ध्यान सामाजिक नियन्त्रण व सामाजिक परिवर्तन के महत्त्वपूर्ण अभिकरणों के रूप में राजनीतिक संस्थाओं पर केन्द्रित करते थे। वे राज्य के व्यवहार व शासकों के दृष्टान्तों को अधिक महत्त्वपूर्ण पहलू समझते थे। इसके विपरीत अन्य विचारक इस बात पर बल देते थे कि राजनीतिक कारक व परिस्थितियाँ राजनीतिक घटनाओं व संस्थाओं को कितना प्रभावित करती थीं। वास्तविक अर्थ में इन दोनों के बीच इस बात का अन्तर था कि प्रथम स्थान समाज का है अथवा राजव्यवस्था का, क्योंकि राजनीतिक संस्थाओं के बारे में अन्तिम रूप से अध्ययन विभिन्न समाजविज्ञान सम्बन्धी विषयों जैसे; नृ–विज्ञान, समाजविज्ञान, अर्थशास्त्र, मनोविज्ञान में किया जाता था। जैसा कि राजनीति के अध्ययन व अन्य समाजविज्ञानों के बीच सम्बन्ध का तत्त्व इन विषयों में बौद्धिक रुचि के आरम्भ से ही चला आ रहा है।

सेमुअल एम. लिप्सेट ने अपनी पुस्तक 'पोलिटिक्स एंड सोशल साइंसेज : इंट्रोडक्शन' में राज्य विज्ञान के विषय में 1960 व 1970 के दशकों में अमेरिकी लेखकों के योगदान की चर्चा की है। उसके अध्ययन से यह धारणा बैठती है कि इसके (राजनीति विज्ञान) ध्येय, समस्याओं व विधियों की परिभाषा के क्षेत्र में एक प्रकार की क्रान्ति आ गयी है।

सामान्य व्यवस्था सिद्धान्त : उद्गम व प्रारम्भिक विकास

सामान्य व्यवस्था सिद्धान्त का आरम्भ सैद्धान्तिक रूप में प्राकृतिक विज्ञानों और विशेषकर जीव विज्ञान में हुआ है। परन्तु सामाजिक विज्ञानों में उसका व्यवहार सबसे अधिक मानव विज्ञान में होना आरम्भ हुआ। इसके बाद समाजशास्त्र में, उसके कुछ समय बाद मनोविज्ञान में और काफ़ी समय बाद राजनीतिक विज्ञान में उसे प्रयोग में लाया गया है। सामाजिक विज्ञानों में इसका आरम्भ सबसे पहले सामाजिक मानव विज्ञान में एमिल दुर्खीम की रचना 'सोशियोलोजी ऑफ़ फिलोसोफ़ी' ए. आर. रेडक्लिफ ब्राउन की 'स्ट्रक्चर एंड फंक्शन इन प्रिमिटिव सोसायटी 1956' में व ब्रोनिसलॉ मेलिनोस्की की रचना 'द डायनैमिक्स ऑफ़ कल्चरल चेंज' में स्पष्ट रूप से हुआ है।

सामाजिक मानव विज्ञान के क्षेत्र में इन दोनों लेखकों ने जो सैद्धान्तिक आविष्कार किये उनका प्रभाव राजनीतिशास्त्र पर दो समाजशास्त्रियों रॉबर्ट के. मर्टन, सोशियल थ्योरी एंड सोशियल स्ट्रक्चर व टैल्कॉट पार्सन्स एजेज इन सोशियोलोजिकल थ्योरी के माध्यम से आया और इनमें पार्सन्स का प्रभाव अधिक पड़ा।

व्यवस्था की अवधारणा पर आधारित सामान्य व्यवस्था सिद्धान्त का प्रारम्भिक विवेचन 1920 में जीवशास्त्री लुडविग वोन बर्टलेन्फी द्वारा किया गया था। इस सिद्धान्त का अमूर्त रूप तो जीवशास्त्र में ही प्रस्थापित हुआ है किन्तु इसका सामाजिक विज्ञानों में परिचालनात्मक रूप सबसे पहले मानवशास्त्र व बाद में समाजशास्त्र, मनोविज्ञान व राजनीति विज्ञान में स्थापित हुआ है।

सामान्य व्यवस्था सिद्धान्त विभिन्न अनुशासनों में एकता लाने वाली अवधारणाओं की खोज से सम्बन्धित है। व्यवस्था की विभिन्न प्रकार से परिभाषा दी गयी है। बर्टलेन्फी लिखते हैं कि यह अन्तःक्रियाशील तत्त्वों का समूह है। होल व फेगन के अनुसार यह 'वस्तुओं में परस्पर तथा वस्तुओं और उनके लक्षणों के बीच सम्बन्धों सहित वस्तुओं का समूह है।' कोलिन चेरी, अपनी कृति 'ऑन ह्यूमन कम्यूनिकेशन (1961)' में लिखते हैं कि व्यवस्था एक ऐसा सम्पूर्ण है जो संघटक लक्षणों के विभिन्न निर्माणिक भागों में सम्मिलित रहता है।

सामान्य व्यवस्था सिद्धान्त का अभिप्राय व प्रकृति

सामान्य व्यवस्था सिद्धान्त के समर्थक विभिन्न अनुशासनों में एकता लाने वाली अवधारणाओं के अन्वेषक हैं। इनका अभिमत है कि विभिन्न अनुशासनों

द्वारा अध्ययन में की जाने वाली व्यवस्थाएँ यद्यपि आकार सामग्री आदि की दृष्टि से भिन्न होती हैं, तथापि मूल संरचना व प्रक्रियाओं की दृष्टि में उनमें परस्पर समानता के तत्त्व खोजे जा सकते हैं। अतः कहा जा सकता है कि सामान्य व्यवस्था सिद्धान्त विभिन्न अनुशासनों के बीच विद्यमान कठोर दीवारों को तोड़कर विज्ञान के एकीकरण का मार्ग प्रशस्त करता है।

ओरन यंग ने अपने ग्रन्थ 'सिस्टम ऑफ़ पोलिटिकल साइन्स' में इसकी उन व्यवस्थापरक अवधारणाओं को गिनाया है जो मिलकर 'सामान्य व्यवस्था सिद्धान्त' की रचना करती हैं। यह इस प्रकार हैं :

1. **वर्णन प्रधान अवधारणा** : पहली प्रकार की अवधारणा वर्णन–प्रधान अवधारणा है जो विभिन्न व्यवस्थाओं के अन्दर उनकी मौलिक संरचनाओं, प्रक्रियाओं आदि का ज्ञान कराती है।
2. **नियमन तथा संधारण सम्बन्धी अवधारणा** : इसके अन्तर्गत वे अवधारणाएँ सम्मिलित की गयी हैं जिनके माध्यम से व्यवस्थाएँ स्वयं को अपनी अभिज्ञान सीमाओं के भीतर बनाये रखने के लिए विभिन्न साधनों व तरीक़ों को काम में लाती हैं।
3. **परिवर्तन सम्बन्धी अवधारणा** : इनका व्यवस्थाओं के अविघटनकारी किन्तु गत्यात्मक परिवर्तनों से सम्बन्ध होता है। अनुकूलन, वृद्धि या विकास आदि की अवधारणाएँ ऐसी ही हैं।
4. **विघटन विलयन सम्बन्धी अवधारणा** : यह प्रायः तभी उत्पन्न होती हैं जब व्यवस्थाओं पर कोई संकट या तनाव आता है।

सामान्य व्यवस्था मूलक सिद्धान्त : संकल्पनाएँ व उनके निहितार्थ

सामान्य व्यवस्था मूलक सिद्धान्त की व्याख्या में जिन बुनियादी संकल्पनाओं का इस्तेमाल किया है, उन्हें तीन वर्गों में रखा जा सकता है। यह हैं :

1. **प्राथमिक रूप से विवरणात्मक व वर्गीकरणात्मक चरों की प्रकृति में संकल्पनाएँ** : इस वर्ग में हम उन संकल्पनाओं को शामिल कर सकते हैं जो विभिन्न प्रकार की व्यवस्थाओं में अन्तर्धाराओं का निर्धारण करती हैं। हम उन संकल्पनाओं की ओर भी संकल्प कर सकते हैं जो सोपानिक स्तरों का भी प्रदर्शन करती हैं जैसे व्यवस्थाएँ, अव्यवस्थाएँ, अन्तःक्रिया के क्रम व प्रभावों के काम, एकीकरण, विभेदीकरण, अन्तःनिर्भरण व केन्द्रीयकरण। इन अंशों के माध्यम से व्यवस्थाओं के आन्तरिक संगठनों के

संचालन को समझने के लिए भी इन शब्दों का इस्तेमाल किया जा सकता है। व्यवस्थाओं की अपने पर्यावरण से भी अन्तःक्रिया होती है और उससे सीमाएँ, आगत व निर्गत जैसे शब्द इसमें आते हैं।

2. **विनिमयात्मक व परिक्षात्मक चरों की प्रकृति में संकल्पना** : यह वर्ग सामान्य व्यवस्थामूलक सिद्धान्त का प्रमुख भाग है क्योंकि इस सिद्धान्त का अधिक बल व्यवस्थाओं के विनियमन करने व उन्हें बनाये रखने पर है। इस प्रकार यहाँ बहुत–सी महत्त्वपूर्ण संकल्पनाएँ उपलब्ध होती हैं जिनके सम्बन्ध उन शक्तियों से होते हैं जो किसी व्यवस्था के विनियमन व परिरक्षण में महत्त्वपूर्ण भूमिका निर्वाह करती हैं। स्थिरता, सन्तुलन व समस्थिति के विचार इसमें शामिल किये जाते हैं। इसी के पुनः निवेश की संकल्पनाएँ व मरम्मत; पुनः प्रस्तुतीकरण और उपलब्ध ऊर्जा के रूपों में इसकी प्रक्रियाएँ सम्बद्ध हैं।

3. **गत्यात्मकता पैदा करने वाली शक्तियों की प्रकृति में संकल्पनाएँ** : परिवर्तन प्रकृति का नियम है परन्तु यह परिवर्तन विध्वंसकारी व अविध्वंसकारी दोनों ही प्रकार का हो सकता है। अविध्वंसकारी परिवर्तन पर्यावरण की बदली हुई परिस्थितियों के प्रति अनुक्रियाओं के माध्यम से लाया जा सकता है। अविध्वंसकारी परिवर्तन दोतरफ़ा भी हो सकता है और एकतरफ़ा भी, जबकि दोतरफ़ा दिशाओं में परिवर्तनों के रूपान्तरण या अनुकूलन, अर्जन, बुद्धि, प्रयोजनवाद शामिल हैं। एकतरफ़ा दिशा में परिवर्तन में विध्वंस, विघटन, विभाजन, संकट, तनाव, दबाव व अधिकार क्षय आते हैं जिससे हम सकारात्मक उपलब्ध ऊर्जा के नियम लागू किये जाने की दिशा में अग्रसर होते हैं।

डेविड ईस्टन का व्यवस्थामूलक विश्लेषण : राज्य विज्ञान की अवस्था में एक नया अन्वेषण

डेविड ईस्टन ने 1965 में अपनी कृति 'ए सिस्टम एनालसिस ऑफ़ पोलिटिकल लाइफ' में व्यवस्था सिद्धान्त के स्तर पर विश्लेषण करने एवं नये व सहायक ढंग से राजनीतिक घटना की व्याख्या करने के लिए संकल्पनाओं के एक मूल समुच्चय की व्यवस्था की है। स्टीफन इलमिन जैसे प्राकृतिक वैज्ञानिक के मार्ग का अनुसरण करते हुए उन्होंने एक ऐसे सिद्धान्त के विकास का

प्रारम्भ किया जो व्यवहारात्मक वास्तविकता की व्याख्या करने में सहायता प्रदान करेगा, क्योंकि राजनीति शास्त्र एक प्रतीकात्मक व्यवस्था है जो ठोस या आनुभाविक राजनीतिक विश्लेषण को समझने के लिए उपयोगी है। ईस्टन के आनुभाविक राजनीतिक व्यवस्था के कुछ महत्त्वपूर्ण लक्षण निम्न हैं :

1. ईस्टन राजनीति के एकीकृत सिद्धान्त के पक्ष में हैं : यह सिद्धान्त राष्ट्रीय व अन्तर्राष्ट्रीय राजनीतिक व्यवस्थाओं के व्यवहार की व्याख्या करने व उनकी तुलना करने में सक्षम है। वह यह बताना चाहते हैं कि कुछ वर्ग व नियम हर प्रकार की गतिविधियों पर लागू हो सकते हैं वे राष्ट्रीय स्तर पर हों अथवा अन्तर्राष्ट्रीय स्तर पर और चाहे वे विकासशील राजनीतिक व्यवस्थाओं के लिए हों अथवा विकसित के लिए।
2. राजनीतिक व्यवस्था के बने रहने या चलते रहने से सरोकार है : ईस्टन के अनुसार एक आनुभाविक राजनीति विज्ञानी का प्रयोजन प्रमुख रूप से उन परिस्थितियों का अध्ययन करना है जिनके अधीन एक काल या अवधि तक राजनीतिक व्यवस्थाओं को बनाये रखा जा सकता है।
3. सन्तुलन विश्लेषण की कटु आलोचना : क्योंकि यह उन कारकों को विश्लेषण तक सीमित रखता है जो किसी राजनीतिक व्यवस्था में स्थायित्व व अस्थायित्व का निर्माण करने के लिए उत्तरदायी होते हैं। उनका वास्तविक सम्बन्ध उन परिस्थितियों का विवेचन करना है जो किसी राजनीतिक व्यवस्था के अस्तित्व व चलते रहने के लिए आवश्यक होती हैं।
4. ईस्टन का प्रयोजन राजनीतिक व्यवस्था का सैद्धान्तिक व प्रायोगिक दोनों परिप्रेक्ष्यों में अध्ययन करना है। ईस्टन लोवेल के अनुयायियों की कटु आलोचना करते हैं, जो सत्ता के अध्ययन में राजनीतिक व्यवस्था के प्रायोगिक पक्ष तक ही सीमित रहते हुए इस विषय के सैद्धान्तिक पक्ष की अवहेलना करते हैं। जिनका सम्बन्ध उन परिस्थितियों के अध्ययन से है जो राज्य व्यवस्था के बने रहने के लिए आवश्यक हैं।
5. ईस्टन का प्रयोजन है कि राजनीति के अध्ययन को स्वायत्त स्तर तक बनाये रखा जाये क्योंकि यह सत्ता के वितरण व इस्तेमाल से प्रभावित मूल्यों के प्राधिकृत विधिविधान का अध्ययन है।

अभिजन वर्ग सिद्धान्त

किसी भी राजनीतिक व्यवस्था में चाहे उसका रूप लोकतान्त्रिक हो या निरंकुश, जो लोग अपनी विशिष्ट योग्यताओं, कार्यक्षमता, नेतृत्व आदि गुणों के कारण देश की राजनीति और समाज में प्रभाव जमा लेते हैं उन्हें राजनीतिक विज्ञान की भाषा में राजनीतिक अभिजन (Political Elite) कहा जाता है।

कार्ल फेड्रिक के अनुसार 'यह उन लोगों का समूह होता है जो राजनीति में अद्वितीय कार्य सम्पन्नता के द्वारा विशिष्ट होते हैं, जो एक विशेष समाज के शासन को अपने हाथों में प्रभावशाली रूप से एकाधिकृत कर लेते हैं और जिनमें समूह की एकता की भावना होती है। जो समय–समय पर सहयोग के रूप में अभिव्यक्त होती है एक राजनीतिक विशिष्ट वर्ग शक्ति व शासन प्राप्त करने की योग्यता में काफ़ी आगे बढ़ जाती है।'

अभिजन वर्ग की अवधारणा का विकास

राजनीतिक अभिजन सिद्धान्त का विकास 1950 के दशक में अमेरिका में समाज विज्ञानवादियों–शुम्पीटर जैसे अर्थशास्त्री, लावेल जैसे राजनीतिशास्त्रियों, सी. राइट मिल्स जैसे समाजशास्त्रियों के द्वारा विभिन्न रूपों में हुआ। अनेक यूरोपीय विचारक जिसमें इटली के विलफ्रेड परेटो व गीटानो मॉस्का, स्विस जर्मन रॉबर्ट मिचेल्स व स्पेनवासी जार्ज आर्टेगा, वाई. गेसेट प्रमुख थे।

परेटो (1848–1923) की मान्यता थी कि प्रत्येक समाज का शासन एक ऐसे अल्पसंख्यक वर्ग के हाथों में होता है, जिसके पास सम्पूर्ण सामाजिक व राजनीतिक सत्ता पर अपना अधिकार स्थापित कर लेने के आवश्यक गुण होते हैं जो लोग समाज के उच्चतम शिखर तक पहुँच पाते हैं, वास्तव में वे ही सदा सर्वश्रेष्ठ व्यक्ति होते हैं उन्हें अभिजन का नाम दिया जाता है।

परेटो अपनी कृति 'माइंड एंड सोसायटी' में लिखते हैं कि समाज में दो वर्ग होते हैं। पहला–ऊँचा वर्ग जिसे हम अभिजन कहते हैं। और दूसरा निम्न वर्ग या ग़ैर–अभिजन वर्ग।

अभिजन सिद्धान्त का आधार

अभिजन सिद्धान्त का आधार इस बात पर निर्भर करता है कि प्रत्येक समाज में मोटे तौर पर दो भिन्न–भिन्न वर्ग होते हैं :

1. कुछ ऐसे थोड़े लोगों का वर्ग जिनके पास क्षमता होती है और इस कारण जिन्हें समाज के सर्वोच्च नेतृत्व का अधिकार मिला होता है।
2. असंख्य जनसाधारण जिनके भाग्य में शासित होना लिखा है।

अभिजन का अर्थ व परिभाषा

अभिजन की धारणा नयी नहीं है। राजनीति शास्त्र के प्रारम्भ से यह विचार रहा है कि कुछ लोग विशिष्ट होते हैं। इनका समाज में अलग वर्ग होता है। समाज में इन्हें सम्पन्न, सम्भ्रान्त अभिजन कहा जाता है। ये लोग अपनी सामाजिक, जातीय श्रेष्ठता के कारण राजकार्य के नज़दीक होते हैं और इन्हें ही अभिजन वर्ग कहा जाता है।

अभिजन वह सफल लोग हैं जो समाज में सबसे ऊपर आ जाते हैं। अभिजन अंग्रेज़ी भाषा के शब्द इलीट (ELITE) का हिन्दी रूपान्तर है। इलीट शब्द की उत्पत्ति Eligere शब्द से हुई है। इसका अर्थ है 'चयन द्वारा चुना गया'। इलीट का अंग्रेज़ी में अभिप्राय नेतृत्व से किया गया है।

सर्वप्रथम ऑक्सफ़ोर्ड डिक्शनरी 1925 में इसे स्थान दिया गया। 1980 में आगे चलकर परेटो व मिचेल्स जैसे समाजशास्त्रियों द्वारा यह विचार अमेरिका में लोकप्रिय हुआ। अभिजन वर्ग के बारे में मिचेल्स 'पोलिटिकल पार्टीज़ सोशियोलोजिकल स्टडी ऑफ़ द ओलिगार्कीकल टेंडेसीज़ ऑफ़ डैमोक्रेसी' में लिखते हैं।

'अभिजन वह अल्पसंख्यक संगठित समूह है जो बहुसंख्यक असंगठित व्यक्तियों पर शासन करता है।' हेरल्ड डी. लासवेल कहते हैं, 'अभिजन राजनीतिक व्यवस्था में सत्ताधारक हैं।'

गीटानो मोस्का अपनी कृति 'दि रूलिंग क्लास' में कहते हैं, 'सभी समाजों में दो वर्ग होते हैं एक शासन करता है दूसरा शासित होता है, पहला वर्ग अल्पसंख्यक होता है दूसरा वर्ग बहुसंख्यक।'

इन परिभाषाओं से स्पष्ट है कि राजनीतिक अभिजन राजनीतिक व्यवस्था से सम्बन्धित सर्वोच्च सत्ता के लिए होते हैं। इनका समाज में सम्मान व आदर होता है। वितरण के सभी साधनों पर इनका प्रभावी नियन्त्रण होता है। ये लोगों की भावनाओं का प्रतिनिधित्व करते हैं और पद सोपान व्यवस्था के शिखर पर रहना पसन्द करते हैं। सरल शब्दों में राजनीतिक अभिजन राजनीतिक समाज का अल्पसंख्यक वर्ग है जो

राजनीतिक व्यवस्था के संचालक व उसके निर्णय लेने की प्रक्रिया को निरूपित करता है।

अभिजन वर्ग के सम्प्रदाय

अभिजन वर्ग का आधुनिक विचार राजनीतिक वास्तविकताओं की उपज है और इस अवधारणा के प्रतिपादकों को दो मोटे वर्गों में रखा जा सकता है :

(क) शास्त्रीय सम्प्रदाय : इस विचारधारा के अनुसार विशिष्ट व्यक्तियों या अभिजनों का एक वर्ग होता है जिसमें सामान्यतः निम्न विशेषता पायी जाती हैं :

- राजनीतिक निर्णय लेने की योग्यता
- बहुमत द्वारा नियन्त्रित न होना
- विशेष शक्ति संगठन, राजनीतिक कुशलता, व्यक्तिगत विशेषता आदि के गुण
- सुसम्बन्ध, एकीकृत व आत्मचेतना युक्त होना
- स्वयं के विशिष्ट प्रभाव, पद आदि को बनाये रखने के लिए बाह्य दबावों के साथ समायोजन करने की क्षमता
- छोटे आकार का होना तथा अपनी वर्गगत शक्ति बनाये रखने का प्रयत्न करते रहना।

जेम्स निशेट इसे तीन रूप में व्यक्त करते हैं :

चेतना (Consciousness)
एकरूपता (Coherence)
षड्यन्त्र (Conspiracy)

इनकी एकता का आधार इनकी सामाजिक पृष्ठभूमि होती है। यह वर्ग तुच्छ अहंकारों का होता है। मिहाल के अनुसार अभिजन वर्ग का मूल आधार शक्ति है। यह शक्ति संचयी है।

शास्त्रीय अभिजनवादियों ने अभिजन का चार दृष्टिकोण से अध्ययन किया है :

1. संगठनात्मक दृष्टिकोण : मोस्का, मिचेल्स ने अभिजन से जुड़े दो वर्ग बताये हैं–शासक वर्ग, शासित वर्ग।
2. मनोवैज्ञानिक दृष्टिकोण : परेटो ने इसे Governing Elite के नाम से सम्बोधित किया है।

3. अर्थशास्त्रीय दृष्टिकोण : बर्नहाम ने अपनी पुस्तक 'दि मेनेजिरीयल रेवोलुशन' में बताया है कि पूँजीवादी ह्रास की ओर हैं और भविष्य में समाज राजनीतिक व आर्थिक दृष्टि से प्रबन्धकीय विशिष्ट वर्ग द्वारा संचालित होगा।
4. संस्थात्मक दृष्टिकोण : सी. राइट मिल्स ने शक्ति अभिजन के विचार को इस वर्ग में सम्मिलित किया है, जहाँ यह वर्ग शक्ति का प्रयोग करता है।

(ख) आधुनिक या बहुलतावादी सम्प्रदाय : बेन्टले, डेविड ट्रूमेन, लासवेल, नाडेल, प्रेस्यस आदि इस विचार के प्रमुख प्रतिपादक हैं। इसकी निम्नलिखित विशेषताएँ हैं :

1. शक्ति किसी बन्द वर्ग के हाथों में रहने की बजाय मुक्त है। सामुदायिक शक्ति का नियन्त्रण किसी एक वर्ग के हाथों में नहीं रहता है।
2. शक्ति बहुल है। अनेक स्रोतों से निकली हुई अनेक स्तरीय है। अनेक प्रतियोगी केन्द्रों में अवस्थित है व परिवर्तनशील है।
3. शक्ति की खोज विनिश्चय–निर्माण प्रक्रियाओं में की जानी चाहिए। डाहल ने अपनी पुस्तक 'हू गवर्न्स' में यही विवेचन प्रस्तुत किया है।
4. सामुदायिक शक्ति समय–समय पर अलग–अलग हाथों में गतिमान रहती है।
5. शक्ति विश्लेषण का आधार व्यक्ति की भूमिका है।

राजनीतिक अभिजन वर्ग की प्रकृति

ग्रेस ए. जोन्स के अनुसार परेटो, मोस्का, मिचेल्स अभिजनवाद के सिद्धान्त से सम्बन्धित हैं। यह सिद्धान्त मानता है कि प्रत्येक राजनीतिक व्यवस्था एक अल्पसंख्यक शासक अभिजन की प्रभुता से संचालित होती है। इस समूह की कई विशेषताएँ होती हैं। ये हैं :

- यह समाज का अल्पसंख्यक उच्च वर्ग है।
- इनके पास महत्त्वपूर्ण पद होते हैं।
- इनके हित जनता के विरोधी होते हैं।
- इस वर्ग में होने वाले परिवर्तन को मोस्का ने परिसंचरण प्रक्रिया के माध्यम से बताया है। इसीलिए उनके अनुसार शासक अभिजन

या तो मर जाते हैं या उखाड़ दिये जाते हैं। परेटो के अनुसार 'इतिहास कुलीन तन्त्रों की श्मशान भूमि है।'

- राजनीतिक अभिजन प्रभावयुक्त होते हैं।

अभिजन के प्रकार

टी. बी. बोटोमोर ने तीन अभिजन वर्ग बताये हैं :

1. बुद्धिजीवी
2. प्रबन्धक
3. नौकरशाह

विकासशील देशों के सम्बन्ध में 'एडवर्ड शील' ने पाँच प्रकार के अभिजन बताये हैं : वंश परम्परागत, क्रान्तिकारी, मध्यवर्गीय, औपनिवेशिक प्रशंसक और राष्ट्रीय नेता। राजनीति में अग्रणी लोगों को राजनीतिक अभिजन कहा जाता है। इनके दो प्रकार हैं : शासकीय अभिजन–जो वास्तविक निर्णयकर्ता होते हैं। प्रतिअभिजन–जो सत्ता में नहीं होते है। पर या तो पूर्व में सत्तारूढ़ रहे हों या अवसर आने पर सत्ता सम्हालने के लिए तैयार रहते हैं। ये निर्णय प्रक्रिया को प्रभावित करते हैं।

अभिजन वर्ग के लक्ष्य व कार्य

सामान्यतः अभिजन वर्ग का उद्देश्य अधिकाधिक लाभ प्राप्त कर इन्हें बनाये रखना होता है। ये पुरस्कार, शक्ति व सत्ता के रूप में लाभ प्राप्त करना चाहते हैं। इन प्रयासों को राजनीतिक साधन कहा जाता है।

अभिजन के उद्देश्य तीन वर्गों में रखे जा सकते हैं। ये हैं :

1. सामूहिक हित की प्रगति
2. स्वहित उपलब्धि
3. अवचेतनात्मक अभिप्रेरणाएँ

शासक वर्ग के उद्देश्य जानना कठिन है, क्योंकि वे स्वहित की पूर्ति करते हुए भी लोकहित की दुहाई देते हैं।

सेंट साइमन ने अभिजन वर्ग के तीन कार्य बताये हैं, ये निम्न हैं :

1. विज्ञान सम्बन्धी कार्य
2. आर्थिक संगठन सम्बन्धी कार्य
3. सांस्कृतिक अवधारणा सम्बन्धी कार्य

पार्सन्स के अनुसार अभिजन के निम्न कार्य हैं :

1. लक्ष्य प्राप्ति विषयक सम्बन्धी कार्य
2. अनुकूलन सम्बन्धी कार्य
3. एकीकरण सम्बन्धी कार्य
4. तनाव प्रबन्धन कार्य

परेटो के राजनीतिक अभिजन सम्बन्धी विचार इस मान्यता पर आधारित हैं कि व्यक्ति में जन्म से अन्तर होता है। इस कारण व्यक्तियों में बुद्धि निपुणता व क्षमता से सम्बन्धित अन्तर होता है। प्राकृतिक असमानता के आधार पर मानव समाज को दो भागों में बाँटा है : 1. अभिजन (क) शासक अभिजन (ख) प्रशासक अभिजन, 2. ग़ैर–अभिजन। परेटो के अनुसार राजनीतिक व्यवस्था में शासन अल्पमत व बहुमत में विभाजित होता है। समय व परिस्थितियों के अनुसार अभिजन संरचना में भी परिवर्तन आ जाता है। जो अभिजन नहीं होते हैं वे भी राजनीतिक भर्ती के कारण अभिजन हो जाते हैं। अभिजन का क्रम इसी प्रकार बदलता है। यह क्रम समाज के सदस्यों के बदले हुए दृष्टिकोण के आधार पर बदलता है क्योंकि समाज के मूल्य बदलते हैं। इस प्रकार अभिजनों का परिसंचरण होता है। इस प्रक्रिया के माध्यम से समाज का प्रत्येक अभिजन वर्ग नष्ट हो जाता है और उसके स्थान पर दूसरे लोग आ जाते हैं। शासक वर्ग तभी शक्तिमान रह सकता है जब तक वह जनता को अपने पक्ष में करे अन्यथा नये लोग उसका इतिहास रच देते हैं।

अभिजन सिद्वान्त के मूल स्रोत

प्रत्येक समाज में सामान्य व्यक्ति व अभिजन अनवरत रूप से ऊँचे स्तर से मध्य स्तर की ओर तथा नीचे स्तर से ऊँचे स्तर की ओर जाते रहते हैं। परिणामस्वरूप ''उन वर्गों में जिनके हाथों में सत्ता होती है, पतनशील तत्त्वों की संख्या बढ़ती रहती है और दूसरी ओर शासित वर्गों में ऊँचे गुणों से सम्पन्न तत्त्व उभरते रहते हैं। इस प्रक्रिया के माध्यम से समाज का प्रत्येक अभिजन वर्ग अन्ततः नष्ट हो जाता है।

1. **अवशेषों की संकल्पना का विकास** : इस संकल्पना का आधार यह है कि सामाजिक जीवन में व्यक्तियों के व्यवहार को परेटो के द्वारा तार्किक व तर्क शून्य इन दो भागों में बाँटा जा सकता है। अवशेषों से परेटो का तात्पर्य उन गुणों से है, जिनके द्वारा मनुष्य जीवन में ऊँचा उठ सकता है और यद्यपि उसने अवशेषों के छह गुणों की एक तालिका तैयार की है।

2. **'मिश्रित तत्त्व' व 'समुच्चय सातत्य' महत्त्वपूर्ण अवशेष :** मिश्रित तत्त्वों के नाम का अवशिष्ट अर्थ 'चालाकी' व 'समुच्चय सातत्य' नाम का अवशिष्ट अर्थ होगा 'बल प्रयोग'। परेटो ने अभिजनों के इन दोनों वर्गों को सटोरियों व 'किरायाजीवियों' (rentiers) का नाम दिया है। एक वे हैं जो बल प्रयोग के आधार पर शासन करते हैं, और एक वे जो चालाकी के आधार पर। यहाँ हमें मैकियावेली के द्वारा प्रतिपादित राजा के गुण याद आते हैं कि राजा में शेर का साहस व लोमड़ी की तरह चालाकी होनी चाहिए।
3. शासन का रूप कोई भी हो लेकिन अभिजन वर्ग स्थायी होता है।
4. **प्रत्यावर्तन के सिद्धान्त में विश्वास :** परेटो के समान मोस्का भी अभिजन वर्ग में प्रत्यावर्तन के सिद्धान्त में विश्वास रखते हैं।
5. **'उप–अभिजन' की संकल्पना :** मोस्का ने 'उप–अभिजन' की संकल्पना प्रस्तुत की है। जिससे उनका अर्थ लोक सेवकों, औद्योगिक व्यवस्थापकों, वैज्ञानिकों व विद्वानों के नये मध्यम वर्ग से था और जिसे उन्होंने समाज के प्रशासन का एक आवश्यक तत्त्व बताया।
6. **'स्वल्पतन्त्र का लौह नियम' :** इस नियम के साथ रॉबर्ट मिचेल्स (1876–1936) व ओटेगा (1883–1955) के नाम प्रमुख हैं। एल्फ्रेड ग्रेजिया इतिहास के नियमों में लौह नियम को एक ऐसा नियम मानते हैं 'जिसके पंजों से अधिक–से–अधिक लोकतान्त्रिक आधुनिक समाजों और उन समाजों में अधिक से अधिक प्रगतिशील राजनीतिक दल भी छूटकर नहीं निकल सके हैं।'

समूह सिद्धान्त : अर्थ और विशेषताएँ

अभिजन सिद्धान्त के असफल हो जाने के बाद राजनीतिशास्त्रियों का ध्यान ऐसे प्रारूप की ओर गया जो किसी एक समूह या वर्ग के हाथों में केन्द्रित न रहकर बहुत से स्वार्थों का प्रतिनिधित्व करने वाले ऐसे समूहों में बिखरे हुए पाये जाते हों जो एक–दूसरे के साथ सत्ता की प्रतिस्पर्धा में लगे हुए हैं।

'समूह सिद्धान्त' के नाम से प्रख्यात इस सिद्धान्त की बौद्धिक जड़ें बहुलतावाद के उन मतों में पायी जाती हैं जिनका विकास बीसवीं शताब्दी

में लेखक विशेषकर जॉन फिगिस, एफ. डब्ल्यू मेटलेंड और डी.जी.एच. कोल ने किया था।

समूह सिद्धान्त के प्रतिपादकों ने व्यक्ति के स्थान पर समूह को राजनीति के अध्ययन की मूल इकाई के रूप में स्थापित करने का प्रयत्न किया।

समूह सिद्धान्त का उद्गम

समूह सिद्धान्त का उदगम उस रूप में जिसमें आज वह पाया जाता है आर्थर एफ. बेन्टले द्वारा लिखी गयी और 1908 में प्रकाशित 'दी प्रोसेस ऑफ़ गवर्नमेंट' से हुआ। यह पुस्तक पहले अँधेरे में पड़ी रही और इसे प्रकाश में लाने का श्रेय डेविड ट्रूमेन को है।

सिद्धान्त की व्याख्या

1. समूह सिद्धान्त औपचारिक क़ानूनी संस्थागत दृष्टिकोण के विरुद्ध एक प्रतिक्रिया है। बेन्टले का मत है कि राजनीतिक यथार्थ संस्थाओं के औपचारिक व क़ानूनी ढाँचे में नहीं वरन् उनके कार्यकलापों में मिलता है। यह व्यवस्थापिका, कार्यपालिका व न्यायपालिका द्वारा सम्पादित वास्तविक कार्य–व्यापार में देखने से जुड़ा है।
2. यह सिद्धान्त पद्धति सम्बन्धी पक्ष पर विशेष बल देता है। बेन्टले की धारणा है कि इर्द–गिर्द के समूह के विचार के वातावरण से ही सम्पूर्ण राजनीतिक यथार्थ को समझा जा सकता है। समूह सिद्धान्त ने समूहों को ही अपने चिन्तन का केन्द्र बिन्दु बनाया है। समूह एक ऐसा कार्यशील संगठन है जो सामान्य हितों व उद्देश्यों के लिए कार्यशील है इससे स्पष्ट है कि समूह :

(क) व्यक्ति की सामूहिक स्थिति को इंगित करता है।

(ख) समूहों की रचना समान हितों व उद्देश्यों के लिए की जाती है।

(ग) समूहों को कार्यशील रहना चाहिए।

बेन्टले अपनी परिभाषा में कार्यशीलता को समूह की महत्त्वपूर्ण विशेषता मानते हैं। इससे स्पष्ट है कि (क) समूह के जीवन का आधार उसकी कार्यशीलता है। (ख) समूहों की बहुलता समाज का स्वाभाविक लक्षण है। बेन्टले ने कार्यशीलता के साथ–साथ हित को भी समूह का केन्द्रीय तत्त्व माना है। वह कार्यशीलता के व्यापक अर्थ में मानव के सामूहिक विचारों,

भावनाओं, लक्ष्यों तथा प्रयासों आदि सभी कुछ को शामिल करते हैं। उनकी मान्यता है कि कार्यशीलता के पीछे सामान्य हित की प्रेरणा रहती है। कोई समूह बिना हित के नहीं हो सकता है।

एक हित समूह ऐसे लोगों का संगठन है जिनके एक अथवा अधिक सामान्य उद्देश्य या स्वार्थ होते हैं और जो घटनाओं के क्रम को विशेष रूप से सार्वजनिक नीति के निर्माण व शासन को इसलिए प्रभावित करने का प्रयत्न करते हैं ताकि वे अपने हितों की रक्षा व वृद्धि कर सकें।

डेविड ट्रूमेन तीन बातों पर ज़ोर देते हैं :

1. साझा हित
2. अन्तःक्रिया
3. राजनीतिक प्रक्रिया

राजनीतिक समूह मानव का वह समूह है जिसके सामान्य हित हों तथा इन हितों के इर्द–गिर्द बने हुए उद्देश्यों को उसके सदस्य राजनीतिक प्रक्रिया से प्राप्त करना चाहते हों और उसके लिए संगठित रूप से प्रयास कर रहे हों।

सिद्वान्त की मूल मान्यताएँ

1. राजनीति की प्रकृति के सम्बन्ध में : इस सम्बन्ध में समूह सिद्धान्त के अनुयायियों ने दो विचार प्रकट किये हैं :

(क) बेन्टले मानते हैं कि सभी राजनीतिक समूह का कार्य ही राजनीति है। राजनीति का क्षेत्र समूहों के व्यवहार से प्रारम्भ होता है व समूहों के व्यवहार पर ही ख़त्म होता है।

(ख) डेविड ट्रूमेन मानते हैं कि समूहों के कार्यकलाप राजनीति में केन्द्रीय महत्त्व रखते हैं तथा उनके बिना राजनीतिक यथार्थ का अध्ययन नहीं किया जा सकता।

इन दोनों विचारों में डेविड ट्रूमेन का विचार अधिक युक्ति संगत है।

2. समूहों का स्वरूप व व्यवहार : व्यक्ति का समूह में क्या स्थान होगा इस दृष्टि से प्रायः दो दृष्टिकोण प्रचलित हैं :

(क) व्यक्तिवादी दृष्टिकोण : इस मत का समर्थन डेविड ट्रूमेन ने किया है। इसकी मान्यता है कि व्यक्ति के व्यक्तित्व के अनेक पहलू होते हैं उसका व्यक्तित्व एक परिधि में नहीं समा पाता। अतः उसे अनेक समूहों में भाग लेना पड़ता है। समूह की सदस्यता

से व्यक्ति का व्यक्तित्व विलीन नहीं हो जाता, वरन् वह समूह के माध्यम से अपने हितों की पूर्ति करता है।

(ख) समग्रवादी दृष्टिकोण : बेन्टले की रचनाओं में यह दृष्टिकोण देखने को मिलता है। इनके अनुसार समूह का व्यक्तित्व ही वास्तविक व्यक्तित्व है।

3. समूह व्यवहार, राजनीतिक प्रक्रिया व सरकार की भूमिका : समूह सिद्धान्त में सरकार के कार्यकलापों की एक महत्त्वपूर्ण भूमिका है। विभिन्न समूह सरकारी नीति को प्रभावित करते हैं। इस सम्बन्ध में बेन्टले व ट्रूमेन द्वारा मत व्यक्त किये गये हैं जो निम्नानुसार हैं :

(1) बेन्टले का मत : इनकी मान्यता है कि सरकार भी एक समूह है जिसके अपने हित या हित सम्बन्धी प्राथमिकताएँ हो सकती हैं जो कुछ समूहों के हित व कुछ के अहित में हों। बेन्टले के कथनानुसार सरकारी प्रक्रियाएँ वह तकनीकें हैं जिनके माध्यम से हित समूह कार्य करते हैं। वे स्वयं में राजनीतिक प्रक्रिया के सम्बन्ध में स्वतन्त्र प्रभाव नहीं रखती हैं। बेन्टले ने राज्य के स्वयं समूह होने की बात पर विशेष ज़ोर नहीं दिया है। वह उसे निर्णायक भूमिका देना चाहता है।

(2) ट्रूमेन का मत : ट्रूमेन की मान्यता है कि सरकार स्वयं एक समूह है तथा उसके स्वयं के हित हैं। सरकार अन्य समूहों में प्रधान है। वह एक निष्पक्ष निर्णायक की भूमिका नहीं निभाती वरन् राज्य की नीति को उन हितों तथा मूल्यों के पक्ष में जुटाती है जो उसे प्रिय हैं।

संरचनात्मक प्रकार्यात्मक सिद्धान्त : अर्थ एवं व्याख्या

संरचनात्मक प्रकार्यात्मक विश्लेषण राजनीति विज्ञान में समाजशास्त्र से लिया गया है। तुलनात्मक राजनीति का आधुनिक रूप ही राजनीतिक व्यवस्था की संरचनात्मक प्रकार्यात्मक व्याख्या से बनाया जा सका है। तुलनात्मक राजनीति में व्यवस्था विश्लेषण का संरचनात्मक प्रकार्यात्मक उपागम ईस्टन के निवेश–निर्गत विश्लेषण से उत्पन्न असन्तोष के कारण अस्तित्व में आया।

संरचनात्मक प्रकार्यात्मक का अर्थ

संरचनात्मक प्रकार्यात्मक विश्लेषण दो प्रत्ययों के प्रयोग पर आधारित है। पहला प्रत्यय संरचना का है। दूसरा प्रत्यय प्रकार्य का है।

आरोन यंग ने प्रकार्य का अर्थ बताते हुए लिखा है कि प्रकार्य क्रिया प्रतिमान व्यवस्था के लिए, जिससे वह परिचालित होता है, एक वस्तुनिष्ठ परिणाम है। इस प्रकार प्रकार्य का सम्बन्ध अन्ततः व्यवस्था के लिए क्रिया प्रतिमान के वस्तुनिष्ठ वस्तुगत परिणामों से होता है।

समाजशास्त्री मर्टन ने प्रकार्य उन पर्यवेक्षणीय परिणामों को कहा है जो राजनीतिक व्यवस्था के अनुकूलन व समायोजन में सहायक होते हैं। इसके विपरीत विकार्य राजनीतिक व्यवस्था के अनुकूलन व समायोजन को कम करने वाली प्रक्रियाएँ हैं। मर्टन स्पष्ट करते हैं कि प्रकार्य व विकार्य भिन्न–भिन्न क्रिया प्रतिमान द्वारा उत्पन्न होते हैं।

दूसरा महत्त्वपूर्ण प्रत्यय संरचना का है। संरचना राजनीतिक व्यवस्था में प्रकार्यों के निष्पादन की व्यवस्थाओं को कहा जाता है। संरचना क्रिया परिचालता या सुव्यवस्थित सम्बन्धों का प्रतिमान है। मर्टन ने जिस अवधारणा का प्रतिपादन किया वह संरचनात्मक प्रतिस्थापन्नता के नाम से जानी जाती है।

संरचनात्मक प्रकार्यात्मक उपागम की विशेषताएँ

ऐलन बोल लिखते हैं कि सामान्य व्यवस्था सिद्धान्त के फलस्वरूप संरचनात्मक प्रकार्यात्मक अध्ययन उपागम अस्तित्व में आया। तुलनात्मक राजनीति में इस उपागम का विशेष रूप से प्रयोग आलमंड व पावेल ने किया है। उन्होंने ईस्टन की तरह राजनीतिक व्यवस्था के चार लक्षण माने हैं–राजनीतिक व्यवस्था के भागों में अन्तर्निर्भरता; राजनीतिक व्यवस्था की सीमा; राजनीतिक व्यवस्था का पर्यावरण और बाध्यकारी (मौलिक) शक्ति का प्रयोग। उनके अनुसार :

1. विश्लेषण की इकाई के रूप में सम्पूर्ण राजनीतिक व्यवस्था पर बल : ईस्टन की भाँति ही आलमंड भी संरचनाओं व प्रकार्यों को विश्लेषित करने में राजनीतिक व्यवस्था का ही आधार रखता है। उन सब संरचनाओं की ओर ध्यान केन्द्रित करता है जो राजनीतिक व्यवस्थाओं को विशेष प्रकृति प्रदान करती है।
2. विशिष्ट कार्यों की शर्त का प्रतिपादन : व्यवस्था में संरचनात्मक विभिन्नीकरण या विविधता हो सकती है अर्थात किसी राजनीतिक व्यवस्था में प्रकार्यों को एक प्रकार की संरचनाओं द्वारा सम्पन्न किया जा सकता है तो अन्य व्यवस्था में इन्हीं कार्यों का निष्पादन

दूसरी प्रकार की संरचनाएँ कर सकती हैं। यहाँ संरचनाओं की समानता मौलिक नहीं है किन्तु व्यवस्था के बने रहने के लिए प्रकार्यों का एक–सा निष्पादन अनिवार्य है।

3. विविध संरचनाओं में प्रकार्यात्मक अन्तर्निर्भरता : यह उपागम नीति व्यवस्था में विद्यमान संरचनाओं में अन्तर्निर्भरता की प्रकार्यात्मक आधार पर व्याख्या करता है। अर्थात यह संरचनाओं को प्रकारों के आधार पर परिभाषित करने का प्रयत्न करता है।
4. संरचनात्मक प्रतिस्थापना की मान्यता : संरचनात्मक स्थान पर इस उपागम में यह स्वीकार किया गया है कि संस्कृति विशेष के अनुसार संरचनाओं में हेर–फेर या इनका रूप परिवर्तन या उनके स्थान पर नयी प्रकार की संरचनाओं का निर्माण या प्रतिस्थापना हो सकती है।
5. प्रकार्यात्मक या विकार्यात्मक संरचनाओं की मान्यता : संरचनाएँ हर समय केवल प्रकार्य ही करती हों ऐसा इस उपागम में नहीं माना गया है। एक संरचना एक ही समय में प्रकार्य व दूसरे समय में विकार्य करने की स्थिति में धकेली जा सकती है। अतः यह उपागम प्रकार्यों व विकार्यों को स्वीकार करने वाला उपागम है।

ग्रेबियल आलमंड और जी.बी.पावेल का संरचनात्मक प्रकार्यात्मक सिद्धान्त

अमेरिकी राजनीति वैज्ञानिक ग्रेबियल आमंड ने ईस्टन के आगत–निर्गत विश्लेषण को अधूरा मानते हुए 1960 में 'द पोलिटिक्स ऑफ़ द डिवलेपिंग एरियाज' के अन्तर्गत तर्क दिया कि ये आगत व निर्गत तत्त्व वस्तुतः राजनीति प्रणाली के कृत्य हैं। आमंड ने न केवल इन कृत्यों का विस्तृत वर्गीकरण प्रस्तुत किया बल्कि ऐसे प्रत्येक कृत्य के लिए उपयुक्त संरचनाओं की पहचान भी की। इस तरह आलमंड ने संरचनात्मक प्रकार्यात्मक विश्लेषण का सूत्रपात किया। आलमंड ने चार प्रकार के आगत कृत्यों व तीन प्रकार के निर्गत कृत्यों व इनके साथ जुड़ी हुई संरचनाओं का पता लगाया है।

राजनीतिक प्रणाली के इस प्रतिरूप का विस्तृत निरूपण ग्रेबियल ए. आलमंड व जी.बी.पावेल की चर्चित कृति 'कंपेरेटिव पोलिटिक्स–ए डिवलपमेंट एप्रोच' (1966) के अन्तर्गत किया।

आलमंड के अनुसार राजनीतिक व्यवस्था सभी स्वतन्त्र समाजों में अन्तःक्रियाओं की ऐसी व्यवस्था है जो बहुत कुछ भौतिक बाध्यता का प्रयोग करने की धमकी देकर एकीकरण व अनुकूलन के कार्यों का निष्पादन करती है। उनके अनुसार :

1. राजनीतिक प्रणाली के इस प्रतिरूप के अनुसार पहला आगत कृत्य राजनीतिक समाजीकरण व भर्ती है। राजनीतिक समाजीकरण के अन्तर्गत व्यक्ति पहले–पहले अपने चारों ओर राजनीतिक प्रणाली के अस्तित्व के प्रति सजग रहता है। यह सीखता है कि उसे अपने हित साधने के लिए इस प्रजातन्त्र का सहारा लेना चाहिए। इस प्रक्रिया के अन्तर्गत व्यक्ति अपने समाज के राजनीतिक जीवन के प्रति अनुकूल दृष्टिकोण बनाता है और स्वयं समाज के माध्यम से अपने राजनीतिक मूल्यों, आदर्शों व मान्यताओं को एक पीढ़ी से दूसरी पीढ़ी तक पहुँचाता है। इस कृत्य को सम्पन्न करने वाली संरचनाएँ हैं–मित्र मण्डली, शिक्षा संस्थाएँ और बड़े–बड़े राजनीतिक दल व समूह। भर्ती वह प्रक्रिया है जिसमें समूह अपने लिए नये सदस्य बनाते हैं।
2. दूसरा आगत कृत्य हित स्पष्टीकरण है। इस प्रक्रिया के अन्तर्गत लोगों के विचारों, अभिवृत्तियों, मान्यताओं व अधिमान्यताओं को राजनीतिक प्रणाली के प्रति निश्चित माँगों के रूप में परिणित कर दिया जाता है। इस कृत्य को निभाने वाली प्रमुख संरचना हित समूह है। राजनीतिक दलों के कार्यक्रम, चुनाव अभियान व जन संचार के साधन भी इसमें अपनी भूमिका निभाते हैं।
3. तीसरा आगत कृत्य हित समूहन है। इस प्रक्रिया के अन्तर्गत विभिन्न समूहों की माँगें एकजुट कर दी जाती हैं ताकि वे राजनीतिक सत्ताधारियों का ध्यान आकर्षित करने के लिए अधिक प्रभावशाली सिद्ध हों। इस स्तर पर लोगों की माँगें ऐसे मुद्दों का रूप धारण कर लेती हैं जिन पर राजनीतिक विचार व कार्रवाई ज़रूरी हो जाती है। हित समूहन का प्रमुख माध्यम राजनीतिक दल है।
4. चौथा आगत कृत्य है राजनीतिक सम्प्रेषण। इस प्रक्रिया के अन्तर्गत विभिन्न समूहों की माँगें, समर्थन और विरोध प्रदर्शन राजनीतिक प्रणाली तक पहुँच जाते हैं और सरकार के द्वारा आवश्यक विवरण,

निर्णय जनसाधारण तक पहुँचाये जाते हैं। इसके लिए उपयुक्त संरचनाएँ जनसंचार के साधन हैं। देखा जाये तो राजनीतिक सम्प्रेषण राजनीतिक प्रणाली के आगत व निर्गत कृत्यों के बीच सम्पर्क सेतु का निर्माण करता है।

राजनीतिक प्रणाली के निर्गत कृत्य

राजनीतिक प्रणाली के तीन निर्गत कृत्य हैं :

1. नियम निर्माण–व्यवस्थापिका
2. नियम अनुप्रयोग–कार्यपालिका
3. नियम अधिनिर्णयन–न्यायपालिका

ये सरकार के परम्परागत कृत्य हैं जिन्हें सरकार शासन की परम्परागत संरचनाएँ अर्थात व्यवस्थापिका, कार्यपालिका व न्यायपालिका सम्पन्न करती हैं। इस तरह राजनीति प्रणाली के निर्गत कृत्य तो सरकारी उपप्रणालियाँ सम्हालती हैं। परन्तु आगत कृत्य ग़ैर–सरकारी उपप्रणालियाँ सम्पन्न कराती हैं।

समालोचना : तुलनात्मक शासन व राजनीति के अध्ययन की संरचनात्मक–प्रकार्यात्मक पद्धति विशेष रूप से उपयोगी सिद्ध हुई है क्योंकि इससे उन राजनीतिक प्रणालियों की तुलना के लिए मानक आधार मिल जाते हैं जो अन्यथा एक–दूसरे से बहुत भिन्न हैं। इसकी आलोचना इस आधार पर की जाती है कि इसका सरोकार प्रस्तुत प्रणाली को बनाये रखने से है। अतः यह यथास्थिति को उचित ठहराने की ओर तत्पर रहती है, सामाजिक परिवर्तन को बढ़ावा नहीं देती। यह राजनीति विज्ञान की सारी समस्याओं के अध्ययन का साधन नहीं बन सकती, फिर भी अपने सीमित क्षेत्र में इसकी उपयोगिता से इनकार नहीं किया जा सकता।

खण्ड : 3

परिचय

राजनीति विज्ञान विषय का एक महत्त्वपूर्ण भाग शासन, सरकार और शक्ति से जुड़ा होता है। शक्ति व सत्ता का स्वरूप, वितरण और अनुप्रयोग प्राचीन काल से इस विषय के विद्वानों के लिए बहस का विषय रहे हैं। खण्ड तीन में मूलतः इन्हीं प्रसंगों से सम्बन्धित लेखों का चयन किया गया है। लोकतन्त्र आधुनिक युग में सर्वाधिक प्रचलित शासन व्यवस्था है। अतः यह जानना आवश्यक है कि इस व्यवस्था का अर्थ क्या है, इसकी विशेषताएँ क्या हैं और साथ ही साथ लोकतन्त्र के गुण और दोष क्या हैं। राजनीतिक इतिहास में अधिनायकतन्त्र के भी प्रभावी उदाहरण देखने को मिलते हैं। लोकतन्त्र की प्रसिद्धि और स्वीकार्यता भी अधिनायकतन्त्र के प्रचलन का निषेध नहीं कर पाये हैं। अतः अधिनायकतन्त्र के अर्थ, लक्षणों और इसके गुण और दोषों को भी यहाँ समझने का प्रयास किया गया है। शक्ति व सत्ता का प्रयोग सामूहिक या व्यक्तिगत रूप से हो सकता है। इस आधार पर व्यवस्था को संसदात्मक और अध्यक्षात्मक शासन के रूप में देखा जाता है। साथ ही शक्ति के भौगोलिक वितरण का स्वरूप संघात्मक शासन व्यवस्था में निहित है। इन लेखों में संसदात्मक और अध्यक्षात्मक तथा संघात्मक शासन व्यवस्था का विवरण दिया गया है। सरकार की शक्ति के प्रभावी उपयोग के लिए उसके अलग–अलग अंगों का प्रचलन प्राचीन काल से रहा है। आधुनिक युग के प्रारम्भ में शक्ति के दुरुपयोग को रोकने के लिए शक्ति पृथक्करण का सिद्धान्त प्रतिपादित किया गया और इसी आधार पर सरकार का तीन अंगों में विभाजन स्थापित परम्परा हो गयी है। व्यवस्थापिका, कार्यपालिका और न्यायपालिका के स्वरूप और कार्यों का वर्णन इस भाग में सम्मिलित किया गया है। इस तरह यह खण्ड शासन की प्रकृति और उसके स्वरूप दोनों पर प्रकाश डालता है।

अध्याय–12

लोकतन्त्र और अधिनायकतन्त्र

–अरूण चतुर्वेदी

लोकतन्त्र

उन्नीसवीं शताब्दी के आरम्भ से जिस शासन को सम्मान की दृष्टि से देखा जाने लगा और आज यह शासन का सर्वोत्कृष्ट रूप बन गया है वह है 'लोकतन्त्र'। वर्तमान युग 'लोकतन्त्र का युग' माना जाता है। लोकतान्त्रिक शासन ही मानव के विकास का श्रेष्ठतम शासन विकल्प है। जिन राज्यों में लोकतन्त्र का अभाव है वहाँ भी शासन व्यवस्था को लोकतान्त्रिक ही बनाया है। इससे स्पष्ट है कि लोकतन्त्र आज भी सर्वत्र श्रद्धा से देखा जाता है।

लोकतन्त्र का अर्थ

प्रजातन्त्र, लोकतन्त्र, जनतन्त्र का अर्थ जनता के शासन से है। अंग्रेज़ी शब्द 'Democracy' ग्रीक भाषा के दो शब्दों से बना है–Demos (डेमास) Kratos (क्रेटोस)। प्रथम का अर्थ जनता तथा दूसरे का अर्थ शक्ति से है। उत्पत्ति की दृष्टि से 'डेमोक्रेसी' शब्द का अर्थ 'जनता की शक्ति' से है। अतः प्रजातन्त्र से तात्पर्य उस प्रणाली से है जिसमें शासन शक्ति एक व्यक्ति या वर्ग में निहित न होकर जनसाधारण में निहित हो।

लोकतन्त्र की परिभाषा

डायसी लिखते हैं 'लोकतन्त्र शासन का वह प्रकार है जिसमें शासक समुदाय सम्पूर्ण राष्ट्र का अपेक्षाकृत बड़ा भाग हो।' अब्राहम लिंकन की लोकतान्त्रिक की परिभाषा सबसे लोकप्रिय है, 'लोकतन्त्र वह शासन है जिसमें शासन जनता का, जनता के लिए, जनता द्वारा हो।'

प्रजातन्त्र के बारे में गिडिंग्स का कहना है कि प्रजातन्त्र केवल सरकार का रूप नहीं है वरन् राज्य और समाज का रूप अथवा इन तीनों का मिश्रण भी है। डॉ. बेनी प्रसाद ने लोकतन्त्र को जीवन का एक ढंग माना है। इस आधार पर प्रजातन्त्र के निम्नलिखित अर्थ लिए जाते हैं :

1. **निर्णय लेने के रूप में प्रजातन्त्र** : राज्य के उद्देश्य क्या हैं। इसे कैसे प्राप्त करते हैं। इसके लिए राज्य की संरचनात्मक व्यवस्थाएँ हैं। प्रजातन्त्र में समाज की महत्त्वपूर्ण भूमिका होती है। वही निर्णय लोकतान्त्रिक ढंग से लिए हुए कहे जाते हैं जिनमें विचार विनिमय व अनुनयनता, जनसहभागिता, बहुमतता, संवैधानिकता, अल्पसंख्यकों के हितों की रक्षा होती है।
2. **निर्णय लेने के सिद्धान्तों के रूप में प्रजातन्त्र** : समाज में जो भी राजनीतिक निर्णय लिए जायें उन सिद्धान्तों में समरूपता होनी चाहिए और ये निर्णय लेने के सिद्धान्त लोकतन्त्र व निरंकुशतन्त्र में अनिवार्यतः पाये जाते हैं। लोकतान्त्रिक प्रणाली निर्णय होने के आधार स्वरूप सिद्धान्त व व्यवहार में प्रयुक्त की जाती है। प्रतिनिधि सरकार का सिद्धान्त, उत्तरदायी सरकार का सिद्धान्त, संवैधानिक सरकारों का सिद्धान्त, प्रतियोगी राजनीति का सिद्धान्त प्रजातन्त्र विद्यमान होते हैं।

   राजनीतिक व्यवस्था में निर्णय लेने के कार्य जनता द्वारा निर्वाचित प्रतिनिधियों द्वारा ही पूर्ण होते हैं। लोकतान्त्रिक व्यवस्था में अन्तिम सत्ता जनता में निवास करती है क्योंकि राजनीतिक समाज में निर्णयकर्ता केवल जन प्रतिनिधि ही होते हैं।

   शासन शक्ति के धारक अपने हर निर्णय व कार्य के लिए जनता के प्रति प्रत्यक्ष रूप से उत्तरदायी रहते हैं। जहाँ शासक निरन्तर उत्तरदायित्व निभाते हैं वहाँ अगर शासक उत्तरदायित्व से मुँह मोड़ें तो उन्हें हटाने की व्यवस्था रहती है। यही कारण है कि स्वतन्त्र व निश्चितकालीन चुनाव व्यवस्था को "प्रजातन्त्र की जीवन–रक्षक डोर" का नाम दिया जाता है।

   सरकार किसी देश के प्रशासित होने की व्यवस्था का नाम है सरकार का गठन जो संविधान द्वारा निरूपित किया जाये। लोकतन्त्र में प्रत्येक व्यक्ति को राजनीतिक स्वतन्त्रता रहती है। इनके द्वारा चुनावों में जनता के सामने अनेक विकल्पों की व्यवस्था होती है।

3. **आदर्श मूल्यों के रूप में लोकतन्त्र** : प्रत्येक समाज में कुछ ऐसे मूल्य होते हैं जिनकी व्यवस्था ही इसीलिए की जाती है कि समाज में उन मूल्यों की स्थापना की जा सके। व्यक्ति की स्वतन्त्रता व सामाजिक समानता में विश्वास ऐसे ही मूल्य हैं। मनुष्य के विकास में भौतिक व बाहरी पहलुओं से कहीं अधिक महत्त्वपूर्ण उसके आन्तरिक पहलू होते हैं। फ्रांस के क्रान्तिकारियों ने युद्ध की घोषणा करते हुए 'स्वतन्त्रता, समानता व भ्रातृत्व' का नारा लगाया था। अर्थात स्वतन्त्रता के मूल्य की प्राप्ति हेतु समानता के मूल्य का होना ज़रूरी है।

   लोकतान्त्रिक व्यवस्था न्याय पर आधारित होनी चाहिए। न्याय की प्रकृति लोकतन्त्र का आधार है। अतः हर नागरिक को न्याय की प्राप्ति होना लोकतान्त्रिक मूल्यों को सुदृढ़ करना माना जाता है।

लोकतन्त्र के विभिन्न दृष्टिकोण व अवधारणाएँ

मान्यताओं की समानता एवं प्रचलन के आधार पर प्रजातन्त्र विषयक दृष्टिकोणों को तीन भागों में विभाजित किया गया है :

(क) पश्चिमी या उदारवादी दृष्टिकोण

लोकतन्त्र के पश्चिमी दृष्टिकोण में राजनीतिक लोकतन्त्र या संवैधानिक लोकतन्त्र को प्रधानता दी जाती है। एलेन बॉल ने मॉर्डन पोलिटिक्स एंड गवर्नमेंट (1971) में उदारवादी प्रजातन्त्रीय शासन पद्धति के लक्षणों की व्याख्या की है :

- एक से अधिक राजनीतिक दल होते हैं। दल राजनीतिक सत्ता के लिए एक–दूसरे से खुलकर प्रतिस्पर्द्धा कर सकते हैं।
- सत्ता के लिए प्रतिस्पर्द्धा छिपाव–दुराव के साथ नहीं वरन् खुलकर होती है। यह प्रतिस्पर्द्धा स्थापित या स्वीकृत प्रक्रिया के आधार पर होती है।
- राजनीतिक पदों पर चुनाव या नियुक्तियाँ खुले रूप में होती हैं।
- मताधिकार पर आधारित चुनाव समय–समय पर होते हैं।
- प्रभावी विपक्षी गुटों को कार्य करने का अवसर मिलता है।
- विचार अभिव्यक्ति व धर्म स्वतन्त्रता प्राप्त होती है। सरकार उनकी रक्षा करती है।

- न्यायपालिका स्वतन्त्र होती है।
- जनसम्पर्क के साधनों पर सरकार का नियन्त्रण नहीं होता है।

एलेन बॉल स्वीकार करते हैं कि उदारवादी प्रजातन्त्रीय पद्धतियों के लक्षणों के इस मोटे ब्यौरे में कई ख़तरे भी निहित हैं। इसी क्रम में पीटर एच. मर्कल ने अपनी कृति 'पोलिटिकल कन्टीन्यूटी एंड चेन्ज' (1967) में उदार लोकतन्त्र के चार सिद्धान्तों को आधारभूत माना है :

- विचार–विमर्श द्वारा शासन
- बहुमत का शासन
- अल्पसंख्यकों के अधिकारों को मान्यता
- संवैधानिक सरकार

इस दृष्टिकोण में व्यक्ति की स्वतन्त्रता तथा राजनीतिक समानता को आधारभूत माना गया है।

उदार लोकतन्त्र व्यक्ति की स्वतन्त्रता, राजनीतिक समानता, सामाजिक व आर्थिक न्याय तथा लोककल्याण की साधना पर बल देता है। इन मूल्यों व आदर्शों की व्यावहारिकता के लिए संस्थागत व्यवस्थाएँ भी की जाती हैं।

उदारवादी लोकतन्त्र के आधार

1. **दार्शनिक आधार** : स्वतन्त्रता, समानता, राजनीतिक, सामाजिक, आर्थिक, न्यायिक व लोककल्याण उदारवादी लोकतन्त्र इसका दार्शनिक आधार हैं। उदार लोकतन्त्र के दार्शनिक आधार इन राजनीतिक व्यवस्थाओं के अन्ततः गन्तव्यों से सम्बद्ध हैं।
2. **सैद्धान्तिक आधार** : लोकतन्त्र के दार्शनिक आधारों को व्यवहार में ठोसता प्राप्त कराने की व्यवस्था को ही सैद्धान्तिक आधार कहा गया है। प्रतिनिधि सरकार का सिद्धान्त, उत्तरदायी शासन का सिद्धान्त, संवैधानिक सरकार का सिद्धान्त, प्रतियोगी राजनीतिक सिद्धान्त व जन सम्प्रभुता का सिद्धान्त उदारवादी लोकतन्त्र के प्रमुख आधार हैं।
3. **संस्थागत आधार** : उदार लोकतान्त्रिक व्यवस्थाओं के आदर्श व सिद्धान्त तभी व्यावहारिक बनते हैं जब उनके व्यावहारिक बनाने की संस्थागत व्यवस्था की जाये। सामान्यतया निम्नलिखित व्यवस्थाएँ उदारवादी लोकतन्त्र में पायी जाती हैं :

- एक से अधिक प्रतियोगी राजनीतिक दल

- वयस्क मताधिकार
- स्वतन्त्र व नियतकालीन चुनाव
- स्वतन्त्र व निष्पक्ष न्यायपालिका
- बहुमत के आधार पर निर्णय व्यवस्था

(ख) लोकतन्त्र का साम्यवादी दृष्टिकोण

सोवियत संघ तथा चीन के शासनों को 'जनवादी लोकतन्त्र' कहा जाता है। इन शासनों का मुख्य आधार मार्क्स के विचारों पर आधारित साम्यवाद है जिसके अनुसार उदार लोकतन्त्रों की शासन व्यवस्था लोकतन्त्र का दिखावा मात्र है। साम्यवादी दृष्टिकोण के समर्थकों का कहना है कि पश्चिमी लोकतन्त्रों में शासन पर केवल साधन सम्पन्न वर्ग का नियन्त्रण होने के कारण शासनतन्त्र का प्रयोग इसी वर्ग के हितों के पोषण के लिए किया जाता है। साम्यवादियों के अनुसार लोकतन्त्र तो वह शासन व्यवस्था है जहाँ इसका प्रयोग ऐसे लोगों के हित के लिए किया जाता हो जो वर्ग रहित हों। ऐसे में वे सर्वहारा वर्ग के द्वारा जब शासक वर्ग का अन्त किया जाता है तो शोषण के साधन के रूप में राज्य का अन्त हो जाता है। अतः साम्यवादी लोकतन्त्र की अवधारणा यह है कि सरकार व शक्ति जिस किसी दल के हाथ में होती है आर्थिक शक्ति भी उन्हीं के हाथों में चली जाती हैं। पूँजीपति उस राजनीतिक शक्ति का प्रयोग करने लगते हैं। अतः साम्यवादी विचारक मानते हैं कि लोकतन्त्र लाना है तो उसकी पूर्व शर्तें निम्न हैं :

- उत्पादन व वितरण के साधनों पर सार्वजनिक स्वामित्व हो।
- सम्पत्ति का समान वितरण हो।
- साम्यवादी दल का एकाधिकार हो।

अतः साम्यवादी अवधारणा प्रजातन्त्र को एक निश्चित चश्मे से देखती है जिसका आधार 'आर्थिक' है।

विलियम जी. ऐन्ड्रज ने अपनी कृति 'कॉन्स्टीट्यूशन एंड कान्स्टीट्यूशनलिज़्म (1961) में लिखा है कि 'प्रक्रियात्मक लोकतन्त्र की दृष्टि से रूस का संविधान उन सभी संसदीय संस्थाओं की जो पश्चिमी देशों में प्रचलित हैं स्थापना करता है। और उनके आपसी सम्बन्धों को मर्यादित करता है। रूस का सम्पूर्ण संविधान एक धोखा है यह क्रियान्वित नहीं होता है और इससे राजनीतिक व्यवस्था की प्रकृति का सही चित्रण नहीं होता है।'

एलेन बॉल ने साम्यवादी व्यवस्थाओं के लक्षण बताते हुए इनके आधार पर इनको उदार लोकतन्त्रों से अलग पाया है। उनके अनुसार :

- एक दल राजनीतिक व विधिक रूप से प्रभावी होता है।
- एक सुस्पष्ट विचारधारा होती है।
- जनसम्पर्क के साधनों पर सरकार का कठोर नियन्त्रण होता है।
- जन समर्थन प्राप्त करने के लिए जन सक्रियता पर ज़ोर दिया जाता है।

(ग) लोकतन्त्र का समाजवादी दृष्टिकोण

लोकतन्त्र का समाजवादी दृष्टिकोण, उदारवादी लोकतन्त्र व साम्यवादी लोकतन्त्र के बीच का मार्ग नहीं है। यह अपने आप में एक विशिष्ट विचार है जिसमें लोकतन्त्र की सैद्धान्तिक व्यवस्था को व्यावहारिक रूप में प्राप्त करने का प्रयास निहित है।

समाजवादी दृष्टिकोण में जहाँ राजनीतिक समानता व स्वतन्त्रता पर बल दिया गया है तो इसके साथ ही सामाजिक व आर्थिक पक्षों को भी महत्त्व प्रदान किया गया है। प्रसिद्ध राजनीति शास्त्री डॉ. इक़बाल नारायण ने कहा है कि 'जो राज्य उदारवादी या साम्यवादी लोकतन्त्रों के अन्तर्गत नहीं आते वे समाजवादी लोकतन्त्र के नाम से जाने जाते हैं।' नारायण कहते हैं कि भारत जैसे कुछ राज्य ही समाजवादी लोकतन्त्र के मानदण्ड के कुछ अनुरूप कहे जा सकते हैं।

लोकतन्त्र के गुण व दोष

प्रजातन्त्र के पक्ष में व्यावहारिक तर्कों से लेकर नैतिक व मनोवैज्ञानिक तर्क दिये गये हैं। प्रो. डब्ल्यू.ई. हॉकिंग कहते हैं कि 'लोकतन्त्र चेतन व उप–चेतन मन की एकता है।' सी.डी.बर्न्स ने भी लोकतन्त्र का गुणगान करते हुए कहा है, 'लोकतन्त्र आत्मविश्वास का सर्वोत्तम साधन है।'

गुण :

1. **शासक जन कल्याण के प्रति सजग, अनुक्रियाशील व जागरूक** : क्योंकि शासन जनता के ही निर्वाचित प्रतिनिधियों द्वारा चलाया जाता है और वे जनता के प्रति उत्तरदायी होते है। अतः यह शासन जागरूक व जन कल्याण के प्रति सजग शासन है।

2. **जनशिक्षण का श्रेष्ठतम माध्यम** : इस शासन के अन्तर्गत जनता स्वयं राजनीति में प्रत्यक्ष–अप्रत्यक्ष रूप से भाग लेती है। चुनावों द्वारा जनता अपने नेता को चुनती है। अतः उन्हें जनशिक्षा का उचित ज्ञान व अनुभव होता है।
3. **देश भक्ति का स्रोत** : जे. एस. मिल के शब्दों में 'प्रजातन्त्र लोगों की देशभक्ति को बढ़ाता है क्योंकि नागरिक यह अनुभव करते हैं कि सरकार उन्हीं की उत्पन्न की हुई वस्तु है और शासन करने वाले अधिकारी उनके स्वामी न होकर सेवक हैं।'
4. **क्रान्ति से सुरक्षा** : प्रजातन्त्र व क्रान्ति का परस्पर विरोध है क्योंकि शासन लोकहित में ही चलता है। जब शासन में परिवर्तन करना आवश्यक हो जाये तो यह परिवर्तन वैधानिक व शान्तिमय उपायों द्वारा हो जाते हैं। इसलिए गिलक्राइस्ट लिखते हैं कि 'लोकप्रिय शासन सार्वजनिक सहमति का शासन है। अतः स्वभाव से ही यह क्रान्तिकारी नहीं हो सकता है।'
5. **उच्च कोटि का राष्ट्रीय चरित्र विकसित करने में सहायक** : जे. एस. मिल ने कहा है कि प्रजातन्त्र का सबसे महान गुण इस तथ्य पर निर्भर है कि यह अन्य व्यवस्थाओं की अपेक्षा एक उत्तम व उच्चतर राष्ट्रीय चरित्र का विकास करता है।
6. **व्यक्ति की गरिमा का सम्मान तथा समानता का आदर्श प्रस्तुत करने वाला शासन** : प्रजातन्त्र का सबसे बड़ा गुण यह है कि यह व्यक्ति के व्यक्तित्व का सम्मान करता है। व्यक्ति को अपने विचारों को अभिव्यक्त करने का पूर्ण समय दिया जाता है। गैटिल कहते हैं, 'प्रजातन्त्र शासन समानता के सामान्य सिद्धान्त पर आधारित है। अतः इससे न्याय की वृद्धि होना सम्भव है जो कि राज्य के अस्तित्व के प्रधान लक्ष्यों में से एक है।'
7. **स्वावलम्बन व व्यक्तिगत उत्तरदायित्व की भावना का विकास** : प्रजातन्त्रात्मक शासन व्यक्ति में उत्तरदायित्व की भावना को कूट–कूट कर भरता है।
8. **नागरिकता का शिक्षण स्थान** : सी.डी. बर्न्स के अनुसार 'सभी शासन शिक्षा के साधन होते हैं परन्तु सबसे अच्छी शिक्षा स्व–शिक्षा है इसलिए सबसे अच्छा शासन स्व–शासन है जिसे प्रजातन्त्र

कहते हैं।' गैटिल के अनुसार प्रजातन्त्र शासन 'नागरिकता की शिक्षा प्रदान करने वाला स्कूल है।'

9. **विश्व शान्ति का समर्थक** : प्रजातन्त्र शासन विश्व बन्धुत्व की भावना में विश्वास करता है। यह शासन युद्ध की निन्दा करता है इसलिए विवादों को पारस्परिक सहयोग द्वारा हल करने पर बल देता है।
10. **कला, साहित्य, संस्कृति व विज्ञान की प्रगति में सहायक** : प्रजातन्त्रात्मक शासन में अन्य शासन व्यवस्थाओं की अपेक्षा कला, साहित्य, विज्ञान का जल्दी विकास होता है।
11. **अनुभव के आधार पर सर्वश्रेष्ठ शासन** : प्रजातन्त्र का अनुभव यह बताता है कि किसी अन्य शासन की अपेक्षा यह एक अच्छा शासन है क्योंकि इसमें व्यक्ति के व्यक्तित्व का सम्मान होता है। यह समानता व स्वतन्त्रता पर आधारित शासन है।
12. **आपात्काल में भी शक्तिशाली** : चूँकि प्रजातन्त्र को जनता अपना ही शासन समझती है अतः किसी भी आपात्काल का सामना वह एकजुट होकर करती है।

लोकतन्त्र प्रणाली के उपरोक्त गुणों को स्पष्ट करते हुए यह कहा जा सकता है कि इसमें व्यक्ति को अपनी बात कहने के पूरे अवसर प्रदान किये जाते हैं। तथा इसमें जनता की जिज्ञासा का समाधान भी पूर्ण तरह से होता है।

दोष :

प्लेटो से लेकर आधुनिक विचारकों ने प्रजातन्त्र शासन के विरोध में बहुत कुछ कहा है। लार्ड ब्राइस इसके निम्नलिखित दोष बताते हैं :

- यह व्यवस्था बुराई की जड़ है क्योंकि इसमें धन–बल का प्रयोग होता है।
- राजनीति को कमाई का पेशा बनाने की ओर झुकाव
- शासन व्यवस्था में अनावश्यक व्यय
- समानता के सिद्धान्त का अपव्यय
- योग्यता के उचित मूल्य को न आँका जाना
- दलबन्दी व दल संगठन पर अत्यधिक बल
- वोट बैंक पर ध्यान आकर्षित रहता है।

प्रायः लोकतन्त्र के निम्न अवगुण बताये जाते हैं :

1. **प्रजातन्त्र अयोग्यता की पूजा व अयोग्य लोगों का शासन है** : प्लेटो, सर हेनरी मेन, लेकी आदि ने इस शासन की उपेक्षा की है। हेनरी मेन के शब्दों में 'प्रजातन्त्र अयोग्य व मन्दबुद्धि व्यक्तियों का शासन है।' कार्लायल कहते हैं कि विश्व में एक योग्य व्यक्ति के साथ लगभग नौ व्यक्ति मूर्ख होते हैं। सभी को समान राजनीतिक शक्ति देने का परिणाम मूर्खों की सरकार की स्थापना होना है।
2. **प्रजातन्त्र व्यवस्था गुणों पर नहीं संख्या पर बल देती है** : प्रजातन्त्र शासन में वोटों को गिना जाता है। वोट बैंक का ध्यान रखा जाता है। अतः कहा जा सकता है कि प्रजातन्त्र अज्ञानता का पर्यायवाची है।
3. **सार्वजनिक धन व समय की बर्बादी** : प्रजातन्त्र शासन प्रणाली महँगी शासन प्रणाली है। चुनावों में धन का अपव्यय होता है जिसका समस्त भार जनता को भुगतान पड़ता है। साथ ही चुनावों में समय का अपव्यय होता है।
4. **दल प्रणाली का कुप्रभाव** : राजनीतिक दल जनता को गुमराह करते हैं। निर्वाचनों में भ्रष्ट साधनों का प्रयोग करते हैं। जनता को विभिन्न गुटों में बाँट देते हैं। वे राष्ट्र के जीवन में फूट डलवाकर 'लूट' का माल बाँट लेते हैं।
5. **प्रजातन्त्र स्वतन्त्रता का शत्रु है** : लेकी व हेनरी मेन दोनों ने कहा है 'प्रजातन्त्र व स्वतन्त्रता एक–दूसरे के विरोधी हैं। क्योंकि बहुमत अल्पमत पर कभी भी अत्याचार कर सकता है।'
6. **पेशेवर राजनीति को प्रोत्साहन** : बार्कर का कहना है कि प्रजातन्त्र शासन में शासन की शक्ति उन व्यक्तियों के हाथों में पहुँच जाती है जो राजनीति को अपना पेशा बना लेते हैं। वाक्पटु नेता व राजनीतिज्ञ जनता को अपने शब्द जाल में फाँस कर मूर्ख बनाते रहे हैं।
7. **अनुत्तरदायी शासन** : प्रजातन्त्र शासन में उत्तरदायित्व को दूसरों पर लादने की प्रवृत्ति अधिक देखने को मिलती है। इस प्रणाली में आरोपों व प्रत्यारोपों का दौर चलता रहता है।

8. **प्रतिनिधि जनता के सच्चे प्रतिनिधि नहीं** : क्योंकि वे अल्पसंख्यक मतों पर ही निर्वाचित होते हैं। बार्कर कहते हैं कि प्रजातन्त्र ऐसी सरकार है जिसमें थोड़े–से चतुर व्यक्ति निर्वाचनों के समय समस्त जनसमूह को अपने पक्ष में ले आते हैं।
9. **अवयस्क पद्धति** : आलोचक मानते हैं कि प्रजातन्त्र में बिना सोचे–समझे राजनीतिक क्षेत्र में व्यावहारिक प्रयोग किये जाते हैं। शासन में निरन्तर परिवर्तन होने के कारण प्रायः अनुभवहीनों का शासन हो जाता है।
10. **कोरा आदर्शवाद** : बर्क के अनुसार प्रजातन्त्र समानता का एक भयानक प्रपंच है। यह एक व्यर्थ विचार मात्र है। इसमें सभी राजनीतिक, सामाजिक व आर्थिक कुरीतियों का निदान पाना असम्भव–सा हो जाता है।
11. **राष्ट्रीय व स्थानीय हितों की खींचातानी** : प्रजातन्त्र में एक निर्वाचित प्रतिनिधि राष्ट्रीय प्रतिनिधि न रहकर स्थानीय या अपने क्षेत्र का ही प्रतिनिधि बनकर रह जाता है। वह राष्ट्रीय हितों की उपेक्षा करने लगता है।

यूनेस्को ने 1945 में लिखा कि लोकतन्त्र चाहे भिन्न तरीक़ों से परिभाषित किया जाता रहा हो परन्तु इसके पुनः परीक्षण का समय आ गया है। राबर्ट डहल ने लिखा है कि लोकतन्त्र शब्द अनुपयुक्त है क्योंकि कहीं भी लोकतन्त्र में लोक स्वयं शासन में भाग नहीं लेते। इसमें अधिकांश लोगों की वरीयता क्या है वह सिद्धान्त गौण हो जाता है। कुछ लोगों की वरीयता की सरकार बन जाती है। अतः लोकतन्त्र के बारे में डहल कहते हैं कि लोकतन्त्र जनता की इच्छा के अनुसार नहीं बल्कि समूह के अनुसार चलता है।

इक़बाल नारायण का कहना है कि लोकतन्त्र लोकतन्त्र न होकर बहुलतन्त्र है। हमारे यहाँ राजनीतिक, सामाजिक, आर्थिक साधन समूहों में बिखरे हुए हैं। अतः जो व्यवस्था हमारे यहाँ देखी जाती है इसे लोकतन्त्र न कहकर (Equalitarion) यानी समतावादी बहुलतन्त्र कहा जाना चाहिए और अभी भी लोकतन्त्र में 'जन' का स्थान 'भीड़' ने ले रखा है। अतः इक़बाल नारायण ने लिखा है कि वर्तमान युग में तो लोक कल्याणकारी शासन की विरोध पद्धति बन गयी है। अतः यह युग लोकतन्त्र में क्रान्तिकारी परिवर्तनों का युग है या यूँ कहें कि यह युग 'लोकतन्त्र की परख' का युग है।

लोकतन्त्र की सफलता के लिए आवश्यक दशाएँ या शर्तें

लोकतन्त्र अत्यधिक कठिन शासन प्रणाली है। इसकी सफलता के लिए एक विशेष प्रकार की राजनीतिक संस्कृति ही उचित वातावरण प्रस्तुत कर सकती है।

कोरी व अब्राहीम ने लोकतन्त्र की सफलता के लिए चार विधियों का उल्लेख किया है जिनसे लोकतन्त्र शासन सुचारु रूप से कार्यरत रह सकता है :

1. सरकार व नागरिकों की गतिविधियों का विधि के अनुसार संचालन होना।
2. आपसी मतभेद को वाद–विवाद व विचार–विमर्श से दूर किया जाना।
3. मतभेदों को तथ्यों व तर्क की कसौटी पर परखा जायेगा।
4. निर्णय बहुमत से लिए जायेंगे व ऐसे निर्णय सबको मान्य होंगे।

पीटर मार्कल ने लोकतन्त्र की सफलता की शर्तों का विवरण दिया है जो निम्नानुसार हैं :

1. रहन सहन का अपेक्षाकृत उच्च स्तर
2. सामाजिक–आर्थिक समानता
3. स्वतन्त्र व बहुलतावादी समाज
4. आनुभाविक दृष्टिकोण

लोकतन्त्र समाज व्यवस्थाओं की सफलता की शर्तों के विवेचन से निष्कर्ष निकलता है कि इस प्रकार की व्यवस्थाओं की सफलता की कोई निश्चित शर्त हो ही नहीं सकती।

ए. एल. लोवेल इस सम्बन्ध में लिखते हैं, 'किसी प्रकार की भी शासन व्यवस्था का जीवन इस बात पर निर्भर करता है कि वह किस हद तक ऐसे व्यक्तियों का निर्माण कर पाती है जो उसे आगे चला सकें और किस हद तक वह नेतृत्व के लिए सबसे अधिक समर्थ व्यक्तियों को आगे ला पाता है।' लोकतन्त्र में ऐसे राष्ट्र का निर्माण करने की प्रवृत्ति है जो अपने आंशिक हितों की अपेक्षा सार्वजनिक कल्याण को आर्थिक महत्त्व दे। जिसके विभिन्न वर्गों में ईर्ष्या की भावना न होकर परस्पर सहानुभूति हो, जो भावी कल्याण के लिए वर्तमान कठिनाइयों को दूरदर्शिता व साहस के साथ झेल ले?

यदि लोकतन्त्र यह सब करता है तो जो भी तूफ़ान उठेंगे वे उसकी जड़ों को न हिला सकेंगे और वह अडिग रहेगा। यदि वह ऐसा नहीं करता तो उसका आधार अस्थिर समझना चाहिए।

अधिनायकतन्त्र

आधुनिक युग को 'लोकतन्त्र का युग' कहा जाता है परन्तु यह बात सत्य है कि यह युग 'अधिनायकतन्त्र का युग' बनता जा रहा है। अधिनायकतन्त्र किसी–न–किसी रूप में हमेशा रहा है। परन्तु प्राचीन समय में इसका अर्थ आजकल के अर्थ से पूर्णतया भिन्न था। अधिनायकतन्त्र का दो अर्थों में विवेचन करेंगे जो निम्नानुसार है :

अधिनायकतन्त्र का प्राचीन अर्थ

प्राचीन समय में अधिनायकतन्त्र व्यवस्था को दुर्भाव की दृष्टि से नहीं देखा जाता था। ऐसी व्यवस्था या तो विशेष संकटों का सामना या सफलता से मुक़ाबला करने के लिए या लोककल्याण के लक्ष्यों को शीघ्रता से प्राप्त करने के लिए अपनाई जाती थी। रोमन साम्राज्य में संकट के समय क़ानून व व्यवस्था बनाये रखने के लिए कभी–कभी विशेष अधिकारियों की नियुक्ति की जाती थी। संकट का सामना करने के लिए इन अधिकारियों को विशिष्ट शक्तियाँ दी जाती थीं और इन्हें 'अधिनायक' कहा जाता था।

एमिलिया के शासक फेरिनी ने 1859 में एवं सिसली के शासक गेरिबाल्डी ने 1860 में अपने को इसी प्रकार का अधिनायक घोषित किया। कार्ल मार्क्स ने भी सर्वहारा वर्ग का प्रतिपादन करते समय इसका (जनकल्याण) यही अर्थ लिया था।

प्राचीन अधिनायक तन्त्र की विशेषताएँ

- अधिनायक विधियों द्वारा सीमित रहता था।
- लोककल्याण का लक्ष्य सर्वोपरि होता था।
- अधिनायक को वैधता प्राप्त रहती थी।
- अधिनायक उत्तरदायी होता था।
- अधिनायक का पद अस्थायी भी हो सकता था।
- समस्त शक्तियाँ अधिनायक में निहित रहती थीं।

इस व्यवस्था में सामान्यतया जनता का अधिकांश भाग उनके अधिकारों के प्रयोग में सहायक व समर्थक होता था। शासन सही अर्थों में जनता के लिए ही होता था।

अधिनायकतन्त्र का अर्वाचीन अर्थ

आधुनिक समय में 'अधिनायकतन्त्र' का अर्थ पूरी तरह बदल गया है।

आजकल इससे स्वेच्छाचारी व अत्याचारी शासन का बोध होता है। इसमें राजसत्ता एक व्यक्ति के हाथ में निहित होती है और शासन सत्ताधारी व्यक्ति की इच्छानुसार ही चलता है। ऐसे अधिनायक पर किसी का अंकुश या प्रतिबन्ध नहीं होता है। उनकी राजनीतिक अधिकार शक्ति का आधार बल प्रयोग होता है। वे उसी समय तक शक्ति में बने रहते हैं जब तक बल प्रयोग उन्हें अधिनायक बनाये रखने में सहायक रखता है।

अधिनायकतन्त्र में राज्य की सम्पूर्ण शक्ति एक ही व्यक्ति में निहित होती है जो स्वयं को राज्य का मूर्तरूप समझता है। आधुनिक अधिनायकतन्त्र के दो मत माने जाते हैं। एलेन बॉल ने इसके दो रूप बताये हैं–सर्वाधिकारी शासन और स्वेच्छाचारी शासन।

सर्वाधिकारी शासन

सर्वाधिकारी शासन मुख्य रूप से बीसवीं सदी में आधुनिक प्रौद्योगिकी तथा संचार में क्रान्ति होने के कारण अस्तित्व में आया। अधिकांश सर्वाधिकारी शासन आधुनिकीकरण तथा सुधार लाने के लिए कटिबद्ध क्रान्तिकारी शासन है। रूस में स्टालिन, जर्मनी में हिटलर, इटली में मुसोलिनी का शासन इनके उदाहरण हैं। इन सभी में एक व्यक्ति के नेतृत्व पर बल दिया था। 1945 के बाद सर्वाधिकारी पद्धतियों में 'सामूहिक नेतृत्व' ही पाया जाता है। एलेन बॉल ने इसके लक्षणों का विवेचन किया है :

1. सिद्धान्ततः व्यक्तिगत व सामाजिक गतिविधि के सभी पहलुओं से सरकार राजनीतिक रूप से सम्बद्ध होती है;
2. एक ही दल राजनीतिक व क़ानूनी रूप से प्रभावी होता है;
3. एक ही सुस्पष्ट विचारधारा होती है; (मुसोलिनी की फ़ासीवादी विचारधारा) जो अव्यवस्था के अन्तर्गत सम्पूर्ण राजनीतिक सक्रियता का विनियमन करती है;
4. न्यायपालिका, जन सम्पर्क के साधनों, माध्यमों पर सरकार का कठोर नियन्त्रण होता है;
5. जन समर्थन जुटाने के लिए क़ानून का प्रयोग करते हैं। जनता की सक्रियता पर ज़ोर देते हैं। जनता के भाग लेने से तथा जन स्वीकृति से शासन का वैश्वीकरण हो जाता है।

उपरोक्त लक्षणों से स्पष्ट है कि सर्वाधिकारी शासन व्यवस्थाओं में विचारधारा का सर्वाधिक महत्त्व होता है तथा विचारधारा के क्रियान्वयन के

लिए एकाधिकार युक्त एक राजनीतिक दल होता है जो समस्त गतिविधियों का नियन्त्रण व निर्देशन करता है।

स्वेच्छाचारी शासन

स्वेच्छाचारी शासन की सुस्पष्ट परिभाषा करना कठिन है, क्योंकि ये शासन अस्थायी होते हैं। राजनीतिक शास्त्र के प्रमुख विद्वान पीटर मर्कल ने इसके कुछ लक्षण बताये हैं :

1. अपने सम्भावित दुश्मनों का विनाश करते हैं;
2. अनुयायियों व विरोधियों में भय पैदा करके शासन करते हैं;
3. सत्ता संरचना स्थिर न होने पर सत्ता हथिया लेते हैं।

इसी क्रम में एलेन बॉल का मत है कि स्वेच्छाचारी शासन की निम्न विशेषताएँ हैं :

1. मुख्य राजनीतिक प्रतिस्पर्धा पर महत्त्वपूर्ण पाबन्दियाँ;
2. साम्यवाद या फ़ासीवाद जैसी प्रभावी राजनीतिक विचारधारा का अभाव;
3. राजनीतिक शब्द से सम्बोधित की जाने वाली बातों का क्षेत्र सीमित होता है;
4. राजनीतिक सत्ताधारी बहुधा ज़ोर–ज़र्बदस्ती व बल प्रयोग पर अधिक निर्भर होता है;
5. नागरिक स्वतन्त्रताओं की अनुमति बहुत कम दी जाती है; जनसम्पर्क के माध्यमों पर सरकार का सीधा नियन्त्रण होता है;
6. अक्सर सेना ही आकस्मिक राज परिवर्तन के फलस्वरूप सत्ता हथिया लेती है;
7. एक गुट का राजनीति पर एकाधिकारी नियन्त्रण रहता है।

इस श्रेणी में परम्परागत शासक वर्गों वाले राज्य जैसे सऊदी अरब, इथोपिया, नेपाल तथा सैनिक सरकारों वाले आधुनिकीकृत राज्य जैसे नाइजीरिया, पूर्व में पाकिस्तान, असैनिक सरकार जैसे अल्जीरिया, मिस्र शामिल हैं।

अधिनायकतन्त्र के लक्षण/विशेषताएँ

पीटर मर्कल ने अपनी कृति 'पोलिटिक्स : कन्टीन्यूटी एंड चेन्ज' में अधिनायकतन्त्र की निम्नलिखित विशेषताओं की ओर ध्यान दिया है :

1. **नेता–श्रद्धा का पात्र** : अधिनायकतन्त्री व्यवस्था में नेता की सर्वोच्चता व असाधारण सत्ता का आधार दल का नेतृत्व होता है।

इन व्यवस्थाओं में नेता या तो विचारधारा का प्रवर्तक होता है या किसी प्रचलित विचारधारा का प्रमुख सम्बोधक होता है। दल के सदस्यों के लिए, जो दल की विचारधारा को पूर्णतया समर्पित होते हैं, वह नेता देवतुल्य व श्रद्धा का पात्र बन जाता है।

नेता की सत्ता को कोई चुनौती न दे पाये इसके लिए हर अधिनायक तीन साधनों का सहारा लेता है :

- वह समय–समय पर दल में से सभी सम्भावित दुश्मनों व विरोधियों का बर्बरतम तरीकों का उपयोग करके सफाया करता रहता है;
- अपने सभी सहयोगियों व अनुयायियों के दिलों में भय व आतंक फैलाये रखता है;
- सत्ता संरचना को स्थिर नहीं होने देता है।

2. **राजनीतिक दल का दिखावा** : राजनीतिक दल सम्पूर्ण जीवन का नियन्त्रक होता है। सरकारी, सामाजिक व व्यक्तिगत जीवन ऐसे दल के नियन्त्रण में रहता है। स्वेच्छाचारी सैनिक व असैनिक परम्परागत वर्गों वाले राज्यों में सत्ता की वैधता के लिए दल का गठन किया जाता है। पाकिस्तान में राष्ट्रपति अय्यूब खाँ, बर्मा में जनरल निविन, नेपाल के सम्राट महेन्द्र ने इसी उद्देश्य की प्राप्ति के लिए दल का सहारा लिया।
3. **जनसम्पर्क के साधनों पर सरकार का एकाधिकार** : इस शासन में सम्पूर्ण प्रचार–प्रसार केवल नेता द्वारा बताये गये तथ्य को सही मानने के लिए होता है। अन्य किसी भी प्रकार का प्रचार यहाँ तक कि बाहर का रेडियो प्रसारण सुनना तक अपराध माना जाता है। दूसरे विश्व युद्ध के समय जर्मनी में विदेशी रेडियो प्रसारण सुनने वालों को मौत की सज़ा देने का क़ानून लागू था। प्रसारणों के माध्यम से बार–बार विचारधाराओं से सम्बन्धित दोहराया जाता था जिससे आगे सोचने के लिए जनता के मस्तिष्कों पर ताले पड़ जायें।
4. **आतंक तथा भयभीत करने की सुपरिष्कृत व्यवस्था** : अधिनायकतन्त्री व्यवस्थाओं को बनाये रखने के लिए नेताओं द्वारा आतंक और डर का साम्राज्य फैला दिया जाता है। इससे व्यक्ति इतना भयभीत बना दिया जाता है कि उसको हर वक़्त अपना अस्तित्व ख़तरे में लगता है। निरंकुश व्यवस्थाओं में सरकार एक निरन्तर चलने वाली क्रान्ति की प्रतीक होती है।

आधुनिक अधिनायकतन्त्र प्रत्यक्ष या अप्रत्यक्ष रूप से सैनिकवाद की उपज है। इसमें एक दल या नेता या सेना के झण्डे चारों ओर राष्ट्रीय आत्मसम्मान, आशाओं, आकांक्षाओं की शक्ति इकट्ठी होती है। इसमें जनता के किसी विरोध को सहन नहीं किया जाता है। यह इसी बात में विश्वास करता है कि सम्पूर्ण राष्ट्र एक ही ढंग से सोचे, बोले व कार्य करे।

अधिनायकतन्त्र के गुण

अधिनायकतन्त्र व्यवस्था के व्यवहार में अनेक लाभ हैं। अनेक लोकतान्त्रिक राज्यों में जनता लोकतन्त्र के कुछ लोगों की मनमानी करने की स्वतन्त्रता से ऊबकर अधिनायकतन्त्र व्यवस्था की कामना करने लगती है। जिन देशों में निराशा, अव्यवस्था, असन्तोष तथा अभाव था वहीं अधिनायकतन्त्र का उदय हुआ है। इसके कुछ गुण इस तरह हैं :

- **शासन में कुशलता** : सारी शक्तियाँ एक व्यक्ति में निहित होने के कारण न केवल निर्णय शीघ्रता से लिये जा सकते हैं वरन् निर्णयों के क्रियान्वयन की भी सुव्यवस्था हो जाती है शासक से सभी भयभीत रहते हैं इस कारण कार्य के प्रति सम्पूर्ण प्रशासन न केवल उत्तरदायी रहता है अपितु हर समय सतर्क, सचेत, सक्रिय भी रहता है। इससे शासन कार्य में दक्षता आ जाती है।
- **देश का तेज़ी से विकास** : देश में एक ही नेता, एक ही योजना तथा एक ही विकास लक्ष्य रहने से देश की सम्पूर्ण शक्ति इसी लक्ष्य के मार्ग को प्रशस्त करने में प्रयुक्त होती है। आर्थिक साधनों का समुचित विकास व उपयोग सम्भव होता है। देश के विकास के लिए एकता, शान्ति व व्यवस्था की आवश्यकता होती है। ठोस व्यवस्था के कारण देश के सारे साधन विकास में लगाये जा सकते हैं।
- **देश में एकता की स्थापना में सहायक** : विभिन्न दलों व विरोधियों का दमन करके देश में एक दल व एक नेता के शासन चारों से तरफ़ सारी व्यवस्थाएँ गुँथ जाती हैं तथा देश एक ठोस एकता के सूत्र में बँध जाता है। हिटलर, मुसोलिनी इस तरह सफल रहे थे।
- **राष्ट्रीयता की भावना जाग्रत करने में सहायक** : देश के नागरिकों को पारस्परिकता में बाँधने के लिए एक विचारधारा,

एक दल व एक नेता का होना पर्याप्त होता है। एक राष्ट्र का नारा, एक ही झण्डे के नीचे सबको खड़ा कर देता है। देश भक्ति का इतना प्राबल्य होता है कि नागरिक अपने देश तथा नेता के लिए बलिदान तक करने के लिए तैयार हो जाते हैं।

- **संकटकाल के लिए उपयुक्त** : संकट का सफलता से सामना करने के लिए सभी निर्णय, आदेश एक ही व्यक्ति द्वारा लिये जाते हैं। इसी कारण आदेशों की एकता रहती है। इससे समय पर कार्यवाही करना सरल होता है।
- **राष्ट्र का बहुमुखी विकास** : आर्थिक क्षेत्र में भी तेज़ी से विकास की व्यवस्था है। एकता, अनुशासन व कर्तव्य परायणता के कारण विकास की श्रेष्ठ व्यवस्था हो जाती है। रूस, जर्मनी, इटली, तुर्की, स्पेन का अभी का इतिहास इस बात का साक्षी है।
- संक्रमणकालीन परिस्थितियों में उपयुक्त : विकासशील राज्यों के लिए राजनीतिक व आर्थिक विकास की संक्रमणकालीन परिस्थितियों में अधिनायकतन्त्र को बेहतर माना जाता है। हंटिंगटन ने कहा कि 'नवोदित राष्ट्रों में प्रथम कार्य राजनीतिक सहभाग, शिक्षा आदि की वृद्धि के स्थान पर मूलभूत संस्थात्मक ढाँचे का निर्माण होना चाहिए। इसके लिए एकदलीय शासन या सैनिक अधिनायकतन्त्र उपयुक्त हो सकता है।'

अधिनायकतन्त्र के दोष

अनेक गुणों के होते हुए भी इस प्रणाली का किसी भी देश में लम्बी अवधि तक प्रचलन नहीं रह पाता है। इस शासन में कई दोष भी हैं जो निम्नानुसार हैं :

- **व्यक्ति के व्यक्तित्व का सम्मान नहीं** : इस शासन व्यवस्था में सब कुछ होते हुए भी व्यक्ति को अपने व्यक्तित्व को अपनी इच्छानुसार विकसित करने का वातावरण नहीं मिल पाता है। व्यक्ति की स्वतन्त्रता को कोई महत्त्व नहीं दिया जाता है। वह अपना जीवन अपूर्ण रखने पर मजबूर हो जाता है। यह इसका सबसे बड़ा दोष है।

- **अत्याचार व अनाचार का बोलबाला** : अधिनायक अपनी सत्ता को बनाये रखने के लिए आतंक फैलाए रखता है। विरोधियों का बर्बर तरीक़ों से सफाया कर दिया जाता है। उसके विरुद्ध बात कहने वाले को देशद्रोही कहकर पुकारा जाता है व मौत के घाट उतार दिया जाता है।
- **राष्ट्र के लिए अहितकर** : इस व्यवस्था में निर्णय एक ही व्यक्ति लेता है जो किसी भी प्रकार का विरोध या सुझाव स्वीकार नहीं करता है। इसमें तानाशाह द्वारा लिये गये ग़लत निर्णयों का अहितकर प्रभाव सारी प्रजा को भुगतना पड़ता है। अधिनायक का हर निर्देश लोगों को मानना पड़ता है चाहे वह प्रजा के हित में हो या न हो।
- **रचनात्मकता, आत्मनिर्भरता, क्रियाशीलता की भावना का पूर्णतः लोप होना** : अधिनायकतन्त्र में साधारण व्यक्तियों में आत्मनिर्भरता, क्रियाशीलता तथा स्वतन्त्रता की भावना का पूर्णतः लोप हो जाता है क्योंकि उन्हें बोलने अथवा विचार करने आदि किसी प्रकार की स्वतन्त्रता नहीं रहती है। इस व्यवस्था में व्यक्ति का तन, धन और मन भी अधिनायक का हो जाता है।

अधिनायकतन्त्र के गुण व दोष के अध्ययन से स्पष्ट हो जाता है कि इस व्यवस्था में व्यक्ति के व्यक्तित्व का सम्मान नहीं होता है। उसकी क्रियाशीलता, रचनात्मकता में कमी आ जाती है। मानव मस्तिष्क की भूख इस व्यवस्था में नहीं मिटती। इस विवेचन के पश्चात इसके भविष्य के बारे में संकेत देना सरल हो जाता है।

अधिनायकतन्त्र का भविष्य

अधिनायकतन्त्र के प्रति विद्वान आशावान नहीं हैं। ऐसी व्यवस्था जो व्यक्ति की मूल आवश्यकताओं को पूरा न करे उनका अस्तित्व आधुनिक समय में सम्भव दिखाई नहीं देता। बीसवीं सदी के स्वतन्त्रता आन्दोलनों ने यह स्पष्ट कर दिया है कि किसी भी देश या व्यवस्था के लिए पहली आवश्यकता मनुष्य की स्वतन्त्रता है। उसी का परिणाम था एशिया व अफ्रीका में स्वतन्त्रता की माँग उठना। अनेक देशों को स्वतन्त्रता प्राप्त हो जाना इस बात का सूचक है कि आने वाले समय में अधिनायकतन्त्र का भविष्य उज्ज्वल नहीं है।

अध्याय–13

सरकारों का वर्गीकरण

-निधि जैन

सरकार के प्रमुख परम्परागत वर्गीकरण

सरकारों के वर्गीकरण के प्रथम प्रयास प्लेटो तथा अरस्तू के थे। प्लेटो ने वर्गीकरण के दो आधार लिए थे। प्रथम उसने यह देखा था कि सत्ता कितने व्यक्तियों के हाथों में रहती है। द्वितीय आधार में शासन की विधि विहीनता व विधि सम्मतता को देखा गया था।

अगर सत्ता एक व्यक्ति के हाथों में निहित है और शासन विधि सम्मत है तो ऐसी शासन व्यवस्था को 'वैध राजतन्त्र' तथा शासन के विधि विहीन होने पर उसे 'निरंकुशतन्त्र' का नाम दिया था। कुछ व्यक्तियों द्वारा शासन सत्ता प्राप्त होने पर उसे 'कुलीनतन्त्र' का नाम दिया तथा विधि विहीन शासन को 'वर्गतन्त्र' कहा था। प्लेटो के अनुसार यदि शासन सत्ता अनेक व्यक्तियों के हाथ में है और क़ानून का अनुपालन होता है तो उसे 'संयत लोकतन्त्र' कहा जायेगा। यदि क़ानून का अनुपालन नहीं होता है तो उसे 'स्वेच्छाचारी लोकतन्त्र' कहा जायेगा।

प्लेटो के वर्गीकरण को अरस्तू ने कुछ संशोधित करके अधिक व्यवस्थित व वैज्ञानिक रूप दिया था।

अरस्तू का राज्यों का वर्गीकरण

अरस्तू सबसे पहले राजनीतिक विचारक थे जिन्होंने राज्यों का वैज्ञानिक तथा व्यापक वर्गीकरण प्रस्तुत किया था। अरस्तू के अनुसार अगर शासन सत्ता एक व्यक्ति के हाथ में हो परन्तु एक व्यक्ति अगर सार्वजनिक हित में ही शासन करता है तो ऐसे राज्य को 'राजतन्त्र' कहा जायेगा और

यह एक व्यक्ति सार्वजनिक हित में शासन न करके अपने हित में शासन करता है तो ऐसे राज्य को 'निरंकुश तन्त्र' कहा जायेगा। अरस्तू 'राजतन्त्र' को एक शुद्ध रूप व 'निरंकुशतन्त्र' को राज्य का विकृत या दूषित रूप मानते हैं। अगर शासन सत्ता कुछ व्यक्तियों अथवा एक श्रेणी के लोगों के हाथों में हो और वे सार्वजनिक हित में शासन करते हों तो ऐसा राज्य 'श्रेणीतन्त्र' तथा वे लोग सार्वजनिक हित में शासन न करके अपने या अपने वर्ग विशेष के हित में ही शासन करते हों तो ऐसे शासन को 'वर्गतन्त्र' या 'गुटतन्त्र' कहा जायेगा।

अरस्तू का कहना था कि किसी राज्य में अगर शासन व्यक्ति, जनता अथवा जनता की बहुसंख्या में निहित हो और शासकगण सार्वजनिक हित के लिए शासन करते हों तो ऐसा राज्य 'लोकतन्त्र' कहलायेगा। परन्तु शासक गणों द्वारा राज्य की शक्ति का उपयोग सार्वजनिक हित के लिए न होकर केवल अपने हित के लिए किया जाये तो शासन 'भीड़तन्त्र' कहा जायेगा।

अरस्तू की मान्यता थी कि 'भीड़तन्त्र शासन' जिसे आजकल हम लोकतन्त्र कहते हैं शासन का दूषित रूप है क्योंकि ऐसे शासन में बहुसंख्यक शासक निर्धन वर्ग के होते हैं क्योंकि वे धनिकों के हितों से विमुख होकर केवल निर्धनों के हितों की दृष्टि से शासन करते हैं।

अरस्तू ने राज्यों का वर्गीकरण करके परिवर्तन के चक्रीय या आवर्ती सिद्धान्त का प्रतिपादन किया है। उनका मत है कि राज्यों में संविधान का स्वरूप एक निश्चित क्रम में बदलता रहता है। राजतन्त्र विकृत होकर निरंकुशतन्त्र में परिणित हो जाता है। फिर इस अन्यायी शासन के विरुद्ध क्रान्ति होकर 'कुलीनतन्त्र' की स्थापना होती है। यह क्रम कुलीनतन्त्र से वर्गतन्त्र, लोकतन्त्र से भीड़तन्त्र तक चलता रहता है। अरस्तू यह मानते हैं कि भीड़तन्त्र कुछ समय बाद असहनीय हो जाता है और वह राजतन्त्र में बदल जाता है।

अरस्तू के द्वारा किये गये वर्गीकरण की आलोचना

1. **वर्गीकरण का वैज्ञानिक आधार नहीं** : गार्नर ने लिखा है कि 'सरकारों के वर्गीकरण के रूप में यह असंगत है। क्योंकि यह किसी ऐसे सिद्धान्त पर आधारित नहीं है जिसके अनुसार सरकारों में परस्पर आधारभूत विशेषताओं तथा संगठन के रूप में सम्बन्धित भिन्नता स्थापित की जा सके।'

वान मोहल ने लिखा है कि 'जिस सिद्धान्त पर यह आधारित है उसका स्वरूप राज्य के गठन से सम्बन्धित न होकर गणित से सम्बन्धित है तथा वह गुण विषयक न होकर संख्या विषयक है।'

2. **विशाल राज्यों के लिए अनुपयुक्त** : आलोचकों के अनुसार यह वर्गीकरण आधुनिक राज्यों पर खरा नहीं उतरता है। उनका कहना है कि अरस्तू ने अपने समय के नगर राज्यों को ध्यान में रखकर ही यह वर्गीकरण किया जो आज के राष्ट्रीय व बहुराष्ट्रीय तथा विशाल राज्यों पर लागू नहीं होता।
3. **लोकतन्त्र शासन का विकृत रूप नहीं** : अरस्तू ने अपने वर्गीकरण में लोकतन्त्र को वास्तव में भीड़तन्त्र कहकर उसे शासन का दूषित रूप कहा है। आलोचकों ने इस बारे में आपत्ति की है। उसके अनुसार ऐसा शासन जो अधिकांश का हित पूरा करता है इस शासन को केवल इसलिए भीड़तन्त्र कह देना कि इससे कुछ लोगों के हितों की उपेक्षा हो जाती है उचित नहीं माना जाना चाहिए।
4. **राज्य व सरकार में अन्तर** : अरस्तू ने राज्य व सरकार के मध्य अन्तर नहीं किया है। गार्नर का कहना है कि 'वर्गीकरण राज्यों का नहीं अपितु सरकारों का वर्गीकरण है इसलिए राज्यों के रूपों में विवेचन में उसका कोई उचित स्थान नहीं हो सकता है।'

अरस्तू के द्वारा किये गये वर्गीकरण की आलोचनाओं का यह अर्थ नहीं है कि इस वर्गीकरण का कोई महत्त्व नहीं है। यह राजनीति विज्ञान में सबसे पहला व्यवस्थित वर्गीकरण था। अरस्तू का वर्गीकरण मार्गदर्शक बन गया। अरस्तू के वर्गीकरण के बाद विद्वान सरकारों के वर्गीकरण में अरस्तू के द्वारा दिखाये गये मार्ग से न तो पूर्णतः अलग हो चुके हैं न ही उसके प्रभाव से बच चुके हैं।

इक़बाल नारायण ने इस सम्बन्ध में लिखा है कि 'वस्तुतः उसका मूल्य इस बात में है कि वह इस तथ्य पर बल देता है कि राज्य शक्ति का उपयोग करने वाले व्यक्तियों की संख्या के इस आधार पर राज्यों में परस्पर भेद स्थापित नहीं किया जाना चाहिए अपितु स्वार्थपरकता अथवा परार्थपरकता की नैतिक मान्यताओं के आधार पर ही राज्यों में भेद स्थापित किया जाना चाहिए।'

सरकार के प्रमुख आधुनिक वर्गीकरण

मेक्स वेबर का वर्गीकरण

आधुनिक विद्वानों की मान्यता है कि वर्गीकरण की कोई भी पद्धति परिपूर्ण नहीं हो सकती है। जर्मन समाजशास्त्री मेक्स वेबर ने आधुनिक राज्य में सत्ता के स्रोतों का त्रिसूत्री वर्गीकरण सुझाया है और इस आधार पर राजनीतिक व्यवस्थाओं को इन तीन भागों में बाँटा है :

1. परम्परागत सत्ता वाली
2. व्यक्तित्व के सम्मोहन की सत्ता वाली
3. राजनीति के पद से सम्बन्धित क़ानूनी सत्ता वाली

इस वर्गीकरण में वेबर ने अपनी प्राथमिकताओं व अधिकारों को व्यापक करने का प्रयास नहीं किया है। यह राजनीतिक व्यवस्थाओं का मूल्यांकन नहीं बल्कि वर्णन मात्र रह गया है क्योंकि इससे राजनीतिक व्यवस्थाओं की गत्यात्मक शक्तियों का स्पष्टीकरण हो पाता है।

एलेन बॉल का वर्गीकरण

एलेन बॉल का कहना है कि राजनीतिक व्यवस्था या राजनीतिक पद्धति में केवल औपचारिक राजनीतिक संस्थाओं का समावेश नहीं है। बल्कि उसमें समाज की हर प्रकार की राजनीतिक गतिविधि समाहित है। राजनीतिक व्यवस्था के भीतर यह अर्थ भी निहित है कि व्यवस्था के विभिन्न अंग एक–दूसरे पर निर्भर रहते हैं और इसलिए किसी एक अंग में परिवर्तनों से उसके दूसरे अंगों पर भी प्रभाव पड़ेगा। अतः राजनीतिक व्यवस्था के आधार पर किया गया वर्गीकरण यथार्थवादी व गत्यात्मक होगा।

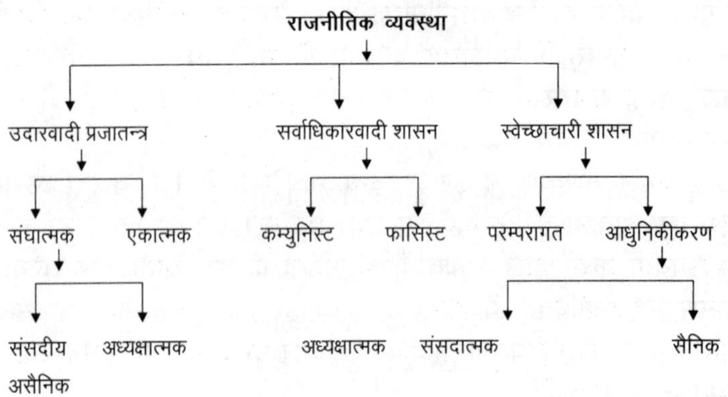

एलेन बॉल ने राजनीतिक व्यवस्था तीन प्रकार की मानी है। प्रथम उदारवादी लोकतान्त्रिक व्यवस्थाएँ, द्वितीय सर्वाधिकारी शासन व तृतीय स्वेच्छाचारी शासन।

उदारवादी लोकतान्त्रिक व्यवस्थाएँ

इस व्यवस्था में सही अर्थों में राजनीति की सभी संरचनात्मक व्यवस्थाएँ पायी जाती हैं। एक से अधिक राजनीतिक दल होते हैं। व्यापक या वयस्क मताधिकार पर आधारित नियतकालिक चुनाव होते हैं तथा शासन विधि के अनुसार संचालित होता है। उनकी सुरक्षा व्यवस्था के लिए स्वतन्त्र न्यायपालिका होती है। एलेन बॉल ने उदारवादी लोकतान्त्रिक व्यवस्थाओं को राज्य शक्ति के एक स्थान पर केन्द्र या अनेक स्थानों के बीच वितरण के आधार पर एकात्मक व संघात्मक में विभाजित किया है। या तो वह अध्यक्षात्मक हो सकती है या संसदात्मक।

सर्वाधिकारी शासन प्रणाली

यह वह व्यवस्था है जो एक सुस्पष्ट विचारधारा के प्रतीक स्वरूप एकाधिकारवादी दल के द्वारा संचालित होती है। व्यक्ति के जीवन के सभी पहलुओं से सर्वाधिकारी विचारधारा राजनीतिक रूप से सम्बन्धित होती है। न्यायपालिका व जनसम्पर्क के साधनों पर सरकार का कड़ा नियन्त्रण होता है तथा व्यक्ति का सम्पूर्ण जीवन दल के नेताओं द्वारा नियन्त्रित व निर्देशित रहता है। एलेन बॉल ने सर्वाधिकारी शासन व्यवस्थाओं को दोषपूर्ण माना है। एक साम्यवादी तथा दूसरी फासिस्ट व्यवस्था है। साम्यवादी व्यवस्था में दल व विचारधारा को सर्वोपरिता प्राप्त रहती है जबकि फासिस्ट व्यवस्था में नेता की सर्वोपरिता मानी जाती है।

स्वेच्छाचारी शासन प्रणाली

इस व्यवस्था में शासन सत्ता एक व्यक्ति के हाथ में निहित रहती है तथा साम्यवाद या फ़ासीवाद जैसी प्रभावी राजनीतिक विचारधारा का अभाव होता है। राजनीतिक गतिविधियों से जनता को दूर रखा जाता है तथा सत्ताधारी बहुधा ज़ोर–ज़बर्दस्ती तथा बल प्रयोग पर अधिक ज़ोर देते हैं। स्वेच्छाचारी व्यवस्थाएँ परम्परागत भी हो सकती हैं व आधुनिकीकरण करने वाली भी। परम्परागत शासन व्यवस्थाओं में सऊदी अरब, इथोपिया व राजतन्त्रीय नेपाल को रखा जा सकता है। आधुनिकीकरण वाली व्यवस्थाएँ सैनिक

भी हो सकती हैं असैनिक भी। सैनिक सरकारों में आधुनिकीकृत राज्यों में नाइजीरिया, असैनिक राज्यों में अल्जीरिया व मिस्र को शामिल कर सकते हैं।

ऐलन बॉल कहते हैं कि एक अच्छे वर्गीकरण की कसौटी यही है कि वह हमें साधारणीकरण से सामान्यीकरण की ओर ले जाता है। ताकि समानताओं व असमानताओं का अन्तर प्रकाश में आ सके। वह सर्वग्राही तथा निश्चित नहीं हो सकता है।

इस प्रकार उदारवादी प्रजातन्त्र वर्तमान दल पद्धति के विभिन्न प्रकारों के अनुसार उपखण्डों में विभाजित किये जा सकते हैं। एलेन बॉल के वर्गीकरण से राजनीति व्यवस्थाओं के बारे में सामान्यीकरण करने की तरफ़ बहुत कुछ बढ़ता हुआ कहा जा सकता है।

आलमंड व पावेल का वर्गीकरण

विभिन्न प्रकार की सरकारों का वर्गीकरण राजनीति व सरकार के अध्ययनकर्ताओं की रुचि का विषय रहा है। प्राचीन काल से लेकर वर्तमान तक अनेक विद्वानों ने सरकारों के विभिन्न रूप बताये हैं। यह अध्याय ऐसे ही कुछ प्रमुख वर्गीकरणों की व्याख्या कर रहा है।

आलमंड व पावेल ने अपनी कृति 'कम्पेरेटिव पोलिटिक्स : ए डेवलपमेंट अप्रोच' में राजनीतिक व्यवस्थाओं के वर्गीकरण के दो आधार लिए हैं। प्रथम आधार में राजनीतिक व्यवस्थाओं की संरचनात्मकता तथा दूसरे आधार में उनकी प्रकार्यात्मकता को देखने का प्रयास किया है। इन्होंने राजनीतिक व्यवस्थाओं में संरचनात्मक विभिन्नता तथा सांस्कृतिक लौकिकीकरण की मात्रा के आधार पर सभी राजनीतिक व्यवस्थाओं को तीन प्रकारों में वर्गीकृत किया है :

1. **आदिकालीन राजनीतिक व्यवस्थाएँ** : आदिकालीन राजनीतिक व्यवस्थाओं में विरामी राजनीतिक संरचनाओं की प्रधानता होती है। इनमें भूमिका विभिन्नीकरण तथा सांस्कृतिक लौकिककरण का अभाव पाया जाता है। अर्थात आदिकालीन राजनीतिक व्यवस्थाओं में मुखिया राजनीतिक, आर्थिक, सामाजिक, धार्मिक भूमिकाएँ सभी कुछ संयुक्त किये रहता है। ये व्यवस्थाएँ बहुत छोटे आकार की होती हैं तथा इनमें सभी सदस्य राष्ट्र एक–दूसरे के आमने–सामने होने से घनिष्ठता रखते हैं। आदिवासी लोगों में ऐसी व्यवस्था होती है।

2. **परम्परागत राजनीतिक व्यवस्थाएँ** : परम्परागत राजनीतिक व्यवस्थाओं में शासकीय राजनीतिक संरचनाओं में विभिन्नीकरण होता है तथा सांस्कृतिक लौकिककरण का अभाव पाया जाता है। आलमंड व पावेल ने परम्परागत राजनीतिक व्यवस्थाओं को तीन भागों में बाँटा है :

- आनुवांशिक व्यवस्थाएँ
- केन्द्रीकृत नौकरशाही व्यवस्थाएँ
- सामन्ती व्यवस्थाएँ

प्रथम प्रकार आनुवांशिक व्यवस्थाओं का है। इन व्यवस्थाओं में राजनीतिक संरचनाएँ राजा, उपमुखियाओं व विशेषीकृत अफ़सरों के रूप में होती हैं। इन व्यवस्थाओं को आनुवांशिक इसलिए कहा जाता है क्योंकि इनमें राज्यसत्ता शासक के परिवार से बाहर न होकर परिवार के सदस्यों में ही विभक्त रहती है। दूसरा प्रकार केन्द्रीकृत नौकरशाही व्यवस्थाओं का है। इन व्यवस्थाओं में विशेषीकृत राजनीतिक व प्रशासकीय भूमिकाएँ तथा अभिकरण विकसित होते हैं। इनमें शासकों व शासितों की स्वतन्त्र व पृथक् भूमिकाएँ भी विकसित होने लगती हैं तथा सम्पूर्ण राजनीतिक व्यवस्था को एक केन्द्रीकृत इकाई के रूप में संगठित करने के प्रयास किये जाते हैं। इन व्यवस्थाओं का तीसरा प्रकार सामन्ती राजनीतिक व्यवस्थाओं का है। इन व्यवस्थाओं में सामन्त के द्वारा अपने क्षेत्र विशेष में सभी सारी क्रियाओं का निष्पादन होता है। परन्तु सामन्ती व्यवस्था में सामन्त के द्वारा अपने क्षेत्र विशेष में सभी सरकारी क्रियाओं का निष्पादन होता है। सामन्ती व्यवस्था में सामन्तों को अपने ऊपर के अधिकारियों की अधीनता में भी कुछ कार्य करने होते हैं।

3. **आधुनिक राजनीतिक व्यवस्थाएँ** : आधुनिक राजनीतिक व्यवस्थाओं में विशेषीकृत राजनीतिक संरचनाएँ तथा लौकिककृत राजनीतिक संस्कृतियाँ पायी जाती हैं। ऐसी राजनीतिक व्यवस्थाओं की आन्तरिक संरचनाएँ, संगठित व दबाव समूह, राजनीतिक दल तथा सम्प्रेषण के साधन सुविकसित होते हैं।

इन व्यवस्थाओं में जनता, इस बात से भिज्ञ होती है कि सरकार जन परिस्थितियों व अवस्थाओं को परिवर्तित करने की महत्त्वपूर्ण भूमिका निभाती है। अतः आधुनिक व्यवस्थाओं में राजनीतिक संरचनाओं का विभिन्नीकरण व राजनीतिक संस्कृति का लौकिकीकरण पाया जाता है। इन आधारों पर

राजनीतिक व्यवस्थाओं को आलमंड व पावेल ने तीन प्रवर्गों में बाँटा है। हर प्रवर्ग को पुनः वर्गीकृत किया है।

- लौकिक नगर राज्य
- संचारित आधुनिक व्यवस्थाएँ
- पूर्व संचारित आधुनिक व्यवस्थाएँ

1. **लौकिक नगर राज्य** : आलमंड व पावेल ने लौकिक नगर राज्यों को, जो यूनान व गणतन्त्रीय रोम में प्रचलित थे, आधुनिक व्यवस्था में सम्मिलित किया है। क्योंकि इन राजनीतिक व्यवस्थाओं में आधुनिक राजनीतिक व्यवस्थाओं के अनेक लक्षण विद्यमान थे। इन राज्यों में राजनीतिक संरचनाओं का विभिन्नीकरण तथा राजनीतिक संस्कृति का लौकोकीकरण था। राजनीतिक व्यवस्थाओं को व विशेषकर लौकिकी नगर राज्यों को तो आधुनिक राजनीतिक व्यवस्थाओं के साथ ही साथ आधुनिक समाज व्यवस्थाओं का मॉडल भी माना जा सकता है।
2. **संचारित आधुनिक राजनीतिक व्यवस्थाएँ** : संचारित आधुनिक राजनीतिक व्यवस्थाओं में अधिक विभिन्नीकृत राजनीतिक अव–संरचनाएँ तथा किसी–न–किसी रूप में सहभागी राजनीतिक संस्कृति पायी जाती है। इनको दो उप श्रेणियों में विभक्त किया है : जिन व्यवस्थाओं में उपव्यवस्था की स्वतन्त्रता व सहभागी संस्कृति हो उन्हें लोकतान्त्रिक राजनीतिक व्यवस्थाएँ तथा जिन व्यवस्थाओं में पराधीन व नियन्त्रित व पराधीन व परतन्त्र सहभागिता हो उन्हें निरंकुश व्यवस्थाएँ कहा गया है।

लोकतान्त्रिक राजनीतिक व्यवस्थाओं को उप–व्यवस्थाओं की स्वतन्त्रता की मात्रा के आधार पर तीन भागों में वर्गीकृत किया गया है :

(क) उच्च उप–व्यवस्था वाली स्वतन्त्रता : इन व्यवस्थाओं में राजनीतिक दल, हित समूह, दबाव समूह तथा जन सम्प्रेषण के साधन एक–दूसरे से स्पष्टतया स्वतन्त्र व पृथक् होते हैं। इसी तरह इन व्यवस्थाओं में सुविकसित व समुचित रूप से वितरित सहभागी संस्कृति पायी जाती है। उदाहरण के लिए अमेरिका व ब्रिटेन की राजनीतिक व्यवस्थाएँ इस प्रकार की कही जा सकती हैं।

(ख) सीमित उपव्यवस्था वाली स्वतन्त्रता : इनमें राजनीतिक दल, दबाव समूह तथा जन सम्प्रेषण का साधन एक–दूसरे पर आश्रित रहते हैं। इन व्यवस्थाओं में राजनीतिक संस्कृति खण्डमयी होती है तथा काफ़ी बृहत्तर आकार की पराधीन उप–संस्कृतियाँ कुछ अंशों में असंगत व परस्पर प्रतिकूल रहती हैं। उदाहरण के लिए फ्रांस व दूसरे विश्वयुद्ध के बाद इटली तथा प्रथम विश्वयुद्ध के बाद जर्मनी की राजनीतिक व्यवस्थाओं को इसी प्रकार का कहा जा सकता है।

(ग) निम्न उप–व्यवस्था स्वतन्त्रता : इन व्यवस्थाओं में एक ही राजनीतिक दल की प्रधानता रहती है तथा अन्य राजनीतिक दल, दबाव समूह व अन्य संस्थागत व्यवस्थाएँ तथा अनेक दबाव समूह व जन सम्प्रेषण के साधन तो होते हैं पर इन सबका नेतृत्व प्रधान दल के द्वारा ही होता है। उदाहरण के लिए भारत व मैक्सिको की राजनीतिक व्यवस्थाओं में ऐसी ही एकदलीय प्रधानता पायी जाती है।

निरंकुश राजनीतिक व्यवस्थाओं में उपव्यवस्था स्वतन्त्रता के स्थान पर नियन्त्रित उपव्यवस्थाएँ होती हैं। निरंकुश राजनीतिक व्यवस्थाओं को चार भागों में बाँटा गया है–

(क) उग्र–सर्वाधिकारी व्यवस्थाएँ : यह साम्यवादी राजनीतिक व्यवस्था है। इनमें पराधीन सहभागी संस्कृति होती है तथा सभी वर्गों व संस्थाओं में एक केन्द्र से नियन्त्रित राजनीतिक व आर्थिक संचरण व्यवस्था का या तो प्रवेशन होता है या उसे समाप्त कर दिया जाता है।

(ख) रूढ़िवादी सर्वाधिकारी राजनीतिक व्यवस्थाएँ : नाजी जर्मनी इसका उदाहरण है। ऐसी व्यवस्था में अभिजन आन्तरिक बहुलता को अन्य उद्देश्यों की प्राप्ति के लिए या तो समाप्त कर देते हैं या उसे पूरी तरह नियन्त्रित रखते हैं। परन्तु उप–व्यवस्थाओं की कुछ स्वतन्त्रताएँ बनी रहती हैं। जैसे नाजी जर्मनी में कैथोलिक व प्रोटेस्टेंट गिरजाघरों ने बहुत कुछ अंशों में अपना पृथक् अस्तित्व बनाये रखा था।

(ग) रूढ़िवादी स्वेच्छाचारी व्यवस्थाएँ : ऐसी व्यवस्थाओं में बहुलतावादी प्रवृत्तियों को विद्यमान रहने दिया जाता है तथा समाज के

कुछ अंशों के साथ सौदेबाज़ी की व्यवस्था रहती है। स्पेन की राजनीतिक व्यवस्था को इसी श्रेणी में रखा जा सकता है।

(घ) आधुनिकीकरण स्वेच्छाचारी राजनीतिक व्यवस्थाएँ : इन व्यवस्थाओं में बहुलतावादी प्रवृत्तियों तथा समाज की समूह संरचनाओं को आधुनिकीकरण के लिए जकड़ा नहीं जाता है। ब्राजील की राजनीतिक व्यवस्था इसी प्रकार की मानी जाती है।

3. **पूर्व संचारित आधुनिक राजनीतिक व्यवस्था** : पूर्व संचारित आधुनिक राजनीतिक व्यवस्थाओं में सीमित स्तर पर ही संरचनात्मक विभिन्नीकरण तथा लौकिकीकरण रहता है। इन व्यवस्थाओं में राजनीतिक दल, दबाव व हित समूह तथा जन सम्प्रेषण के साधन अत्यधिक परम्परागत समाजों पर आरोपित किये हुए रहते हैं। संचारण व आधुनिकता केवल अभिजन लोगों तक ही व्याप्त रहती है। लोगों में राजनीतिक क्रिया के साधनों व समझ का अभाव तथा राजनीतिक सहभागिता के प्रति उदासीनता रहती है। इन व्यवस्थाओं को दो प्रकार से वर्गीकृत किया गया है। पहला प्रकार पूर्व संचारित स्वेच्छाचारी राजनीतिक व्यवस्थाओं का है। इस व्यवस्था में राजनीतिक दल में केवल अभिजनों का प्रवेश रहता है। इन्हें परम्परागत व साम्प्रदायिक लगावों से अपील करने के लिए मजबूर होना पड़ता है। यह राजनीतिक व्यवस्थाएँ एक तरह से उत्पन्न होने की प्रक्रिया में होती हैं। राजनीतिक दल का एकाधिकार रहता है।

पूर्व संचारित लोकतान्त्रिक व्यवस्थाओं में केवल एक ही बात के आधार पर पूर्व संचारित स्वेच्छाचारी व्यवस्था से भिन्नता दिखाई देती है। इनमें राजनीतिक दल का एकाधिकार नहीं होता। एक दल की प्रधानता होती है पर अन्य दल विद्यमान रहते हैं। ऐसी व्यवस्थाओं में कृषि प्रधान ग्रामीण समुदायों के राष्ट्रीय धारा में प्रवाहित करने का प्रयास किया जाता है। परम्परागत जकड़नों वाले समाजों को आधुनिक बनाने के लिए नयी आर्थिक, सामाजिक, राजनीतिक संरचनाओं को आरोपित किया जाता है। कुछ अंशों में स्वतन्त्रता प्राप्ति के बाद के भारत को इसका उदाहरण माना जा सकता है।

इस तरह आलमंड व पावेल का यह वर्गीकरण अधिक उपयुक्त व उपयोगी माना जा सकता है।

अध्याय–14

संघात्मक शासन प्रणाली

–अरूण चतुर्वेदी

एक राज्य के संविधान द्वारा क्षेत्र के आधार पर शक्तियों का जो केन्द्रीकरण या वितरण किया जाता है और राज्य के अन्तर्गत शासन की केन्द्रीय व स्थानीय इकाइयों के बीच जो सम्बन्ध पाया जाता है उसके आधार पर दो प्रकार की शासन व्यवस्थाएँ होती हैं :

- एकात्मक शासन व्यवस्था
- संघात्मक शासन व्यवस्था

संघ शब्द का अंग्रेज़ी पर्यायवाची 'फेडरेशन' लैटिन भाषा के शब्द 'फोएडस' से निकाला है जिसका अर्थ है 'सन्धि या समझौता'। शब्द की व्युत्पत्ति के दृष्टिकोण से समझौते द्वारा निर्मित राज्य को संघ राज्य कहा जा सकता है।

संवैधानिक दृष्टिकोण से संघात्मक शासन व्यवस्था शासन का वह रूप है जिसमें अनेक स्वतन्त्र राज्य अपने कुछ सामान्य उद्देश्यों की पूर्ति के लिए केन्द्रीय सरकार संगठित करते हैं और उद्देश्यों की पूर्ति में आवश्यक व सहायक विषय केन्द्रीय सरकार को सौंप देते हैं तथा शेष विषयों में अपनी–अपनी पृथक् स्वतन्त्रता सुरक्षित रखते हैं।

के. सी. व्हीयर लिखते हैं, 'संघात्मकता से अर्थ शक्तियों के विभाजन की विधि से है जिससे सामान्य व प्रादेशिक सरकारों में से हर एक अपने क्षेत्र विशेष में स्वतन्त्र व समकक्ष रहे।' इस अर्थ से यह स्पष्ट हो जाता है कि संघात्मक शासन व्यवस्था का मौलिक लक्षण शासन व्यवस्था में ऐसे शक्ति विभाजन से है जिसमें केन्द्रीय व राज्य सरकारें एक–दूसरे के अधीन नहीं हों तथा अपने–अपने अधिकार क्षेत्र में स्वतन्त्र रहें।

डेनियल जे.इलवारा का मानना है कि 'संघात्मक व्यवस्था अलग–अलग राजनीतिक व्यवस्था में संगठित व एकताबद्ध करती है जिसमें हर राजनीतिक व्यवस्था अपनी आधारभूत राजनीतिक अवस्था से युक्त बनी रहती है।' कोरी व अब्राहम के अनुसार 'संघवाद सरकार का ऐसा दोहरापन है जो विविधता के साथ एकता का समन्वय करने की दृष्टि से शक्तियों के प्रादेशिक व प्रकार्यात्मक विभाजन पर आधारित होता है।' इससे यह स्पष्ट होता है कि संघीय व्यवस्था का सबसे महत्त्वपूर्ण लक्षण व्यक्तियों व सत्ता का संघीय सरकार तथा राज्य सरकारों के मध्य वितरण है।

संघात्मक राज्यों के प्रमुख उदाहरण संयुक्त राज्य अमेरिका, भारत, स्विट्ज़रलैंड, आस्ट्रेलिया, कनाडा व जर्मनी हैं। संघात्मक प्रणाली में राज्य सरकारें अपनी शक्तियों के प्रयोग के लिए अपने–अपने विधानमण्डल व मन्त्रिमण्डल बनाती हैं परन्तु भारत में कुछ क्षेत्र सीधे ही केन्द्र शासन के पास रखे गये हैं जिन्हें केन्द्र शासित प्रदेश कहते हैं। भारत में राज्यों की न्यायपालिका संघीय न्यायपालिका के साथ जुड़ी हुई है इसलिए इसे समन्वित न्यायपालिका कहा जाता है।

पूर्ण विकसित संघात्मक शासन प्रणाली में तीन विशेषताएँ देखने को मिलती हैं :

1. संविधान की सर्वोच्चता : क्योंकि संघ की स्थापना इसी संविधान के अनुरूप होती है।
2. संघीय सरकार व संघ की इकाइयों के बीच शक्तियों का विवरण : यही विवरण संघीय व्यवस्था की आधारशिला है।
3. एक सर्वोच्च न्यायिक सत्ता का अस्तित्व : संघ व उसकी इकाइयों के बीच कोई विवाद पैदा होने पर न्यायपालिका समाधान कर सके।

संघात्मक व्यवस्था के गुण

1. **निर्बल राज्यों को शक्तिशाली बनाने की पद्धति** : इसमें छोटे–छोटे निर्बल राज्यों को विशाल व शक्तिशाली राज्य के रूप में संगठित होने का अवसर मिलता है। इसके लिए उन्हें अपनी स्वतन्त्रता व पृथक् अस्तित्व को भी नहीं छोड़ना पड़ता है।
2. **राष्ट्रीय एकता व स्थानीय स्वायत्तता** : इस शासन व्यवस्था में राष्ट्रीय एकता व स्थानीय स्वायत्तता दोनों के गुण प्राप्त होते हैं।

अतः संयुक्त राज्य अमेरिका, कनाडा, भारत जैसे विशाल राज्यों के लिए विशेष रूप से उपयुक्त है जहाँ की जनसंख्या में जातीय, सांस्कृतिक तथा भाषायी स्तर पर व्यापक विविधता पाई जाती है।

3. **संघ में सम्मिलित राज्यों की अन्तर्राष्ट्रीय प्रतिष्ठा में वृद्धि :** छोटे–छोटे राज्य यदि अकेले हों तो उनकी अन्तर्राष्ट्रीय प्रतिष्ठा कुछ भी न होगी किन्तु वे परस्पर मिलकर संघ का निर्माण कर लें तो उनकी प्रतिष्ठा में बहुत अधिक वृद्धि हो जायेगी। संयुक्त राज्य अमेरिका व सोवियत संघ की गणना विश्व की प्रमुख शक्तियों में न होती यदि वे अपनी व्यक्तिगत प्रभुसत्ता पर टिके रहते और संघ का निर्माण न करते।

4. **केन्द्रीय शासन की कार्यकुशलता में वृद्धि** : जन कल्याणकारी राज्य की धारणा के कारण वर्तमान समय में सरकार के कार्यों में बहुत अधिक वृद्धि हो गयी है। केन्द्रीय सरकार के पास अपनी कार्यक्षमता से अधिक कार्य एकत्रित हो गये हैं। संघीय शासन में शक्तियों का विभाजन होने के कारण केन्द्रीय सरकार का कार्यभार हल्का हो जाता है। वह अधिक कार्यों को कुशलता से कर सकती है। इस प्रकार शासन की कार्यकुशलता में वृद्धि होती है।

5. **निरंकुशता की आशंका नहीं** : संघात्मक शासन में इस बात की आशंका नहीं रहती कि कोई एक व्यक्ति या जनसमुदाय सारी राजशक्ति अपने हाथों में लेकर एकतन्त्र या श्रेणीतन्त्र की स्थापना कर ले। एकात्मक शासन में सम्पूर्ण राजशक्ति का प्रयोग एक ही केन्द्र से होने के कारण किसी एक व्यक्ति के लिए सम्पूर्ण सत्ता प्राप्त करना कठिन नहीं होता परन्तु संघात्मक राज्यों में शासन शक्ति अनेक इकाइयों में बँटी हुई होने के कारण यह बात सम्भव नहीं हो सकती है।

   लार्ड ब्राइस के शब्दों में 'संघ में एक निरंकुश शासन द्वारा जनता के अधिकार हड़प जाने का ख़तरा नहीं रहता।'

   मांटेस्क्यू, फेडरलिस्ट प्रेपर्स व लार्ड ऐक्टन से लेकर कार्ल जे. फ्रेडरिक तथा अनेक लेखकों ने संघवाद का एक श्रेष्ठ तत्त्व इसका संविधानवाद अर्थात 'शासक के अनुरूप होना बताया है।'

6. **राजनीतिक चेतना** : संघीय शासन अपने नागरिकों को श्रेष्ठ राजनीतिक प्रशिक्षण प्रदान करता है क्योंकि नागरिकों को अपने ही क्षेत्र में सर्वांगीण संघीय सरकार की छाया सरकार प्राप्त हो जाती है। इस छाया सरकार से निकट का सम्बन्ध होने के कारण उनमें उसकी रुचि भी अधिक होती है इसके अतिरिक्त प्रान्तीय सरकार के कार्यों में भाग लेना प्रत्येक नागरिक के लिए सहज भी होता है।

7. **विशाल राज्यों के लिए नितान्त उपयुक्त** : विशाल राज्यों के लिए तो संघात्मक शासन नितान्त उपयुक्त शासन प्रणाली है। प्रायः बड़े राज्यों में भाषा, धर्म, व हितों की विभिन्नता पायी जाती हैं। इन विभिन्नताओं के अवसर पर अलग–अलग क्षेत्र निर्मित हो जाते हैं। संघात्मक शासन में इकाइयों को शक्ति प्रदान कर इस प्रकार की विभिन्नताओं की रक्षा की जाती है। राष्ट्रीय महत्त्व के विषयों का प्रबन्ध केन्द्रीय सरकार द्वारा किया जाता है।

8. **मितव्ययता व आर्थिक विकास** : आर्थिक विकास की दृष्टि से संघात्मक शासन व्यवस्था ही उपयुक्त है। औद्योगिक क्रान्ति के कारण वर्तमान समय में जिस प्रकार के विशाल उद्योग–धन्धों द्वारा उत्पादन कार्य किया जाता है उन उद्योगों की स्थापना के साथ एक बड़े संघ राज्य के अन्तर्गत ही प्राप्त हो सकते हैं। अमरीकी संघ की 50 इकाइयाँ अलग–अलग रहकर इतना अधिक आर्थिक विकास नहीं कर पातीं।

9. **विश्व संघ की ओर एक क़दम** : छोटे–छोटे राष्ट्रीय राज्यों को विशाल राज्य के रूप में संगठित करके संघ राज्य मानव दृष्टिकोण को उदार बनाता है। राज्य के वर्तमान समय को ध्यान में रखते हुए जे.एस. मिल कहते हैं कि "यदि कार्यकुशलता एवं स्थायी संघात्मक व्यवस्था की आवश्यक दशाएँ विद्यमान हों तो इस प्रकार के संगठनों की जितनी ही अधिक संख्या होगी संसार के लिए उतना अच्छा होगा।"

10. **स्वतन्त्रता को बढ़ावा** : इससे स्वशासन व स्वतन्त्रता प्रेम को बढ़ावा मिलता है और निरंकुश शासन का ख़तरा कम हो जाता है।

संघीय शासन के दोष

1. **अन्तर्राष्ट्रीय क्षेत्र में दुर्बलता** : प्रत्येक संघ राज्य में अन्तर्राष्ट्रीय सम्बन्धों के संचालन का कार्य केन्द्रीय सरकार द्वारा किया जाता है लेकिन अन्तर्राष्ट्रीय सम्बन्धों का संचालन ठीक प्रकार से करने के लिए व्यापार, वाणिज्य, सूचना व पर्यटन आदि अनेक विभागों का सहयोग आवश्यक होता है। एक संघ राज्य के अन्तर्गत ये विभाग साधारणतः इकाइयों के अधिकारों के अर्न्तगत रहते हैं। इसलिए केन्द्रीय सरकारों को अन्तर्राष्ट्रीय सम्बन्धों के संचालन में कठिनाई होती है। जब आन्तरिक विभेद नीति को प्रभावित करने लगते हैं तो विदेश में राज्य की प्रतिष्ठा कम हो जाती है।
2. **राष्ट्रीय एकता को खतरा** : अनेक बार संघ राज्य के अन्तर्गत विविध इकाइयों के शासन पर केन्द्रीय सरकार का नियन्त्रण दृढ़ नहीं होता है। ऐसा समय आ सकता है जबकि कोई इकाई संघ राज्य के विरुद्ध विद्रोह कर दे या अनेक इकाइयाँ मिलकर संघ राज्य की नीति का प्रतिरोध करने के लिए तैयार हो जायें।
3. **राज्य के प्रति भक्ति का विभाजन** : इस शासन व्यवस्था में व्यक्ति की राज्य के प्रति भक्ति का अपने प्रान्त के प्रति भक्ति के साथ संघर्ष होता है और अनेक बार व्यक्ति को इन दोनों में से एक को चुनने में बहुत कष्टप्रद स्थिति का सामना करना पड़ता है।
4. **उत्तरदायित्व की अनिश्चितता** : एकात्मक शासन में शासन का उत्तरदायित्व सुगमता से स्थापित किया जा सकता है क्योंकि सभी प्रशासन सम्बन्धी दोषों के लिए केन्द्रीय सरकार ही उत्तरदायी होती है। संघीय शासन में विभिन्न प्रशासनिक त्रुटियों के लिए केन्द्रीय सरकार व प्रान्तीय सरकारें दोनों ही एक–दूसरे को उत्तरदायी ठहराती हैं ऐसी स्थिति में उत्तरदायित्व निश्चित करना बहुत अधिक कठिन हो जाता है।
5. **प्रगतिशीलता के विरुद्ध** : लिखित व कठोर संविधान संघीय शासन की अनिवार्य आवश्यकता होती है। अनेक बार यह कठोर संविधान परिवर्तित परिस्थितियों के प्रति नितान्त उदासीन रहता है और सामान्यतया संविधान में संशोधन के लिए इकाइयों की

स्वीकृति आवश्यक होने के कारण उचित समय परिवर्तन नहीं हो पाते और उन्नति रुक जाती है।

6. **समय व धन का अपव्यय** : डॉ. फाइनर के अनुसार, 'वित्तीय दृष्टिकोण से यह व्यवस्था अपव्ययी है क्योंकि इसमें प्रशासनिक मशीन तथा प्रक्रिया का बहुत दोहरापन होता है।' संघीय शासन व्ययसाध्य है क्योंकि इसके अन्तर्गत दोहरे क़ानून व दोहरी राजनीतिक संख्याएँ होती हैं संघीय शासन में समय व शक्ति का भी अपार अपव्यय होता है।

7. **राज्यों से संघ निकल जाने की आशंका** : संघ में इस बात की सदैव आशंका बनी रहती है कि तीन इकाइयों के द्वारा मिलकर संघ का निर्माण किया गया है उनमें से कुछ इकाइयाँ निकल न जायें। जबकि एकात्मक सरकार में यह ख़तरा नहीं होता। गिलक्राइस्ट लिखते हैं, 'एक इकाई का राज्य छोड़ना एकात्मक सरकार की अपेक्षा संघात्मक सरकार में अधिक आसान है।'

संघात्मक शासन के गुण व दोष देखकर यह कह सकते हैं कि विशाल और विविधतापूर्ण राज्यों के लिए संघात्मक व्यवस्था सर्वाधिक उपयुक्त है साथ ही यह अधिक लचीली और परिवर्तनशील होती है।

अध्याय–15

संघवाद का राजनीतिक सिद्धान्त

–जेना बेडनर, विलियम एन. एस्क्रिज, जॉन फेरेजॉन

बहु–जातीयता वाले राष्ट्र (दक्षिण अफ्रीका, रूस, नाइजीरिया, रूवांडा, पूर्व यूगोस्लाविया आदि) तथा समरूप जातीयता वाले राष्ट्र (संयुक्त राज्य अमेरिका का प्रारम्भिक स्वरूप, ऑस्ट्रेलिया) दोनों ही विकेन्द्रीकृत राजनीतिक संस्थाओं को उपयोगी मानते हैं। एक में विभिन्न जातीयताओं को अपनी अस्मिता बनाये रखने के साथ–साथ एक बृहद् व सशक्त राज्य में निवास करने का अवसर मिलता है, वहीं दूसरे में, नीति–निर्माण करने वाली संस्थाएँ ज़्यादा दक्ष व संवेदनशील हो जाती हैं। पर ऐसी अवस्था तभी सफल होती है जब सभी पक्षों (जनता, क्षेत्रीय सरकारें और केन्द्रीय सरकार) को यह विश्वास हो कि सभी संघीय व्यवस्था की शर्तों को मानेंगे। संघीय व्यवस्था में सम्प्रभु–सत्ता को सरकार के विभिन्न स्तरों में विभक्त करते हैं पर ऐसा करने में कुछ समस्याएँ भी हैं और विकेन्द्रीकृत सरकारी संस्थाओं को स्थायित्व प्रदान करने की सम्भावनाएँ भी। कुछ संघीय व्यवस्थाओं में निर्णय प्रक्रिया का इतना केन्द्रीकरण हो जाता है कि प्रान्त केन्द्र की प्रशासकीय इकाइयाँ मात्र बनकर रह जाते हैं। अमेरिका में अनेक विधिक एवं संवैधानिक परिवर्तनों के बावजूद संघीय व्यवस्था में स्थायित्व है। पर कनाडा में अलगाववादी व क्षेत्रवादी आन्दोलनों ने संघीय व्यवस्था पर ही प्रश्न चिह्न खड़ा कर दिया है। इस अध्याय में हमारा उद्देश्य यह है कि हम संघवाद को स्वस्थ बनाने वाले कारकों की खोज करें। हमारी दो मूल मान्यताएँ हैं–प्रथम राष्ट्रीय शक्तियों को संघीय प्रावधानों पर हावी न होने देने के लिए संरचनात्मक नियन्त्रण किया जाये; द्वितीय, प्रान्तीय शक्तियों द्वारा संघीय प्रावधानों में असन्तुलन के प्रयास को निरस्त करने हेतु न्यायपालिका का प्रयोग किया जाये।

संघीय अवस्था में 'विविध वैयक्तिक प्राथमिकताओं' के मध्य एक 'लोकप्रिय प्राथमिकता' का निर्धारण हो पाता है। इसके अतिरिक्त यदि राज्य स्तर पर कोई क़दम उठाना राज्य की नीतियों के प्रतिकूल हो तो राष्ट्रीय सरकार ऐसे क़दम उठा सकती है। विकेन्द्रीकरण के राजनीतिक अर्थशास्त्र को दार्शनिक और वैज्ञानिक दो अर्थों में समझा जा सकता है। दार्शनिक दृष्टि से यह नीति–निर्माण की उस प्रक्रिया की सलाह देता है जिसमें विभिन्न क्षेत्रीयताओं को अपनी रुचि के अनुसार जनसेवा करके नीति–निर्माण में विभिन्न क्षेत्राधिकार प्राप्त हो जाता है। वैज्ञानिक दृष्टि से वह इस बात का पूर्वानुमान लगाने का प्रयास करती है कि किसी सेवा के तकनीकी उत्पादन और वितरण से कैसा क्षेत्राधिकार विकसित होता है। इससे 'एकक्षेत्र–एक सेवा' की सम्भावना बनती है, और वह क्षेत्र कैसा क्षेत्राधिकार प्राप्त कर पाता है, यह इस बात पर निर्भर करेगा कि उस क्षेत्र में जनसंख्या व टेक्नोलोजी का कैसा विकास हुआ। क्षेत्राधिकार के निर्धारण में भाषायी और जातीयता पर आधारित भिन्नताओं को भी ध्यान में रखना होगा क्योंकि वे आर्थिक व राजनीतिक क्रियाकलापों के मूल्य को प्रभावित करते हैं। यदि लोग भाषायी और जातीयता के तत्त्वों पर ज़्यादा बल दें तो राजनीतिक–अर्थशास्त्रीय सिद्धान्त उस पर आधारित स्थायित्व से परिपूर्ण किसी संस्थात्मक संरचना का पूर्वानुमान कर सकता है। हो सकता है कि क्षेत्रीय व जातीयता से परिपूर्ण इकाइयाँ सेवाओं और वस्तुओं के श्रेष्ठतम स्वरूप को देने में समर्थ न हों, पर वे राष्ट्रीय संरचनाओं द्वारा दी जाने वाली ऐसी सेवाओं व वस्तुओं से बेहतर हों। लेकिन इस सम्भावना से भी इनकार नहीं किया जा सकता कि केन्द्र व प्रान्तीय सरकारों में परस्पर अविश्वास हो, और वे एक–दूसरे के क्षेत्र में अतिक्रमण करने का प्रयास करें। इससे न केवल विकेन्द्रीकृत व्यवस्था को आघात पहुँचेगा, वरन् राज्य के औचित्य पर भी ग्रहण लग जायेगा क्योंकि इससे सभी इकाइयाँ अपने हितों के संरक्षण के लिए प्रतिरक्षात्मक उपाय करने लगेंगी। यह ख़तरा बहु–जातीयता वाले राष्ट्रों में ज़्यादा है।

सामान्यतः संघात्मक व्यवस्था में राजनीतिक विकेन्द्रीकरण को स्थायित्व प्रदान के लिए एक न्यायालय की स्थापना की जाती है जो न्यायिक पुनर्निरीक्षण का प्रयोग कर केन्द्रीय व प्रान्तीय सरकारों को अपने–अपने क्षेत्राधिकार में सीमित करता है। पर अनेक आलोचक न्यायालय की स्वतन्त्र प्रकृति पर सन्देह करते हैं और मानते हैं कि न्यायालय स्वयं

राष्ट्रीय सरकार द्वारा निर्मित होते हैं और उनके पास राष्ट्रीय सरकार की शक्तियों को नियन्त्रित करने का कोई विशेषाधिकार नहीं होता। लेकिन समस्या यह है कि यदि राष्ट्रीय न्यायालय न हों तो प्रान्तीय न्यायालयों पर भी यही आरोप लगेंगे और वे भी ऐसी ही प्रवृत्तियों के शिकार हो जायेंगे। अतः न्यायपालिका द्वारा संघवाद को स्थापित करने का विचार व्यावहारिक नहीं। हमारा सुझाव है कि :

(क) राष्ट्रीय सरकार की शक्तियों को इस प्रकार बाँट दिया जाये कि 'राष्ट्रीय इच्छा' का निर्माण कर वह प्रान्तीय सरकारों के क्षेत्राधिकार में हस्तक्षेप न कर सके। ऐसा दो प्रकार से किया जा सकता है;
   (i) शक्ति पृथक्करण तथा अवरोध व सन्तुलन द्वारा राष्ट्रीय बहुमत का निर्माण न होने दिया जाये, तथा
   (ii) ऐसी व्यवस्था की जाये कि क्षेत्रीय दल परस्पर विलय कर कोई राष्ट्रीय दल न बना सकें। जब राष्ट्रीय सरकार की शक्तियाँ बँट जाती हैं तो न्यायालय द्वारा हस्तक्षेप करने की शक्ति भी घट जाती है।

(ख) दूसरा सुझाव यह है कि राजनीतिक रूप से स्वतन्त्र न्यायपालिका का निर्माण किया जाये जिससे राज्य अपने क्षेत्राधिकार का अतिक्रमण न कर सकें। इस परिप्रेक्ष्य में विकेन्द्रीकरण की व्यवस्थाओं को तीन तरीक़ों से सुदृढ़ किया जा सकता है :
   (i) क़ानूनों द्वारा,
   (ii) परम्पराओं व स्थापित अभिसमयों के द्वारा,
   (iii) कुछ ऐसे प्रलोभनों द्वारा कि विकेन्द्रीकरण में सहभागी सभी पक्षों को अपनी सीमा में रहने की प्रेरणा मिले।

प्रथम दो तरीक़ों से विकेन्द्रीकृत व्यवस्था को दृढ़ करने में न्यायपालिका अहम भूमिका निभाती है और क़ानूनों को लागू करती है या अभिसमयों के उल्लंघन पर कड़ी प्रतिक्रिया व्यक्त करती है। इसके अन्तर्गत प्रान्तीय सरकारों द्वारा सम्प्रभुता के कुछ प्रयोग से वे परस्पर व राष्ट्रीय सरकार के विरुद्ध अपने दावे प्रस्तुत कर सकती हैं, और अन्य प्रान्तीय सरकारों द्वारा अपने नागरिकों को पहुँचाये गये नुक़सान की गम्भीरता कम कर सकती हैं। राष्ट्रीय सरकार भी प्रान्तीय सरकारों के विरुद्ध अपने क़ानूनी दावे प्रस्तुत कर सकती है। इस प्रकार, प्रथम दो विधियाँ संघीय व्यवस्था में उत्पन्न तनावों और समस्याओं के विधिक समाधान देती हैं, वहीं तीसरी

विधि–संरचनात्मक संघवाद–से केन्द्रीकृत व्यवस्था में तनावों को न्यूनतम करने का प्रयास किया जाता है। प्रथम दो विधियों में न्यायपालिका महत्त्वपूर्ण भूमिका निभाती है; दूसरी विधि में न्यायपालिका भले ही अभिसमयों को लागू न· कर सके, पर उसके संकेतों से जो जन प्रतिक्रिया उभरती है वह संघीय व्यवहार के मानक स्थापित कर देती है। संरचनात्मक संघवाद (तीसरी विधि) के अन्तर्गत दो प्रयास किये जाते हैं :

(क) ऐसी प्रादेशिक संरचनाएँ बनाई जाती हैं जो सम्प्रभुता का अंशतः प्रयोग कर सकें;

(ख) राष्ट्रीय सरकार की शक्तियों को इस प्रकार बाँट दिया जाता है कि प्रान्तों की सम्प्रभुता को चुनौती न दी जा सके।

अतः स्वस्थ संघवाद के लिए उसके संरचनात्मक स्वरूप एवं न्यायिक स्वरूप में समन्वय किया जाना आवश्यक है। राष्ट्रीय शक्ति को बाँट कर किस प्रकार संघीय प्रवृत्तियों को सुदृढ़ किया गया, और कैसे कुछ स्थितियों में, राष्ट्रीय शक्ति को संगठित कर संघीय प्रवृत्तियों को कमज़ोर किया गया इसका अध्ययन करने के लिए हम ब्रिटेन, कनाडा और संयुक्त राष्ट्र अमेरिका के संवैधानिक इतिहास पर दृष्टि डालेंगे।

संघीय व्यवस्थाओं में ब्रिटेन का उल्लेख अटपटा लगता है, लेकिन 1688 की 'गौरवपूर्ण क्रान्ति' के बाद इंग्लैंड में स्थानीय सरकारें वस्तुतः स्वायत्त–सी हो गयीं। इसका कारण यह था कि उस क्रान्ति के बाद सम्प्रभु शक्ति यानी राजा कॉमन सभा व लार्ड सभा में बँट गयी, और उनमें से प्रत्येक को क़ानून बनाने की प्रक्रिया में 'वीटो' का अधिकार मिल गया। परिणामस्वरूप, संसदीय क़ानून बड़ी कठिनाई से बन पाते थे। उनकी संख्या में काफ़ी गिरावट आ गयी। अतः आर्थिक नीतियों के निर्माण व नये करों के प्रस्ताव स्थानीय सरकारों के स्तर पर होने लगे। इतना ही नहीं, स्थानीय सरकारों के मध्य व्यापारिक लाभ के लिए होड़–सी मच गयी, जिससे 'कर' व अन्य वित्तीय प्रतिबन्ध सीमित रहें। यद्यपि ब्रिटिश संघवाद का कोई न्यायिक स्वरूप नहीं था, केवल संरचनात्मक स्वरूप था। पर हमारी धारणा है कि राष्ट्रीय शक्ति का बँटवारा होने पर संघीय संरचनाएँ दृढ़ होती हैं।

गौरवपूर्ण क्रान्ति के बाद 1832 के सुधारों तक इंग्लैंड में सरकार व लोक प्रशासन का स्वरूप स्थानीय रहा। स्थानीय अभिजनों ने बिना राष्ट्रीय सरकार के हस्तक्षेप के प्रशासन चलाया। इसमें संसदीय स्वीकृति

की ज़रूरत को 'निजी सदस्यों के विधेयक' से पूरा किया गया। स्थानीय सांसदों की भी मदद ली गयी। धनी परिवारों को वस्तुतः ये संसदीय सीटें नीलाम की जाने लगीं, और उसका कुछ लाभ क्षेत्र की जनता को अच्छी सड़क, पानी एवं अन्य विकास योजनाओं के रूप में मिलने लगा। पर उन्नीसवीं शताब्दी में अनुशासित तथा राष्ट्रीय दलों के विकास से राष्ट्रीय–राजनीति ने स्थानीय–राजनीति को विस्थापित कर दिया। इससे सांसदों को भी स्थानीय हितों के ऊपर दल द्वारा स्वीकृत राष्ट्रीय हित रखने पड़े। 'निजी सदस्यों के विधेयकों' का स्थान 'राष्ट्रीय विधेयक' लेने लगे। और इस प्रकार, उन्नीसवीं शताब्दी के मध्य से ब्रिटेन में विकेन्द्रीकृत व्यवस्था के स्थान पर एकात्मक शासन की शुरुआत हो गयी।

इसका प्रभाव कॉमन सभा में परिलक्षित होने लगा जिससे उसका लॉर्ड सभा से विरोध बढ़ा, परिणामस्वरूप, लॉर्ड सभा की शक्तियाँ कम करनी पड़ीं। ब्रिटिश न्यायालयों ने भी इसी के अनुसार रवैया अपनाया। सोलहवीं शताब्दी के मध्य में न्यायालय ने संसदीय अधिनियमों को 'बाध्यकारी क़ानूनों' की मान्यता दी, पर अगले 150 वर्षों तक वे इनकी लचीली व्याख्याएँ करते रहे जो ब्रिटिश राजनीति के स्थानीय स्वरूप के अनुकूल थीं। लेकिन अठारहवीं शताब्दी के मध्य से न्यायालयों ने संसदीय क़ानूनों की व्याख्या की प्रकृति बदल दी, और उन्नीसवीं शताब्दी तक संसदीय क़ानूनों की राष्ट्रीय परिप्रेक्ष्य में व्याख्याएँ होने लगीं। इतना ही नहीं, वरन् संसद ने 'संसदीय अधिनियमों' की व्याख्या हेतु अधिनियम (1850, 1889) बनाये जिसमें न्यायालय को निर्देश दिये गये कि 1850 के बाद बने क़ानूनों की व्याख्याएँ करने में उसे व्यापक जनहित व राष्ट्रीय परिप्रेक्ष्य का ध्यान रखना होगा। इतिहासकार इसका श्रेय ब्रिटिश अर्थव्यवस्था में आये परिवर्तनों तथा विश्व राजनीति में ब्रिटेन की स्थिति को देते हैं। पर शायद इसका मूल कारण यह था कि ब्रिटेन में स्थानीय राजनीति के लिए कोई संस्थानात्मक आधार नहीं था–केन्द्रीकृत व अनुशासित दलों के अभ्युदय को रोकने वाली कोई संस्था नहीं थी। अतः ब्रिटिश संघवाद का राजनीतिक स्वरूप अत्यन्त कमज़ोर था। केवल आयरलैंड आज अलगाववादी प्रवृत्ति से ग्रस्त है।

ब्रिटेन की ही भाँति कनाडा में भी राष्ट्रीय सरकार द्वारा प्रान्तीय शक्तियों के अपहरण के विरुद्ध कोई संरचनात्मक ढाल उपलब्ध नहीं है। कनाडा में शुरू के 50 वर्षों में संघीय व्यवस्था में 'न्यायिक संघवाद' ने राष्ट्रीय शक्ति को नियमित किया। पर प्रान्तों के पास संघीय सरकार के विरुद्ध

कोई प्रभावी संरचनात्मक कवच नहीं था। संघीय व्यवस्था के प्रथम 70 वर्षों तक, प्रान्तों की शक्तियों की रक्षा के लिए ब्रिटेन की प्रिवी काउन्सिल की न्यायिक समिति की मदद ली जाती रही। पर 1947 में उस व्यवस्था के समाप्त होने से संघीय सरकार का प्रान्तों पर नियन्त्रण बढ़ गया, जिससे प्रान्तों की राजनीतिक बेचैनी बढ़ गयी। कनाडा में 'न्यायिक संघवाद' का इतिहास पुराना है। 1867 में कनाडा का परिसंघ बनने से 25 वर्ष पूर्व कनाडा के ब्रिटिश व फ्रांसीसी क्षेत्रों को मिलाने का क़ानून (1840) बनाया गया। इसमें दोनों क्षेत्रों के लिए एक संसद की व्यवस्था की गयी। पर इसमें तनाव बना रहा। ब्रिटिश कनाडाई एक केन्द्रीकृत संघवाद की माँग कर रहे थे पर फ्रांसीसी कनाडाई एक ऐसा परिसंघ चाहते थे जिसमें प्रान्तों को ज़्यादा अधिकार हों। 1867 का कनाडा का संविधान वास्तव में एक 'न्यायिक संघवाद' की व्यवस्था करता है, 'संरचनात्मक संघवाद' का नहीं लेकिन इस व्यवस्था में भी राष्ट्रीय शक्ति के बँटे न होने के कारण यह सन्देश गया कि न्यायपालिका राष्ट्रीय सरकार से सम्बद्ध है। अतः ज़्यादातर प्रान्त अपने झगड़ों को प्रिवी काउन्सिल की न्यायिक समिति (ब्रिटेन में) तक ले जाते थे। यह न्यायिक समिति भी संघ की अवशिष्ट शक्तियों की सीमित व्याख्या कर प्रायः कनाडाई प्रान्तों के पक्ष में निर्णय देती थी। पर ब्रिटिश संसद ने 1931 में क़ानून बना दिया कि यदि कनाडा की संसद चाहे तो वह अपने सर्वोच्च न्यायालय के निर्णयों की प्रिवी काउन्सिल में अपील का प्रावधान समाप्त कर सकती है। 1949 में कनाडा की संसद ने संशोधन कर ऐसी व्यवस्था को स्वीकार कर लिया। इस प्रकार, कनाडा में प्रान्तों का संघीय सर्वोच्च न्यायालय पर आश्रय बढ़ गया। कनाडा में दलों का स्वरूप भी अनुशासित व राष्ट्रीय रहा है। अतः प्रान्तों को उनसे भी कोई उम्मीद नहीं। इस परिप्रेक्ष्य में, वर्तमान कनाडाई राज्यों में जातीयता व भाषायी आधार पर पृथक्तावादी प्रवृत्तियों को बल मिला है जो संघवाद के प्रतिकूल जाती हैं।

अमेरिका के संविधान में संघीय व्यवस्थाओं की भरमार है। संविधान निर्माताओं ने उसमें संरचनात्मक एवं न्यायिक दोनों प्रकार की संघीय व्यवस्थाओं का प्रावधान किया है। संविधान निर्माताओं ने संरचनात्मक सुरक्षा के लिए राज्यों की अवशिष्ट शक्तियाँ प्रदान कीं तथा सीनेट में प्रतिनिधित्व दिया। उन्होंने राज्यों के क़ानून पर सर्वोच्च न्यायालय को न्यायिक पुनर्निरीक्षण का अधिकार नहीं दिया। वे उसे संघीय सरकार पर

नियन्त्रण लगाने का अधिकार भी देने को लेकर स्पष्ट नहीं थे। संघवाद के विरोधियों का मत था कि क़ानून पर आधारित 'न्यायिक संघवाद' से न्यायाधीशों के नेतृत्व में निरंकुश शासन की स्थापना होती है। संवैधानिक विशेषज्ञों की मान्यता है कि 'न्यायिक संघवाद' की अपेक्षा 'संरचनात्मक संघवाद' पर ज़्यादातर इतिहासकार मानते हैं कि संवैधानिक संरचना एवं व्यवस्थाओं के बावजूद सशक्त केन्द्रीय सरकार बनने और उसके द्वारा प्रान्तों के क्षेत्राधिकार में हस्तक्षेप को नहीं रोका जा सकता। लेकिन हमारे दृष्टिकोण से, संवैधानिक संरचनाएँ संस्थानात्मक विकास और सर्वोच्च न्यायालय की भूमिका ये सभी संघीय सन्तुलन बनाने में महत्त्वपूर्ण हैं।

यह लेख शोधार्थी पत्रिका, अंक एक, संख्या चार, अक्टूबर–दिसम्बर, 2006, पृ. 23–27 से साभार।

अध्याय–16

शक्ति पृथक्करण सिद्धान्त : विश्लेषण

–निधि जैन

जेम्स मेडिसन ने 'फेडरलिस्ट' में लिखा है कि 'व्यवस्थापिका, कार्यपालिका, न्यायपालिका सम्बन्धी सारी शक्तियों का एक ही हाथों में एकत्रित होना, चाहे वह एक व्यक्ति हो, थोड़े हों या अधिक, और चाहे वंशानुगत हो; स्वतः नियुक्त हो या निर्वाचित हो, अत्याचारी शासन की उपयुक्त परिभाषा कही जा सकती है।'

सरकार के अंगों का पारस्परिक सम्बन्ध कैसा होना चाहिए? यह समस्या राजनीति विज्ञान में अत्यन्त विवादग्रस्त रही है और इस सम्बन्ध में समय–समय पर सिद्धान्तों का प्रतिपादन किया गया है। उनमें फ्रांसीसी विचारक मांटेस्क्यू द्वारा प्रतिपादित शक्ति पृथक्करण सिद्धान्त सबसे प्रमुख है।

स्ट्रांग ने विचारों को व्यक्त करते हुए कहा है कि 'शक्ति पृथक्करण प्रभुत्व शक्ति का विभाजन नहीं बल्कि यह तो राज्य के बढ़ते हुए कार्य को निपटाने के लिए साधन मात्र है।'

शक्ति पृथक्करण सिद्धान्त की ऐतिहासिक पृष्ठभूमि

राजनीतिक शक्ति का दुरुपयोग न हो इसके लिए आवश्यक है कि इस शक्ति का संगठन इस प्रकार किया जाये कि नागरिकों की स्वतन्त्रताएँ सुरक्षित बनी रहें तथा राजनीतिक शक्ति के प्रयोगकर्ता अपना उत्तरदायित्व निभाएँ। राजनीतिक शक्ति के दुरुपयोग को रोकने के लिए उनको नियन्त्रित करने की व्यवस्था शासन शक्तियों को पृथक् करके की जाती है। इससे :

1. शक्ति, शक्ति की नियन्त्रक बन जाती है।
2. शक्ति, शक्ति द्वारा सन्तुलित हो जाती है।

3. शक्ति केवल अपने ही अधिकार क्षेत्र में सीमित रहती है।
4. शक्ति अन्य शक्ति के अधिकार क्षेत्र का अतिक्रमण करने में असमर्थ हो जाती है।
5. शक्ति अन्य शक्तियों के समान हो जाती है।

राजशक्ति के स्पष्टतः तीन पहलू होते हैं, जो प्रकृति की दृष्टि से आपस में सम्बन्धित होते हुए भी भिन्न–भिन्न होते हैं। ये तीन पहलू व्यवस्थापिका, कार्यपालिका व न्यायपालिका के रूप में जाने जाते हैं। राजशक्ति के ये तीन पहलू राज्य के विकास के प्रारम्भिक चरणों में पृथक्–पृथक् मान लिए गये थे। राजनीति विज्ञान के जनक अरस्तू ने अपनी पुस्तक 'द पोलिटिक्स' में सरकार को असेम्बली, मेजिस्ट्रेट व ज्युडिश्यरी नामक तीन विभागों में बाँटा था, जिससे आधुनिक व्यवस्थापन, शासन, न्याय विभाग का ही बोध होता है। इसी प्रकार के विचार की चर्चा रोमन लेखक सिसरो, पोलिबियस व लिपोब्बस की रचनाओं में भी मिलती है। सिसरो व पोलिबियस ने रोमन संविधान की बहुत प्रशंसा की है। इसकी सफलता का कारण सरकार के तीन अंगों में स्पष्ट विभाजन माना है। चौदहवीं सदी में मर्सिलियो नामक विचारक ने सरकार के व्यवस्थापन व शासन विभाग में भेद का प्रतिपादन किया है। सोलहवीं सदी के फ्रेंच विचारक जीन बोंदा ने कहा है कि राजा को क़ानून निर्माता व न्यायाधीश दोनों रूपों में एक साथ कार्य नहीं करना चाहिए। इंग्लैंड की 1688 की 'गौरवपूर्ण क्रान्ति' के जेम्स हेरिंग्टन व जोन वोक जैसे नेताओं का दृढ़ विश्वास था कि क़ानून बनाने तथा उन्हें लागू करने की शक्ति एक ही हाथों में नहीं होनी चाहिए क्योंकि इससे अत्याचारी शासन की स्थापना होगी। संविदावादी विचारक 'जान लॉक' ने भी कार्यपालिका व विधानमण्डल में शक्तियों के पृथक्करण का ज़ोरदार समर्थन किया।

मांटेस्क्यू के विचार : शक्ति पृथक्करण की आवश्यकता

शक्ति पृथक्करण की आवश्यकता का विस्तार से विवेचन स्वयं मांटेस्क्यू ने ही किया था। इस सिद्धान्त की विधिवत व्याख्या फ्रेंच विचारक मांटेस्क्यू ने अपनी पुस्तक 'स्पिरिट ऑफ़ लॉज' (1728) में की है। मांटेस्क्यू के अपने देश फ्रांस में उस समय लुई चौदहवें का शासन था। जिसका विचार था कि राजा की इच्छा ही क़ानून होती है। 1726 में मांटेस्क्यू इंग्लैंड गया। इंग्लैंड की तत्कालीन राजतन्त्रात्मक व्यवस्था को देखकर इस निर्णय पर

पहुँचा कि इंग्लैंड में राजशक्ति राजा के हाथों में केन्द्रित नहीं है वरन् उसका पृथक्करण हो गया है। उसने स्वदेश लौटकर इसी आधार पर अपनी पुस्तक 'स्पिरिट ऑफ़ लॉज' में शासन शक्ति के पृथक्करण का प्रतिपादन किया।

मांटेस्क्यू के अनुसार 'यदि विधायी व कार्यकारिणी की शक्तियाँ एक ही हाथों में केन्द्रित हो जायें तो कोई स्वतन्त्रता नहीं रह सकती, क्योंकि इस बात का भय उत्पन्न हो जाता है कि कहीं राजा या सीनेट अत्याचारी क़ानून न बनायें और न उन्हें अत्याचारी ढंग से लागू करें।'

इसी प्रकार के विचारों की अभिव्यक्ति ब्लेकस्टोन ने अपनी प्रसिद्ध पुस्तक 'कमेन्ट्रीज़ आन द लॉज ऑफ़ इंग्लैंड' में की है। उनके अनुसार सभी प्रकार के निरंकुश राज्यों में क़ानून–निर्माण और उन्हें कार्यरूप में परिणित करने की शक्ति एक ही समूह में निहित होती है। जब ये शक्तियाँ संयुक्त हो जाती हैं तो सार्वजनिक स्वतन्त्रता का अस्तित्व नहीं रहता। ऐसी सम्भावना रह सकती है कि शासक अत्याचारी क़ानून बनायें व उन्हें अत्याचारी रूप में क्रियान्वित करें, क्योंकि उनके पास वे समस्त शक्तियाँ होती हैं जो वह स्वयं क़ानून निर्माता के रूप में देना उचित समझता है। यदि न्याय शक्ति को विधानमण्डल के साथ मिला दिया गया तो लोगों के जीवन की स्वतन्त्रता, स्वेच्छाचारी न्यायाधीशों के हाथ में आ जायेगी। यदि न्यायपालिका को कार्यपालिका में मिला दिया जाये तो उसका संगठन व्यवस्थापिका से अधिक शक्तिशाली हो जायेगा।

लॉक, मांटेस्क्यू तथा सी.एफ. स्ट्रांग ने शक्तियों के पृथक्करण की आवश्यकता पर बल देते हुए एक ही बात को भिन्न–भिन्न प्रकार से प्रकट किया है। ब्लैकस्टोन, ला पोलोम्बरा व वाइल के तर्कों से पृथक्करण की व्यवस्था निम्नलिखित कारणों से आवश्यक कही जा सकती है :

1. राजनीतिक शक्ति के दुरुपयोग से बचाव की व्यवस्थाओं के लिए।
2. नागरिकों की स्वतन्त्रताओं व अधिकारों की सुरक्षा के लिए।
3. कार्य विभाजन से विशिष्टीकरण व कार्य दक्षता में वृद्धि के लिए।
4. शक्ति की शक्ति के द्वारा पहरेदारी सम्भव बनाने के लिए।
5. राजनीतिक विकास व आधुनिकीकरण के लिए अपरिहार्य होने के कारण।
6. शासन कार्य को सरल व सुविधाजनक बनाने के लिए।
7. उत्तरदायित्व का सुनिश्चित निर्धारण करने के लिए।

8. न्यायपालिका की स्वतन्त्रता व निष्पेक्षता की व्यावहारिकता के लिए।

शक्तियों के पृथक्करण के सिद्धान्त का अर्थ व परिभाषा

मांटेस्क्यू के अनुसार प्रत्येक सरकार में तीन प्रकार की शक्तियाँ होती हैं–व्यवस्थापन सम्बन्धी, शासन सम्बन्धी, न्याय सम्बन्धी। व्यवस्थापन व शासन सम्बन्धी शक्तियाँ जब किसी एक व्यक्ति के अथवा शासकों के समूह में निहित हो जाती हैं तो स्वतन्त्रता का कोई अस्तित्व नहीं हो सकता। इस बात का भय बना रहता है कि राजा व सत्ता अत्याचारी न हो जाये व अपने तरीक़े से शासन संचालन न करे। शक्तियों का कार्यात्मक विभाजन ही शक्ति पृथक्करण कहा जाता है।

मांटेस्क्यू ने दो प्रस्थापनाएँ स्थापित की हैं :

1. सरकार में तीन प्रकार की पृथक्–पृथक् शक्तियाँ स्थापित हों।
2. स्वतन्त्रता प्राप्त करने के लिए इन शक्तियों का केन्द्रण नहीं होना चाहिए।

मांटेस्क्यू शक्ति के पृथक्करण के सिद्धान्त को स्वतन्त्रता के अपने विचारों के इर्द–गिर्द प्रस्थापित करते हैं। वाईल लिखते हैं यह सिद्धान्त कभी भी प्रयुक्त नहीं हुआ तथापि इस सिद्धान्त का यह आदर्श रूप है। इस सिद्धान्त में मुख्यतः चार तत्त्व सम्मिलित हैं :

1. सरकार की शक्तियाँ स्पष्ट रूप से पृथक् की जायें
2. शक्ति या सत्ता का सुनिश्चित व सुव्यवस्थित कार्यक्षेत्र निर्धारित रहे
3. किसी भी सत्ता को अन्य सत्ता के क्षेत्राधिकार में अतिक्रमण नहीं करने देना चाहिए
4. हर सत्ता को अन्य सत्ता के समान बराबर बना दिया जाये।

शक्ति पृथक्करण सिद्धान्त के तत्त्व

विद्वानों ने सिद्धान्त के चार तत्त्व बताये हैं :

1. शासन अभिकरण का पृथक्करण : यह इस सिद्धान्त का आवश्यक तत्त्व है। जिसका आशय है कि शक्ति के स्वायत्त केन्द्र बनाकर सरकार पर आन्तरिक रूप से अंकुश रखा जाये।
2. दूसरे तत्त्व पर बल देते हैं कि सरकार के तीन कार्य व्यवस्थापन, कार्यपालन व न्यायपालन होते हैं।

3. सिद्धान्त की तीसरी बात व्यक्तियों व कार्मिकों के पृथक्करण की है। तीनों अंग के लोग बिल्कुल पृथक् व निश्चित समूहों के द्वारा गठित होते हैं।
4. शक्तियों के पृथक्करण से प्रत्येक अंग द्वारा स्वेच्छाचारी या मनमानी ढंग से शक्ति प्रयोग करने पर नियन्त्रण कार्य होगा।

शक्ति पृथक्करण : व्यवहारवादी व्याख्या व मूल्यांकन

व्यवहारवादियों ने शक्ति पृथक्करण की व्याख्या से अधिक इसके संशोधन व सुधार के लिए उत्तरदायी परिस्थितियों का विवेचन किया है जो निम्नानुसार है :

1. **स्वतन्त्रता की सकारात्मक धारणा** : व्यवहारवादियों की मान्यता है कि आधुनिक समय में राजनीतिक व्यवस्थाओं के स्थायित्व व उनके द्वारा आवश्यक कार्यों के निष्पादन के लिए पृथक्करण की आवश्यकता नहीं है। व्यवस्था ठीक प्रकार चले इसके लिए नियन्त्रण व सन्तुलन की व्यवस्था की सिफ़ारिश करते हैं।
2. **सरकारी गतिविधियों की सहकारिता व सामूहिकता** : आधुनिक समाज में सरकारों के नहीं वरन् सम्पूर्ण व्यवस्थाओं में समायोजित कार्यक्रमों की आवश्यकता होती है। शक्ति पृथक्करण से सरकारें कमज़ोर हो जाती हैं। व्यवहारवादी सरकार की सामूहिकता पर ज़ोर देते हैं व मानते हैं कि सामूहिकता से सरकार शक्तिशाली बनेगी और राजनीतिक विकास व आधुनिकीकरण का प्रभावी कार्यक्रम अपना सकेगी।
3. **शासन विधियों में अन्तर्निहित नियन्त्रणता** : हर व्यक्ति के व्यवहार की विधि स्वतः ही नियन्त्रण व्यवस्था की स्थापक होने के कारण शक्ति पृथक्करण के बारे में सोचना ही निरर्थक है। अगर शक्ति पृथक्करण किया गया तो शासन विधियों के द्वारा स्वतः ही लगने वाली नियन्त्रणता समाप्त हो जायेगी। एक कार्यविधि दूसरी कार्यविधि की नियन्त्रक व सन्तुलक रहती है अतः पृथक्करण की आवश्यकता नहीं। शासन विधियाँ अपने आप में नियन्त्रकों की ठोस व्यवस्था कर देती हैं।
4. **शासन प्रक्रियाओं की अस्वचालित प्रचालनता** : जब शासन अंग स्वयं प्रचालित नहीं होते तो प्रचालित व क्रियाशील होने

पर किस प्रकार सक्रिय रहेंगे। इसका निरूपण भी, दलों, दबाव समूहों व लोकमत से होता है तब शासन अंगों को पृथक् करने का कोई विशेष लाभ नहीं होगा।

5. **विभिन्न शासन कार्यों का अन्तर ही लुप्त हो गया है :** व्यवहारवादियों का मानना है कि शासन अंगों की पृथक्–पृथक् संरचनाएँ होने पर भी उनमें कार्यात्मक अन्तर पूरी तरह लुप्त हो गये हैं। किसी भी राजनीतिक व्यवस्था में कार्यपालिका, व्यवस्थापिका, न्यायपालिका विधिक दृष्टि से अलग–अलग होती हैं। जब इनके कार्यों की बात करते हैं तो देखने को मिलता है कि व्यवस्थापिका व कार्यपालिका केवल व्यवस्थापन या कार्यपालिका का ही कार्य नहीं करती हैं, इनके द्वारा वे कार्य भी किये जाते हैं जो इनके अधिकार क्षेत्र में नहीं आते। कार्यपालिका व्यवस्थापिका का कार्य, कई व्यवस्थाओं में न्याय पालन तक का कार्य करती हुई पायी जाती है। स्पष्ट है कि सरकार के विभिन्न अंगों के बीच नाम मात्र के संरचनात्मक अन्तर ही रह गये हैं, कार्यों में कोई मौलिक अन्तर नहीं रह गया है।
6. **क़ानून के स्थान पर राजनीति के तथ्यों पर ध्यान केन्द्रण :** व्यवहारवादी उस प्रवृत्ति की ओर संकेत करते हैं जिसमें क़ानून से परे राजनीति के लक्ष्यों पर ध्यान देना आवश्यक है। राजनीतिक दल, दबाव समूह, हित समूह तथा राजनीतिक व्यवस्थाओं को चारों तरफ़ से घेरने वाले राष्ट्रीय व अन्तर्राष्ट्रीय वातावरण द्वारा राजनीतिक वास्तविकताओं का ज्ञान होता है। यही शक्ति के दुरुपयोग से बचाव व्यवस्थाएँ हो सकती हैं। अतः इन्हीं पर ध्यान केन्द्रण आवश्यक है।

वाइल ने लिखा है शक्तियों के पृथक्करण का सिद्धान्त सरकार के संगठन के सिद्धान्त के रूप में केवल अकेला, प्रभावी व स्थायी राजनीतिक व्यवस्थाओं का उचित आधार प्रस्तुत करने में पूर्ण रूप से असफल रहा है। इसलिए ही इस सिद्धान्त को अन्य राजनीतिक विचारों जैसे मिश्रित सरकार के सिद्धान्त, समतोलन के विचार व नियन्त्रण तथा सन्तुलन के साथ जोड़ा गया है।

परिवर्तित, जटिल व राजनीति प्रक्रियाओं के कारण शक्तियों के पृथक्करण के सिद्धान्त की अकेले विशेष उपादेयता नहीं रह गयी है।

अध्याय–17
सरकार के अंग

–निधि जैन

विधायिका-अभिप्राय

विधायिका जिसे आमतौर पर 'संसद' के नाम से जाना जाता है, राजनीतिक संगठन का पहला अंग है। 'संसद' के अंग्रेज़ी पर्याय Parliament का मौलिक अर्थ बात करना है। इसकी व्युत्पत्ति फ्रेंच शब्द 'Parler' 'बोलना या बातचीत करना' और लेटिन भाषा के शब्द 'Parliament' से हुई है।

'मैथ्यू' पेरिस ऑफ़ सेन्ट अल्बान्स वह पहला व्यक्ति था जिसने 1239 फिर 1249 में 'पार्लियामेंट' शब्द को 'पादरियों, अर्लो व लार्डो की महान परिषद् के लिए इस्तेमाल किया।'

विधायिका के प्रकार्य

प्रकार्यात्मक दृष्टिकोण से नियम–निर्मात्री संस्थाओं का स्थान व महत्त्व इंग्लैंड की सर्वोच्च सत्तात्मक संसद से लेकर सोवियत संघ की गेट सर्वोच्च सत्तात्मक सुप्रीम कोर्ट तक या शक्तिशाली अमेरिकी कांग्रेस से लेकर स्पेन की शक्तिशाली कार्टेज तक अलग–अलग हैं।

1. **क़ानून निर्माण सम्बन्धी कार्य** : व्यवस्थापिका का सबसे मुख्य एवं महत्त्वपूर्ण कार्य क़ानूनों का निर्माण करना होता है। यह विभाग विधेयकों का प्रारूप तैयार करना, उन पर वाद–विवाद करना फिर उन्हें स्वीकार कर क़ानून का रूप प्रदान करता है। व्यवस्थापिका पुराने क़ानूनों में संशोधन परिवर्तन व उन्हें समाप्त करने का कार्य भी करती है।
2. **संविधान संशोधन का कार्य** : प्रायः सभी देशों में व्यवस्थापिका

संविधान में संशोधन का कार्य करती है। यद्यपि विभिन्न देशों में व्यवस्थापिका के द्वारा यह कार्य भिन्न–भिन्न प्रक्रियाओं के आधार पर किया जाता है। इंग्लैंड की 'पार्लियामेंट' अपने सामान्य बहुमत से ही संविधान में किसी भी प्रकार का संशोधन कर सकती है लेकिन अमेरिका, भारत आदि देशों में संविधान में संशोधन की पद्धति सामान्य क़ानून निर्माण की पद्धति से भिन्न है।

3. **विमर्शात्मक कार्य** : व्यवस्थापिका का एक प्रमुख कार्य विचार–विमर्श करना है। व्यवस्थापिका के लिए जो पार्लियामेन्ट शब्द का प्रयोग किया जाता है। वह फ्रांसीसी शब्द पार्लियामेंट से लिया गया है। जिसका अर्थ विचार करने के निमित्त सभा है। व्यवस्थापिका में विभिन्न स्वार्थों, दृष्टिकोण व समुदायों के प्रतिनिधियों के बीच विस्तृत व स्वतन्त्र विचार–विनिमय होता है। विचारों के आदान–प्रदान का संचालन शान्तिपूर्ण व व्यवस्थित तरीक़े से करने के लिए व्यवस्थापिका कुछ निश्चित नियमों के आधार पर कार्य करती है।

4. **आर्थिक कार्य** : वर्तमान समय में व्यवस्थापिका क़ानून निर्माण के साथ–साथ वित्त पर नियन्त्रण रखने का कार्य भी करती है। आर्थिक कार्यों के अन्तर्गत व्यवस्थापिका यह निश्चित करती है कि किन साधनों से धन प्राप्त किया जाये। व्यवस्थापिका की स्वीकृति के बिना आय–व्यय से सम्बन्धित कोई कार्य नहीं किया जा सकता है।

5. **प्रशासन सम्बन्धी कार्य** : विधायिका सरकारी व्यवहार को प्रभावित या नियन्त्रित कर सकती है। कार्यपालिका को उसके प्रति ज़िम्मेदार ठहरा सकती है। अविश्वास का प्रस्ताव, निन्दा प्रस्ताव, विप्रश्न प्रक्रिया, बजट व सरकार की मुख्य नीतियों पर बहस, महाभियोग की प्रक्रिया विधायकों के हाथों की मुख्य युक्तियाँ हैं जिनसे वे अपना नियन्त्रण कर सकते हैं। इस प्रकार प्रशासन विधायिका प्रशस्त सम्बन्धी कार्यों में भाग लेती है।

6. **न्याय सम्बन्धी कार्य** : अनेक देशों में व्यवस्थापिका न्याय सम्बन्धी कार्य भी करती है। फ्रांस की 'काउन्सिल ऑफ़ रिपब्लिक' अमेरिका की 'कांग्रेस' भारत की संसद को उच्च कार्यपालिका पदाधिकारियों पर अभियोग लगाने व उनके निर्णय का अधिकार प्राप्त हैं।

इंग्लैंड में तो व्यवस्थापिका का उच्च सदन 'हाउस ऑफ़ लार्ड्स' अपील के उच्चतम न्यायालय के रूप में भी कार्य करता हैं।

7. **निर्वाचन सम्बन्धी कार्य** : विधायिकाएँ राज्याध्यक्ष का निर्वाचन करती हैं। उसे महाभियोग की प्रक्रिया से हटा भी सकती हैं अथवा वे उसके उत्तराधिकार या निर्वाचन के क़ानून में परिवर्तन कर सकती हैं। जैसे ब्रिटिश संसद ज्येष्ठाधिकार के क़ानून को या राजपरित्याग की विधि में परिवर्तन कर सकती है। अमेरिका में 'हाउस ऑफ़ रिप्रेजेंटेटिव' को राष्ट्रपति चुनने का अधिकार है। पश्चिम जर्मनी के चांसलर का नामांकन बुण्डेस्टांग द्वारा किया जाता है। कनाडा, न्यूज़ीलैंड, आस्ट्रेलिया की संसद ब्रिटिश सम्प्रभु को तीन नामों की सिफ़ारिश करती है और उनमें एक को गवर्नर जनरल का कार्यभार सँभालने के लिए नामित। कई देशों में विधायिकाएँ प्रधानमन्त्री व मन्त्रियों के चुनाव का अनुमोदन भी करती हैं। बशर्ते सीनेट द्वारा उनका अनुसमर्थन आवश्यक है।
8. **समितियों के आयोगों की नियुक्ति** : विधानमण्डल समय–समय पर किन्हीं विशेष कार्यों की जाँच करने के लिए समितियों व आयोगों की नियुक्ति का कार्य करती है। इनके माध्यम से शासन के कार्यों की छानबीन की जाती है। इसके अलावा अमेरिका, इंग्लैंड, भारत आदि सभी देशों में सरकारी निगमों की रचना की गयी है। इन निगमों की गतिविधियों व कार्यों पर संसद का पूर्ण नियन्त्रण रहता है।
9. **जनभावनाओं की अभिव्यक्ति** : लोकतन्त्र में व्यवस्थापिका एक ऐसा स्थान है जहाँ पर जनता के प्रतिनिधि सरकार का ध्यान जनता के कष्टों के प्रति आकर्षित करते हैं और शासन को जनहित में कार्य करने के लिए प्रेरित करते हैं। इस प्रकार व्यवस्थापिका को 'जनता का रंगमंच' कहा जा सकता है।

विधानमण्डल के विविध रूप या संगठन

विधानमण्डलों का वर्गीकरण साधारणतः उनकी रचना के आधार पर करते हैं :

एक–सदनीय विधानमण्डल–एक सदन की व्यवस्था होती है।

द्वि–सदनीय विधानमण्डल–दो सदनों की व्यवस्था होती है।

पहला सदन–निम्न, निचला, अपर, लोकप्रिय सदन

दूसरा सदन–अप्रत्यक्ष रूप से चुनाव

इंग्लैंड की पार्लियामेंट : हाउस ऑफ़ कॉमन्स, लार्ड सभा

अमेरिका की कांग्रेस : प्रतिनिधि सभा, सीनेट

भारत की संसद : निम्न सदन–लोकसभा, उच्च सदन–राज्यसभा

लोकतन्त्रीय शासन प्रणालियों में दो सदनीय विधानमण्डल बहुत जगह प्रचलित हैं। एक सदन के सदस्य सीधे मतदाताओं के द्वारा चुने जाते हैं। जिसे निम्न, निचला, अपर, लोकप्रिय सदन के नाम से जाना जाता है।

दूसरे सदन के संगठन के अलग–अलग तरीक़े हैं। इसके सदस्यों का चुनाव प्रायः अप्रत्यक्ष ढंग से होता है। संघात्मक शासन प्रणाली के अन्तर्गत संघीय स्तर पर दो सदनीय विधानमण्डल प्रायः आवश्यक होता है ताकि एक सदन के सदस्य सीधे जनता के प्रतिनिधि हों और दूसरे सदन के सदस्य संघ की इकाइयों का प्रतिनिधित्व करें।

इंग्लैंड में व्यवस्थापिका का स्वरूप : इंग्लैंड में एकात्मक शासन प्रणाली प्रचलित है। वहाँ विधानमण्डल द्विसदनीय है जिसके ऐतिहासिक कारण रहे हैं। इनमें से एक 'हाउस ऑफ़ कॉमन्स' व दूसरी 'लार्ड सभा' है। कॉमन्स सभा के सदस्यों का चुनाव सर्वसाधारण द्वारा किया जाता है। लार्ड सभा के सदस्य या तो वंश परम्परा से या अपने धार्मिक पद के आधार पर इस पद के अधिकारी होते हैं या फिर मन्त्रिमण्डल की सलाह से महारानी के द्वारा मनोनीत किये जाते हैं। आज के युग में लार्ड सभा एक अलंकारिक संस्था मात्र रह गयी है।

अमेरिका में संसद : संयुक्त राज्य अमेरिका में संघीय प्रणाली प्रचलित है। वहाँ निम्न सदन को प्रतिनिधि सभा या 'हाउस ऑफ़ रिप्रेजेंटेटिव' कहा जाता है। द्वितीय सदन को 'सीनेट' कहते हैं। सीनेट में प्रत्येक राज्य से दो–दो प्रतिनिधि चुनकर जाते हैं। इनकी कुल संख्या 100 है। प्रत्येक सदस्य छह–छह वर्ष के लिए चुना जाता है। कुल संख्या के एक तिहाई सदस्य दो–दो वर्ष बाद सेवानिवृत्त हो जाते हैं। उनकी जगह नये सदस्यों का चुनाव हो जाता है। सीनेट का स्थान विश्व के सबसे शक्तिशाली दूसरे सदनों में है। राष्ट्रपति के मन्त्रिमण्डल के सदस्यों, राजदूतों, न्यायाधीशों तथा संघ के अन्य उच्चाधिकारियों की नियुक्ति के लिए सीनेट का अनुमोदन

आवश्यक है। इसके लिए साधारण बहुमत पर्याप्त होता है। संयुक्त राज्य अमेरिका की ओर से जो सन्धियाँ की जाती हैं उस पर सीनेट का 2/3 बहुमत से अनुसमर्थन आवश्यक होता है।

स्विट्ज़रलैंड व ऑस्ट्रेलिया के दूसरे सदन का गठन भी मुख्यतः अमरीकी सीनेट के नमूने पर किया गया है।

भारत में संघात्मक प्रणाली है : यहाँ केन्द्र स्तर पर विधानमण्डल के दो सदन हैं 'लोकसभा' और 'राज्यसभा'। राज्यों के स्तर पर पाँच राज्यों को छोड़कर एक सदन की व्यवस्था की गयी है। कुछ क्षेत्र सीधे केन्द्र सरकार के अधीन हैं जिन्हें केन्द्रशासित प्रदेश कहा जाता है।

लोकसभा के सदस्यों का चुनाव जनता द्वारा होता है। वयस्क मताधिकार के आधार पर जनता से सीधे चुनकर आते हैं। लोकसभा का कार्यकाल 5 वर्ष का होता है। इससे पहले भी इसे भंग किया जा सकता है।

राज्यसभा में 12 सदस्यों का मनोनयन राष्ट्रपति द्वारा किया जाता है, ये ऐसे व्यक्ति होते हैं जिन्होंने कला, साहित्य, सामाजिक सेवा इत्यादि के क्षेत्र में विशेष ख्याति अर्जित की हो। शेष सदस्य राज्यसभाओं के द्वारा अनुपातिक प्रतिनिधित्व की पद्धति से चुने जाते हैं। ये सदस्य छह–छह वर्ष के लिए चुने जाते हैं। इसमें एक तिहाई सदस्य दो–दो वर्ष बाद सेवानिवृत्त हो जाते हैं। इस तरह यह स्थायी सदन है जो लगातार चलता रहता है।

व्यवस्थापिका के संगठन का आधार

प्रतिनिधित्व के आधार पर : हर लोकतान्त्रिक व्यवस्था में विधान मण्डल का गठन प्रतिनिधित्व के सिद्धान्तों पर ही आधारित होता है किन्तु स्वेच्छाचारी शासन व्यवस्थाओं में विधानमण्डल का गठन इस आधार पर नहीं होगा, परन्तु इसकी माँग अवश्य की जा सकती है। प्रतिनिधित्व के सम्बन्ध में विद्वान विरोधी विचार रखते हैं। अट्ठारहवीं शताब्दी में भौगोलिक आधार पर प्रतिनिधित्व होता था, परन्तु बीसवीं शताब्दी में पेशेवर ही प्रतिनिधित्व का भौगोलिक आधार होता आया है। इटली में मुसोलिनी ने 1930 में, फ्रेन्को सरकार ने 1945 में इस व्यवस्था को अपनाया है।

राजनीतिक दलों का आधार : राजनीतिक दल लोकतान्त्रिक देशों में तो व्यवस्थापिकाओं के संगठन का मौलिक आधार बन गये हैं। यह विधान मण्डलों के न केवल बाहरी संगठन का आधार हैं अपितु इनका आन्तरिक संगठन भी दलीय आधार पर होता है। रोबर्ट बॉन ने लिखा है

कि 'व्यवस्थापिका दल संगठन का ऐसा उत्प्रेरक है जो उन्हें विषय परिधि प्रदान करता है।'

आधुनिक समय में निर्वाचन व्यक्तिगत आधार पर न होकर राजनीतिक दलों के आधार पर होता है। दलों का महत्त्व बढ़ गया है। उदाहरण के लिए–ब्रिटेन की संसद में 'लोकसदन' का स्पीकर, भारत की संसद की 'लोकसभा' का स्पीकर अपने प्रभाव व सम्मान में बहुत अन्तर रखते हैं। रूस की सुप्रीम सोवियत, नेपाल की राष्ट्रीय पंचायत को लें तो देखेंगे कि यह संसद नाम ही की हैं। संगठन के ठोस दलीय आधार के अभाव के कारण 'क़ानून बनाने वाली संस्थाओं के स्थान पर क़ानून की स्वीकृति देने वाली संस्थाएँ' कहा है।

व्यवस्थापिका की संरचनात्मक विशेषताएँ

1. **व्यवस्थापिका के सदनों की संख्या** : सदनों की संख्या के आधार पर विधायिकाएँ दो प्रकार से संगठित की जाती हैं। एक सदनीय व द्विसदनीय। जहाँ एक सदन होता है वह एक–सदनीय। जहाँ दो सदन होते हैं वह द्वि–सदनीय विधायिका कहलाती हैं। ला पोलोम्बरा के अनुसार 1970 में केवल 108 देशों में राष्ट्रीय व्यवस्थापिकाएँ थीं। इनमें से 56 एक सदनीय व 52 द्विसदनीय थीं।

   जीन ब्लोंडेल ने कम्पेरेटिव लेजिस्लेचर विधान मण्डल रहित देशों की संख्या 1973 में 30 बताई है। अतः छोटे विकासशील राज्यों में एक–सदनीय तथा संघीय राज्यों में द्वि–सदनीय विधायिका पायी जाती हैं।

2. **व्यवस्थापिकाओं के आधार** : इसके सम्बन्ध में सुनिश्चित सिद्धान्त का अभाव है। बारबाडोस, बोत्सवाना व स्विट्ज़रलैंड जैसे राज्यों में 30 से 40 तथा भारत व ब्रिटेन में, चीन में इनकी संख्या क्रमशः 500, 200 पायी जाती है। व्यवस्थापिका के सदस्यों की संख्या के सम्बन्ध में दो आधारों को ध्यान में रखा जाता है। एक आधार जनसंख्या तथा दूसरा भू–भाग का होता है।

   सामान्यतया बड़ी जनसंख्या वाले राज्य की एक सदन की सदस्य संख्या 500 व छोटी जनसंख्या वाले राज्य में 30 से 40 सदस्य हर सदन में होने चाहिए।

3. **व्यवस्थापिकाओं की स्वतन्त्रताएँ व उन्मुक्तियाँ** : जो व्यवस्थापिकाएँ निर्वाचित होती हैं उनसे यह अपेक्षा की जाती है कि वे देश की जनता की आवश्यकताओं, हितों, आकांक्षाओं, विचारों का ध्यान रखेंगी। वह यह कार्य तभी कर सकती हैं जब वह स्वतन्त्र व उन्मुक्त हों।
4. **विधायकों के भत्ते, सहूलियतें व पेशेवरता** : विकसित राज्यों में इस सम्बन्ध में काफ़ी सुविधाएँ प्राप्त हैं। विकासशील राज्यों में विधायकों की अवस्था इस आधार पर दयनीय ही कही जा सकती है। विकासशील राज्यों में विधायकों को सुविधाएँ उपलब्ध करवानी चाहिए जिससे वे अपनी आय को बढ़ाने के लिए अनुचित साधनों के प्रयोग से बचें एवं अपने दायित्वों का उचित निर्वाह कर सकें।
5. **व्यवस्थापिकाओं में सीमित व्यवस्थाएँ** : व्यवस्थापिकाओं का नियम निर्माण का कार्य व्यवस्थापिकाओं की सीमित, व्यवस्था के प्रकार, कार्यकाल, शक्तियों आदि पर निर्भर करता है। विधायिका की तुलना में समितियाँ अपने लघु आकार व दक्षता के कारण कुशलतापूर्वक कार्य करती हैं। समिति व्यवस्था में दो बातें विशेष सावधानी की व्यवस्था करने के लिए आवश्यक हैं जिससे वे प्रभावी तो रहें पर व्यवस्थापिका पर हावी न हों। एक तो समितियों के विधेयकों में निहित सिद्धान्तों में परिवर्तन करने का अधिकार न हो तथा दूसरा समितियों को विधेयक समाप्त करने का अधिकार नहीं हो। भारत व ब्रिटेन व्यवस्थाओं में ऐसी ही समितियाँ होने के कारण वे अधिक उपयोगी बन गयी हैं।
6. **विधायिका का कार्यकाल** : विधायिका का कार्यकाल न तो अधिक लम्बा और न ही इतना अल्प हो कि वे कुछ कार्य न कर पायें। सामान्यतः 4 व 5 वर्ष का कार्यकाल रखा जाता है। ब्रिटेन में 1911 में सदन का कार्यकाल 7 वर्ष से घटा कर 5 वर्ष कर दिया गया।

व्यवस्थापिका का पतन

जेम्स ब्राइस ने अपनी कृति मॉर्डन डेमोक्रेसी (1921) के अन्तर्गत आधुनिक युग में विधानमण्डलों के ह्रास की चर्चा की थी परन्तु वह इस समस्या

की तह तक नहीं पहुँच पाये थे। के.सी.व्हीयर से अपनी कृति लेजिस्लेचर्स (1963) के अन्तर्गत इस चर्चा को फिर से शुरू किया व लिखा कि 'संसद के दिन पूरे हो गये हैं' या कांग्रेस का सूर्यास्त होने लगा है। संक्षेप में व्हीयर भी विधायिका के पतन को स्वीकार करते हैं।

रेमसे मूर ने संसद के महत्त्व में कमी आना स्वीकार किया है।

मूलरूप से विधायिका के पतन के लिए निम्न कारण उत्तरदायी हैं :

1. **कार्यकारी सरकार की शक्तियों में बढ़ोत्तरी** : व्हीयर के अनुसार कार्यपालिका ने विधायिका के कुछ कार्य सँभाल लिए हैं। प्रत्यायोजित विधि–निर्माण के विस्तार के कारण अब मुख्य विधि–निर्माण का कार्य तो स्वयं विधानमण्डल करता है। परन्तु उसे व्यावहारिक स्तर पर कार्यान्वित करने के लिए आवश्यक कायदे–क़ानून बनाने का दायित्व कार्यपालिका को सौंप देता है। ये कायदे क़ानून गौण विधि–निर्माण की श्रेणी में आते हैं। इस प्रक्रिया को विधानमण्डल के ह्रास का एक कारण मान सकते हैं।
2. **प्रदत्त व्यवस्थापन की प्रथा** : के. सी. व्हीयर कहते हैं कि एक क्षेत्र में कार्यपालिका ने व्यवस्थापिका के कार्य का काफ़ी भाग अपने हाथ में ले लिया है। यह क्षेत्र है 'क़ानून व नियम बनाने का'। व्यवहार में कार्यपालिका ही अनेक क़ानून, प्रदत्त व्यवस्थापन की प्रथा के अन्तर्गत बनाने लगी है। इस तरह से प्रदत्त व्यवस्थापन से कार्यपालिका विधानमण्डल की सी संस्था बन गयी है। व्हीयर मानते हैं कि 'अब व्यवस्थापिका का कार्य उसके हाथ से निकलता जा रहा है।'
3. **जनसम्पर्क के साधन** : 'रोबर्ट बोन' मानते हैं कि जनसम्पर्क के साधन एक ऐसे तत्त्व हैं जिन्होंने आधुनिक मुख्य कार्यपालक को जनता के समक्ष ला कर खड़ा कर दिया है। कार्यपालिका करोड़ों व्यक्तियों को अपनी बात कह सकती है। 1960 व 1970 के दशक में दूरदर्शन के विकास होने से हम क्रान्तिकारी बन गये हैं जिस कारण भी व्यवस्थापिका का ह्रास हुआ है। अतः जनसम्पर्क के साधनों को हम विधानमण्डल का तीसरा प्रतिद्वन्दी कह सकते हैं।
4. **व्यावसायिक व व्यापारिक संगठनों व हित समूहों का विकास** : व्यवस्थापिका की भूमिका 'शिकायतों की समिति' के रूप में

चली आ रही थी। व्यवस्थापिका के सदस्यों का यह दायित्व होता था कि वे जनता की विविध शिकायतों को सरकार तक पहुँचाने का कार्य करें। ये कार्य अभी भी किये जाते हैं लेकिन ट्रेड यूनियनों, व्यावसायिक संगठनों, हितसमूहों के विकास के कारण इनकी भूमिका में कमी आयी है। इन संगठनों के विकास ने कार्यपालिका के हाथ मज़बूत किये हैं।

5. **विशेषज्ञों की परिषदों व सलाहकार समितियों का विकास** : यह कार्य व्यवस्थापिका के अधिकार क्षेत्र का है लेकिन कार्यपालिका इस कार्य को प्रारम्भिक स्तर पर नहीं होने देती है।
6. **सेनाओं पर कार्यपालिका का नियन्त्रण** : हर लोकतान्त्रिक राज्य में सैनिक सत्ता को सिविल या सार्वजनिक सत्ता के अधीन रखा जाता है। राज्य का मुख्य कार्यपालक ही सर्वोच्च सेनापति होता है। रक्षा क्षेत्र में कार्य करने में व्यवस्थापिका अक्षम है।
7. **विदेश सम्बन्धों की प्रधानता** : विदेश नीति का कुशल संचालन तब ही हो सकता है जब कार्यपालिका को पूर्णतः स्वतन्त्र छोड़ दिया जाये। इससे यह स्पष्ट है कि व्यवस्थापिका कार्यपालिका से पिछड़ गयी है।

कार्यपालिका

माइकल कार्टिस ने अपनी कृति 'कम्पेरेटिव गवर्नमेंट एंड पोलिटिक्स' में लिखा है कि 'हम ऐसे युग में रह रहे हैं जिसमें विधायी शक्ति प्रतिमान का स्थान कार्यपालिका शक्ति प्रतिमान ने ले लिया है। यह इस कारण है कि आधुनिक राजनीतिक व्यवस्थाओं, विकसित व विकासशील देशों में राजनीतिक शक्ति का सार सरकार के कार्यपालिका अंग में तथा उस प्रशासन में जिसकी यह सेवा करता है, में निहित कहा जाता है।'

आधुनिक राज्य के अन्तर्गत कार्यपालिका की भूमिका इतनी महत्त्वपूर्ण है कि आम बोलचाल में कार्यपालिका को ही सरकार के रूप में पहचाना जाता है परन्तु लोकतन्त्र की रक्षा के लिए यह आवश्यक है कि कार्यपालिका अपनी मर्यादा में रहे।

कार्यपालिका के विविध रूप

कार्यपालिका का वर्गीकरण अनेक दृष्टियों से कर सकते हैं :

राजनीतिक व स्थायी कार्यपालिका : लोकतन्त्रीय प्रणाली के अन्तर्गत

राजनीतिक निर्णय तथा सर्वोच्च प्रशासनिक निर्णय मुख्य कार्यकारी अथवा मन्त्रिमण्डल के हाथ में रहते हैं। इन्हें हम राजनीतिक कार्यपालिका की श्रेणी में रखते हैं। क्योंकि इन्हें अपने पद पर बने रहने के लिए बार–बार मतदाताओं या उनके प्रतिनिधियों का समर्थन व विश्वास प्राप्त करना होता है। जनमत में परिवर्तन होने पर पुरानी राजनीतिक कार्यपालिका की जगह नयी कार्यपालिका सत्तारूढ़ होती है अतः यह राजनीतिक कार्यपालिका स्वभावतः अस्थायी होती है।

दूसरी ओर, प्रशासन के अधिकारियों की नियुक्ति योग्यता व प्रशिक्षण के आधार पर की जाती है। उन्हें अपने पद पर बने रहने के लिए राजनीतिक समर्थन पर आश्रित नहीं रहना पड़ता। इनका काम राजनीतिक कार्यपालिका के निर्णयों को कार्यान्वित करना है। राजनीतिक स्थिति में परिवर्तन होने से इनके अस्तित्व पर कोई आँच नहीं आती। यही कारण है कि इन अधिकारियों के समुच्चय या अधिकारी तन्त्र को स्थायी कार्यपालिका कहते हैं। उदाहरण के लिए राजनीतिक स्थिति में परिवर्तन होने पर मन्त्रिमण्डल के मन्त्री या उपमन्त्री को अपने पद से हट जाना पड़ता है। परन्तु सचिवालय का सचिव या उपसचिव अपने पद पर बना रहता है। ज़ाहिर है कि शासन की सफलता राजनीतिक व स्थायी कार्यपालिका के समुचित सहयोग पर निर्भर है।

संसदीय व अध्यक्षीय कार्यपालिका / उत्तरदायी या अनुत्तरदायी कार्यपालिका : राजनीतिक कार्यपालिका व विधानमण्डल के परस्पर सम्बन्धों को ध्यान में रखते हुए उसके दो रूप स्वीकार किये जाते हैं :

- संसदीय उत्तरदायी
- अध्यक्षीय अनुत्तरदायी

संसदीय कार्यपालिका या मन्त्रिमण्डल के सदस्य विधानमण्डल के सदस्यों में से चुने जाते हैं और वे अपने अस्तित्व के लिए विधानमण्डल के निरन्तर विश्वास व समर्थन पर आधारित हैं। वे अपने अच्छे–बुरे सभी कार्यों के लिए संसद के प्रति ही उत्तरदायी होते हैं।

सामूहिक उत्तरदायित्व के सिद्धान्त की पालना इस कार्यपालिका में की जाती है। प्रधानमन्त्री पूरे मन्त्रिमण्डल के कार्यों की देखरेख करता है उसकी स्थिति 'समकक्ष व्यक्तियों में प्रथम' होती है। उसका प्रभाव व्यापक होता है। यदि मन्त्रिमण्डल अनुभव करे कि विधानमण्डल उसके कार्य में लगातार अड़चन डाल रहा है तो प्रधानमन्त्री राज्याध्यक्ष से कहकर विधानमण्डल को नियत कार्यकाल से पहले भंग करा सकता है।

अध्यक्षीय कार्यपालिका

अध्यक्षीय कार्यपालिका संविधानिक दृष्टि से विधानमण्डल से स्वाधीन होती है अर्थात न तो उसका कार्यकाल विधानमण्डल के समर्थन पर आश्रित होता है न वह अपने कार्यों के लिए विधानमण्डल के प्रति उत्तरदायी होती है। इसमें राष्ट्रपति केवल प्रतीकात्मक राज्य प्रमुख नहीं होता बल्कि वह यथार्थ कार्यकारी है। समस्त शक्तियाँ उसी के हाथ में होती हैं। इस शासन पद्धति में शक्ति पृथक्करण सिद्धान्त को अपनाया जाता है। विधानमण्डल को नियत कार्यकाल से पहले भंग नहीं किया जा सकता है।

प्रतीकात्मक व यथार्थ कार्यपालिका : यह अन्तर संसदीय शासन व्यवस्था की देन है। अध्यक्षीय शासन प्रणाली में तो एक ही व्यक्ति मुख्य कार्यकारी भी होता है और राज्याध्यक्ष भी होता है। संसदीय प्रणाली में शासन की यथार्थ शक्तियाँ मन्त्रिमण्डल के हाथों में रहती हैं जिसे हम यथार्थ कार्यपालिका या वास्तविक कार्यपालिका की श्रेणी में रखते हैं परन्तु वहाँ पर राज्याध्यक्ष के पद पर कोई सम्राट या राष्ट्रपति विराजमान होता है। उसे हम नाममात्र का प्रतीकात्मक आलंकारिक कार्यकारी कहते हैं। प्रतीकात्मक कार्यकारी की भूमिका गौण होती है हालाँकि शासन उसी के नाम से चलता है जैसा कि भारत व ब्रिटेन में होता है।

प्रतीकात्मक कार्यकारी के कुछ कार्य केवल शिष्टपरक हैं जैसे वह संसद के अधिवेशन बुलाता है सत्रावसान करता है उसे भंग करता है। राजदूतों को बाहर भेजता है, आने वाले राजदूतों का स्वागत करता है। परन्तु वह सब मन्त्रिमण्डल की सलाह से ही करता है।

प्रतीकात्मक कार्यकारी राज्य का संविधानिक अध्यक्ष होने के नाते दलगत राजनीति से ऊपर होता है। सर्वत्र उसका सम्मान किया जाता है वह राष्ट्रीय एकता का प्रतीक बन जाता है। वाल्टर बेजहॉट नाममात्र व वास्तविक कार्यपालिका को 'गरिमामय' व 'कुशल' कार्य की संज्ञा देते हैं।

एकल व बहुल कार्यपालिका : जिस कार्यपालिका में सारी कार्यकारी शक्तियाँ एक ही व्यक्ति के हाथों में होती हैं उसे एकल कार्यपालिका कहते हैं। यह व्यवस्था भारत, अमरीका, कनाडा, इंग्लैंड आदि देशों में है। जहाँ कार्यकारी शक्तियाँ एक ही व्यक्ति के हाथों में न होकर अधिक व्यक्तियों के हाथों में रहती हैं वह बहुल कार्यपालिका कही जाती है।

प्राचीन एथेन्स, स्पार्टा में इस प्रकार की बहुल कार्यपालिका थी। वर्तमान काल में स्विट्ज़रलैंड में है। स्विट्ज़रलैंड व पूर्व सोवियत संघ

में इस प्रकार की बहुल कार्यपालिकाएँ हैं। स्विट्जरलैंड में कार्यपालिका सत्ता सात सदस्यों की संघीय परिषद् में निवास करती है और यह परिषद् सामूहिक रूप से राज्य की कार्यपालिका प्रधान के रूप में कार्यकर्ता है। इन सात सदस्यों की स्थिति समान होती है।

सोवियत संघ में सर्वोच्च कार्यपालिका परिषद् के रूप में 'प्रेजीडियम' के द्वारा कार्य किया जाता था जिसमें 39 सदस्य होते थे। यद्यपि प्रेजीडियम का एक सभापति होता था किन्तु प्रेजीडियम के सभापति को दूसरे सदस्यों की अपेक्षा कोई विशेष अधिकार प्राप्त नहीं होते थे। स्टालिन इसे 'कोलिजियेट' (सामूहिक राष्ट्रपति) कहा करता था।

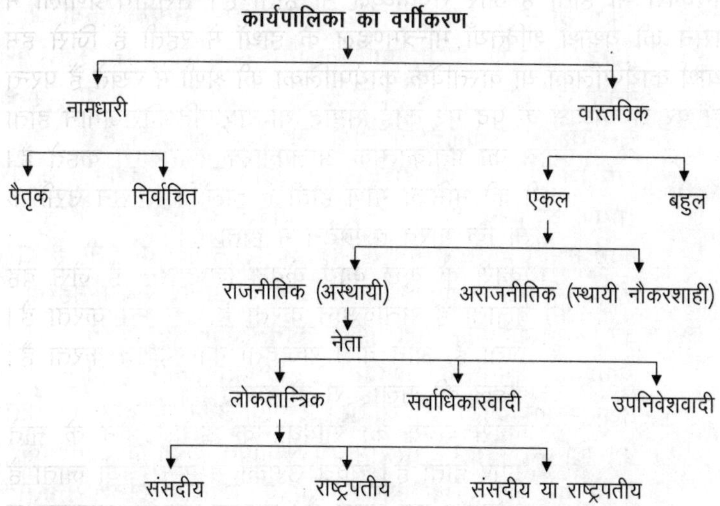

कार्यपालिका के कार्य

कार्यपालिका के कार्य राजनीतिक व्यवस्था की प्रकृति, शासन के ढाँचे व कार्यपालिका की स्वयं की प्रकृति या प्रकार के अनुसार भिन्न–भिन्न होते हैं।

1. संवैधानिक कार्य : हर राजनीतिक व्यवस्था में कार्यपालिका के कार्यों का संविधान में उल्लेख होता है। आधुनिक समय में तानाशाहों के द्वारा भी किसी–न–किसी प्रकार के संवैधानिक ढाँचे का सहारा लिया जाता है। आधुनिक कार्यपालिकाओं को संवैधानिक या विधिक ढाँचे के द्वारा निर्धारित निम्न कार्य करने होते हैं :

(क) **विदेशी सम्बन्धों का संचालन** : आधुनिक युग में राष्ट्रीय राज्यों में पारस्परिकता व एक–दूसरे पर निर्भरता के कारण कूटनीतिक व विदेशी मामलों का संचालन करना पड़ता है। हर देश की कार्यपालिका को अपने देश के अन्य देशों से स्थापित सम्बन्धों का संचालन करना होता है। विदेशों में राजदूतों की नियुक्ति, विदेशी राजदूतों का देश में स्वागत, अन्तर्राष्ट्रीय संगठनों, सम्मेलनों व संस्थाओं में देश का प्रतिनिधित्व, विदेशों के साथ सन्धियाँ व समझौते करना कार्यपालिका का ही कार्य है।

सांस्कृतिक, शैक्षणिक, व्यापारिक आदान–प्रदान को नियन्त्रित व निर्देशित करना कार्यपालिका का कार्य है। इन कार्यों की जटिलता के कारण इन्हें कार्यपालिका द्वारा सम्पन्न किया जाता है। इन्हीं कार्यों से कार्यपालिका दिन–प्रतिदिन इतनी महत्त्वपूर्ण बनती जा रही है। राष्ट्रीय हितों की पूर्ति के लिए कई बार विदेश सम्बन्धों का संचालन गोपनीय ढंग से करना होता है।

(ख) **राष्ट्रीय कार्यों का संचालन** : कार्यपालिका देश के अन्दर सम्पूर्ण प्रशासन का नियन्त्रण, निर्देशन व निरीक्षण करने का कार्य करती है। सभी महत्त्वपूर्ण पदों पर नियुक्तियाँ इसी के द्वारा की जाती हैं। कार्यपालिका का देश के अन्दर सबसे महत्त्वपूर्ण कार्य व्यवस्थापिका द्वारा पारित क़ानूनों को लागू करना है।

आवश्यक विभागों की स्थापना, उनके पदाधिकारियों की नियुक्ति तथा उनके कार्यों की व्याख्या कार्यपालिका के द्वारा ही होती है। विभिन्न विभागों में समन्वय स्थापित करने व आवश्यकता पड़ने पर प्रशासनिक अधिकारियों के ख़िलाफ़ अनुशासनात्मक कार्यवाही करने का कार्य भी करती है। अतः आन्तरिक दृष्टि से कार्यपालिका क़ानूनों को लागू, प्रशासन का निर्देशन, निरीक्षण व नियन्त्रण करके शासन विभागों में तालमेल रखने, क़ानून व्यवस्था बनाये रखने का कार्य भी करती है। कार्यपालिका राष्ट्रीय मामलों से सम्बन्धित हर कार्य के लिए स्पष्टतया व्यवस्थापिका मतदाता व राजनीतिक दल के प्रति उत्तरदायित्व निभाना होता है।

(ग) **सैनिक कार्यों का संचालन** : आजकल के तनावपूर्ण विश्व में विचारधाराओं के आपसी टकराव के कारण सुरक्षा का प्रश्न अत्यधिक महत्त्व का बन गया है। 'देश की बाहरी आक्रमणों से सुरक्षा',

'आन्तरिक शान्ति व व्यवस्था बनाये रखने का कार्य' कार्यपालिका द्वारा ही किया जाता है।

कार्यपालिका का अध्यक्ष ही राज्य की सैनिक शक्ति का सर्वोच्च अधिकारी होता है। वह सैनिक अधिकारियों की नियुक्ति, पदच्युति व युद्ध के संचालन का कार्य करता है। युद्ध की स्थिति में कार्यपालिका को असीमित अधिकार प्रदान किये जाते हैं।

द्वितीय विश्वयुद्ध के समय अमरीका के राष्ट्रपति रूजवेल्ट व ब्रिटिश प्रधानमन्त्री विन्सटन चर्चिल को इसी तरह के व्यापक अधिकार वहाँ की व्यवस्थापिका ने प्रदान कर दिये थे। स्वेच्छाचारी व सर्वाधिकारी शासन में कार्यपालिका की सैनिक शक्तियाँ असीमित रहती हैं। इन व्यवस्थाओं में तानाशाह के सत्ता में बने रहने का आधार ही सैनिक समर्थन होता है।

(घ) **व्यवस्थापन कार्यों का संचालन** : संसदीय व्यवस्था में व्यवस्थापिका से घनिष्ठ सम्बन्ध होने की वजह से कार्यपालिका व्यवस्थापन कार्य में सक्रिय रूप से भाग लेती है। लेकिन अध्यक्षात्मक व्यवस्था में तीनों अंगों के पृथक्करण के बावजूद भी कार्यपालिका को प्रभावित ज़रूर करती है।

वर्तमान समय में कार्यपालिका का चाहे कोई भी रूप हो राजनीतिक दल के माध्यम से वह व्यवस्थापन कार्यों में भी सर्वेसर्वा हो गयी है। कार्यपालिका का अध्यक्ष व्यवस्थापन की पहल का सारा अधिकार राजनीतिक दल के सदस्यों के माध्यम से स्वयं प्राप्त कर लेता है।

(ङ) **आर्थिक कार्यों का संचालन** : आर्थिक नियोजन व योजनाओं का संचालन कार्यपालिका का प्रमुख दायित्व बन गया है। कार्यपालिका को बहुत–सी सार्वजनिक संस्थाओं की वित्तीय दृष्टि से देखभाल करनी पड़ती है। देश के सम्पूर्ण आर्थिक जीवन पर व्यवहारतः कार्यपालिका का ही नियन्त्रण रहता है। कार्यपालिका के कार्यों में आर्थिक कार्य इतने अधिक बढ़ गये हैं कि इसके कारण अन्य कार्यों में भी वृद्धि हो गयी है।

2. **संकटकालीन कार्य** : संविधान में ही कार्यपालिका को संकटकालीन परिस्थितियों से निपटने के लिए अधिकार देने की व्यवस्था है। भारत, फ्रांस, श्रीलंका, ब्राजील के संविधानों में कार्यपालिका को व्यापक संकटकालीन

अधिकार देने की व्यवस्थाएँ हैं। तंजानिया, चिली के संविधानों में तो कार्यपालिका को महत्त्वपूर्ण संकटकालीन अधिकार प्रदान किये गये हैं।

राज्य का अध्यक्ष सर्वोच्च सेनापति होने के साथ–साथ सैनिक संकट, घेरे की स्थिति, विद्रोह, आक्रमण, देश की सुरक्षा को ख़तरा या आकस्मिक बर्बादी की अवस्थाओं में संकटकालीन अधिकारों का प्रयोग कर सकता है। ऐसे संकट के समय नागरिकों के मौलिक अधिकारों को स्थगित करना, आदेश द्वारा क़ानून बनाना, सैनिक शासन लागू करना कार्यपालिका का कार्यक्षेत्र बन जाता है।

'इन परिस्थितियों में व्यवस्थापन शक्तियाँ अत्यधिक कम कर दी जाती हैं।' कार्यपालिका मुक्त रूप से असीमित अधिकारों का प्रयोग करने लगती है। इन्हीं विकासों के कारण कार्यपालिकाएँ संकटकालीन कार्य करने के लिए व्यवस्थापन व न्यायपालन के क्षेत्र में भी हस्तक्षेप करने लगी हैं।

3. राजनीतिक कार्य : कार्यपालिका के राजनीतिक कार्य, राजनीतिक प्रक्रिया को जोड़ने, उसे सरल बनाने तथा उसमें स्थिरता लाने से सम्बन्धित हैं।

आर. सी. मेकराइडिस ने कार्यपालिका के राजनीतिक कार्यों को इस प्रकार माना है :

(क) प्रतिनिधित्व व एकीकरण : कार्यपालिका के प्रतिनिधि व एकीकरण के कार्य सम्मान तथा यथार्थवादी दोनों ही प्रकार के होते हैं। राजनीतिक समाज का ध्वजमात्र अध्यक्ष व वास्तविक अध्यक्ष की संसदीय प्रणाली में व्यवस्था रहती है जबकि अध्यक्षात्मक शासन में यह दोनों पहलू एक ही व्यक्ति के हाथों में निहित रहते हैं। मेकराइडिस के अनुसार 'एकीकरण के कार्य का तात्पर्य माँगों व हितों का प्रतिनिधित्व करते हुए उनके अनुसार निर्णय लेना है।' कार्यपालिका एकीकरण का कार्य तभी कर सकती है जब वह समाज, समूहों, समुदायों की माँगों का प्रतिनिधित्व करती हो।

(ख) नेतृत्व : कार्यपालिका शक्ति की प्रमुख बात राजनीति व्यवस्था के नेतृत्व की है। नेतृत्व का कार्य एक युग से दूसरे युग में एक पीढ़ी से दूसरी पीढ़ी को हस्तान्तरित होता रहता है। कार्यपालिका में करिश्मा, व्यक्तिगत जादू खिंचाव होना चाहिए जिससे जनसाधारण को विशेष प्रेरणा देने व उनमें जागरूकता का कार्य सम्भव हो सके।

कार्यपालिका ही समाज, राजनीतिक दल, जनसाधारण व समूह व्यवस्था की एकता का प्रतीक व इनमें समन्वय का साधन होती है। यही इनका नेतृत्व करने का कार्य करती है। यह नेतृत्व का कार्य राजनीतिक व्यवस्था में एकता व शान्ति सुव्यवस्था का साधन प्रस्तुत करता है।

(ग) **विचार–विमर्श व निर्णय करना** : नीति की पहल का कार्य कार्यपालिका का विशेष अधिकार बन जाने के कारण, कार्यपालिका विचार–विमर्श व निर्णय लेने का कार्य, जो अब तक व्यवस्थापिकाएँ करती थीं स्वयं करने लगी हैं क्योंकि व्यवस्थापिकाएँ अब विचार–विमर्श करने की स्थिति में नहीं रह गयी हैं।

(घ) **निरीक्षण, क्रियान्वयन व नियन्त्रण करना** : सम्पूर्ण सलाहकार तन्त्र के सहायक अंग, संरचना एक दिशा व लक्ष्य की ओर प्रेरित रखी जा सके, इसके लिए कार्यपालिका को इन सब पर नज़र रखनी होती है। अन्तर्राष्ट्रीय संकट में कार्यपालिका के दायित्व बढ़ जाते हैं। वह आवश्यकता पड़ने पर तुरन्त कार्यवाही कर सके इसके लिए उसे सभी विभागों पर नियन्त्रण व निरीक्षण करना होता है।

(ङ) **उत्तरदायित्व व जवाबदेही** : प्रशासन में शिथिलता व निर्णयों को लागू करने में ढीलता का उत्तरदायित्व अन्ततः कार्यपालिका का रहता है।

कार्यपालिका के आवश्यक गुण

1. **कर्तव्यपरायणता** : व्यवहार के अन्तर्गत कार्यपालिका के कार्य बहुत अधिक व्यापक हैं और कार्यपालिका अपने कार्य उसी समय सफलतापूर्वक सम्पन्न कर सकती है जबकि उनमें कर्तव्यनिष्ठा की भावना हो।
2. **कार्यकुशलता** : कार्यपालिका का कार्य ढीला–ढाला या देर से करने की प्रवृत्ति वाला नहीं होना चाहिए। कार्यपालिका में कार्य कुशलता, शीघ्रता, स्फूर्ति होनी चाहिए।
3. **निर्णय में शीघ्रता** : कार्यपालिका के द्वारा दृढ़ता के साथ निर्णय लेकर उन्हें शीघ्रता से क्रियान्वित किया जाना चाहिए।
4. **सच्चाई व ईमानदारी** : कार्यपालिका के सदस्यों को बहुत सच्चा व ईमानदार होना चाहिए अन्यथा भ्रष्टाचार फैलेगा।

5. **निष्पक्षता** : कार्यपालिका को नितान्त निष्पक्ष होमा चाहिए। उसके द्वारा किसी वर्ग समुदाय या व्यक्ति के साथ पक्षपात न करते हुए सबको समान दृष्टि से देखा जाना चाहिए अन्यथा असन्तोष का विस्फोट हो जायेगा।
6. **गोपनीयता** : कार्यपालिका आन्तरिक व बाहरी प्रशासन के क्षेत्र में सफलतापूर्वक कार्य कर सके इसके लिए निर्णयों को गोपनीय रखना आवश्यक हो जाता है।

न्यायपालिका

प्रायः कहा जाता है कि 'उत्कृष्ट न्यायपालिका उत्कृष्ट शासन का परिणाम है'। जनसाधारण के मन में न्यायपालिका के प्रति सदैव श्रद्धा की भावना रहती है। न्यायाधीश को 'धर्म का अवतार' कहा गया है। 'न्याय क्री देवी' की कल्पना एक ऐसे दिव्य व्यक्तित्व के रूप में की गयी है जिसकी आँखों पर पट्टी बँधी है। एक हाथ में तराजू है दूसरे हाथ में तलवार। इससे यह संकेत मिलता है कि न्याय की प्रक्रिया में किसी के साथ भेदभाव या पक्षपात का कोई स्थान नहीं होना चाहिए।

अरस्तू के समय से ही न्यायपालिका को सरकारी तन्त्र का आधारभूत अंग माना जाता है। क़ानूनों की व्याख्या करने व उनका उल्लंघन करने वाले व्यक्तियों को दण्डित करने की संस्थागत व्यवस्था को न्यायपालिका कहा जाता है। यह उन व्यक्तियों का समूह है जिन्हें क़ानून के अनुसार समाज के विवादों को हल करने का अधिकार है। न्यायपालिका सरकार का विशिष्ट अंग है जिसे क़ानूनों का पालन कराने के लिए विशेष अधिकार प्राप्त रहते हैं।

न्यायपालिका की परिभाषा

न्यायपालिका की परिभाषा विभिन्न विद्वानों के द्वारा अपने–अपने ढंग से प्रस्तुत की गयी है। न्यायिक प्रक्रिया न्यायाधीशों के द्वारा मुक़दमों का निर्णय करने की मानसिक प्रविधि को कहा जाता है। वालटन एच. हेमिलटन के अनुसार 'न्यायिक प्रक्रिया हमेशा मुक़दमे के फ़ैसले की तरफ़ संकेन्द्रित होने की प्रवृत्ति रखती है।'

पीटर एच. मोरकल के अनुसार इस तरह न्यायपालिका, न्यायिक प्रक्रिया की संचरित व्यवस्था के रूप में समाज के स्थापित क़ानून को लेकर उठने वाले विवादों का समाधान करने का संस्थागत यन्त्र है।

न्यायपालिका के कार्य

न्यायपालिका के कार्यों को मोटे तौर पर दो भागों में बाँटा गया है।

राजनीतिक पद्धति सम्बन्धी कार्य

न्यायपालिका को राजनीतिक पद्धति सम्बन्धी निम्नलिखित कार्य करने होते हैं :

1. **न्यायिक समीक्षा व संविधान की व्याख्या** : सर्वोच्च न्यायालय न्यायिक समीक्षा व संविधान की व्याख्या के कार्य से राजनीतिक पद्धति का सावयवी अंग बन जाता है। क़ानूनों की व्याख्या करना व उसकी वैधता की जाँच करना व अपने निर्णय देना इसका मुख्य कार्य है।

   न्यायपालिका का यह कार्य केवल उन देशों में ही पाया जाता है जहाँ न्यायपालिका के अधिकार क्षेत्र में यह कार्य हो। संयुक्त राज्य अमेरिका में यह अधिकार सुस्थापित किया गया है। भारत में सर्वोच्च न्यायालय को यह अधिकार संविधान द्वारा प्रदान किया गया है। पश्चिमी जर्मनी में 1949 को संवैधानिक न्यायालय को यह अधिकार प्रदान किया गया। ऑस्ट्रिया में भी यह व्यवस्था स्थापित है।

2. **राजनीतिक व्यवस्था में पृथक्–पृथक् संस्थाओं के बीच विवाचन** : न्यायपालिकाओं का विभिन्न संस्थाओं के बीच विवाचन का कार्य अत्यधिक महत्त्व रखता है। राजनीतिक व्यवस्थाओं में सरकारें कई स्तर पर संगठित की जाती हैं। राष्ट्रीय, राज्य व स्थानीय स्तर पर सरकारों का निर्माण होता है। इसी तरह हर स्तर पर सरकार के विभिन्न अंगों में विशेषकर कार्यपालिका तथा कई बार न्यायपालिका का व्यवस्थापिका या कार्यपालिका से टकराव होने पर उनके विवाचन का कार्य न्यायपालिका को ही करना पड़ता है।

3. **मौजूदा राजनीति व्यवस्था के लिए सामान्य समर्थन** : देश में उच्चतम न्यायालय राजनीतिक व्यवस्था को बनाये रखने का महत्त्वपूर्ण कार्य करती है। व्यवस्था को बनाये रखने का आशय यह है कि जो भी व्यवस्था को तोड़ने वाली शक्तियाँ हैं उसका दमन न्यायालय ही करते हैं।

4. **व्यक्तिगत अधिकारों की रक्षा** : न्यायपालिका व्यक्ति की स्वतन्त्रता व उनके अधिकारों की रक्षा का कार्य करती है। व्यक्ति को न्याय मिलता रहे तो वह राजनीतिक प्रक्रिया की भागीदारी में सम्मिलित हो जाता है। व्यक्ति की स्वतन्त्रता को ख़तरा होता है तो न्यायालय उसकी रक्षा करता है।
5. **शान्ति बनाये रखना** : न्यायपालिका शान्ति को भंग न होने देने में महत्त्वपूर्ण भूमिका निभाती है। न्यायालय ही समाज में व्यक्तियों को अपराध करने पर उचित दण्ड व्यवस्था करके इस अपराध से प्रभावित होने वाले पक्ष को शान्ति के लिए ख़तरा उत्पन्न करने से रोकते हैं। इस तरह न्यायालयों का होना व उनके द्वारा दण्डित करने की व्यवस्था मात्र से समाज में शान्ति बनी रहती है। समाज में न्याय का न मिलना ही शान्ति को सबसे बड़ा ख़तरा उत्पन्न करता है।
6. **विवादों का निर्णय करना** : समाजों में विवाद क़ानूनी मुद्दों को लेकर ही उत्पन्न होते हैं। न्यायालय अधिकांशतः विवादों के निर्णय में ही लगे रहते हैं।

न्यायिक पद्धति सम्बन्धी कार्य

1. **न्यायिक विधि निर्माण** : न्यायिक विधि निर्माण का कार्य महत्त्वपूर्ण है। किसी विवाद के निर्णय के उप–उत्पादन के रूप में न्यायपालिका नियमों का विकास करती है जो भविष्य में क़ानून का कार्य करते हैं।
2. **प्रक्रियात्मक नियम निर्माण** : न्यायालयों का प्रक्रियात्मक नियम निर्माण का कार्य विवादास्पद नहीं है। यह वह नियम होता है जिनसे न्यायालय अपना कार्य निष्पादित करते हैं। यह नियम अत्यधिक तकनीकी होते हैं और न्यायाधीशों तथा वकीलों के विशेष ज्ञान द्वारा ही इनके निर्माण में सहायता मिल सकती है।
3. **प्रशासकीय निर्णयों का पुनरावलोकन** : न्यायालयों का यह कार्य देशों में प्रचलित प्रशासकीय न्यायालयों के अधिकारों, प्रकृति व उनके सामान्य न्याय व्यवस्था के साथ सम्बन्ध पर निर्भर करता है।
4. **संविधान की सुरक्षा व संरक्षण कार्य** : न्याय विभाग संविधान की पवित्रता तथा उसमें प्रतिपादित व्यवस्था की रक्षा का कार्य भी करता है।

वर्तमान समय में अधिकांश संविधान कठोर हैं। उनमें साधारण क़ानून और संवैधानिक क़ानून में अन्तर किया जाता है। और संविधान को सीमित कर दिया जाता है। यदि ऐसी स्थिति में व्यवस्थापिका या कार्यपालिका संविधान के प्रतिकूल कार्य करें तो न्यायपालिका इस प्रकार के कार्यों को असंवैधानिक घोषित करती है।

5. **निषेधात्मक आदेश जारी करना** : सामान्य नागरिकों तथा सरकारी अधिकारियों के द्वारा जब अनुचित या अपने अधिकार क्षेत्र के बाहर कोई कार्य किया जाता है, तो न्यायपालिका उसे रोकने के लिए विविध प्रकार के आदेश जारी कर सकती है। इस प्रकार के आदेशों में 'बन्दी प्रत्यक्षीकरण' 'परमादेश' व 'प्रतिषेध' आदि प्रमुख हैं।
6. **परामर्श सम्बन्धी कार्य** : अनेक देशों में इस प्रकार की व्यवस्था होती है कि न्यायपालिका निर्णय देने के साथ–साथ क़ानूनी परामर्श देने का कार्य करती है। यदि व्यवस्थापिका और कार्यपालिका के द्वारा इस प्रकार का परामर्श माँगा जाये। उदाहरणार्थ, इंग्लैंड में प्रिवी काउन्सिल की न्यायिक समिति से सरकार प्रायः वैधानिक व क़ानूनी प्रश्नों पर सलाह व परामर्श लेती है। यही व्यवस्था ऑस्ट्रेलिया, भारत, पनामा, बुल्गारिया और स्वीडन आदि देशों में भी है।
7. न्यायपालिका न्यायालय के आन्तरिक प्रशासन की व्यवस्था भी करती है।
8. पूर्व निर्णयों के पुनरावलोकन का कार्य भी समय–समय पर न्यायपालिका द्वारा किया जाता है जिससे बदलते समय के अनुसार निर्णयों को बदला जा सके।

न्यायपालिका का संगठन

आधुनिक न्यायपालिकाओं का संगठन राजनीतिक संस्कृतियों की भिन्नता, राष्ट्रीय ऐतिहासिक परम्परा, राजनीतिक व्यवस्था की प्रकृति तथा अन्य परिस्थितियों में अन्तरों के कारण हर देश में कुछ भिन्नता लिए हुए होता है। सभी देशों के न्यायालयों के संगठन में निम्नलिखित विशेषताएँ पायी जाती हैं :

पिरामिडी संरचना : हर देश में न्यायपालिका का संगठन एक ऐसी श्रृंखला के रूप में किया जाता है जिसमें नीचे के स्तर के न्यायालयों के ऊपर इनका दूसरा स्तर तथा उसके ऊपर सर्वोपरि सर्वोच्च न्यायालय होता है। इनका संगठन 'पिरामिड' की तरह होता है। सबसे नीचे के स्तर के न्यायालयों की संख्या काफ़ी होती है तथा द्वितीय स्तर के न्यायालय उनकी संख्या में कम होते हैं तथा हर देश का सर्वोच्च न्यायालय एक ही होता है। इस तरह न्यायिक संरचना में न्यायालयों की संख्या कम होती जाती है जो अन्ततः एक ही सर्वोच्च न्यायालय के शीर्ष में ख़त्म होती है।

सर्वाधिकारी व स्वेच्छाचारी शासनों में न्यायपालिकाओं की शक्तियाँ महत्त्वपूर्ण प्रतिबन्धों से युक्त होती हैं। फ्रांस व जर्मनी में दोहरे प्रकार के न्यायालयों व सामान्य न्यायालयों की व्यवस्था है।

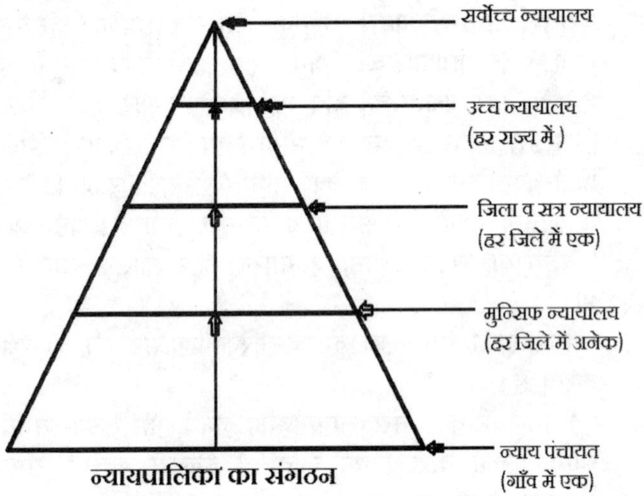

न्यायपालिका का संगठन

उच्चतम न्यायालय में पीठ व्यवस्था

जिन न्यायालयों को अन्तिम निर्णय देने का अधिकार होता है, उनमें निर्णय प्रक्रिया का कार्य केवल एक न्यायाधीश द्वारा सम्पन्न होने पर निर्णय मानवीय ग़लती का शिकार हो सकता है। इससे बचाव के लिए तथा श्रेष्ठतम निर्णय सम्भव बनाने के लिए उच्चतम न्यायालयों में पीठ व्यवस्था का प्रावधान रहता है। उचित विचार–विमर्श की पक्की व्यवस्था करने व

विद्वत्तायुक्त निर्णय सम्भव बनाने के लिए मुक़दमे न्यायाधीशों की बेंच के निर्णयार्थ रखे जाते हैं।

प्रत्येक न्यायाधीश विचाराधीन मुक़दमे पर अपना स्वतन्त्र दृष्टिकोण रखते हुए निर्णय करता है। बेंच के विभिन्न न्यायाधीशों में विचार–विभेद की अवस्था में बहुमत से फ़ैसला किया जाता है। उच्चतम न्यायालय की बेंच का हर न्यायाधीश जाँच करने, अपने लिए बोलने, निर्णय देने की स्वतन्त्रता रखता है। प्रत्येक लोकतान्त्रिक राज्य में पीठ की व्यवस्था रहती है। तानाशाही व्यवस्थाओं में सामान्यतया न्यायपालिका दिखाने के लिए ही होती है। भारत में संवैधानिक प्रश्नों में सम्बन्धित मुक़दमों की सुनवाई में सर्वोच्च न्यायालय के सभी न्यायाधीशों की बेंच द्वारा सुनवाई की जाती है।

अन्तर्राष्ट्रीय स्तर पर संयुक्त राष्ट्र संघ का अन्तर्राष्ट्रीय न्यायालय भी बेंच व्यवस्था के माध्यम से कार्य करता है।

सामान्य व प्रशासकीय न्यायालय व्यवस्था : जनता तथा सरकार के बीच मुक़दमों के निर्णय के लिए अलग प्रकार के न्यायालय बनाये जाते हैं।

1. सामान्य न्यायालय
2. प्रशासकीय न्यायालय फ्रांस व पश्चिमी जर्मनी में है।

जिन राज्यों में सामान्य न्यायालयों की व्यवस्था होती है उन्हें सामान्य विधि राज्य कहा जाता है। जहाँ प्रशासकीय न्यायालय होते हैं उनको विशेषाधिकार युक्त राज्य कहा जाता है। यहाँ एक विशेष प्रकार की विधि राज्य के कर्मचारियों को उनके प्रशासकीय कर्तव्यों के निष्पादन में रक्षा करती है। इस विधि को प्रशासनिक विधि कहा जाता है। इसके अन्तर्गत दो प्रकार के न्यायालय क़ानून व विधिक प्रक्रियाएँ होती हैं। यह राज्य कर्मचारियों पर लागू होती हैं। फ्रांस व पश्चिमी जर्मनी में प्रशासनिक विधि वाले न्यायालयों का प्रचलन है।

विशेषीकृत न्याय व्यवस्था : कुछ देशों में न्यायालयों का संगठन विशेषीकरण के आधार पर किया जाता है। कुछ विधिक पद्धतियों में विशेषीकरण पर अधिक बल दिया गया है। पश्चिमी जर्मनी में दीवानी फ़ौजदारी मामलों के नियमित न्यायालय होते हैं। किन्तु प्रशासकीय न्यायालय इनसे पृथक् होते हैं।

भारत में सामान्य न्यायालय ज़िले के स्तर पर दो प्रकार के होते हैं। दीवानी व फ़ौजदारी न्यायालयों में भेद है। ब्रिट्रेन में भी दीवानी व फ़ौजदारी न्यायालयों की व्यवस्था है। वहाँ फ्रांस की तरह प्रशासकीय न्यायालय नहीं होते हैं।

न्यायाधीशों का चयन

राज्यों में न्यायाधीशों की नियुक्ति के सम्बन्ध में विभिन्न पद्धतियों का प्रयोग किया जाता है :

1. **कार्यपालिका द्वारा नियुक्ति** : साधारणतः कार्यपालिका द्वारा ही न्यायाधीशों को नियुक्त करने का ही अधिक प्रचलन है। इस पद्धति के अन्तर्गत योग्यता के आधार पर न्यायाधीशों की नियुक्ति शासन विभाग द्वारा की जाती है। न्यायाधीशों को कार्यपालिका द्वारा नियुक्त करने का तरीक़ा श्रेष्ठ है बशर्ते कि उनको नियुक्त करने वाले उत्तरदायी ढंग से कार्य करें। हेराल्ड लास्की मानते हैं कि इस प्रकार की नियुक्ति में ख़तरा है कि न्यायाधीशों की कार्यपालिका द्वारा नियुक्ति राजनीतिक दलबन्दी के प्रभाव से होने की सम्भावना व स्थिति उत्पन्न कर देती है। आधुनिक कार्यपालिका का आधार राजनीतिक दल होता है। अतः दलीय स्वार्थ एक तरफ़ करके न्यायाधीशों की नियुक्ति के लिए ख़तरा उत्पन्न कर देता है। इसके बचाव के लिए लास्की कहते हैं कि 'कार्यपालिका द्वारा की गयी नियुक्ति को व्यवस्थापिका द्वारा पुष्टि होने का प्रावधान होना चाहिए।' अमेरिका में न्यायाधीशों की नियुक्ति राष्ट्रपति करता है। सीनेट इन नियुक्तियों की पुष्टि करती है।
2. **व्यवस्थापिका द्वारा निर्वाचन** : कुछ राज्यों में उच्चतम न्यायालय के तथा नीचे के न्यायालयों के न्यायाधीशों को व्यवस्थापिका के द्वारा निर्वाचित किया जाता है। रूस में नीचे के न्यायाधीशों को छोड़कर अन्य सभी न्यायालयों के न्यायाधीशों का चुनाव सुप्रीम सोवियत के द्वारा एक निश्चित अवधि के लिए निर्वाचित किया जाता था। स्विट्ज़रलैंड में संघीय सभा, संघीय अभिकरण के न्यायाधीशों को छह वर्ष की अवधि के लिए निर्वाचित करती है। पश्चिम जर्मनी में भी संसद के दोनों सदन बारी–बारी से संघीय संवैधानिक न्यायालय के रिक्त स्थान चुनाव से भरते हैं। अमेरिका के कुछ राज्यों में भी विधानमण्डलों द्वारा न्यायाधीशों का चुनाव होता है।

   व्यवस्थापिका द्वारा निर्वाचन की पद्धति भी अनेक दोषों से युक्त मानी जाती है। इससे न्यायाधीश व्यवस्थापिका में गुटबन्दी के साथ जुड़ जाने का ख़तरा बना रहता है।

3. **जनता द्वारा निर्वाचन** : लोकतान्त्रिक शासन व्यवस्थाओं में शासन के अंगों के निर्वाचन की व्यवस्था को लोकतान्त्रिक भावना के अनुरूप माना जाता है। इसलिए कई राज्यों में इसकी माँग की जाती है। लास्की ने कहा है कि 'एक अच्छा न्यायाधीश' बनाने के लिए जिन गुणों की ज़रूरत होती है उनकी पहचान व अच्छे–बुरे का अन्तर व्यापक व बिखरे हुए विविध मतदाताओं द्वारा ही हो सकता है।

   राष्ट्रीय स्तर पर उच्चतम न्यायालयों के लिए यह पद्धति व्यावहारिक नहीं है। इसमें आम जनता द्वारा न्यायालयों से आस्था उठने का ख़तरा उत्पन्न हो जाता है।

4. **न्यायिक लोक सेवा से पदोन्नति या चयन** : इस विधि से न्यायाधीश के पद पर विधि में विश्वविद्यालय की स्नातक उपाधि प्राप्त किये हुए तथा विधिक प्रशिक्षण की अवधि के अन्त में कठोर प्रतियोगी परीक्षा पास किये हुए व्यक्तियों की सरकार द्वारा नियुक्ति की जाती है। इस तरह की सेवा में आने वाले व्यक्तियों के जीवन में जल्दी ही न्यायिक वृत्ति चुन लेती है, उन्हें अपनी स्वतन्त्रता व कार्यकाल की सुरक्षा प्राप्त रहती है।

न्यायाधीशों का कार्यकाल व महाभियोग

साधारणतया सर्वोच्च न्यायालय का न्यायाधीश 65 वर्ष की आयु तक अपने पद पर बना रह सकता है। इस अवस्था से पूर्व भी वह स्वयं त्यागपत्र दे सकता है। सिद्ध कदाचार व असमर्थता के कारण संसद द्वारा न्यायाधीश को पद से हटाया भी जा सकता है। यदि संसद के दोनों सदन अलग–अलग अपने कुल दो–तिहाई बहुमत से उसको अयोग्य व आपत्तिजनक आचरण करने वाला प्रमाणित कर देते हैं तो भारत के राष्ट्रपति के आदेश से उस न्यायाधीश को अपने पद से हटा दिया जाता है। प्रस्ताव संसद के एक ही सत्र में स्वीकृत होना चाहिए। महाभियोग की प्रक्रिया में न्यायाधीश को अपना पक्ष प्रस्तुत करने का पूरा अवसर दिया जाता है।

भारत में 1992–1993 में सर्वोच्च न्यायालय के न्यायाधीश जी. रामास्वामी के विरुद्ध संसद में महाभियोग का प्रस्ताव लाया गया। संसद में जब इस प्रस्ताव पर विचार चल रहा था, तभी शासक दल के द्वारा प्रस्ताव वापस ले लिया गया। इस प्रकार भारत के संवैधानिक इतिहास में अब तक किसी न्यायाधीश के विरुद्ध महाभियोग का प्रस्ताव पारित नहीं किया गया।

न्यायिक पुनरावलोकन व्यवस्था

पिनोक व स्मिथ ने अपनी कृति 'पोलिटिकल साइंस : एन इंट्रोडक्शन' में लिखा है कि न्यायिक पुनरावलोकन के विचार की उत्पत्ति ब्रिटिश कही जा सकती है। चूँकि वहाँ निर्णयों का पुनरावलोकन करने के लिए 'प्रिवी काउन्सिल' विकसित हो गयी थी।

अमेरिका में भूतपूर्व मुख्य न्यायाधीश मार्शल ने सन् 1803 में 'मारबरी बनाम मेडिसन' नामक विख्यात मुक़दमे के निर्णय में प्रथम बार न्यायिक पुनरावलोकन की शक्ति की प्रस्थापना की थी।

न्यायिक पुनरावलोकन का अर्थ

न्यायिक पुनरावलोकन का आशय न्यायालयों की उस शक्ति से है जिससे वे व्यवस्थापिका व कार्यपालिका के उन कार्यों व क़ानूनों को अवैधानिक व अमान्य घोषित कर सकते हैं, जो उनके मत में संविधान के किसी प्रावधान के प्रतिकूल हों। न्यायिक पुनरावलोकन की शक्ति से न्यायालय संविधान की व्याख्या करते हैं और क़ानूनों तथा कार्यपालिका कार्यों व आदेशों की संवैधानिकता व असंवैधानिकता का निर्णय करते हैं। पिनोक व स्मिथ ने कहा है कि न्यायिक पुनरावलोकन, न्यायालयों को संविधान की व्याख्या करने की तथा व्यवस्थापिका, कार्यपालिका व प्रशासन के उन कार्यों को जो सर्वोच्च क़ानून के प्रतिकूल हो उसे रद्द करने की शक्ति प्रदान करता है।

यह न्यायालय की वह क्षमता है जिससे वह व्यवस्थापन कार्यों की वैधानिकता या अवैधानिकता को घोषित करती है।

न्यायिक पुनरावलोकन की विशेषताएँ

1. न्यायिक पुनरावलोकन, लिखित संविधान वाले लोकतान्त्रिक शासनों में ही सम्भव है।
2. यह किसी साध्य की प्राप्ति का साधन है, यह साध्य अलग–अलग देशों में अलग–अलग प्रकार के हो सकते हैं :
   (क) संविधान की सर्वोच्चता
   (ख) विधि के शासन की व्यवस्था
   (ग) व्यक्तिगत स्वतन्त्रता
3. न्यायिक पुनरावलोकन का क्षेत्र व प्रकृति अलग–अलग प्रकार की हो सकती है।

4. इससे संवैधानिक सरकार की स्थापना होती है।
5. न्यायिक पुनरावलोकन के परिचालन सिद्धान्त अलग–अलग हो सकते हैं।

विशेषताओं से स्पष्ट है कि यह व्यवस्था हर देश में नहीं होती है। इसके लिए कुछ पूर्व शर्तें होना आवश्यक है :

1. लिखित व अचल संविधान
2. सर्वोच्च व स्वतन्त्र न्यायपालिका
3. वाद योग्य मौलिक अधिकार या सरकार की सत्ता पर वाद योग्य सीमाओं की व्यवस्था
4. शक्तियों का कम–से–कम ऐसा पृथक्करण जिसमें न्यायपालिका पृथक् निकाय के रूप में व्यवस्थित रहे।

न्यायिक पुनरावलोकन का क्षेत्र

न्यायिक पुनरावलोकन का क्षेत्र कई तथ्यों द्वारा नियमित होता है। इसका क्षेत्र असीमित व विस्तृत दोनों प्रकार का हो सकता है। इसके क्षेत्र का निर्धारण सामान्यता निम्नलिखित बातों से होता है :

1. **संविधान की प्रकृति व संविधान द्वारा व्यवस्था** : यदि संविधान विस्तृत व सुस्पष्ट हो तो न्यायिक पुनरावलोकन का क्षेत्र सीमित होता है किन्तु संविधान की संक्षिप्तता इसके क्षेत्र को विस्तृत करती है। संक्षिप्तता की अवस्था में न्यायाधीशों को संविधान की धाराओं की व्याख्या करने व उनको नये अर्थ देने के अधिक अवसर प्राप्त हो जाते हैं।

   भारत के संविधान की विस्तृता के कारण यहाँ के न्यायिक पुनरावलोकन का क्षेत्र सीमित है जबकि अमेरिका के संविधान की अत्यधिक संक्षिप्तता के कारण वहाँ यह अधिक व्यापक है।
2. **न्यायिक पुनरावलोकन की कार्यविधि का सिद्धान्त** : न्यायिक पुनरावलोकन के क्षेत्र का एक महत्त्वपूर्ण नियामक इसकी कार्यविधि है। इसकी कार्यविधि दो सिद्धान्तों में से किसी एक सिद्धान्त पर आधारित हो सकती है। अगर यह क़ानून द्वारा स्थापित प्रक्रिया के सिद्धान्त के अनुसार परिचालित होती है तो इसका क्षेत्र सीमित होता है। अगर दूसरे सिद्धान्त 'क़ानून की उचित प्रक्रिया' के अनुसार परिचालित होती है तो इसका व्यापक क्षेत्र व्यापकतम बन जाता है।

भारत में 'क़ानून द्वारा स्थापित प्रक्रिया' के सिद्धान्त परिचालन के कारण इसका क्षेत्र सीमित है जबकि अमेरिका 'क़ानून की उचित प्रक्रिया' सिद्धान्त के अनुसार न्यायिक पुनरावलोकन की परिचालनता से इसका क्षेत्र बृहत्तर हो जाता है।

न्यायिक पुनरावलोकन के गुण या उपयोगिता

1. **संविधान का संरक्षण व व्याख्या** : न्यायिक पुनरावलोकन की शक्ति के कारण सर्वोच्च न्यायालय, व्यवस्थापिका व कार्यपालिका के द्वारा होने वाले संविधान के सभी अतिक्रमणों को रद्द करने का अधिकार प्राप्त कर लेता है। इससे संविधान की रक्षा का कार्य सम्पन्न होता है।

   न्यायिक पुनरावलोकन से संविधान की व्याख्या भी होती है। न्यायालय को न केवल संविधान की व्याख्या करनी होती है, अपितु यह व्याख्या अन्तिम होती है जो सभी को स्वीकार करनी होती है। इससे सर्वोच्च न्यायालय संविधान का रक्षक व अन्तिम व्याख्याकार बन जाता है।
2. **व्यक्तिगत स्वतन्त्रताओं की रक्षा** : यह तभी सम्भव है जब न्यायपालिका को व्यवस्थापन, कार्यपालन व न्यायपालन कार्यों का पुनरावलोकन करने का अधिकार हो जो व्यक्ति के अधिकार का हनन, उनका अतिक्रमण या उन पर बन्धन लगाने वाले हों।
3. **संघात्मक व्यवस्थाओं का स्थायीकरण** : न्यायिक पुनरावलोकन की सबसे महत्त्वपूर्ण भूमिका संघात्मक व्यवस्थाओं में होती है। संघीय शासनों में संविधान के द्वारा संघीय व राज्य सरकारों की स्थापना होती है। इन दोनों ही स्तरों की सरकारों को संविधान के द्वारा निर्धारित अधिकार क्षेत्र में रखने का कार्य न्यायपालिका तभी कर सकती है जबकि इसे पुनरावलोकन की शक्ति प्राप्त हो। इससे संघात्मक व्यवस्था को स्थायित्व की अवस्था में रखना सम्भव होता है।
4. **संविधान गत्यात्मक बन जाता है** : संविधान एक निश्चित समय में बनाया जाता है और उसे आवश्यकताओं तथा परिस्थितियों में परिवर्तनों के अनुरूप बनाये रखने के लिए उसमें संशोधन करने की व्यवस्था होती है किन्तु संशोधन से संविधान में परिवर्तन करना

कई कारणों से कठिन हो जाता है। ऐसी अवस्था में संविधान को गत्यात्मक प्रकृति प्रदान करने का कार्य न्यायालय ही करते हैं। वे पुनरावलोकन के माध्यम से संविधान की व्याख्या करते हैं। उसको नया अर्थ देते हैं और उसका गत्यात्मक रूप बनाये रखने में सहायक होते हैं।

5. **संविधान की सर्वोच्चता स्थापित हो जाती है :** संविधान की सर्वोच्चता के अभाव में संविधान राजनीतिक शक्ति का प्रभावी संगठन नहीं रह पाता है। उस अवस्था में सरकार के विभिन्न अंग आवश्यक रूप से कार्य नहीं करते। यह तभी सही रूप से आवश्यक कार्य करते हैं जब संविधान इनसे सर्वोच्च हो। न्यायिक पुनरावलोकन के माध्यम से सर्वोच्च न्यायालय यह कार्य निष्पादित करता है। इसके अभाव में संविधान सर्वोच्च नहीं रह सकता।
6. **संवैधानिक सीमाओं से सम्बन्धित विवादों का निर्णय :** संवैधानिक लोकतन्त्रों में संविधान के द्वारा व्यक्तियों, समुदायों व विभिन्न स्तर की सरकारों के कार्यक्षेत्रों की सीमाएँ निर्धारित रहती हैं। इन सम्बन्धी अपने–अपने अधिकार क्षेत्र में रखने और किसी दो अधिकार क्षेत्रों के बीच सीमा सम्बन्धी विवाद को हल करने के लिए न्यायिक पुनरावलोकन की शक्ति का न्यायालयों के पास होना आवश्यक है अन्यथा सीमा सम्बन्धी विवाद हल नहीं किये जा सकते।

न्यायिक पुनरावलोकन की आलोचना

न्यायिक पुनरावलोकन की शक्ति से लेकर न्यायपालिका की आलोचना का प्रमुख आधार निम्न प्रकार है :

1. **न्यायपालिका उच्चतम व्यवस्थापिका बन जाती है :** आलोचकों का मानना है कि न्यायिक पुनरावलोकन की व्यवस्था से न्यायपालिका उच्चतर व्यवस्थापिका बन जाती है। इसका व्यवस्थापिका के कार्यों को रद्द करके व क़ानूनों को नया अर्थ देने का अधिकार, व्यवहार में इसको ऐसी व्यवस्थापिका बना देता है जिसका निर्णय या क़ानून का अर्थ अन्तिम बन जाता है। अतः न्यायिक पुनरावलोकन से न्यायपालिका एक तरह से उच्चतर व्यवस्थापिका की तरह कार्य करने लगती है।

2. **न्यायपालिका रूढ़िवादिता का प्रतीक बन जाती है :** आधुनिक समाजों में तेज़ी से परिवर्तन आ रहे हैं। इन परिवर्तनों को प्रेरित करने में संविधान का साधन के रूप में रहना आवश्यक है। न्यायिक पुनरावलोकन करने वाले सर्वोच्च न्यायालय के न्यायाधीश अधिकांश रूढ़िवादी होते हैं और संविधान के संरक्षण की प्रक्रिया में संविधान को स्वयं में साध्य बनाकर न्यायपालिका को रूढ़िवादिता का प्रतीक बनाने में सहायक हो जाते हैं।
3. **कार्यपालिका व व्यवस्थापिका को हतोत्साहित करती है :** न्यायिक पुनरावलोकन के अधिकार के कारण न्यायपालिका, व्यवस्थापिका व कार्यपालिका के हर कार्य का पुनरावलोकन कर अगर वह संविधान की धाराओं के प्रतिकूल है तो उसे रद्द करने का अधिकार रखती है। इससे दोनों अंगों, कार्यपालिका व व्यवस्थापिका का हतोत्साहित होना स्वाभाविक है।
4. **जनता के प्रगतिशील कार्यों में बाधा या अवरोध उत्पन्न करती है :** न्यायिक पुनरावलोकन संविधान को साध्य बनाने का कार्य करता है इसलिए इसे जनता के प्रगतिशील कार्यों में अवरोध उत्पन्न करने वाला माना जाता है। लेकिन न्यायिक पुनरावलोकन राजनीतिक व्यवस्था को अधिक लोकतान्त्रिक और जवाबदेह बनाता है।

अध्याय–18

संसदात्मक और अध्यक्षात्मक प्रणाली

–अरूण चतुर्वेदी

संसदीय सरकार को 'कैबिनेट', 'सभात्मक', 'मन्त्रिमण्डलात्मक' 'उत्तरदायी सरकार' के नाम से भी जाना जाता है। संसदीय प्रणाली के अन्तर्गत कार्यपालिका विधानमण्डल के प्रति उत्तरदायी होती है। कार्यपालिका पर व्यवस्थापिका का पूर्ण नियन्त्रण होता है। व्यवस्थापिका द्वारा इसे हटाया भी जा सकता है। कार्टर व हर्ज के अनुसार 'संसदीय प्रणाली सरकार के कार्यपालिका व व्यवस्थापिका अंगों के अन्तःपाशन पर आधारित है।'

गार्नर के अनुसार, 'संसदीय शासन प्रणाली वह प्रणाली है जिसके अन्तर्गत वास्तविक कार्यपालिका विधानमण्डल या उसके एक सदन के प्रति प्रत्यक्ष तथा क़ानूनी रूप से और निर्वाचकों के प्रति अन्तिम रूप से राजनीतिक नीतियों व कार्यों के लिए उत्तरदायी रहते हैं।'

स्ट्रांग ने लिखा है कि 'संसदीय कार्यपालिका मन्त्रिमण्डल संसद की एक समिति है। जिसमें लोकतन्त्र की प्रगति के साथ–साथ लोकसभा की समिति बन जाने की प्रवृत्ति है।'

संसदीय शासन प्रणाली की विशेषताएँ

संसदीय प्रणालियों में मात्रात्मक अन्तर पाये जाते हैं। हर देश की संसदीय प्रणाली में कुछ–कुछ नवीनता होती है। 'डी.वी. वर्ने' ने अपनी कृति 'एनालिसिस ऑफ़ पोलिटिकल सिस्टम' (Analysis of Political System) में संसदीय प्रणाली की विशेषताओं का उल्लेख किया है :

1. **व्यवस्थापिका संसद बन जाती है** : संसदीय प्रणाली की प्रमुख विशेषता व्यवस्थापिका के संसद में रूपान्तर की है। संसद एक नयी संस्था के रूप में उत्पन्न होती है। यह कार्यपालिका व

व्यवस्थापिका दोनों के संयोजन व विलयन से बनी एक नयी संस्था होती है। इससे सरकार के दोनों अंगों में परस्पर अन्तर्निर्भरता की स्थापना हो जाती है।

2. **कार्यपालिका का दो भागों में विभाजन** : इस प्रणाली में कार्यपालिका दो प्रकार की होती है। एक 'ध्वज मात्र की कार्यपालिका' दूसरी 'वास्तविक कार्यपालिका।' ध्वजमात्र कार्यपालक वंशानुगत, निर्वाचित, नियत अवधि के लिए अपने पद पर बने रह सकता है। उसकी सब शक्तियों का व्यवहार में प्रयोग मन्त्रिमण्डल द्वारा होता है जोकि वास्तविक कार्यपालिका है।

3. **राज्य के अध्यक्ष द्वारा सरकार के अध्यक्ष की नियुक्ति** : संसदीय प्रणाली में सरकार के अध्यक्ष, प्रधानमन्त्री की नियुक्ति राज्य के अध्यक्ष राष्ट्रपति द्वारा की जाती है। यह नियुक्ति औपचारिक ही होती है। दल व्यवस्था के विकास के कारण बहुमत दल का नेता ही प्रधानमन्त्री पद पर नियुक्त किया जाता है। भारत, इंग्लैंड, जापान, कनाडा, ऑस्ट्रेलिया आदि देशों में यही व्यवस्था है।

4. **सरकार का अध्यक्ष मन्त्रिमण्डल की रचना करता है** : मन्त्रिमण्डल का निर्माण सरकार द्वारा ही किया जाये यह संसदीय प्रणाली की महत्त्वपूर्ण विशेषता है। प्रधानमन्त्री मन्त्रिमण्डल का नेता व निर्माता होता है। वह मन्त्रिमण्डल को सुचारु रूप से चलाता है। वह इस टीम के कार्य का सूत्रधार बन जाता है। प्रधानमन्त्री मन्त्रिमण्डल की अध्यक्षता करता है, उसको भंग करता है, मन्त्रिमण्डल की समस्त शक्तियों की केन्द्रीय धुरी प्रधानमन्त्री होता है।

5. **मन्त्रिमण्डल सामूहिक संस्था होती है** : पीटर मर्कल ने अपनी पुस्तक 'पोलिटिकल कन्टीन्यूटी एंड चेंज' (Political Continuity and Change) में लिखा है कि 'मन्त्रिमण्डल एक सामूहिक संस्था है जो एक व्यक्ति की तरह उत्तरदायित्व की हिस्सेदार रहती है।'

6. **कार्यपालिका व्यवस्थापिका के प्रति उत्तरदायी** : अर्नस्ट बी. शुल्ज कहते हैं कि 'संसदीय सरकार कार्यपालिका के व्यवस्थापिका के प्रति निरन्तर उत्तरदायित्व के सिद्धान्त पर आधारित होती है।' इस व्यवस्था में व्यवस्थापिका को यह अधिकार रहता है कि

कार्यपालिका द्वारा उत्तरदायित्व न निभाने पर उसे अविश्वास प्रस्ताव द्वारा हटा दिया जाये। कार्टर व हर्ज कहते हैं कि 'तकनीकी दृष्टि से संसदीय व्यवस्था कार्यपालिका में विश्वास की संस्था के इर्द–गिर्द चक्कर लगाती है।'

7. **सरकार का अध्यक्ष राजाध्यक्ष को 'सभा' विघटित करने की सलाह दे सकता है** : चुनावों के द्वारा निर्वाचक सरकार में अविश्वास व विश्वास की अभिव्यक्ति करते हैं। सही अर्थों में संसदीय व्यवस्था को उत्तरदायी शासन बनाने रखने के लिए ही भंग करने का अधिकार प्रधानमन्त्री को प्रदान किया जाता है। प्रधानमन्त्री की सलाह पर राज्याध्यक्ष व्यवस्थापिका भंग कर सकता है।
8. **कार्यपालिका अप्रत्यक्ष रूप से निर्वाचकों के प्रति उत्तरदायी** : संसदीय व्यवस्था में कार्यपालिका आम निर्वाचकों द्वारा निर्वाचित नहीं होती। कार्यपालिका का अस्तित्व संसद पर आधारित होता है। इसका प्रत्यक्ष उत्तरदायित्व संसद के प्रति ही रहता है। अतः अप्रत्यक्ष रूप से कार्यपालिका निर्वाचकों के प्रति उत्तरदायी होती है।
9. **कार्यपालिका के कार्यकाल की अनिश्चितता** : इस व्यवस्था में मन्त्रिपरिषद् का कार्यकाल निश्चित नहीं होता। कार्यपालिका उसी समय तक अपने पद पर बनी रह सकती है जब तक उसे व्यवस्थापिका का विश्वास प्राप्त रहता है।
10. **सामूहिक उत्तरदायित्व** : संसदीय शासन व्यवस्था में वास्तविक कार्यपालिका का निर्माण करने वाले मन्त्री सामूहिक रूप से व्यवस्थापिका के प्रति उत्तरदायी होते हैं। संसदीय शासन का नियम है 'सब एक के लिए तथा एक सब के लिए' कहते हैं कि 'वे इकट्ठे ही तैरते या इकट्ठे ही डूबते हैं'। इसका अर्थ है कि मन्त्रिमण्डल में जब निर्णय हो जाता है तो प्रत्येक मन्त्री का कर्तव्य है कि उसका समर्थन करे। मन्त्रिमण्डल जनता, विधानमण्डल व कार्यपालिका के औपचारिक प्रधान के सम्मुख एक इकाई के रूप में कार्य करता है।

संसदात्मक शासन के गुण

1. **व्यवस्थापिका व कार्यपालिका में सहयोग व सामंजस्य** : संसदात्मक शासन व्यवस्था में ही इस प्रकार का सहयोग व

सामंजस्य पाया जाता है। इस सहयोग के आधार पर कुशलतापूर्वक शासन किया जा सकता है। वर्तमान समय में क़ानून निर्माण का कार्य जटिल हो गया है। कार्य में पर्याप्त ज्ञान व अनुभव रखने वाले कार्यपालिका के सदस्यों की सहायता से ही ठीक प्रकार से इसे किया जा सकता है और कार्य श्रेष्ठ तरीक़े से सम्पन्न हो जाता है।

2. **शासन व्यवस्था जनता के प्रति उत्तरदायी** : इस व्यवस्था में मन्त्रिगण व्यवस्थापिका के सदस्य व जनता के प्रतिनिधि होते हैं। मन्त्रियों को अपने पद पर बने रहने के लिए जनता के दृष्टिकोण को ध्यान में रखकर कार्य करना होता है। इस प्रकार इस व्यवस्था में लोकहित का उचित आदर होता है। डायसी कहते हैं कि 'संसदीय प्रणाली के अन्तर्गत मन्त्रिमण्डल को जनमत के प्रति अत्यधिक सचेत रहना पड़ता है क्योंकि उसी पर उसका अस्तित्व निर्भर करता है।'
3. **निरंकुशता की सम्भावना कम** : इस व्यवस्था में सरकार व्यवस्थापिका के प्रति उत्तरदायी होती है अतः वह निरंकुश नहीं हो पाती। संसदीय व्यवस्था में मन्त्रिमण्डल सीमाओं का उल्लंघन व कर्तव्यों की उपेक्षा करने की बात सोच भी नहीं सकता क्योंकि प्रश्न, निन्दा प्रस्ताव, काम रोको प्रस्ताव, कटौती प्रस्ताव, अविश्वास प्रस्ताव उनके सिर पर तलवार की भाँति बने रहते हैं। इंग्लैंड व भारत के संसदीय शासन में अनेक ऐसे उदाहरण हैं।
4. **गत्यावरोध की आशंका कम** : इस शासन व्यवस्था में शक्ति पृथक्करण सिद्धान्त के अभाव के कारण कोई अंग दूसरे अंग की कार्यविधि में रुकावट नहीं बनता इसलिए इस व्यवस्था में गत्यावरोध की आशंका कम होती है।
5. **योग्यतम अनुभवी व लोकप्रिय व्यक्तियों का शासन** : व्यवस्थापिका के जिन सदस्यों को अनुभव, योग्यता के आधार पर अपने राजनीतिक दल व देश की राजनीति में बहुत अधिक लोकप्रियता व सम्मान प्राप्त हो जाता है, वे व्यक्ति साधारणतया मन्त्रिपरिषद् के सदस्य नियुक्त होते हैं।
6. **राजनीतिक शिक्षा** : जनता व्यवस्थापिका व कार्यपालिका से सीधे सम्पर्क में रहती है। इस कारण जनता में राजनीतिक जागरूकता

बनी रहती है जबकि अध्यक्षात्मक शासन व्यवस्था में यह सम्भव नहीं।

7. **लोकतन्त्रीय सिद्धान्तों का रक्षण** : यह प्रणाली लोकतन्त्र के सिद्धान्तों की रक्षा करती है क्योंकि इसमें कार्यपालिका व्यवस्थापिका के प्रति पूर्ण रूप से उत्तरदायी रहती है और प्रत्येक विभाग तानाशाह नहीं हो सकता। उस विभाग पर दूसरे विभाग का अंकुश रहता है।
8. **अवसर–अनुकूलन परिवर्तनशीलता** : संसदात्मक शासन में इस बात की गुंजाइश रहती है कि राष्ट्रीय संकट के किसी असाधारण अवसर पर राजशक्ति का प्रयोग करने वाले व्यक्तियों में परिवर्तन किया जा सके। उदाहरण के लिए, प्रथम महायुद्ध के समय इंग्लैंड ने एस्किवथ के स्थान पर लॉयड जार्ज व द्वितीय विश्व युद्ध के समय चैम्बरलेन के स्थान पर चर्चिल को अपना प्रधानमन्त्री बनाया था।

संसदात्मक शासन व्यवस्था के दोष

1. **शक्ति पृथक्करण सिद्धान्त का विरोध** : इस सिद्धान्त के अनुसार शासन के अन्तर्गत व्यवस्थापन शासन व न्याय सम्बन्धी शक्तियाँ अलग–अलग हाथों में रहनी चाहिए। लेकिन संसदात्मक पद्धति शक्ति पृथक्करण सिद्धान्त के विरुद्ध है क्योंकि इसमें कार्यपालिका व व्यवस्थापिका में घनिष्ठ सम्बन्ध रहता है।
2. **दलीय तानाशाही का भय** : व्यवस्थापिका के लोकप्रिय सदन में जिस राजनीतिक दल को बहुमत प्राप्त होता है उसी के द्वारा कार्यपालिका का निर्माण किया जाता है। इस प्रकार इन दोनों विभागों की शासन शक्ति आवश्यक रूप से एक ही हाथों में आ जाती है। यह राजनीतिक दल मनमाने तरीक़े से शक्ति का प्रयोग कर सकता है। दलीय तानाशाही का भय हर समय लगा रहता है।
3. **निर्बल शासन** : संसदात्मक प्रणाली में कोई एक व्यक्ति ऐसा नहीं होता जिसके हाथ में सम्पूर्ण शक्ति हो जो राज्य के प्रशासन के लिए पूर्ण रूप से उत्तरदायी हो। अतः शासन में निर्बलता स्वाभाविक है।

4. **बहुदलीय व्यवस्था में सरकार के निर्माण में कठिनाई :** बहुदलीय व्यवस्था होने पर व्यवस्थापिका में किसी भी एक राजनीतिक दल को सामान्यतः बहुमत प्राप्त नहीं होता। तोड़–फोड़ के आधार पर मिले–जुले मन्त्रिमण्डल का निर्माण किया जाता है जो कि शासन को स्थिर नहीं रहने देता है। बहुमत जुटाने के लिए भ्रष्ट साधनों का प्रयोग किया जाता है।
5. **कार्यपालिका की अस्थिरता :** कार्यपालिका का कार्यकाल व्यवस्थापिका के विश्वास पर निर्भर करता है। जिस देश में छोटे–छोटे राजनीतिक दल हों, वहाँ पर तो मन्त्रिपरिषद् में जल्दी–जल्दी परिवर्तन होने के कारण शासन कार्य असम्भव होने लग जाता है। 1972 के बाद भारतीय संघ में बिहार, हरियाणा, पश्चिम बंगाल, उत्तर प्रदेश आदि राज्य में यह बात प्रत्यक्ष देखी गयी है।
6. **नीतियों में अनुरूपता नहीं :** जब भी सरकार बदलती है तब नया मन्त्रिमण्डल अपने पूर्वाधिकारी द्वारा अपनायी गयी नीति के विपरीत ही नीति अपनायेगा। इस कारण सरकार में नीति की अनुरूपता नहीं पायी जाती है।
7. **अक्षम व्यक्तियों का शासन :** इस प्रणाली में प्रधानमन्त्री द्वारा मन्त्रिपरिषद् का निर्माण योग्यता एवं विभागीय ज्ञान के आधार पर नहीं वरन् लोकप्रियता व अपने राजनीतिक दल की स्थिति के आधार पर किया जाता है। शासन ऐसे व्यक्ति के हाथ में चला जाता है जिसको उसके विभाग से सम्बन्धित कोई ज्ञान नहीं होता है।
8. **मन्त्रिपरिषद् में अधिनायकवाद की प्रवृत्ति :** वर्तमान समय में संसदात्मक शासन में यह प्रवृत्ति सामने आयी है। सम्पूर्ण राजशक्ति मन्त्रिपरिषद् के हाथों में केन्द्रित हो जाती है इस प्रकार अधिनायकवाद पनपता है। रेम्जेम्योर ने ब्रिटिश तानाशाही का उल्लेख किया है।
9. **प्रशासन के कार्य की ओर उचित ध्यान नहीं :** कार्यपालिका व व्यवस्थापिका के सम्बन्ध होने के कारण मन्त्रियों का बहुत समय क़ानून निर्माण में चला जाता है। इसके अतिरिक्त मन्त्रिपरिषद् लोकप्रियता पर निर्भर करती है। मन्त्रियों का कार्यभार बढ़ जाता है।

परिणामस्वरूप मन्त्रिगण शासन सम्बन्धी कार्यों पर यथोचित ध्यान नहीं दे पाते।

10. **उग्र राजनीतिक दलबन्दी** : अध्यक्षात्मक व्यवस्था में राजनीतिक दल केवल निर्वाचन के समय सक्रिय होते हैं जबकि संसदात्मक व्यवस्था में शक्ति प्राप्त करने की आशा से राजनीतिक दल सदैव सक्रिय रहते हैं। सत्तारूढ़ दल विरोधी दलों में सत्ता हथियाने के लिए सदैव आरोप–प्रत्यारोप चलते रहते हैं जिससे राजनीतिक वातावरण दूषित हो जाता है।

11. **मन्त्रिमण्डलों का बढ़ता हुआ आकार** : संसदात्मक शासन में मन्त्रिमण्डलों का आकार दिन–प्रतिदिन बढ़ता जा रहा है। भारतीय संघ के अनेक राज्यों में मन्त्रिमण्डलों का आकार बहुत अधिक बढ़ रहा है। जिससे प्रशासनिक व्यय बढ़ता है और शासन का उचित रूप से संचालन नहीं हो पाता है।

संसदात्मक व्यवस्था में इन दुर्गुणों के बावजूद वर्तमान समय में विश्व स्तर पर इस प्रणाली को अनेक स्थानों पर अपनाया जा रहा है। इस व्यवस्था में अन्तर्निहित तत्त्व इसकी विकृतियों को सही करते रहते हैं।

अध्यक्षात्मक शासन

जिस शासन व्यवस्था के अन्तर्गत कार्यपालिका विभाग व्यवस्थापन विभाग से सर्वथा पृथक् होता है और कार्यपालिका विभाग का प्रधान एक ऐसा व्यक्ति होता है जो व्यवस्थापिका के प्रति उत्तरदायी नहीं होता, उसे अध्यक्षात्मक शासन कहते हैं। संयुक्त राज्य अमेरिका, ब्राजील आदि राज्यों में यही व्यवस्था अपनायी गयी है। गार्नर अपनी कृति 'पोलिटिकल साइंस एंड गर्वनमेंट' में लिखते हैं, 'यह वह शासन व्यवस्था है जिसमें कार्यपालिका अपनी अवधि, शक्ति व कार्यों के सम्बन्ध में व्यवस्थापिका से स्वतन्त्र रहती है।'

इस व्यवस्था में राज्य का प्रधान एक राष्ट्रपति होता है जो प्रजा द्वारा प्रत्यक्ष–अप्रत्यक्ष रूप से चुना जाता है। वह कार्यपालिका का वास्तविक अध्यक्ष होता है तथा संविधान द्वारा निर्धारित समस्त शक्तियों का उपभोग करता है। वह विधानमण्डल के प्रति उत्तरदायी नहीं होता है। वह अपनी सहायता, सलाह व सहूलियत के लिए कुछ व्यक्तियों का सलाहकारी मण्डल बनाता है। इस सलाहकार मण्डल का हर सदस्य निश्चित अवधि

के लिए चुना जाता है। उसको विश्वासघात व देशद्रोह के कारण पद से हटाया जा सकता है।

अध्यक्षात्मक शासन की विशेषताएँ

अध्यक्षीय शासन में राष्ट्रपति राज्य व सरकार दोनों का ही प्रधान होता है। इस प्रकार ऐसे शासन में संसदीय शासन की तरह दो कार्यपालिकाओं (नाममात्र की व वास्तविक) नहीं होती हैं। संविधान द्वारा कार्यपालिका की शक्तियाँ राष्ट्रपति को प्राप्त होती हैं। साथ ही उसकी शक्तियाँ वास्तविक भी होती हैं।

1. **राष्ट्रपति का निश्चित कार्यकाल** : अध्यक्षीय सरकार में राष्ट्रपति एक निश्चित अवधि के लिए निर्वाचित किया जाता है। अमेरिका में राष्ट्रपति का कार्यकाल चार वर्ष के लिए निश्चित है। इस अवधि से पहले व्यवस्थापिका उसे महाभियोग के अलावा अन्य किसी तरह से नहीं हटा सकती है।
2. **राष्ट्रपति व्यवस्थापिका के प्रति उत्तरदायी नहीं** : राष्ट्रपति या उसके मन्त्री न तो व्यवस्थापिका के सदस्य होते हैं और न ही उन्हें अपने कार्यों के लिए व्यवस्थापिका के समर्थन पर निर्भर रहना पड़ता है।
3. **शक्ति पृथक्करण सिद्धान्त पर आधारित** : अध्यक्षीय सरकार की एक महत्त्वपूर्ण विशेषता है कि यह शक्ति पृथक्करण के सिद्धान्त पर आधारित है। सरकार के अंग एक–दूसरे से स्वतन्त्र व पृथक् होते हैं। कार्यपालिका के सदस्य न तो व्यवस्थापिका के सदस्य होते हैं न वे क़ानून निर्माण में भाग लेते हैं। इसी प्रकार व्यवस्थापिका केवल क़ानून बनाती है। वह राष्ट्रपति व उसके मन्त्रियों से न तो प्रश्न पूछ सकती है और न अविश्वास प्रस्ताव से उसे पदच्युत कर सकती है।

डी.वी.वर्ने ने अपनी कृति 'एनालिसिस ऑफ़ पोलिटिकल सिस्टम' (Analysis of Political System) में अध्यक्षात्मक शासन की विशेषताओं का उल्लेख किया है :

1. **अध्यक्षात्मक शासन में कार्यपालिका विभक्त नहीं होती** : इस प्रणाली में एकल कार्यपालिका होती है। एक राष्ट्रपति ही

राज्याध्यक्ष व शासनाध्यक्ष होता है। राष्ट्रपति में नाममात्र की तथा वास्तविक दोनों ही शक्तियाँ विद्यमान रहती हैं।

2. **राष्ट्रपति की एकमात्र कार्यपालिका** : राष्ट्रपति ही एकमात्र कार्यपालिका होता है और वह कार्यपालिका की शक्तियों का एकमात्र धारक ही होता है।
3. **कार्यपालिका संविधान के प्रति उत्तरदायी** : कार्यपालिका को संविधान द्वारा शक्तियाँ प्राप्त होती हैं इसलिए वह संविधान के प्रति उत्तरदायी रहती है।
4. **कार्यपालिका प्रत्यक्ष रूप से निर्वाचकों के प्रति उत्तरदायी** : लोकतान्त्रिक व्यवस्थाओं में ही निर्वाचित संस्था का निर्वाचकों के प्रति उत्तरदायित्व होता है। अध्यक्षात्मक व्यवस्था में कार्यपालिका को प्रत्यक्ष व अप्रत्यक्ष रूप से निर्वाचक चुनते हैं इस कारण निर्वाचकों के प्रति उसका प्रत्यक्ष उत्तरदायित्व रहता है।
5. **राष्ट्रपति विधानमण्डल न तो भंग कर सकता है न ही बाध्य** : व्यवस्थापिका की निश्चित अवधि होती है। इस अवधि से पहले उसे कोई भंग नहीं कर सकता। राष्ट्रपति को व्यवस्थापिका सम्बन्धी कोई अधिकार नहीं होते हैं।

अध्यक्षीय सरकार के गुण

1. **शासन में स्थायित्व** : अध्यक्षीय शासन का सबसे महत्त्वपूर्ण गुण है शासन में स्थायित्व। निश्चित कार्यकाल के कारण राष्ट्रपति अधिक आत्मविश्वास के साथ नीतियों का निर्माण व उन पर अमल कर सकता है। उसे अपने कार्यों को पूरा करने के लिए व्यवस्थापिका की ओर ताकने की आवश्यकता नहीं होती है।
2. **शासन में कुशलता** : शक्ति पृथक्करण पर आधारित होने के कारण यह शासन संसदीय शासन की तुलना में अधिक कुशल होता है।

   मैरियट के अनुसार, 'शासन की इस व्यवस्था में प्रशासन में वास्तविक रूप से कुशलता आती है। क्योंकि मन्त्रियों को हर समय व्यवस्थापिका में उपस्थित रहने में समय लगना नहीं होता व व्यवस्थापन कार्य भी कुशलता से होता है क्योंकि व्यवस्थापिका सदस्यों के मस्तिष्क विशिष्ट कार्य में लगे रहते हैं।'

3. **दलबन्दी का अभाव :** इस प्रणाली में कार्यपालिका व व्यवस्थापिका के निर्वाचनों के समय ही राजनीतिक दल सक्रिय रहते हैं, हर समय नहीं, क्योंकि राष्ट्रपति निश्चित अवधि के लिए चुना जाता है। अनावश्यक उसका विरोध भी नहीं होता है और दलबन्दी नहीं होती है।
4. **संकटकाल के लिए उपयुक्त :** यह शासन संकटकाल के लिए उपयुक्त शासन है। इसका कारण यह है कि कार्यपालिका की सैद्धान्तिक व व्यावहारिक शक्तियाँ एक ही हाथों में होती हैं। अतः संकट के समय में अकेला राष्ट्रपति निर्णय लेने में समर्थ है।
5. **राष्ट्रीय एकता की सुदृढ़ता :** अध्यक्षीय शासन का एक गुण यह भी है। व्यवस्थापिका में अनावश्यक विरोध न होने के कारण राष्ट्रीय एकता सुदृढ़ रहती है। राष्ट्रपति पूरे देश का नेता होता है एक दल का नहीं इसलिए भी उससे बुद्धिपूर्ण, न्यायोचित व राष्ट्रहित की अपेक्षा लोगों को रहती है।
6. **निरंकुशता का अभाव :** इस शासन में शक्ति पृथक्करण होता है। अतः शक्तियाँ एक स्थान पर केन्द्रित न होने के कारण जनता के अधिकारों व स्वतन्त्रताओं को संसदीय शासन की अपेक्षा कम ख़तरा रहता है। प्रतिबन्ध व सन्तुलन की प्रणाली द्वारा एक सरकार का अंग दूसरे सरकार के अंग को नियन्त्रित करता है।
7. **योग्यतम व्यक्तियों के मन्त्रिमण्डल का निर्माण सम्भव :** अध्यक्षात्मक शासन के अन्तर्गत राष्ट्रपति जिन व्यक्तियों को मन्त्रिपरिषद् में सम्मिलित करना चाहे उन व्यक्तियों को सम्मिलित कर सकता है। बी.एम. नेहरू ने लिखा है कि 'राष्ट्रपति योग्य व्यक्तियों के मन्त्रिमण्डल का निर्माण कर सकता है।'
8. **बहुदलीय प्रणाली वाले देशों के लिए उपयुक्त :** जहाँ बहुदलीय प्रणाली है वहाँ यह शासन अधिक लाभकारी हो सकता है। राष्ट्रपति का निर्वाचन एक निश्चित समय के लिए होता है। संसदीय सरकार की तरह मिले–जुले मन्त्रिमण्डलों का भय नहीं रहेगा।
9. **विशाल राष्ट्रों के लिए उपयुक्त :** जिस देश में भाषा, जाति व संस्कृति की विभिन्नता है उसमें संसदीय शासन की तुलना में अध्यक्षीय शासन अधिक सफल हो सकता है।

10. **कार्यपालिका विधानमण्डल पर छा नहीं सकती** : अध्यक्षात्मक सरकार शक्ति विभाजन के सिद्धान्त पर आधारित होने के कारण व्यवस्थापिका व कार्यपालिका अलग–अलग संगठित होती हैं। दलीय आधार पर कार्यपालिका, व्यवस्थापिका पर छा नहीं सकती। वह स्वतन्त्रतापूर्वक कार्य कर सकती है।

अध्यक्षात्मक सरकार के दोष

1. **अनुत्तरदायी व निरंकुश शासन** : इसमें राष्ट्रपति का कार्यकाल निश्चित होने के कारण उसके निरंकुश होने का ख़तरा बना रहता है। आलोचक इस प्रणाली को (निरंकुश) व (ग़ैर–ज़िम्मेदार) व (ख़तरनाक) कहते हैं।
2. **विधायी व प्रशासनिक विभागों में सहयोग का अभाव** : अध्यक्षीय शासन में शक्ति पृथक्करण के कारण सरकार के विभिन्न अंगों में सहयोग नहीं रह पाता है। प्रत्येक अंग एक–दूसरे अंग से ईर्ष्या रखते हैं व संघर्ष को तैयार रहते हैं। राष्ट्रपति न तो व्यवस्थापिका की समस्या को समझ पाता है न ही व्यवस्थापिका राष्ट्रपति की। इससे शासन में गतिरोध उत्पन्न हो जाता है।
3. **विदेश नीति की दुर्बलता** : अध्यक्षात्मक शासन में व्यवस्थापिका का कार्यपालिका के साथ सम्बन्ध न होने के कारण शक्तिशाली विदेश–नीति अपनाने में कठिनाई आती है। 1919 में राष्ट्रपति वुडरो विल्सन द्वारा की गयी 'वर्साय की सन्धि' को अमरीकन सीनेट द्वारा ठुकरा दिया गया।
4. **कठोर शासन प्रणाली** : अध्यक्षीय शासन में लचीलेपन का गुण नहीं है जो कि संसदीय शासन में है। आवश्यकतानुसार इस शासन प्रणाली में परिवर्तन नहीं किया जा सकता है।
5. **उत्तरदायित्व की अनिश्चितता** : इस शासन व्यवस्था में प्रशासनिक बुराइयों के लिए व्यवस्थापिका अथवा प्रशासन में से किसी एक को निश्चित रूप से उत्तरदायी नहीं ठहराया जा सकता है। व्यवस्थापिका व कार्यपालिका दोनों ही स्वतन्त्र रूप से कार्य करते हैं। यदि प्रशासन में कोई बुराई उत्पन्न होती है तो इसके लिए दोनों विभाग एक–दूसरे को उत्तरदायी ठहराने का प्रयत्न करते हैं।

6. **शक्ति पृथक्करण की अव्यावहारिकता** : अध्यक्षीय शासन शक्ति पृथक्करण के सिद्धान्त पर आधारित है। परन्तु यह सिद्धान्त अव्यावहारिक है। शासन के कार्यों का पूर्ण पृथक्करण न तो सम्भव है, न ही वांछनीय। समस्त शासन मनुष्य के शरीर के समान है। उसी प्रकार शक्ति पृथक्करण के कारण सरकार के सभी अंग एक–दूसरे से अलग–अलग नहीं रह सकते, उस कार्य में गतिरोध व मतभेद उत्पन्न होता है। प्रशासन निष्क्रिय हो जाता है।
7. **एक व्यक्ति पर उत्तरदायित्व** : अध्यक्षीय शासन का यह दोष भी है कि शासन का समस्त कार्यभार एक व्यक्ति पर आ जाता है जिसके कारण शासन की सफलता और विफलता के लिए वह अकेला उत्तरदायी होता है। यह राष्ट्रपति के गुणों, अवगुणों पर आधारित होता है।
8. **राजनीतिक शिक्षा में कमी** : संसदात्मक शासन प्रणाली में व्याप्त निर्वाचन व्यवस्था के कारण मतदाताओं में अधिक राजनीतिक जागरूकता और रुचि पायी जाती है। लेकिन अध्यक्षात्मक शासन व्यवस्था एक ही व्यक्ति के इर्द–गिर्द घूमती है। इसलिए लोगों में राजनीतिक उदासीनता देखने को मिलती है।

संसदीय व अध्यक्षात्मक शासन प्रणालियों का सबसे बड़ा ख़तरा वैचारिक अभ्याघात का दिखाई देता है। वर्तमान विश्व में विचारधाराओं के टकराव इतने प्रबल होते जा रहे हैं कि कई देश विचारधारा विशेष के अभ्याघात के बचाव के लिए संवैधानिक ढाँचों के प्रतिबन्धों से मुक्त आचरण करने लगते हैं। यहाँ यह भी ध्यान रखना चाहिए कि ब्रिटेन व अमरीका के सिद्धान्त व व्यवहार में बहुत बड़ा अन्तर आ गया है। वैसे भी अब सरकार का ढाँचा किसी व्यवस्था की वास्तविक कार्यप्रणाली का एक मामूली नियामक तथ्य रह गया है। अगर यह बात स्वीकार कर ली जाये तो फिर शासन व्यवस्थाओं की संरचनात्मक व्यवस्थाओं का महत्त्व ही नहीं रह जाता है और इस आधार पर किसी व्यवस्था को संसदीय या अध्यक्षात्मक शासन नाम देना ही अर्थहीन हो जाता है।

खण्ड : 4

परिचय

वर्तमान प्रजातान्त्रिक व्यवस्था के संचालन का आधार राजनीतिक दल हैं, जो राजनीतिक शक्ति को सार्वजनिक कल्याण के लिए प्राप्त करने के लिए प्रयत्नशील रहते हैं। राजनीतिक दलों के बीच राजनीतिक प्रतिस्पर्धा के माध्यम से ही सत्ता की प्राप्ति होती है। कई अवसरों पर राजनीतिक दल अपने ही स्तर पर राजनीतिक शक्ति प्राप्त करते हैं और कुछ स्थितियों में राजनीतिक दल राजनीतिक गठजोड़ के माध्यम से सरकारों का निर्माण करते हैं जिनमें राजनीतिक विचार और विचारधाराओं की अवहेलना होती है। वर्तमान समय में विकसित राजनीतिक समाजों में तो राजनीतिक दलों की संख्या कम ही नहीं है वरन् वे दो भागों में ही है।

प्रजातान्त्रिक व्यवस्थाओं में प्रतिनिधित्व के तरीक़ों पर विचार किया गया है जिसमें एकल प्रभावों और आनुपातिक प्रतिनिधित्व के माध्यम से प्रतिनिधित्व के आधार पर तो विस्तार दिया जा सकता है, किन्तु ये प्रणालियाँ स्थानीय स्तर पर कुछ जटिलताओं को भी जन्म देती हैं। निर्वाचन में मतदाता, एक महती इकाई है, जिसकी राजनीतिक शिक्षा, राजनीतिक जागरूकता न केवल प्रतिनिधित्व को प्रभावित करती है, वरन् शासन की दक्षता भी उससे प्रभावित हुए बिना नहीं रह सकती है।

वर्तमान चुनाव प्रणालियों में न केवल भारत की चुनाव प्रणाली का विश्लेषण है, वरन् अन्य देशों की प्रणालियों को भी समझने की चेष्टा है और उसमें सुधारों के लिए भी आग्रह किया गया है।

प्रत्यक्ष प्रजातन्त्र का वर्तमान में लगातार बड़ी होती जा रही व्यवस्थाओं के फलस्वरूप प्रयोग में लाना असम्भव नज़र आता है।

अध्याय–19

राजनीतिक दल : अर्थ, रूप और कार्य

–संजय लोढ़ा

राजनीतिक दल की परिभाषा

'राजनीतिक दल आधुनिक राजनीतिक जीवन है चाहे व्यवस्था तानाशाही हो या लोकतान्त्रिक, उनमें राजनीतिक दल पाये जाते हैं। लोकतान्त्रिक शासन में ये चेतना के केन्द्र होते हैं।'

गार्नर ने लिखा है, 'राजनीतिक दल किसी राज्य के अन्तर्गत मनुष्यों के उस संगठित समूह को कहते हैं जो किसी राजनीतिक उद्देश्य अथवा आर्थिक लक्ष्य की प्राप्ति के लिए शान्तिमय तथा क़ानूनों, साधनों से किसी देश के मतदाताओं के बहुमत को अपने पक्ष में करते हैं।' इसी तरह राजनीतिशास्त्री जिटेल ने कहा है कि 'राजनीतिक दल न्यूनाधिक संगठित उन नागरिकों का समूह होता है जो राजनीतिक इकाई के रूप में कार्य करते हैं, जिनका उद्देश्य अपने मतदान बल प्रयोग द्वारा सरकार पर नियन्त्रण करना व अपनी सामान्य नीतियों को क्रियान्वित करना होता है।'

राजनीतिक दल के आवश्यक तत्त्व

एडमंड बर्क, गेटिल, गिलक्राइस्ट, मैकाइवर आदि विद्वानों द्वारा राजनीतिक दल की जो परिभाषाएँ दी गयी हैं उनके आधार पर इन दलों के निम्नलिखित आवश्यक तत्त्व हैं :

गार्नर के अनुसार

1. मानव संगठन मनुष्यों का ऐसा समूह है जिसमें पदक्रम हो।
2. राजनीतिक दल के आर्थिक तथा राजनीतिक लक्ष्य होते हैं।
3. वैध तथा शान्तिपूर्ण उपायों से बहुमत को पक्ष में करना।
4. कार्यपालिका पर क़ब्ज़ा करने की इच्छा।

ला पोलोम्बरा के अनुसार

राजनीतिक दल एक औपचारिक संगठन है जिसका स्वचेतन व प्रमुख उद्देश्य ऐसे व्यक्तियों को सर्वाधिक पदों पर पहुँचाना है या उन पर बनाये रखना है जो अकेले या किसी के साथ मिलकर ऐसे पदों पर पहुँचते हैं। इस परिभाषा में निम्न तत्त्व हैं :

1. राजनीतिक दल एक औपचारिक संगठन है।
2. शासन तन्त्र पर नियन्त्रण रखने की चेतन इच्छा।

राबर्ट सी. बोन के अनुसार राजनीतिक दल व्यक्तियों का ऐसा संगठन है जो अपने उद्देश्य को, सरकार पर औपचारिक नियन्त्रण प्राप्त करके, समाज में मूल्यों के अधिकाधिक वितरण में प्राथमिकता के मुद्दे बनाने का प्रयत्न करता है। अतः बोन के अनुसार तत्त्व निम्न हैं :

1. मानव संगठन
2. सरकार पर औपचारिक नियन्त्रण
3. मूल्यों का अधिकाधिक वितरण

गार्नर के अनुसार

1. संगठन की निरन्तरता : संगठन के सदस्यों की जीवन अवधि से राजनीतिक दल की अवधि होती है।
2. नियमित सम्प्रेषण : अपनी बात को अपने दल के सदस्यों तक पहुँचाना। प्रशासन के विभिन्न स्तर पर दल के सदस्यों के बीच नियमित संचार होना चाहिए।
3. सत्ता प्राप्त करना या सत्ता प्राप्त करने का चेतन संकल्प तीसरी महत्त्वपूर्ण चीज़ है। सत्ता प्राप्ति या सत्ता को प्रभावित करने की कोशिश करना अर्थात कार्यपालिका की शक्तियों को प्राप्त करने की इच्छा रखना।
4. जन समर्थन प्राप्त करने के लिए प्रयत्नशील रहना : राजनीतिक दलों को चुनावों में अपना समर्थन जुटाने की चिन्ता हो और वे समर्थन प्राप्त करने के लिए प्रयत्नशील हों।

सामान्यतः राजनीतिक दल के आवश्यक तत्त्व इस प्रकार हैं :

1. **संगठन :** राजनीतिक दल का प्रथम आवश्यक तत्त्व यह है कि वे संगठित होने चाहिए। आधारभूत समस्याओं के सम्बन्ध में एक ही प्रकार का विचार रखने वाले व्यक्ति जब तक संगठित न हों

तब तक उसे राजनीतिक दल नहीं कहा जा सकता। राजनीतिक दलों की शक्ति संगठन पर निर्भर करती है। संगठन के आधार पर ही उनके द्वारा शासन शक्ति प्राप्त कर अपनी नीति को कार्य रूप में परिणित करने का प्रयत्न करता है।

2. **सामान्य सिद्धान्तों की एकता** : राजनीतिक दल का संगठित रूप से कार्य करना उसी समय सम्भव है जबकि राजनीतिक दल के सदस्य सामान्य सिद्धान्तों के सम्बन्ध में एक ही प्रकार के विचार रखते हों।
3. **संवैधानिक साधनों में विश्वास** : राजनीतिक दल के लिए आवश्यक है कि वह अपनी नीति या विचारों को कार्यरूप में परिणित करने के लिए संवैधानिक मार्ग का अनुसरण करे।
4. **शासन पर प्रभुत्व की इच्छा** : राजनीतिक दल का उद्देश्य शासन पर प्रभुत्व स्थापित कर अपने विचारों व नीतियों को कार्य रूप में परिणित करना होता है। यदि कोई संगठन शासन के बाहर रहकर कार्य करना चाहता है तो उसे राजनीतिक दल नहीं कहा जा सकता है।
5. **राष्ट्रीय हित** : राजनीतिक दल के लिए आवश्यक है कि उनके द्वारा किसी विशेष जाति, धर्म या वर्ग के हित को ध्यान में रखकर नहीं वरन् सम्पूर्ण राज्य के हित को दृष्टि में रखकर कार्य किया जाना चाहिए।

राजनीतिक दलों की उत्पत्ति

राजनीतिक दल आधुनिकता की सन्तान भी हैं और उत्प्रेरक भी। आधुनिकता की सन्तान से अर्थ यह है कि जब तक आधुनिकता के स्तर तक नहीं पहुँचते तब तक दल नहीं बनते। राजाओं के समय और सामन्तवादी व्यवस्था में कोई दल नहीं थे। 'राजनीतिक दल उत्प्रेरक हैं।' जनरीति के संगठनकर्ता हैं। इनमें सभी प्रकार की व्यवस्थाएँ पायी जाती हैं। माईरन वीनर ने लिखा है कि 'राजनीतिक दल तब पैदा होते हैं जबकि राजनीतिक दल में गतिविधियाँ पेचीदगियों के स्तर पर पहुँच जाती हैं।'

राजनीतिक दल की उत्पत्ति के सिद्धान्त

1. संस्थात्मक सिद्धान्त
2. ऐतिहासिक सिद्धान्त

3. विकासवादी सिद्धान्त

1. **संस्थात्मक सिद्धान्त** : यह सिद्धान्त कहता है कि राजनीतिक दल राजनीतिक व्यवस्था के संस्थात्मक प्रवेश से उत्पन्न होते हैं। संस्था, अध्यक्षात्मक शासन व्यवस्था, एकात्मक व संघात्मक व्यवस्था में सत्ता का छितराव व निर्वाचन इन तीन चीज़ों से राजनीतिक दल बनते हैं। जहाँ भी व्यवस्थापिकाएँ हैं वहाँ निर्णय प्रक्रिया का आधार दल हैं। धीरे–धीरे ये गुट औपचारिक संगठन बना सकते हैं व इस प्रकार संगठन से दल बनते हैं। संसद से बाहर भी दल बनते हैं। संसद इन दलों की उत्पत्ति में सहचर है। संसद दल उत्पत्ति के लिए अप्रत्यक्ष रूप से उत्तरदायी होती है। संसद में जैसी नीति अपनायी जा रही है, वह भी दल उत्पत्ति में सहायक होती है।

   अमेरिका अध्यक्षात्मक व्यवस्था में राष्ट्रपति नीति बनाता है पर उसकी स्वीकृति कांग्रेस देती है। किसी नीति के समर्थन व उसके विरोध में जनता संगठित हो सकती है। संस्थात्मक सत्ता के छितराव से राजनीति दल बनते हैं। यह छितराव अलग–अलग प्रकार का हो सकता है। ये तब होता है जब संविधान के द्वारा सत्ता का छितराव किया जाता है तो संस्थात्मक छितराव कहलाता है। ये अलग तरीक़े का है। ये एकात्मक व संघात्मक व्यवस्था में भी देखने को मिलता है।

2. **ऐतिहासिक सिद्धान्त** : राजनीतिक दल ऐतिहासिक संकट पर या किसी नेता की प्रेरणा पर स्वतः खड़े हो सकते हैं। उदारवादी जनता पार्टी का उद्‌भव ऐतिहासिक संकट सिद्धान्त से हुआ। ये किसी महत्त्वपूर्ण कारण से अचानक उत्पन्न होते हैं।

वीनर ऐतिहासिक संकट तीन प्रकार के बताते हैं :

1. **वैधता का संकट** : दल तब बनते हैं जबकि वैधता का संकट उत्पन्न हो जाये। जो दल सरकार में हैं क्या जनता उनमें विश्वास करती है? क्या वे जनता का प्रतिनिधित्व करते हैं? निर्वाचन तो दिखावा भी हो सकता है जैसा साम्यवाद में होता है।

2. **सहभागिता का संकट** : जब राजनीतिज्ञों को राजनीतिक व्यवस्था में भाग लेने का अवसर न मिले तो वे नया दल बना देते हैं। जब लोग महसूस करते हैं कि दल वास्तविक कार्यकर्ताओं को टिकट नहीं देते हैं तो ऐसे में जनता सरकारों से सहयोग नहीं कर पाती तो दल बनते हैं।

3. **प्रादेशिक संकट** : ये संकट संघात्मक व्यवस्था में होते हैं। प्रादेशिक एकीकरण के दलों के एकीकरण का आधार क्षेत्रीयता होती है। ऐसे में नये दल बनते हैं उदाहरण स्वरूप–अकाली दल, शिवसेना आदि।

3. **विकासवादी सिद्धान्त** : दलों की उत्पत्ति आधुनिकता की देन है। आज दल औद्योगिक क्रान्ति से बने हैं। जब एक सीमा तक औद्योगीकरण होता है तब दल बनते हैं। लोग नौकरी करते हैं उनके पास समय होता है एवं उनकी नौकरी से सम्बन्धित माँगें और शिकायतें होती हैं। दलों के माध्यम से वे उन्हें अभिव्यक्त करते हैं। ज्यों–ज्यों विकास होता है तब दल बनते हैं। इस सिद्धान्त में आंशिक सत्य है कि औद्योगिक विकास के कारण दल बनते हैं।

दलों का वर्गीकरण

'एलेन बॉल' राजनीतिक दलों के 7 प्रकार बताते हैं :

1. **अस्पष्ट द्वि–दलीय पद्धति** : इनमें दो दल तो होते हैं पर इनमें स्पष्ट नहीं होता कि दोनों कैसे एक–दूसरे से भिन्न हैं। दोनों के चुनाव घोषणा–पत्र एक जैसे होते हैं। इसमें दलीय विचारधारा पर बल होता है। दल के नेता दल को गौरवान्वित करते हैं। मत प्राप्त करने पर ध्यान केन्द्रित किया जाता है।
   उदाहरणस्वरूप अमेरिका में दलीय व्यवस्था; यहाँ दल नहीं क्रान्ति पर बल दिया जाता है। दोनों दलों का चुनाव घोषणा–पत्र एक जैसा होता है।

2. **सुस्पष्ट दलीय पद्धति** : यह सुस्पष्ट होती है। विचारधारा पर बल देते हैं। दोनों दलों में भेद कर सकते हैं। इसका सबसे अच्छा उदाहरण ब्रिटेन है। इनमें वर्ग पर आधारित पद्धति होती है। चुनाव विचारधारा के आधार पर होता है।

3. **कार्यवाही पद्धति या बहुदलीय पद्धति** : बहुदलीय व्यवस्था वह व्यवस्था है जहाँ पर दो से अधिक दल पाये जाते हैं। पर ये कार्य वैसे ही करते हैं जैसे दो दल ही हों। उदाहरणस्वरूप नॉर्वे, स्वीडन आदि।
4. **अस्थिर बहुदलीय पद्धति** : यहाँ सरकार साझेदारी से बनती है। इसका सबसे बड़ा उदाहरण इटली है। वहाँ आठ दल हैं। द्वितीय विश्वयुद्ध से आज तक कोई दल वहाँ बहुमत प्राप्त नहीं कर पाया है।
5. **प्रभावी बहुदल पद्धति** : यह वह पद्धति है जिसमें दलीय प्रतियोगिता के कारण एक दल का उदय होता है। इसका उदाहरण कांग्रेस दल है। इसमें दल को बहुमत अधिक मिलता है। उसे विरोधी दल की चिन्ता नहीं रहती है। दूसरा उदाहरण मैक्सिको है वहाँ सन् 1917 से राष्ट्रपति पी.आर.आई. दल का आता रहा है।
6. **एक दलीय पद्धति** : इसमें एक ही दल हुआ करता है। एक दलीय पद्धति ऐसी हो सकती है जैसी साम्यवादी देशों में। बर्मा, तंजानिया, क्यूबा, बांग्लादेश इसके उदाहरण हैं। एक दल में सरकार चाहती है कि जनता व शासन के अच्छे सम्बन्ध हों।
7. **सर्वाधिकारवादी दल पद्धति** : वहाँ एक ही राजनीतिक दल होता है। वह दल सामाजिक, आर्थिक, राजनीतिक सभी पहलुओं को नियन्त्रित करने का प्रयास करता है। यह एक दलीय व्यवस्था होती है। एक दल अन्य क्षेत्रों में हस्तक्षेप नहीं करते। उदाहरण– रूस, चीन। जबकि सर्वाधिकारवादी दल व्यवस्था में सभी दलों में हस्तक्षेप किया जाता है।

दूसरा वर्गीकरण पोलोम्बरा तथा वीनर का है। यह विद्वानद्वय राजनीति दल को दो रूप में देखते हैं :

1. प्रतियोगी दल प्रणालियाँ
2. अप्रतियोगी दल प्रणालियाँ

प्रतियोगी दल प्रणालियाँ : ये चार प्रकार की होती हैं :

1. **आधिपत्य वैचारिक** : एक दल बहुत समय तक सरकार पर नियन्त्रण रखता है। इसमें केन्द्रीय पद्धति विचार की रहती है। एक दल बहुत समय तक सत्ता में रहता है या वह बार–बार सत्ता

में आता है। इसलिए वह सत्ता पर छा जाता है। उदाहरण–भारत में कांग्रेस पार्टी 1950 से 1977 तक सत्ता में रही। इसे हम आधिपत्य वैचारिक पद्धति कहते हैं।

2. **आधिपत्य फलमूलक दल पद्धति** : राजनीतिक दल बहुत लम्बे समय तक शासन में रहते हैं, उसकी विचारधारा बदलती रहती है। उसकी विचारधारा में केन्द्रीयता नहीं है। वरन् फलमूलक ही है। उदाहरण 1896 से 1932 तक अमेरिका की रिपब्लिकन पार्टी इसी प्रकार की दल पद्धति का अनुसरण करती रही।
3. **परिवर्तनीय वैचारिक दल पद्धति** : इसमें दलों की अदला–बदली होती रहती है। एक दल सत्ता में आ कर पुरानी पार्टी की नीति हटा कर नयी नीति लागू करता है। फिर दूसरा दल आ जाता है और वह फिर पुरानी नीति समाप्त कर नयी नीति लागू कर देता है।
4. **परिवर्तनीय फलमूलक दल पद्धति** : ऐसे देशों में राजनीतिक दलों के तेज़ी से आने–जाने की प्रवृत्ति तो होती है लेकिन वैचारिक मतभेद नहीं होते हैं। वह पुरानी नीतियों को उखाड़ता नहीं है। दल इसमें अपने लोगों को प्रभावित करने के लिए कार्य करते हैं।

अप्रतियोगी दल प्रणालियाँ : इसके तीन प्रकार हैं :

इनमें चुनावी प्रतियोगिता का अभाव होता है। दल तानाशाह बना रहता है। जहाँ भी अप्रतियोगी दल हैं वहाँ कुछ विशेष कारणों से दल बन जाते हैं। महत्त्वपूर्ण समस्या के समाधान हेतु दल बनने पर इनके पीछे निश्चित इतिहास होता है। वहाँ दल की संरचना कार्यविधि ऐसी होती है कि एक ही दल पनपता है।

1. **एक दलीय निरंकुश पद्धति** : वहाँ एक दल की विचारधारा दल के नेता की विचारधारा होती है। एक दलीय पूरी सामाजिक व सांस्कृतिक व्यवस्था पर छाया रहता है। दल का व देश का संचालक एक चमत्कारिक व्यक्ति होता है। उदाहरण–बर्मा में जर्नल डेनिल, स्पेन में फ्रेंको, क्यूबा में फिदेल कास्त्रो।
2. **एक दलीय बहुलतावादी पद्धति** : इसमें एक दल की प्रवृत्ति विभिन्न समूह को आत्मसात करने की होती है। ये दल स्पष्ट करता है कि एक दल होने के कारण देश की प्रगति हो रही है अन्यथा नहीं होती।

3. **एक दलीय सर्वाधिकारी पद्धति** : इसमें राज्य दल के हाथ में खुला साधन होता है। इसमें व्यक्ति ही नहीं दल की विचारधारा होती है। सभी व्यवस्थाओं के लिए दल अपनी परमसत्ता का प्रयोग करता है। ये एक दलीय निरंकुश पद्धति में व्यक्ति की विचारधारा होती है जबकि इसमें दल की विचारधारा होती है। उदाहरण—साम्यवादी देश।

राजनीतिक दलों के कार्य

राजनीतिक दल समाज व सरकार के मध्य सेतु हो सकते हैं। दूसरा समाज व सरकार पर आश्रित हो सकते हैं। रॉबर्ट सी. बोन कहते हैं कि राजनीतिक दल की स्थिति परिवर्तनशील होती है। वे राजनीति दलों को तीन कार्य देते हैं :

1. **मध्यवर्ती चर के रूप में राजनीतिक दल की भूमिका** : राजनीतिक दल समाज व सरकार के बीच हस्तक्षेप, कड़ी या बीच की स्थिति बनाये रखता है। ये जनता की माँगों को सरकार तक और सरकार के निर्णय को जनता तक ले जाते हैं। मध्यवर्ती चर तीन प्रकार के कार्य करते हैं :
   - नीतियों को जनता/समर्थकों को समझाना।
   - समाज की माँगों को राजनीतिक व्यवस्था तक पहुँचाना।
   - सत्ता में आने अथवा बने रहने के लिए लोकमत की परख करना।
2. **आश्रित चर के रूप में भूमिका** : सामाजिक दलों के कार्यों का दूसरा स्वरूप समाज व सरकार के आश्रित रूप में दिखाई देता है। किसी समाज की क़ानून संरचना, सांस्कृतिक ढाँचे में राजनीतिक दलों की कोई भूमिका निभाने न निभाने के लिए दबाव डालता रहता है। ये पर्यावरण से प्रभावित ही नहीं वरन् सीमित भी रहते हैं। एक ओर सरकार से व दूसरी ओर समाज आश्रित रह कर कार्य करते हैं।
3. **स्वतन्त्र चर के रूप में दल की भूमिका** : राजनीतिक दलों का ये कार्य ऐसा है जिसमें वह सामाजिक व्यवस्था व सरकार के रूप में ऊपर होते हैं। जहाँ दो दल हैं वहाँ एक दल दूसरे को स्वतन्त्र नहीं होने देगा। सर्वसत्ताधारी व्यवस्थाओं में ही दल व्यवस्था के ऊपर होता है। स्वतन्त्र चर के रूप में जब यह कार्य

करता है तो ऐसे में उसे समाज व सरकार दोनों से ऊपर रहना होता है।

राजनीतिक दलों के अन्य कार्य :

1. **नेताओं की भर्ती व चयन** : राजनीतिक दल नेताओं की भर्ती व चयन का कार्य करते हैं। प्रजातान्त्रिक व तानाशाही दोनों में दल ये कार्य करते हैं। नेता को चुनना इतने बड़े राष्ट्रों में सम्भव नहीं। ऐसे में दल महत्त्वपूर्ण भूमिका अदा करता है। राजनीतिक दल संस्थागत भूमिका के द्वारा नेता चुनते हैं। राजनीतिक दल के नेताओं की भर्ती उसकी योग्यताओं या लोकप्रियता के आधार पर हो, ये समस्या होती है। राजनीतिक दल अच्छे होते हैं जो लोकप्रिय लोगों को नेता चुनते हैं। राजनीतिक दल चुनावों के समय नेता प्रस्तुत करते हैं।
2. **नीति व कार्यक्रम का निर्माण** : राजनीतिक दलों का एक कार्य नीति–निर्माण करना होता है। दलों के अलावा कोई ये कार्य कर ही नहीं सकता। साथ ही नीति पर वे जनता की स्वीकृति दिला सकते हैं। सर्वाधिकारी व प्रजातान्त्रिक दोनों व्यवस्थाओं में नीति–निर्माण राजनीतिक दल करते हैं।
3. **सरकार का नियन्त्रण तथा समन्वय** : दल चाहे सत्ता में हो या विपक्ष में वह सरकार पर नियन्त्रण रखते हैं साथ ही समन्वय का कार्य करते हैं। अध्यक्षात्मक शासन में दल का महत्त्व और भी अधिक बढ़ जाता है। उदाहरण–अमेरिका में राष्ट्रपति नीति की स्वीकृति के लिए दल के पास जाता है।
4. **सत्ता का वैध्यकरण** : जिस व्यक्ति को जनता ने शासक चुना है वह व्यक्ति क़ानूनी व वैध शासक होता है। दो चुनावों के बीच के काल में यह प्रश्न उठता है कि क्या सरकार ने जनता में अपना विश्वास खो दिया है? अगर अविश्वास प्रस्ताव रखा जाता है और वह अनुमोदित हो जाता है तो इसका अर्थ है कि देश में क़ानूनी शासक नहीं है। अतः सत्ता के वैधीकरण का माध्यम राजनीतिक दल होता है।
5. **समाज का एकीकरण** : राजनीतिक दल समाज का एकीकरण करते हैं। राजनीतिक दल समाज में एक–सी मान्यताएँ व

विचारधारा पैदा करते हैं। इससे समाज में एकीकरण होता है। राजनीतिक दल व्यक्ति को क्षेत्रीयता से ऊपर उठाते हैं। क्षेत्रीय हितों को समीप रखते हैं। इस प्रकार राजनीतिक दल हित–समूहीकरण का कार्य करके समाज के एकीकरण को बढ़ावा देते हैं।

6. **सरकार व जनता के बीच की कड़ी** : राजनीतिक दल जनता व सरकार के बीच एक सम्पर्क सूत्र होते हैं। राजनीतिक दल जनता को प्रशिक्षित करते हैं। जन संचालन का कार्य दल करते हैं साथ ही जन आन्दोलन भी करते हैं।
7. **आधुनिकीकरण का उपकरण** : दल आधुनिकीकरण के उपकरण हैं वे व्यक्ति को धार्मिकता, जातीयता व नस्ल से ऊपर उठाते हैं। स्वतन्त्रता, समानता, आर्थिक स्वतन्त्रता दल के द्वारा ही लायी जा सकती है। दल आधुनिक बनाने का कार्य करते हैं। राजनीतिक दल राष्ट्रीय एकता, राष्ट्रीय दृष्टिकोण पैदा करते हैं। ये आधुनिकीकरण के पूरक व प्रेरक होते हैं।
8. **जन संचालन व सौदेबाज़ी** : राजनीतिक दल सौदेबाज़ी व जन संचालन का महत्त्वपूर्ण कार्य करते हैं।

इन सभी कार्यों के अलावा राजनीतिक दल शासन को मर्यादित करते हैं। राजनीतिक चेतना जाग्रत करते हैं, श्रेष्ठ क़ानूनों के निर्माण में सहयोग देते हैं और व्यापक रूप से राष्ट्रीय एकता में सहायक होते हैं। आलोचक मानते हैं कि राजनीतिक दल समाज का विखण्डन करते हैं, धन का अपव्यय करते हैं, भ्रष्टाचार फैलाते हैं और लोकतन्त्र को कमज़ोर करते हैं। लेकिन राजनीतिक दल आज किसी भी राजनीतिक व्यवस्था के लिए अपरिहार्य हैं।

विकासशील राज्यों में राजनीतिक दल राजनीतिक खेल के नियमों पर ही सहमत नहीं होने के कारण संवैधानिक साधनों से शासनतन्त्र चलाना अत्यन्त कठिन हो जाता है। विभिन्न दलों में टकराव व संघर्ष बढ़ता जाता है और राजनीतिक दल राजनीतिक प्रक्रिया को जोड़ने, सरल बनाने तथा स्थिर करने के स्थान पर इसको तोड़ने, पेचीदा बनाने और अस्थिर करने का यन्त्र बन जाते हैं। शासन व्यवस्था खोखली होने लगती है और राजनीतिक दलों में सत्तारूढ़ दल एकाधिकार की प्रवृत्ति से प्रेरित होने लगते हैं।

विचारधाराओं के बन्धन विकासशील राजनीतिक दलों के प्रेरक नहीं रहने के कारण अधिकांश दल कार्यक्रम व उद्देश्य निर्धारित नहीं कर पाते हैं, जनमत के अनावश्यक उतार–चढ़ाव व राजनीतिक दलों में नीति निरन्तरता नहीं रहने देते हैं। जनता की भावनाओं से खेल कर राजनीतिक दल जन समर्थन के प्रयास में जनता के आक्रोश का निशाना बन जाते हैं। सम्पूर्ण राजनीतिक व्यवस्था राजनीतिक दल–दल में फँसकर अचल बनने लगती है। इस अवस्था में मुक्ति की क्रान्ति, दल व्यवस्था को आमूल रूप से नष्ट करके, एक व्यक्ति या एक गुट विशेष के हाथों में सत्ता सौंपने का साधन बन जाती है।

अतः विकासशील राज्य राजनीतिक दल पद्धति के सुनिश्चित विकास में असफल होने लगते हैं। बहुत–से समाजों में सांस्कृतिक विविधता, परम्परागत बन्धनों की जकड़नें, जाति भाषा व रीतिरिवाजों के प्रभाव से दल की विकास प्रक्रिया में रुकावटें आती हैं। दलों पर अभिजनों का नियन्त्रण होता है, नेता का करिश्मा राजनीतिक दल की शक्ति होता है। इसलिए निष्कर्ष में कहना उचित होगा कि विकासशील राज्यों में दल पद्धतियों के प्रतिमान अभी भी प्रवाह की अवस्था में हैं तथा प्रतियोगी दल व्यवस्था का इन देशों में भविष्य उज्ज्वल नहीं दिखाई देता है।

अध्याय–20

निर्वाचन प्रणालियों के प्रतिमान

–निधि जैन

समानताओं के आधार पर विभिन्न निर्वाचन प्रणालियों को तीन प्रतिमानों में विभक्त किया जा सकता है। पहला प्रकार बहुमत प्रणालियों का है। दूसरा प्रकार निरपेक्ष बहुमत प्रणालियों का और तीसरा आनुपातिक प्रतिनिधित्व प्रणालियों का है।

बहुमत प्रणालियाँ

बहुमत प्रणालियों के तीन प्रकार पाये जाते हैं। पहला प्रकार बहुत्व या सामान्य बहुमत प्रणाली है। दूसरा सीमित बहुमत प्रणाली तथा तीसरा एकल असंक्रमणीय मत प्रणाली।

1. **बहुत्व या सामान्य बहुमत प्रणाली** : यह प्रणाली ब्रिटेन की देन है। इस प्रकार का प्रचलन यहीं से अन्यत्र हुआ है। इसमें एक निर्वाचन क्षेत्र से एक प्रतिनिधि सामान्य बहुमत द्वारा निर्वाचित होता है। हर निर्वाचन क्षेत्र से खड़े होने वाले अनेक उम्मीदवारों में जिस उम्मीदवार को सर्वाधिक मत प्राप्त होते हैं वही व्यक्ति उस निर्वाचन क्षेत्र से निर्वाचित होता है। यह प्रणाली सरलता के कारण ब्रिटेन के अलावा अमरीका, भारत, न्यूज़ीलैंड, दक्षिण अफ्रीका, श्रीलंका व बांग्लादेश इत्यादि देशों के प्रयोग में आती है।
2. **सीमित मत प्रणाली** : यह प्रणाली सामान्य बहुमत प्रणाली की अपेक्षा प्रतिनिधित्व को अधिक व्यापक बनाती है। इस प्रणाली में निर्वाचन क्षेत्र अनेक सदस्यीय होता है तथा हर राजनीतिक दल को कुल स्थानों में से एक या दो स्थान पर उम्मीदवार खड़े

करने होते हैं। इसके अन्तर्गत प्रत्येक मतदाता को उतने ही मत देने का अधिकार होता है, जितने स्थानों पर राजनीतिक दल को चुनाव उम्मीदवार खड़े करने का अधिकार होता है इस प्रणाली का प्रयोग मेक्सिको में किया जाता है।

3. **एकल असंक्रमणीय मत प्रणाली** : एकल असंक्रमणीय प्रणाली सीमित मत प्रणाली के समान ही है, केवल अन्तर इतना है कि इस प्रणाली में एक मतदाता का केवल एक ही मत होता है तथा निर्वाचन क्षेत्र में स्थानों की संख्या दो या इससे अधिक होती है।

सीमित मत प्रणाली तथा एकल असंक्रमणीय प्रणाली से सर्वाधिक बहुमत व सामान्य बहुमत प्रणाली का प्रचलन ज़्यादा है।

अधिकांश राज्यों जैसे भारत, अमेरिका, कनाडा, न्यूज़ीलैंड, दक्षिण अफ्रीका, श्रीलंका में सामान्य बहुमत प्रणाली ही प्रयोग में लायी जाती है। इसकी सरलता व राजनीतिक व्यवस्था व दलीय व्यवस्था पर हितकारी प्रभावों की सम्भावनाओं के कारण अनेक राज्यों में इसका प्रचलन हुआ।

पूर्ण बहुमत प्रणालियाँ

सामान्य बहुमत व्यवस्था से अनेक दलों वाली राजनीतिक व्यवस्था में निर्वाचन हमेशा ही अल्पमत के आधार पर होने के कारण प्रतिनिधित्व को अधिक व्यापक व न्यायोचित बनाने की विधियों की खोज की जाने लगी। उम्मीदवार को पूर्ण या निरपेक्ष बहुमत प्राप्त करने के लक्ष्य से निर्वाचन को दो प्रणालियों में प्रयोग किया जाता है :

1. **द्वितीय मतदान प्रणाली** : इस प्रणाली में एक निर्वाचन क्षेत्र में दो बार मतदान होता है। पहले मतदान में कई प्रत्याशी हो सकते हैं। प्रथम मतदान के परिणाम के बाद सर्वाधिक मत प्राप्त होने वाले दो उम्मीदवारों को छोड़कर शेष को निर्वाचन क्षेत्र से हटा दिया जाता है और इन दो के लिए दुबारा मतदान होता है। फ्रांस में इस प्रणाली का प्रयोग होता है।
2. **वैकल्पिक मत प्रणाली** : निरपेक्ष बहुमत व्यवस्था में दूसरी पद्धति वैकल्पिक मत प्रणाली है। इसे पसन्दगी मत व्यवस्था भी कहते हैं। इसका प्रयोग केवल एक सदस्यीय निर्वाचन क्षेत्रों में ही किया जा सकता है। इसके अन्तर्गत मतदाता जिस उम्मीदवार को चुनना चाहता है उसे अपनी पहली पसन्द व अन्य उम्मीदवारों

को दूसरी तथा तीसरी आदि पसन्दों का उल्लेख करके अपने वैकल्पिक मत भी व्यक्त करता है। मतगणना के समय सबसे पहले पहली पसन्दों की गणना की जाती है और अगर किसी उम्मीदवार को पूर्ण या निरपेक्ष बहुमत प्राप्त हो जाता है तो उसे निर्वाचित घोषित कर दिया जाता है।

आनुपातिक प्रतिनिधित्व प्रणाली

ऐसी चुनाव प्रणाली जिसमें मतदाता अधिक उम्मीदवारों को अपनी–अपनी पसन्द के क्रम में रख सकते हैं ताकि बहुमत के साथ–साथ अल्पमत को भी उचित प्रतिनिधित्व दिया जा सके। यह एक जटिल प्रणाली है इसके लिए कई तरीके अपनाये जा सकते हैं जो प्रस्तावित चुनावों के नियमों के अन्तर्गत निर्दिष्ट कर दिये जाते हैं।

आनुपातिक प्रतिनिधित्व प्रणाली में प्रतिनिधित्व को अधिक न्यायोचित बनाने के लिए सभी वर्गों, दलों, हितों तथा समूहों को उनके समर्थन अनुपात में प्रतिनिधित्व उपलब्ध कराने की व्यवस्था होती है। आनुपातिक प्रतिनिधित्व की निम्नलिखित प्रणालियों का प्रयोग होता है :

1. **एकत्रीभूत मत प्रणाली** : प्रतिनिधित्व को आनुपातिक व व्यापकतम बनाने के लिए एकत्रीभूत प्रणाली का प्रयोग किया जाता है। इस प्रणाली का उन्हीं निर्वाचन क्षेत्र में प्रयोग किया जा सकता है जहाँ अनेक स्थानों के लिए चुनाव करना हो। एक सदस्यीय निर्वाचन क्षेत्र में इसका प्रयोग नहीं हो सकता है।
   परन्तु इस प्रणाली से प्रतिनिधित्व का अनुपात शुद्ध नहीं होता है तथा इसमें बहुत छोटे–छोटे दलों को कभी–कभी अनुपात से अधिक प्रतिनिधित्व प्राप्त हो जाता है। इसलिए इस निर्वाचन प्रणाली को कहीं भी प्रयोग में नहीं ले सकते हैं।
2. **एकल संक्रमणीय मत प्रणाली** : इस प्रणाली के प्रयोग के लिए निर्वाचन क्षेत्र का आकार इतना बड़ा होना चाहिए कि उससे कई सदस्य चुने जा सकें। इस प्रणाली में प्रत्येक मतदाता को एक मत देने का अधिकार होता है परन्तु प्रत्येक मतदाता मत पत्र पर दिये हुए उम्मीदवारों के नामों के आगे अपनी पसन्द या वरीयता अभिव्यक्त करता है। सब उम्मीदवारों में से जिसे वह सबसे अधिक उपयुक्त समझता है उसके उसके नाम के आगे अपनी पहली पसन्द क्रमशः लिख देता है या अंकित कर देता है।

प्रथम सूत्र आनुपातिक प्रतिनिधित्व प्रणाली के प्रवर्तक हेयर द्वारा दिया गया है। इसे एन्ड्रे ने सन् 1885 में पहले पहल डेनमार्क में लागू किया था इसलिए इसे एन्ड्रे प्रणाली भी कहा जाता है। दूसरा सूत्र ड्रूप द्वारा प्रतिपादित किया गया है। इस सूत्र के अनुसार निश्चित मत संख्या प्रयुक्त किये गये मतों की संख्या को निर्वाचित होने वाले सदस्यों की संख्या में एक जोड़कर प्राप्त संख्या से भाग देकर तथा भागफल में एक जोड़कर निकाली जाती है।

$$\text{चुनवा क्वोटा} = \frac{\text{निर्वाचन क्षेत्र में डाले गये वोटों की संख्या}}{\text{रिक्त स्थानों की संख्या} +1} +1$$

भारत में राज्यसभा के सदस्यों का निर्वाचन इसी प्रणाली से किया जाता है। भारत में राष्ट्रपति के चुनाव के लिए भी यह पद्धति लागू होती है परन्तु वह वैकल्पिक मत प्रणाली के द्वारा होता है।

3. **सूची प्रणालियाँ** : इसमें मतदाता को विभिन्न राजनीतिक दलों के उम्मीदवारों की सूचियाँ दी जाती हैं, और वह अपने मत पर उनमें से किसी एक सूची पर निशान लगा देता है। उम्मीदवारों का चुनाव इस आधार पर होता है कि सूची में उनका क्रम क्या था और प्रत्येक दल को कितने वोट मिले? कहीं–कहीं मतदाता को दलीय सूचियों से भिन्न क्रम में मतदान करने की छूट होती है। उदाहरण के लिए स्विट्ज़रलैंड व लक्जेमबर्ग के विधानमण्डलों के चुनाव में मतदाता को पूरी छूट रहती है कि वह चाहे तो किसी सूची के क्रम को बदल दे या अनेक दलों की सूचियों में से उम्मीदवारों को चुनकर उनकी कोई नयी सूची बना दे।

इज़रायल व जर्मनी के चुनावों में मतपत्र पर जो सूचियाँ छपी होती हैं मतदाता को उन्हीं में से एक का चुनाव करना होता है। वहाँ यह माना जाता है कि विधानमण्डल में कौन–कौन–सा उम्मीदवार अपने दल का प्रतिनिधित्व करेगा यह निर्णय करने का अधिकार स्वयं उस दल को है मतदाता को नहीं। इटली में वरीयता पर आधारित मतदान पद्धति का प्रयोग किया जाता है। जबकि फिनलैंड में मतदान की कोई क्रमबद्ध सूची नहीं दी जाती बल्कि वह पृथक्–पृथक् उम्मीदवारों को वोट देता है।

माईकेल कटिकस का कहना है कि चुनाव राजनीतिक समाज में प्रतिस्पर्द्धात्मक विचारों के अस्तित्व, उनको ध्यान में रखने तथा उन्हें निर्णयों

का भाग बनाने की अनुमति देते हुए, लोक समाज या राजनीतिक शक्तियों को जोड़ने में सहायता करते हैं। यह राजनीतिक पदाधिकारियों में परिवर्तन तथा विपक्ष के रचनात्मक उपयोग की सुनिश्चित व्यवस्था करते हैं। यह शासकों के अपने कार्यों के लिए सामान्य उत्तरदायित्व निभाने के साथ ही साथ निर्वाचक समूह के प्रति सुस्पष्ट दायित्व निभाने का माध्यम होते हैं। अतः संक्षेप में यह कहा जा सकता है कि चुनाव, राजनीतिक समाज में नागरिकों को ऐसे व्यक्तियों को चुनने का अधिकारी बनाते हैं जो नीतियाँ बनाकर उन्हें लागू कर सकें और जिन्हें अपने कार्यों के लिए उत्तरदायी बनाया जा सके।

राजनीतिक व्यवस्था में चुनावों की भूमिका का विवेचन यह संकेत देता है कि अधिकांश नागरिक राजनीति में रुचि लेते हैं तथा मतदान करते समय उम्मीदवारों तथा राजनीतिक दलों द्वारा प्रस्तुत विभिन्न कार्यक्रमों और नीति विकल्पों में से कुछ का चयन समझ व तर्कसंगत ढंग से करते हैं। उपरोक्त विवेचन में यह भी आशय निहित दिखाई देता है कि आम व्यक्ति राजनीति के पेचीदा मुद्‌दों की परख करने की योग्यता तथा क्षमता रखता है क्योंकि ऐसा न होने पर चुनावों की भूमिका वैसी नहीं हो सकती जैसी कि सामान्यतया मान ली जाती है। इसलिए मतदान आचरण का चुनावों की भूमिका के साथ गहरा सम्बन्ध कहा जा सकता है। अतः चुनावों की भूमिका का सही मूल्यांकन मतदान आचरण के आधार पर ही किया जा सकता है।

अध्याय–21

दलगत एवं प्रत्यक्ष प्रजातन्त्र

–सुजैन ई. स्कैरो

रूसो के समय से ही, सामूहिक निर्णय में व्यक्ति की भूमिका को लेकर प्रत्यक्ष एवं प्रतिनिध्यात्मक लोकतन्त्र को परस्पर विरोधी अवधारणाओं के रूप में देखा जाता रहा है।

आधुनिक प्रतिनिध्यात्मक व्यवस्था में इसे दलीय प्रजातन्त्र एवं प्रत्यक्ष प्रजातन्त्र के अन्तर के रूप में प्रस्तुत किया जा सकता है। प्रत्यक्ष प्रजातन्त्र के समर्थक भी मानते हैं कि आज की राजनीति में प्रत्यक्ष निर्णय–निर्माण के साधन प्रतिनिध्यात्मक प्रजातन्त्र में कुछ संशोधन तो कर सकते हैं पर उसे विस्थापित नहीं कर सकते। यह विचार आज प्रतिनिध्यात्मक व्यवस्था में बढ़ते 'प्रत्यक्ष नागरिक–नियन्त्रण' के विषय में प्रासंगिक है। दलीय सरकारों के समर्थक प्रत्यक्ष प्रजातान्त्रिक पद्धति से किये जाने वाले निर्णयों में अनुत्तरदायी लोकलुभावन राजनीति तथा उसमें अन्तर्निहित लफ़्फ़ाजी की भर्त्सना करते हैं। इसके विपरीत प्रत्यक्ष प्रजातन्त्र के समर्थक प्रतिनिध्यात्मक व्यवस्था के दलीय आधार की आलोचना करते हैं। इसकी प्रतिध्वनि हमें उन आलोचकों के विचारों में भी सुनाई देती है जो राजनीतिक दलों पर बढ़ते नागरिक नियन्त्रण के औचित्य व सम्भावना पर प्रश्नचिह्न लगाते हैं। राजनीतिक सुधारों की चर्चा में लगभग एक शताब्दी तक यह विचार प्रभावी रहा कि प्रत्यक्ष प्रजातन्त्र राजनीतिक दलों की भूमिकाओं हेतु समस्याएँ पैदा करता है। प्रत्यक्ष प्रजातन्त्र के समर्थकों की मान्यता है कि उन्नीसवीं सदी में प्रतिनिध्यात्मक संस्थाओं में व्याप्त समस्याओं के निवारण हेतु इसे स्थापित किया गया। यद्यपि उन्नीसवीं शताब्दी में प्रत्यक्ष प्रजातन्त्र का सीमित प्रयोग ही दिखाई देता है, किन्तु शताब्दी के अन्तिम दशक में यह अचानक लोकप्रिय हो गया।

विधायी जनमत संग्रह तथा आरम्भक ऐसे साधन हैं जो नवीन जन–राजनीति में उत्पन्न समस्याओं का सुन्दर समाधान सुझाते हैं। इनके माध्यम से जिन समस्याओं का उपचार होता है वे भिन्न–भिन्न देशों में भिन्न–भिन्न होती हैं। कुछ देशों में नागरिकों को प्रत्यक्ष निर्णय–निर्माण की शक्ति प्रदान करना भ्रष्ट दलों एवं विधायकों के लिए लाभकारी सिद्ध हुआ तो अन्य देशों में प्रत्यक्ष प्रजातन्त्र ने दलीय चुनावों की कमियों को दूर किया।

संयुक्त राज्य अमेरिका में भ्रष्ट विधायकों एवं उदासीन दलों के प्रति नाराज़गी ने प्रत्यक्ष निर्णय–निर्माण प्रक्रियाओं के प्रति लोगों को उत्साहित किया है। उनके अनुसार प्रत्यक्ष प्रजातन्त्र अमेरिकी दल व्यवस्था की कठोरताओं को कम करेगा, एवं जनता के राजनीतिक विचारों, आकांक्षाओं, धारणाओं और भावनाओं को पल्लवित होने का पूर्ण अवसर प्रदान करेगा।

अमरीकी सुधारवादी स्थानीय एवं राष्ट्रीय स्व–शासन में नागरिकों की भूमिका बढ़ाने के लिए प्रत्यक्ष प्रजातन्त्र की अनेक विधियों–जनमत संग्रह, क़ानूनी आरम्भक, प्रतिनिधियों के प्रत्यावर्तन (वापस बुलाने) के साथ–साथ अनिवार्य 'दलीय प्राइमरीज़' (जो दलीय शासन पर नागरिक नियन्त्रण बढ़ाते हैं)–की वकालत करते हैं।

उन्नीसवीं शताब्दी के अन्त में ब्रिटेन में जनमत संग्रह पर बहस के केन्द्र में 'शासन में दलों की भूमिका' को रखा गया। अमेरिका व कनाडा के प्रतिकूल वहाँ यह भय नहीं था कि दल जनता की भावनाओं का सही प्रतिनिधित्व नहीं करते वरन् यह कि वे जनता की भावनाओं का कुछ ज़्यादा ही प्रतिनिधित्व करते हैं। ब्रिटिश संविधानविद् ए.वी.डायसी ने कॉमन सभा की अतियों को रोकने के लिए जनमत संग्रह को 'राष्ट्रीय–निषेधाधिकार' के रूप में प्रयोग करने पर बल दिया। डायसी एवं अन्य विचारकों के लिए यह लोकलुभावन राजनीति की समस्याओं का रूढ़िवादी समाधान है जो हिंसात्मक एवं ज़बर्दस्ती से किये जाने वाले परिवर्तनों के विरुद्ध एक मज़बूत ढाल का काम करेगा। इसका कारण यह है कि जनमत संग्रह में मतदाता किसी पार्टी की इच्छा के स्थान पर अपनी इच्छा का सम्भवतः ज़्यादा प्रयोग करेगा। संवैधानिक मुद्दों पर जनमत संग्रह का प्रयोग दलीय–राजनीति की कमियों को ठीक करने एवं चुनाव में जनता द्वारा विशिष्ट नीति–परक प्रश्नों पर निश्चित निर्णय न देने के समाधान के रूप में किया गया। किन्तु जनमत–संग्रह के ब्रिटिश समर्थकों ने प्रत्यक्ष प्रजातन्त्र के अन्य साधनों का ज़्यादा समर्थन नहीं किया।

1890 के प्रारम्भिक दशक में मतदाताओं की पारम्परिक अन्तःप्रेरणा में विश्वास ने बेल्जियम की सरकार को जनमत संग्रह के लिए प्रेरित किया। उन्होंने महत्त्वपूर्ण व्यवस्थापन पर जनमत संग्रह कराने का अधिकार राजा को प्रदान करने की अपील की। 1990 के दशक में ब्रिटिश जर्नल 'दि इकोनोमिस्ट' में जनमत संग्रह पर एक लेख में कहा गया कि 'इस समय मतदाताओं को अपनी इच्छाओं की व्याख्या करने के लिए राजनीतिज्ञों की आवश्यकता नहीं है। उन्हें ज्ञात है कि राजनीति अत्यन्त अविश्वसनीय है।' जर्मनी में भी दलीय व्यवस्था के एक प्रमुख आलोचक ने राष्ट्रीय जनमत संग्रह की संवैधानिक व्यवस्था का समर्थन इस आधार पर किया कि उसी के द्वारा ख़राब राजनीति और ख़राब राजनीतिज्ञों से उत्पन्न जनता की उस कुण्ठा का निवारण हो सकेगा कि वे शक्ति–विहीन व प्रभाव–विहीन हो गये हैं। कनाडा में राष्ट्रीय संसद के एक सदस्य ने जनमत संग्रह व आरम्भक सहित प्रत्यक्ष प्रजातन्त्र का इस आधार पर समर्थन किया कि यही नेताओं व जनता के मध्य स्वस्थ सम्बन्धों को पुनः स्थापित करने का सर्वश्रेष्ठ उपाय है।

प्रत्यक्ष प्रजातन्त्र व दलों के पारस्परिक सम्बन्धों पर शोध के मिश्रित परिणाम रहे हैं। जहाँ एक ओर प्रत्यक्ष प्रजातन्त्र एवं दलों में प्रजातन्त्र का विस्तार राजनीतिक प्रक्रिया में दलों की महत्ता को कम नहीं करते, वहीं दूसरी ओर अनेक ऐसे साक्ष्य हैं जो सिद्ध करते हैं कि प्रत्यक्ष प्रजातन्त्र की प्रक्रियाओं का प्रयोग राजनीतिक प्रतिस्पर्द्धा को प्रभावित अवश्य करता है।

यह सामान्य धारणा है कि यूरोप, मुख्यतः स्विट्ज़रलैंड, में प्रत्यक्ष प्रजातन्त्र में दलों की स्थिति अत्यन्त कमज़ोर है। किन्तु इससे यह प्रमाणित नहीं होता कि उन देशों में, जहाँ दल आज प्रभावी भूमिका में हैं प्रत्यक्ष प्रजातन्त्र का प्रवेश दलों की स्थिति को कमज़ोर कर सकता है। ऐसे कई उदाहरण भी हैं जहाँ दल स्वयं प्रत्यक्ष प्रजातन्त्र के साधनों के ऊपर नियन्त्रण स्थापित कर दलीय स्थितियों एवं संकल्पों को दृढ़ करते हैं।

संयुक्त राज्य अमेरिका में जहाँ दलीय–प्राइमरी चुनावों में दलीय प्रत्याशियों का चयन होता है दल कमज़ोर हैं; किन्तु इसका कारण दलों में प्रत्यक्ष प्रजातन्त्र ही नहीं वरन् संस्थानात्मक कारक भी हैं जैसे व्यवस्थापिका एवं कार्यपालिका के लिए पृथक्–पृथक् निर्वाचन। औस्ट्रोगोर्स्की, मिशेल्स तथा अनेक दलीय–शोध के विशेषज्ञों की मान्यता है कि दल के अन्दर कार्यकर्ताओं की सत्ता हस्तान्तरित करने से दलीय नेतृत्व कमज़ोर नहीं होता।

ऐसी मान्यता है कि दलीय एवं लोक निर्णयों के ऊपर नागरिकों के प्रत्यक्ष नियन्त्रण के अवसरों को बढ़ावा देना दलीय नेताओं के हितों के विरुद्ध है। किन्तु अनेक देशों में शासक दलों द्वारा प्रत्यक्ष प्रजातन्त्र के साधनों को अंगीकृत किया गया है। इसका एक कारण यह हो सकता है कि विपक्षी दल के रूप में, या सत्तारूढ़ दल के रूप में पुनः सत्ता प्राप्त करने के लिए, पहले ये दल प्रत्यक्ष प्रजातान्त्रिक अभिकरणों को सशक्त करने की पेशकश करते हैं, और सत्ता में आने पर दबाव में फिर उसे लागू करते हैं, या यह भी सम्भव है कि मूल मान्यता ही ग़लत हो, और प्रत्यक्ष प्रजातन्त्र के आने से दलों को कोई हानि ही न होती हो। लेकिन यह शोध का एक विषय अवश्य हो सकता है।

यह लेख शोधार्थी, अंक एक, संख्या चार, अक्टूबर–दिसम्बर 2005 से साभार।

अध्याय–22

राजनीतिक दल क्यों अस्तित्व में हैं? : विश्लेषणात्मक दृष्टि

–नाथन यनाई

राजनीतिक दलों में गिरावट क्यों आ रही है? इस प्रश्न का उत्तर देने के लिए हमें आधुनिक राजनीतिक दलों की भूमिका एवं प्रतिनिध्यात्मक शासन प्रणाली से उसके सम्बन्धों की आलोचनात्मक परीक्षा करनी होगी। डुवर्जर ने राजनीतिक दलों को 'एक विशिष्ट संरचनात्मक समुदाय' की संज्ञा प्रदान की तथा उनके प्रकारों की व्याख्या संगठनात्मक आधार पर की। दलों की चुनावी भूमिका के परिप्रेक्ष्य में अमेरिकी दलों के विभिन्न मॉडल एक नवीन बिन्दु पर ध्यानाकर्षण करते हैं जिसमें समाज के सभी वर्गों में जनाधार बनाने का भाव है जिसे 'ओटो किचमर' ने 'कैच–ऑल' का सम्बोधन दिया। यह उस परम्परा से भिन्न है जिसमें समाज के किसी एक वर्ग या विचारधारा को आधार बनाकर दल अपना जनाधार विकसित करते थे। नवीन दलों के अभ्युदय का अध्ययन उनकी संरचनात्मकता या भूमिका के आधार पर हो रहा है। संरचनात्मक तथा प्रकार्यात्मक रूपान्तरण के फलस्वरूप दलों में व्यापक सामाजिक एवं राजनीतिक भूमिकाओं को परिपूर्ण करने की क्षमता व्याप्त है। पर दलों की बढ़ती भूमिका उनके अस्तित्व का औचित्य नहीं बनेगी। अन्य संगठन यथा दबाव–समूह, हित–समूह इत्यादि भी सामाजिक वर्गों को अभिव्यक्ति देने तथा समस्याओं को उठाने में नागरिक एवं राज्य के बीच मध्यस्थ की भूमिका का निर्वहन करते हैं।

आधुनिक दल किसी 'सिद्धान्त से प्रतिबद्ध समूह' या सत्ता–पिपासु संगठन मात्र नहीं बल्कि प्रतिनिध्यात्मिक शासन के अन्तर्गत होने वाली चुनावी प्रक्रिया एवं सरकार निर्माण में सतत एवं अपरिहार्य भूमिका का निर्वहन करने वाली संस्थाएँ हैं। ग़ैर–लोकतान्त्रिक व्यवस्थाओं में भी

राजनीतिक दल राज्य के संरक्षण में अत्यन्त शक्तिशाली संगठन की भूमिका अदा करते हैं।

चुनावों तथा व्यवस्थापिका में दलीय विभाजन से उत्पन्न अस्थिरता को राजनीतिक दल हल कर लेते हैं। ऐसा करने में वे समानता एवं प्रतिनिधित्व के मध्य सन्तुलन स्थापित कर लेते हैं। एक तरफ़ जहाँ चुनाव लोगों की क़ानूनी सम्प्रभुता की स्थापना करते हैं, वहीं दूसरी ओर समानता के सिद्धान्त की हानि होती है। व्यवस्थापिका एवं सरकार में कुछ समुदायों को ही प्रतिनिधित्व व सन्तुष्टि प्राप्त होती है, पर मतदाता एवं निर्वाचित प्रतिनिधियों के मध्य आधारभूत असमानता समाप्त नहीं होती। यह 'प्रतिनिधित्व' की पहले से ही जटिल समस्या में वैधता की समस्या को जोड़ देती है। उपरोक्त दोनों प्रकार की समस्याओं का सामना राजनीतिक दलों को ही करना पड़ता है। अतः दलों का अस्तित्व प्रतिनिध्यात्मक शासन को क्रियाशील एवं औचित्यपूर्ण बनाने पर निर्भर करता है।

उदारवादी प्रजातन्त्र में बहुदलीय पद्धति तथा सर्वाधिकारवादी व्यवस्था में एकदलीय पद्धति की प्रवृत्ति परिलक्षित होती है। दलों के कार्यों एवं शक्ति में ह्रास के बावजूद उनका अस्तित्व बना हुआ है।

प्रतिनिध्यात्मक शासन में आधुनिक राजनीतिक दल कुछ महत्त्वपूर्ण कार्यों को सम्पादित करते हैं। यथा; प्रथम, जन कार्यालयों के लिए प्रत्याशियों का चयन; द्वितीय, चुनावी प्रक्रिया में लोकनीतियों को निरूपित करना, तथा तृतीय, प्रत्याशियों एवं लोकनीति के लिए समर्थन प्राप्त करना। ये समस्त कृत्य राजनीतिक दलों को इसकी दो प्रमुख प्रतियोगी संस्थाओं हित समूहों तथा अचुनावी राजनीतिक आन्दोलन से पृथक् करते हैं। दलों को कार्यालयी स्तर पर सरकार से संरचनात्मक रूप से पृथक् होना चाहिए यद्यपि वे शासन को वैधता एवं औचित्यपूर्णता प्रदान करने में 'अर्द्ध–राज्य–कार्यकर्ता' की भूमिका का निर्वाह करते हैं। अन्य संगठन सरकार के गठन एवं राज्य के संचालन के लिए मात्र इच्छा का निर्माण कर सकते हैं जबकि राजनीतिक दल ही मात्र ऐसे संगठन हैं जो स्वतन्त्र रूप से इन दायित्वों को पूर्ण कर सकते हैं। यह राजनीतिक दलों पर निर्भर करता है कि वे समाज, अर्थव्यवस्था अथवा राजनीतिक व्यवस्था में क्रान्तिकारी परिवर्तन या सुधार करने के इच्छुक हैं अथवा नहीं।

प्रत्येक लोकतान्त्रिक चुनाव की पृष्ठभूमि में मूलभूत समस्या औचित्यपूर्णता एवं वैधता की समाहित रहती है। दल एवं प्रतिनिध्यात्मक शासन की वैधता

व औचित्यपूर्णता की भूमिका के सम्पादन के सन्दर्भ में यह प्रश्न उपस्थित होता है कि सभी लोगों की सम्प्रभुता को मात्र कुछ लोगों तक सीमित क्यों करना चाहिए? एक स्वतन्त्र एवं मुक्त समाज में प्रतिनिध्यात्मक शासन के वैधतीकरण तथा प्रजातन्त्र से उसके समीकरणों के सैद्धान्तिकरण की प्रक्रिया द्वारा इस प्रश्न को हाशिये पर कर दिया गया है। इसके स्थान पर अन्य प्रश्नों जैसे–'जनसत्ता' का क्या प्रयोग हो? किस प्रकार 'जन–विश्वास' की सुरक्षा हो? कौन 'जन–सम्प्रभुता' का नेतृत्व करें?–आदि ने स्थान ग्रहण कर लिया है।

सार्वभौम सम्प्रभुता को व्यवस्थित प्रतिनिधित्व में बदलने के लिए राजनीतिक दल तीन कार्य करते हैं। नामांकन प्रक्रिया के माध्यम से सर्वश्रेष्ठ प्रत्याशी को चुनाव में प्रस्तुत करना, उसका समर्थन करना एवं जनता को दल व प्रत्याशी का विकल्प देना। दल कुशल नेतृत्व के प्रशिक्षण स्थलों की भाँति कार्य करते हैं। नामांकन प्रक्रिया के अन्त में दल अपने समर्थित प्रत्याशियों को दलीय परम्परा, उत्तराधिकार एवं दल की लोकनीतियों व विचारधारा से अवगत कराते हैं। दलीय इतिहास की परिकल्पनाएँ स्वयं ही दल व प्रत्याशी को वैधता प्रदान कर देती हैं। पर नये दलों को अपने इतिहास के अभाव में नूतन परिकल्पनाओं का सृजन करना पड़ता है जिसे मतदाताओं की स्वीकृति वैधता प्रदान करती है। इस प्रकार अपनी ग़ैर–विधिक एवं गिरती साख के बावजूद भी दल विचारों व नीतियों को प्रतिस्पर्द्धात्मक मंच प्रदान करते हैं।

अचुनावी राजनीतिक आन्दोलन मुख्यतः विरोध आन्दोलन, ने राजनीतिक दल की लोकनीति के किसी एक मुद्दे पर जन–समर्थन प्राप्त करने की भूमिका को चुनौती प्रदान की है। पर विरोध आन्दोलन को सदैव एक राजनीतिक दल की आवश्यकता होती है ताकि वह अपने सन्देशों को मतदाताओं तक पहुँचा सके एवं अपनी माँगों को सरकारी नीति का अभिन्न अंग बना सके। लेकिन किसी एक मुद्दे पर दल द्वारा पक्ष लिए जाने पर समाज के ध्रुवीकरण की समस्या पैदा हो जाती है जबकि दलीय एकता व अस्तित्व के लिए ऐसा हानिकारक हो सकता है। दल तो समझौतावादी होते हैं तथा उनकी संरचना व संस्कृति ऐसी होती है कि वे नीतिगत एवं वैयक्तिक प्रतिस्पर्द्धा को समन्वित कर लेते हैं, पर विरोध–आन्दोलन तो मुद्दे के प्रति इतने समर्पित होते हैं कि वे अपने लक्ष्य व नीतियों से कोई समझौता नहीं कर पाते। इन विरोध–आन्दोलनों पर न तो सरकार बनाने

का कोई दबाव होता है न प्रजातान्त्रिक प्रक्रियाओं के अनुपालन का। केवल 'पर्यावरणीय–विरोध आन्दोलनों' ने कुछ देशों में राजनीतिक दल बनाये हैं।

हित–समूहों में अपने हितों की पूर्ति के लिए राजनीतिक दलों के साथ सहभागिता की प्रवृत्ति दृष्टिगोचर होती है यथा–ट्रेड यूनियनों का राजनीतिक दलों के साथ समागम; पर वे स्वयं एक दल के रूप में गठित नहीं होते। ब्रिटिश ट्रेड यूनियनें लेबर पार्टी के गठन में सहभागी थीं। दल लोकनीति के अपने कथन में विशिष्ट हितों को समर्थन देने में चयन कर सकते हैं यहाँ तक कि हित–समूहों को पूर्ण समर्थन प्रदान कर सकते हैं। प्रमुख दलों का प्राथमिक संस्थानात्मक हित इस तथ्य में निहित होता है कि सरकार के गठन में वे अधिकाधिक पदों को प्राप्त करने के लिए मतदाताओं को व्यापक रूप में आकृष्ट कर सकें। सरकारी एजेन्सियों से प्रत्यक्ष सम्बन्ध स्थापित करने में हित–समूहों की सफलता ने दलों को विशिष्ट आर्थिक हितों को प्रस्तुत करने के दबाव से कुछ राहत प्रदान की है। इसी प्रकार, प्रजातान्त्रिक समाजों में विरोध–आन्दोलनों द्वारा विभिन्न मुद्दों पर ध्रुवीकरण ने दलों को समन्वयकारी राजनीति के लिए मुक्त कर दिया है।

राजनीतिक दलों के सामान्य संगठनात्मक स्वरूप एवं चुनावी स्वरूप में भिन्नता दृष्टिगोचर होती है। सामान्य स्वरूप में दल उच्चस्तरीय संगठन संस्थान हैं जिनमें व्यापक एवं विश्वसनीय सदस्यता, शक्तिशाली स्व–पहचान, पूर्णतया विकसित आन्तरिक निकाय व सघन दलीय गतिविधियाँ समाहित होती हैं। पर एक चुनावी संगठन के रूप में दलों की सीमित एवं विशिष्ट भूमिका होती है। इसका कारण है कि दोनों स्वरूप में जन–गतिशीलता एवं जन–सहभागिता की भिन्न अपेक्षाएँ होती हैं। नागरिकों के सामान्य दैनिक वैयक्तिक एवं सामाजिक क्रियाकलापों में राजनीतिक सहभागिता का स्थान नहीं होता है। ग़ैर–व्यावसायिक राजनीति ऐच्छिक एवं अनियमित सहभागिता पर आधारित होती है। आज नागरिकों के पास अपनी राजनीति करने के लिए दलीय मंच ही नहीं हैं। चुनावों के अलावा दल राजनीतिक सहभागिता के लिए कोई पृथक् प्रयत्न नहीं करते। यह स्थिति दलों की निरन्तरता एवं प्रभावकारी रूपान्तरण को बाधित करती है।

अमेरिका में राजनीतिक दलों ने कोई विचारधारापरक सामाजिक आधार का विकास नहीं किया है। राष्ट्रपति पद के प्रत्याशी को मनोनीत करने वाले 'दलीय राष्ट्रीय सम्मेलनों' तथा 'संसदीय–कॉकस' के अतिरिक्त दलों

के पास सत्ता का संगठित व सम्प्रभुता सम्पन्न कोई मंच नहीं है। फिर भी अमेरिका में राष्ट्रीय स्तर के दल अपनी नियमित राजनीतिक भूमिकाओं का निर्वहन कर लेते हैं। 'नोमिनेटिंग प्राइमरी' राजनीतिक दलों के बिना समस्त चुनावी प्रक्रिया का संगठन करती है। प्रजातान्त्रिक व्यवस्था की परिवर्तनशील परिस्थितियों के सन्दर्भ में 'नॉमिनेटिंग प्राइमरी' राजनीतिक दलों की प्रभावशाली संस्था के रूप में ग्रहणीय है। इस प्रकार, प्रजातान्त्रिक वैधीकरण एवं औचित्यपूर्णता व सहभागिता के लिए राजनीतिक दल निरन्तर संघर्षरत रहते हैं। अमरीकी राजनीतिक दलों की दुर्बलताओं तथा सन्दिग्ध औचित्यपूर्णता ने विरोध आन्दोलनों का सूत्रपात किया जिसने 'नॉमिनेटिंग प्राइमरी' को राष्ट्रपति के निर्वाचन के लिए प्रमुख नामांकन संस्था के रूप में प्रतिस्थापित एवं प्रतिष्ठित किया।

राजनीतिक दलों का अस्तित्व तीन प्रमुख सिद्धान्तों पर आधारित होता है; प्रथम राजनीतिक व्यवस्था–मूलक विशिष्ट कार्यों का सम्पादन करना; द्वितीय–इन कार्यों के सम्यक् निष्पादन के लिए दलीय संगठन का वांछित स्वरूप बनाना; तथा तृतीय–परिवर्तनशील नियमों, दृष्टिकोणों व परिस्थितियों को ग्रहण करने की पर्याप्त क्षमता रखना। राजनीतिक दल अब तक उपरोक्त समस्त सिद्धान्तों की कसौटी पर खरे उतरे हैं तथा प्रतिनिध्यात्मक लोकतन्त्र के संवाहक रहे हैं पर संचार तकनीक का विकास प्रत्यक्ष प्रजातन्त्र के सिद्धान्त पर सरकार एवं राजनीतिक दलों को चुनौती देगा। प्रत्यक्ष प्रजातन्त्र के दो विकल्प हो सकते हैं प्रथम, व्यापक विकल्प : इसमें समस्त प्रतिनिध्यात्मक संस्थाओं का उन्मूलन, कार्यपालिका पर लोक–सेवा का विस्तार तथा प्रमुख नीतियों पर जनता का निर्णय होगा, इसके अन्तर्गत दल जनता की एक सभा के रूप में उदित होंगे जिसकी एक सामान्य विचारधारा होगी तथा वे दबाव–समूहों की भाँति कार्य करेंगे। द्वितीय सीमित विकल्प के अन्तर्गत व्यवस्थापिका एवं कार्यपालिका के निर्णयों पर जनता की अन्तिम सहमति होगी। इसमें दल अपनी नियमित भूमिकाओं जैसे चुनावी प्रक्रिया का संचालन एवं सरकार गठन का निर्वाह कर सकेंगे।

खेलों में प्रतिस्पर्धा ही उसमें दर्शकों को स्पर्धी दलों का समर्थक या विरोधी बनाती है, उनमें उत्साह का संचार करती है। खेलों के विपरीत राजनीति में विचार–तत्त्व अत्यन्त महत्त्वपूर्ण होता है। इसके अतिरिक्त राजनीतिक प्रतियोगिता में खेल के नियम भिन्न होते हैं;

परिणाम अनिश्चयात्मक होते हैं : तटस्थ निर्णायकों व कठोर नियमों के अनुपालन का अभाव होता है एवं क्षेत्र की कोई सीमा नहीं होती और पुरस्कारों का भी पूर्णतः पता नहीं रहता। फिर भी इस प्रतियोगिता के बिना राजनीति की चर्चा अधूरी होगी और राजनीतिक दल ऐसी 'राजनीतिक प्रतियोगिता' के लिए सदैव 'टीम' उपलब्ध कराते रहेंगे और उसे वैधता व औचित्यपूर्णता प्रदान करते रहेंगे।

यह लेख नाथन यनाई के 'पार्टी पोलिटिक्स' अंक 5, संख्या 1, पृ. 5–17 में प्रकाशित लेख का अनुवाद है, जो शोधार्थी अंक प्रथम, संख्या दो, अप्रैल–जून 2005, पृ. 32–35 से लिया गया है।

अध्याय–23

वर्तमान चुनाव प्रणाली और उसमें परिवर्तन

–आचार्य भालचन्द्र गोस्वामी 'प्रखर'

यदि विश्व के विभिन्न देशों की चुनाव प्रणालियों पर दृष्टिपात किया जाये तो प्रकट होगा कि राष्ट्रपति शासन प्रणाली व संसदीय शासन प्रणाली, इन्हीं दो प्रणालियों में से किसी एक द्वारा प्रत्येक देश में लोकतान्त्रिक पद्धति से शासन चलाया जाता है। राष्ट्रपति शासन प्रणाली व संसदीय शासन प्रणाली में मुख्य अन्तर यही है कि पहली प्रणाली में, जैसी की अमेरिका में है, शासन की सर्वोच्च सत्ता राष्ट्रपति में निहित होती है जब कि संसदीय प्रणाली में यह सत्ता संसद के मार्फत जनता में निहित होती है।

अमेरिका : अमेरिका में राष्ट्रपति का चुनाव सीधे जनता द्वारा किया जाता है और उसका कार्यकाल चार वर्ष का होता है। वह संसद के दोनों सदनों में से किसी के प्रति उत्तरदायी नहीं होता और न ही महाभियोग के अलावा संसद उसे चार साल से पूर्व हटा सकती है। वह संसद द्वारा पारित किये गये किसी भी क़ानून या प्रस्ताव को स्वीकार या अस्वीकार करने या संशोधित रूप से स्वीकार करने को स्वतन्त्र होता है। इस प्रकार संसद की राय उस पर बाध्यकारी न होकर केवल अनुशंसात्मक होती है।

अमेरिकी प्रणाली में प्रतिनिधि सदन के (जिसे हाउस ऑफ़ रिप्रेजेंटेटिव कहते हैं, जैसी कि भारत में लोकसभा है), चुनाव प्रत्येक दो वर्ष के बाद होते हैं। भारत की राज्यसभा की भाँति अमेरिका के ऊपरी सदन का, जिसे सीनेट कहते हैं, चुनाव 6 वर्ष के लिए होता है और प्रत्येक 2 वर्ष बाद उसके एक तिहाई सदस्य रिटायर हो जाते हैं और उनके स्थानों पर दुबारा चुनाव होता है। भारत की राज्यसभा में भी ऐसा ही होता है। अमेरिकी शासन प्रणाली की एक विशेषता यह है कि उसके कुछ राज्यों में न्यायाधीशों की नियुक्ति भी चुनाव से होती है।

चुनाव के संचालन के लिए 'प्रेसिंक्ट्स' (परिसर) नाम से चुनाव ज़िलों का गठन प्रत्येक राज्य में जनसंख्या के दबाव के अनुसार होता है। चुनाव गुप्त मतदान प्रणाली से होता है। विभिन्न राज्यों में प्रायः दो प्रकार के मतपत्र काम में लिए जाते हैं। एक मतपत्र में पार्टी के कॉलम में चुनाव प्रत्याशियों के नाम अंकित होते हैं। मतदाता कॉलम के शीर्ष पर एक पार्टी के समस्त प्रत्याशियों के पक्ष में या अपनी वरीयता के अनुसार अलग–अलग प्रत्याशियों के पक्ष में क्रॉस का चिह्न अंकित कर सकता है। दूसरे मतपत्र में समस्त पार्टियों के प्रत्याशियों के नाम पदवार अंकित होते हैं जिससे मतदाता को चुनाव करने में आसानी हो।

फ्रांस : फ्रांस में चुनाव प्रणाली में अनेक बार परिवर्तन हुआ है। उदाहरण के लिए 1875 व 1958 के बीच इसमें 8 बार परिवर्तन हुआ है। जिनमें पाँच विभिन्न प्रणालियाँ अपनायी गयीं और ज़्यादातर दो चुनावों में केवल एक ही प्रणाली काम में ली गयी। दूसरी महत्त्वपूर्ण बात यह है कि वहाँ पार्टी प्रणाली का चुनाव प्रक्रिया से गहरा सम्बन्ध है जैसा कि जर्मनी में लिस्ट प्रणाली के अन्तर्गत होता है। भारत, ब्रिटेन आदि देशों में राजनीतिक पार्टी सदैव पृष्ठभूमि में रहती है और चुनाव केवल प्रत्याशी का होता है, चाहे वह किसी भी पार्टी द्वारा खड़ा किया गया हो या फिर निर्दलीय ही क्यों न हो। फ्रांस में 1958 में लागू किये गये संविधान के अन्तर्गत स्त्री या पुरुष किसी भी वयस्क नागरिक को मत देने का निर्बन्ध अधिकार है। इसके लिए उसका नाम चुनाव पंजिका में दर्ज होना चाहिए और 5000 से अधिक कम्यूनों में उन्हें मतदान केन्द्रों पर अपनी पहचान का सन्तोषजनक प्रमाण देना होता है। प्रत्येक 93,000 निवासियों पर एक प्रतिनिधि का चुनाव होता है।

राष्ट्रपतीय एसेम्बली (निचले सदन) के चुनावों में प्रत्येक चुनाव क्षेत्र से एक प्रत्याशी जीत सकता है। इसके लिए दो मतपत्र दिये जाते हैं। चुनाव जीतने के लिए प्रथम चुनाव के अवसर पर उसे कुल डाले गये मतों का 50 प्रतिशत तथा उससे एक मत अधिक प्राप्त करना होता है और एक सप्ताह बाद होने वाले दूसरे चुनाव पर उसे कुल मतदाताओं के एक चौथाई मत प्राप्त करने होते हैं या चुनाव में सर्वोच्च स्थान प्राप्त करना होता है। दोनों चुनावों के बीच की अवधि में चुनाव लड़ने वाली पार्टियों में आपस में इस बात पर विचार–विमर्श होता है कि दूसरे चुनाव में प्रत्याशियों की संख्या किस प्रकार न्यूनतम की जा सकती है।

जर्मनी में जिस प्रकार की सूची प्रणाली काम में ली जाती है उसी प्रकार की प्रणाली फ्रांस में भी काम में ली जाती थी। पर यह कहा जाता है कि अब इस प्रणाली को फ्रांस में त्याग दिया गया है और सीधी निर्वाचन प्रणाली, जैसी कि भारत और जर्मनी के आधे निर्वाचन क्षेत्रों में है, काम में ली जाती है।

जर्मनी : जर्मनी में प्रत्याशियों की नामजदगी और उनका चयन दोनों ही चुनाव क़ानूनों से बँधे हुए हैं। इसके लिए जर्मनी में तीन प्रकार के प्रत्याशी होते हैं। पहले वे जो स्थापित पार्टियों द्वारा प्रायोजित किये गये हों, दूसरे वे जो अन्य पार्टियों द्वारा प्रायोजित किये गये हों, और तीसरे निर्दलीय। स्थापित पार्टियाँ केवल पार्टी के लैंड एक्जीक्यूटिव के हस्ताक्षर के आधार पर ही किसी भी चुनाव क्षेत्र के प्रत्याशी को खड़ा कर सकती हैं जबकि अन्य पार्टियों को यह प्रमाणित करना होता है कि उनकी लोकतान्त्रिक पद्धति से निर्वाचित एक कार्यकारिणी है, उनका लिखित संविधान और लिखित कार्यक्रम है और उन्हें प्रत्येक प्रत्याशी के पक्ष में कम–से–कम दो सौ मतदाताओं के हस्ताक्षर प्रस्तुत करने होते हैं। निर्दलीय प्रत्याशियों को भी इतने ही हस्ताक्षर प्रस्तुत करने होते हैं। स्थापित दलों के लिए भी यह आवश्यक है कि वे किसी भी प्रत्याशी को तभी खड़ा कर सकते हैं जब उसका चयन एक ऐसी बैठक में गुप्त मतदान से हो जिसमें पार्टी के सभी सदस्य भाग लें या उनके द्वारा अपने में से चुनी गयी एक चयन समिति द्वारा हो। यह बैठक चुनाव तिथि से पूर्व एक वर्ष के भीतर होनी चाहिए।

ब्रिटेन : ब्रिटिश हाउस ऑफ़ कॉमन्स के चुनाव भारत की लोकसभा की भाँति अधिकतम मतों की प्राप्ति के आधार पर होते हैं चाहे जीतने वाले प्रत्याशी को कुल मिलाकर अल्पमत के वोट ही मिले हों। ब्रिटेन में लिखित संविधान न होने की स्थिति में भिन्न–भिन्न क़ानूनों का सहारा लिया जाता है। चूँकि वहाँ दो या तीन राजनीतिक दल ही हैं अतः चुनाव अधिकांशतः निर्णायक होता है और सरकार बनाने में कोई कठिनाई नहीं होती। वहाँ विपक्ष को 'हर मैजेस्टी का विपक्ष' कहा जाता है जो सदैव वर्तमान सरकार को गिराकर अपनी सरकार बनाने की तैयारी में रहता है। अतः वहाँ विपक्ष को 'उत्तरदायी' कहते हैं। भारत में ऐसी स्थिति नहीं है।

सोवियत संघ (जैसा कि वहाँ पहले प्रचलित था) : यह एक विडम्बना है कि लोकतान्त्रिक देशों में सोवियत रूस का गणतन्त्र भी सम्मिलित किया जाता है, क्योंकि वहाँ भी चुनावों से संसद का गठन

होता है, हालाँकि ये चुनाव महज़ एक नाटक और औपचारिकता मात्र हैं। ये चुनाव जिस कम्युनिस्ट पार्टी द्वारा संचालित किये जाते हैं उसी पार्टी की यहाँ सरकार है और वहाँ अन्य कोई राजनीतिक दल है ही नहीं जो चुनावों में उसका मुक़ाबला कर सके। वहाँ प्रत्येक रूसी नागरिक को राष्ट्रीयता, लिंग, निवास, सामाजिक उत्स, सम्पत्ति–धारिता, शिक्षा या पूर्व गतिविधियों के भेद को नज़रअन्दाज़ करते हुए 18 वर्ष की आयु होने पर चुनाव में गुप्त मतदान करने का अधिकार है। मतदाताओं का पंजीयन राज्य का दायित्व है और चुनाव सूची में प्रत्येक मतदाता का नाम स्वतः दर्ज हो जाता है। अब न्यायालयों को भी मतदाताओं के चुनावी अधिकारों के संरक्षण की देखरेख का दायित्व दे दिया गया है।

समान जनसंख्या के आधार पर गठित चुनाव क्षेत्रों में मतदान कराने की ज़िम्मेदारी अनेक चुनाव आयोगों को सौंप दी गयी है जिनमें पार्टी, ट्रेड यूनियन, युवा संगठन, सहकारी समितियाँ, सांस्कृतिक एवं वैज्ञानिक समितियाँ और अन्य वैसे ही संगठनों के प्रतिनिधि होते हैं जो ज़िले से लेकर संघ तक के चुनावों की देखरेख करते हैं, शिकायतों की जाँच करते हैं, वोटों की गिनती करते हैं और परिणामों को प्रकाशित करते हैं। ये वैध रूप से नामजद प्रतिनिधियों की सूची को भी प्रमाणित करते हैं।

प्रत्याशियों का चयन या मनोनयन संविधान के अनुच्छेद 141 के अनुसार 'कामगार लोगों के सार्वजनिक संगठनों', युवा संगठनों और सांस्कृतिक समितियों द्वारा किया जाता है। मनोनयन से पूर्व फैक्ट्रियों व अन्य स्थानों पर प्रत्याशी का नाम प्रस्तावित किया जाता है और उसकी योग्यता की जाँच की जाती है। इसके बाद चुनाव क्षेत्र के समस्त मनोनयन करने वाले संगठनों की आम बैठक में एक स्थानीय प्रत्याशी का नाम तय किया जाता है। अन्तिम चयन समस्त नागरिकों के हितों को ध्यान में रख कर किया जाता है और यह प्रयत्न किया जाता है कि सर्वोत्तम प्रत्याशी का नाम जनता के सामने प्रस्तुत किया जाये। यद्यपि कम्युनिस्ट पार्टी सभी संगठनों पर हावी रहती है पर ग़ैर–पार्टी संगठनों को भी प्रत्याशी के चयन का अवसर दिया जाता है। ताकि यदि आम जनता चाहे तो उसे चुनाव में खड़ा किया जा सके।

रूस में चुनाव की सबसे बड़ी विशेषता या लोकतान्त्रिक भाषा में कहें तो विडम्बना यह है कि एक चुनाव क्षेत्र में केवल एक ही प्रत्याशी खड़ा हो सकता है, एक से अधिक प्रत्याशी नहीं, क्योंकि सोवियत संघ

की कम्युनिस्ट पार्टी के अलावा और कोई राजनीतिक पार्टी है ही नहीं जो प्रतिद्वन्द्विता में हो सके। इसे 'अनावश्यक विरोध या संघर्ष को टालने' का नाम दिया जाता है। यदि प्रत्याशी को वैध मतों में से 50 प्रतिशत से अधिक मत मिल जायें तो वह जीत जाता है अन्यथा चुनाव दुबारा होता है। आमतौर पर मतदान का प्रतिशत आश्चर्यजनक रूप से अत्यधिक और किसी भी देश के, जहाँ चुनाव होते हैं, मतदान से अधिक अर्थात 95 से लेकर 99 प्रतिशत तक होता है। मतदान क़ानूनन अनिवार्य नहीं है किन्तु व्यवहार में वस्तुतः अनिवार्य हो जाता है। सरकार ही समय पर चुनावों और 'चुनावी संघर्ष' के ख़र्चे को वहन करती है।

सोवियत रूस के चुनावों की दूसरी बड़ी विशेषता यह है (और यह बहुत कम प्रणालियों में देखने को आती है) कि वहाँ यदि बहुमत की जनता चाहे तो चुने हुए प्रत्याशी को वापिस बुला सकती है और चुनाव दुबारा करवाये जा सकते हैं। इसलिए प्रत्येक प्रत्याशी पर यह दायित्व आ जाता है कि वह अपने मतदाताओं से निरन्तर सम्पर्क रखे।

मतदान की विभिन्न प्रणालियाँ

भारत, इंग्लैंड, अमेरिका, न्यूज़ीलैंड, कनाडा आदि देशों की अधिकतम मत वाली प्रणाली के अतिरिक्त जिसमें एक सदस्यीय चुनाव क्षेत्र होते हैं और प्रत्याशियों की संख्या की कोई सीमा नहीं होती उसी प्रणाली के तीन और विकल्प भी हैं। जैसे फ्रांस में दुहरे मतदान की प्रणाली काम में ली जाती है जिसमें मतदान दो चरणों में होते हैं। पहला मतदान सामान्य प्रणाली से होता है और दूसरे चरण में मतदान के सभी प्रत्याशियों में से अधिकतम मत प्राप्त करने वाले प्रमुख प्रत्याशियों को खड़ा होने का अवसर मिलता है और उनमें जिसे भी 50 प्रतिशत से अधिक मत मिलें वह जीत जाता है। आमतौर पर पहले मतदान में कम वोट प्राप्त करने वाले प्रत्याशी मैदान से हट जाते हैं और मुक़ाबला दो या तीन प्रत्याशियों में ही होता है। पहला विकल्प राष्ट्रपति के चुनावों में व दूसरा विकल्प संसद के निचले सदन के चुनाव के लिए काम में आता है।

दूसरी प्रणाली, जो ऑस्ट्रेलिया के निचले सदन के लिए काम में ली जाती है, वरीयता प्रणाली है जिसमें प्रत्येक मतदाता को खड़े होने वाले सभी प्रत्याशियों में से 1, 2, 3, 4, 5, 6 की वरीयता देने का अवसर मिलता है और मतदान एक ही बार होता है किन्तु मतगणना अनेक बार होती है।

प्रत्येक मतगणना के प्रथम वरीयता वाले न्यूनतम मतों के प्रत्याशी को हटा दिया जाता है और दूसरी वरीयता वाले प्रत्याशी की प्रथम वरीयता प्राप्त मानकर फिर गणना होती है। इस प्रकार अन्त में एक ही प्रत्याशी रह जाता है जिसे प्रथम वरीयता 50 प्रतिशत से अधिक वोट मिलने के कारण जीता हुआ घोषित कर दिया जाता है।

तीसरी प्रणाली अमेरिकी राष्ट्रपति के चुनावों में काम में ली जाती है और यह अधिकतम मत वाली भारतीय प्रणाली का ही एक प्रतिरूप है। जबकि हमारी प्रणाली में एक चुनाव क्षेत्र से चुनाव जीतने वाले को एक ही सीट मिलती है। अमेरिकी प्रणाली में, जिसे 'एक विजेता सभी सीटें' वाली प्रणाली कहा जाता है, 50 राज्यों में से प्रत्येक राज्य की जनसंख्या के अनुपात में सीटें आवंटित कर दी जाती हैं और विजेता को उस राज्य में मिले सभी वोट या सभी सीटें मिल जाती हैं। अधिकतम सीटें प्राप्त करने वाला व्यक्ति जीत जाता है। इसमें अधिक जनसंख्या वाले राज्यों जैसे कैलिफ़ोर्निया, टैक्सास, न्यूयॉर्क या फ्लोरिडा से चुनाव जीतने वाला व्यक्ति कुल सीटों का 40 से 50 प्रतिशत ले जाता है और कम आबादी वाले राज्यों के प्रत्याशी अधिकतर घाटे में रहते हैं।

1945–90 के चुनावों का अध्ययन करने वाले एक विश्लेषण के अनुसार भारत सहित 27 लोकतान्त्रिक देशों में से तीन–चौथाई में आनुपातिक प्रतिनिधि प्रणाली काम में ली जाती है, किन्तु उनमें परस्पर अन्तर इस बात को लेकर होता है कि किसी पार्टी को मिले वोटों व सीटों का अनुपात क्या हो। इसके लिए अनेक सूत्र या फॉर्मूले काम में लिए जाते हैं जैसे द हायट, हारे, सेटे लीग, ड्रप कोटा व इम्पीरियली कोटा फॉर्मूला। कहीं–कहीं मतदाता केवल एक पार्टी को वोट दे सकता है तो कहीं–कहीं दो या अधिक पार्टियों को।

जर्मनी में काम में आ रही सूची प्रणाली की, जो इसी आनुपातिक प्रणाली का एक स्वरूप है (ऊपर चर्चा कर दी गयी है।) इसके अतिरिक्त इसी का एक विकल्प एकल संक्रमणीय मत द्वारा आनुपातिक प्रतिनिधित्व का भी है जिसमें अनेक बार की गणना में प्रथम वरीयता के न्यूनतम मतों को हटा दिया जाता है और क्रमशः वह प्रत्याशी जीतता जाता है जिसे न्यूनतम कोटा के या उससे अधिक वोट मिल गये हों।

इसके अतिरिक्त कहीं–कहीं अर्ध आनुपातिक प्रणाली भी काम में आती हैं जिसके तीन विकल्प हैं, अधिकतम (क्यूमूलेटिव) मत प्रणाली,

सीमित मत प्रणाली व एकल संक्रमणीय मत प्रणाली। इन सबमें प्रत्येक चुनाव में एक से अधिक सदस्यों का चयन किया जाता है। अधिकतम मत प्रणाली में प्रत्येक मतदाता के पास जितनी सीटें होती हैं उतने ही मत होते हैं और वह इन मतों को अपनी पसन्द के प्रत्याशियों में बाँट सकता है या एक ही प्रत्याशी को सारे मत दे सकता है। इसके द्वारा छोटे या अल्पमत वाले दलों को उचित संख्या में सीटें मिल जाती हैं। यह प्रणाली भारत में स्वाधीनता से पूर्व काम में ली जाती थी।

सीमित मत प्रणाली में मतदाता के पास वोट तो एक से अधिक होते हैं किन्तु सीटों की संख्या कम। और वह एक प्रत्याशी को एक ही वोट दे सकता है। यह प्रणाली जापान में काम में ली जाती रही है, उदाहरणार्थ एक से तीन सीटों वाले चुनाव क्षेत्र में एक वोट, चार से दस सीटों वाले चुनाव क्षेत्र में दो वोट, दस से अधिक सीटों वाले चुनाव क्षेत्र में तीन वोट।

इसी प्रणाली का एक रूप एकल संक्रमणीय मत प्रणाली है जिसमें एक चुनाव क्षेत्र में चाहे कितने ही सदस्य हों, मतदाता केवल एक ही वोट दे सकता है। प्रचलित मतदान प्रणालियों में से सूची प्रणाली वाले देश स्वीडन, नॉर्वे, डैनमार्क, बैल्जियम, इटली, स्विट्ज़रलैंड, नीदरलैंड आदि हैं। रूस व जर्मनी में सूची प्रणाली व बहुमत प्रणाली दोनों का मिला–जुला रूप काम में लिया जाता है। विश्व के 211 देशों में से जिनमें लोकतान्त्रिक पद्धति है 66 देशों में बहुमत प्रणाली व 66 में आनुपातिक प्रतिनिधित्व प्रणाली काम में ली जाती है।

आइए सूची प्रणाली व प्रत्यक्ष मतदान या बहुमत प्रणाली की तुलनात्मक स्थिति पर विचार करें।

प्रत्यक्ष मतदान प्रणाली बनाम सूची प्रणाली

लोकतान्त्रिक शासन प्रणाली वाले देशों में आम चुनावों या उप चुनावों के मतदान के लिए आमतौर पर दो ही प्रणालियाँ काम में ली जाती हैं। कुछ देशों जैसे जर्मनी, इटली आदि में आनुपातिक प्रतिनिधित्व के सिद्धान्त को आधार मानकर सूची प्रणाली से मतदान होता है ताकि चुनाव में भाग लेने वाले सभी राजनीतिक दलों को अपने–अपने दलों की शक्ति के अनुसार विधान मण्डल में आनुपातिक रूप से समान प्रतिनिधित्व मिल जाये। जबकि अंग्रेज़ी भाषा–भाषी देशों में, जिनमें इंग्लैंड, अमेरिका, कनाडा, न्यूजीलैंड व दक्षिण अफ्रीका सहित भारत भी सम्मिलित है,

प्रत्येक चुनाव क्षेत्र में एक सीट के लिए मतदान होता है और उस सीट के लिए खड़े होने वाले समस्त प्रत्याशियों में जिस प्रत्याशी को सर्वाधिक मत मिल जायें, चाहे उन सर्वाधिक मतों की संख्या उस सीट के लिए डाले गये कुल मतों के साधारण बहुमत से कम हो या अधिक, निर्वाचित घोषित कर दिया जाता है। अंग्रेज़ी में इसे 'फर्स्ट–पास्ट–द–पोस्ट सिस्टम' कहते हैं, जिसके अनुसार घुड़दौड़ के मैदान में जो घोड़ा जीत वाले खम्भे को सबसे पहले पार कर जाये, चाहे वह पीछे वाले से एक इंच ही आगे हो, उसे विजयी घोषित कर दिया जाता है। सामान्य बोलचाल में इसे प्रत्यक्ष मतदान प्रणाली भी कहते हैं। इसके अन्तर्गत प्रत्याशी को न्यूनतम साधारण बहुमत प्राप्त करना आवश्यक नहीं है। कुछ देशों में, जैसे सूची प्रणाली वाले जर्मनी देश में, सूची प्रणाली के साथ–साथ प्रत्यक्ष मतदान प्रणाली भी अपनायी जाती है। वहाँ आधी सीटें प्रत्यक्ष मतदान से व आधी सीटें सूची प्रणाली से भरी जाती हैं। इस प्रकार वहाँ दोनों प्रणालियों का सम्मिलित रूप देखने में आता है। आइए पहले सूची प्रणाली पर विचार करें।

सूची प्रणाली

जर्मन फैडरल डेमोक्रेटिक रिपब्लिक की 669 सदस्यीय संसद के लिए, जिसे बुँदेस्टाग कहते हैं, 27 सितम्बर, 1998 को हुए आम चुनावों में आधे चुनाव क्षेत्रों में सीधे चुनाव हुए जब कि शेष आम चुनाव क्षेत्रों में सूची प्रणाली से। इन चुनावों की एक प्रमुख विशेषता यह रही है कि इनमें 16 वर्षों से निरन्तर शासनरत चान्सलर डॉ. हेलमुट कोल को, जो लगातार चुनाव जीतते चले आ रहे क्रिश्चियन डेमोक्रेटिक यूनियन दल का प्रतिनिधित्व कर रहे थे, पराजय का मुँह देखना पड़ा और दूसरे नम्बर की मध्य मार्गी सोशल डेमोक्रेटिक पार्टी ने वामपन्थी ग्रीन्स पार्टी से गठबन्धन करके गैरहार्ड श्रोडर के नेतृत्व में नयी सरकार बनाई।

सूची प्रणाली में मतदाता किसी प्रत्याशी विशेष के पक्ष में मतदान नहीं करता, जैसा कि प्रत्यक्ष मतदान प्रणाली में होता है, बल्कि अलग–अलग राजनीतिक दलों द्वारा घोषित प्रत्याशियों की सूची के पक्ष में एकमुश्त मतदान करता है। वहाँ एक ही चुनाव क्षेत्र से एक से अधिक सदस्य चुने जाते हैं और प्रत्येक दल को चुनाव क्षेत्रों में उसके पक्ष में डाले गये मतों के अनुपात में सीटें मिल जाती हैं।

जर्मनी में प्रत्येक मतदाता को दो मत देने का अधिकार है। पहला मत सीधे मतदान वाले क्षेत्रों में खड़े होने वाले प्रत्याशियों में से किसी एक के लिए और दूसरा मत मतदाता की पसन्द की पार्टी के लिए होता है। इन दूसरे मतों की गणना इस प्रकार की जाती है कि प्रत्येक दल को यथासम्भव प्राप्त मतों के आधार पर सीटें मिल सकें। जिस दल को सबसे अधिक वैध मत मिलते हैं उसे पहली सीट मिल जाती है। इसके बाद प्राप्त मतों को दो से भाग दिया जाता है और जिस पार्टी को सबसे अधिक मत मिलते हैं उसे एक सीट मिल जाती है। तब विभिन्न दलों को प्राप्त वोटों को तीन, चार व आगे की संख्या से भाग दिया जाता है और प्रत्येक विभाजन में अधिकतम मत लेने वाले दल को एक सीट मिल जाती है। यह क्रम तब तक चलता है जब तक कि सारी सीटों का वितरण पार्टियों में न हो जाये।

चुनाव में खड़े होने वाले राजनीतिक दलों की संख्या पर अंकुश रखने के उद्देश्य से, ताकि अगम्भीर दलों पर नियन्त्रण रखा जा सके, जर्मनी के चुनाव क़ानून में यह व्यवस्था है कि सूची प्रणाली वाली सीटों में किसी भी दल को उनका अंश तभी दिया जायेगा जब या तो उसे कुल वैध मतों के कम–से–कम 5 प्रतिशत मत मिलें या जिसने कम–से–कम तीन चुनाव क्षेत्रों की सीटें जीती हों।

जर्मनी में ही संसद की आधी सीटें सीधे मतदान से क्यों चुनी जाती हैं? मन्तव्य यह है कि कम–से–कम आधी सीटों पर ऐसे प्रतिनिधि चुनकर आ सकें जिनका मतदाता से सीधा सम्पर्क हो, जो कि सूची प्रणाली में सम्भव नहीं है। 16 राज्यों में बँटे हुए जर्मनी देश की जनसंख्या 8 करोड़ 22 लाख है जिनमें मतदाताओं की संख्या क़रीब 4 करोड़ है। भारत की 97 करोड़ की जनसंख्या में से मतदाताओं की संख्या 50 करोड़ है जिनमें से औसतन 50 प्रतिशत मतदान में भाग लेते हैं। जर्मनी के लोगों की साक्षरता की दर भारत से कहीं अधिक है।

सूची प्रणाली की विशेषताएँ या अच्छाइयाँ क्या हैं? सामान्य रूप से कहा जा सकता है कि प्रत्यक्ष मतदान प्रणाली की जो भी कमियाँ हैं वे सूची प्रणाली में नहीं हैं। संक्षेप में ये विशेषताएँ हैं :

1. इसमें समस्त राजनीतिक दलों को संसद के निचले सदन में उचित प्रतिनिधित्व मिल जाता है और बहुमत प्रणाली में जो अनिश्चय या जुए का अंश होता है वह कम हो जाता है।
2. जैसा कि आगे एक तालिका में बताया गया है, बहुमत प्रणाली में अल्पमत प्राप्त करने पर भी वह राजनीतिक दल प्रभुत्व में आ

जाता है जिसे अन्य दलों से अधिक सीटें मिल जाती हैं, चाहे उसके मतों का प्रतिशत साधारण बहुमत से भी कम क्यों न हो। ऐसा सूची प्रणाली में नहीं होता।

3. सूची प्रणाली में दिया गया वोट व्यर्थ नहीं जाता जैसा कि प्रत्यक्ष मतदान प्रणाली में होता है। प्रत्यक्ष प्रणाली में एक सीट पर एक ही व्यक्ति जीत सकता है और उस सीट पर अन्य प्रत्याशियों को मिले वोटों का कोई उपयोग नहीं होता, चाहे यह असर अत्यल्प या नगण्य ही क्यों न हो। इससे मतदाताओं में न केवल कुण्ठा उत्पन्न होती है, बल्कि उससे लोकतन्त्र के प्रति मतदाता की आस्था के डगमगाने की भी आशंका रहती है। ऐसा अक्सर सुनने या देखने में आता है कि 'मैं क्यों वोट दूँ क्योंकि मेरा चहेता प्रत्याशी तो जीतने से रहा'।
4. सूची प्रणाली में न केवल पार्टी स्तर पर टिकट वितरण में बल्कि मतदान के समय मतदाताओं द्वारा भी विशुद्ध तौर पर जातीय आधारों या व्यक्तिगत प्रतिद्वन्द्विता को महत्त्व नहीं मिल सकता, जैसा कि बहुमत प्रणाली में होता है।
5. सूची प्रणाली से राष्ट्रीय एकता को सुदृढ़ करने में भी सहायता मिलती है।
6. सूची प्रणाली की एक विशेषता यह है कि इनमें उपचुनावों की कठिनाई नहीं रहती। यदि एक पार्टी के दस प्रत्याशियों में से सात सदस्य चुनकर आते हैं और उनमें से एक का स्थान मृत्यु अथवा त्यागपत्र के कारण रिक्त हो जाये तो सूची का आठवाँ प्रत्याशी स्वतः निर्वाचित घोषित हो जाता है।
7. इसमें सिद्धान्तविहीन निर्दलीय प्रत्याशियों का कोई स्थान नहीं होता और कुछ हद तक राजनीतिक स्थिरता आ सकती है।

किन्तु सूची प्रणाली में सब कुछ अच्छा ही अच्छा हो ऐसा नहीं है। उसकी अपनी कमज़ोरियाँ भी हैं। राजनीतिक दलों की बहुलता के कारण विशेषकर जब काफ़ी दलों को एक ही समय पर शासन करने का अवसर मिले, राजनीतिक अस्थिरता का आना अनिवार्य है। बड़ी–बड़ी राजनीतिक पार्टियों को छोटे–छोटे गुटों में विभाजित होने का प्रोत्साहन मिलता है। इसमें निहित स्वार्थी तत्त्व अपनी–अपनी शक्ति के अनुसार छोटे–छोटे दलों पर अपना वर्चस्व स्थापित कर लेते हैं और सरकार को अपने ढंग से चलाने का प्रयत्न करते हैं।

इसकी दूसरी बड़ी ख़राबी यह है कि राजनीतिक दल अपने प्रत्याशियों की जो भी सूची देते हैं उनमें से मतदाता को छाँटने का अवसर नहीं मिलता अर्थात या तो सारी सूची को स्वीकार करो या सारी सूची को अस्वीकार करो। अधिक संख्या में प्रत्याशी होने के कारण मतदाताओं के समक्ष भ्रम की स्थिति भी बनी रहती है। यही कारण है कि यह प्रणाली यूरोप में छोटे–छोटे देशों में काम आ रही है, जैसे बेल्जियम, हॉलैंड, नॉर्वे, स्वीडन, डेनमार्क व फिनलैंड। वहाँ सरकारों में अस्थायित्व अधिक रहा है। यह भी कहा जाता है कि इन देशों की तुलना में जर्मनी व इटली की स्थिति अधिक स्पृहणीय नहीं है। फ्रांस जैसे देश में इस प्रणाली को तिलांजलि दे दी गयी है। भारत जैसे बहुसंख्यक विचारधाराओं वाले देश में इसका सफल होना कठिन है।

एक तर्क यह है कि यदि स्वयं जर्मनी में ही यह प्रणाली इतनी सफल होती तो फिर क्यों वहाँ आधे चुनाव क्षेत्रों में सीधी मतदान प्रणाली काम में ली जाती है?

प्रत्यक्ष चुनाव प्रणाली

भारत, इंग्लैंड, कनाडा, ऑस्ट्रेलिया आदि देशों की प्रत्यक्ष चुनाव प्रणाली के अपने गुण–दोष हैं। भारत में तो यह संविधान के लागू होने के साथ ही प्रारम्भ हो गयी थी और अब तक धड़ल्ले से चल रही है। हालाँकि कुछ चुनाव विशेषज्ञ इस प्रणाली के दोषों को उजागर करने से नहीं चूकते, जैसे वोटों का व्यर्थ जाना, अल्पमत वाले दलों का शासन में आ जाना आदि। इसके स्थान पर सूची प्रणाली वाले विकल्प की कोई पुरज़ोर वकालत राजनीतिक दलों ने की हो ऐसा नहीं लगता। आइए देखें, यह प्रणाली कैसी है?

प्रत्यक्ष चुनाव प्रणाली का सीधा लाभ यह है कि यह सरल है। इसमें एक चुनाव क्षेत्र में केवल एक ही प्रत्याशी को जिताना होता है चाहे प्रत्याशियों की संख्या कितनी ही क्यों न हो। इससे मतदाता का चुनाव प्रत्याशी से क़रीब–क़रीब सीधा सम्पर्क रहता है। प्रत्याशी अपने ढंग से मतदाता को रिझाने की भरसक कोशिश कर सकता है। इससे सम्पूर्ण देश में मतदाताओं के रुझान का तत्काल पता चल जाता है और मतदाता की पसन्द के लोग शासन कर सकते हैं। मतदाता चाहे तो अगले चुनाव में उन सबको या उनमें से किसी को भी हरा ही सकता है।

प्रत्यक्ष चुनाव प्रणाली की सबसे बड़ी ख़राबी यह है कि इसमें लोकतन्त्र की मूल भावना पर ही आघात पहुँचता है क्योंकि इसमें ऐसे दलों को शासन करने का अवसर मिलता है जिन्हें सीटें तो अन्य दलों से अधिक मिली हों किन्तु वोटों का प्रतिशत साधारण बहुमत से भी कम हो। आँकड़े बताते हैं कि अब तक हुए बारह चुनावों में जितने भी दलों ने भारत में केन्द्र में शासन किया उनमें से किसी को भी साधारण बहुमत से अधिक संख्या में मत नहीं मिले, बल्कि किसी भी एक दल को प्राप्त अधिकतम वोटों की संख्या 40 से 48 प्रतिशत तक रही है, जैसा कि निम्नांकित तालिका से स्पष्ट होता है :

सत्तारूढ़ दल

लोकसभा	चुनाव वर्ष	लोकसभा की कुल सीटें	पार्टी का नाम	द्वारा प्राप्त मतों का कुल मतों का प्रतिशत	को प्राप्त सीटों की संख्या	द्वारा प्राप्त सीटों का कुल सीटों का प्रतिशत	विशेष विवरण
पहली	1952	489	भा.रा. काँग्रेस	45.0	364	74.4	
दूसरी	1957	493	भा.रा. काँग्रेस	47.8	371	75.1	
तीसरी	1962	494	भा.रा. काँग्रेस	44.7	381	72.8	
चौथी	1967	494	भा.रा. काँग्रेस	40.8	283	53.5	
पाँचवीं	1971	515	भा.रा. काँग्रेस	43.7	350	67.9	
छठवीं	1977	542	जनता पार्टी	43.0	306	56.4	
सातवीं	1980	542	काँग्रेस (इ)	42.7	353	65.1	
आठवीं	1985	542	काँग्रेस (इ)	48.1	415	76.4	
नौवीं	1987	543	जनता दल	48.1	143	17.8	अन्य दलों से मिलकर सरकार बनाई

दसवीं	1991	543	काँग्रेस (इ)	44.89	240	44.1	अन्य दलों के समर्थन से
ग्यारहवीं	1996	543	भाजपा / संयुक्त मोर्चा	20.46	162	32.4	" "
बारहवीं	1998	543	भाजपा	25.38	181	33.33	" "

ये आँकड़े लोकतन्त्र की मूल भित्ति, अर्थात बहुमत के शासन को कमज़ोर करने के लिए काफ़ी हैं और यह प्रत्यक्ष मतदान प्रणाली का सबसे अधिक दुर्बल पक्ष है।

प्रत्यक्ष चुनाव प्रणाली की दूसरी खराबी यह है कि इसमें वोटों का अपव्यय बहुत होता है, जैसा कि ऊपर कहा जा चुका है। यहाँ तक कि पूरे चुनाव क्षेत्र में लाखों वोटों में केवल एक वोट के अन्तर पर हार–जीत हो सकती है।

इस प्रणाली में राजनीतिक दल की अपेक्षा चुनाव लड़ने वाले प्रत्याशी को अधिक महत्त्व मिल सकता है, क्योंकि मतदान पत्र पर राजनीतिक दल का कोई नाम नहीं होता, केवल उसका चुनाव चिह्न होता है।

चुने गये अनेक प्रत्याशी सौदेबाज़ी या जोड़–तोड़ करते देखे गये हैं। दल–बदल इनका एक बड़ा हथियार है जिसे भारत में कुछ हद तक क़ानूनी संरक्षण भी प्राप्त है। चुनाव में मतदाता भी राजनीतिक दल के कार्यक्रमों या चुनावी घोषणा–पत्रों पर उतना ध्यान नहीं देता जितना प्रत्याशी के गुण–दोष पर। चुनाव निष्पक्ष व सिद्धान्त आधारित नहीं रहकर व्यक्तिगत रुचि–अरुचि पर निर्भर हो जाता है। चूँकि राजनीतिक दल को येन–केन–प्रकारेण चुनाव जीतना होता है अतः वे स्थानीय मतदाताओं की धार्मिक व जातिगत भावनाओं व मान्यताओं को भुनाने का प्रयास करते हैं, चाहे ऐसा करके वे संविधान के प्रति ली गयी शपथ की अवहेलना ही क्यों न करते हों। जीते हुए प्रत्याशी भी भाई–भतीजावाद को प्रोत्साहन देते हैं और प्रशासन को भ्रष्टाचार का जीता जागता नमूना बना देते हैं। निर्दलीय प्रत्याशी भी जीतने पर राजनीतिक अस्थिरता का एक कारण बनते हैं।

प्रत्यक्ष चुनाव की अन्य कमियों में निर्दलीय व अगम्भीर प्रत्याशियों की बहुतायत, पार्टी के नाम पर ग़लत व्यक्तियों को खड़ा कर देने से

मतदाता के सामने कोई अन्य विकल्प न होना, पार्टियों की बहुलता और छोटे–छोटे दलों का कुकुरमुत्ते की भाँति उगना, क्षेत्रीय स्तर की पार्टियों का जीतकर आ जाना आदि हैं। इनमें से कुछ कमियाँ चुनाव क़ानून में फेरबदल करके दूर की जा सकती हैं।

कुछ समय पूर्व चुनाव आयोग ने भारत के लिए जर्मनी की भाँति सूची प्रणाली व सीधी मतदान प्रणाली के सम्मिश्रण को एक आदर्श प्रणाली बताकर उसकी सिफ़ारिश की थी। 'सिटीजन्स फॉर डेमोक्रेसी' की ओर से चुनाव सुधारों पर लोक नायक जयप्रकाश नारायण द्वारा गठित तारकुण्डे समिति ने 1975 में दी गयी अपनी रिपोर्ट में सुझाव दिया था कि मतदान की प्रणाली वही रहे जो इस समय है, किन्तु जिस प्रत्याशी को कुल वैध मतों के 50 प्रतिशत से अधिक मत मिलें उसे निर्वाचित घोषित कर दिया जाये। यदि किसी चुनाव क्षेत्र में किसी भी प्रत्याशी को स्पष्ट बहुमत न मिले तो वह सीट सीधे चुनाव से न भरी जा कर उस सूची से भरी जाये जो प्रत्येक पार्टी चुनाव से पूर्व अपने वरीयता क्रम में प्रस्तुत करे। यह चुनाव प्रत्येक प्रत्याशी द्वारा प्राप्त वैध मतों के अनुपात के आधार पर होगा। रिपोर्ट के मुताबिक़ जर्मनी में प्रत्येक दल की कुल सदस्य संख्या (दोनों प्रणालियों को मिलाने पर) का अनुपात क़रीब–क़रीब वही रहता है जो पार्टी को मिले वोटों का होता है।

मौरिस दुवर्जर के अनुसार आनुपातिक प्रतिनिधित्व से बहुदलीय प्रणाली को बल मिलता है जो कठोर, स्वतन्त्र व स्थायी है। दो मतों वाली मतदान प्रणाली (जैसी जर्मनी में है) से ऐसे दलों को प्रश्रय मिलता है जो लचीले, निर्भर व अपेक्षाकृत स्थायी हैं। साधारण बहुमत वाली प्रणाली से (जैसी कि भारत में है) कभी एक राजनीतिक दल को तो कभी दूसरे राजनीतिक दल को बारी–बारी शासन करने का अवसर मिलता है।

भारत के लिए कौन-सी प्रणाली उपयुक्त है?

मेरी निजी राय में उक्त दोनों प्रणालियों का सम्मिश्रित रूप हो। जिसके अनुसार प्रत्येक एक सदस्यीय चुनाव क्षेत्र में मतदान पत्र में दो खाने हों जिनमें पहले खाने में प्रत्याशियों के नाम एवं राजनीतिक दल का नाम व चुनाव चिह्न हो, और दूसरे खाने में केवल मान्यता प्राप्त राजनीतिक दलों के नाम व चुनाव चिह्न हों। मतदान के समय मतदाता को दो विकल्पों में से एक को चुनने का अवसर दिया जाये। या तो वह खड़े होने वाले

प्रत्याशियों में से किसी एक के नाम के आगे मुहर लगाये या फिर उसी मतदान पत्र में बतायी गयी पार्टियों में से अपनी पसन्द की एक पार्टी को चुने। दूसरे खाने वाली प्रत्येक राजनीतिक पार्टी अपने एक प्रत्याशी का नाम गुप्त रूप से चुनाव अधिकारी को सौंपे। यह प्रत्याशी वह भी हो सकता है जिसका नाम प्रत्याशियों वाले खाने में भी हो और उससे भिन्न व्यक्ति भी हो सकता है और इसका निर्णय पार्टी के अपने विवेक पर छोड़ दिया जाये। इस व्यक्ति की जानकारी मतदाता को नहीं होगी। सीधे प्रत्याशी तथा पार्टी के गुप्त प्रत्याशी में से जिस प्रत्याशी को अधिकतर मत मिलें वही निर्वाचित घोषित कर दिया जाये। ऐसा करने में मतदाता के सामने प्रत्याशी तथा राजनीतिक दल दोनों में से चुनाव करने का अवसर होगा। इससे पार्टियों का राजनीतिक महत्त्व भी बढ़ेगा।

चुनाव हो चुक़ने के बाद सरकार बनाने का प्रश्न हमेशा विवादास्पद रहा है। भारत में विशेष रूप से पिछले दो–तीन चुनावों में त्रिशंकु लोकसभाओं में ऐसा होता रहा है। इसका एक हल यह है कि राष्ट्रीय सरकार का गठन हो जिसमें सभी राजनीतिक दलों का प्रतिनिधित्व हो। इसकी प्रक्रिया यह हो कि पहले यह तय कर लिया जाये कि मन्त्रिमण्डल की सदस्य संख्या क्या हो। यदि दस प्रतिशत संख्या निर्धारित की जाये तो 543 सदस्यों वाले सदन में 54 मन्त्रियों का निर्वाचन सम्पूर्ण सदन मिलकर आनुपातिक प्रतिनिधित्व के आधार पर एकल संक्रमणीय मत प्रणाली से करे। इस प्रकार मन्त्रिमण्डल में सभी राजनीतिक दलों का आनुपातिक प्रतिनिधित्व हो जायेगा। ये मन्त्री मिलकर साधारण बहुमत से अपना मुखिया चुनें जो प्रधानमन्त्री हो। मन्त्रिमण्डल सरकार चलाने के लिए एक न्यूनतम साझा कार्यक्रम तय करे जैसा एक प्रयोग भारत में इस समय चल रहा है। यही प्रक्रिया राज्यों की विधान सभाओं में भी अपनायी जा सकती है।

यदि लोकसभा या विधानसभा का मन्त्रिमण्ड़ल में विश्वास न रहे तो वह अपने दो–तिहाई बहुमत से उसे अपदस्थ कर सकती है किन्तु उस स्थिति में लोकसभा या विधानसभा भंग नहीं होगी, बल्कि सदन को वर्तमान सदस्यों में से ही दूसरा मन्त्रिमण्डल चुनने का अधिकार होगा। लोकसभा या विधानसभा अपना निर्धारित कार्यकाल पूरा करके ही भंग होगी।

यह लेख मूलप्रश्न : अक्टूबर–दिसम्बर 1998 / 18 से साभार।

खण्ड : 5

परिचय

राजनीति विज्ञान में विचारधाराओं और अवधारणाओं की एक गौरवशाली परम्परा रही है। व्यक्ति और राज्य के सम्बन्धों को लेकर अनेक दार्शनिकों ने समय–समय पर अपने विचार प्रतिपादित किये हैं। जहाँ एक ओर ये विचारधाराएँ एक आदर्श राज्य की संकल्पना को प्रस्तुत करती हैं वही दूसरी ओर विद्वानों ने अपने समय की राजनीतिक परिस्थितियों को ध्यान में रखते हुए राज्य में सुधारों का निदानात्मक स्वरूप भी प्रस्तुत किया है। चिन्तन की यह परम्परा पाश्चात्य भी रही है और पूर्व का भी इसमें महत्त्वपूर्ण योगदान रहा है। पुस्तक की अन्तिम इकाई में ऐसे ही कुछ वैचारिक लेखों को सम्मिलित किया गया है। बीसवीं शताब्दी के अन्तिम दशकों में पाश्चात्य जगत में विमर्शीय प्रजातन्त्र न्याय बहुसंस्कृतिवाद, समुदायवाद आदि विचारों ने राजनीतिवेत्ताओं को विचारशील देखा। इन विचारधाराओं को पूर्व के विद्वानों ने अपने सन्दर्भ के अनुसार विश्लेषित किया। शीतयुद्ध के अन्त ने अनेक प्रचलित वैचारिक प्रतिकालों को झकझोर दिया और उनके स्थान पर नयी अवधारणाएँ विकसित हुई जिनमें सभ्यताओं के संघर्षों के नये स्वरूप दिखाई पड़ते हैं। इस इकाई में इन नयी अवधारणाओं को भी स्थान दिया गया है। बीसवीं शताब्दी में प्रचलित पाश्चात्य विचारधाराओं का पूर्व में भी प्रचार–प्रसार के परिणामस्वरूप जनतन्त्र, स्वतन्त्रता, समता, समाजवाद, साम्यवाद आदि विचारधाराओं का प्रभाव स्वाधीनता आन्दोलन के दौरान भारतीय विचारकों और राजनेताओं पर भी पड़ा। इन विद्वानों ने भारतीय समाज की विशेषताओं और राजनीति की आवश्यकताओं को ध्यान में रखते हुए इन विचारधाराओं का परिमार्जित स्वरूप प्रस्तुत किया। सर्वोदय एक ऐसा ही विचार या जिसमें पाश्चात्य और भारतीय चिन्तन का एक अद्‌भुत समन्वय देखने को मिलता है। इस इकाई के अन्त में दो लेख पाश्चात्य विचारधाराओं के भारतीय परिमार्जन से जुड़े हैं।

अध्याय–24

समसामयिक अवधारणाएँ

–नरेश दाधीच

सामाजिक पूँजी

नब्बे के दशक में सामाजिक पूँजी की अवधारणा राजनीतिक चिन्तन में महत्त्वपूर्ण बनी और इसको महत्त्वपूर्ण बनाने में सबसे अधिक योगदान अमेरिका के राजनीतिक शास्त्री रॉबर्ट पुतनेम का रहा। उन्होंने 1993 में इटली में उनके द्वारा किये गये शोध पर आधारित पुस्तक 'मेकिंग डेमोक्रसी वर्क' को प्रकाशित किया। जिसमें इटली के शहरों का अध्ययन कर तुलनात्मक रूप से उनके विकास का अध्ययन किया गया और इस नतीजे पर पहुँचा गया कि जिस शहर के नागरिक आपस में सहयोग अधिक करते हैं उसके विकास की गति तीव्र होती है। आपसी सहयोग की इस नेटवर्किंग को उन्होंने सामाजिक पूँजी का नाम दिया जो राष्ट्रीय विकास के लिए आर्थिक पूँजी के समान ही महत्त्वपूर्ण है। सन् 2000 में उन्होंने 'बाउलिंग एलोन' नामक पुस्तक प्रकाशित की जिसमें अमेरिका में इस सामाजिक पूँजी के ह्रास पर चिन्ता ज़ाहिर की। इसमें भी तथ्यगत आधार तथा आनुभाविक शोध के निष्कर्ष स्वरूप इस नतीजे पर पहुँचा गया कि अमेरिका में सामाजिक पूँजी का ह्रास हो रहा है और इससे अमेरिका के विकास में बाधा पहुँच रही है। इक्कीसवीं शताब्दी के प्रथम दशक में सामाजिक पूँजी एक महत्त्वपूर्ण राजनीतिक अवधारणा के रूप में सामने आयी और विभिन्न शोधकर्ताओं ने इस अवधारणा का सहारा लेकर विकास की गति को मापना आरम्भ किया।

सामाजिक पूँजी की अवधारणा अन्य राजनीतिक अवधारणाओं की तरह एक संश्लिष्ट अवधारणा है जिसकी सरल परिभाषा सम्भव नहीं है।

इसमें कई प्रकार के विचार छुपे हैं। लेकिन जो मूल तत्त्व इसको परिभाषित करता है वह यह मान्यता है कि सामूहिक हिस्सेदारी से व्यक्तियों और समूह पर सकारात्मक प्रभाव पड़ता है। जेम्स कोलमैन (1988 : 98) यह मानता है कि सामाजिक पूँजी उसके कार्यों से परिभाषित होती है। यह एक एकाकी इकाई नहीं है अपितु यह बहुत–सी इकाइयों को जोड़कर बनती है जिनमें दो समान विशेषताएँ होती हैं। पहला–सामाजिक पूँजी एक सामाजिक संरचना का हिस्सा है और उस संरचना के अन्तर्गत यह व्यक्तियों को कुछ कार्यों को करने की सुविधा प्रदान करती है और दूसरा–अन्य किसी पूँजी की तरह सामाजिक पूँजी भी उत्पादक है और जो कुछ साध्य को प्राप्त करने में सहायता प्रदान करती है और इनके अभाव में वे साध्य प्राप्त नहीं हो सकते। इस प्रकार इसमें सामाजिक संरचनाओं को महत्त्व दिया गया है। रॉबर्ट पुतनेम इसके सबसे प्रमुख प्रतिपादक हैं। उनकी वेबसाइट बाउलिंग एलोन डॉट कॉम को देखने से यह ज्ञात होता है कि वह इसको विकास का सबसे महत्त्वपूर्ण कारक मानते हैं। अपनी पुस्तक 'मेकिंग डेमोक्रेसी वर्क' में उन्होंने 20 नये इटैलियन क्षेत्र के संस्थागत निष्पति का अध्ययन किया और उसके आधार पर वह इस निष्कर्ष पर पहुँचे कि इनमें से कुछ क्षेत्र जो कि उत्तरी भाग में स्थित हैं वे अधिक प्रभावी, उत्तरदायी एवं विश्वसनीय प्रशासन प्रदान करते हैं और उनके प्रति नागरिकों का संस्तुष्टि का स्तर भी सर्वोत्कृष्ट है। दूसरी ओर कुछ ऐसे क्षेत्र हैं, मुख्य रूप से दक्षिण में, जहाँ पर कि इसके विपरीत स्थिति है। इन दोनों में अन्तर सम्पदा, राजनीतिक दृष्टिकोण, भौगोलिक स्थिति, जनसंख्या की प्रकृति के आधार पर स्पष्ट नहीं किया जा सकता, अपितु जनता के नागरिक कार्यों में सम्मिलित होने की इच्छा और यथार्थ के आधार पर किया जा सकता है। यह पाया गया कि जनता सामूहिक गतिविधियों में जैसे फुटबाल क्लब, साहित्य क्लब इत्यादि में अधिक हिस्सेदारी करती है और सार्वजनिक कार्यों के प्रति अधिक उत्साह दिखाती है जैसे समाचार–पत्रों को पढ़ने का प्रतिशत अथवा वोट देने का प्रतिशत इत्यादि। दक्षिण में सामाजिक जीवन उदासीन है। वहाँ पर राजनीतिक जीवन का अर्थ है भ्रष्टाचार या अलोकप्रिय नीतियाँ। पुतनेम और उनके साथियों ने यह नतीजा निकाला कि ऐसी स्थिति वहाँ पर लगभग 14वीं शताब्दी से है और तभी से उत्तरी क्षेत्र ने नागरिक सद्गुणों को अपना लिया था और दक्षिणी क्षेत्र उससे वंचित रहा। इसलिए प्रजातन्त्र की गुणात्मकता प्रशासन की क्षमता और आर्थिक विकास के स्तर को

इन नागरिक सद्‌गुणों के आधार पर व्याख्यायित किया जा सकता है जो कि मूलतः मध्ययुगीन समाजों की विशेषता थी। पुतनेम इन सद्‌गुणों की व्याख्या करते हुए यह बतलाते हैं कि समितियाँ सार्वजनिक कार्य करती हैं, लोग एक–दूसरे में विश्वास रखते हैं, तथा सामान्य ध्येय को प्राप्त करने के लिए एक–दूसरे की सहायता करते हैं। एक सफल नेटवर्किंग के लिए लोग बहुत–सी सार्वजनिक समितियों के सदस्य बनते हैं। इस प्रकार एक बहुआयामी सामुदायिक जीवन को अपनाते हैं और इसके आधार पर ही प्रजातन्त्र कार्य करता है। इस प्रकार उन्होंने एक बलशाली राज्य तथा बलशाली समाज का नारा दिया और यह तर्क दिया कि बलशाली समाज ही बलशाली आर्थिक व्यवस्था को जन्म देता है। एक सामाजिक संगठन की इस प्रकार की विशेषताएँ जैसे विश्वास, मानदण्ड (Norms) और नेटवर्किंग समाज की कार्यकुशलता को बढ़ाती हैं। यह कहा जा सकता है कि कुछ नेटवर्किंग सामाजिक पूँजी को दूसरों की तुलना में अधिक तेज़ी से बढ़ाती हैं।

रॉबर्ट पुतनेम ने इटली में जो कुछ कार्य किया उसी को उन्होंने अमेरिका में लागू करने का प्रयास किया। उन्होंने मुख्य रूप से इस बात पर ध्यान दिया कि सामाजिक पूँजी को कैसे बढ़ाया जाये और सामाजिक पूँजी के अभाव से क्या–क्या परेशानियाँ उत्पन्न होती हैं और किस प्रकार से सामाजिक पूँजी के अधिक सुदृढ़ होने से राज्य या समाज की कार्यप्रणाली में सुधार आता है। सामाजिक पूँजी के पतन के कारणों की जाँच करने पर उन्होंने पाया कि सामाजिक समितियों की सदस्यता में कमी आयी है और इसके कारणों की खोज करते हुए उन्होंने पाँच प्रमुख प्रवृत्तियों को खोजा–

1. महिलाओं की श्रमिक बाज़ार में कम हिस्सेदारी।
2. रेडक्रॉस स्वैच्छिक कार्यकर्ताओं की संख्या में कमी, उत्साह में कमी।
3. बढ़ती हुई गतिशीलता, जिसमें लोग एक जगह पर बहुत समय तक नहीं रुकते और अपने आसपास के लोगों से मधुर सामाजिक सम्बन्ध नहीं बना पाते।
4. जनसांख्यिकी परिवर्तन जिसमें छोटी परिचित दुकानों की जगह पर अपरिचित और बड़े मॉल की स्थापना तथा ई–कॉमर्स।
5. नयी प्रौद्योगिकी का बढ़ता प्रभाव जिसमें आराम का निजीकरण। जैसे टीवी सेट, वीसीआर इत्यादि का घरों में होना।

आराम या मनोरंजन के लिए घर की दीवारों में ही सीमित हो जाना, जिससे सामाजिक नेटवर्किंग पर बुरा प्रभाव पड़ता है।

इन प्रवृत्तियों को देखते हुए रॉबर्ट पुतनेम ने 1995 में एक 13 पृष्ठीय आलेख लिखा जिसमें 'सामाजिक पूँजी' की अवधारणा के साथ सामाजिक पूँजी के पतन पर चिन्ता व्यक्त की। इसे उन्होंने विस्तृत स्वरूप प्रदान कर सन् 2000 में 500 पृष्ठ की पुस्तक प्रकाशित की जिसमें राजनीतिक हिस्सेदारी, समितियों की सदस्यता, धर्म, कार्यकारी सम्बन्ध, सामाजिकता, परोपकार, विश्वसनीयता, स्वैच्छिक सेवा, सत्यनिष्ठा इत्यादि प्रवृत्तियों का व्यवस्थित विवेचन किया, इन सब में होने वाले पतन के कारणों को खोजा और किस प्रकार से इस पतन को रोका जा सकता है, उसके बारे में सुझाव दिये।

इसी प्रकार फ्रांसिस फुकुयामा ने भी सामाजिक पूँजी के पतन पर चिन्ता व्यक्त की है। 1995 में अपनी पुस्तक 'ट्रस्ट : द सोशियल वर्च्यु एंड द क्रियेशन ऑफ़ प्रोस्पेरिटी' में एक सरल सिद्धान्त प्रतिपादित किया। इसके अनुसार राष्ट्र की संस्थाओं को विकसित करने की शक्ति की क्षमता इस बात पर निर्भर करती है कि उस राष्ट्र की जनता में आपसी विश्वास कितना है। आपसी विश्वास का आधार सांस्कृतिक मूल्यों से सम्बन्धित है और उसके आधार पर उन्होंने विश्व को दो भागों में विभाजित किया। पहला–ऐसे देश जिनकी सांस्कृतिक मूल्यों में विश्वसनीयता को महत्त्व दिया जाता है और दूसरा–जिनके सांस्कृतिक मूल्यों में इन्हें महत्त्व नहीं दिया जाता। उनके अनुसार जर्मनी, जापान और अमेरिका ऐसे देश हैं जिनमें विश्वसनीयता को एक मूल्य के रूप में अत्यधिक महत्त्व दिया जाता है और फ्रांस, दक्षिणी इटली और अमेरिका के कुछ नृजातीय अल्पसंख्यक ऐसे समुदाय हैं जो विश्वसनीयता को अधिक महत्त्व नहीं देते। उनके अनुसार यह चिन्ता का विषय है कि अमेरिका में यह विश्वसनीयता कम हो रही है और ऐसा होने पर अमेरिका के विकास की गति कमज़ोर पड़ जायेगी। वह मानते हैं कि विश्वास मनुष्यों को बाँधने में सहायक सिद्ध होता है और एक सामाजिकता उत्पन्न करता है जिसमें व्यक्ति अपनी प्रसन्नता और दुःख को दूसरों के साथ साझा करता है और ऐसा करने पर ही वह सामाजिक उद्देश्यों और सामूहिक ध्येय के प्रति प्रतिबद्ध होता है और उसको प्राप्त करने का सामूहिक प्रयास करता है।

सामाजिक पूँजी की अवधारणा 1920 के दशक में काम में ली जाने लगी थी लेकिन रॉबर्ट पुतनेम ने अपने अध्ययन से इसको लोकप्रिय बनाया।

इसके अलावा जेन जैक्ब्स (1961) ने इसे शहरी जीवन का अध्ययन करने में काम में लिया। इसी प्रकार इयरो बोरदिया (1983) ने सामाजिक सिद्धान्त के सन्दर्भ में इसको काम में लिया और जेम्स कोलमैन (1988) ने इसे शिक्षा के सामाजिक सन्दर्भ में उपयोग किया। वर्ल्ड बैंक ने भी इस अवधारणा का उपयोग किया और इसे आर्थिक रूप से विकसित होने वाले राष्ट्रों के लिए एक आवश्यक शर्त माना। विश्वबैंक के अनुसार सामाजिक पूँजी उन संस्थाओं, सम्बन्धों और मूल्यों को प्रदर्शित करती है जो समाज की सामाजिक अन्तःक्रियाओं की गुणवत्ता और संख्यात्मकता को प्रभावित करती है। यह केवल संस्थाओं का जोड़ ही नहीं है अपितु यह उन संस्थाओं को जोड़ने वाला तत्त्व है। इसकी मूल धारणा यह है कि सामाजिक अन्तःक्रियाएँ समाज और समुदाय को बनाने में मदद करती हैं तथा एक–दूसरे के प्रति विश्वास और सहिष्णुता व्यक्तियों के सामूहिक विकास में सहायक सिद्ध होती है।

सामाजिक पूँजी को बढ़ाने के कई प्रकार के उपाय माने गये हैं जिनमें से कुछ निम्नलिखित हो सकते हैं :

1. सामाजिक पूँजी चूँकि सामान्यतः धर्म, परम्पराओं और साझे ऐतिहासिक अनुभवों से उत्पन्न होती है और ये सभी सरकार के नियन्त्रण से बाहर हैं। इसलिए सरकार को नीति बनाते समय यह ध्यान रखना चाहिए कि वह इनमें से किसी के क्षेत्र में इतना हस्तक्षेप न करे कि इसका आन्तरिक सन्तुलन बिगड़ जाये और जिससे सामाजिक पूँजी का पतन हो।
2. सरकार द्वारा शिक्षा के क्षेत्र में सामाजिक पूँजी का उत्पादन किया जाये। शिक्षण संस्थाओं का यह कर्तव्य है कि वह ज्ञान का उत्पादन करने और उसे प्रेषित करने के साथ–साथ वह विद्यार्थियों में सामाजिक पूँजी को बढ़ाने का प्रयास भी करे।
3. राज्य सामाजिक पूँजी बढ़ाने में इस प्रकार से मदद कर सकता है कि वह व्यक्तियों के सम्पत्ति अधिकार की रक्षा करे और सार्वजनिक सुरक्षा प्रदान करे। इससे लोगों में विश्वास की भावना उत्पन्न होती है और वे आपसी सहयोग करने को तत्पर होते हैं।
4. राज्य उन कार्यों में हस्तक्षेप न करे जो कि निजी क्षेत्र के द्वारा सही प्रकार से किये जा सकते हैं। क्योंकि निजी क्षेत्र में व्यक्तियों के पास यह स्वतन्त्रता होती है कि वे अपनी पसन्द के कार्यक्षेत्र

को चुनें और उसके कार्य में अपने सामाजिक सम्बन्धों को उत्कृष्टता प्रदान करें।

राज्य के अलावा अन्य कई नयी प्रकार की प्रवृत्तियाँ सामाजिक पूँजी को प्रभावित करती हैं जैसे धर्म और धार्मिक रीति–रिवाज, उत्सव, पर्व इत्यादि। भूमण्डलीकरण का प्रभाव भी सामाजिक पूँजी पर पड़ रहा है। इससे समाज का दायरा विस्तृत हुआ है, जिससे सामाजिक पूँजी की धारणा भी प्रभावित हुई है और एक वैश्विक संस्कृति के विकास की बात की जाने लगी है।

रॉबर्ट पुतनेम ने अपने अध्ययन बाउलिंग एलोन में आनुभाविक तथ्य संकलन के आधार पर बीसवीं शताब्दी की तीन अन्तिम दशाब्दियों के अमेरिकन जीवन की प्रवृत्तियों के बारे में अपने निष्कर्ष दिये हैं। उनके अनुसार अमेरिकन जीवन में कम–से–कम तीन प्रकार की प्रवृत्तियाँ इन तीस वर्षों में सामने आयी हैं और जिनमें परिवर्तन हुआ है, वह हैं :

1. **राजनीतिक एवं नागरिक सम्बन्ध** : उनके अनुसार वोटिंग राजनीतिक चेतना, राजनीतिक विश्वास और स्थानीय राजनीतिक कार्यविधि का पतन हुआ है। अमेरिकन तीन दशक पूर्व की तुलना में अब तीस प्रतिशत कम ज्ञापन सरकार को देते हैं और चालीस प्रतिशत कम–सम्भावना है कि वे किसी बॉयकॉट की पुकार पर उसमें सम्मिलित हों। ग़ैर–राजनीतिक सामुदायिक जीवन में भी इसी प्रकार का पतन हुआ है और अब स्थानीय क्लब, नागरिक और धार्मिक संगठनों की सदस्यता में कमी आयी है। 1970 के दशक में एक आम अमेरिकी प्रत्येक महीने किसी–न–किसी क्लब की मीटिंग में सहभागिता करता था। 1998 तक आते–आते यह उपस्थिति साठ प्रतिशत कम हो गयी।
2. **अनौपचारिक सामाजिक बन्धन** : 1975 में आम अमेरिकन अपने घर पर मेहमान को प्रत्येक महीने में कम–से–कम 15 बार बुलाता था और एक सामाजिक घटना को जन्म देता था। 1998 में यह मुलाक़ात आधी रह गयी है।
3. **सहिष्णुता एवं विश्वास** : आम अमेरिकन चाहे अधिक सहिष्णु हो गया हो लेकिन वह पहले की तुलना में दूसरों पर कम विश्वास करता है। पिछले वर्षों में वकीलों की संख्या में अभूतपूर्व वृद्धि हुई है जो यह दर्शाता है कि लोग आपसी मतभेदों को साथ बैठ

कर सुलझाने की अपेक्षा पुलिस और न्यायालय के माध्यम से सुलझाने का प्रयास करते हैं।

सभ्यताओं का संघर्ष (Clash of Civilizations)

अमेरिकन राजनीतिशास्त्री सैमुअल पी हटिंगटन ने 1993 में फॉरिन अफेयर्स नामक जर्नल में 'द क्लेश ऑफ़ सिविलाइजेशन्स' नाम से एक उत्तेजक लेख लिखा। उनके अनुसार विश्व राजनीति एक नये मोड़ पर खड़ी है और शीतयुद्ध की समाप्ति के पश्चात एक नयी व्यवस्था स्थापित हो रही है। इसके अन्तर्गत नयी दुनिया में संघर्षों का स्रोत वैचारिक विचारधारा या आर्थिक अर्थव्यवस्था न होकर सांस्कृतिक होगा। इस लेख से 'सभ्यताओं के संघर्ष' की नयी प्रस्थापना राजनीतिक चिन्तन में सामने आती है जो बहुत विवादास्पद बनी और जिसे नव उदारवादी चिन्तन का एक नया स्वरूप माना गया। विश्व भर में उदारवादी एवं वामपन्थी विचारधारा के विद्वानों ने इसकी आलोचना की और इसे युद्ध भड़काने वाले एजेंडा का नाम दिया।

सैमुअल हटिंगटन ने अपने मूल विचार 'सभ्यताओं के संघर्ष' को विस्तार से इस लेख में विवेचित किया है। जो बाद में एक पुस्तक 'द क्लेश ऑफ़ सिविलाइजेशन एंड द रि–मेकिंग ऑफ़ वर्ल्ड आर्डर' (1996) रूप में भी प्रकाशित हुआ है। उनके अनुसार पिछली डेढ़ शताब्दी में एक नयी अन्तर्राष्ट्रीय व्यवस्था जो वेस्टफेलिया की शान्ति सन्धि से स्थापित थी उसमें पश्चिमी जगत में संघर्ष मूलतः राजाओं, बादशाहों, निरंकुश तानाशाहों, संवैधानिक प्रमुखों के मध्य में अपनी सेनाओं को बढ़ाने, नौकरशाही का विस्तार करने और वाणिज्यिक, आर्थिक बल प्राप्त करने या भू–भाग पर नियन्त्रण को स्थायी करने के कारण संघर्ष हुए। इस प्रक्रिया में फ्रांसीसी क्रान्ति के साथ–साथ नये राष्ट्रीय राज्यों का निर्माण आरम्भ हुआ और संघर्ष का मुख्य आधार राजाओं की अपेक्षा राष्ट्र बन गये। जैसा कि माना गया 1793 के बाद में राजाओं के युद्ध समाप्त हो गये और जनता के युद्ध आरम्भ हुए। उन्नीसवीं शताब्दी की यह व्यवस्था प्रथम विश्व युद्ध की समाप्ति तक बनी रही। प्रथम विश्व युद्ध के पश्चात रूसी क्रान्ति ने और उसके विरोध ने संघर्ष के स्रोत को परिवर्तित किया और अब संघर्ष का आधार विचारधारा बनी। पहले साम्यवादी, फ़ासीवाद और उदार प्रजातन्त्र के मध्य संघर्ष हुआ और बाद में साम्यवाद और उदारवादी प्रजातन्त्र में। द्वितीय विश्व युद्ध के पश्चात शीतयुद्ध के समय में इस विचारधारा

पर आधारित संघर्ष दो महाशक्तियों के मध्य के संघर्ष में परिणित हुआ, जिसको विचारधारा पर आधारित संघर्ष का नाम दिया गया। यह सभी संघर्ष पश्चिमी सभ्यता के भीतर हुए। शीतयुद्ध की समाप्ति के पश्चात अन्तर्राष्ट्रीय राजनीति पश्चिमी क्षेत्र से निकलकर वैश्विक बन गयी। इस नये काल में पश्चिम और ग़ैर–पश्चिम सभ्यताओं के मध्य में अन्तःक्रिया आरम्भ हुई और ग़ैर–पश्चिमी सभ्यताएँ केवल पश्चिमी उपनिवेशवाद के अंश के रूप में अपने आप तक सीमित नहीं रही, वह भी पश्चिम के साथ कन्धे से कन्धा मिलाकर इतिहास को नये स्वरूप देने में जुट गयी। शीतयुद्ध के समय विश्व प्रथम, द्वितीय एवं तृतीय विश्व में विभाजित था।

शीतयुद्ध की समाप्ति के पश्चात यह विभाजन अप्रासंगिक हो गया, क्योंकि यह विभाजन आर्थिक विकास पर आधारित था। लेकिन अब अर्थव्यवस्था की अपेक्षा संस्कृति और सभ्यता का महत्त्व बढ़ रहा था। एक सभ्यता को एक सांस्कृतिक इकाई के रूप में परिभाषित किया जा सकता है। गाँव, क्षेत्र, नृजातीय समूह, राष्ट्रीयता, धर्म और धार्मिक समूह की अनन्य सांस्कृतिक पहचान होती है। एक गाँव, दूसरे गाँव से अपनी अलग पहचान रखता है लेकिन एक राष्ट्र में दो गाँवों में भिन्नता होते हुए भी कुछ महत्त्वपूर्ण समानता होती है, जो उन्हें उस राष्ट्र या राज्य का सदस्य बनाती है। इस प्रकार कई संस्कृतियों की समानताओं के आधार पर एक सभ्यता का निर्माण होता है। इसलिए अरब, चीनी या पश्चिमी राष्ट्र किसी सांस्कृतिक इकाई से परिभाषित नहीं होते, वे एक सभ्यता का निर्माण करते हैं। इसलिए (हंटिंगटन, 1996 : 24) सभ्यता व्यक्तियों का सबसे उच्च सांस्कृतिक समूहीकरण है, जो मनुष्यों को दूसरे जीवों से एक बृहद् स्तर पर सांस्कृतिक अस्मिता प्रदान कर भिन्न बनाती है। यह सामान्य वस्तुनिष्ठ तत्त्वों जैसे भाषा, इतिहास, धर्म, परम्पराओं, संस्थाओं के द्वारा परिभाषित होती है तथा यह आत्मनिष्ठ तरीक़े से व्यक्तियों की स्व–अस्मिता (Identification) से भी निर्मित होती है। व्यक्तियों की अस्मिता के कई चरण होते हैं। वह स्वयं को एक गाँव से सम्बन्धित मानता है, परिवार से सम्बन्धित मानता है, धर्म से सम्बन्धित मानता है और क्षेत्र से सम्बन्धित मानता है। सभ्यता उसकी इस अस्मिता के विभिन्न चरणों का सबसे ऊपरी चरण है। सभ्यता की पहचान व्यक्तियों की संख्या से नहीं होती। चीन जैसी सभ्यता में व्यक्तियों की जनसंख्या अत्यधिक है और कैरेबियन द्वीप में स्थित सभ्यता बहुत कम व्यक्तियों तक सीमित है।

सभ्यता बहुत से राष्ट्रीय राज्यों को सम्मिलित कर सकती है, जैसे पश्चिमी सभ्यता व अरब सभ्यता और वह एक राष्ट्रीय राज्य तक सीमित हो सकती है जैसे जापानी सभ्यता। सभ्यताओं के मध्य में अन्तर चाहे हमेशा स्पष्ट न हो लेकिन महत्त्वपूर्ण होते हैं। सभ्यताएँ गत्यात्मक होती हैं वे निर्मित होती हैं और समाप्त होती हैं, वे विभाजित होती हैं और एकीकृत होती हैं।

भविष्य में वैश्विक राजनीति इन सभ्यताओं के मध्य के संघर्ष से प्रभावित होगी। हटिंगटन (1996 : 25–28) सभ्यताओं के अवश्यम्भावी संघर्ष के कारणों को विवेचित करते हैं :

1. सभ्यताओं के मध्य के भेद न केवल वास्तविक हैं अपितु मूलभूत हैं। सभ्यताएँ एक–दूसरे से इतिहास, भाषा व संस्कृति, परम्परा और धर्म से भिन्न–भिन्न होती हैं। अलग–अलग सभ्यताओं के व्यक्ति के ईश्वर और व्यक्ति के सम्बन्ध, व्यक्ति और समूह के सम्बन्ध, नागरिक और समूह के सम्बन्ध, पति और पत्नी के सम्बन्ध, अधिकारों, दायित्व, स्वतन्त्रता और सत्ता सम्बन्धी विचार भी भिन्न–भिन्न होते हैं। ये वैचारिक मतभेद हज़ारों वर्ष के इतिहास से निर्मित होते हैं और इसलिए उन्हें समाप्त करना बहुत दुष्कर है। ये मतभेद राजनीतिक विचारधाराओं और राजनीतिक सत्ता से अधिक मूलभूत होते हैं। इन मतभेदों का यह अर्थ नहीं है कि यह हमेशा संघर्ष में परिणित होंगे और संघर्षों का समाधान हमेशा हिंसा से होगा, लेकिन सभ्यताओं के मध्य के संघर्ष ने इतिहास में सबसे लम्बे और सबसे अधिक हिंसक संघर्षों को जन्म दिया है।
2. विश्व एक संकुचित स्थान बनता जा रहा है। विभिन्न सभ्यताओं के मध्य व्यक्तियों की अन्तःक्रिया बढ़ती जा रही है। इसलिए इस अन्तःक्रिया से सभ्यता सम्बन्धी चेतना भी मुखरित हो रही है और व्यक्ति एक–दूसरे की सभ्यताओं के बारे में जाग्रत हो रहे हैं। आव्रजन के बढ़ने से सभ्यताओं के मध्य में अन्तःक्रिया यथार्थ में परिणित हो रही है और जिससे एक–दूसरे की सभ्यताओं के बारे में सम्मान और घृणा दोनों के भाव विकसित हो रहे हैं। विभिन्न सभ्यताओं के बारे में यह जाग्रत चेतना बहुधा आपसी मतभेदों को संघर्ष के स्तर तक बढ़ाती है।
3. आर्थिक आधुनिकीकरण एवं सामाजिक परिवर्तन की बढ़ती प्रक्रिया ने विश्व में व्यक्तियों को अपनी ऐतिहासिक सामाजिक अस्मिता से अलग होने को मजबूर किया है। इसके द्वारा राष्ट्रीय राज्य

भी अस्मिता के स्रोत के रूप में निर्बल हो गये हैं। ऐसी स्थिति में विश्व में धर्म ने अस्मिता के स्रोत के रूप में पुनः अपना स्थान मज़बूत किया है और इस धर्म की अस्मिता को बढ़ाने के लिए होने वाले आन्दोलन को मूलप्रमाणवादी माना जाता है। ऐसे आन्दोलन सभी धर्मों में तेज़ी से बढ़ रहे हैं। इन आन्दोलनों को समर्थन मुख्य रूप से युवा, शिक्षित मध्यमवर्गीय टेक्निशियन, प्रोफ़ेशनल और व्यापारी वर्ग से मिलता है। बीसवीं शताब्दी के उत्तरार्द्ध का सबसे महत्त्वपूर्ण सामाजिक तथ्य यह है कि विश्व का अधर्म–निरपेक्षीकरण हो रहा है।

4. सभ्यता सम्बन्धी चेतना के विकास में पश्चिम की दोहरी भूमिका है एक ओर पश्चिम इस समय अपनी शक्ति के चरम पर है। इस कारण से ग़ैर–पश्चिमी सभ्यताओं में पुनः अपने स्रोत की ओर लौटने का आह्वान किया जा रहा है, जिससे पश्चिम का प्रभुत्व इन राष्ट्रों की सांस्कृतिक अस्मिता को समाप्त न कर दे और इसीलिए इन राष्ट्रों में पश्चिमीकरण बनाम राष्ट्रीयकरण या धर्मविशेष को संगठित करने के प्रयासों की चर्चा और कार्य हो रहे हैं। शीतयुद्ध के दौरान ग़ैर–पश्चिमी समाजों में अभिजन वर्ग पश्चिम के प्रमुख शिक्षा संस्थानों जैसे ऑक्सफ़ोर्ड, कैम्ब्रिज या हार्वर्ड से शिक्षित पश्चिमी विचार को उचित मानने वाले होते थे लेकिन अब इन समाजों में अभिजन वर्ग का भी इंडिजिनाइजेशन एवं ग़ैर–पश्चिमीकरण हो रहा है।

5. सांस्कृतिक विशेषताएँ एवं विभेद कम परिवर्तनशील होते हैं, इसलिए वे आसानी से समन्वित नहीं हो पाते। अगर हम राजनीतिक एवं आर्थिक विभेदों की इनसे तुलना करें तो भूतपूर्व सोवियत यूनियन में साम्यवादी प्रजातान्त्रिक बन गये। अमीर ग़रीब बन गये और ग़रीब अमीर, लेकिन रूसी एस्टोनियन नहीं बने और एजरिस अर्मेनियन नहीं बने। वर्गीय एवं विचारधारीय संघर्षों में प्रमुख प्रश्न होता है कि आप किस ओर हैं और व्यक्ति अपनी ओर का चुनाव करते हैं और उसमें परिवर्तन भी करते हैं। सभ्यताओं के मध्य के संघर्ष में प्रश्न महत्त्वपूर्ण होता है कि आप क्या हो और उसके उत्तर को परिवर्तित नहीं किया जा सकता। नृजातीयता से भी अधिक महत्त्वपूर्ण धर्म बन जाता है जो व्यक्तियों के भेद को

स्थिर बनाता है। यह सम्भव है कि एक व्यक्ति आधा फ्रांसीसी और आधा अरब हो और दो देशों का नागरिक एक साथ बना रह सके लेकिन यह अधिक दुष्कर है कि वह आधा कैथोलिक और आधा मुस्लिम बने।

6. आर्थिक क्षेत्रीयवाद में वृद्धि हो रही है। आँकड़ों के अनुसार यूरोप में अन्तर–क्षेत्रीय व्यापार, 1980 से 1989 के मध्य में 51 प्रतिशत से 59 प्रतिशत बढ़ा, उत्तरी अमेरिका में 32 से 36 प्रतिशत तथा पूर्वी यूरोप में 33 से 37 प्रतिशत तक बढ़ा। इस क्षेत्रीय आर्थिक ब्लॉक के निरन्तर वृद्धि करने की सम्भावना है। इस प्रकार के सफल आर्थिक क्षेत्रीयवाद सभ्यता की चेतना को और विकसित करते हैं। क्योंकि आर्थिक क्षेत्रीयवाद की सफलता इस बात पर भी निर्भर करती है कि वह कितना सामान्य सभ्यता में बद्धमूलित (Rooted) है। यूरोपियन सभ्यता यूरोपियन संस्कृति और पश्चिमी ईसाईयत के समान गुणों पर आधारित है।

'द क्लेश ऑफ़ सिविलाइज़ेशन एंड द वॉर ऑन टेरर' में माइकल डन ने लिखा कि हटिंगटन के द्वारा प्रतिपादित सभ्यताओं के संघर्ष की थीसिस को 9/11 की घटना के बाद में अमेरिकन प्रशासन द्वारा 'वॉर ऑन टेरर' आतंक के विरुद्ध युद्ध में काम में लिया। इस नीति में हटिंगटन की सभ्यता की परिभाषा को स्वीकार किया गया और उसके आधार पर आतंक से युद्ध करने की तैयारी की गयी। इस प्रकार हटिंगटन की धारणा पश्चिमी राजनयिक, विद्वान, इंटेलीजेंस, विश्लेषक, अफसरों और राष्ट्रपतियों के चिन्तन का अभिन्न अंग बन गयी। हटिंगटन की यह धारणा मूल प्रमाणवादियों और रूढ़िवादी मुस्लिमों के द्वारा भी स्वीकार की गयी।

बेंजामिन बार्बर ने अपनी पुस्तक जिहाद वर्सेज मैक्वर्ल्ड (2001) में यह लिखा है कि सैमुअल हटिंगटन जैसे व्याख्याकारों ने सभ्यताओं के संघर्ष को प्रजातन्त्र और इस्लाम के मध्य के सांस्कृतिक युद्ध की संज्ञा दी है और शायद वे इसमें पश्चिम और अन्य के बीच के संघर्ष को भी देखते हैं। लेकिन यही भाषा ओसामा–बिन–लादेन भी प्रयुक्त करता है, जिसके अनुसार इस्लाम के व्यक्तियों ने यह समझ लिया है कि वह जियोनिस्ट अलायंस के प्रमुख लक्ष्य हैं।

हटिंगटन ने अपने विचारों को आगे बढ़ाते हुए एक नयी पुस्तक 2004 में हू आर वी : चैलेंजिज टू अमेरिकन नेशनल आइडेंटिटीज के रूप में प्रकाशित की। इस पुस्तक में अपनी थीसिस को आगे बढ़ाते हुए

भूमण्डलीकरण के युग में अमेरिका की राष्ट्रीय अस्मिता के प्रश्न को विश्लेषित किया। उनके अनुसार अमेरिका की राष्ट्रीय अस्मिता और उसकी राष्ट्रीय सुरक्षा को अमेरिका के 1965 के पश्चात अपनाई गयी खुली आव्रजन नीति के कारण ख़तरा बढ़ गया है। इस नीति के कारण अमेरिका में आने वाले आव्रजक विशेष रूप से स्पेनिश आव्रजक अमेरिका की संस्कृति में घुल–मिल नहीं सके हैं जैसे कि उनसे पूर्व आने वाले आव्रजकों ने अमेरिकन संस्कृति को अपना लिया था। उदाहरणार्थ 1970 के दशक में मैक्सिको से आने वाले आव्रजक कुल आव्रजकों की संख्या के 14 प्रतिशत थे जो 1990 के दशक में 25 प्रतिशत तक हो गये। हटिंगटन के अनुसार यह बहुसंस्कृतिवाद अमेरिका की अस्मिता को ख़तरा उत्पन्न कर रहा है। क्योंकि अमेरिकन संस्कृति 1789 के संविधान में लिखित आदर्शों के आधार पर निर्मित हुई है। उसको सफलतापूर्वक बनाये रखने का दायित्व एंग्लो अमेरिकन गोरे प्रोटेस्टेंट पुरुषों के द्वारा किया जाता रहा है। इसी के कारण अमेरिका एक महान राष्ट्र बन पाया है। बहुसंस्कृतिवाद तथा भूमण्डलीकरण के प्रभाव से यह प्रभुत्व समाप्त हो रहा है और इससे विश्व में अमेरिकन प्रभुत्व के समाप्त होने की सम्भावना है। इसलिए आवश्यकता इस बात की है कि हम पुनः स्वयं से यह प्रश्न करें कि हम अमेरिकन संविधान में निहित आदर्शों के आधार पर अपने सांस्कृतिक मूल्यों को बनाये रखने में सफल हैं या नहीं।

सैमुअल हंटिंगटन के विचारों को नवउदारवाद के अतिवादी दृष्टिकोण से ओतप्रोत माना जाता है। इन विचारों के आधार पर हटिंगटन अमेरिका को एक सैनिक शक्ति के रूप में देखना चाहते हैं तथा विश्व को बहुआयामी न मानकर केवल अमेरिका के द्वारा नियन्त्रित बनाये रखना चाहते हैं। स्वाभाविक रूप से उनके इन विचारों को विश्व भर में निंदा की गयी और इसे युद्ध भड़काने वाले अलंकारिक भाषण (Rhetoric) की संज्ञा दी गयी।

विचारधारा का अन्त (End of Ideology)

1960 के आरम्भ में 'विचारधारा के अन्त' की नयी संकल्पना राजनीतिक चिन्तन में सामने आयी इसके मुख्य प्रणेता डेनियल बेल एवं सेमुअल मार्टिन लिप्सेट थे। डेनियल बेल ने अपनी पुस्तक 'द एंड ऑफ़ आइडियोलॉजी' (1960) तथा लिप्सेट ने अपनी पुस्तक 'पोलिटिकल मैन : द सोशियल बेसिस ऑफ़ पोलिटिक्स' में विचारधारा के अन्त की रूपरेखा को विवेचित किया है।

इस विचार का मुख्य तर्क यह है कि समाज एक उत्तर उद्योगवादी समाज में परिणित हो रहा है, जिसमें उत्पादन की अपेक्षा सेवाएँ उद्योगों का आधार बन रही हैं। नये विज्ञानों पर आधारित उद्योग प्रमुखता प्राप्त कर रहे हैं तथा नये प्रकार के तकनीकी अभिजन वर्ग का उदय हो रहा है जो नये प्रकार की पद सोपानीय व्यवस्था को जन्म दे रहा है। एक नयी संस्कृति जो जन–उपभोग (Mass Consumption) के आधार पर निर्मित हो रही है और इस प्रकार से समाज का विकास वैचारिक धरातल पर न होकर एक उपभोक्ता समाज की नयी ग़ैर–राजनीतिक सोच पर आधारित होता जा रहा है। इसी कारण प्रजातान्त्रिक देशों में भी वैचारिक मतभेद और वैचारिक विवाद शिथिल पड़ते जा रहे हैं और राजनीतिक विचारधाराओं पर आधारित राजनीतिक दलों के मध्य के भेद ग़ैर–महत्त्वपूर्ण होते जा रहे हैं। चूँकि औद्योगिक क्रान्ति से उत्पन्न मूलभूत राजनीतिक समस्याओं के समाधान हो चुके हैं और राजनीतिक विचारधाराएँ उन समस्याओं का समाधान करने के अलग–अलग तरीक़ों के आधार पर मूलतः निर्मित हुई थीं, इसलिए वे अब ग़ैर–महत्त्वपूर्ण बनती जा रही हैं। उदारवादी और समाजवादी विचारधाराएँ जिन्हें हम छतरीय (Umbrella) विचारधाराएँ मान सकते हैं, जिनके अन्तर्गत बहुत–सी विचाराधाराओं का जन्म होता है, उनमें अन्तर–औद्योगिक समाज के निर्माण से उत्पन्न राजनीतिक समस्याओं के अलग–अलग प्रकार के समाधानों के कारण था। चूँकि अब औद्योगिक समाज की प्रकृति परिवर्तित हो गयी है और उसके आरम्भिक वर्षों की समस्याओं का राजनीतिक समाधान हो चुका है इसलिए इन दोनों विचारधाराओं के राजनीतिक आधार और विचार ग़ैर–महत्त्वपूर्ण बनते जा रहे हैं, जिससे विचारधारा भी ग़ैर–महत्त्वपूर्ण बन रही है। आज विचारधाराओं के आधार पर जनआन्दोलन करना भी दुष्कर हो रहा है क्योंकि जन भावनाओं को एकत्रित करना राजनीतिक विचारधारा के लिए सम्भव नहीं है। प्रजातान्त्रिक व्यवस्थाएँ भी अब केवल शक्ति प्राप्त करने की संरचनाएँ मात्र बन गयी हैं जिसमें वैचारिक मतभेद का महत्त्व कम हो गया है। आधुनिक प्रजातन्त्र एक अर्थ में मैकियावेलियन व्यवस्था का प्रतिनिधित्व करता है जिसमें प्रत्येक व्यक्ति या समूह नैतिकता या विचारधारा को त्याग कर केवल शक्ति प्राप्त करने के लिए सभी प्रकार के प्रयोग एवं क्रियाएँ करता है। विचारधारा अब केवल वक्तृत्व कला में प्रदर्शित होती है व्यवहार में नहीं और व्यक्तियों की प्रतिबद्धता भी वैचारिक न रहकर शक्ति के प्रति

बढ़ती जा रही है। इसलिए आधुनिक राजनीतिज्ञ भी वैचारिक प्रतिबद्धता को छोड़कर समझौते की कला में पारंगत हो गया है जो उसको शक्ति के सर्वोच्च शिखर पर ले जाता है।

सैमुअल लिप्सेट ने भी अपनी पुस्तक में राजनीतिक व्यक्ति की समाप्ति की घोषणा की है। उसके अनुसार राजनीतिक व्यक्ति की शब्दावली वैचारिक प्रतिबद्धता को प्रदर्शित करती है जो अब पश्चिम के समाजों में समाप्त हो रही है। जूडिथ शुक्लर ने अपनी पुस्तक 'ऑफ्टर यूटोपिया : द डिक्लाइन ऑफ़ पोलिटिकल फेथ' में भी इसी प्रकार के राजनीतिक परिदृश्य को चित्रित किया है जिसमें राजनीतिक प्रतिबद्धता का अभाव है। एडवर्ड शिल्स ने भी मैकार्थिज़्म पर लिखी अपनी पुस्तक में पश्चिम में विचारधारा के राजनीति के पतन और सभ्यता की राजनीति के उदय को इसी भाव से चित्रित किया है।

1960 की इस बहस ने उत्तर–आधुनिक युग में पुनः अपना महत्त्व बनाया। फ्रेडरिक जैमसन ने अपनी पुस्तक पोस्ट मॉडर्निज़्म एंड द कल्चरल लॉजिक ऑफ़ लेट कैपिटल, (1991) में यह स्पष्ट रूप से कहा है कि विचारधारा की समाप्ति का युग पुनः आ गया है और फ्रांसिस फुकुयामा ने अपने इतिहास के अन्त के विचार से इस पुरानी प्रस्थापना को नये तरीक़े से पुनर्जीवित किया है।

इतिहास का अन्त (End of History)

अमेरिका के नव उदारवादी राजनीतिक विचारक फ्रांसिस फुकुयामा ने 1989 में 'नेशनल इंटरेस्ट' नामक जर्नल में 'द एंड ऑफ़ हिस्ट्री' नाम से एक लेख लिखा जो बहुत चर्चित हुआ और जिसे बाद में उसने 1992 में 'द एंड ऑफ़ हिस्ट्री एंड द लॉस्ट मैन', नाम से एक पुस्तक रूप में प्रकाशित किया। फुकुयामा ने जिस समय अपना यह नया विचार दिया उस समय साम्यवादी व्यवस्थाओं का पतन हो रहा था और राजनीतिक उदारवाद और आर्थिक पूँजीवाद की विजय का समय था। फुकुयामा ने यह लिखा कि हम केवल शीतयुद्ध की समाप्ति को नहीं देख रहे या इतिहास के उत्तरयुद्ध के एक विशेष काल की समाप्ति को नहीं देख रहे, अपितु इतिहास के अन्त को देख रहे हैं। इसका अर्थ है कि हम उस अन्तिम बिन्दु पर खड़े हैं जहाँ पर मानव सभ्यता की विचारधारा के प्रतिविकास का अन्त हो चुका है और पश्चिमी उदारवादी प्रजातन्त्र सार्वभौमीकरण से मनुष्य जाति

की सरकार का अन्तिम स्वरूप बन गया है। इस प्रकार के निष्कर्षों ने स्वाभाविक रूप से अकादमिक जगत में बहुत हलचल मचा दी। फुकुयामा इतिहास को एक नव हीगलवादी दृष्टिकोण से विश्लेषित करते हैं और वह इस विवादास्पद निष्कर्ष पर पहुँचे कि इतिहास समाप्त हो गया है। अपने निष्कर्षों को विवेचित करते हुए फुकुयामा यह कहते हैं कि इसका अर्थ यह नहीं है कि विश्व में शान्तिपूर्वक पश्चिमी उदारवादी प्रजातन्त्र स्थापित हो गया है। इसका अर्थ केवल इतना है कि वैचारिक स्तर पर पश्चिमी उदारवादी प्रजातन्त्र को सर्वश्रेष्ठ मानवीय सरकार के आधार के रूप में स्वीकार कर लिया गया है। व्यवहार में सभी देशों की सरकारों को इस प्रकार से बनाने में अभी बहुत समय लगेगा और उसमें कई प्रकार की बाधाएँ हैं। उनके अनुसार स्वतन्त्रता और अधिकार फ्रांसीसी क्रान्ति के पश्चात राजनीतिक चेतना के आधार स्तम्भ बन गये हैं और पश्चिमी उदारवादी प्रजातन्त्र ही एकमात्र ऐसी व्यवस्था है जो इन दोनों विचारों को पूर्णतया प्रस्फुटित होने का सन्दर्भ प्रदान कर सकती है, अन्य सभी प्रकार की राजनीतिक व्यवस्थाएँ इन दो विचारों को पर्याप्त स्थान देने में असफल हैं। इतिहास की दिशा भी व्यक्ति की चेतना की पूर्ण स्वतन्त्रता को प्राप्त करने की ओर है और उसके लिए उदारवादी प्रजातन्त्र के अलावा कोई अन्य व्यवस्था उपयोगी नहीं है। इतिहास के अन्त से उनका तात्पर्य इतिहास की समाप्ति न होकर इतिहास के पूर्ण होने से है। अगर इतिहास नियत तरीक़े से विवेकीकृत सोच से एक निश्चित दिशा की ओर बढ़ रहा है तो उसके लिए उदारवादी प्रजातन्त्र ही एकमात्र राजनीतिक व्यवस्था है, जो अन्य सभी व्यवस्था का उपयोग करने के पश्चात अस्तित्व में आयी है और अब इससे बेहतर राजनीतिक व्यवस्था इस सन्दर्भ में उत्पन्न करना असम्भव है।

इतिहास के अन्त की अवधारणा फुकुयामा की मौलिक अवधारणा नहीं है। इससे पूर्व भी विचारकों ने इस तरह के विचार व्यक्त किये हैं। यह ऐतिहासिक नीतिवाद का एक नया स्वरूप है। कार्ल मार्क्स ने ऐतिहासिक नीतिवाद का सहारा लेकर यह सिद्ध करने का प्रयास किया था कि भौतिकवादी शक्तियाँ इतिहास को एक विशेष दिशा में ले जा रही हैं और जो एक साम्यवादी आदर्श को प्राप्त करने के पश्चात ही विराम लेगी क्योंकि उसमें सभी प्रकार के मूलभूत संघर्षों का समाधान हो पायेगा। मार्क्स की इस ऐतिहासिक गति को वह द्वन्द्वात्मक प्रक्रिया से

विवेचित करते हैं, जिसको कि उन्होंने हीगल से उधार लिया था। हीगल ने अपनी द्वन्द्वात्मक प्रक्रिया के माध्यम से इतिहास के विचारों के स्तर पर एक नीति को स्थापित किया। हीगल की सही प्रकार की व्याख्या नहीं की गयी है क्योंकि यह सबसे लोकप्रिय व्याख्या जो मार्क्स द्वारा की गयी उसे ही अधिकतर विद्वान स्वीकार करते हैं। फुकुयामा के अनुसार हीगल की सही दार्शनिक व्याख्या एक रूसी आव्रजन फ्रांसीसी व्याख्याकार एलेक्जेंडर कोजेवी ने 1930 के दशक में लिखे गये महत्त्वपूर्ण लेखों के माध्यम से की है। उनके विद्यार्थियों ज्याँ पॉल सार्त्र और रेमंड ऐरन इत्यादि ने हीगल की शिक्षा को उनके माध्यम से स्वीकार किया है।

नागरिक समाज (Civil Society)

नागरिक समाज की अवधारणा 1990 के दशक में राजनीतिक चिन्तन में बहुत महत्त्वपूर्ण बनी। जब साम्यवादी व्यवस्थाओं का पतन हुआ और भूमण्डलीकरण के प्रभाव से राष्ट्रीय राज्यों की सीमाएँ कमज़ोर पड़ने लगीं तथा नये सामाजिक आन्दोलनों का आरम्भ हुआ। नागरिक समाज की कोई एक परिभाषा देना एक दुष्कर कार्य है और इसलिए इसको समझने के लिए हमें इसके ऐतिहासिक परिप्रेक्ष्य को समझना होगा। इस अवधारणा के विकास में ऐतिहासिक रूप से तीन विचारकों के महत्त्वपूर्ण योगदान का उल्लेख करना आवश्यक है, ये हैं–जॉन लॉक, वाणिज्यिक समाज के स्कॉटिश सिद्धान्तकर्ता एडम स्मिथ तथा हीगल।

जॉन लॉक के लिए नागरिक समाज प्राकृतिक दशा के विरोध में संगठित एक समाज है। वह नागरिक समाज एवं राजनीतिक समाज में किसी प्रकार का अन्तर नहीं करता और इसलिए वह राज्य से भी इसमें भेद नहीं करता। हम यह कह सकते हैं कि जान लॉक की दृष्टि में नागरिक समाज एक विधिक राजनीतिक व्यवस्था है या दयालु राज्य है। नागरिक समाज के निर्माण से पूर्व की स्थिति को जॉन लॉक प्राकृतिक दशा मानता है और उसकी तुलना में नागरिक समाज को एक सभ्य समाज की संज्ञा देता है। नागरिक समाज वह स्थिति है जहाँ पर क़ानून, न्यायाधीश और क़ानून के क्रियान्वयन की स्वस्थ व्यवस्था हो। वह यह मानता है कि नागरिक समाज की प्रमुख इकाई एक सभ्य नागरिक है और नागरिक समाज सभ्य नागरिकों का एक गठजोड़ है। सभ्य नागरिकों का गठजोड़ ही एक सभ्य समाज को जन्म देता है और उसके लिए न्यूनतम

आवश्यकता यह है कि उसमें एक प्रतिनिध्यात्मक राजनीति व्यवस्था हो, निजी सम्पत्ति के अधिकारों की व्यवस्था हो तथा धार्मिक स्वतन्त्रता हो।

वाणिज्यिक समाज के स्कॉटिश सिद्धान्तकर्ताओं ने नागरिक समाज को एक नैतिक समुदाय के रूप में परिभाषित किया है। एक वाणिज्यिक समाज केवल उपयोगितावाद एवं विवेकी स्वहित के आधार पर संगठित नहीं रह सकता और इसके लिए अन्य प्रकार के व्यक्तिगत सम्बन्धों की आवश्यकता है जो समाज को संगठित रख सके और उसके लिए नैतिक आचरण को आवश्यक माना जाता है।

हीगल ने सबसे पहले नागरिक समाज की अनन्य विशेषता को इंगित किया है। उन्होंने इसे राजनीतिक समाज के समकक्ष नहीं माना अपितु वह इसे परिवार व राज्य के मध्य की एक इकाई मानते हैं। हीगल के द्वारा परिभाषित नागरिक समाज ने समसामयिक नागरिक समाज के लिए बहस का एक आधार प्रस्तुत किया है। नागरिक समाज की अवधारणा का पश्चिम में एक लम्बा इतिहास है। शास्त्रीय और मध्ययुगीन राजनीतिक चिन्तन में भी इसके बारे में उल्लेख मिलता है लेकिन इसके अर्थ और सन्दर्भ भिन्न प्रकार के हैं। नागरिक समाज का परिभाषीकरण समाज में बुर्जवाओं के उदय के पश्चात ही सम्भव हो पाया है और पूँजीवाद के संगठित स्वरूप ने इसको निर्मित करने में सहायता की है। नागरिक समाज का उद्भव ग़ैर–वैयक्तिक राजनीतिक शक्ति के उदय से सम्बन्धित है तथा व्यक्तियों के प्राकृतिक अधिकार पर आधारित है। इसके विकास में आपसी व्यक्तिगत सम्बन्धों, जो कि राज्य के निर्भर नहीं हो, से सहायता मिली है जैसे कि पूँजीवाद में आर्थिक सम्बन्ध। व्यक्तियों के निजी सम्पत्ति के अधिकार तथा स्वतन्त्रता ने भी इस अवधारणा को विकसित करने सें सहायता की है इसी के साथ–साथ निजी और सार्वजनिक क्षेत्र में स्पष्ट होती विभाजन रेखा ने भी नागरिक समाज के सुदृढ़ीकरण में सहायता की है। यह इस विचार से भी प्रभावित है कि राज्य की शक्ति को नियन्त्रित करना चाहिए। इसलिए यह प्रजातान्त्रिक राजनीतिक व्यवस्था की संस्थाओं जैसे संसद, राजनीतिक दल इत्यादि से भी सम्बन्धित अवधारणा है। एक स्तर पर नागरिक समाज की अवधारणा अरस्तू की राजनीतिक अवधारणा के बिल्कुल विपरीत है (नीरा चण्डोक, 1995 : 78)। यूनानी विचार के अनुसार राजनीति व्यक्ति के लिए स्वाभाविक है क्योंकि वह स्वभाव से एक राजनीतिक व्यक्ति है और वह अपनी अस्मिता और सम्मान को राजनीति के

क्षेत्र में ही प्राप्त कर सकता है। इसलिए अन्य सभी गतिविधियाँ राजनीति से निम्नतर हैं। इसलिए उस समय ऐसे किसी भी क्षेत्र को महत्त्व नहीं दिया जाता था जिसे हम आज की भाषा में निजी क्षेत्र कहते हैं और जिसमें वह अपने सार्वजनिक दायित्व से हटकर अपने परिवार या स्वयं के लिए कार्य कर सके। इसी प्रकार इस धारणा का भी अभाव था कि व्यक्ति के पास निजी अधिकार होते हैं जो राज्य या राजनीतिक क्षेत्र से अलग होते हैं। चूँकि व्यक्ति को समाज का अभिन्न अंग माना जाता था, इसलिए व्यक्ति के अधिकार समुदाय के कार्यों में सक्रिय हिस्सेदारी तक सीमित थे। अरस्तू की राजनीतिक अवधारणा अभिजनवर्गीय थी क्योंकि उनके लिए राज्य के कार्यों में निरन्तर क्रियाशीलता एक आवश्यक शर्त थी जो स्त्रियाँ, दास इत्यादि पूरा नहीं कर सकते थे।

रोमन साम्राज्य में राजनीति को व्यक्ति की प्राथमिक गतिविधि माना जाता था, जिसके माध्यम से वह आत्म–साक्षात्कार कर सकता है। इसलिए राज्य नागरिकों के समुदाय के समकक्ष था। कालान्तर में रोमन क़ानून के उदय होने के साथ ग़ैर–राजनीतिक क्षेत्र को भी महत्त्व दिया जाने लगा जिसमें व्यक्ति के निजी सम्पत्ति के अधिकार को स्वीकारा गया। इस प्रकार निजी और सार्वजनिक क्षेत्र के मध्य एक विभाजन रेखा का निर्माण हुआ जो कालान्तर में जाकर नागरिक समाज का आधार बनी। नागरिक समाज की आधुनिक अवधारणा सत्रहवीं व उन्नीसवीं शताब्दी के मध्य में निर्मित हुई। यह एक आधुनिक अवधारणा है क्योंकि यह नागरिक और राजनीतिक जीवन के मध्य में एक स्पष्ट विभाजन रेखा बनाती है जो कि प्राचीन समय में नहीं थी। इसलिए इस अवधारणा को हम थॉमस हॉब्स और जॉन लॉक के राजनीतिक चिन्तन से जोड़ते हैं।

नीरा चण्डोक (1995 : 80) के अनुसार इन शताब्दियों में राजनीतिक चिन्तन में नागरिक समाज का उपयोग होना आरम्भ हुआ और विचारकों की दृष्टि में पहला–नागरिक समाज प्राकृतिक दशा के विकल्प की एक अवधारणा थी। दूसरा–सामाजिक समझौते के सिद्धान्त को स्वीकार करने से नागरिक समाज एक कृत्रिम संस्था के रूप में स्थापित हुआ। इस प्रकार प्राकृतिक दशा व्यक्ति की स्वाभाविक अवस्था है जबकि नागरिक समाज को निर्मित किया जाना पड़ता है। चूँकि नागरिक समाज एक सामाजिक समझौते का परिणाम है इसलिए इसमें सभ्यता और नागरिकता को बनाये रखने के प्रावधान होते हैं और इसीलिए नागरिक समाज में स्वतन्त्रता,

सुरक्षा और सम्पत्ति को बनाये रखने के प्रावधान होते हैं जिससे कि एक व्यक्ति अपना जीवन विवेकीकृत तरीक़े से व्यतीत कर सके। इसी दौरान राजनीतिक चिन्तन में व्यक्ति के महत्त्व को स्वीकार किया गया।

सी.बी. मेक्फर्सन के अनुसार थॉमस हॉब्स आधुनिक व्यक्तिवाद का जन्मदाता है और व्यक्तिवाद ही नागरिक समाज का आधार है। राज्य से स्वायत्तता प्राप्त करने की पहली माँग व्यक्ति के द्वारा की जाती है जिससे कि वह अपना जीवन विवेकीकृत तरीक़े से व्यतीत कर सके और उसके लिए व्यक्तियों को अपने अधिकार शून्य रखने की आवश्यकता होती है जिन्हें वह राज्य से स्वतन्त्र रखता है। इसी प्रकार इन सामाजिक समझौतावादियों ने व्यक्ति और राज्य के मध्य के सम्बन्ध को भी समझौते पर आधारित माना और इसलिए राज्य व्यक्ति के समझौते की शर्त से सीमित होता है। अठारहवीं शताब्दी में शास्त्रीय राजनीतिक अर्थशास्त्र का जन्म हुआ और इसके विचारकों ने भी नागरिक समाज की अवधारणा को आगे बढ़ाया। उनके लिए नागरिक समाज समझौते का परिणाम नहीं था और इस कारण एक कृत्रिम संस्था नहीं थी। वे यह मानते थे कि यह इतिहास के प्रतिविकास का परिणाम है। उनके अनुसार एक अराजकतावादी समाज से विवेकीकृत तरीक़े से समाज को नियोजित किया गया और वह कालान्तर में एक नागरिक समाज में परिणित हुआ। फर्ग्युसन, स्टुअर्ट एवं एडम स्मिथ ने इस प्रकार नागरिक समाज की अवधारणा में एक नये दृष्टिकोण को जन्म दिया। इस बात पर बल दिया गया कि अगर समाज का विकास और प्रतिविकास समाज की भौतिकीय गतिविधियों से नियन्त्रित होता है तब यह माना जायेगा कि सामाजिक जीवन का आधार आर्थिक है न कि राजनीतिक। इसलिए नागरिक समाज वह व्यवस्था है जिसमें इस आर्थिकता के विकास को सही वातावरण मिलता है। ये शास्त्रीय अर्थशास्त्री मानते थे कि व्यक्तिगत स्वार्थ और सामाजिक सहयोग में किसी प्रकार का विरोधाभास नहीं है क्योंकि व्यक्ति मूलतः विवेक द्वारा नियन्त्रित होता है। इसलिए वह यह जानता है कि स्वयं के स्वार्थ को पूरा करने के लिए सामाजिक सहयोग की आवश्यकता होती है और इसलिए वह सामाजिक समरसता को बनाये रखना चाहता है, जिससे वह अपने निजी स्वार्थ को पूरा कर सके। इस प्रकार व्यक्तिगत स्वार्थ और सामाजिक सहयोग के मध्य का अद्‌भुत सामंजस्य केवल पूँजीवादी समाज में ही सम्भव है सामन्तवादी समाज में नहीं।

एडम स्मिथ यह अतिवादी विचार भी रखते हैं कि मनुष्य के विकास में राज्य और राजनीतिज्ञ बाधा पहुँचाते हैं। उनके अनुसार राज्य सामूहिक इच्छाओं का प्रतिनिधित्व नहीं करता अपितु एक विशेष वर्ग का प्रतिनिधित्व करता है और समाज को अगर अपने सदस्यों का पूर्णतया विकास करना है तो उसके लिए राज्य का हस्तक्षेप न्यूनतम होना चाहिए। इस प्रकार एक स्वस्थ नागरिक समाज के लिए व्यक्तिवाद, सम्पत्ति एवं बाज़ार की आवश्यकता होती है और इन्हीं पर आधारित होकर उदारवादी चिन्तन ने स्वयं को विकसित किया है।

इसी परम्परा में प्रारम्भिक उदारवादियों ने व्यक्तिगत स्वतन्त्रता को बनाये रखने पर बल दिया और इसीलिए जे.एस. मिल एवं डी. टॉकविले ने यह मत व्यक्त किया कि राज्य अनावश्यक रूप से शक्तिशाली बनता जा रहा है और इसलिए मनुष्य की स्वतन्त्रता को एक ख़तरा उत्पन्न हो गया है। नागरिक समाज के द्वारा राज्य को इस आशा के साथ प्रजातन्त्र में शक्ति दी जाती है कि वह नागरिकों के हितों की रक्षा करेगा लेकिन कालान्तर में राज्य उन शक्तियों का दुरुपयोग करता है और अधिक शक्तिशाली बन जाता है व उसकी शक्ति को नियन्त्रित करना दुष्कर हो जाता है। डी. टॉकविले इसलिए यह तर्क देते हैं कि नागरिक समाज को राज्य की शक्ति को सीमित करने के उपाय खोजने चाहिए और इसके लिए उन्होंने राज्य की शक्तियों में विभाजन करने, समयबद्ध चुनाव करवाने तथा सामाजिक संस्थाओं के द्वारा राज्य की शक्ति को नियन्त्रित रखने पर बल दिया है। टॉकविले के अनुसार ये सामाजिक, सांस्कृतिक, राजनीतिक और धार्मिक संस्थाएँ राज्य के दिन–प्रतिदिन के कार्यों का मूल्यांकन करती हैं और एक 'स्वतन्त्र आँख की तरह' राज्य को देखती हैं। इसीलिए इस दिन–प्रतिदिन की मॉनिटरिंग से राज्य की शक्तियों पर अंकुश लगाया जा सकता है। नागरिक समाज की अवधारणा की आधुनिक परिभाषा देने का श्रेय जर्मन विचारक हीगल को जाता है क्योंकि उन्होंने सबसे पहले सैद्धान्तिक स्तर पर राज्य और नागरिक समाज में अन्तर स्पष्ट किया। उन्होंने यूरोप की उस समय की स्थितियों का अध्ययन कर राज्य और समाज में एक सैद्धान्तिक अन्तर स्थापित किया। वह मानते हैं कि नागरिक समाज आधुनिक समय की देन है और इसके क्षेत्र में वह व्यक्तियों के अधिकारों की रक्षा कल्पना करते हैं।

नीरा चण्डोक (1995 : 117–118) के अनुसार हीगल का नागरिक समाज की अवधारणा विकसित करने में तीन तरह से महत्त्वपूर्ण योगदान रहा।

1. उन्होंने नागरिक समाज की अवधारणा को विस्तृत किया और उसे केवल अर्थव्यवस्था तक सीमित नहीं रखा। वह मानते हैं कि हालाँकि नागरिक समाज पूँजीवादी अर्थव्यवस्था के तर्क पर आधारित सामाजिक गतिविधियों का समूह है इसलिए बाज़ार के मूल्यों को परिलक्षित करता है, लेकिन वह वहीं तक सीमित नहीं है। उसका स्वयं का अस्तित्व आर्थिक व्यवस्था से अलग है और वह सामाजिक आचरण जो परिवार एवं राज्य के मध्य में स्थित है और जिसका ऐतिहासिक महत्त्व है वह मूलतः नागरिक समाज को निर्मित करता है। हीगल यह भी मानते हैं कि नागरिक समाज नैतिक जीवन का एक महत्त्वपूर्ण अंग है जो व्यक्ति के जीवन को निर्देशित करता है और इस कार्य में वह परिवार तथा राज्य से अलग भूमिका निभाता है। जहाँ पर परिवार में सदस्यों का सम्बन्ध आपसी प्रेम और त्याग पर आधारित होता है वहीं पर राज्य का क्षेत्र सार्वभौमिकता और विवेक पर आधारित होता है। नागरिक समाज इन दोनों के मध्य में एक आदान–प्रदान का क्षेत्र है जहाँ पर प्रेम और त्याग समाप्त होते हैं और सार्वभौमिकता आरम्भ होती है। इस क्षेत्र में किसी–न–किसी रूप में ये दोनों विशेषताएँ मौजूद रहती हैं। एक समाप्त होने वाली और एक आरम्भ होने वाली। यह क्षेत्र व्यक्तियों को इस परिवर्तन के लिए तैयार करता है।
2. नागरिक समाज की अपनी अवधारणा में हीगल व्यक्तिगत मूल्यों एवं सामूहिक नैतिक मूल्यों के मध्य के तनाव को सम्मिलित करते हैं। जब व्यक्ति अपने निजी स्वार्थों से प्रेरित होता है तब नागरिक समाज उसके व्यवहार को नियन्त्रित करता है। हीगल एडम स्मिथ के इस तर्क को स्वीकार नहीं करते कि व्यक्तिगत स्वार्थ तथा सामाजिक सद्भाव में किसी प्रकार का विरोधाभास नहीं है। वह मानते हैं कि सामाजिक स्वहित से प्रेरित कार्य सामुदायिक नैतिक जीवन को नष्ट करते हैं। इसलिए नागरिक समाज का यह दायित्व है कि व्यक्तियों के ऐसे कार्यों को नियन्त्रित करे जिनसे सामुदायिक नैतिक जीवन को समाप्त होने का ख़तरा हो।
3. हीगल के अनुसार नागरिक समाज को स्वयं पर छोड़ने पर वह असंगठित हो जाता है और पतन की ओर बढ़ता है।

इसलिए नागरिक समाज को संस्थागत रूप से निरन्तर मज़बूत करने की आवश्यकता है। व्यक्तियों को आपस में सामाजिक सम्बन्धों को इस तरह से निरूपित करना चाहिए जिससे कि वह नागरिक समाज को अधिक सुदृढ़ बना सके। वह मानते हैं कि नैतिक समुदाय ही वह तरीक़ा है जिसमें व्यक्ति की स्वतन्त्रता को कार्यान्वित किया जा सके। हीगल की स्वतन्त्रता की अवधारणा बहुत दुष्कर है। वह इसे एक अमूर्त, नकारात्मक स्वतन्त्रता से परिभाषित नहीं करते अपितु वह इसे एक विवेकी सुसंगत सामाजिक व्यवस्था में स्वयं के आत्मसाक्षात्कार से परिभाषित करते हैं।

4. कार्ल मार्क्स हीगल के नागरिक समाज सम्बन्धी विचारों को आगे बढ़ाते हैं। मार्क्स हीगल के इस तर्क को स्वीकार करते हैं कि नागरिक समाज राज्य और परिवार के मध्य का क्षेत्र है। इसलिए व्यक्ति की बुराइयाँ जैसे स्वहित को बढ़ाना और इस कारण आपसी संघर्ष का होना इसकी विशेषता है वहीं मार्क्स यह स्वीकार नहीं करते कि इन समस्याओं की समाप्ति राज्य में निहित है। वह मानते हैं कि नागरिक समाज बहुत से विरोधाभासों का क्षेत्र है और उन विरोधाभासों की समाप्ति नागरिक समाज के स्तर पर ही होनी चाहिए। वह राज्य को इतना महत्त्व नहीं देते क्योंकि उनके आदर्श समाज की कल्पना में राज्य का कोई स्थान नहीं है। इसलिए मार्क्स नागरिक समाज को अत्यधिक महत्त्व देते हैं और मानते हैं कि आदर्श समाज एक नागरिक समाज ही होगा।

कार्ल मार्क्स के पश्चात एंटोनियो ग्राम्शी नागरिक समाज के सबसे बड़े विचारक माने जाते हैं। ग्राम्शी ने इस प्रश्न का उत्तर खोजने का प्रयास किया कि उच्च पूँजीवादी राज्यों में क्रान्ति क्यों नहीं हो रही है? इसके लिए ग्राम्शी ने मार्क्स के राज्य के सिद्धान्त को और विस्तृत रूप से प्रस्तुत किया। उनका मुख्य तर्क यह था कि बिना नागरिक समाज को समझे हुए राज्य को सही प्रकार से नहीं समझा जा सकता। उनके अनुसार राज्य केवल सरकार का उपकरण नहीं है अपितु वह नागरिक समाज में प्राधान्य स्थापित करने वाला एक निजी उपकरण है। नागरिक समाज के माध्यम से ही राज्य अपनी नीतियों और कार्यक्रमों को जनता के द्वारा स्वीकृत कराता है। इसलिए उस प्राधान्य के माध्यम से राज्य

नागरिक समाज पर नियन्त्रण करता है। ग्राम्शी के अनुसार राज्य के द्वारा नियन्त्रित राज्य समाज उच्च उद्योगी पूँजीवादी राज्य में मज़बूत होते हैं और वे क्रान्ति को रोकते हैं। रूस में क्रान्ति इसलिए हुई क्योंकि वहाँ पर एक सर्वसत्तावादी जारवादी राज्य था। उसके और रूस की जनता के मध्य में नागरिक समाज का अभाव था जो राज्य की सुरक्षा कर सके। इस कारण जनता के विद्रोह को राज्य नहीं झेल पाया और वहाँ पर क्रान्ति हो गयी। ग्राम्शी मार्क्सवादी राज्य की अवधारणा को विस्तृत करते हुए 'राज्य बनाम समाज के राजनीतिक संगठन' तथा 'राज्य बनाम सरकार' इन दोनों के मध्य अन्तर करते हैं। एक राजनीतिक संगठन के रूप में राज्य एकात्मक राज्य है और यह नागरिक समाज के राजनीतिक समाधान प्रस्तुत करता है। यह उन सभी राजनीतिक गतिविधियों को सम्मिलित करता है जो सामान्य निजी क्षेत्र में मानी जाती हैं क्योंकि वे सभी गतिविधियाँ जो नागरिक समाज में प्राधान्य को स्थापित करती हैं, राजनीतिक हैं, राज्य से सम्बन्धित हैं और राज्य द्वारा नियन्त्रित हैं।

बीसवीं शताब्दी में राज्य की प्रकृति में एक महत्त्वपूर्ण परिवर्तन यह आया कि वह स्वतन्त्र, शक्तिशाली और निरंकुश बनता जा रहा है। राज्य का प्रजातान्त्रिक स्वरूप भी उसे जनता के प्रति अधिक उत्तरदायी नहीं बना पाया है इसलिए राज्य से परे और राज्य को नियन्त्रित करने वाले वैधानिक तथा औपचारिक साधनों के अलावा एक राजनीतिक क्षेत्र की आवश्यकता है जिसमें व्यक्ति सम्मिलित होकर राज्य की निरंकुशता पर अंकुश लगा सके। हैबरमास (1989 : 162) ने इस क्षेत्र को 'राजनीतिक, सार्वजनिक' क्षेत्र कहा है और यह राजनीतिक समाज और राज्य समाज के सम्बन्धों पर तीन प्रकार से प्रभाव डालता है :

1. नागरिक समाज के सार्वजनिक क्षेत्र के रूप में परिभाषित होने का अर्थ है कि यह वह स्थान है जहाँ पर जनता अपनी सामान्य समस्याओं के लिए एकत्रित होती है। इसका अर्थ यह नहीं है कि ये समस्याएँ आवश्यक रूप से सार्वभौमिक हों। इसका अर्थ यह है कि अपने निजी क्षेत्र की समस्याओं और डिसकोर्सेज़ की गहनता और महत्त्व बढ़ने पर दूसरे निजी क्षेत्र के व्यक्तियों और गतिविधियों से अन्तःक्रिया करने का स्थान है। निजी से सार्वजनिक क्षेत्र में किसी विषयवस्तु को पहुँचने में जनमत का महत्त्वपूर्ण योगदान होता है और जनमत विवेक आधारित बहस

से निर्मित होता है। इसके लिए एक ऐसे स्थान की आवश्यकता है जो राज्य द्वारा नियन्त्रित न हो और जिसमें स्वतन्त्र प्रेस, समुदाय, प्रतिनिधि और क़ानून के शासन जैसी संस्थाएँ स्थित हों।

2. यहाँ पर हुआ वाद–विवाद सार्वजनिक होता है क्योंकि वह सभी के लिए उपलब्ध है। किसी को भी इस सार्वजनिक विवाद में हिस्सा लेने से इस आधार पर इनकार नहीं किया जा सकता कि वह एक विशेष वर्ग, समुदाय, धर्म, जाति या स्थान का प्रतिनिधित्व करता है।
3. यह स्थान राज्य द्वारा प्रदत्त औपचारिक सम्प्रेषण से बाहर स्थित है, जहाँ पर स्वतन्त्र सार्वजनिक बहस होना सम्भव है।

नारीवादी नागरिक समाज पर बहस में अपना योगदान देते हैं और मुख्य रूप से निजी और सार्वजनिक क्षेत्र में किये जाने वाले स्पष्ट अन्तर को स्वीकार नहीं करते। वे मानते हैं कि इस प्रकार का अन्तर स्थापित करके स्त्रियों के दमन को ग़ैर–राजनीतिक बनाया जा सकता है। उनके तर्क (हैबरमास 1989 : 171–172) हैं :

1. परिवार समाज से अलग प्रकार की इकाई नहीं है वह वास्तव में समाज का ही एक लघुकृत स्वरूप है जिसमें वे सभी मूल्य समाहित हैं जिनका समाज प्रतिनिधित्व करता है। यह कहना उचित नहीं है कि परिवार में सम्बन्ध प्रेम और त्याग पर आधारित होते हैं और समाज में सम्बन्ध विवेकी और सार्वभौमिक होते हैं। इनके अनुसार परिवार में भी श्रम सेवाओं का आदान–प्रदान, हिंसा, बाध्यता इत्यादि सम्बन्धों को निरूपित करते हैं तथा ये सम्बन्ध भी शक्ति सम्बन्धों पर आधारित होते हैं।
2. निजता के अधिकार की वकालत परिवार के मुखिया के रूप में पुरुष करते हैं। चूँकि अधिकारों की बात ऐतिहासिक रूप से समाज में पुरुष करता आया है इसलिए वह परिवार पर नियन्त्रण रखने के लिए भी निजता के अधिकार की बात करता है जो उचित प्रतीत नहीं होती और स्त्रियों के अहित में है।
3. हालाँकि स्त्रियों को औपचारिक रूप से मतदान करने की स्वतन्त्रता मिल चुकी है। लेकिन निजी क्षेत्र की बाध्यताओं को देखते हुए स्त्रियाँ वास्तव में इस अधिकार का उपयोग सार्वजनिक क्षेत्र में नहीं कर पाती हैं क्योंकि उन्हें पुरुषों द्वारा अविवेकी, भावनाओं से

नियन्त्रित और आवेगशील माना जाता है। इसलिए राजनीतिक क्षेत्र में उनकी सहभागिता को सहर्ष स्वीकार नहीं किया जाता।

नारीवादी इसी कारण नागरिक समाज की अवधारणा में निजी और सार्वजनिक क्षेत्र के विभाजन को समाप्त कर जेण्डर समानता की वकालत करते हैं और यह मानते हैं कि एक स्वस्थ नागरिक समाज की स्थापना जेण्डर समाज के समानता के सिद्धान्त पर ही की जा सकती है। नागरिक समाज को पुनः परिभाषित करते हुए उसे निजी और सार्वजनिक क्षेत्र के मध्य निरन्तर हलचल का स्थान मानना चाहिए जहाँ पर व्यक्तियों और समूहों के मध्य में निरन्तर समझौते होते हों। हैबरमास (1989 : 174–175) के अनुसार इस अर्थ में नागरिक समाज के कई नये पक्ष सामने आते हैं जैसे :

1. निजी और सार्वजनिक में अन्तर तुलनात्मक और सापेक्ष है न कि निरपेक्ष।
2. सार्वजनिक क्षेत्र से बाहर निजता का प्रश्न सामाजिक स्वीकार्यता तथा आपसी समझौते पर आधारित होता है जो गत्यात्मक है और समय और स्थान से परिवर्तनीय है। यह एक स्थिर मूल्य व्यवस्था का हिस्सा नहीं है।
3. निजी क्षेत्र को पुनर्निमित करने के लिए सार्वजनिक बहस, लोकमत, क़ानूनों के निर्माण का महत्त्व होता है और इसलिए नागरिक समाज निजी और सार्वजनिक क्षेत्र के मध्य में एक सामंजस्य स्थापित करता है।

इस प्रकार से यह कहा जा सकता है कि नागरिक समाज की अवधारणा ने राजनीतिक चिन्तन में अपना महत्त्वपूर्ण स्थान बना लिया है। इक्कीसवीं शताब्दी में विश्व भर में होने वाले सामाजिक–राजनीतिक आन्दोलनों में नागरिक समाज की महत्त्वपूर्ण भूमिका रही है।

यह लेख *समसामयिक राजनीतिक सिद्धान्त*, 2015, रावत पब्लिकेशंस, जयपुर, पृ. 246–261 से साभार।

अध्याय–25

समुदायवादी राजनीति सिद्धान्त

–लीलाराम गुर्जर

राजनीति चिन्तन के इतिहास में जॉन रॉल्स की सन् 1971 में प्रकाशित पुस्तक 'ए थ्योरी ऑफ़ जस्टिस' एक मील का पत्थर थी। इसके उपरान्त राजनीतिक सिद्धान्त में पद्धतीय प्रश्नों (Methodological Questions) की अपेक्षा जीवन के सार–भूत मुद्दों पर ज़ोर दिया जाने लगा। राजनीतिक सिद्धान्त में व्यक्ति एवं समाज तथा समाज एवं राज्य के स्वरूप संरचना पर ज़ोर दिया जाने लगा। फलतः डेविड मिलर जैसे राजनीतिक विचारक इस काल के राजनीतिक सिद्धान्त को आदर्शात्मक राजनीति सिद्धान्त मानने लगे। डेविड मिलर का मानना रहा है कि राजनीति सिद्धान्त एक बार फिर अपने परम्परागत स्वरूप की तरफ़ लौट गया है। समुदायवादी राजनीति सिद्धान्त ने नैतिक आधारयुक्त उदार समतावादी मान्यता (जॉन रॉल्स) तथा अधिकारों युक्त उदार मान्यता (रॉबर्ट नोजिक) दोनों की ही आलोचना करते हुए कहा है कि ये मान्यताएँ अपने आप को व्यक्तिवादी मान्यता से अलग नहीं कर पायी हैं। समुदायवादी विचारकों ने एक तरफ़ रॉल्स एवं नोजिक की मान्यता का विकल्प प्रस्तुत करने का प्रयास किया तो दूसरी तरफ़ उन्होंने समसामयिक उदारवाद में कम–से–कम सैद्धान्तिक रूप से तो स्व तथा समुदाय में समन्वय स्थापित करने का प्रयास किया। समुदायवादियों का स्व एवं समुदाय के सह–अस्तित्व पर आग्रह रहा है। समुदायवादी राजनीतिक सिद्धान्त में व्यक्ति एवं समाज की परिपूरकता की धारणा को लेकर आगे बढ़ा जाता है। इस चिन्तन धारा का आग्रह समुदाय पर रहा है। जैसा कि विल किम्लिका ने लिखा है, 'विगत बीस वर्षों में समुदाय पुनः सतह पर आ गया है। राजनीतिक दर्शन में चिन्तन

की इस सम्पूर्ण धारा को समुदायवाद के रूप में जाना जाता है। जिसका केन्द्रीय दावा स्वतन्त्रता एवं समानता से प्राथमिकता के रूप में नहीं तो उसके साथ–साथ समुदाय की आवश्यकता पर रहा है। समुदायवादियों का मानना है कि न्याय के उदारवादी सिद्धान्तों एवं उदार समाजों की लोक संस्कृति में समुदाय के मूल्यों को पूरी तरह स्वीकृति प्रदान नहीं की गयी।

(i)

सामुदायिकता (Communitarian) शब्द का प्रयोग पहली बार सन् 1841 में समुदाय या सामुदायिक व्यवस्था के अर्थ एवं उसकी विशेषताओं के रूप में किया गया था। किन्तु बीसवीं सदी के आठवें दशक तक यह शब्द प्रचलन में नहीं आया। यद्यपि फर्डीनांड, टोनीज, दुर्खिम, जार्ज हबर्ट मीड, रोबर्ट निस्बत आदि उल्लेखनीय समाजशास्त्री रहे हैं, जिन्होंने सामुदायिक मुद्दों (Communitarian Issues) पर लेखन कार्य किया है। किन्तु यह उल्लेखनीय होगा कि इन विचारकों में से किसी ने भी समुदाय शब्द का प्रयोग नहीं किया। पश्चिमी राजनीति चिन्तन में समुदायवाद सन् 1980 के बाद एक प्रमुख चिन्तनधारा के रूप में उभर कर सामने आया। अस्सी के दशक में इस राजनीतिक सिद्धान्त की शैक्षणिक एवं सार्वजनिक जगत में लोकप्रियता के दो प्रमुख कारण रहे हैं। ये कारण सैद्धान्तिक एवं राजनीतिक थे। सैद्धान्तिक दृष्टि से यह राजनीतिक सिद्धान्त उस समय के सबसे प्रभावी राजनीतिक दर्शन का उत्तर देने में सक्षम रहा। यह जॉन रॉल्स के नव समझौतावादी सिद्धान्त के फलस्वरूप उत्पन्न व्यक्तिवादी उदारवाद का उत्तर देने में सफल रहा। साथ ही राजनीतिक दृष्टि से भी समुदायवाद थैचर एवं रीगन के 'लोभ के उदारवाद' के विरुद्ध एक प्रतिक्रिया के रूप में उभरा। अतः यह राजनीतिक सिद्धान्त न्यू डेमोक्रेट्स एवं न्यू लेबर्स में मध्यम वर्ग को आकर्षित करने के लिए एक नये आलंकारिकी–भाषासारिणी के रूप में उभरा। साथ ही राजनीतिक दृष्टि से इस सिद्धान्त को लोकप्रिय बनाने में इंस्टीट्यूट फॉर कम्युनिटेरियन पॉलिसी स्टडीज़ (Institute for Communitarian Policy Studies) नामक संस्था का भी उल्लेखनीय योगदान रहा है। इस संस्था ने एक आन्दोलन के रूप में समुदायवादी धारणा को बढ़ावा देने का प्रयास किया। इस संस्था ने अमिताई इज्जोनि (Amitai Etzioni) के नेतृत्व में 'दी रिस्पांसिव कम्यूनिटी' (The Responsive Community) नामक त्रैमासिक पत्रिका प्रारम्भ की।

इस पत्रिका द्वारा समुदायवाद की सैद्धान्तिक प्रस्थापनाओं को स्थापित करने का प्रयास किया। साथ ही इस संस्था से जुड़े विचारकों ने लोक मंचों द्वारा जनता में इस सिद्धान्त की धारणाओं को प्रचारित करने का प्रयास किया।

कालक्रमानुसार समुदायवादी सिद्धान्त की तीन लहरें रही हैं। समुदायवाद की प्रथम लहर सन् 1980 से प्रारम्भ होती है : माइकल वाल्जर, अलासदैर मेकन्टायर, चार्ल्स टेलर, माइकल सन्डल आदि समुदायवादी सिद्धान्त के प्रारम्भिक विचारक रहे हैं। इन विचारकों ने उदारवाद की असम्बद्ध व्यक्ति की धारणा के कारण आलोचना की। इनका उदारवाद पर आरोप रहा है कि यह व्यक्ति की सामाजिक सम्बद्धता को अनदेखा करता है एवं वह स्वहित की व्यक्तिवादी धारणा पर केन्द्रित रहता है। अतः इन विचारकों ने उदारवादी स्व की धारणा की अपेक्षा स्व की सामाजिक सम्बद्धता पर ज़ोर दिया। सन् 1990 से समुदायवाद की द्वितीय लहर दिखायी पड़ती है, जिसे उत्तरदायी/लोकतान्त्रिक समुदायवाद की संज्ञा दी गयी। इस लहर के प्रवर्तक विचारकों में राजनीतिशास्त्री विलियम ए. गाल्सटन एवं थॉमस स्पराजेन्स जूनियर, क़ानूनविद् मेरी गलेन्डन तथा समाजशास्त्री फिलिप सेल्जनिक, रोबर्ट बेल्लाह एवं अमिताई इज्जोनि प्रमुख हैं। इन्होंने शैक्षणिक दृष्टि से समुदायवाद को पुनः संरचित किया एवं एक मंच के माध्यम से इसे सार्वजनिक जीवन में लागू करने का प्रयास किया। इन्होंने 'दी रिस्पांसिव कम्यूनिटी' (The Responsive Community) नामक पत्रिका द्वारा अपने मुद्दों को आगे बढ़ाने का प्रयास किया। इनका आग्रह स्वतन्त्रता एवं सामाजिक व्यवस्था में सामंजस्य स्थापित करने पर था। इनका मानना था कि हमें सामाजिक संस्थाओं–परिवार, विद्यालय, समुदाय–पर ज़्यादा ज़ोर देना चाहिए, क्योंकि ये संस्थाएँ नैतिक संरचना का निर्माण करती हैं। इस धारा का मुख्य आग्रह सामाजिक उत्तरदायित्व की नैतिकता पर रहा है। तृतीय लहर का उद्भव बीसवीं सदी के अन्त के आसपास से देखने को मिलता है, जिसमें नागरिक अधिकारों पर बढ़ते हुए आग्रह एवं एशियाई मूल्यों की प्रमुखता का सबसे बड़ा योगदान रहा है। इस लहर के लेखन में डेनियल बेल एवं चार्ल्स टेलर का उत्तरवर्ती लेखन प्रमुख है। इनका आग्रह विभिन्न सांस्कृतिक समाजों में संवाद स्थापित करके मानव–अधिकारों के पतले पर्दे को ज़्यादा मज़बूत करने पर रहा है। डेनियल बेल का मानना रहा है कि पश्चिमी राजनीति सिद्धान्त ग़ैर–पश्चिमी सामाजिक सन्दर्भों को देखने में असमर्थ रहा है। इस दृष्टि से बेल ने 1980 के दशक के

समुदायवाद की आलोचना करते हुए कहा है कि 1980 के दशक का समुदायवाद सार्वलौकिकता के दावे को अस्वीकार करने का आग्रह करता है, किन्तु वह स्वयं ग़ैर–पश्चिमी समाजों की दृष्टियों को देखने में असफल रहा है। उन्हीं के शब्दों में '1980 के दशक में उदारवाद के समुदायवादी आलोचक उदारवादी सिद्धान्त के सार्वलौकिक दावे की तो हवा निकालते हैं, किन्तु वे स्वयं आधुनिक विश्व के लिए उपयुक्त ग़ैर–उदार समाजों की आकर्षित दृष्टियों को आगे लाने में असफल रहे हैं।' डेनियल बेल एवं चार्ल्स टेलर दोनों ने ही एशियाई मूल्यों एवं ग़ैर–पश्चिमी सांस्कृतिक मूल्यों की महत्ता पर ज़ोर दिया है।

(ii)

समुदायवादियों के सामाजिक व्यवहार के आग्रह के कारण प्रायः ऐसा प्रतीत होता है कि यह राजनीति सिद्धान्त युवा मार्क्सवादी (1840) रचनाओं के काफ़ी नज़दीक हैं। माइकल वाल्जर का मानना है कि जिस तरीक़े से समसामयिक पश्चिमी समाज में अलगाववादी व्यक्तियों की स्थिति है, वह लगभग युवा मार्क्स की रचनाओं में पायी जाने वाली व्यक्ति की अलगावादी स्थिति जैसी ही है। किन्तु मार्क्सवादी धारणा एवं समुदायवादी धारणा में तात्विक अन्तर है। मार्क्सवादियों का मानना है कि समाज में क्रान्तिकारी परिवर्तन द्वारा ही समुदाय की प्राप्ति हो सकती है। यह पूँजीवाद के उखाड़ फेंकने एवं समाजवादी समाज की स्थापना द्वारा ही सम्भव हो पायेगा। जबकि समुदायवादियों का मानना है कि समुदाय का पहले से अस्तित्व है। समुदाय के निर्माण की नहीं वरन् उसके सम्मान एवं संरक्षण की आवश्यकता है। अमी गुटमैन के शब्दों में 'पुराने समुदायवादी मार्क्स की तरफ़ देखते हैं एवं उनकी इच्छा विश्व के पुनर्निर्माण की है, जबकि नये समुदायवादी हीगल की तरफ़ देखते हैं तथा उनकी इच्छा लोगों को अपने विश्व में ही सन्तोष कर लेने की है।' समुदायवादियों का लक्ष्य किसी वैकल्पिक सामाजिक धारणा की स्थापना में नहीं है, वरन् उनका आग्रह उदार मूल्यों की पुनर्स्थापना पर रहा है। अतः समुदायवादी राजनीतिक सिद्धान्त अपने आप में एक उदारवादी राजनीतिक सिद्धान्त है। माइकल वाल्जर के शब्दों में, 'समुदायवादी आलोचकों का आवश्यक रूप से एक सिद्धान्त है। वह सिद्धान्त स्वयं उदारवाद है। सभी आलोचक ऐसा मानते हैं। अतः वे उदारवाद को गम्भीरता से लेते हैं।' समुदायवादियों का मानना है

कि आज उदारवाद एवं अमेरिकी समाज दोनों में विकृति आ गयी है। जिसके कारण समुदाय की धारणा कमज़ोर पड़ गयी है।

उदारवाद की आलोचनात्मक व्याख्या करते हुए वाल्जर ने इसमें कई कमियों की ओर दृष्टिपात किया है। उदारवाद मुख्यतः दो मान्यताओं–व्यक्तिवाद तथा प्राकृतिक अधिकारों की अवधारणा–को लेकर चलता है। इन्हीं दोनों मान्यताओं के आधार पर वह व्यक्ति की स्वतन्त्र गतिविधियों में समर्थन व्यक्त करता है। उदारवादी न केवल चिन्तन क्षेत्र वरन् बाज़ार गतिविधियों में भी पूर्णतः स्वतन्त्रता चाहते हैं। व्यक्ति को पूर्णतः मुक्त छोड़ दिये जाने का समर्थन करते हैं। उदारवादी एक स्वतन्त्र बाज़ार की स्थापना करना चाहते हैं, किन्तु उनका मानना है कि स्वतन्त्र बाज़ार के लिए एक सकारात्मक संरचना का होना ज़रूरी है। स्वतन्त्र विनिमय की व्यवस्था अपने आप नहीं बनी रह सकती है। इसके लिए संस्थाओं, नियमों तथा कुछ प्रावधानों की ज़रूरत पड़ती है। दूसरे शब्दों में, स्वतन्त्र विनिमय व्यवस्था सफलतापूर्वक चलती रहे, इसके लिए व्यक्ति संस्थाओं को जन्म देता है। उदारवादियों का मानना है कि समाज केवल मात्र व्यक्तियों का एक एकत्रीकरण है तथा विभिन्न संस्थाएँ–चर्च, स्कूल, बाज़ार, परिवार आदि–व्यक्तियों के सहमतिपूर्ण समझौते का परिणाम हैं। अतः व्यक्ति जब चाहे अपनी सहमति वापस ले सकता है। दूसरे शब्दों में कह सकते हैं कि उदारवादी इन संस्थाओं को कृत्रिम संस्थाओं की श्रेणी में लेते हैं, जिन्हें अपनी आवश्यकतानुसार वे उद्भव कर सकते हैं तथा ख़त्म कर सकते हैं।

वाल्जर ने उदारवाद के इस स्वरूप को पूर्णतः अस्वीकार कर दिया है। वाल्जर के उदारवाद के इस स्वरूप के विरुद्ध सबसे प्रमुख आपत्ति यह है कि इसने व्यक्ति को उसके सामाजिक पक्ष से अलग कर दिया है। दूसरे शब्दों में, व्यक्ति का समुदाय से सम्बन्ध कट गया है तथा प्रत्येक व्यक्ति अन्य दूसरे व्यक्ति से पृथक् हो गया। उदारवादियों की इस प्रवृत्ति पर टिप्पणी करते हुए वाल्जर ने लिखा है, 'वे न तो सामाजिक एकता को समृद्ध तथा यथार्थवादी समझ ही प्रदान कर पाये और न ऐसे जीवन अधिकारों को कोई अर्थ प्रदान कर पाये, जिन्हें व्यक्ति जी सके तथा जिसका उपभोग कर सके। उदारवादी जिस लक्ष्य–पृथक्ता को पैदा करने की कला–को लेकर चलते हैं, वास्तव में वह असम्भव है।' वाल्जर ने उदारवादियों की इस मान्यता को भी अस्वीकार कर दिया है कि विभिन्न

प्रकार की संस्थाएँ कृत्रिम हैं तथा इनका अस्तित्व व्यक्तियों की सहमति पर निर्भर करता है। व्यक्ति जो संस्थाओं तथा उसके सम्बन्धों से पूर्णतः बाहर रहता है तथा इनमें वह तभी प्रवेश करता है, जब वह चाहता है। इस तरह के व्यक्ति का कोई अस्तित्व नहीं रहता है और न ही वह इस सामाजिक विश्व में अस्तित्व स्थापित कर सकता है। व्यक्ति इस विश्व में रहता है न कि उसका उद्भव करता है। वाल्जर का मानना है कि चर्च, स्कूल, बाज़ार तथा परिवार सामाजिक संस्थाएँ हैं, उनका अपना विशिष्ट इतिहास होता है। इन संस्थाओं ने विभिन्न समाजों में विभिन्न स्वरूप ग्रहण कर लिया है। यह स्वरूप सम्बन्धित व्यक्तियों की आस्था, समझ तथा सामाजिक दायित्वों द्वारा तय होता है। वाल्जर का मानना है कि ये संस्थाएँ किसी भी रूप में व्यक्तियों के समझौते का परिणाम नहीं हैं। अतः इन सब पर सर्वमान्य क़ानून, नियम, रीति–रिवाज लागू नहीं होते हैं। इन संस्थाओं का दायरा तथा नियम उस विशिष्ट समाज की प्रकृति पर निर्भर करता है।

साथ ही वाल्जर ने उदारवादियों के प्राकृतिक अधिकारों की मान्यता को भी अस्वीकार कर दिया। वाल्जर का मानना है कि प्राकृतिक अधिकार प्राकृतिक वस्तुओं की सहभागी समझ के सन्दर्भ में हमारी ज़्यादा सहायता नहीं करते हैं। वाल्जर ने इस बात पर ज़ोर देकर कहा है कि यह आवश्यक नहीं है कि प्राकृतिक अधिकारों की अवधारणा सामाजिक वस्तुओं के बहुलतावादी सिद्धान्त के अन्तर्गत प्रभुत्व के विरुद्ध नागरिकों को सुरक्षा प्रदान करती है। वाल्जर का मानना है कि व्यक्तियों को प्रभुत्व से केवल क्षेत्रों की पृथक्ता और उनकी सापेक्ष स्वायत्तता के द्वारा ही सुरक्षा प्रदान की जा सकती है न कि प्राकृतिक अधिकारों की अवधारणा द्वारा। वाल्जर ने प्राकृतिक अधिकारों के सर्वव्यापकीय स्वरूप को भी चुनौती दी है। उनके अनुसार अधिकार अपने स्वरूप में स्थानीय तथा विशिष्ट होते हैं।

अलासदैर मेकन्टायर ने उदारवाद को आधुनिकता का राजनीतिक दर्शन माना है। आधुनिकता को मेकन्टायर ने पतन के अग्रदूत के रूप में माना है। अतः मेकन्टायर ने उदारवाद के प्रति नकारात्मक दृष्टिकोण अपनाया है। उनका मानना है कि उदारवाद की प्रवृत्ति समाधानविहीन विवादों को उत्पन्न करने की रही है। उन्होंने उदारवाद को 'ग़लतियों के परिवार' की संज्ञा दी है। मेकन्टायर का मानना है कि उदारवाद, चाहे उसका कांटवादी स्वरूप रहा हो या उपयोगितावादी स्वरूप,

वह कुछ दार्शनिक कल्पना, व्यक्ति या समाज के साथ उसके सम्बन्ध की पूर्णतः ग़लत धारणा को लेकर चलता है। इस दृष्टि से मेकन्टायर ने उदारवाद की निम्न आलोचनाएँ की हैं :

प्रथम, मेकन्टायर का मानना है कि अधिकारों की अवधारणा तार्किक रूप से एक सामाजिक अवधारणा है। जिसमें न केवल व्यक्तियों के मध्य सामाजिक सम्बन्धों की ज़रूरत होती है, वरन् एक सतत विवेचन की भी आवश्यकता होती है। अतः विवेकीय व्यक्ति एवं उसके अधिकारों के अस्तित्व से सम्बन्धित कोई भी तर्क सफल नहीं हो सकता है। दूसरे शब्दों में, सामाजिक परिप्रेक्ष्य एवं व्यक्तियों के पारस्परिक सम्बन्धों को देखे बिना व्यक्ति के निरपेक्ष अधिकारों की मान्यता को लेकर नहीं चल सकते हैं। साथ ही मेकन्टायर का मानना रहा है कि अधिकारों की धारणा अपने स्वरूप में सामाजिक तो होती ही है, साथ ही वह कुछ विशिष्ट प्रकार की संस्थाओं एवं व्यवहारों को भी लेकर चलती है। इन सामाजिक संस्थाओं एवं व्यवहारों की अनुपस्थिति में अधिकारों की अवधारणा को लेकर आगे नहीं बढ़ सकते हैं।

द्वितीय, रॉल्स एवं नोजिक के राजनीतिक सिद्धान्तों में अच्छाई रूपी सद्‌गुण के परित्याग की स्पष्ट अभिव्यक्ति दिखायी देती है। उन्होंने इस मान्यता को अस्वीकार कर दिया है कि 'न्याय के किसी भी विवेचन में पात्रता (Desert) केन्द्रीय बिन्दु है।' चूँकि पात्रता का सम्बन्ध मानव अच्छाई एवं समुदाय की अवधारणा से निकटता से जुड़ा होता है। अतः पात्रता की मान्यताओं को अस्वीकार करने का तात्पर्य मानव अच्छाई एवं समुदाय की अवधारणा को अस्वीकार करना है। जैसा कि मेकन्टायर ने लिखा है कि 'पात्रता की धारणा एक ऐसी दक्षता है, जो केवल समुदाय के परिप्रेक्ष्य में ही होती है। जिसका प्राथमिक बन्धन व्यक्ति के लिए अच्छाई एवं समुदाय के लिए अच्छाई, दोनों की ही सहभागी की समझ होती है तथा जहाँ व्यक्ति उन अच्छे सन्दर्भों में अपने हितों को पहचानते हैं।'

तृतीय, आधुनिक उदार समाज में देशभक्ति रूपी सद्‌गुण ख़त्म हो गया है, क्योंकि हम में पूर्ण अर्थ में देशभक्ति की भावना का अभाव पाया जाता है। मेकन्टायर का मानना है कि उदारवादियों ने अगर हमेशा नहीं तो अक्सर देशभक्ति के प्रति नकारात्मक और आक्रामक दृष्टिकोण अपनाया है। अतः विकसित समाजों में आज देशभक्ति के रूप में सद्‌गुण का प्रचलन सम्भव नहीं रह पाया है। मेकन्टायर के अनुसार 'ऐसे समाज में देशभक्ति

सम्भव नहीं होती है, जिसमें सरकार नागरिकों के नैतिक समुदाय की अभिव्यक्ति एवं प्रतिनिधित्व नहीं करती है, वरन् वह (सरकार) समाज पर नौकरशाहीकृत एकता को थोपने के लिए संस्थात्मक व्यवस्थाओं का रूप है, जिसमें वास्तविक नैतिक सहमति का अभाव पाया जाता है। जिसमें राजनीतिक दायित्वों की प्रकृति व्यवस्थात्मक रूप से अस्पष्ट बन जाती है। देशभक्ति एक ऐसा सद्गुण है या था, जो प्राथमिक रूप से राजनीतिक तथा नैतिक समुदाय की सम्बद्धता पर आधारित होता है तथा केवल गौण रूप से उस समुदाय की सरकार से।'

चार्ल्स टेलर ने भी माइकल वाल्जर एवं अलासदैर मेकन्टायर की भाँति उदारवाद के प्रति आलोचनात्मक रुख अपनाया है। चार्ल्स टेलर ने उदारवाद के आधुनिक स्व के प्रति अस्वीकृति का दृष्टिकोण अपनाया है। वह इसकी परमाणुवादी (Atomism), साधनात्मक विवेकशीलता (Instrumental Reasoning) तथा नैतिक आधारों से इसके अलगाव के कारण आलोचना करता है। चार्ल्स टेलर आधुनिक स्व की इस प्रकृति को अस्वीकार करके सामाजिक अभिधारणा के आग्रह पर ज़ोर देते हैं। स्वायत्तता की पहचान तथा आत्मनिर्भरता के लिए व्यक्ति को एक सामाजिक संरचना की आवश्यकता होती है। दूसरे शब्दों में, अकेले व्यक्ति की समाज से बाहर कल्पना नहीं कर सकते हैं।

सैद्धान्तिक विखण्डन–उदारवाद की विकृति–के साथ ही अमेरिकी समाज में व्याप्त विखण्डन की भी समुदायवादियों ने चर्चा की है। इन विचारकों का मानना था कि अमेरिकी समाज में लोग एक असम्बद्ध व्यक्ति के रूप में रह रहे हैं। जहाँ एक–दूसरे से कोई सम्बन्ध नहीं है। अतः एक अस्थिर एवं अस्थापित समाज की स्थिति पैदा हो गयी है, जहाँ सामुदायिक सम्बन्धता नहीं पनप सकती है। वाल्जर के अनुसार निम्न चार प्रकार की गत्यात्मकताएँ अमेरिकी समाज में विखण्डन का कारण रही हैं :

1. **भौगोलिक गत्यात्मकता** : अमेरिकी लोग अपना निवास स्थान बड़ी तेज़ी के साथ बदलते हैं। यद्यपि एक स्थान से दूसरे स्थान पर उनका प्रवास स्वैच्छिक होता है एवं लोग स्वप्रेरणा से दूसरे निवास स्थान पर जाते हैं, किन्तु इस भौगोलिक गत्यात्मकता के कारण लोगों में स्थान बोध (Sense of Place) बहुत कमज़ोर हो गया है। परिणामतः सामुदायिकता की भावना कमज़ोर पड़ गयी है। 'यह सही है कि समुदाय मात्र स्थान से विस्तृत होते हैं,

किन्तु अक्सर वे तभी सफल होते हैं, जब वे स्थायी रूप से एक स्थान पर बसे हों।'

2. **सामाजिक गत्यात्मकता** : अमेरिका में तीव्र सामाजिक गत्यात्मकता पायी जाती है। अमेरिकी अपने माता–पिता से विरासत में बहुत सारी चीज़ें प्राप्त करते हैं। किन्तु आय, शिक्षा, वर्ग सदस्यता, पदसोपानीयता आदि में वे अपने माता–पिता के साथ खड़े नज़र नहीं आते हैं। वे माता–पिता से भिन्न जीवन जीते हैं। अतः सामुदायिक विरासत की भिन्नता पैदा हो जाती है। धारणाएँ एवं परम्पराएँ भिन्न होती हैं। उनके जीवन की कहानियाँ भिन्न होती हैं तथा उनमें आख्यानात्मक एकता (Narrative Unity) ख़त्म हो जाती है।

3. **वैवाहिक गत्यात्मकता** : अमेरिका में पति–पत्नी सम्बन्ध विच्छेद, तलाक एवं पुनः विवाह अन्य समाजों से अधिक पाये जाते हैं। इसका दुष्परिणाम बच्चों को भुगतना पड़ता है। वे तनावयुक्त एवं माता–पिता से दूर रहकर जीवन जीते हैं। इस कारण उनके सम्मुख एकीकृत पारिवारिक एवं घर के मूल्य नहीं होते हैं। टूटते घर समुदाय की भावना को क्षति पहुँचाते हैं। वाल्जर के शब्दों में, 'वैवाहिक टूटन का परिणाम ही टूटते घर होते हैं जहाँ पति–पत्नी दूर हो जाते हैं, बच्चों को नये माता–पिता मिलते हैं। जिस तरह घर पहला समुदाय होता है, उसी तरह वह नृशास्त्री पहचान धार्मिक धारणा का पहला विद्यालय भी होता है। इस तरह की टूटन से प्रतिक्रियात्मक सामुदायिकता पैदा होती है। इसका अर्थ यह हुआ कि जिन युवाओं के साथ बच्चे रह रहे हैं, उन्हें निरन्तर रूप से एक जैसी कहानियाँ सुनने को नहीं मिलती हैं।' समय–समय पर भिन्न–भिन्न माता–पिता के साथ रहने के कारण समुदाय की एकरूपता के मूल्य पीछे छूट जाते हैं।

4. **राजनीतिक गत्यात्मकता** : वाल्जर का मानना है कि जिस तरह से व्यक्तिगत पहचान में स्थान, सामाजिक स्थिति तथा पारिवारिक सदस्यता का महत्त्व कम होता जा रहा है, उसी तरीक़े से नेताओं, दलों, क्लबों एवं शहरी निकायों के प्रति आस्था में भी तेज़ी से गिरावट आयी है। उदार नागरिक सभी प्रकार के राजनीतिक संगठनों में बाहर खड़े दिखायी देते हैं एवं वे उन्हीं का चयन

करते हैं जो उनके हितों एवं आदर्शों की सबसे ज़्यादा पूर्ति करते हों। वे एक स्वतन्त्र मतदाता के रूप में हर समय भिन्न व्यक्तियों का चयन करते हैं। वाल्जर के अनुसार वे एक चंचल मतदाता के रूप में सामने आते हैं। यह स्थिति संस्थात्मक अस्थिरता को जन्म देती है। इसका प्रभाव स्थानीय स्तर पर सबसे ज़्यादा होता है, जहाँ राजनीतिक संगठन सामुदायिक सम्बद्धता विकसित करते है। वहाँ गिरावट देखने को मिलती है। इस तरह समुदायवादियों का मानना रहा है कि उदारवाद एवं अमेरिकी समाज में व्याप्त कमियों के कारण समुदाय की भावना में कमी आयी है। अतः उन्होंने उदारवाद के मूल्यों को पुनः संरचित करके उसमें समुदाय की धारणा को स्थापित करने का प्रयास किया है।

(iii)

समुदायवादियों ने अपने चिन्तन के निरूपण में अरस्तू एवं हीगल के लेखन को आधार बनाया है। अरस्तू का प्रभाव हमें अलासदैर मेकन्टायर पर देखने को मिलता है तो हीगल का प्रभाव माइकल वाल्जर एवं चार्ल्स टेलर के लेखन पर देखने को मिलता है। समुदायवादियों ने अरस्तू एवं हीगल की मान्यताओं के आधार पर ही व्यक्ति एवं समुदाय में सामंजस्य स्थापित करने का प्रयास किया। जैसा कि गिलेस्पी ने लिखा है, नवकांटवादियों की असफलता उदारवाद के लिए एक ऐसा आधार प्रदान करती है, जो सामुदायिकता की अभिव्यक्ति तथा मानव गरिमा को गारंटी प्रदान करती है। नवकांटवादियों की असफलता ने अरस्तु, रूसो और सम्भवतः सबसे अधिक हीगल जैसे विचारकों पर पुनर्विचार की ओर अग्रसित किया। हीगल द्वारा कांट की आलोचना के बिन्दुओं को नवकांटवादियों की आधुनिक आलोचना में उसी रूप में लिया जा रहा है तथा हीगल की विकल्पवादी धारणा कम–से–कम सिद्धान्त में तो व्यक्ति तथा समुदाय का सामंजस्य स्थापित करती है, जिसका कि सामयिक उदारवाद में अभाव है। ऐसी स्थिति में हीगल की तरफ़ अग्रसित होने में आश्चर्य की कोई बहुत बड़ी बात नहीं है। अरस्तू का अनुसरण करते हुए इन विचारकों ने कहा है कि हम सामान्य तथा सामुदायिक लक्ष्यों एवं उद्देश्य को ध्यान में रखे बिना राजनीतिक समझौतों तथा सहमतियों को न्यायसंगत नहीं देख सकते हैं, जब तक कि हम सामुदायिक जीवन में एक नागरिक के

रूप में हमारी क्या भूमिकाएँ रहीं, इसको नहीं देख लें। कान्ट के विरुद्ध प्रयुक्त किये गये हीगल के तर्कों को अपनाते हुए ये विचारक आधुनिक उदारवाद की अच्छाई के ऊपर अधिकारों को प्राथमिकता देने के दावे अर्थात उदारवादी सिद्धान्त की 'डिऑन्टोलोजिकल' (Deontological) स्थिति तथा व्यक्ति की स्वतन्त्र पसन्दगी की प्रमुखता को चुनौती देने लगे। मेकन्टायर ने अरस्तू की न्याय की धारणा को स्वीकार करते हुए रॉल्स एवं नोजिक द्वारा योग्यता की उपेक्षा किये जाने के कारण उनकी आलोचना की। अरस्तू की धारणा में न्याय ऐसे समुदाय में निहित होता है, जिसमें व्यक्ति तथा समुदाय दोनों एक–दूसरे की अच्छाई में सहभागी हों। चार्ल्स टेलर ने इतिहास द्वारा नियन्त्रित व्यक्ति की हीगलवादी धारणा को स्वीकार करते हुए स्वतन्त्र तथा विवेकीय प्राणी के रूप में व्यक्ति के उदारवादी मत को अस्वीकार कर दिया है।

डब्ल्यू. रीज शॉफर (W.Reese & Schafer) ने समुदायवादी सिद्धान्त की निम्न पाँच विशेषताओं का उल्लेख किया है :

1. भाष्य पद्धति
2. परमाणुवादी व्यक्तिवाद की आलोचना
3. अधिकारों के विरुद्ध अच्छाई की अरस्तूवादी अवधारणा
4. समुदाय के विचार का पुनः उद्‌भव
5. नागरिक सद्‌गुणों पर नवदृष्टि

विवेचना की दृष्टि से समुदायवादियों की मान्यताओं को निम्न बिन्दुओं के रूप में देख सकते हैं :

1. **सहभागी पहचान** : समुदायवादी विचारक उदारवाद एवं नवकांटवादी विचारकों की पद्धतीय व्यक्तिवाद के सिद्धान्त (Principle of Methodological Individualism) को अस्वीकार करते हैं। इन विचारकों ने उदारवादी स्व की धारणा की अपेक्षा सहभागी पहचान पर ज़ोर दिया है। इनका मानना है कि 'विवेकशीलता केवल व्यक्तिगत कार्यों एवं गतिविधियों में ही अभिव्यक्त नहीं होती वरन् वह राजनीतिक संस्थाओं तथा राजनीतिक संस्कृति के माध्यम से प्रकट होती है, क्योंकि व्यक्ति के कार्य तथा उसकी गतिविधियों का स्वरूपण राजनीतिक संस्थाओं तथा संस्कृति द्वारा तय होता है।'

   मेकन्टायर के अनुसार व्यक्ति का लक्ष्य तथा उसकी उपलब्धि केवल उसके अपने आप तक ही सीमित नहीं है, वरन् वह उस

समुदाय से भी जुड़ी होती है, जिसमें व्यक्ति रह रहा है। जैसा कि माइकल सन्डल ने मेकन्टायर की सामुदायिकता की अवधारणा पर टिप्पणी करते हुए लिखा है, "मेरी पहचान मेरे अपने अलग लक्ष्यों एवं उपलब्धियों में नहीं है, हालाँकि ये उसके अंग ज़रूर हैं। मैं शुरू से ही उस स्थिति पर टिका हूँ जहाँ, इतिहास द्वारा अन्य व्यक्तियों में मेरी स्थिति तय कर दी गयी है। मेरी अच्छाई सामुदायिक अच्छाई में ही निहित है। मेकन्टायर का मानना है कि व्यक्ति की पहचान उसकी सामाजिक सम्बन्धता से होती है। जैसा कि उन्होंने लिखा है कि "हम अपनी विशिष्ट स्थिति को एक सामाजिक पहचान के रूप में लेते हैं। मैं किसी का बेटा या बेटी हूँ। किसी का चचेरा भाई या चाचा हूँ। मैं इस या उस शहर का नागरिक हूँ। मैं इस या उस गिल्ड या व्यवस्था का सदस्य हूँ। मैं इस गोत्र, उस जाति, उस राष्ट्र से सम्बद्ध हूँ। अतः जो मेरे लिए अच्छा होगा, वह उसके लिए भी अच्छा होगा। जिससे मैं ये भूमिकाएँ लेता हूँ। ये भूमिकाएँ, मैं मेरे परिवार, मेरे शहर, मेरी जाति, मेरे राष्ट्र—सभी आशाओं तथा दायित्वों की भूतकालीन विरासत से प्राप्त करता हूँ। ये ही मेरा जीवन एवं नैतिक प्रारम्भ का बिन्दु तय करती हैं। अतः मेकन्टायर का स्पष्ट रूप से मानना रहा है कि व्यक्ति की भूमिकाएँ, वह जिस समुदाय का सदस्य होता है, उसकी परिधि में ही तय होती हैं।

2. **अच्छाई की धारणा :** समुदायवादी अच्छाई की धारणा (Notion of Good) को लेकर चलते हैं। उन्होंने नवकांटवादियों के न्याय के प्रक्रियात्मक सिद्धान्त की अपेक्षा न्याय के सारभूत सिद्धान्त पर ज़ोर दिया है। न्याय का सारभूत सिद्धान्त पात्रता एवं सद्‌गुण आधारित जीवन की स्वीकृति में अभिव्यक्त होता है। रॉल्ज एवं नोजिक दोनों ने ही पात्रता एवं अच्छाई की धारणा को अस्वीकार कर दिया है। रॉल्ज ने स्पष्ट रूप से माना है कि व्यक्ति के लिए अच्छा जीवन क्या है। इसके बारे में मतभेद होना स्वाभाविक है। अतः हमें न्याय के सिद्धान्तों को तय करने में अच्छे जीवन की मान्यता से दूर ही रहना चाहिए। समुदायवादियों ने रॉल्स की इस मान्यता को अस्वीकार कर दिया है। वे अच्छे जीवन की खोज पर ज़ोर देते हैं। मेकन्टायर के अनुसार अच्छा जीवन

सद्‌गुण आधारित नैतिक जीवन ही हो सकता है। मेकन्टायर ने इस तरह के जीवन के तीन पक्षों की विवेचना की है।

(अ) व्यवहार (Practice)

(ब) जीवन की आख्यानात्मक एकता (The Narrative Unity of life)

(स) नैतिक परम्परा

मेकन्टायर के अनुसार इस तरह का जीवन नैतिक अच्छाई एवं नैतिक एकता से जुड़ा हुआ होता है।

चार्ल्स टेलर ने स्व के नैतिक आधारों से अलगाव की धारणा को अस्वीकार करते हुए अधिकारों के साथ ही दायित्व की मान्यता को स्वीकृति प्रदान की है। चार्ल्स टेलर का मानना है कि सामाजिक अभिधारणा में अधिकार एवं दायित्व एक–दूसरे से जुड़े होते हैं। 'वे (दायित्व) उतने ही मौलिक हैं, जितने अधिकारों के दावे, क्योंकि ये उनसे अपृथक्नीय हैं। दायित्वों की अस्वीकृति करके अधिकारों के दावे का प्रयास एक असंगतता भी होगी।' चार्ल्स टेलर का मानना है कि मानवीय गुणों के विकास के लिए दायित्वों का निर्वाह करना ज़रूरी है। उन्होंने तीन प्रकार के दायित्वों का उल्लेख किया है। प्रथम, एक दायित्व वे हैं जो हम अपने माता–पिता के प्रति निभाते हैं। टेलर के अनुसार यह कृतज्ञता का दायित्व है। बच्चों के प्रति दायित्व भी इसी तरह का दायित्व है। उन्हें वे सब चीज़ें देनी चाहिए, जो हम दे सकते हैं। द्वितीय प्रकार के दायित्व ग़ैर–स्वैच्छिक संघों जैसे शादी एवं मित्रता से जुड़े होते हैं। इनके प्रति दायित्व निर्वाह करना व्यक्ति की इच्छा पर निर्भर करता है। यह व्यक्ति का कोई प्राकृतिक दायित्व नहीं है कि इनका निर्वाह करे ही। टेलर के अनुसार तीसरे प्रकार के दायित्व कुछ विशिष्ट प्रकार के व्यक्तियों से सम्बन्धित होते हैं, किन्तु यह ज़रूरी नहीं है कि ये व्यक्ति के सतत संघों से जुड़े हों।

इसी भाँति माइकल वाल्जर ने नवकांटवादी विचारकों विशेषकर जॉन रॉल्स की वितरणात्मक न्याय की मान्यता को अस्वीकार करते हुए कहा कि इन विचारकों की वितरणात्मक न्याय की मान्यता एक ही वितरणात्मक प्रारूप को लेकर चलती है। उन्होंने स्वयं बहुल वितरण व्यवस्था पर ज़ोर दिया है, जो इतिहास,

समय तथा स्थान के अनुसार परिवर्तित होती रहती है। वाल्जर का मानना है कि वितरण की कोई एक कसौटी नहीं हो सकती है। वाल्जर ने वितरण की तीन कसौटियों–स्वतन्त्र विनियम, योग्यता तथा आवश्यकता–का उल्लेख किया है, किन्तु साथ ही उनका यह भी मानना रहा है कि ये तीनों प्रभावकारी कसौटियाँ तो हैं, किन्तु इनमें से कोई एक कारक भी अपने आप में पूर्ण नहीं है, किन्तु वे उसका एक भाग हैं।

3. **सार्वभौमिकता बनाम विशिष्टता (Universalism versus Particularism)** : समुदायवादियों ने उदारवादी सिद्धान्त के सार्वभौमिकता के दावे को अस्वीकार किया है। उन्होंने रॉल्स के उस दावे को अमान्य करार दिया है कि उसका न्याय का सिद्धान्त सार्वलौकिक रूप से सही है। समुदायवादियों का मानना रहा है कि न्याय का कोई एक सार्वलौकिक सिद्धान्त नहीं हो सकता है। न्याय का सिद्धान्त जीवन के रूपों एवं विशिष्ट समाजों की परम्पराओं के अनुरूप ही हो सकता है। अतः यह एक समाज से दूसरे समाज में भिन्न होगा। मेकन्टायर एवं चार्ल्स टेलर का मानना है कि नैतिक एवं राजनीतिक निर्णयों की परिधि उस सन्दर्भ से तय होती है, जिसमें व्यक्ति कार्य करता है। विशिष्टता के परिप्रेक्ष्य के महत्त्व को सबसे ज़्यादा माइकल वाल्जर ने उठाया है। वाल्जर का मानना रहा है कि न्याय के सार्वभौमिक सिद्धान्त की खोज करना एक दिग्भ्रमित प्रयास है। ऐसी कोई वस्तु नहीं है, जिसकी प्रकृति समुदाय, इतिहास एवं संस्कृति से बाहर निर्धारित होती हो। न्याय के सिद्धान्तों के निर्धारण का एकमात्र तरीक़ा उस विशिष्ट समाज में सामाजिक वस्तुओं के प्रति धारणा से ही निर्धारित हो सकता है। विश्व में वस्तुओं के अर्थ विभिन्न लगाये जाते हैं, क्योंकि उनका उद्भव तथा दृष्टिकोण सामाजिक प्रक्रिया से जुड़ा होता है। इसी कारण विभिन्न वस्तुएँ विभिन्न अर्थ रखती हैं। एक चीज़ का ही मूल्यांकन विभिन्न स्थानों पर विभिन्न प्रकार से किया जाता है। कहीं एक विशिष्ट चीज़ को महत्त्व दिया जाता है तो कहीं उसे गौण समझा जाता है। माइकल वाल्जर का मानना है कि प्राथमिक या मूल वस्तुओं का कोई एक समूह नहीं होता है, जो कि पूरे विश्व में स्वीकृत हो, यहाँ तक कि

'आवश्यकता' की सीमा रेखा भी बहुत भिन्नता लिए होती है। उनकी वरीयता का क्रम बहुत भिन्न होता है। उदाहरण के लिए 'रोटी' जैसी आवश्यक वस्तु भी विभिन्न स्थानों पर विभिन्न अर्थ रखती है। एक जगह रोटी व्यक्ति का जीवन है तो दूसरी जगह अनाज को कूड़े में फेंका जाता है। ऐसी स्थिति में रोटी को हम सर्वमान्य वस्तु को सूची में कैसे ले सकते हैं? अतः वाल्जर ने न्याय के सार्वभौमिक सिद्धान्त की अपेक्षा विशिष्टता के सिद्धान्त को महत्त्व दिया है। न्याय से वाल्जर का तात्पर्य "एक विशिष्ट समाज में न्याय के सिद्धान्त अपने स्वरूप में बहुलतावादी होते हैं विभिन्न सामाजिक वस्तुएँ विभिन्न प्रक्रियाओं के साथ विभिन्न कारणों के लिए वितरित होनी चाहिए।"

4. **ग़ैर–तटस्थ राज्य (Nonneutral State)** : समुदायवादी ग़ैर–तटस्थ राज्य की मान्यता पर ज़ोर देते हैं। अर्थात समुदायवादी तटस्थ राज्य की मान्यता को अस्वीकार करते हैं। उनका मानना है कि तटस्थ राज्य 'सामान्य अच्छाई की राजनीति' को त्याग देता है। एक ग़ैर–तटस्थ राज्य सहयोग एवं सम्बद्धता की भावना की सम्भावना को बढ़ावा देता है। वाल्जर का मानना है कि असम्बद्ध व्यक्ति अच्छे जीवन पर एक मत नहीं हो सकते हैं। अच्छाई की धारणा हेतु एक संस्था का सहयोग चाहिए, यह संस्था राज्य ही हो सकता है। किन्तु यह राज्य सीमित उदारवादी राज्य होगा।

5. इस सन्दर्भ में समुदायवादी बहुलतावादी विचारक जॉन डेवी (John Dewey) के योगदान को महत्त्वपूर्ण माना है। डेवी सम्प्रभु राज्य की अपेक्षा विभिन्न प्राथमिक वर्गों की धारणा लेकर चलते हैं। उनके अनुसार राज्य विभिन्न वर्गों एवं संघों को व्यापक स्वतन्त्रता एवं सुरक्षा प्रदान करता है। किन्तु माइकल वाल्जर बहुलतावादी डेवी की धारणा की अपेक्षा गणतन्त्रात्मक (Republican) व्यवस्था को स्वीकार करते हैं। वाल्जर के शब्दों में 'नवशास्त्रीय गणतन्त्रवाद का उद्भव समसामयिक समुदायवादी राजनीति को बहुत सार प्रदान करता है।' वाल्जर का मानना है कि न तो डेवी ने 'पब्लिक' को महत्त्व दिया और न ही रॉल्स ने 'सोशल यूनियन' को। दोनों ने शक्ति एवं प्रतिबद्धता की आशा विभिन्न संघों की अपेक्षा राजनीतिक संघ द्वारा की। जबकि दूसरी तरफ़ गणतन्त्रवाद एक समायोजित

करने वाला सिद्धान्त है, जिसमें छोटे किन्तु एकरूपीय समुदायों पर आग्रह रहता है। इस तरह के राज्य में सहभागी व्यवस्था होगी। नागरिक सरकारों को इस आशा में सुदृढ़ किया जायेगा कि वे विभिन्न प्रकार की सामाजिक व्यवस्थाओं में नागरिक सद्गुणों को प्रदर्शित एवं विकसित कर सकें। वाल्जर का मानना है कि इस तरह की व्यवस्थाओं में ही सामुदायिक सम्बद्धता विकसित हो सकती है। वाल्जर के शब्दों में, 'यह वास्तव में उदारवाद के अन्दर समुदाय का अनुसरण (Pursuit of the intimations) है, वह रूसो की अपेक्षा जॉन स्टुअर्ट मिल से ज़्यादा सम्बन्धित है। यहाँ हम एक ऐसे ग़ैर–तटस्थ राज्य का अनुमान लगा सकते हैं, जो कि शहरों एवं क़स्बों को सशक्त बनायेगा, पड़ोसी समितियों को मज़बूत बनायेगा एवं सम्बद्धता को पुनः जीवित करेगा। नागरिकों में इस तरह की सम्बद्धता विकसित करेगा कि वे नागरिक मामलों में उत्तरदायित्व का निर्वहन करेंगे।'

(iv)

इस तरह स्पष्ट है कि समुदायवादी राजनीतिक विचारक व्यक्ति की सामाजिक सम्बद्धता की धारणा को लेकर चलते हैं। उनका मानना रहा है कि व्यक्ति अपनी पहचान उस समुदाय, संस्थाओं एवं परम्पराओं से ग्रहण करता है, जिसमें वह कार्य करता है। समुदायवाद अस्सी के दशक में एक प्रभावशाली राजनीतिक सिद्धान्त रहा है। सैद्धान्तिक दृष्टि से वह उदारवाद, विशेषकर नवकांटवादी उदारवाद–जॉन रॉल्स के सिद्धान्त–का विकल्प प्रस्तुत करने में सफल रहा है, तो दूसरी तरफ़ समुदायवाद व्यावहारिक राजनीति में थैचर एवं रीगनकालीन नीतियों का प्रत्युत्तर देने में भी सफल रहा है। अगर समुदायवादियों की आलोचनात्मक समीक्षा की जाती है तो उसकी दो आधारों पर आलोचना की जाती है।

प्रथम, समुदायवादी सार्वलौकिक की अपेक्षा विशिष्टता की मान्यता पर ज़ोर देते हैं। उन्होंने न्याय के सर्वव्यापकीय सिद्धान्त की अपेक्षा उसके बहुलतावादी स्वरूप पर ज़ोर दिया है। जहाँ विशिष्ट संस्कृतियों एवं परम्पराओं को महत्त्व मिलता है। किन्तु आलोचकों का मानना रहा है कि समुदायवादी पश्चिमी परम्परा, विशेषकर ईसाई परम्परा एवं उसके मूल्यों से दूर नहीं हो पाये हैं। उन्होंने अपने चिन्तन का स्वरूप पश्चिमी मान्यताओं

के इर्द–गिर्द ही करने का प्रयास किया है। प्रायः यह कहा जाता है कि माइकल वाल्जर ने बहुल परम्पराओं की बात की है एवं भारतीय जाति व्यवस्था का उल्लेख उनके ग़ैर–पश्चिमी आग्रह का उदाहरण है, किन्तु भारतीय जाति व्यवस्था की जटिलता के कारण सम्पूर्ण भारतीय परम्परा की अस्वीकृति उचित नहीं है। इसी तरह मेकन्टायर के बारे में यह कहा जाता है कि उसने अरस्तूवादी धारणा को स्वीकार किया है तथा अरस्तू एवं ईसाईत्व में किसी प्रकार सम्बन्ध नहीं है। अतः मेकन्टायर पर ईसाई मूल्यों को लेकर चलने का आरोप सही नहीं है। किन्तु यह मानना नैतिक सद्गुणों (After Virtue) के सन्दर्भ में तो आंशिक रूप में सही हो सकता है, किन्तु मेकन्टायर उत्तरवर्ती लेखन में उसका ईसाईत्व, विशेषकर थोमिस्ट परम्परा का स्पष्ट रूप से रुझान देखने को मिलता है।

द्वितीय, समुदायवादी सिद्धान्त में सामुदायिक मूल्यों पर आग्रह रहा है। किन्तु दार्शनिक बिम्ब को यथार्थ में किस रूप में अभिव्यक्त किया जाये, इस हेतु कोई संस्थात्मक संरचना का प्रारूप प्रस्तुत नहीं किया। यह सही है कि समुदायवादी ग़ैर–तटस्थ राज्य की मान्यता को लेकर चलते हैं। किन्तु उनकी धारणा में राजनीतिक मूल्य गौण ही रहे हैं। मेकन्टायर ने आधुनिक राजनीतिक व्यवस्था को पूर्णतः अस्वीकार करते हुए कहा है कि यह परम्पराओं की तुलना में गौण है। मेकन्टायर के शब्दों में, 'आधुनिक राजनीति... वास्तविक नैतिक सहमति की विषयवस्तु नहीं हो सकती है, क्योंकि यह अपने संस्थात्मक रूप में परम्पराओं एवं सद्गुणों की व्यवस्थात्मक अस्वीकृति के रूप में अभिव्यक्त होती है।' अतः प्रश्न यह उठता है कि क्या राजनीतिक संस्थाओं एवं मूल्यों को उपयुक्त महत्त्व दिये बिना वैकल्पिक सामाजिक मूल्यों की व्यवस्था व्यवहार में सम्भव हो पायेगी? राजनीतिक संस्थाएँ वह संरचना प्रदान करती हैं, जिसके द्वारा जीवन की वैकल्पिक योजना को मूर्त रूप दिया जा सकता है।

अध्याय–26

हरित प्रकृतिवाद : पर्यावरण सिद्धान्त का राजनीतिकरण

-विलियम चलुप्का

प्रस्तुत लेख निम्न 5 पुस्तकों की समीक्षा पर आधारित है–(1) द इन्वायर्नमेंट : बिटवीन थियरी एंड प्रैक्टिस; ऐवनर डि शालित, (ऑक्सफ़ोर्ड यूनिवर्सिटी प्रेस, आक्सफोर्ड़, यू. के., 2000), (2) बिनीथ द सरफोस : क्रिटिकल एसेज इन द फिलासफ़ी ऑफ़ द्वीप इकॉलजी; ईक काट्ज, एन्ड्रयू लाइट, डेविड रोथेनवर्ग (सम्पा.) (एम.आई.टी. प्रेस, केम्ब्रिज, 2000), (3) कंजर्वेशन रिकन्सिडर्ड : नेचर, वर्च्यू, एंड अमेरिकन लिबरल डिमोक्रेसी, चार्ल्स टी. रूबिन (सम्पा.), (रोमेन एंड लिटिल फील्ड, लनहैम, 2000), (4) टुवर्ड्स ए नेचुरलिस्टिक पोलिटिकल थियरी : एरिस्टाटल, ह्यूम, डेवी, इवोल्यूशनरी बायोलोजी एंड डीप इकोलाजी; टेरी हॉय, (प्रेजर,वेस्टपोर्ट, 2000) (5) मैन मेड ब्रेस्ट कैंसर, जिल्ला इजेंसटिन, कोर्नेल यूनिवर्सिटी प्रेस, इथे, न्यूयार्क, 2001)

जितना सैद्धान्तिक निरूपण पर्यावरणवाद का हुआ है उतना 'राजनीतिक–सक्रियता' वाले किसी अन्य क्षेत्र का नहीं। पर्यावरणवाद ने राजनीति की अपेक्षा नैतिकता पर ज़्यादा ध्यान दिया है। पर्यावरणीय नैतिकता की अवधारणा कार्यकर्ताओं और विद्वानों को तो स्पष्ट है, पर हरित राजनीतिक सिद्धान्त उसे स्वीकार नहीं करता। सामान्य समाधान तो उस पर्यावरणीय–नैतिकता से निकल सकते हैं पर सकारात्मक परिवर्तन हेतु सामूहिक–व्यावहारिक क़दमों की अपेक्षा वैयक्तिक चेतना में परिवर्तन ज़्यादा प्रभावी होगा।

उपरोक्त पुस्तकों ने कुछ प्रश्नों को पुनः रेखांकित किया है। पर्यावरणवादी किस सीमा तक प्रकृति का प्रयोग करेंगे? क्या यह सम्पूर्ण आन्दोलन राजनीति व रणनीति की अपेक्षा नैतिकता पर ज़्यादा आश्रित तो नहीं हो गया है?

क्या पर्यावरणवादियों द्वारा उद्देश्यों को प्राप्त न कर पाना इनकी राजनीतिक समझ पर तो प्रश्नचिह्न नहीं लगाता?

मानव केन्द्रित व जीव केन्द्रित अवधारणाओं की भिन्नता ही पर्यावरणीय नैतिकता व राजनीति को परिभाषित करती है। जहाँ मानव केन्द्रित दृष्टिकोण मनुष्य की आवश्यकताओं व इच्छाओं को प्राथमिकता देते हैं वहीं जीव केन्द्रित दृष्टिकोण पर्यावरण अथवा सम्पूर्ण प्रकृति की आवश्यकताओं व इच्छाओं को महत्त्व देता है। ऐवनर डी.शालित के अनुसार पर्यावरणीय दार्शनिकों ने दो ग़लतियाँ कीं : प्रथम, उन्होंने राजनीतिक दर्शन के आधार पर अधि–नैतिकता (Meta-ethics) को रखने का प्रयास किया, द्वितीय उन्होंने प्रकृति के शाश्वत मूल्य का अति विस्तार किया है।

ऐवरन डी. शालित ने अपनी कृति 'दि एन्वायर्नमेंट : बिटविन थियरी एंड प्रेक्टिस' में चर्चा की है कि पर्यावरणवादियों ने जैव केन्द्रवाद पर अति बल देकर राजनीतिक दर्शन की त्रुटिपूर्ण व्याख्या की है। डी. शालित ने हरित सिद्धान्त की जन–प्रभावित सन्तुलित रूपरेखा प्रस्तुत की तथा कहा कि पर्यावरण वास्तव में हमें नैतिक अथवा राजनीतिक अच्छाई की शिक्षा नहीं दे सकता क्योंकि यह ग़ैर–नैतिक एवं ग़ैर–राजनीतिक है। प्रकृति प्राकृतिक होती है तथा राजनीति कृत्रिम। डी. शालित ने हरित सिद्धान्त के उदारवादी एवं सामाजिक विरोधों की पुनर्समीक्षा की तथा समुदायवादियों द्वारा पर्यावरण की जो व्याख्या की गयी उस पर चिन्ता व्यक्त करते हुए कहा कि समुदायवाद ने प्राकृतिक व्यवस्था के सन्दर्भ में अनधिकृत रूप से तात्विक दर्शन को कार्यान्वित किया है। उनका मत है कि विशिष्ट समुदाय का विचार सम्भव है कि राजनीतिक होगा तथा जिसमें प्रजातान्त्रिक राजनीति व सिद्धान्त की प्रधानता होगी। जैव क्षेत्रवादी जो मानवीय गुणों यथा सहनशीलता इत्यादि को प्रकृति द्वारा प्रत्यक्ष प्राप्त करने का तर्क देते हैं, कष्टकारी समस्याओं को जन्म देते हैं। डी. शालित का विचार है कि जो विचारक पर्यावरण समस्याओं की तीव्रता के सम्बन्ध में प्रजातान्त्रिक तत्त्वों का खण्डन करते हैं वे प्रजातन्त्र को अति संकीर्ण विचार मानते हैं तथा पर्यावरण व आर्थिक प्रगति के मध्य सम्बन्धों की जटिलता की अनदेखी करते हैं। कभी–कभी हरित विद्वान आध्यात्मिक एवं वैज्ञानिक के मध्य विचलित होकर प्रजातान्त्रिक सिद्धान्तों व संस्कृति में समाहित अवसरों से चूक जाते हैं।

काट्ज़, लाइट एवं रोथेनबर्ग के संकलन में आर्ने नेस द्वारा प्रस्तावित गहन पारिस्थितिकी विज्ञान का समावेश है। काट्ज़ ने इस संकलन में

यह प्रश्न किया है कि किस सीमा तक पर्यावरण–दर्शन में मानव केन्द्रित मूल्यों को स्थान प्रदान किया जा सकता है? काट्ज़ ने जैव–केन्द्रवाद को चुनौती प्रदान करते हुए कहा कि गहन पारिस्थितिकी विज्ञान के केन्द्रीय विचार के अन्तर्गत मानव केन्द्रवाद में प्राकृतिक जगत के साथ एकरूपता की प्रक्रिया, आत्म–दर्शन का लक्ष्य एवं विवेकपूर्ण सत्व–दर्शन आदि तत्त्व समाहित होते हैं। यदि 'मानव–केन्द्रवाद' धारणा करने योग्य नहीं है तो गहन पारिस्थितिकी विज्ञान का राजनीतिक तर्क कदाचित सन्देहास्पद है क्योंकि गहन पारिस्थितिकी विज्ञान की सक्रियता मानवीय हितों में चरम सीमा तक वृद्धि का ही परिणाम है।

ऐण्ड्रयू लाइट ने पर्यावरण–दर्शन के नैतिक एकात्मवाद के विषय में दार्शनिक विवादों की चर्चा करते हुए कहा कि 'पर्यावरण–एकात्मवादी' सामान्यतः यह तर्क प्रस्तुत करते हैं कि पर्यावरण के प्रति उचित कर्तव्यों एवं प्रतिज्ञाओं के संचालन के लिए एक मात्र नैतिक दर्शन अथवा तात्विक सिद्धान्त नितान्त अपरिहार्य है। बहुलतावादी इस तर्क का खण्डन करते हैं तथा उनका मत है कि मूल्यों के स्रोत प्रकृति में अनेक विभिन्नताओं से परिपूर्ण हैं। लाइट का विचार है कि गहन पारिस्थितिकी विज्ञानवादियों में बहुलतावादी दृष्टिकोण का अभाव है। इस प्रकार, यह एकात्मकवादी नैतिकतावाद एवं राजनीतिक बहुलतावाद के अनुरूप नितान्त अस्पष्ट है। जॉन क्लार्क लिखते हैं कि गहन पारिस्थितिकी विज्ञानवादी सहकारिता के लिए व्यावहारिक आधारों के स्थान पर सैद्धान्तिक संरचना पर बल देते हैं।

इतिहासकार केन विल्बर का अध्ययन करते हुए ज़िमरमैन का विचार है कि नाज़ी के पूर्ववत पर्यावरणविदों ने वर्तमान पर्यावरणविदों की तुलना में विभिन्न राजनीतिक सन्दर्भ में सक्रियता प्रदर्शित की है। सत्ता के प्रति पर्यावरणविदों का जो दृष्टिकोण है वह उनके लिए समस्याएँ उत्पन्न कर सकता है यद्यपि वे नाज़ीवाद को ग्रहण नहीं करते। वे पर्यावरणविद् जो प्रकृति के गर्भ में अथवा पूर्व–वैयक्तिक सामाजिक सम्बन्धों की ओर वापस आने को उत्सुक हैं, राजनीतिक संगठनों के लिए शंका उत्पन्न करते हैं तथा स्वयं के नैतिक एवं ऐतिहासिक उत्तरदायित्वों के प्रति उदासीन हो सकते हैं।

रूबिन ने अपनी कृति में पर्यावरण के बचाव एवं संरक्षण के विचार में सन्निकटता स्थापित करते हुए राजनीतिक सम्भावनाओं की खोज पर तथा मार्लों लुइस ने मुक्त बाज़ार पर्यावरणवाद के विचार को बल प्रदान किया है। टेडी रूज़वेल्ट, जो प्रमुख पर्यावरणविद् हैं, ने प्रकृति के विषय

में साधारण भौतिकवादी दृष्टिकोण अंगीकृत नहीं किया तथा कहा कि मानव के लिए प्रकृति के लाभ उसकी उपयोगिताओं की सीमा से परे हैं।

लैरी आर्नहार्ट ने मानव केन्द्रवाद एवं जैव केन्द्रवाद के मध्य स्थापित भेदों को चुनौती देते हुए, लियोपोल्ड के विचारों में मानव केन्द्रवाद को प्रमुख माना है। लियोपोल्ड का मत है कि जैविक समुदायों में अन्तर्निभरता मनुष्य के प्रकृति के प्रबन्धन में सहायक होती है जो उनकी बौद्धिक, तात्विक–दर्शन एवं ललित कला सम्बन्धी इच्छाओं को सन्तुष्ट करती है। रूज़वेल्ट एवं लियोपोल्ड ने प्रकृति एवं संस्कृति को परस्पर विरोधाभासी नहीं माना है।

हॉय ने 'अरस्तूवादी' 'नव–प्रकृतिवाद' की पुनर्नवीनता का समर्थन किया है एवं इस प्रकार यह विचार प्रस्तुत किया है कि राजनीतिक सिद्धान्त से प्रकृतिवाद अत्यन्त दीर्घकाल से सम्बद्ध रहा है। डार्विन के प्रकृति सम्बन्धी विधानों पर चर्चा करते हुए हॉय कहते हैं कि डार्विन राजनीतिक सिद्धान्त, जो अरस्तूवादी एवं ह्यूमवादी भी है, के अन्तर्गत यह विचार समाहित है कि अरस्तू के मत में 'मानव प्रकृति से ही सामाजिक एवं राजनीतिक जीव हैं", ह्यूम के विचार से 'मनुष्य के अन्तस में स्थापित नैतिकता प्रकृति प्रदत्त है' तथा डार्विन के मतानुसार, 'मानव समाज एवं नैतिकता मानव–जीवविज्ञान के मूल में व्याप्त हैं।' डार्विन के विचारों को हॉब्स के राज्य व समाज से पूर्व प्राकृतिक अवस्था जिसमें संघर्ष की स्थिति विद्यमान थी, से सम्बद्ध किया जाता है। हॉय ने अपने प्रकृतिवाद को विकासवादी जीवन–विज्ञान के सन्दर्भ में प्रस्तुत किया है एवं जन्तु–व्यवहार के रूप में प्रमाणित है जबकि मानवीय नीति–विषयक मूल्य संस्कृति एवं सीखने के अनुभवों का परिणाम है।

जिल्ला ईजेन्स्टीन की कृति 'मैनमेड ब्रेस्ट कैंसर' प्रकृतिकरण का एक कष्टकारी विवरण प्रस्तुत करती है। ईजेन्स्टीन ने औद्योगिक प्रक्रियाओं से उत्पन्न प्रदूषण के साथ–साथ कुछ उग्र मानवीय क्रियाओं, जिन्हें त्रुटिपूर्ण रीति से 'प्राकृतिक' माना जाता है, को कैंसर का प्रमुख कारण बताया है। इन कारणों की पहचान के लिए आवश्यक है कि 'प्राकृतिक' को सामाजिक रूप से संरचित माना जाये। ईजेन्स्टीन का मत है कि 'न तो रोग और न ही चिकित्सकीय ज्ञान अपनी रचना में जीव वैज्ञानिक हैं क्योंकि उन पर समाज के व्यापक मूल्यों एवं स्थितियों का प्रभाव स्थापित होता है।'

ईजेन्स्टीन के विचार में, चिकित्सा विज्ञान के अनुसार कैंसर के लिए आनुवांशिक कारक एवं मुनष्य की जीवन–पद्धति उत्तरदायी है। पर्यावरण से सम्बद्ध संकट इस सम्बन्ध में मौन है। कीटनाशक एवं औद्योगिक प्रदूषणकारी तत्त्व जिन्हें भू–प्रदेशों के अंग के रूप में अपरिहार्य एवं प्राकृतिक माना जाता है, भी कैंसर के लिए उत्तरदायी हैं।

ईजेन्स्टीन के मतानुसार 'पूँजीवाद की अपारिस्थितिक उपभोक्तावादी प्राथमिकताएँ एक विशिष्ट ऐतिहासिक व्यवस्था को परिभाषित करती हैं जो सम्बन्धों की विविधता को असम्भव बनाती हैं।' वर्तमान समय में राजनीतिक क्षेत्र का ह्रास एक संकटकारी घटना है। सार्वजनिक क्षेत्र का संकुचन हुआ है जबकि व्यक्तिगत या निजी क्षेत्र में उत्तरोत्तर वृद्धि हो रही है। फलस्वरूप सार्वजनिक हित की भावना में कमी आयी है। साथ ही साथ सार्वजनिक स्वास्थ्य की भावना का भी पतन दृष्टिगोचर होता है।

पर्यावरणविदों ने नीति–शास्त्रीय नियमों के आधारों की स्थापना के लिए इतने अधिक प्रयत्न किये कि वे अस्पष्ट एवं गूढ़ राजनीतिक प्रश्नों में उलझ गये। हरित विद्वानों को अपने प्रकृतिवाद के आध्यामिक तत्त्व पर और अधिक विचार करने की आवश्यकता है जिसमें यह विचार समाहित है कि नीति–शास्त्र राजनीतिक प्रश्नों का समाधान प्रस्तुत करने में सक्षम है। ईजेन्स्टीन की कृति ने हरित बहुलतावाद पर बल दिया है।

उपरोक्त व्याख्या के उपरान्त यह स्पष्ट है कि पर्यावरण सिद्धान्त के अन्तर्गत प्रकृति की भूमिका पर चर्चा की आवश्यकता है। ग़ैर–राजनीतिक सैद्धान्तिक, नीति–शास्त्र पर अतिविश्वास तथा वैज्ञानिक तर्कों पर अपरीक्षणीय निर्भरताओं ने गम्भीर संकटों को प्रदर्शित किया है। सूले, स्नाइडर तथा फ़ोरमैन के अति विरोधों से प्रभावित हुए बिना समस्त तर्क बहुलतावादी रूपरेखा ही प्रस्तुत करते हैं तथा नीति शास्त्रीय व्याख्या अधिक राजनीतिकृत उत्तर–आधुनिकतावाद के अनुरूप है यद्यपि हरित सिद्धान्तवादी सार्वभौमिक राजनीतिक सिद्धान्त के कुछ विरोधी तत्त्वों की स्थापना पर दृढ़ हैं।

❑❑

यह लेख शोधार्थी, अंक प्रथम, संख्या दो, अप्रैल–जून 2005 से साभार।